《芦阳镇志》编纂委员会 ◎ 编著

芦阳镇志

中国出版集团
研究出版社

图书在版编目(CIP)数据

芦阳镇志/《芦阳镇志》编纂委员会编著. — 北京：研究出版社，2024.5
ISBN 978-7-5199-1639-8

Ⅰ.①芦… Ⅱ.①芦… Ⅲ.①乡镇–地方志–景泰县 Ⅳ.①K294.25

中国国家版本馆CIP数据核字(2024)第051898号

出 品 人：陈建军
出版统筹：丁　波
责任编辑：张　琨
助理编辑：于孟溪

芦阳镇志
LUYANG ZHENZHI

《芦阳镇志》编纂委员会　编著

研究出版社　出版发行

（100006　北京市东城区灯市口大街100号华腾商务楼）
北京新华印刷有限公司印刷　新华书店经销
2024年5月第1版　2024年5月第1次印刷
开本：787毫米×1092毫米　1/16　印张：56.75
字数：880千字
ISBN 978-7-5199-1639-8　定价：368.00元
电话（010）64217619　64217652（发行部）

版权所有·侵权必究
凡购买本社图书，如有印制质量问题，我社负责调换。

芦阳镇地图

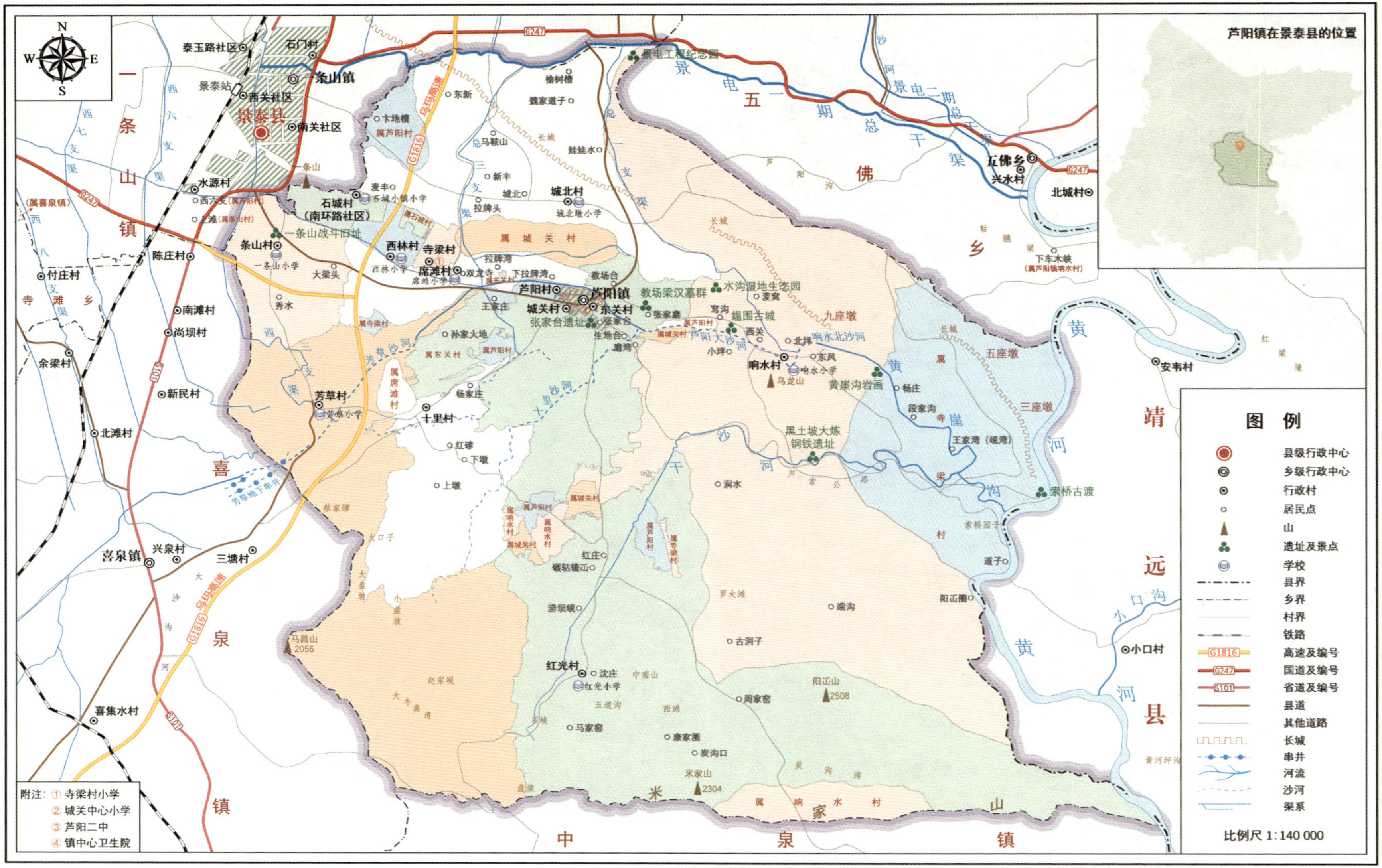

地图审图号：甘S（2024）6204003号

"天若塘"鸟瞰

2021年8月28日，芦阳镇第二十届人民代表大会第一次会议代表暨《芦阳镇志》编纂委员会全体成员合影。

2023年6月27日，芦阳镇第二十届人民代表大会第三次会议代表暨《芦阳镇志》编纂委员会全体成员合影。

2024年1月26日，芦阳镇第二十届人民代表大会第四次会议代表暨《芦阳镇志》编纂委员会全体成员合影。

《芦阳镇志》编纂委员会在镇政府办公楼会议室召开工作推进会议。

《芦阳镇志》编辑人员在镇政府办公楼前合影。前排左起：乔仲良、王兆文、唐维国、李保军、李树江、罗文檀、马卫；后排左起：魏烈荣、张治忠、卢昌随、黄龙云、何忠、张奇才、李进孝、韩世珍。

《芦阳镇志》编纂委员会部分成员讨论编写镇志事宜。从左至右：乔仲良、唐维国、黄龙云、石延荣、尚可兵、陈辅颖。

《芦阳镇志》编纂委员会

2012年7月—2015年10月

主　　任　唐维国
副 主 任　常蓬东
委　　员　王东升　王占成　王生铎　王立基　王廷贤　王　伟
　　　　　王英健　王保林　王晓荣　石玉奎　石延荣　卢有存
　　　　　卢彬林　达举锐　乔仲良　刘兴杲　安小萍　安松山
　　　　　李天泽　李生忠　李进平　吴　滨　余新泰　沈佐文
　　　　　张义清　张天谋　张正军　张奇才　张明杰　张厚春
　　　　　张举龙　张晓斌　陈辅祥　武克玉　苟三江　尚可兵
　　　　　金彦君　周文军　赵德源　胡广鹏　徐进文　徐新彩
　　　　　满智忠　魏岱宗
名誉顾问　郝天魁

编辑部

主　　编　乔仲良
副 主 编　李树江
编　　辑　石延荣　尚可兵　王兆文　马　卫　卢昌随　韩世珍
　　　　　黄龙云
摄　　影　闫　炜

工作办公室

主　　任　段桂花

工作人员　胡广鹏　刘　轶　闫　霖　陈庆龄　陈辅颖　孙瑞亮　戴佳芹

2015年11月—2019年10月

主　　任　白贵海

副 主 任　吴　滨　周正君

委　　员　万应燕　王　伟　王　琪　王东升　王生铎　王虎健
　　　　　王建成　王晓荣　王维武　石玉奎　石延荣　卢有存
　　　　　包可伟　达举锐　乔仲良　闫立国　安松山　芦林滨
　　　　　李天泽　李进国　余新泰　沈佐文　张　文　张天谋
　　　　　张宏涛　张奇才　张拯优　张举龙　张登周　陈辅颖
　　　　　苟三江　范丽娟　范富芳　罗文斌　岳自国　金彦君
　　　　　周文军　周邦忠　周银霞　赵德源　柏东山　段宝成
　　　　　段桂花　段晓军　胥先龙　徐进文　顾海军　曹秉国
　　　　　常蓬东　康景睿　童　飞　满智忠　魏岱宗

2020年7月—2023年8月

主　　任　周正君

副 主 任　张举龙　岳自国

委　　员　王　琪　王　富　王生铎　王虎健　王建成　王振宇
　　　　　王晓荣　王维权　王景文　卢昌随　白仲蕊　包可伟
　　　　　达举锐　闫立国　安松山　孙瑞亮　芦林滨　李自宏

	李进国	李宝玉	李保军	杨 扬	杨天展	杨文斌
	余新泰	沈茂红	沈育吉	张正荣	张生尧	张守东
	张宏涛	张晓庆	张海斌	陈玞辛	苟三江	范丽娟
	范富芳	周文军	周继珍	周银霞	赵子文	郝国民
	胡 丹	段宝成	段晓军	顾海军	高承军	曹秉国
	常蓬东	康景睿	童 飞	窦祖琴	魏工邦	
顾　问	王 涛	王文彰	王光彩	卢有亮	朱世魁	刘在峻
	李月明	李保卫	李得天	李朝东	余会柱	宋旭升
	张长春	张正勤	张守学	张承芸	罗文海	周文魁
	周爱成	党成德	高启安	郭长存	郭永泰	郭廷成
	郭延健	常守斌	雷百庆			

2023 年 8 月—

主　　任	岳自国					
副 主 任	杨 松					
委　　员	王 琪	王 富	王生铎	王虎健	王建成	王建珍
	王晓荣	王维权	王景文	卢昌随	白仲蕊	包可伟
	达举锐	安松山	孙瑞亮	芦林滨	李自宏	李进国
	李保军	杨天展	杨文斌	沈茂红	沈育吉	张正荣
	张生尧	张守东	张晓庆	张海斌	陈玞辛	周文军
	赵子文	胡 丹	段宝成	段晓军	顾海军	高承军
	栗文浩	曹秉国	常蓬东	童 飞	窦祖琴	魏工邦
顾　问	王 涛	王文彰	王光彩	卢有亮	朱世魁	刘在峻
	李月明	李保卫	李得天	李朝东	余会柱	宋旭升
	张长春	张正勤	张守学	张承芸	罗文海	周文魁
	周爱成	党成德	高启安	郭长存	郭永泰	郭廷成
	郭延健	常守斌	雷百庆			

编辑部

主　　编　李保军
副 主 编　卢昌随（常务）　乔仲良　李树江　罗文檀　韩世珍
　　　　　张治忠　马　卫
编　　辑　马　卫　王兆文　王学英　卢昌随　乔仲良　李进孝
　　　　　李树江　李保军　何　忠　张奇才　张治忠　张学德
　　　　　罗文檀　唐维国　黄龙云　韩世珍　魏烈荣
总　　纂　李保军
摄　　影　魏烈荣
扉页题字　郭长存

工作办公室

主　　任　张晓庆
工作人员　马倩楠　王晓红　祁　娟　郝国丽

总策划　唐维国

序一

何人不起故园情

读到《芦阳镇志》修订稿，洋洋五十余万字，真有点意外和惊喜。家乡基层领导对传承、弘扬优秀历史文化的认识和作为，达到这个境界，超出我的认知。在此之前，我的老家——芦阳镇所属芳草村组织力量编纂《芳草村志》，并于2021年5月正式出版，由于我关注过这部村志从发起到编写、修改完善、付梓出版的全过程，情之所系，心之所向，出版之后，当时就产生过一个想法，期待这部村志的出版能开一个头，在社会上产生点影响，激发更多的有识之士，参与编写更多的家乡志书，把家乡的历史发掘出来，记录下来，传之后世，这既是记录历史，也是对优秀文化的传承和建设，意义重大。而在《芳草村志》出版后短短两年多的时间，《芦阳镇志》就完成编纂并决定出版，不能不令人感慨不已，欣悦不已。

由于离开家乡时间较久，我对家乡芦阳镇的历史演变、村庄变迁、山川河流、人文掌故、经济社会发展等具体情况，缺乏较为深入系统的了解，更谈不到研究。通过阅读镇志初稿，记忆的闸门一下子被打开，尤其是亲身经历过的几个特殊时段，情形历历，如在目前。

一段是我在景泰一中的学生时代。1958—1964年，一中所在地就在芦阳。那时，景泰县正处于一个特殊历史时期，撤销建制、变更区划。景泰一中也曾几易其名（皋兰二中、白银三中）。由于建制的撤并和历史、地域、自然等诸多原因，景泰一直就比较封闭、落后。县城，说城也不算城，街道也不成其为街道，横竖几条土路，实际就是一个大点的村庄。就是在恢复县级建制后，全城也没有几个像样点的建筑物，一个饭店、一个百货商店、一个供销社门店、一个篮球场，门庭最为"宏伟"的就算景泰一中了（可惜后来被拆除。2014年，我们高中班毕业50周年聚会，在制作纪念册时竟找不到一张当年校门的照片）。对家乡的整体印象就是干旱少雨，自然条件恶劣，生活在这里的人民，几乎贯穿一生的就是与干旱、贫困抗争，异常艰辛地创造自己的生活。当时，伴随着国家遭受的一场历史性灾难，景泰也未能幸免，深受其害。我目睹大量在校同学中途辍学，纷纷离校，还有不少乡亲为了度荒而扶老携幼远走他乡。也许正是因为当时的贫困落后，激发了我们不甘现状、为改变自身的处境而发奋学习的决心，1964年，我所在的高中班以高考录取比例在全省率先的成绩，创下"状元班"的奇迹。

另一段是我大学毕业后。1971年，经过一年部队农场劳动锻炼，参加了省上统一组织的"农村毛泽东思想宣传队"（简称"省农宣队"）。当时全国各大专院校分配到甘肃的大学生，都被统一安排到这个宣传队，全省每个县一个支队；我被分到景泰支队，在麦窝村驻队。对我们这些刚走出校门、没有任何工作经历和实践经验的大学生来讲，作为"农宣队"的一员，除了每晚给村民念念文件和报纸外，究竟该做点什么并不清楚。但通过一年时间与农民的同吃、同住、同劳动，最大的收获应该是对当时的农村、当时的农民和他们的生产生活、他们的喜怒哀乐有了深切的体会，也隐约感到，由于贫困，温饱不继，群众的情绪低落，缺乏热情，对前途感到渺茫。我自己出身农村，对于家乡人民的困难，有着切身的感受，大学所学专业又是农业，极希望能够通过我们的努力，为改变家乡面貌贡献一份微薄的力量，让这种境况得到起码的改善，至少让人们能吃饱肚子。而究竟如何破局，如何发展，却很迷茫、很无奈。但也正是这一段经历及其形成的一些认识，在我以后长期的党政工作中，无不时时起到一种鞭策和警示的作用。

第三段是1989年，我调任中共古浪县委书记，其间兼任景泰川电力提灌工程指挥部副指挥。利用4年时间，我和古浪县干部群众一道，完成平田整地30万亩和移民10万人的任务。景电工程建设，给景泰、古浪两县几十万父老乡亲带来千载难逢、根除贫困的历史机遇。国家改革开放和农村实行家庭联产承包责任制，极大调动了农民积极性。景电工程建设又从根本上改变了两地的农业生产基本条件，天时、地利、人和，适逢其时，家乡才在真正意义上迈入了历史发展的新阶段。因工作关系，虽然没有直接参与家乡的建设，但我和家乡人民在同一条战线，共同完成景电二期这场改天换地的翻身工程，实现同一个奋斗目标。这段经历，是我数十年从政生涯中最充实、最感欣慰自豪的一段经历，因为自己切切实实为老百姓过上好日子而干了一件实事、好事。

20世纪70年代初期，景泰川电力提灌工程一期工程建成，其核心灌区就在芦阳辖区，芦阳自然成为这个世纪工程的最大受益区。在一个干旱少雨的中部地区，一个乡镇增加几万亩灌溉农田，这是在过去任何一个时代都绝对不敢想象的丰功伟绩。看到家乡面貌日新月异，看到人民生活越来越好，真切感受到时代发展、社会进步的强烈节奏，内心深处，莫不为家乡人民生活的巨大变化而感到由衷欢欣。

《芦阳镇志》记述了镇域内千百年来的历史过往，让读者了解到如此丰富的芦阳历史，了解到在这个历史长河中，生活在这里的劳动人民百折不挠、艰辛奋斗、锲而不舍地创造幸福生活的历程。志书用了更多的笔墨，描述了当代尤其是改革开放以来芦阳地区发生的翻天覆地变化。同时，也客观地记载了景泰治所由"芦塘城"迁到一条山镇后，县城所在地的许多优势随之消失，芦阳镇历届领导审时度势，扬长避短，重新规划区域经济，特别是落实国家脱贫攻坚战略，取得了历史性的成就。芦阳镇经济社会发展前景无限，未来可期。

回望历史，生活在这片土地上的人民，辛勤劳作，建设家园，保护家园，他们所有的努力、奋斗和创造，都是我们整个民族、整个社会发展进步的一部分。而用一部"镇志"的形式，把这个历史记述下来，虽然可能因各种因素会有所遗漏，但它的完成，本身就是镇域文化建设的一件大事，对于人们了解芦阳、认识芦阳、爱护芦阳、建设芦阳，一定会显现出越来越重要的作用。

《芦阳镇志》编委会的同志让我写一个序。因为担心写不出什么有见地的东西，有愧大家期望，感到有些不安。经再三推辞无果，只能写点粗浅的认识和感想。"此夜曲中闻折柳,何人不起故园情"。(李白《春夜洛城闻笛》)谨以这些文字,表达一点对家乡的情感,同时,也由衷感谢为"镇志"编写付出心血的领导、编委和所有相关人员。

祝愿家乡的发展越来越好,祝愿家乡人民的生活越来越幸福、安康。

李保卫

2022年7月

注:李保卫,见"人物·人物简介·担任地厅级行政职务人员·李保卫"。

序二

盛世修志 功莫大焉

芦阳镇党委、政府组织力量，编纂完成了一部《芦阳镇志》，编委会的同志通过我的中学同学乔仲良先生联系我，希望我能为镇志作一个序；实话实说，为一部志书尤其是为家乡的镇志作序，这对我来说确实是一个新课题，或者说是一个不大不小的难题，一时不知从何处写起。但与此同时，一方面，我对家乡能有这样一部系统反映全镇政治、经济、军事、文化、人文、风土等方面的历史与现状的历史性著述而感到由衷高兴。这也应了俗话所谓"盛世修志"的说法；在这样一个政治、经济、文化、科学技术急剧变化、高速发展的时代，我们有责任弘扬优秀民族文化传统，发掘、整理、记录故乡的历史，为社会也为后人留下一部尽可能系统、翔实的地方史料，这无论对于当地的新农村建设还是文化建设，都是一件非常重要的事，功在当代，惠及子孙，利在千秋，值得赞赏，值得欣慰。

另一方面，就我自己而言，本身就是芦阳人，从小就在芦阳镇东风村（生产大队）生活、学习、成长，对家乡的一山一水、一草一木，对家乡人民的生活状态、风俗人情都有着很深的记忆和感触，当然更是希望有一部有关家乡历史的记录。而《芦阳镇志》从全镇的角度出发，对包括东风村在内的所有镇属村庄的生产、生活、教育、文化、卫生、风俗等概况，都有比较全面、客观、立体的描述，这无疑是全镇人民共同的文化记忆，尤其对我们这些远离家乡、久离家乡的游子而言，更是一份难得的历史文化档案，也是一座寄托乡愁、令人流连忘返的精神家园。

因此，翻阅《芦阳镇志》，真的是一次令人愉悦的阅读体验。如阅读"概述"，有关芦阳镇的前世今生，有关芦阳镇的历史沿革，有关芦阳镇的发展变化，有关芦阳镇人民世世代代战天斗地、创造美好生活的艰难历程以及改革开放后芦阳镇取得的翻天覆地的建设成就，一览无余，无不令人感动、感奋；而阅读"大事记"，更是如同阅读一部有关芦阳镇历史发展的简明编年史，条分缕析，令人陡生无垠时空、历史烟云尽在眼前的感慨。也由此对参与编写"镇志"的各位老师顿生虔敬之意，做到这些，他们不知耗费了多少心血，付出了多少努力，非亲力亲为就很难体会其间的艰辛和繁难，在此向他们表示深深的敬意。

我也特别留意到"镇志"对镇属每一个村庄基本情况的描述。阅读相关内容，尤其引起我自己对家乡的无尽遐思。家乡东风村，坐落在群山之中，干旱贫瘠，不仅土地严重不足，且大多分布在村庄周围的山山丘丘里，因此村民们普遍贫穷匮乏，口粮严重不足。记忆中，永远都是父母及兄姊们日出而作、面朝黄土背朝天劳碌奔波的身影，是母亲在夜晚昏暗的油灯下缝缝补补以及轻轻的叹息；而在深沉的夜幕下，风声吹动树木的叶子发出沙沙的响声，响水沙河的水潺潺湲湲，奔流向远方的黄河；村子旁边的烧砂锅窑呼呼地吐着烟雾，即便在深夜里，也有劳作的人们的走动声、相互招呼声……人们在做梦的时候，也都在思索着明天的日子，明天的光阴。而令人欣慰的是，即便在这样的困顿环境里，不管是村上（生产大队），还是大多数的家庭，都没有放弃让子女学文化受教育，人们总是怀着一种憧憬，希望通过让子女接受教育，将来有机会改变人生的走向……《芦阳镇志》以专门的章节和较大的篇幅，描述和展示了每个镇属村庄的教育情况，我以为是必要的，也是有充分理由的。芦阳镇的历史上，曾经出现过无数为本村（大队）、本镇（乡、公社）乃至为景泰县的教育事业兢兢业业奉献一生的优秀教育工作者，出现过以唐吉武、王允如、李玉玺（字蓝田）、马雄天、王积印、龚大绥、王庆云、徐懋、安寅、张承宗等为代表人物的芦阳镇籍优秀教师群体。我自己就能非常清晰地回忆起在我学习生涯中的每一个阶段，那些像蜡烛一样燃烧自己照亮别人的老师们，对他们诲人不倦的精神，至今心存感念。而在"人物"一章中，芦阳镇涌现出了那么多的优秀人才，学成后投入到祖国建设的事业之中，在各个战线做出骄人的成绩，不能不说主要是教育之功。

20世纪70年代初，由于景泰川电力提灌工程的成功建设，芦阳镇成为主要受益灌区，县里动员组织缺地少地生产队的社员大规模搬迁，迁到马上就可以浇上黄河水、打下粮食的灌区。从这一刻起，包括芦阳镇（公社）在内的全县人民的生产、生活面貌逐步得到实质性的变化，而这个变化投射在我们个人身上，是我家和一部分东风大队的社员搬迁至属于芦阳公社的东新村，后又合并到城北。似乎在一夜之间，人们都住上了新房子，而村庄周围都是一望无际的庄稼地、青纱帐。也似乎在一夜之间，人们彻底告别了饥饿和贫困。

虽然在今天看来，整个搬迁活动缺乏严密的规划和设计，显得仓促，处处表现出急于改变的紧迫感甚至慌乱感，但在那个极其特殊的年代，这已经是足以惊天地泣鬼神、改天换地的万世之功，一切都在变化，一切都在向上向好，也是在这里，作为学子的我们，坐进了崭新的教室，延续以前的学习，直到1981年我考上大学，离开村庄，离开家乡。

复述这个过程，我只是想说，往往在一种急遽的变化中，我们可能会忽略很多东西，会改变很多东西，甚至遗忘很多东西，比如说，在我离开原来的村庄东风村后，由于举家搬离，原来的旧房子年久失修，后来被完全拆除，只留下一块空地……或许可以说，这是社会进步、历史发展的必然过程，那么，在这种情势之下，家乡的有识之士，以乡村志这样的形式，将以往的历史记录下来，其意义怎样评价也不过分。

也正是在这个意义上说，《芦阳镇志》打动了我，感染了我。随着社会的发展变化，无论我们（包括很多已经走出来或即将走出来的人）今后走到哪里，走得多远，至少从某个层面上说，一部"镇志"将多少记忆保留了下来，变成纽带一样，将身处在世界任何一个角落的"芦阳乡党"联系起来，也让这些人与家乡连接起来，如瓜瓞之绵绵，深远悠长……

由此我又想起另一个话题，2017年5月，《国家"十三五"时期文化发展改革规划纲要》提出要"开展旧志整理和部分有条件的镇志、村志编纂"。2022年8月，《"十四五"文化发展规划》更是明确了"加强农耕文化保护传承，支持建设村史馆，修编村史、村志，开展村情教育"的战略要求。阅读《芦阳镇志》的另一个强烈的感想是，我希望，也相信家乡的修志工作，远不会只限于一部《芦阳镇志》。据了解，就家乡的修史编志而言，在景泰县的历史上，有过一部成书于清末的《皋兰县红水分县采访事略》，一部成书于民国十九年（1930年）的《创修红水县志》，中华人民共和国成立后，按照国家的部署，景泰县已经完成出版两部《景泰县志》，除此之外，还有部分行业、学校编纂印行的相关行业志、学校志（史），以及一些零星的由纯民间力量编纂完成并在民间印行传播的村庄志。而令人欣喜的是，芦阳镇芳草村于2021年5月编纂完成并公开出版发行我县第一部村庄志——《芳草村志》，体例规范，内容丰富，装帧形式庄重精美，可以称得上村庄志中的精品；芦阳镇的邻镇喜泉镇的兴泉村，也编纂完成并于2023年4月正式出版了《兴泉村志》，同样不论形式还是内容，均属精品之作。而《芦阳镇志》已经基本完稿，可望于年内付梓……这些信息真的令人振奋，我自己殷切盼望家乡有更多的乡镇和村庄也能够组织力量行动起来，动起手来，编写自己乡镇及村庄的历史。

作为"一方之全史""一地之百科全书"的乡镇志或者村庄志，在记录乡村文化、留存文化根脉、传承历史文明等方面，具有其他书籍不可替代的作用。而至于志书的所谓"鉴古知今、温故知新""鉴兴废、考得失""稽前鉴后、彰往昭来"等等功能，也是一部志书社会作用中的应有之义，自不待言。换句话说，志书的"存史、资政、教化"作用，归根到底，重中之重首先是"存史"，史之不存，所谓"资政、教化"的作用就只能是一句空话。

因此，《芦阳镇志》的编纂完成及出版，具有强烈的示范效应，意义重大。在这里，我对编纂镇志的决策者表示敬意，对每一位编写者付出的努力表示极大的敬佩和谢忱，我以为，诸位参与者的编写行为本身，也会成为构成芦阳镇完整历史的一部分，甚而至于，他们和芦阳人民一道，以一种特殊的方式参与创造历史，功莫大焉，善莫大焉，再一次致以深深的敬意。

李得天
2023年6月

注：李得天，见"人物·人物简介·正高级及以上专业技术职称人员·李得天"。

序三

维桑与梓，必恭敬止

自古至今，国有史以知兴替，县有志以载治乱，家有谱以考世系。村镇联结县与家，《镇志》既载治乱，亦知兴替，既传承风化，又延续根脉。

人生有家，家居有所，聚居而成村镇。先民生养之土，吾辈家园之地，游子情感之根。芦阳镇历史悠久，留有新石器时代遗迹，商周时代即有先民在此盖房筑屋，开荒种地，繁衍生息，造就村落；汉武帝时建媪围县，后因地理位置特殊，数千年历史沿革中归属多变，常饱受饥饿寒冷、瘟病侵袭、动荡不宁；先民以农耕为主，民风淳朴，厚德守义；历来尊师重教，文脉相继，耕读传家，代有才人；自然资源相对贫瘠，但先辈们勤劳善良，艰苦创业，自强不息。

诗云："维桑与梓，必恭敬止。"惜历史沉入尘烟，憾无镇史流传后世。今有贤达情系桑梓，聚众人之力，尽文人之责，殚精查典，苦心调研，史海钩沉，修纂《芦阳镇志》，记村镇变迁，知乡俗绵远，梳理家园根系，守望故乡命运，传承地域文化，延续文化血脉，此举众望所愿，善大功高矣！

《芦阳镇志》共21章，50多万字，举凡建置、环境资源、政治、经济、文化、教育、卫生、体育、人物、军事、民情风俗、方言俗语等内容，略古详今，见微知著，从中可以感受到芦阳镇艰难曲折、生动鲜活的历史状况，谛听时代变迁的厚重足音。是镇领导和编纂者留给子孙后代的一份珍贵史籍，也是一份宝贵的非物质文化遗产，为人们了解芦阳镇的社会构成、历史演化、自然地理状况、民俗风情及文化底蕴，提供了翔实的资料。它记载着芦阳人的辉煌与荣耀，展示着芦阳人的沧桑与苦乐，凝聚着芦阳镇这个大家庭的幸福、团结与和谐。

山川形胜，得自然之造化；地灵人杰，赖风水之化育。在漫漫岁月中，芦阳镇人在这方热土上辛勤耕耘，繁衍生息，为建设美好家园奉献着智慧和力量，也养育出一批优秀的杰出人才。国难当头，有铁胆忠肠的民族英雄如卢崇光、李宗经、张学诚等；兴办教育，有启蒙教化、诲人不倦者如王积印、龚大绥、张承宗、安寅等；悬壶济世，有体恤贫苦、扶危济困者如安汝树、郝登魁、沈世林等；服务人民，有克尽厥职、勤勉奉公者如李保卫、周德祥、卢有治等；科学报国，有孜孜求索、勇攀高峰者如郝璘、李述训等，尤其是李得天教授当选中国工程院院士，入选国际宇航科学院工程学部终身院士，作为同乡人，为他所取得的成就和荣誉，无不由衷感到自豪和骄傲。

我出生在芦阳镇东关村。我的家是中国农村中一个普通的家庭，那里有我童年的成长记忆，在记忆中，我的童年是贫穷而欢快的。低矮的民房，生息着朴实而勤快的村民，日出而作，日落而息；夜晚是静寂的，除了远处偶尔传来几声狗叫声，令人在猛然的惊醒中，谛听和默数着夜行者或急促或蹒跚的脚步声，消失在村子的尽头；村前有条小路，蜿蜒曲折，两边有稀疏的柳树，伴随着它向两边延伸，既不知道从何处来，也不知道通往何处去——温暖而宁静、信任而宽容、朴素而真诚。低矮的农家小屋中曾经孕育过美丽的憧憬，静谧的乡村夜空里曾经启示过诱人的希望。

我的父亲略识文字，母亲基本是文盲，父母供养儿女们读书，既是由于新社会教育和文化的普及，也隐隐寄托着出人头地的冀望。但我的父辈们天性善良、忠厚驯服，背负着"命中注定一辈子受苦"的人生，像千千万万劳动者一样，悄悄地来到这个世界，默默地劳作，总是怀揣着最朴素的梦想，希望地里能打更多的粮食，希望日子过得好一些，希望自己的子女有出息一些。

我时常躺在村落后面的小山上，仰望着满天星空，思索着自己的明天和未来；我去过的最远的地方就是十多里外的县城，我幻想着外面的世界是什么样子……一颗平凡的星在夜空划下一道短短的光痕，消失处只留下我无尽的思索和朦胧的希望！我不知道，关于那条乡村土路的记忆，留给我的究竟是什么，是远离家乡后淡淡的乡愁，还是寓居城市中无根无蒂般的漂泊感……

芦阳镇是我们的家，也是我们永远的精神家园。"开荒南野际，守拙归园田。"（陶渊明《归园田居其一》）在过去的岁月里，家乡人民在改革开放中不断探索农业农村发展的新路子，农商并举，鼎新图强，生活水平不断提高。"归燕识故巢，旧人看新历。"（王维《春中田园作》）由于自然条件相对较差，工业基础薄弱，数字经济严重滞后，经济社会发展水平相对落后，所幸全镇人民应和着时代发展的节拍，艰苦奋斗，建设家乡，使这个历史悠久的西北乡镇一步步摆脱贫困，走向小康。身在故乡之外的游子，当然乐见家乡的所有积极的变化，也殷切希望在外的各行各业贤达关心和支持家乡的发展，共同将家乡建设成富庶繁荣的美好家园。

保军兄赠我《芦阳镇志》初稿，嘱我序言，自觉才疏学浅，终觉诚惶；感念编纂者诸贤达宵衣旰食，筚路蓝缕，有存史之功，换言之，一部镇志，也可以说是在讲有关家乡芦阳的故事，在讲有关农民的故事，也是在讲中国的故事，其中也有我们自己的故事，因此推辞不得，遂受命动笔。修志有"存史、资治、教化"之功效，但与改变农村落后面貌相比较，更需要研究、观照村民的思想观念和性格特征，或许这才是一部志书尤其需要着力凝练之处。

李朝东

2022年9月6日于西北师大

注：李朝东，见"人物·人物简介·正高级及以上专业技术职称人员·李朝东"。

凡 例

一、本志以国家规定编纂地方志书的指导思想为基准,遵循求真存实的原则,全面记述芦阳镇及所辖域内自然和社会的历史与现状,着重记录中华人民共和国成立以来本镇的时代特征和地方特点。

二、本志以志为主,兼用述、记、传、介、图、表、录等体裁。力求分类科学,层次准确。

三、本志采用章节性结构,除概述、大事记、附录、索引外,共设21章。章下设节,节下设目。

四、本志上限力求上溯事物发端,下限止于2021年底。

五、本志所述地域范围以国家正式划定界线为准;历史沿革和地域变迁以相关史料文献、历史档案、国家法律法规及政策规定为依据。

六、纪年采用传统历史纪年和公元纪年并行:民国及以前用传统历史纪年,用汉字,括注公元纪年;民国以后纪年采用公元纪年,用阿拉伯数字。

七、行文所涉及的标点符号、数字书写、度量衡单位、称谓等,严格遵守国家相关机构颁布的规范标准。计量单位采用中文全称。

八、人物分传、介、表三部分。遵循"生不立传"的原则,入传人物以卒年先后排序。本客籍并重。其他收录人物以生年先后排序。

九、本志参考资料来源于相关档案、史籍、公开出版物、专题调查及口碑,不一一标明出处。

目 录

概　述	/ 001
大事记	/ 011
第一章　建　置	/ 041
第一节　镇域位置	/ 043
第二节　隶属沿革	/ 043
第三节　芦塘城	/ 047
第二章　自然环境及资源	/ 051
第一节　地形地貌	/ 053
第二节　气　候	/ 054
第三节　水　文	/ 055
第四节　土　壤	/ 056
第五节　自然资源及利用	/ 058
第六节　自然灾害	/ 062
第三章　地　域	/ 065
第一节　辖区演变	/ 067
第二节　辖属村庄概况	/ 068
第四章　农业　水利	/ 127
第一节　农业发展概况	/ 129
第二节　经济结构	/ 132
第三节　土地与劳动力	/ 134
第四节　生产工具	/ 137

第五节　耕作方式　　　　　　　　　　　/ 142

　　第六节　水　利　　　　　　　　　　　　/ 145

　　第七节　粮油　经济作物　　　　　　　　/ 153

　　第八节　蔬　菜　　　　　　　　　　　　/ 156

　　第九节　林　业　　　　　　　　　　　　/ 158

　　第十节　畜禽养殖　　　　　　　　　　　/ 162

第五章　交通运输　邮电传媒　　　　　　　　/ 175

　　第一节　交通运输业　　　　　　　　　　/ 177

　　第二节　邮政　通信　　　　　　　　　　/ 186

　　第三节　广播影视传媒　　　　　　　　　/ 188

第六章　工业　制造业　　　　　　　　　　　/ 191

　　第一节　概　况　　　　　　　　　　　　/ 193

　　第二节　农村工匠及技艺　　　　　　　　/ 203

第七章　商业服务业　建筑业　　　　　　　　/ 205

　　第一节　商业服务业　　　　　　　　　　/ 207

　　第二节　建筑业　　　　　　　　　　　　/ 212

第八章　人　口　　　　　　　　　　　　　　/ 223

　　第一节　人口发展概况　　　　　　　　　/ 225

　　第二节　人口分布和密度　　　　　　　　/ 228

　　第三节　人口构成　　　　　　　　　　　/ 230

　　第四节　人口迁移　　　　　　　　　　　/ 235

　　第五节　知识青年　　　　　　　　　　　/ 236

　　第六节　计划生育　　　　　　　　　　　/ 241

　　第七节　家庭　婚姻　　　　　　　　　　/ 243

第九章　教　育　　　　　　　　　　　　　　/ 247

　　第一节　教育概况　　　　　　　　　　　/ 249

　　第二节　大芦塘教育　　　　　　　　　　/ 257

第三节　各村教育　　/ 260
　　第四节　中学教育　　/ 298
　　第五节　职业教育　　/ 302
　　第六节　扫盲教育　　/ 304

第十章　文　化　　/ 305
　　第一节　文化艺术　　/ 307
　　第二节　非物质文化遗产　　/ 319
　　第三节　文物保护　　/ 321
　　第四节　名胜古迹与文化旅游资源　　/ 323
　　第五节　乡村文化建设　　/ 333
　　第六节　文化活动　　/ 336
　　第七节　宗教活动及场所　　/ 346

第十一章　医疗卫生　　/ 351
　　第一节　医疗卫生发展　　/ 353
　　第二节　乡村医院　卫生站　　/ 359
　　第三节　医疗　预防　医保　　/ 363

第十二章　体　育　　/ 369
　　第一节　群众体育　　/ 371
　　第二节　学校体育　　/ 373
　　第三节　体育人才培养　　/ 375
　　第四节　体育设施　　/ 376
　　第五节　赛事成绩　　/ 376
　　第六节　管理机构　　/ 379
　　第七节　参加县第二至第四届
　　　　　　运动会代表团　　/ 379

第十三章　中国共产党　　/ 385
　　第一节　1949年以前党在芦阳地区的活动　　/ 387
　　第二节　土地改革时期党组织活动　　/ 390

第三节 芦阳镇（区、公社、乡）
　　　　党委领导机构　　　　　　　/ 390
第四节 党政工作机构　　　　　　　/ 398
第五节 党的建设　　　　　　　　　/ 401
第六节 表彰与奖励　　　　　　　　/ 406

第十四章 人民代表大会　　　　　　　　/ 411
第一节 芦阳镇人民代表大会　　　　/ 413
第二节 代表建议、意见及办理　　　/ 417
第三节 村民民主管理　　　　　　　/ 420

第十五章 人民政府 群众团体　　　　　/ 425
第一节 芦阳镇人民政府　　　　　　/ 427
第二节 共青团 妇联 工会　　　　　/ 438

第十六章 脱贫攻坚 小康建设 乡村振兴　/ 445
第一节 脱贫攻坚　　　　　　　　　/ 447
第二节 小康建设　　　　　　　　　/ 461
第三节 乡村振兴　　　　　　　　　/ 466

第十七章 军　事　　　　　　　　　　　/ 471
第一节 机构和驻军　　　　　　　　/ 473
第二节 中国工农红军西路军在芦阳　/ 475
第三节 兵　役　　　　　　　　　　/ 479
第四节 民　兵　　　　　　　　　　/ 480
第五节 拥军优属 拥政爱民　　　　 / 492

第十八章 民情风俗　　　　　　　　　　/ 495
第一节 节日习俗　　　　　　　　　/ 497
第二节 礼庆习俗　　　　　　　　　/ 503
第三节 生活习俗　　　　　　　　　/ 508
第四节 丧葬习俗　　　　　　　　　/ 523
第五节 生活、生产用具　　　　　　/ 525
第六节 禁　忌　　　　　　　　　　/ 533

  第七节 游 戏 /535
  第八节 亲戚关系及称谓 /540

第十九章 方言 谚语 /545
  第一节 方 言 /547
  第二节 谚语 歇后语 谜语 民歌民谣 /562

第二十章 人 物 /581
  第一节 人物传略 /583
  第二节 明清时期芦塘营游击、千总 /605
  第三节 先进模范人物 /607
  第四节 知名历史人物 /610
  第五节 定居芦阳镇红西路军战士 /612
  第六节 参加抗美援朝志愿军战士 /613
  第七节 参加其他相关战事的人物 /618
  第八节 人物简介 /620
  第九节 其他知名人士 /710

第二十一章 艺 文 /741
  芦塘道中（二首） 〔清〕李 筠/743
  再题履伯先生《故园图》 范振绪/744
  挽王允如千古联（另一副） 吕济舟/745
  寄难友金滕、郝璘兼论《景泰通讯》
             王积印/746
  哭海寰 王阶平/746
  爷爷与西路军二三事 李光武/747
  访老志愿军战士高步春 马 卫/750
  我的母校——响水学校 郝天魁/753
  故乡记忆——砂锅窑 乔仲良/759
  响水背煤人 韩世珍/762
  芳草泉水和"塝子" 张义安/766
  跨越时空的情谊 阎世德/770

远去的民工营	王兆文 / 775
砂地·背砂	李保军 / 779
城门上	王立丽 / 784
山路弯弯	陈　福 / 788
我初中时的两位数学老师	廖永亮 / 792
怀念恩师庞爱	卢有治 / 798
我的母亲"史大夫"	李　焕 / 801
童年趣事——黄河里的鱼	张茂珠 / 805
金山的女人	王兆瑞 / 807
咏小芦塘诗（四首）	卢昌随 / 811
题媪围古城（外一首）	汪　红 / 812
行香子　芦阳游记	何乃政 / 813
黄河·索桥段（外一首）	陈海宏 / 813
芦阳古城（外一首）	孙铭谦 / 814
念奴娇　窎沟（外一首）	崔　明 / 815
初见芦阳沙河白鹳（外一首）	高雅秋 / 816
游水沟湿地感怀（外一首）	陈国梅 / 817
故园图	〔清〕戚维礼 / 818
奔牛图	云　来 / 818
春风燕语	王瑞云 / 818
源远流长	李尚仁 / 819
水色清心	李尚义 / 819
祥光普照	付兆瑞 / 820
壮美的黄河	康星元 / 820
万里河山万里秋	胡秉海 / 820
占尽人间第一香	马子安 / 821
芦塘笋秀	一　云 / 821
篆　刻	化　勤 / 821
独占鳌头	银　龙 / 822

江南何所有	李得科 / 822
漫画一组	宋旭升 / 823
腾　飞	李　果 / 823
芦　阳	韩仰愈 / 823
锲而不舍	景祥熙 / 824
红藕香残	马雄天 / 824
乐悠悠	马屏山 / 824
贺　联	王治国 / 824
景泰四时	延　虎 / 825
朱子家训	戴靖国 / 825
唐诗一首	卢有亮 / 826
辛弃疾词	世　荣 / 826
归去来兮辞	光　军 / 826
天道酬勤	王　杰 / 827
大江东去	张奇才 / 827
贺　联	郭长存 / 827
兰亭集序	李有智 / 828
心　经	李保平 / 828
芦阳书展祝贺词	马维骥 / 829
《书谱》节选	张治忠 / 829
栽树人	德　慧 / 830
群芳过后	刘　霖 / 830
篆　刻	薛新林 / 830

附　录 /831

　　附录一　创建芦塘碑记　　　　　　　　　/833

　　附录二　中共芦阳镇委员会　芦阳镇人民政府
　　关于印发《〈芦阳镇志〉编纂工作实施方案》
　　的通知　　　　　　　　　　　　　　　/834

附录三　《芦阳镇志》编纂工作实施方案　/ 835

附录四　党代表提案（部分）　/ 839

附录五　国际救援开先例　万里办厂惊芦阳 / 841

附录六　景泰县特殊地貌名称释义　/ 842

附录七　为编纂《芦阳镇志》提供资料的相关单位、个人　/ 845

索　引　/ 847

编后记　/ 870

概 述

芦阳镇，属甘肃省白银市景泰县下辖乡镇。地处景泰县东部，东濒黄河与靖远县相望，南依米家山与中泉镇毗邻，西南连喜泉镇，西北环一条山镇（景泰县城），东北接五佛乡。镇域东西长约20公里，南北宽约18公里。行政区域总面积354平方公里。地势西南高、东北低，大部分地区海拔在1500米左右。截至2021年，下辖芦阳、东关、城关、城北（原名城北墩）、席滩、寺梁、西林、石城、条山（原名一条山）、芳草、十里（原名十里沙河）、红光、响水等13个行政村，下设79个村民小组；7121户27324人，常住人口5023户20891人。主要为农业人口。中共芦阳镇委员会、芦阳镇人民政府驻芦阳村。

一

芦阳镇历史悠久。域内黄崖沟岩画，据考证距今约5000年左右，证明当时即有人类在域内活动。张家台遗址发现距今4500年前的新石器的公共墓地，曾出土过彩陶、红陶及其他文物。营盘台遗址和蓆滩（今席滩）遗址，均属于新石器时代的文化遗址，距今约4500~5000年。西汉初，在河西置郡县，汉武帝元鼎六年（前111年），于芦塘东3公里处即今鸾沟（也作吊沟）梁一带建媪围县。因地理位置特殊，在数千年的历史发展中，其归属多变。从明万历二十六年（1598年）到清宣统元年（1909年），芦阳地区曾为平凉府固原州靖虏卫管辖。民国二十二年（1933年）1月31日，时民国甘肃省政府决定成立景泰县，县治大芦塘，即今芦阳镇所在地。因水塘遍布，芦草茂密，故名。大芦塘城，明万历二十七年（1599年）修建，又名芦阳城。时县设四区，芦阳为一区。民国二十九年（1940年），设芦阳乡。

1936年10—11月，中国工农红军第四方面军（后改称西路军）在进军河西过程中，曾先后驻军一条山、席滩、西林、芳草、城北墩等村，时任四方面军总指挥徐向前、三十军军长程世才、政委李先念在双龙寺指挥过与国民党马家军的激烈战斗。尤其是一条山战斗，非常惨烈，史称"一条山血战"，书写了芦阳地区红色革命史最为浓烈壮丽的一笔。

1949年9月12日，景泰解放；9月21日，景泰县人民政府成立，县治芦阳；10月15日，景泰县设3区，芦阳属一区，区公署驻芦阳，下辖4个乡。1950年7月，改名一区，改署为所，区下设乡，乡下设行政村。1956年，芦阳乡改芦阳镇。1958年9月，成立芦阳人民公社。1961年10月，芦阳公社分为芦阳、响水两个公社。1965年8月，响水公社并入芦阳公社。1971年，景泰川电力提灌工程一期工程建成，芦阳公社所属相关生产大队移民陆续搬迁灌区，至1974年，陆续组建龚家湾、沙槽子、唐马窑、寺梁、大梁头大队。1983年7月，芦阳公社改为芦阳乡，所辖生产大队改为村民委员会，生产队改为村民小组。1985年9月，芦阳乡复改为芦阳镇，村级实行村民自治。

从1933年成立景泰县治所芦阳城，至1978年县城迁址一条山镇之前的45年间，芦阳是全县政治、经济、文化中心，芦阳镇在景泰县的发展中占有重要地位。1949年中华人民共和国成立以后，中共景泰县委、县政府领导全县人民，按照党中央的部署，完成土地改革、农业合作化、手工业个体工商业的社会主义改造、人民公社化，全面开展社会主义建设事业。县城搬迁一条山镇以后，芦阳镇调整站位，因时制宜，调整产业结构，在现代农业、建筑业、养殖业、旅游业、服务业等行业进一步发展。

二

历史上的芦阳，一直是以农业生产为主要生产活动的地区。汉设媪围县，黄河河谷的二阶台地及有泉水出露的川源地，皆有军民屯田。明中叶以后，域内先民开垦土地，兴修水利，铺压砂地，发展农业，不断繁衍生息。

截至1949年，全镇有耕地24945亩，其中水地5635亩，车水地403亩，砂地13361亩，余为旱地。传统农业以种植粮食作物为主，主产小麦，麻、谷次之；种少量经济作物，如油料、棉花、瓜类、蔬菜等。养殖业、林果业发展缓慢。由于环境恶劣，干旱少雨，农业技术落后，粮食产量不高，每年粮食缺口较大。

中华人民共和国成立后，改革土地制度，发展互助合作，兴修水利，鼓励农业和畜牧业生产，使农业生产得到迅速的恢复和发展。1951年5月，完成减租减息。1951年冬至1952年3月，完成土地改革，无地少地农民都有地耕种。土改后，互助组、变工队广泛发展。1954年，芦阳乡试点建立初级农业生产合作社，1956年，转为高级农业生产合作社，完成对农业生产资料私有制的社会主义改造。1958年秋，成立芦阳人民公社，实行农、林、牧、副、渔五业并举。以生产大队为核算单位。也在这一时期，形式主义、浮夸风盛行，给生产和人民正常生活带来很大破坏，加之天旱等自然灾害的原因，造成三年国民经济困难时期。

1971年10月，景电一期工程建成上水，千年荒漠得到黄河水的浇灌。芦阳公社搬迁673户3528人。从根本上解决了芦阳地区干旱缺水、农业停滞不前、人民生活水平持续低下的状况，农业生产焕发勃勃生机。

按照气候类型、土地类别和作物生态条件等因素，镇域农业生产划分为川滩高扬程提灌农林区、高扬程提灌和井灌交叉灌溉农牧区、泉水灌溉和井水灌溉农牧区等三个农业区域。主要农作物有小麦、玉米、胡麻、糜谷、黄豆、麻籽及瓜菜。1980年以前，粮食种植面积占总播种面积90%以上。1981年，全面落实党的十一届三中全会精神，全公社实行家庭联产承包责任制，粮食产量连年上升，人民温饱问题基本得到解决。1984年，因为种植结构单一，比例失调，出现夏秋作物用水矛盾，同时，由于重茬种植，导致小麦、胡麻发生大面积病害，县上提出"三压三扩"（压夏扩秋；压缩低产作物，扩大高产作物；压缩单一种植，扩大间套复带）的调整方针。1988年，该调整方针在芦阳灌区全面推开。1991年，芦阳镇进一步调整灌区种植业结构，夏粮灌水紧张及单一种植造成作物死亡导致减产的矛盾得到缓解。1997年1月，在第一轮土地承包到期后，土地承包期再延长30年。二轮土地承包后，通过连片流转土地，芦阳镇发展水产养殖业，种植各类经济作物，农民就近务工，收入大幅度增长。进入21世纪，全镇以规模养殖、特色种植、优质果品、种子繁育、建筑建材、劳务输转、能源开发、文化旅游为主导产业，2000年后，产业结构得到进一步调整。2016年，全镇完成农作物种植面积占总耕种面积71%左右，加大油料、瓜菜、林果种植面积，并修建鱼塘，增加水产业。嗣后，镇上积极申请项目，建设高标准农田，严格按照中央政策落实粮食直补及农资综合补贴政策，农民种粮积极性得到提高。2017年，粮食种植面积调整至58%，增加油料、蔬菜、黑谷子、辣椒、文冠果种植面积，新增皇冠梨、早酥梨种植，流转土地，建成第五代日光温室和肉羊养殖小区；开发500余亩养殖水域面积。2021年，芦阳镇实施"福临芦塘·年味小镇"项目，以芦塘城为中心，东西文旅发展为横轴、南北农业发展为纵轴，打造乡村振兴先行示范区、易地搬迁后续产业示范区、村集体经济发展示范区、城郊经济发展示范区、撂荒地"三变"示范区，形成"农业+文化+旅游"融合发展的产业格局。

三

由于历史及资源的原因，芦阳地区的工业、制造业、商业及服务业基础差，底子薄。最早的制造业，始于汉代的石灰和砖瓦的生产和使用。明代中叶即有采煤业。清乾隆年间开始，本地人引进砂锅制造技术。20世纪20年代生产白土和石灰石粉，40年代初引进制缸及相关陶瓷制造技术以及以滩羊皮裘衣为主的皮毛加工业。较为普遍的是打造、生产一些简单的铸造犁、铧、铁锨、火炉、农具以及生产镰刀、铲子、马掌等小件农具。1949年以后至改革开放以前，计划经济模式下的制造业和服务业发展缓慢，尤其是对农村"五匠"的限制，工业及制造业都没有明显的进步。作为公办企业，有为数不多的几家专业砖厂，尚属规模较大、产量较高、效益较好的社办企业。进入20世纪七八十年代，随着景电提灌工程的兴建和农村电力的发展，社队企业逐年增多，先后办起修配、农机修造、木器、面粉加工、榨油、皮革加工等小型企业。国家支持大办乡镇企业，鼓励农民利用当地资源发展多种经营，发展社队企业，芦阳镇出现一批专业户、重点户和新的经济联合体，个体企业和联办企业得到迅速发展。此外，出现十来家榨油、粉碎、米面加工专业户。作为地方新兴工业的有保洁用具、建材、水泥的生产和建筑业、服装加工业、交通运输业、影像业、印刷业等商业服务业和第三产业的兴起，其中有甘肃省最早生产石膏新型建筑材料的企业，其产品远销青海、宁夏、重庆、四川、天津、北京、河北、辽宁、黑龙江等省市；水泥被中国中轻产品质量保障中心认定为"中国消费者放心购物质量可信产品"。随着1978年县城由芦阳搬迁一条山镇，尤其是改革开放带来工业和第三产业的兴起，借助天时地利人和等优势，建筑行业迅速发展，建筑队伍不断壮大。20世纪90年代，全镇建筑企业在量的增加和质的提高上取得突破性进展。非公经济带动了区域经济的发展，拓展了农村就业空间，成为农民增加收入的重要途径，对全镇经济发展、社会稳定产生重大影响。这是全镇企业发展的最好时期。

四

历史上，芦阳镇是一个具有教育传统的地区。清嘉庆十四年（1809年），大芦塘即创建义学。清后期，域内一些经济条件较好、重视教育的乡绅在本村先后创办私塾（家塾）。清光绪二十年（1894年），芳草人、"建威将军"李宗经解甲归田，即在村内创建私塾。明清两朝，大小芦塘一带有文进士2人，武进士1人，文举人18人。民国二年（1913年），小芦塘创办响水小学。民国四年（1915年），大芦塘创建靖远县第四高等小学。20世纪20年代，在教育人才极其匮乏的条件下，分别有拉牌头、麦窝、索桥、红光等村创办私塾，尽其所能地让子弟接受启蒙教育；30年代后期，城北墩创办家塾。1942年，红磜村捐资捐物创办私塾，成为嗣后由政府创办当地小学的前身。1945年，创办景泰简易师范学校。1949年以后，芦阳地区的教育事业发生根本性的变化，取得巨大进步。党和政府以各种形式推行普及教育，提高教育质量，全乡镇（公社）及所属行政村（生产队）受教育群体的文化程度得到空前提高。除各村有村属小学（其间也有过戴帽中学）外，先后创办芦阳农业中学、红专学校、芦阳镇农民文化技术学校。由于历史原因，上述学校存在的历史都比较短，但为提高人民教育水平作出了积极贡献。另外，中华人民共和国成立初期，各村先后办冬学、民校，进行扫盲，如1950年冬，芦阳中心小学附设"农民夜校"，许多社员尤其是妇女社员加入扫盲队伍。各村利用各种时机和力量，对村民进行扫盲教育，凸显出非常重要的实际意义。至1958年，全公社大部分青年脱盲。20世纪50年代至20世纪末，作为乡村中小学师资力量的重要组成部分，广大民办教师（代课老师）爱岗敬业、任劳任怨，为全镇的教育事业做出了重要贡献。

至2021年，芦阳学区有1所初级中学，5所完全小学，4所幼儿园（含私立幼儿园1所），4所小学附设学前班，教学点5处。在校学生837人，其中初中生214人、小学生442人、幼儿181人；教职工206人，其中初中专任教师45人，小学专任教师160人，公益岗人员1名；专任教师中研究生1人，本科学历140人，专科学历59人，中师学历5人，学历合格率100%，其中省教学能手2人，市县学科带头人4人，市县骨干教师15人。中小学的布局和规模满足义务教育发展的需要，适龄儿童、少年均能就近入学。小学建筑面积15875平方米，生均35.92平方米；中学建筑面积7383平方米，生均34.5平方米。

五

历史上，芦阳地区的医疗条件落后，人民的身体健康得不到基本保障。清末民初至1949年，主要是民间中医的针灸、推拿、拔火罐、刮痧、膏药、箍围、熏洗、药酒、吹耳、吹喉、放血、气功等治疗方法及药铺，为群众提供最基本的医疗服务。而较为普遍的是多以迷信的方式，尤其是通过神灵护佑的方式治病。至20世纪20年代，公办卫生院开办，有了现代医学和医药，可以治疗一般的常见病。但由于治疗手段落后，专业人才缺乏，加之药价昂贵，对于一些大的流行病及瘟疫，缺乏基本的应对能力，如20世纪三四十年代白喉及天花病的流行，出现重大死亡现象。1949年以后，从根本上改变了这一局面。20世纪五六十年代，除县医院为人民提供基本的治疗条件外，响水、芳草、席滩、一条山、红光等大队分别开设医疗站，负责预防接种、妇幼保健、常见病诊治、传染病隔离和报告、宣传卫生常识等工作。70年代以后，县、公社、大队三级医疗事业发展迅速，卫生站补充资金，更新医疗器械，中、西药常用药品更加齐全。1974年，芦阳中心卫生院成立。20世纪六七十年代，农村一般疾病的预防及治疗，以普遍未接受过正规严格学习和培训、治疗水平参差不齐的乡村医生即"赤脚医生"为主，他们既是背着药箱的农民，也是农民中的医生，为解决农村地区缺医少药的状况做出积极的贡献。在大队卫生站不断发展的同时，民间医术在防病、治病等方面发挥了一定的作用。1981年5月，除个别大队外全公社大多数大队均有医疗站。

长期以来，少数贫困人口因病致贫、因病返贫。2015年以后，健康扶贫成为精准脱贫攻坚的内容。在村民自愿参加基本医保的基础上，所有贫困人口100%参加基本医保，建档立卡户再申请享受民政参保费用资助政策。

至2021年末，芦阳镇有中心卫生院1个，计划生育技术服务站1个，村级医疗站18个，个体诊所14个，床位30张，固定资产总值251万元。专业卫生人员50人。形成以芦阳中心卫生院为龙头、以医疗站为支点、以村卫生室为补充的镇级医疗预防体系。

六

　　传统文化方面，秦腔在景泰及芦阳地区的发展，起源于清末民初，兴盛于20世纪三四十年代。相对大戏秦腔而言，还有由民间小曲演化而来的曲子戏，曾经流行一时的眉户戏以及短暂流行过的皮影戏等等。包括芦阳地区在内景泰秦腔的兴起，既是得力于来自陕西等外埠艺人的热心传授，更是得力于本地秦腔老艺人的推广，移花接木，承前启后，为秦腔的兴起作出贡献。截至1949年，景泰有芦阳、五佛、永泰、正路、一条山等5个业余剧团。中华人民共和国成立后，业余剧团很快就发展到36个，主要演员有500余人。从20世纪50年代末到60年代，秦腔得到广泛普及和发展，几乎村村都修盖戏楼，置办戏装、道具和乐器，各村都涌现一批批男女演员。20世纪50年代，芦阳乡业余剧团自编自演过一些反映社会生活的剧目，受到欢迎，并获省级、地级的各种奖项。1984年，芦阳乡前后成立13个业余剧团。

　　进入21世纪，随着电视的普及，秦腔渐渐淡出年轻人的视野。中老年人中，更多的秦腔爱好者通过各地方台观看、欣赏秦腔；另有一部分爱好者，自发结班，在城乡的广场、公园、茶社自唱自乐。

　　2017年，在甘肃省人民政府公布的第四批非物质文化遗产代表性项目名录上，其传承人都在芦阳镇的"甘肃打铁花""景泰砂锅制作艺术""景泰树皮笔画"三项榜上有名。

　　2016年杀青并在景泰县上映的电影《血太阳》，根据乔仲良同名小说改编而成，是景泰县历史上第一部主要由芦阳籍作者、编导自编、自导的影片，受到广泛关注。

　　文学艺术创作方面，截至2020年，全镇从事业余文艺创作的人员170余名，其中有50多人在市（地）级、省级以上报纸杂志上发表作品520多篇（部、件）。

　　乡村文化建设方面，1949年前，群众文化活动的主要形式是庙会；1949年后，带有迷信色彩的庙会被逐渐废止，代之以每年春节村村唱大戏闹社火。20世纪80年代初，深受群众欢迎而被禁锢十余年的秦腔获得新生。尤其改革开放以后，有的村有四五个社火队，全镇每年有千余人参加社火队。元宵节期间，一年一度的社火表演赛，各村的社火队竞相献艺。1978年春节，全公社18个大队组建了20多个社火队。至1982年，有业余剧团10个，露天剧院9处。

1981年4月，公社成立文化站，设施简陋，但活动开展较好；1984年1月，改为乡文化中心，设有农民技术学校、婚育学校、业余党校、体育运动委员会等。截至2021年，开展各种培训，在培训种植业能手、养殖业能手、建筑业技术员、农业机械人员、缝纫裁剪技术以及人口教育、"二五""三五""四五"普法教育等方面，成绩优异。

2020年9月，芳草村建成"芳草村史馆"并正式开放；2021年5月，芳草村组织编写的《芳草村志》正式出版发行，这也是景泰县第一部公开出版发行的村志，标志着芦阳镇在乡村文化建设方面迈出坚实的一步。

2021年，芦阳镇着力打造三村五坊、六街八巷"福临芦塘·年味小镇"，以集中展示芦阳社火、打铁花、跳火堆以及芦阳小吃等民俗风情。

七

2013年底，全镇建档立卡贫困户1124户4202人，贫困发生率15.59%。经过数年的多头并进、夯实基础、发展经济、精准扶贫、建立扶贫工作站、选任扶贫专干、选派镇村工作队长，2018年年底，全镇建档立卡户减少到137户451人。2019年底，红光、十里、响水3个贫困村（其中红光村为深度贫困村），全部整村脱贫。全镇贫困发生率降至0.38%。2020年，全镇边缘易致贫家庭全部清除预警风险，贫困发生率降为零。

在这一过程中，十里、东关村试点种植黑谷子，席滩村试点种植美国红辣椒。建成以寺梁村养殖小区为主的肉羊产业集中区，以城关村盛大猪场为主的肉猪产业集中区，以一条山村蛋鸡养殖小区为主的蛋鸡产业集中区，实施"统一进苗、统一管理、统一销售、统一防疫"发展模式，走"合作社+基地+农户"产业发展之路。为一条山、芳草、西林、红光、十里、响水等村的精准扶贫户、低保户、五保户发放"扶贫仔猪"，并配发饲料和养殖技术宣传单。实施石城村省级美丽乡村建设项目，建成一条山村上滩组和石城村千亩梨园基地，扩大城北、芦阳村枸杞连片种植规模，增加十里、红光、响水村文冠果种植面积。发展以林下养鸡、鸭、鹅为主的立体经济，发展以梨花节为主题的乡村旅游业。发挥石城—西林片区城乡接合区位优势，建成"第五代"土墙+钢架日光温室，吸引贫困户就近务工；石城村发展温室大棚，解决更多的易地搬迁贫困户就近务工问题。发展以文冠果、苜蓿、黑枸杞等为主的现代高效种植示范区。利用文冠果、苜蓿、黑枸杞等产生的落叶、枝条、秸秆作为原料，代替土壤栽培蔬菜和瓜类。建立以牛、羊、驴为主的现代养殖区。以建设石城特色小镇为依托，构建旅游、商业、住宿、文创、影视为一体的文化全产业链。结合景泰县易地扶贫搬迁石城安置点项目，辐射带动全镇易地扶贫搬迁贫困户就近就业，通过务工、开办农家乐、开设店铺等形式，参与到特色小镇的建设过程中。通过农林技术培训、订单培训、定岗培训、定向培训、"互联网+培训"等方式开展就业技能培训、创业培训、农业实用技术培训、"两后生"职业技能学历教育培训、干部和帮扶队员培训，加强对贫困家庭妇女的职业技能培训和就业指导服务，提高技能培训的针对性和精准度，确保每个接受培训的贫困家庭劳动力至少掌握一门就业技能或农业实用技术。对培训后自主创业的贫困劳动力，结合联扶单位开展转移就业结对帮扶，促进跨地区转移就业。开展劳务输出，帮助贫困户参加新疆生产建设兵团招工，建立输出输入地劳务对接平台，做到输出有基地、岗前有培训、劳动有合同、工作有保险、维权有保障。同时，向省内外组织输送富余劳动力，参与所在地建筑业、采掘业、制造业、建材业、服务业和其他行业的工作，增加收入。另外，通过壮大电商经营主体、培育品牌、提高产品质量、农村快递配送体系建设等电商扶贫项目，动员所有的力量参与到提高生活水平的活动中来。

除此之外，通过易地搬迁，提高搬迁群众就业创业能力，通过流转土地，使农村集中安置户有稳定的产业收入。同时，在涉及群众切身利益的教育扶贫、住房安全、生态扶贫、饮水安全等方面，确保做到让国家的扶贫政策惠及千家万户。对完全或部分丧失劳动能力的农村低保对象，在严格动态管理的前提下，实行政策性保障兜底。

1994年，芦阳镇提出"31843脱贫致富奔小康工程"；1999年，制定《1999—2001年芦阳镇三年发展规划》，确定1999年、2000年、2001年分别为芦阳镇"区域经济培育年""区域经济发展年""区域经济提高年";2003年,制定《芦阳镇林业生态小康村镇建设规划》;2006年开始,芦阳镇进行社会主义新农村建设,从经济、政治、文化、社会建设和党建诸方面加强工作力度;2017—2021年,制定精准扶贫规划,建立帮扶单位与帮扶村关系,建立干部帮扶贫困户关系。经过20世纪80年代基本温饱到解决温饱,90年代后初步进入小康社会,到21世纪头20年,历经脱贫攻坚、美丽乡村建设等过程,于2018年脱贫,2021年全面建成小康社会。

2021年,在庆祝中国共产党成立100周年之际,中共芦阳镇委员会被中共中央授予"全国先进基层党组织"称号。这是对芦阳镇历届党委、政府多年来执行党的路线、方针和国家的政策法规,带领全镇人民战天斗地,艰苦奋斗,发展经济,精准扶贫,改变贫穷落后面貌,建设社会主义新农村,实现小康社会以及努力做好党风廉政建设等方面工作的最大鼓励和鞭策。镇党委和镇政府一定能够和全镇人民一起,按照新时期新农村建设的总体要求,认清镇情,锐意进取,调整站位,顺势而为,不断改善和提高人民生活的整体水平,使芦阳镇的明天更加美好。

大事记

汉—元

汉武帝元鼎六年（前111年）

设媪围县，县城鸾沟，隶属武威郡。东汉、三国、魏时，媪围县一直属武威郡。

西魏时期（535—556年）至北周时期（557—581年）

芦阳地区隶属会州（今靖远）。

武周大足元年（701年）

郭元振奏置设新泉军于媪围城（鸾沟）。

唐宣宗大中三年（849年）

芦阳地区复为唐所有，仍属会州（今靖远）。

元朝统一全国

芦阳地区属甘肃行省永昌路。

明

景泰年间

嗣后百余年间为鞑靼松山部落宾兔牧地。

正统二年（1437年）

靖虏卫设塾（庠）。

隆庆元年（1567年）

于黄河小口渡口建索桥。

万历十三年（1585）

大芦塘庙会购置戏箱。

万历二十六年（1598年）

抚臣田乐克复，逐松山部500余里，一条山等处属固原州靖虏卫。

万历二十七年（1599年）

是年，时任三边总督李汶上疏朝廷修筑松山"新边"，芦阳境内的明长城开始修建，三月动工，六月竣工。从索桥至古浪泗水堡长约400里。

是年，创建大芦塘、小芦塘二堡。

万历二十九年（1601年）

镇界东黄河古渡口修建索桥，河面上排24只大船，两岸四根铁铸"将军柱"，用草绳系船成桥。

万历三十年（1602年）

八月，总督李汶命临洮、固原二总兵，由芦塘出边，攻战松山北之"套蒙"，大胜。

万历四十二年（1614年）

于高出河面20多米的小坪建索桥堡，两岸堡内居民300多户。

万历四十四年（1616年）

甘肃省全境大旱。

崇祯七年（1634年）

小芦塘伍卒卢崇光在长城九座墩戍边殉国。

清

顺治年

乙未科小芦塘人祁冲汉中武进士。

顺治十一年（1654年）

是年，化守登被清廷封为"骁骑将军"。

雍正八年（1730年）

边郡改卫置县。

雍正年间

大芦塘人安库才中进士。

嘉庆十四年（1809年）

靖远知县王保澄在大芦塘建义学。

嘉庆年间

始建双龙寺，又名碧云寺。

道光十六年（1836年）

大芦塘人戚维礼殿试中进士，入翰林院。

道光二十五年（1845年）

戚维礼提为郎官（五品）都水司。

咸丰八年（1858年）

陕甘总督奏准招商人承办，于一条山设立盐店，以杜绝蒙盐走私，商人张全兴领帖承销，每年收盐10余万驮，交锞银1.6万两。

同治六年（1867年）

是年，芳草人李宗经收复靖远县城立功，授六品蓝翎。同年，授六品顶戴，提为把总。

是年，岳登龙被委以军哨官之职。

光绪十六年（1890年）

李宗经被诰封"建威将军"（一品）。同年，其祖父李继颜、父亲李世珙诰封"建威将军"，其祖母寇氏、母亲张氏及两位夫人被诰封"一品夫人"。

是年，李宗经被保荐为总兵。

清光绪二十年（1894年）

李宗经解甲归田，在芳草村内创建私塾。

光绪二十七年（1901年）

岳登龙任西宁镇海协。

光绪三十年（1904年）

在一条山始设邮政局，人挑马驮传送邮件。

光绪三十三年（1907年）

九月，岳登龙进京受慈禧太后接见，授江苏海门镇总兵。

光绪三十四年（1908年）

芦阳秦腔爱好者组织临时戏班，时称同乐社。

宣统三年（1911年）

响水人李蓝田留学日本。

清末

响水人卢守泉获朝廷赐"恩荣仗国"匾额。

清末

响水人马君祯获靖远县府授予"南宫初步"匾额。

中华民国

元年（1912年）

芦阳地区属靖远县。

民国初，芦阳大戏班成立。

二年（1913年）

小芦塘创办启蒙学堂。

四年（1915年）

在大芦塘创立靖远县高等小学。

六年（1917年）

3月，成立一条山国民初级小学。

九年（1920年）

12月16日，黄昏时刻，发生8.5级的海原大地震。米家山一带崩裂22.5公里。大、小芦塘人畜伤亡惨重。

十四年（1925年）

兰宁公路全线通车，经一条山到宁夏。

十七年（1928年）

架设兰州至一条山电话线，长115公里，成立一条山电报局。

十八年（1929年）

以陕西、甘肃为中心，发生以旱灾为主，蝗、风、雪、雹、水、疫并发的巨大灾害，波及十多个省份，持续至1930年。

十九年（1930年）

芦阳中学代表队参加靖远县运动会，获网球第一、田径6个项目第一、篮球第二、团体总分第二的成绩。

二十二年（1933年）

1月31日，甘肃省政府决定，红水县和靖远县北区的大芦塘、小芦塘、五佛寺、一条山、锁罕堡、胡麻水、长生窑等地合并，成立景泰县，治所大芦塘。县设四区，芦阳为第一区。

是年，中国国民党景泰县筹备委员会在大芦塘成立。

二十四年（1935年）

是年，一条山有私人盐号14家。

二十五年（1936年）

10月30日，红三十军一部经芦阳抢占五佛黄河渡口。

10月31日，军长程世才、政委李先念率领红三十军军部进驻双龙寺；三十军89师师长邵烈坤带领267、268团，88师师长熊厚发带领265团占领一条山村；三十军政治部进驻秀水村；后勤及三十军医院进驻芳草村；263团布防大芦塘周围。

11月1—5日，红三十军与国民党马步芳部在一条山村展开激战，史称"血战一条山"。并在大芦塘、城北墩、西林、秀水、芳草等地与马家军激战。

是年冬，甘肃青年抗战团（简称"青抗团"）景泰分团在芦阳成立。

是年，景泰县妇女救国委员会在芦阳成立。

二十八年（1939年）

中国国民党景泰县党部在芦阳成立。

二十九年（1940年）

5月，国民党甘肃省政府重新规定各县等级，共分六等，景泰县为五等县。建芦阳乡。

三十年（1941年）

是年，在大芦塘修建县政府，创建卫生院。

8月，甘肃省政府调整本省行政督察区，景泰属省政府直辖县。

9月，甘肃省教育厅给景泰县拨专款成立国民教育师资训练班，培养初级小学教师。

三十二年（1943年）

4月，中国国民党景泰县第一次代表大会在芦阳召开。

10月，景泰县临时参议会在芦阳成立。

三十四年（1945年）

秋，景泰县简易师范学校在芦阳创办。

10月，景泰县第一届参议会在芦阳成立。

三十六年（1947年）

是年，王阶平（大芦塘人）当选国民大会代表。

三十七年（1948年）

联合国亚洲及远东经济委员会援建"景泰毛纺厂"，地址选在芦阳城西关张姓人家院内。厂名为"美利坚合众国援助甘肃省景泰县扶容合作社"。

三十八年（1949年）

9月，在中共地下党的组织下，成立以学生为主的景泰学生团，大部分成员为芦阳人，活动地主要在县城芦阳。

9月12日，学生团缴获国民党景泰县警察队枪支，抓回逃跑的国民党景泰县县长及芦阳乡乡长。是日傍晚，中国人民解放军19兵团63军188师563团进驻县城芦阳。

9月14日，景泰县临时人民政府在芦阳成立。

9月15日，国民党军胡宗南部骑一旅旅长张德成（字钦武）率部向中国人民解放军投降，景泰全境解放。

9月19日，武威专区派曹布诚、李林柯等到景泰工作，即日到芦塘。

9月21日，中共景泰县委、县人民政府在芦阳成立，隶属武威专区；曹布诚任县委书记，李林柯任县长。

中华人民共和国

1949年

10月15日，设芦阳区，下设4个乡。

10月，新民主主义青年团景泰县工作委员会在芦阳成立。

11月28日，景泰县第一届各界人民代表大会在芦阳召开。

是年，芦阳区第一乡政府召开第一次行政会议，要求旧保甲长向新任乡长交接，文件造册交清。

1950年

9月13日，景泰县第二届各界人民代表大会在芦阳召开。

是年，发行胜利折实公债，均以实物折价。折实公债的单位定名为"分"，票面额为1分、10分、100分、500分4种。

是年，各村建立农会。

是年，芦阳区农民棋手王生荣获县象棋比赛冠军。

是年，城关村刘作栋获剿匪"先进个人"称号。

1951年

3月5日，城北墩村王守珊出席甘肃省第一届劳模大会，与会代表受到省长邓宝珊接见。

4月，在芦阳召开景泰县各界人民代表会议，成立抗美援朝分会，开展抗美援朝运动。芦阳区有71人参加志愿军。

5月1日，全县首届球类运动会在芦阳举行。

6月27日，景泰县第三届各界人民代表大会在芦阳召开。

10月1日，土地改革开始。

是年，中共西北局为学生团成员王怀瑜、王庆云、李作标分别授予"西北解放勋章"。

是年，开始取缔反动会道门。

1952年

3月，土地改革完成。

9月14日，景泰县妇女代表大会在芦阳召开，成立景泰县民主妇女联合会。

12月28日，景泰县第四届各界人民代表大会在芦阳召开。

是年，农民自愿组织互助组。

是年，旱灾，粮食减产。

1953年

1月13日，景泰县第五届各界人民代表大会在芦阳召开。同日，芦阳供销合作社成立并登记。

6月30日，进行第一次全国人口普查。芦阳区人口2456户，13826人，其中女6645人。

是年秋，开始实行粮食统购统销，取消粮食自由买卖。

是年，先后在芦阳、响水、一条山组建信用合作社。

是年，景泰地区发生5级地震，芦阳部分房舍四周裂缝、墙基沉陷。

是年，芦阳乡30多名村民受征参加进藏骆驼运输队。

是年，互助组陆续转为初级农业生产合作社（简称初级社）。

1954年

1月，县上在芳草村进行试点，成立初级农业生产合作社。

2月，芦阳乡进行普选。

4月，景泰县第一届人民代表大会在芦阳召开。

10月28日，中国共产党景泰县第一次代表大会在芦阳召开。

1955年

3月，乡人民政府改称乡人民委员会。

4月，各区公所改为按地名称谓，一区改称芦阳区。

是年秋，景泰县第一所幼儿园在芦阳创建。

1956年

5月11—18日，中国共产党景泰县第二次代表大会在芦阳召开。

7月1日，县广播站在芦阳建成，开始播音。

8月1日，开始转社并社工作。同时实现手工业、信用、个体商业合作化。

9月8—10日，景泰县第二届人民代表大会在芦阳召开。

是年，芦阳乡改镇。

是年，包兰铁路第五工程段驻一条山村。

是年，初级社转为高级社，至1958年全部完成。

1957年

2月，响水村党支部书记郝邦才被评为省农业劳动模范，赴北京出席全国先进生产者代表大会，受到党和国家领导人接见。

是年，芳草村李有仁以县优秀青年代表身份，在兰州受到中央领导邓小平接见。

是年，八级以上大风20多次，大面积农田受灾。

是年，一条山盐务局迁往营盘水。

是年，城关村李发源获武威地区"植树造林先进标兵"称号。

1958年

6月，响水群众提出"提黄河水浇米家山北滩"的建议，芦阳公社组织干部进行工程草测。

8月，在响水大队黑土坡、九座沟等地开展大炼钢铁活动，来自定西、渭源、通渭等地数千人参加。历时近半年。

9月，成立芦阳人民公社。

是年，全公社推行吃食堂。

是年秋，各大队办起幼儿园、托儿所。

是年，在"人人学文化，个个脱文盲"的口号下，组织农民业余学习文化课。

1959年

是年，在红光石峡动工修建水库。

是年，白银市在一条山大队建立"白银市农牧场"，后改为"甘肃省国营一条山农牧场"。次年改名为"甘肃省国营一条山农场"。

1960年

2月，一条山大队划归甘肃省国营一条山农场。

5月，东关大队张述敏被选为县、省先进民兵，出席国务院、中央军委召开的民兵代表大会，获得奖励五六式半自动步枪一支。

8月，中共甘肃省委第一书记张仲良到芦阳农村参加生产劳动。

是年，根据芦阳公社、队干部和群众的要求，白银市组织工程技术人员到一条山滩、草窝滩等地草测，冬季，形成《白银市米家山电力提灌工程草测报告》。

1961年

10月，芦阳公社分为芦阳、响水两个公社。

11月，县医院妇幼防疫股在芦阳公社抽查两个大队的妇女劳动保护情况，共检查525人。

1962年

是年，建成芦阳剧院。

是年，张述敏获省军区"五好民兵"称号。

1963年

5月，芦阳公社拔河队在"五一"节县运动会夺冠。

1964年

6月30日，进行第二次全国人口普查。芦阳公社人口825户10128人，其中女4974人。响水公社人口926户5497人，其中女2750人。

是年，603打井队驻一条山大队。

是年，红光大队民兵在芦阳公社民兵大比武中获第一名，代表芦阳公社在全县民兵大比武中获射击第一名。随后芦阳公社8人代表景泰县到武威地区参加西北军区第一局举行的民兵射击比赛，获集体射击第二名。

1965年

8月，响水公社并入芦阳公社。

是年，一条山村党支部书记田自福参加全国少数民族参观团到北京，参观团受到党和国家领导人接见。

1967年

5月，芦阳公社拖拉机站在一条山大队建立。

是年，杨天锡参加我国第一颗氢弹爆炸试验。

1968年

是年始，芦阳公社所属各大队分期分批接受主要来自兰州、白银及本县城市户口的知识青年，至1977年达2000多人。

1969年

1月，芦阳人民公社开办"五七中学"。

2月，学校废除教学班、班主任制，组建班、排、连民兵建制。

4月，解放军某部进驻芦阳，指导学生挖地道、造地雷。

10月10日，景泰川电力提灌工程指挥部进驻芦阳原县人民委员会大院。

10月15日，景电一期工程正式开工。同期，公社成立民工营。

是年，公社教师辅导站成立。

1970年

7月中旬，省革命委员会副主任胡继宗在芦阳调研教育教学情况。

1971年

6月，城关小学少年男篮队获武威地区冠军。

10月1日，景电一期工程开机上水。

1972年

是年，景电一期工程芦阳公社保灌耕地2.2万亩。

是年，芦阳公社各大队构筑打防结合、平战结合的地下防空工事。

是年，东关大队群众在田间劳作取沙时，发现张家台远古文化墓葬遗址。

1973年

3月，县文化馆在东关大队群众取沙的沙坑内清理一座暴露残墓，南北葬向，以砂质红石板为棺，其盖为一不规则长方形石板，棺内置小孩股骨一段，彩陶罐、双耳灰陶罐各一。

6月，北京医疗队来景泰，在芦阳公社开展以防病治病、"两管五改"（管水、管粪，改水、改灶、改厕、改畜圈、改环境）为中心的爱国卫生运动。

9月，芦阳中学实行"开门办学"。

是年，芦阳中学男篮获武威地区中学生篮球赛冠军。

1974年

5月，景电一期工程主体工程提前建成，达到设计标准，按期实现"两年上水，三年受益，五年建成"的计划，灌溉土地面积30万亩。

7月，芦阳中学男排代表武威地区参赛，获省赛冠军。

8月，芦阳中学男排代表甘肃省参加全国中学生排球赛，在四川温江赛区名列第八。

12月，各公社文艺节目汇报演出在芦阳举办，全县280多人参加汇演。

12月2日，武威地委、行署在芦阳召开全区农田基本建设经验交流会。

是年，省农业厅拨款对景泰川灌区进行飞机喷药，芦阳地区防治病虫面积

10万余亩。

是年，开始向景电一期灌区搬迁农户。

是年，芦阳中心卫生院成立。

是年，芦阳大礼堂开建。

是年，城关小学篮球队在县、地两级比赛中，连夺桂冠。6月份，代表武威地区去临泽参加"全省小学篮球赛"，获第三名。

是年，芦阳公社完成公购粮167.7万公斤。

1975年

是年春，省考古队在东关大队群众取沙的原沙坑西侧的羊圈内进行考古发掘，发掘面积700多平方米，清出墓葬22座。张家台遗迹的发现，把景泰区域内有人类活动的历史向前追溯到新石器时代马家窑半山时期。

3月12日，经省革委会组织验收，景电一期工程正式交付使用。

10月24日至11月17日，原兰州军区在一条山地区组织陆军师检验性实兵演习，县委成立支前领导小组，从芦阳等4个公社41个大队抽调144名民兵、干部组成武装基干连参加演习。

是年秋，全省带状种植现场会议在芦阳召开。

是年，芦阳公社完成公购粮223.35万公斤，创公社（乡、镇）成立完成国家公购粮之最。

1976年

是年，唐山大地震，芦阳公社捐款捐物，其中毛毡近千条。

9月，马昌山电视差转台建成。

是年，芦阳大礼堂建成并投入使用。可容纳近千人。

9月9—18日，景泰县在芦阳礼堂举行悼念毛泽东主席逝世活动。

10月，"文化大革命"结束。

是年秋，持续降水，秋禾受损严重。

是年，芦阳中学红卫连获"优秀红卫连"称号，出席省先进集体表彰会。

是年，公社派贾兵带领李树华、杨礼清、李玉秀、马如谦、王兰元赴武威地区参加先进集体、先进工作者会议。

是年，芦阳公社完成公购粮148万公斤。

1977年

12月，贫管会、工宣队撤出学校。

12月，国家恢复高考制度。

是年，西关大队李兰英当选甘肃省第五届人民代表大会代表。

1978年

1月28日，省革命委员会批示：景泰县治所由芦阳迁至一条山火车站（后为一条山镇）。

2月，开始平反冤假错案。

2月，芦阳小学教师闫秀英被武威地委、行署表彰为"教育系统先进工作者"。

4月9—12日，县委、县革命委员会在芦阳召开全县农业机械化会议。

5月20—23日，武威地区革委会在景泰召开全区农机管理芦阳现场经验交流会议，推广芦阳公社农机管理经验。

8月，芦阳大队惠金兰参加全省自行车赛，获30公里第一名。

8月，城北墩大队龚珍凤在甘肃省五运会破女子手枪慢射省纪录。

9月，撤销学校红卫兵组织。同时，撤销"革命委员会"组织机构，改建党支部、校务委员会组织机构。

9月，根据省教育厅通知，学校改春季始业为秋季始业。

10月，红光大队民兵营9名民兵每人参加武威地区三项竞赛课目中的两项，赢得竞赛奖及班组打坦克对抗赛等课目优胜奖。

10月，全国知识青年上山下乡工作会议决定，停止知识青年上山下乡运动。

是年，响水大队杨凤朝赴兰州参加甘肃省第一届科学技术大会。

是年，省体委决定芦阳中学为篮球项目重点学校。

1979年

8月3—5日，农业机械部农机化管理局负责人在省农机局领导的陪同下，视察景泰县及芦阳公社的农机工作。

是年，春末夏初大旱，田禾受灾严重。

是年，城关大队路秀英获甘肃省妇联"三八红旗手"称号。

1980年

1月，景泰县邮电局设芦阳邮电所。

4月，武威地委、行署确定芦阳大队为县级人大代表直接选举试点。地委、县委派工作组。

是年，芦阳机站被评为全国农机管理使用先进单位，机站党支部书记、站长吕俊受到国务院领导接见。

是年，双龙寺、张家台、教场梁、城北墩等处遗址被确定为县级文物保护单位。

是年，芦阳中学男篮代表队参加武威地区、甘肃省中学生篮球赛，均获第一名。参加全国中学生篮球赛，获西北赛区第四名。

是年，公社成立农民成人文化技术学校。

1981年

4月，成立芦阳公社文化站。

10月，芦阳公社全面推行家庭联产承包责任制。

是年，各校开展"五讲""四美""三热爱"活动。

是年，春末夏初大旱，农田受灾严重。

是年，从甘肃清水农业学校引进天亚2号胡麻优良品种。

是年，芦阳大队安正秀（女）获全省女子自行车20公里第一名。

是年，城关大队刘海花出席武威地区五好家庭表彰大会，被授予"五好家庭"称号。

1982年

6月，芦阳公社被武威地委、行署评为民兵工作三落实先进单位。

7月1日，进行第三次全国人口普查，芦阳公社18个大队，人口4465户25253人，其中女12864人。

9月，景泰第二建筑有限责任公司成立。

10月，公社文化站被武威地区文化教育局树立为"全区农村文化艺术工作先进集体"。

11月，在全省农村文化艺术工作先进集体、先进工作者代表会议上，公社文化站被省文化局授予"先进集体"称号。

是年，经武威地区批准成立景泰县芦阳联建公司。

是年，芦阳公社机站站长吕俊被评为省先进工作者，出席省劳模大会。

是年，城关大队大队长路秀英当选甘肃省第六届人民代表大会代表。

是年，维修芦阳剧院。

1983年

3月31日，省委、省政府决定成立景泰川电力提灌二期工程指挥部。

6月，芦阳公社改为芦阳乡，所辖大队改为村民委员会，生产队改为村民小组。

7月1日，中共芦阳乡第七次代表大会召开。

是年，一条山村刘永祥被共青团中央和农业部评为全国农村青年科技示范户标兵。

是年，城关村路秀英获武威地区"三八红旗手"称号；同年，获全国妇联"三八红旗手"称号。

是年，城关村刘海花被甘肃省妇联授予"五好个人"称号。

1984年

1月15日，参加过抗美援朝的东风村张兴仁作为特邀委员参加景泰县第一届政治协商会议。

1月，乡文化站改为乡文化中心。

1月9—10日，芦阳乡第十届人民代表大会召开。

5月，城关小学校长李光武被评为省、全国优秀班主任，获金质奖章。

12月2日，席滩村会计王学贤参加武威地区农经干部培训会议，并获全国农业合作经济财务会计先进工作者称号。

12月，在"五讲四美三热爱"活动中，一条山村被县委、县政府命名为文明村。

是年，杨天礼获省自行车40公里赛个人第一名。

1985年

9月，经省民政厅批准，芦阳乡复改为芦阳镇。

9月10日，芦阳镇举行第一届教师节庆祝活动。

是年，芦阳镇代表队在景泰县首届农民运动会篮球比赛中夺得男女冠军。

是年，省农机局授予芦阳机站站长吕俊全省"先进农机工作者"称号。

1986年

3月，对全镇18个村委会、91个村民小组村级财务进行整顿，对村级固定资产、村民水电费、历史呆账等11个项目进行清理。

3月，东关村张承慧等联营的银龙建材厂生产的纤维石膏板，被省建材局定为科研项目，并列入国家"星火计划"。

5月6日，县委确定在条山村党支部进行为期两个月的整党试点工作。

6月，芦阳镇成立科普协会。各村成立专项协会。

9月，芦阳镇政府成立镇志编纂小组，由安进元、杨明星、张长春、黄龙云、张学德组成。编纂小组收集部分资料，形成《芦阳镇志》简稿，时间下限1985年。

10月16日，解放军驻景部队战士朱占军等4人从景电一期工程西干五支渠芳草段救出一名落水儿童。

10月23日，中国共产党芦阳镇第八次代表大会召开。

12月2日，解决席滩、芦阳等7个村1.5万人饮水困难的苦碱水淡化工程完工。其中国家投资11万元，县乡自筹2万元。

12月4日，芦阳村戴兆胜出席全国个体劳动者第一次代表大会，受到党和国家领导人的接见。

12月15日，镇团委举办老山作战英模报告会，由三等功退伍军人麦窝村王义法作题为"在老山前线的日日夜夜"的报告。

1987年

春节，镇举行农民运动会。

2月6日，五佛乡马鞍山村划归芦阳镇。

2月16日，芦阳镇召开成立大会，实行镇管村体制。

2月，城北墩村青年农民王万江开挖盐碱地发展咸水养鱼，成活率达90%左右。

8月1日，县委、县政府为景泰籍老山前线立功人员庆功，其中芦阳籍6人。

8月29日，镇妇联在城关村建幼儿园一所。

9月26日，镇党委、镇政府下发《关于稳定和完善土地承包制的几点贯彻意见》，涉及解决承包制出现的一些问题，对烈军属、五保户、困难户优待照顾以及对集体财产管护等问题。

是年秋，芦阳第一初级中学在景泰一中原址上组建。

是年，建成芦阳敬老院。

是年，芦阳镇第十一届人民代表大会召开。

1988年

是年，芦阳镇成立老龄工作委员会。

是年，路秀英当选甘肃省第七届人民代表大会代表。

1989年

6月，甘肃省农科院在芦阳镇培育Fp-1第一代西瓜品种140亩。

是年，中共芦阳镇第九次代表大会召开。

是年，芦阳镇被评为全县统计工作先进单位第一名。

是年，条山村刘永祥被共青团甘肃省委、省农委评为全省农村青年十大标兵、甘肃省新长征突击手。

是年，芦阳镇被市文化局评为先进集体、"社会文化先进乡"。

1990年

1月9日，芦阳镇第十二届人民代表大会召开。

3月，县委、县政府确定芦阳镇为基层政权建设试点。

7月1日，第四次全国人口普查。芦阳镇20个行政村93个村民小组，人口6128户28928人，其中女14538人。

10月，镇党委、政府被市委、市政府授予"百年大计，教育为本"集资办学先进单位。

是年，一条山村刘永祥被共青团甘肃省委、省科委评为青年星火带头人。

是年，景电二期工程建成，芦阳镇部分村民迁居二期灌区。

12月，副镇长张学德被国务院人口普查领导小组授予"第四次全国人口普查国家级先进个人"称号。

1991年

7月1日，芦阳镇举行庆祝中国共产党成立70周年大会。

10月，张学德被公安部授予"全国颁发居民身份证先进工作者"称号。

是年，一条山小学教师李文英获省"园丁奖"。

1992年

10月，全镇开展第二次农村社会主义教育活动。

11月，芦阳二中获甘肃省"中小学德育工作先进单位"称号。

12月9—10日，中共芦阳镇第十次代表大会召开，会议选举产生中共芦阳镇第一届纪律检查委员会。

是年，芦阳镇被市文化局评为先进集体、"社会文化先进乡"。

是年，城北墩村王社获甘肃省"乡镇企业家"称号。

是年，芦阳镇成立治安联防队。

1993年

1月，王万昌（东关村）、罗振铎（芦阳村）、包有德（东关村）、郭瑞云（城关村）等在双龙寺山梁上建红西路军烈士纪念碑。

是年，芦阳镇第十三届人民代表大会召开。

是年，芳草小学被白银市教育局评为"标准化学校"。

是年，东关村孙友龙被评为省先进乡镇企业家。

1994年

9月，城关小学被省委、省政府表彰为先进集体。

10月，省景电管理局在响水村属地建成景电工程纪念园，为甘肃省省级爱国主义教育基地。

12月，响水小学被市政府评为"示范化学校"。

是年，芳草小学被确定为省项目管理示范学校和"窗口学校"。

是年，席滩小学被市教育局评为"标准化学校"。

是年，城北墩村王社被评为全省"优秀农民企业家"。

是年，芦阳镇成立文物管理领导小组。

是年，石城小学教师张茂郁获"省园丁"奖。

1995年

7月，芦阳镇国防工程军民共管质量被省军区评为优秀。

是年，一条山小学被市政府评为"示范化学校"。

是年，雷百庆、马如勋分别获人事部、国家教委"全国优秀教育工作者"奖。

是年，景泰县村民委员会换届选举，在芦阳镇先行试点，全镇19个村统一理顺换届时间，全部完成换届选举。

是年，条山村马玉芳获甘肃省"关心下一代工作先进个人"称号。

1996年

1月，芦阳镇第十四届人民代表大会召开。

3月，条山村马玉芳被全国妇联授予"三八红旗手"称号。

8月，镇文化站被省体委授予"甘肃省群众体育先进集体"称号。

9月，芦阳第一初级中学迁址大梁头。

是年，县第一建筑有限责任公司被评为省先进乡镇企业。公司经理孙友龙被省政府评为捐资助学先进个人。

是年，芳草村武克玉获省政府"1994—1995年捐资助学先进个人"称号。

是年，镇文化站被市文化局评为示范文化站。

是年，芳草小学被市教育局评为"示范化学校"。

是年，红光小学被确定为"省项目管理示范学校"。

1997年

是年，芦阳镇代表队在县"丰收·绿色·水利"杯农民运动会上获得团体总分第一名。

是年，芦阳镇在全省第九届运动会上被表彰为"群众体育先进集体"。

是年，兰州泰生集团董事长张守忠（一条山籍人）捐资31万元，修建一条山小学教学楼。

1998年

是年，一条山村被省民委评为"民族团结先进村"。

是年，芦阳镇获"中国亿万农民健身活动先进乡镇"称号。

是年，镇文化站被评为甘肃省示范文化站。

是年，芦阳镇完成1997—1998年社会治安综合治理目标管理责任，被县委、县政府评为一等奖。

是年，芦阳镇获县委、县政府1998年下半年"渠道衬砌先进乡"称号。

是年,条山村马玉芳被国家民族事务委员会、省政府授予"民族团结进步模范"称号。

1999年

3月31日,芦阳镇农村第二轮土地承包工作展开。

4月9日,芦阳镇获中国农民体育协会"第四批全国亿万农民健身活动先进乡镇"奖牌。

5月,城北墩村党支部书记王社被省委、省政府授予"劳动模范"称号。

5月,芦阳镇代表队获"电力、铁牛"杯农民篮球赛冠军。

5月,石城、十里、上滩村被县委、县政府命名为安全文明村,芦阳二中被命名为安全文明单位。

6月,东关村党支部被县委、县政府表彰为先进党组织。

是年,芦阳镇被县委、县政府表彰为1999年度全县水利重点工作先进乡镇。

是年,芦阳镇第十五届人民代表大会召开。

是年,芦阳镇党委被市委评为"六好乡镇党委"。

是年,芦阳村戚武德获"全国三北生态防护林先进个人"称号。

2000年

5月14日,芦阳镇广播电视"村村通"工程通过省上验收。

5月,城北墩村王社被评为全国劳动模范。

5月,芦阳镇司法所被县委表彰为政法系统先进集体。

7月1日,第五次全国人口普查。

9月26日,甘肃西北方水泥有限责任公司董事长王社被绑架遇害案告破。

12月,城关村沈佐文被团省委授予"省级农业产业化青年领头人"称号。

是年,响水、麦窝、西关、红光4村实施退耕还林(草)工程。

是年,一条山小学被市政府表彰为教育系统"先进集体"。

2001年

3月,城关村雷恩厚被省政府评为第五届乡镇企业"优秀企业家"。

是年,芦阳镇第十六届人民代表大会召开。

2002年

8月10日至11月20日,开展"百日扫毒"攻坚战。

9月,东新村李得福获司法部授予的"模范人民调解员"称号。

是年,省政府表彰城关村付仲云、王治甲捐资助学义举,授予"捐资助学造福桑梓"条幅。

2003年

3月,发生非典疫情。

3月,沈佐文获市政府首届"白银市乡镇企业家"称号。

是年,芦阳镇退牧还草工程全面启动。

是年,印发《芦阳镇禁毒三年(2003—2005)规划》,巩固"无毒乡镇"成果。

是年,马鞍山小学接受香港爱国人士邵逸夫先生捐助资金40余万元,学校搬迁新建。

是年,西林小学被县委、县政府评为教育系统"先进集体"。

是年,城北墩小学被白银市政府评为"白银市五星级学校"和"白银市园林化学校",获"市级绿色学校创建活动先进单位"称号。

2004年

1月,景电高扬程灌区节水农业示范项目在芦阳等乡镇开始实施。

6月,一条山小学被省教育厅小学委员会授予"优秀组织奖"。

12月23日,芦阳镇人饮供水项目通过县级验收。

是年,进行第五次村委会换届选举工作。

是年,城北墩小学被市委、市政府评为"教育系统先进集体";被县政府授予"平安学校""绿色文明学校"。

2005年

9月,芳草小学被县委、县政府授予"教育系统先进集体"称号。

10月,国防部授予镇武装部部长戚继军"全国征兵工作先进个人"称号。

是年,芦阳镇进行新型农村合作医疗试点工作。

是年,西林小学被县委、县政府评为文明单位。

2006年

6月29日，中共甘肃省委授予芦阳镇党委"全省先进基层党组织"称号。

8月，在"白银市首届籽瓜节"上，十里村杨吉伟被评为"籽瓜运销大户"，获市政府奖状，并获奖金2000元。

9月15日，中共芦阳镇第十四次代表大会召开。

是年秋，由省、市侨联牵线搭桥，"台湾财团法人爱心第二春文教基金会"董事长王建煊来寺梁小学考察并决定援建"阁明爱心小学"。

是年，全部免除农村义务教育阶段学生学杂费。

是年，镇党委书记刘在峻被市委评为全市"优秀共产党员"。

是年，东关村王万和、王世红出资，王世泰修建"双龙寺"红西路军烈士纪念碑碑亭。

2007年

是年，芦阳镇被县委、县政府表彰为"2007年度县级文明乡镇"。

是年，逸夫基金会为石城小学捐资修建教室4栋、办公室1栋。

2008年

3月，芦阳镇2007年禁毒工作被县委、县政府奖励奖牌一面，奖金2000元。

3月，芦阳镇2007年度社会治安综合治理目标管理工作，被县委、县政府评为一等奖。

3月，芦阳镇完成《2007年度防范监控和帮教转化法轮功痴迷人员责任书》，获二等奖。

3月，城关村、西林村被县委、县政府命名为"平安村"。

3月，城关小学、一条山小学、城北墩小学被县委、县政府命名为"平安学校"。

3月，芦阳镇在2007年度争取国家投资及招商引资工作中成绩突出，被县委、县政府表彰为先进单位。

4月8日，景泰县第一家军民共建社会主义新农村揭牌仪式在条山村举行。

12月25日，条山村马翠、张明杰家庭被全国妇联评为"全国五好文明家庭"。

是年，东关村被县委、县政府命名为县级文明村。

是年，芦阳镇被县委、县政府评为2008年度文明乡镇。

是年，水沟湿地公园始建。

2009年

3月，县委、县政府表彰芦阳镇完成2008年禁毒工作，奖励1500元。

3月，红光村党支部被县委命名为"五个好"标兵村党支部。

6月，芦阳镇党委、芦阳养殖合作社党总支、芦阳二中党支部被县委表彰为先进基层党组织。

7月，原兰州军区司令员王国生、甘肃省军区司令员陈知庶一行在县上领导陪同下考察条山村、双龙寺红色旧址。

12月，芦阳镇开展"感动芦阳十佳人物"评选活动。

是年，石城小学被县委、县政府授予"先进集体"称号。

是年，景泰陇信源房地产开发有限责任公司党支部获市委"白银市非公有制企业先进党支部"称号。

2010年

2月，双龙寺管委会与景泰红西路军研究会建"双龙寺红三十军军部驻地纪念室"。

7月1日，第六次全国人口普查。

7月30日，芦阳中心卫生院住院部大楼建成并举行落成典礼。

9月，寺梁小学被县委、县政府授予"景泰县教育系统先进集体"称号。

是年，城关村沈佐文获"甘肃省劳动模范"称号。

2011年

6月，中共芦阳镇第十五次代表大会召开。

是年，芦阳镇实施三大经济通道建设，即一条山—席滩红色文化经济通道、石城—西林设施农业经济通道、城北墩—马鞍山丝路寒旱农业经济通道。

2012年

8月，芦阳镇筹措资金抢修响水村下车木峡组被洪水冲毁的水利灌溉设施，解决560亩枣林灌溉问题。

8月，全镇创先争优活动总结大会召开。

9月，镇上筹集资金给席滩村水泥20吨、寺梁村水泥30吨支持维修村阵地，协调水务局水泥管300多根，支持芦阳、东关、城北等村修路修渠排碱。

9月，红光村渠道被水冲毁，镇上协调水务局解决直径40厘米水泥管300根、水泥10吨开展抢修。

12月，芦阳镇被省政府授予"全省城乡居民社会养老保险工作先进单位"称号。

是年，镇妇联被评为全国创先争优妇联先进集体。

是年，西林至石城村一段水泥路被雨水冲刷塌陷。镇上争取县交通局2万元资金补助，县种子管理站捐赠水泥10吨，城北村党总支书记王东升支援挖掘机，修通道路。

是年，全年危房改造345户，上半年120户，下半年225户；其中残疾人危房改造22户。

2013年

1月，举办"芦阳镇董扁杯"象棋比赛。

1月30日，镇书画协会成立，举办"大漠芳洲杯"书画展暨市书画家协会送文化下乡活动。

2月，镇党委会议决定正式启动《芦阳镇志》编写工作。

3月，芦阳镇获2012年度全县民政工作一等奖。

3月，芦阳镇被县政府残疾人工作委员会授予"2008—2012年度助残先进单位"称号。

3月，芦阳镇获县政府2012年度目标考核二等奖、禁毒工作一等奖。

4月23日，甘肃卫视东南西北角栏目播放芳草村李氏树皮笔画专题片。

4月，中央党史办原副主任石仲泉、省党史办原主任杨元忠到条山村考察一条山战斗旧址。

7月，《十送红军》摄制组在芦阳镇水沟湿地公园等拍摄取景。

7月，省科协调研芦阳镇养羊协会、合作社，参观寺梁村兴隆养殖场。

9月，城关小学被市委、市政府授予"教育系统先进集体"称号。

9月，寺梁小学被县委、县政府授予"景泰县高效课堂建设先进集体"称号。

9月，郝天魁教授应邀来镇作芦阳历史文化专题讲座，并举行捐赠图书仪式。

10月，国防大学副校长高金钿中将到双龙寺考察。

12月，省残联检查残疾人危房改造工作。

是年，实施响水、十里、红光等村人饮工程，项目资金720多万元；实施城北村马鞍山组粮食产能项目，资金570多万元。

2014年

6月1—7日，农民书画家黄龙云、王瑞云个人书画作品展在镇文化中心举办。

9月，芦阳一中被县委、县政府表彰为2014年度学校管理先进集体。

11月，城关小学被省教育厅评为"快乐校园"。

是年，芦阳学区校长王英健获省"园丁奖"。

是年，城关村焦鹏元获甘肃省第九届残运会"体育道德风尚奖"。

是年，石城村千亩梨园建成。

2015年

2月，由省卫生和计划生育委员会主办，镇党委、政府承办，芦阳镇趣味运动会在城北村文化广场举行。

9月，芦阳一中被市委、市政府表彰为2013—2015年度全市教育系统先进集体。

是年，北京链家地产资助芳草小学46万元，用于改造校舍。

是年，寺梁村王生铎被评为甘肃省劳模。

是年，石城村被确定为省级美丽乡村建设示范点。

是年，城关村居家养老服务中心建成。

2016年

5月4日，芦阳镇参与团县委组织的纪念"五四"运动97周年暨红军长征胜利80周年"重走长征路·圆梦助学行"公益徒步活动。

6月，镇党委被县委授予"先进基层党组织"称号。

6月18日，中共芦阳镇第十六次代表大会召开。

6月28日，芦阳镇第十九届人民代表大会召开。

7月,石城村党支部被市委评为"先进基层党组织"。

9月23日,省财政厅调研组赴寺梁村调研精准扶贫专项贷款运行情况。

11月29日,芦阳镇召开盐碱地管控治理与开发利用研讨会。

11月30日,市消防大队考核验收组对芦阳镇消防队建设情况进行督查验收。同日,省道路交通管理委员会考核组对芦阳镇道路交通安全工作进行考核。

是年,一条山小学被省教育厅评为"语言文字示范校"。

是年,芦阳镇被县政府授予"2016年度电子商务发展优秀乡镇"称号。

是年,城关村被国家老龄委授予"全国敬老文明号"称号。

是年,景中高速芦阳镇境内工程开工。

2017年

1月,城关小学被省委宣传部、省教育厅命名为中小学德育示范校。

2月27日,中国科学院地质与地球物理研究所兰州油气资源研究中心相关专家、研究员一行8人,由副院长夏燕青带领,实地调研城北村土地盐碱情况。

3月9日,全省市州脱贫成效和贫困县区经济社会发展实绩考核第四考核组考察调研十里村精准扶贫工作。

3月21日,省、市动物疫病预防控制中心来芦阳镇进行包虫病采样工作。

3月28日,省卫计委(今卫健委)在寺梁村举行"家庭保洁车"捐赠仪式,为该村220户村民发放总价值约4万元的垃圾收集车220辆。

5月16日,芦阳镇召开创建全国文明城市暨环境卫生综合整治推进会。

5月,芳草小学少先大队被县委、县政府授予"红旗大队"称号。

7月14日17时32分,芦阳镇出现阵性强降雨天气,并伴有冰雹,农作物受灾面积2644公顷。

7月25日,芦阳镇联合县工信局、阿里巴巴和杨凌戈绿原农业有限公司举办"蜜瓜+互联网"直播销售活动。

9月7日,全省易地扶贫搬迁项目交叉检查组实地检查易地扶贫搬迁石城安置点项目进展情况。

9月13日,省经济合作局一行调研石城特色小镇建设项目。

9月29日—10月8日,芦阳镇在水沟湿地举行首届稻草艺术节。

12月13日,全市电子商务精准扶贫观摩团参观考察芦阳镇电商发展和电商扶贫工作。

12月28日，由天津益加公益组织、UPI国际教育学校联合携手镇政府举办"益加公益爱心资助贫困学生捐赠仪式"。共资助20名品学兼优的贫困中小学生，捐赠爱心款总额1.99万元。

是年，芦阳镇被住建部等部委增列为全国重点镇（乡）。

是年，十里村被县委、县政府授予"平安村"称号。

是年，城北墩小学被评为"甘肃省快乐校园示范校""甘肃省德育示范校""白银市快乐校园示范校"。

是年，"景泰打铁花""景泰砂锅烧制技艺""景泰树皮笔画"入选第四批甘肃省非物质文化遗产代表性项目名录。

是年，城关村雷槐生被市政府授予"农民土专家"称号。

是年，利用项目资金500万元，西林村建设设施蔬菜基地。

2018年

2月6日，市文联组织书协会员到芦阳镇开展"红色文艺轻骑兵"送春联下乡活动。

3月13日，省委政法委副书记、省委"防邪办"主任金祥明督查芦阳镇维稳安保和防邪工作。

3月14日，石城村举行"三变"改革项目首次分红，100余人参加分红。

7月，石城村设施蔬菜项目举行奠基仪式。

8月，镇武装部被市征兵工作领导小组表彰为"2017年度征兵工作先进单位"。

8月，十里村王俪颖家庭获市第三届"文明家庭"称号。

9月4日，全国盐碱水渔农综合利用（甘肃景泰）现场会代表及农业农村部渔业渔政管理局、中国水产科学研究院、省农牧厅、市有关领导一行，深入响水村实地观摩考察。

9月22日，中国科学院院士、科技部973计划项目首席科学家、国家水产原良种审定委员会副主任桂建芳一行实地调研指导芦阳镇水产养殖工作。

11月15日，天津市西青区民政局深入芦阳镇开展对口帮扶工作。

12月，十里村王俪颖家庭被省文明委授予"甘肃省文明家庭"称号。

是年，县委组织部协调资金150万元，完成城北村冷库项目。

是年，条山村杨重雲被省新闻出版广电局评为"全省优秀农家书屋管理员"。

是年，镇妇联获"全省陇原脱贫攻坚巾帼先进集体"称号。

是年，一条山小学被市委宣传部、市委统战部、市民族宗教事务委员会表彰为"第一批全市民族团结进步示范单位"。

是年，十里村党支部被县委授予农村基层党组织建设"五个好"标兵村党支部。

是年，城北墩学校党支部被县委评为"景泰县先进基层党组织"。

是年，全镇脱贫。

2019年

1月25日下午，省委宣传部下派省话剧院到一条山村开展"2019年我们的中国梦——文化进万家活动暨陇原'红色文艺轻骑兵'"惠民演出活动。

2月，省脱贫攻坚领导小组授予镇党委书记白贵海"全省脱贫攻坚先进个人"称号。

3月，镇妇联被省妇联授予"2018年度全省陇原脱贫攻坚巾帼先进集体"称号。

6月，芦阳镇被市委、市政府评为"2018年度全市脱贫攻坚先进集体"。

6月29日，天津市西青区两户爱心家庭分别助养城北、十里村两名贫困家庭女童。

7月23日，省退耕还林办实地督查镇退耕还林工作。

7月29日，市政府办公室实地督查上滩村"厕所革命"建设及芦阳镇体育工程建设情况。

7月29—30日，天津西青区开展认购销售十里村旱砂地西瓜活动。认购300余吨，涉及80余户，其中39户贫困户。

8月，省农业农村厅产业扶贫督导队一行来芦阳镇督查指导产业扶贫资金到户情况、合作社运行规范及"厕所革命"等相关工作。

是年，芦阳镇2013年建档立卡的1111户4138人全部脱贫，红光、十里、响水等3个贫困村整村脱贫。

是年，城关村王玉香家庭获省妇联"最美家庭"称号。

是年，芦阳村郭维平被评为省旅游贡献先进个人。

2020年

1月22日,芦阳镇召开新型冠状病毒感染肺炎联防联控工作会议,制定疫情防治预案,明确应急处置的组织管理、责任分工和防控措施等。

2月,响水村下车木峡卢迎春牵头和村民为武汉抗击新冠疫情捐赠红枣340箱3400公斤、苹果670公斤。

3月,芦阳城隍庙管委会为抗击疫情向武汉捐款10万元。

5月27日,甘南藏族自治州考察团实地观摩学习石城社区易地扶贫搬迁集中安置区社区建设和治理经验。

7月1日,第七次全国人口普查。

8月,十里村王俪颖被市政府授予白银市第五届"孝老爱亲"道德模范称号;同年,被国家卫健委、全国老龄委评为2020年"全国敬老爱老助老模范"。

9月,芳草村建成"芳草村史馆"并正式对外开放。

12月20日,芦阳镇13个村党组织完成换届选举工作。

是年,镇妇联获"全省陇原脱贫攻坚巾帼先进集体"称号。

是年,景中高速及景泰县城东二环通车,途经城北、石城、西林、席滩、一条山、芳草村,并设"景泰南"出入口。

是年,芦阳镇行政村电子商务网点全覆盖。

是年,兰州市文化局原局长党成德(东关村人)向芦阳镇老年人活动中心捐献图书1000余册,书画作品100余件。

是年,芦阳特色小吃大茶糁饭被评为市"十大名优小吃"。

2021年

5月22日晚,芦阳镇组织医务人员、民兵、群众从米家山北坡上山对黄河石林马拉松赛遇险人员进行搜救。

5月,省委、省政府授予镇党委书记周正君"全省脱贫攻坚先进个人"称号。

5月,《芳草村志》正式出版发行。

5月,徐向前元帅长子徐小岩为双龙寺红军旧址题写"红军西路军三十军旧址"门牌。

6月,在庆祝中国共产党成立100周年之际,镇党委被中共中央授予"全国先进基层党组织"称号。镇党委书记周正君赴北京出席表彰大会。

7月，镇党委为86名党员颁发"光荣在党50年"纪念章。

7月25日，镇党委、政府研究决定重启《芦阳镇志》编纂工作。

8月21日，中共芦阳镇第十七次代表大会召开。

8月28日，芦阳镇第二十届人民代表大会召开。

8月，《芦阳镇志》编纂工作推进座谈会在镇政府召开，编辑组汇报编写进展情况。镇党委、政府主要领导和各村负责人参加。

9月2日14时14分，镇政府和镇派出所会同县公安局、县应急局、卫健局、甘肃兰金爆破公司、景泰县旭丰物资有限公司，成功引爆在双龙寺前沙河水塘发现的一枚遗留炸弹。

9月，城北村党支部被省委组织部命名为"全省标准化先进党支部"。

9月27日，全县经济高质量发展现场观摩团观摩芦阳镇"福临芦塘·年味小镇"建设情况。

9月30日，芦阳镇组织干部前往红西路军景泰烈士陵园，向人民英雄敬献花篮，缅怀革命先烈。

10月3日，国际宇航科学院院士、国家杰出青年科学基金获得者、国防"973"项目首席科学家李得天（东风村人），走访故乡，参观景泰四中科技馆、美术馆及德育教育长廊并与学生互动。

10月26日，县新冠肺炎疫情联防联控领导小组办公室发出通告，采取"中小学校全面停课，居民小区、村（社）实行封闭式管理，公交车、巡游出租车等全部停运，县、乡、村道路实施交通管控"等措施。

10月，芦阳镇被省人力资源和社会保障厅、省总工会、省企业联合会、省工商联评为"甘肃省劳动关系·和谐乡镇（街道）"。

12月20日，白银市"无邪教创建示范乡镇"授牌仪式在芦阳镇举行，芦阳镇获"无邪教示范乡镇"称号。

12月，省国防动员和后备力量"三项基础"建设领导小组授予镇武装部部长童飞"甘肃省国防动员后备力量建设先进个人"称号。

12月底，在辖区范围内全面推进农村人居环境"清废"专项整治行动。

是年，条山村马玉芳被市委评为"优秀共产党员"。

是年，芦阳村省级乡村振兴示范村建设完成验收。

是年，全面建成小康社会。

芦阳镇志
LU YANG ZHEN ZHI

第一章

建 置

第一节　镇域位置

芦阳镇治所在今芦阳村、东关村、城关村一带，古有芦羊湖和芦塘之称，因昔日城东一带多小水塘、芦草茂密有黄羊出没而得名。芦阳镇系甘肃省白银市景泰县下辖镇，地处甘肃省中部、白银市西北部、景泰县东部，东濒黄河与靖远县相望，南依米家山与中泉镇毗邻，西南连喜泉镇，西北环一条山镇，东北接五佛乡。东西长约20公里，南北宽约18公里。行政区域总面积354平方公里。

芦阳镇地势西南高、东北低，大部分地区海拔在1500米左右。南横米家山，山北坡多沙梁、土岇和洪积的滩地，滩地大多为砂田耕作区。北部多低山丘，西北界线有景泰川电力提灌一期工程总干渠通过。东部多沟壑，是全县地势最低的地方，有芦阳盆地之称。

第二节　隶属沿革

景泰县历史上战乱频繁，隶属复杂多变。自西汉以来，曾四次立县，五置县城。其中割据统治主要有四次，即东晋归前凉、西秦；唐大中、广德年间被吐蕃控制；宋时隶属西夏；明朝万历二十七年（1599年）以前被鞑靼所据。

夏、商、西周时期，景泰地区为西戎占据；春秋战国至秦属月氏，秦末汉初匈奴破月氏，境内属匈奴休屠王之地。

汉武帝元狩二年（前121年），逐匈奴出河西。景泰地区归汉朝疆域。

汉武帝元鼎六年（前111年），设媪围县，治所弯沟，隶属武威郡，为立县之始。

东汉、三国、魏时，媪围县属武威郡。

西晋（266—316年），属武威郡。东晋（317—420年），属金城郡（今兰州）。

南北朝北魏时（413—518年），属高平镇（宁夏固原）；后高平镇改为原州，故属原州。

西魏时期（535—556年）至北周时期（557—581年），芦阳地区隶属会州（今靖远）。北周保定三年（563年），设乌兰县，今芦阳、五佛一带属乌兰县。隋大业六年（610年），撤并乌兰县。

唐宣宗大中三年（849年），芦阳地区复为唐所有，仍属会州（靖远）。

五代至北宋初，由于吐蕃与汉民杂居，景泰地区未能形成明确的政权管辖。宋宝元元年初（1038年），属西夏。宋宝庆二年（1226年），蒙古族首领成吉思汗攻占西夏北部，为蒙古族所辖。

元朝统一全国后，景泰地区属甘肃行省永昌路。

明景泰年间以后，景泰地区为鞑靼松山部落宾兔牧地。明万历二十六年（1598年），三边总督加兵部尚书衔李汶、兵部尚书田乐、总兵达云等发动松山之战，逐松山部落500余里，大小芦塘、五佛寺、锁罕堡（今喜泉镇兴泉村）、一条山等属固原州靖虏卫（今靖远县）。其间，筑新边墙，明万历二十七年

▲ 图1-2-1　媼围古城遗址

（1599年），创建大芦塘、小芦塘二堡，屯兵千余。嗣后及清朝至民国，芦阳地区塘属兰州府靖虏卫。大芦塘曾设立游击衙门。

民国初，芦阳地区原属靖远县北区（五区），大芦塘、小芦塘各设一村。今响水、麦窝、东风村及米家山一带属小芦塘；芦阳、城北墩、席滩、一条山、红庄、芳草、三塘村等属大芦塘。

民国初红水分县改升红水县，治所先后在红水、宽沟；民国二十二年（1933年），靖远县北区的大芦塘、小芦塘、五佛寺、一条山、锁罕堡、老龙湾、胡麻水与原红水县合并成立景泰县，治所大芦塘。

景泰县成立后，芦阳为一区，辖老龙湾、胡麻水、喜集水、锁罕堡、一条山、大芦塘、小芦塘等村。

民国二十九年（1940年），建芦阳乡。民国三十年（1941年），辖区缩小，设10保，即：锁罕堡、一条山（含芳草）、城北墩（含大席滩、小席滩、娃娃水）、红庄（含红碹、沈家庄、周家窑）、麦窝（含鸾沟、西关）、东关（今东风，含黄崖沟一带）、小芦塘各为一保，芦塘城内外为3个保。

民国三十一年（1942年），老龙湾、胡麻水划归中泉乡。芦阳乡辖锁罕堡、一条山、城北墩、红庄、麦窝、东关、小芦塘和大芦塘，芦塘城内外设3个保。共10保111甲。

1949年9月12日，中国人民解放军进驻景泰，宣告景泰解放；9月21日成立景泰县人民政府，治所芦阳，属武威专区。10月15日，设芦阳区，区公署驻大芦塘，辖4个乡。一乡驻响水，辖麦窝、鸾沟、西关、响水、东关（今东风）及索桥一带。二乡驻芦阳，辖芦阳城区、城北墩和米家山一带。三乡驻一条山，辖一条山、席滩等村。四乡驻锁罕堡，辖芳草、三塘、锁罕堡等地。

1949年9月下旬至10月初，景泰县一区（芦阳）、二区（永泰）、三区（五佛）、四区（大安）、五区（中泉）相继成立中共区委会和区公署。同年秋冬，开始成立区、乡人民政府。县委、县政府向各区委派区委书记、区长、区营长。10月27日，县委、县政府召开区委书记、区长联席会议，决定全县基层政权组织的设置，规定区以下各级政权机构为乡、行政村、自然村。村长由村民选举产生，乡长由区上任命。

1950年7月，改署为所，区下设乡，乡下设行政村。1952年3月，锁罕乡划归六区，增设大水乡。1953年，新增米山、东关两乡，又将大水、芦阳合并为芦阳乡。1955年初，改一区为芦阳区，下设响水乡、东关乡、芦阳乡、米山乡、城北墩乡、席滩乡、红光乡、西关乡；同年10月，撤区并乡，东关、芦阳、米山、一条山并为芦阳乡，响水乡未变。

1955年11月，芦阳区有23个初级社，12月合并为8个高级社，后又合为5个高级社。

1956年，芦阳乡改镇，并增设一条山乡。

1958年9月，乡社合一，成立芦阳人民公社委员会，设党委书记、委员、监委会、宣传部和组织部，下分5个大队。一大队辖芦阳、城关、席滩生产队；二大队辖东关、城北墩生产队；三大队辖响水、东风、西关、麦窝、索桥生产队；四大队辖米家山等生产队；五大队辖一条山、芳草生产队。

1959年4月，将5个大队划为10个大队，同年7月又划为13个大队，即芦阳、东关、城北墩、响水、麦窝、索桥、一条山、芳草、红光、米山、城关、席滩、西关。

1960年2月，一条山大队划归甘肃省国营一条山农牧场。是年，芦阳人民公社辖芦阳、东关、城北墩、响水、麦窝、索桥、红光、米山、芳草等9个大队。

1961年10月，芦阳公社分为芦阳、响水两个公社。芦阳公社辖芦阳、城关、席滩、芳草、城北墩、东关、红光7个大队；响水公社辖响水、上街、下街、麦窝、西关、东风、索桥、米山8个大队。11月，恢复景泰县建制，治所芦阳，属白银市管辖。

1963年，一条山大队从一条山国营农牧场析出，属芦阳公社。

1965年8月，响水公社并入芦阳公社，原属大队调整为芦阳、城关、席滩、东关、城北墩、麦窝、西关、响水、东风、索桥、红光（含米山）、芳草、一条山等13个大队。

1968年3月，芦阳人民公社管理委员会改名为芦阳人民公社革命委员会。

1971年，景电一期工程建成，各大队移民陆续搬迁灌区，至1974年，组建龚家湾、沙槽子、唐马窑、寺梁、大梁头大队。

1978年5月，景泰县治所迁至一条山镇。

1980年8月，龚家湾大队划归杨庄公社，正路公社移民组建的石城、西林两个大队划归芦阳公社，芦阳公社下辖18个大队。

1981年，景电一期工程灌区的唐马窑更名上滩，沙槽子更名石门塬（东新）。

1983年7月，体制改革，政、社分设，芦阳公社改为芦阳乡，所辖生产大队改为村民委员会，生产小队改为村民小组。

1985年9月，芦阳乡复改为芦阳镇。

1986年，芦阳镇下设芦阳、东关、城关、城北墩、东新、席滩、寺梁、西林、石城、大梁、条山、上滩、芳草、红光、麦窝、西关、响水、东风等18个村。

1987年2月，五佛乡马鞍山村划归芦阳镇。

2000年，芦阳镇辖19个村委会，90个村民小组，45个自然村，6416户27577人。

2011年末至2021年，芦阳镇下辖芦阳村、东关村、城关村、城北村、席滩村、寺梁村、西林村、石城村、条山村、芳草村、十里村、红光村、响水村等13个行政村，79个村民小组。

景泰县从1933年成立至1978年县城搬迁一条山镇之前的45年间，芦阳一直是景泰县的政治、经济、文化中心。芦阳镇在景泰县的发展过程中占有重要地位。

第三节　芦塘城

芦塘城原名大芦塘城。明万历二十七年（1599年）修建，城周长1353米，后扩筑，将南关扩入城内，周长2000米，城为正方形，有东西二门。1933年，景泰县成立，为县治所。

芦塘城，地处南北两条沙河交汇处的三角带，地势平坦，西高东低，南北宽约420米，东西长约430米，总面积约20万平方米。城垣为黄土夯筑，高约10米，底宽约10米，顶宽约2米，雉堞高2米，用土坯砌成。城头四周有谯楼8

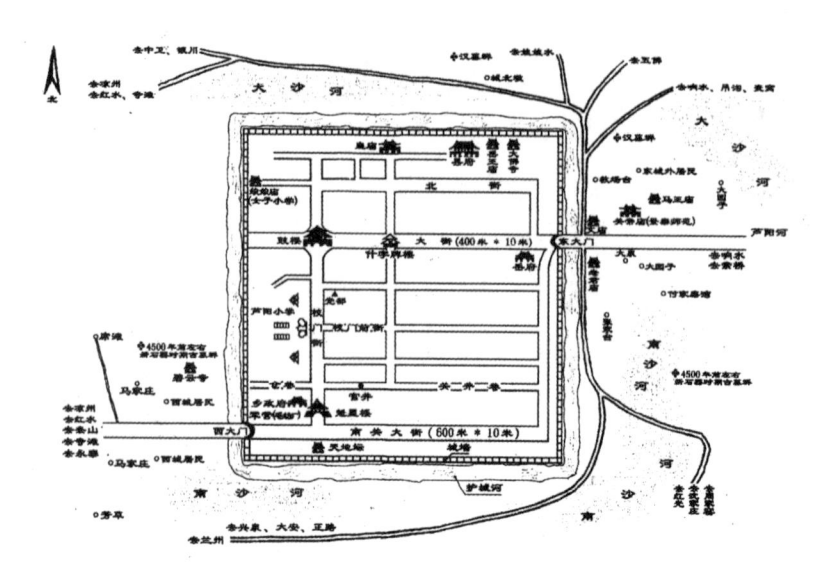

▲ 图1-3-1　20世纪三四十年代芦塘城概貌图

处，东有瓮城，东曰"揉援"，西曰"固圉"。城内有大小街道17条，互为十字，贯通全城。其中南北两大街为干道，宽8~10米，其余3~4米。北大街中下段两侧为铺面，是城内繁华区。有水井5眼，深5~10米不等，水量充足，可供五分之二居民的生活用水。明代，建武衙两处，称上、下衙门，驻游击。明清两代，先后建城隍庙、娘娘庙、大佛寺、无量佛寺、天地坛、玉皇阁、魁星楼等。其中玉皇阁为三层木楼，位于北大街与南街十字处，高约18米。城区偏南，有箭道遗迹一处。居民住宅多为四合院，富裕人家多为砖木结构，一般人家为土木结构。郊区有东、西两关，东关居民较多，并建有文庙、武庙、土地庙、雷神庙、龙王庙等；西关居民较少，仅有古建筑老君庙一处。

清代中叶，武衙改为芦塘塾学，后为大芦塘义学。民国四年（1915年），拆除城内部分庙宇，创建靖远县第四高等小学。民国二十二年（1933年），县政府驻上武衙（俗称上衙门或大局）。民国三十一年（1942年），整修东城门，并拆除东瓮城。同年，大佛寺改建为司法处。次年，用下武衙地基建县政府，上武衙改建为芦阳乡公所。同年，在娘娘庙设县立女子小学，在城隍庙设群众文化馆。民国三十四年（1945年），改关帝庙为景泰县简易师范学校。民国36年（1947年），文庙、土地庙改建为简师附小，与女子小学合并。后县卫生院迁入娘娘庙。

▲ 图 1-3-2 今日"芦塘城"

芦塘城的居民构成，一部分是本地最早的居民，一部分是通过戍边屯田在此落户，一部分是外地人在这里经商最后落户，还有少部分因婚姻关系、投靠亲友关系以及各种原因流落于此最后落户的。

至1949年，芦塘城逐渐向外扩展，形成新城——芦阳城。

1949年9月12日，景泰解放后，芦阳城为县委、县政府所在地。1978年，景泰县治所开始从芦阳城搬迁一条山火车站（今景泰火车站）以东荒滩，置一条山镇，县属党、政机关等也随之陆续搬迁至一条山镇。1987年，景泰一中等单位也搬迁到一条山镇。

1986年12月2日，由国家投11万元、县镇自筹2万元，完成芦阳镇苦碱水淡化工程，解决席滩、芦阳等7个村1.5万人饮水问题。20世纪90年代，县自来水公司开始给芦阳供水。

2021年，芦阳城福字广场中凉亭、城隍庙、老年活动室、大礼堂、仿古作坊依次排列。经过历史变迁，芦塘城的城墙已不复存在，仅在东南角有一处保护地。

2021年，芦阳镇打造三村五坊、六街八巷"福临芦塘·年味小镇"，以集中展示社火、打铁花、跳火堆以及芦阳小吃等民俗文化。

芦阳镇志
LU YANG ZHEN ZHI

第二章

自然环境及资源

第一节 地形地貌

芦阳镇位于景泰县中东部，在寿鹿山东部、米家山北部的开阔地区。受喜马拉雅等地质运动的深刻影响，地质时期曾经历反复的地壳抬升、沉降，并长期遭受河流、风力等侵蚀或沉积作用，形成比较复杂的地形地貌形态。境内高山雄峙，沟壑纵横，土质、石质低山丘陵广布，地形崎岖，平原面积狭小，河谷盆地连串，土地肥沃。

芦阳镇的地形大致可分为四部分。

一、西北部平原、盆地地形区

平原地区是寿鹿山山前的冲积地带，其大部平均海拔在1500~1600米，主要位于一条山镇东部的景电一期灌区，包括马鞍山、卞地槽、石城、一条山、芳草、西林、席滩、秀水等地及周边地区。这里地形平坦，土层深厚，土壤肥沃，土地连片，是农业生产条件最好的地区。盆地主要分布于芦阳沙河下游沿岸，包括城关、东关、生地台、张家磨、西关、麦窝、响水、东风等地，素有

▲ 图2-1-1 云岚米山

"芦阳—响水盆地"之称，地形比较封闭，沙河沿岸洪积形成河漫滩和河流阶地，土层较厚，土壤肥沃，历史上是景泰地区自然环境较好、农业发达、比较富庶的地区。

二、南部的米家山山区

米家山，主峰海拔2304米，由一系列山体组成，有马昌山（又名马场山）、赵家岘、米家山、老虎岘、阳屲山等，向东一直延伸至黄河西岸，平均海拔在2000米以上，是镇域地势最高的地区。

三、中部的低山丘陵地区

位于米家山与镇域北部的河流谷地之间，占全镇面积的三分之二左右。

四、东部为深切的黄河峡谷和沿岸的高山区

本区的黄河段成为芦阳镇与靖远的分界河流。这里山峰耸立，沟壑险峻，延伸至索桥、东风、响水一带。千百万年来，黄河深切米家山和靖远的哈思山，形成曲折险峻的激流峡谷地段。

第二节 气　候

芦阳镇属温带大陆性气候，降水稀少，气候干燥且多风沙，气温的日较差和年较差大，日照时间长，有气象记录以来，年平均气温8.2℃，1月平均气温－7.7℃，7月平均气温22℃。年平均最高气温出现在1987年，其值为9.3℃，最低值出现在1996年，其值为7.1℃。极端最高气温出现在2010年7月29日，其值为39.4℃，极端最低气温出现在1958年1月15日，其值为-27.3℃。年均日照时数2725小时，平均年降水量185毫米，降水量最多的年份是1961年，其值为298.9毫米，最少的年份是1982年，其值为94.8毫米。降雨集中在每年8—10月。年平均蒸发量3038毫米，最大蒸发量3567毫米，出现在1958年；最小蒸发量1963.6毫米，出现在1985年。

一、春季

3月中下旬土壤开始解冻。由于南北冷暖空气交替频繁，天气冷热无常，寒潮、风雪、霜冻、大风、风沙及沙尘暴天气较多。

二、夏季

在干热的大陆性气团的控制下，天气炎热干燥，裸露的地面接收强烈的太阳辐射，地面温度很高，在微弱的东南季风的影响下，可带来一定的降水。芦阳—响水盆地、东部黄河河谷地带地势较低，均温较高；米家山地区海拔高，气候相对凉爽。盛夏季节，由于大气强烈受热，短时的雷雨（强对流）、冰雹等天气时有发生，易于造成山洪暴发和冰冻等灾害性天气。

三、秋季

气温下降快，风小多阴雨。白昼变短，气温渐降，出现秋高气爽的天气。初秋还较凉爽，晚秋便有寒冷之感，降水明显减少，但有时会出现连阴雨。这个季节是全年内大风日数最少的季节。

四、冬季

寒冷干燥，降雪稀少。受冬季风的影响大，西北风和偏南风交替。南风较为冷湿，北风则以干冷为特色，易产生扬沙和沙尘天气。

第三节 水 文

一、河流

黄河是景泰县唯一的过境河流，从芦阳镇的东部自南向北流经，境内长度约为23公里。这里地处黄河上游，受黄河下切侵蚀，河谷曲折狭窄，形成黄河上游著名的峡谷地段。落差大，水流急，水能资源丰富。

境内有很多干涸的大沙河，县域内40多条大沙河，有一半以上汇聚在芦阳沙河。这些沙河平时干涸，每遇暴雨，山洪暴发，洪水汇聚沙河后向东注入黄河。

境内著名的大沙河主要有芦阳沙河，又名北大沙河，即古媪围河，上游叫寺滩沙河（寿鹿沙河），源头在古浪县的新堡子上泉沟，流经黄草塥、新堡子、白茨水、三道塥、寺儿滩、一条山、席滩、芦阳、弯沟、响水、段家沟、杨家庄、黄崖沟、岘湾、索桥园子，在索桥古渡上游1公里处注入黄河。总长度83公里，流域面积1962平方公里。

主要支流还有喜集水沙河，又名大安沙河。源头在老虎山南侧的响水沟，流经大水窑、红岘、彭家峡、雷家峡、大安、喜集水、兴泉、芳草，在席滩附近汇入芦阳沙河，全长60公里。

干沙河发源于芦阳南部的米家山，上游的周家窑沙河、沈庄沙河在罗家大滩附近汇合，经干沙河、黑土坡，在石坡底附近汇入北大沙河（响水沙河）。相对于响水沙河而言，干沙河无洪水时常年干涸，因此叫干沙河。

二、地下水

芦阳地处内陆，气候干旱，境内大部地区为低山丘陵，受地形、地质条件的影响，大部分地区地下水埋藏较深，出露的地下水较少。一般说来，芦阳地区在历史上凡是有泉水出露的地方就能形成村落，泉水流量的大小决定着村落规模。泉水流量深受气候的影响，特别干旱的年份，泉水流量急剧减小，有的泉水甚至干涸，庄稼减产歉收，人畜饮水困难。

芦阳地区的地下水大多为地下潜水。在芦阳—响水盆地，由于景泰县一半左右的沙河汇聚于此，再加上处于盆地，有利于地下水的汇聚，有良好的储水条件。这里出露的泉水较多，并且流量较大。历史上芦阳、响水被称为"大、小芦塘"。在响水一带的沙河里，由于地势较低，地下水出露汇聚形成常年性的地表径流。

20世纪70年代以后，随着景泰川电力提灌一期工程上水，由于大面积灌溉，导致芦阳—响水盆地的地下水位上升，地下水的水质急剧下降，土地盐碱化严重，大多泉水不能饮用。

第四节　土　壤

芦阳地区地质、地形、地貌类型复杂。有海拔在2000米以上的山地，有地势较低的芦阳盆地和河流阶地，也有地势平坦的灌溉农业区，还分布着面积广阔的丘陵滩地。在这样的地形、气候、地貌、生物和人类活动影响下，形成与之相适应的土壤类型。

一、灰钙土

分布范围最广、面积最大的土壤类。受干旱、少雨、多风、蒸发强烈等气候因素的影响，土壤中有机质的积累较少。主要分布于米家山、马昌山、红光一带的旱作农业区。

（一）耕种灰钙土

属旱土地。土壤的有效土层一般在50～100厘米，质地良好，轻壤土，但因不施肥，地力贫瘠。主要分布于米家山、马昌山一带。

（二）耕种淡灰钙土

长期受洪水漫淤的影响，土层深厚，质地均一，肥力稍高。主要分布于米家山、马昌山地区的干旱土地。

（三）洪漫灰钙土

在长期的地质演变中，地表受雨水的冲刷、切割、搬运和风力的侵蚀，形成高低不平的丘陵、"U"型沟谷地、台地、荒坡等，主要分布在米家山、马昌山山麓以北丘间谷地、滩地。这类土地全部为旱作土地，多为"撞田"，有雨就种，无雨轮歇。有效土层一般在50～100厘米，但从不施肥，土壤肥力低。

（四）灌溉淡灰钙土

这类土壤地表覆有50～200厘米的沙土或灰黄土，其下面为砂砾或灰岩。耕层多为轻壤质，耕性良好。由于人为耕作影响，土壤中速效氮，有效磷、钾，有机质含量较高，保水保肥性能好，是最好的农业用地。主要分布于景电一期工程灌区，如席滩、西林、芳草、园艺场、上滩、西六支等地。

（五）弱盐化灰钙土

主要分布于芦阳、城北墩、东新等地。

二、灌漠土

上层有现代化耕作熟化层、古老熟化层、母质层组成。熟化层的厚度一般50厘米左右，最厚达150厘米，粒块状，质地沙壤，疏松多孔。

（一）厚灌漠土

灌耕熟化层深度大于60厘米，有易于透水的沙层，熟化程度高，通透性能好，养分含量较高。主要分布于芦阳大园子、生地台子、东风下滩的宽阔阶地、芦阳张家台子等。

（二）盐化灌漠土

由于长期提灌碱水，且排灌不畅，大量积盐。主要分布于芦阳—响水一带靠近沙河两旁地势稍低的地区。

（三）盐土

小盆地地形，地下水位较高，在干旱蒸发强烈的气候影响下，土地盐渍化严重。主要分布于马鞍山碱滩一带。

第五节　自然资源及利用

一、土地资源

（一）耕地

主要有水浇地（黄河灌区、井泉灌区）、洪漫地、砂地等。2020年，耕地总面积约11.73万亩。水地主要是景电一期灌区，分布在城北墩、一条山、石城、城关、席滩、西林、马鞍山、芳草、十里沙河、卞地槽等村，本区的水浇地面积占全镇面积的97%。井、泉灌溉区主要分布在芦阳、东关、城关、响水及南部丘陵山区如红光等地有井、泉水出露的地带，井、泉水的径流小，灌溉的土地面积较小，有2000～3000亩。水浇地面积4.4万亩，人均约1.7亩多。此外，在东关、响水、米山等低山丘陵地区还分布3万～4万亩的洪漫地和砂地。由于退耕还林，砂地老化，洪漫地面积减少，有些砂地被弃耕。

（二）草地

镇域内形成大面积天然草场100多万亩，为发展畜牧业提供了有利条件。草场资源主要分布于周家窑、响水、东关、沈庄、红庄、涝坝岘等村的低山丘陵地区，米家山山区地势较高，暖湿空气受地形抬升，降水较多，草场质量较好，是重要的天然畜牧业基地。

二、矿产资源

境内矿产资源主要有石膏、煤、石灰石、有色金属、铁矿、陶土等。分布集中具有一定储量的主要有铁矿和煤。

（一）铁矿

主要分布于响水村的石板坡矿点的黑土坡。石板坡矿体产于上石炭统砂页岩、黏土页岩中，含铁1层，由于褶皱重复出现5个矿体，长310～640米，厚

37~45厘米。黑土坡长1600米，厚50~60厘米，矿石为赤铁—菱铁矿，品位25.36%~42.73%，远景储量约8.8万吨。

九座沟铁矿位于索桥村。矿石为褐铁矿、菱铁矿，品位64.04%，有3个矿体，矿石储量约7万吨。九座沟西1000米处有菱铁矿，品位20.9%~28.8%，估计储量约8.8万吨。

（二）石膏

主要分布在米家山。这里的石膏形成于晚古生代下石炭统中上岩性段灰岩中，呈层状，分上下两层，长约1200米、厚20~50米，品位69%~75%。工业储量约214.3万吨。

（三）石灰石

镇域内分布较广，主要有水沟山（水沟—麦窝）、老君山（东风—黄河沿）和周家窑一带，储量较为丰富。

（四）煤炭

主要分布于响水村。响水煤矿位于响水—麦窝成矿带上，煤系地层为晚古生代的石炭纪，煤系厚181米，含煤14层，主要煤层1层，呈鸡窝状，厚度0.1~1.88米，煤质可炼焦，储量约34万吨，主要分布在大沟、麦窝和煤拉牌等处。其中以大沟矿区最大，开采历史较长。在大沟矿区的采煤点上，还有古煤洞遗迹。

（五）陶土

陶土是烧制缸、罐及砂锅的重要原料，主要分布在响水、东风村后的八座沟、九座沟、枣水3个矿点，呈层状，形成于中石炭统羊虎沟组中，共6层矿，长450~800米，厚33~6米。含三氧化二铝（Al_2O_3）17.74%~26.03%，三氧化二铁加氧化钛（$Fe_2O_3+TiO_2$）1.63%~3.07%。

此外，黑土坡—荒草梁一带分布一定储量的铝土。

三、水资源

境内地表水、地下水极其贫乏。唯一过境河流黄河，从镇域东部流经，年平均流量993~1040立方米/秒，最大流量6700立方米/秒，最小流量300立方米/秒，年径流量为315亿~328亿立方米。黄河流经芦阳东部激流峡谷之中，千百年来，黄河水几乎不能被利用。

景电提灌工程为芦阳镇每年提供的灌溉和其他利用的黄河水估量为3000万~5000万立方米；因气候干旱，平均年降水量仅为180毫米左右，一年之中7月、8月、9月3个月降水约占年降水量的61.5%。

响水沙河年平均流量为386升/秒，年平均径流量为1218.7万立方米，由于20世纪70年代以来上游大水漫灌，地下水位抬升，流量有增大趋向。

芦阳盆地地下水储量约为737万立方米/年；沈庄盆地的地下水储量约为86万立方米/年；1990年，域内有泉水13处，年平均流量186升/秒，涝池蓄水7250立方米。

四、风能资源

受米家山与芦阳盆地山谷风影响，常年的偏北风或偏南风在这里汇聚，风力大，大风日数多。一年之中，大于6级的风力日数有200天左右。因此，风能资源极其丰富。21世纪，大唐风电厂相继在米家山、马昌山等处建成大唐风电场一期、二期工程，大唐沙塘子风电场，大唐乾丰风电场。

五、植物资源

（一）林木类

用材林木 有杨树（河北杨、钻天杨、新疆杨等）、柳树、椿树（香椿、臭椿）、榆（白榆、家榆）、沙枣、青刚、旱榆、白缠条、槐树（中国槐树、刺槐、香花槐）、冬青等。

果类树木 有苹果（红富士、新红星）、梨（早酥梨、皇冠梨、秋子梨等）、杏、桃、枣等。

牧草 有矮生蒿草、线叶蒿草、珠芽蓼、金露梅、银露梅、火绒草、梭梭、冷蒿、枇杷柴（红纱、红沙毛）、盐爪爪（烟葫芦）、短叶假木贼（鸡爪子）、珍珠猪毛菜（珍珠、米心）、刺蓬、碱韭（羊胡子、碱葱）、灰蓬（水蓬、翅碱蓬）、黑翅地肤（三角子、黑三角）、小黎（小灰条）、中亚滨黎（大灰条）、田旋花（苦子蔓）、灰绿碱蓬（驴尾巴杆子）、芨芨草、白刺等。

（二）中药材

有甘草，金银花、柴胡、野党参、川芎、黄贝、左宁透骨草、黄芪、红花、牛蒡子、苍耳子、顶羽菊（苦蒿）、败酱草（苦菊菜）、黄花蒿、蒲公英、艾蒿、党参、远志、玉竹、细叶百合（野百合、山丹花）、马齿苋、葶苈子（独行菜、小辣椒)、葫芦巴（香豆子、苦豆子）、黄精、秦艽、板蓝根、益母草、薄荷草、蒺藜（八角子）、骆驼蓬、车前子、瓦松、芦苇、麻黄等。

六、动物资源

（一）野生哺乳动物

民国及以前时期，域内野生哺乳动物数量较大，尤其以米家山、红庄等处活动较多。至20世纪六七十年代，大型野生哺乳动物基本绝迹。

常见哺乳动物有狼、狐狸、野兔、刺猬、蒙古原羚（又叫黄羊、黄羚）、岩羊（又名石羊、青羊）、黄老鼠（也叫田鼠）、蝙蝠（别名天鼠、挂鼠、天蝠、飞鼠、岩老鼠等）、野猪、鹿、麝（也称麝獐、香獐、麝香）、金钱豹等。

（二）野生鸟类

有野鸽、喜鹊、乌鸦（俗称老鸦）、鹞鹰、猫头鹰、麻雀、雉鸡（俗称呱啦鸡）、野鸭、白鹳、啄木鸟等。

（三）两栖类动物

两栖类爬行动物有青蛙、蟾蜍，常见于水渠中，捕食昆虫。爬行类有蛇，有黑蛇也叫"丑斑"，花色蛇也叫"间斑"，这两种蛇无毒。还有灰白蛇、七寸子蛇，都有毒。沙蜥，当地叫"沙老鼠"。密点麻蜥，也叫"蝎虎子"，当地人也叫"长虫舅舅"，多见于田野中。

（四）昆虫

飞虫 有蜜蜂、马蜂、蝗虫、萤火虫、蝴蝶、苍蝇、虻蝇、蚱蜢、飞蛾、知了（蝉）、蝈蝈、蜻蜓、蚊子、蟑螂等。

甲虫 有曲纹虎甲、散纹虎甲、瓢虫、赤胸步甲、蟑螂、蜣螂（俗称屎壳郎、屎爬牛）等。

软体虫 有臭虫、蚯蚓、蜈蚣、蝎子、蚂蚁等。

天牛 植食性昆虫，幼虫生活于木材中，危害木本植物，是林业生产、作物栽培和建筑木材上的主要害虫。20世纪90年代初至2000年，杨树蛀干天牛在全县范围危害发生面积达2.4万亩，其中重度发生面积8000亩，对全县尤其是景电灌区的防护林体系构成了毁灭性的威胁。

第六节　自然灾害

一、气象灾害

（一）旱灾

芦阳镇降水稀少，蒸发量大，干旱是威胁人们生产、生活最普遍的气象灾害，各个季节都会发生。春旱是4月、5月内连续20天降水量比正常年份偏少五成以上，严重影响农作物的早期生长。夏旱是在5月、6月的初夏连续20天降水量比正常年份偏少五成以上，持续时间在35天以上，严重影响春小麦的拔节和其他作物的生长。伏旱是7月中旬到8月中旬有10天左右的降水比正常年份偏少五成以上，持续时间在15天以上，严重影响秋作物的生长。镇域干旱出现频率比较高，1951—2000年的50年间，5月初至7月初的降水总量小于40毫米的年份有20年之多。清乾隆、同治年间，芦阳两遭大旱。同治五年（1866年）大旱，斗麦（约70市斤）值40两白银。

民国十六年（1927年）秋旱，民国十七年春旱，夏田大部未出头吐穗，秋田所收甚少，民国十八年（1929年）大旱，造成严重灾荒。酿成大饥荒，饿死400余人。当时，有殷实人家以"粥"或"麻麦"（炒熟的麻子、麦子和在一起）接济灾民，5月，发生"抢粮事"，靖远县派黑马队50余人，驻大芦塘城，镇压抢粮农民。70余户逃荒外地。

民国三十六年、三十七年（1947年、1948年）两年，天大旱，庄稼歉收，贫困人家以衣物至外地换粮食或外出逃荒乞讨。

20世纪70年代初期，天大旱，芦阳地区很多人无票乘坐火车或冒险扒上货运列车（俗称扒煤车），到宁夏中卫、银川一带乞讨，或者用皮袄、二毛筒子（羊羔皮做成的皮衣）、衣物、床单、灶具等换取粮食度荒。

（二）风灾

特殊的地理位置，决定了芦阳地区是一个多风的地区。1951—2000年的50年间，风力大于等于8级的日数有1000多天。风力大于或等于8级最多日数的年份是1974年，有70多天。1950年5月1日19时许的一场西北风，风力8级，一时间飞沙走石，能见度极低。芦阳、城关、东关、响水等吹断大树400余棵。

(三) 洪灾

每年夏、秋季节，由于地面强烈增温，大气对流运动剧烈，易于发生强对流天气，产生短时的暴雨、低温、冰雹、大风等极端天气，引起山洪暴发而发生洪涝灾害。芦阳盆地是景泰县中东部地势最低的地方，全县中部的洪水全在盆地汇集，而后注入黄河，对芦阳地区威胁甚大。洪水曾多次漫入一条山村的下堡子和响水的下街（倒流而入）。民国二十年（1931年）的一次洪水，冲刷教场梁上湾水地10余亩，大园子尾巴、滴水崖、杨家磨等处水地（芦阳大沙河两岸）遭洪水漫淹。

(四) 雹灾

冰雹，俗称冷子，多发生于米家山、红光、响水等山区。

民国二十六年（1937年）农历五月的一天，突降冰雹，横扫城北墩、鸾沟、响水一带而后过黄河，冰雹直径多在10～15毫米，积厚7～10厘米，途经之处，烟叶、粮食作物几乎全毁，损失惨重。

1981年8月某日16时许，突降冰雹，自西北经城北墩、芦阳、红光，至米家山的五道沟，纵宽约1000米，粒径较大，所过之地树叶大部被击落，秋田受损30%左右。

表2-6-1 芦阳地区气象灾害情况一览表

灾害名称	发生的主要时间	主要分布地区	主要危害	主要减灾措施
干旱	春旱（4—5月）、夏旱（春末夏初）、伏旱（7—8月）	地区大部	影响春小麦播种、出苗，造成作物减产，地表、地下水锐减，人畜饮水困难。	兴修水利，植树造林，培育抗旱品种，调整种植结构等。
霜冻	春初、秋末	地区大部	影响作物出苗、生长，造成农业减产。	培育抗寒早熟品种，霜冻前灌水，制造烟雾，覆盖等。
冰雹	6—9月	及周边山区	小可损害作物，大可伤人、伤畜。	打土炮等。

续表

灾害名称	发生的主要时间	主要分布地区	主要危害	主要减灾措施
暴雨洪涝	夏秋季节	地区大部	水土流失加剧，淹没农田，冲毁各种设施。	种草植树，加强水利设施的建设。
大风沙尘	春末、夏初	地区大部	刮走地表肥土，埋没农田、渠道、道路，影响交通。加大蒸发量，致作物倒伏、减产，重则伤人。	封沙育林，种草植树。
干热风	6—7月	芦阳盆地及灌区	影响春小麦灌浆、成熟，造成农作物减产。	营造护田林网，发生前浅灌麦田。
寒潮	冬初冬末	地区大部	影响春小麦的出苗、秋作物的减产，牲畜死亡。影响交通、通信。	加强预警、预报。

二、地震

芦阳镇处在寿鹿山与米家山的断裂带边缘，是地震的多发地带。

光绪十四年九月二十九日（1888年11月2日）地震，震中在景泰地区，震级6.25，震中烈度8度。芦塘营、锁罕堡一带，城垣震塌，衙门及居民房屋倒塌，伤亡30多人，受灾2000多户。

1920年（民国九年）12月16日傍晚，宁夏海源、固原发生地震，震级8.5级，震中烈度12度，波及景泰地区。小芦塘死伤385人，伤亡牲畜7456头，损失动产及不动产总值9.7万银圆；米家山一带崩裂22.5公里；大芦塘伤亡498人，牲畜死亡4792头。黄河水猛涨，殃及两岸房屋和土地；芦塘、米家山等处，居民多窑居，为害较甚；一条山村房屋倒塌数处，危害较轻。

1990年10月，古浪、景泰交界发生里氏6.2级地震，芦阳地区震感强烈，各地不同程度受灾。

芦阳镇志
LUYANG ZHEN ZHI

第三章

地 域

第一节 辖区演变

一、中华民国及以前

早在5000多年前，镇域就有人类活动。因地理位置特殊，处丝绸之路要冲又是多民族的杂居地，在几千年的历史发展中，其归属多变，大部分时间由西戎、羌、月氏、匈奴、突厥、吐蕃、党项、蒙古人统治，直到明末方回归中原，从明万历二十六年（1598年）到清宣统元年（1909年），景泰境内曾属平凉府固原州靖房卫管辖。民国二十二年（1933年），成立景泰县设4个区。民国二十九年（1940年），建芦阳乡。芦阳乡（区）面积宽广，东界黄河车木峡；南至老龙湾、周家磴；西至兴泉、喜集水、付庄、猎虎山；北至青石墩、草窝脑。南北约35公里，东西约28公里，呈不规则四边形，面积近千平方公里。

民国三十年（1941年），米家山以南划属中泉乡；喜集水、大水磴一带，划属永泰乡。

二、1949—1985年

1949年10月15日，设芦阳区。1950年7月，改名一区，区下设乡，乡下设行政村。1952年，锁罕堡、三塘一带划属六区（今喜泉镇）。1958年，车木峡划属五佛乡。

1958年10月，一条山火车站（今景泰车站）以西独山子一带，划属国营条山农场。

1980年8月以后，南起付庄，北到猎虎山一带属寺滩公社；八道泉、青石墩划属八道泉公社；马鞍山一带属五佛公社；马鞍山以北，分别为一条山镇和杨庄公社（今草窝滩镇）所有。

1985年底，芦阳乡面积354平方公里。

三、1985—2021年

1985年，红光村分为红光和十里两个行政村；同时撤销东风村民委员会，原东风村并入响水村。

1997年12月至2021年12月，芦阳镇所辖行政村由原来的19个整合为13

个，即芦阳、城关、东关、城北、席滩、寺梁、西林、石城、一条山、芳草、十里、红光、响水；下设79个村民小组，人口6863户2.6万人。

第二节 辖属村庄概况

一、芦阳村

芦阳，原名大芦塘，因昔日城东一带多小水塘、芦草茂密而得名。地处芦阳镇中部，是镇党委、镇政府所在地，景泰县老县城旧址。北边与北沙河接壤，东边与东关村相邻，西南边紧靠城关村。土地肥沃、交通便利。古建筑有古城墙、魁星楼、牌楼、城隍庙、娘娘庙、钟鼓楼（1929年毁于地震）等。

20世纪50年代，为芦阳区下的一个乡，设有乡党支部、乡政府、乡农会、乡妇联等。

至2021年，下辖芦阳、马庄、西六支和卞地槽4个村民小组，人口564户2025人。有低保户40户104人，其中一类低保23人，二类低保60人，三类低保21人。

耕地面积3815.66亩，其中水地2712.41亩，旱地1103.25亩。主要农作物有玉米、小麦、孜然、胡麻。2019年7月，新建村级活动场所1处，硬化文化广场3032平方米；修建村级活动中心2处，老年活动中心和村卫生室各1处。实施西六支、卞地槽高标准农田项目，种植苜蓿1000余亩、枸杞310亩、梨树270亩。有机枸杞种植基地位于马庄，2017年种植300亩，年生产干果1万公斤，毛收入50万元。配套建设晾晒、烘干设施，最大限度发挥有机枸杞的经济效益。

集体经济相对比较薄弱。2020年，将党群创业互助会5万元资金和自筹资金全部投入景泰县昌玮农牧专业合作社，同时村集体流转土地1000亩，用于发展种植业，以每年不低于投入资金的8%给村委会分红2000元。

村"两委"依托"福临芦塘·年味小镇"建设，组织村民举办文艺晚会；发掘能人、手艺人，举办民俗工艺品展览；打造精品民宿、特色农家乐；发动村民制作手工艺品和食品加工。注重增强村集体经济实力，增加村民经济收入。

▲ 图3-2-1 "福临芦塘·年味小镇"福字广场

2021年村党支部下设2个党小组，有党员64名，其中女党员15名。

2005年，村党支部书记李进平被镇党委授予"优秀共产党员"称号。2006年7月，吴学军被镇党委授予"优秀共产党员"称号。2006年，卢有存当选第十七届镇人大代表；2012年、2015年，被镇党委、镇政府授予"先进工作者"称号；2007年被镇政府评为"致富能手"；2011年，当选第十五届县人大代表；2016年，被镇党委评为"优秀共产党员"。

表3-2-1 1954—2022年芦阳村村组织成员及任期一览表

序号	姓名	性别	职务	任职时间
1	强世成	男	初级社社长	1954—1955
2	戚　龙	男	高级社社长	1956—1956
3	王作信	男	高级社社长	1957—1958
4	王作信	男	大队管委会大队长	1959—1960
5	杨秀兰	女	大队管委会大队长	1961—1962

续表

序号	姓　名	性　别	职　务	任职时间
6	戚　龙	男	大队管委会大队长	1962—1964
7	吴泰山	男	大队管委会大队长	1965—1967
8	王作信	男	大队党支部书记	1959—1960
9	付廷柱	男	大队党支部书记	1960—1960
10	李树桂	男	大队党支部书记	1960—1961
11	吴泰山	男	大队党支部书记	1961—1964
12	王焕新	男	大队党支部书记	1964—1978
13	李发祯	男	大队党支部书记	1979—1981
14	王焕新	男	大队党支部书记	1981—1983
15	郭天禄	男	村党支部书记	1984—1984.12
16	周发俊	男	村党支部书记	1985—2003
17	李进平	男	村党支部书记	2003.5—2013
18	卢有存	男	村党支部书记	2014—2019.9
19	童　飞	男	村党支部书记	2019—2022
20	张正荣	男	村党支部书记	2022—
21	王隆科	男	村党支部副书记	1977—1980
22	吴学军	男	村党支部副书记	2019—2020
23	龚恒平	男	村党支部副书记	2020—
24	李明发	男	大队主任	1968—1975
25	李发祯	男	大队主任	1981—1983
26	周发俊	男	村委会主任	1983—1985
27	张金霞	女	村委会主任	1986—1995
28	常蓬祯	男	村委会主任	1995.12—1997.12
29	吴学成	男	村委会主任	1998.1—2001
30	焦永宏	男	村委会主任	2001.1—2003
31	唐玉智	男	村委会主任	2004—2006
32	卢有存	男	村委会主任	2006—2013
33	王新敏	男	村委会主任	2014—2016
34	张万胜	男	村委会主任	2017—2020

续表

序号	姓名	性别	职务	任职时间
35	童飞	男	村委会主任	2020.12—2022
36	张正荣	男	村委会主任	2022—
37	张正荣	男	村委会副主任	2021—2022.11
38	段好霞	女	村委会副主任	2022.12—
39	张万胜	男	监委会主任	2012—2016
40	吴学军	男	监委会主任	2017—2019
41	卜献正	男	监委会主任	2020—2020
42	段好霞	女	监委会主任	2021—2022.11
43	孙正胜	男	监委会主任	2022.12—
44	李廷兰	女	妇女主任	1960—1968
45	张金霞	女	妇女主任	1968—1985
46	郝冬梅	女	妇女主任	1986—2004
47	马玉红	女	妇女主任	2005—2015
48	段吉芳	女	妇女主任	2016—2016
49	唐玉霞	女	妇女主任	2017—2020
50	达朝鲜	女	妇联主席	2021—
51	盖成章	男	文书	1968—1969
52	王生禄	男	文书	1970—1972
53	李发祯	男	文书	1973—1976
54	张学德	男	文书	1976—1981
55	张长敏	男	文书	1981—1982
56	常蓬祯	男	文书	1982—1997
57	焦永宏	男	文书	1998—2003
58	吴学军	男	文书	2004—2016
59	段好霞	女	文书	2017—2020
60	马保清	女	文书	2021—

二、东关村

地处芦阳城东部，位于原芦阳旧城东，故名。北边与城北村接壤，东边与响水村相邻。芦阳镇第二中学、芦阳卫生院坐落于村中。域内保存有张家台遗址、烽火台遗址、教场台遗址、陡坡沙河碉堡等文化遗址。古建筑有牌楼、关帝庙、文昌庙、磨针奶奶庙、龙王庙、雷公庙、菩萨庙、雷公庙前牌楼等。

20世纪50年代，为芦阳区下一个乡，设有乡党支部、乡政府、乡农会、乡妇联等。

至2021年，下辖6个村民小组，人口693户2528人。2020年底，建档立卡户105户393人实现脱贫，有低保户44户135人，其中一类低保18人、二类低保91人、三类低保26人。

耕地面积8226亩，其中水地3599亩、旱地4627亩。主要农作物有小麦、玉米、油葵。

以种植业和养殖业为主导产业。2017年，利用水利资源便利等优势，种植黑谷子52亩。养殖业方面，2020年底，有存栏百只以上羊场8家，存栏百头以上猪场6家。种植业以玉米、小麦、茴香、食葵、胡麻、啤酒大麦、旱地西瓜为主。2020年，种植小麦1000亩，玉米1200亩，啤酒大麦200亩，孜然、茴香、食葵等经济作物2000亩，旱地西瓜200亩。

2020年8月，村经济合作社出资30万元，入股景泰县金戈壁农业发展有限公司光伏产业，按照每年10%获取分红，每年为村集体经济带来2.4万元的收入。

以土地集中流转承包的发展方式，与

▲ 图3-2-2 东关村村委会落成纪念（2002.10）

山东某企业合作，利用丰富的地下水资源，在碱滩搭建小拱棚，建设无公害绿色蔬菜基地，种植韭菜、萝卜等特色咸水蔬菜，打造"夏鲜"蔬菜品牌，成立蔬菜种植专业合作社，实现规模化生产。依托"福临芦塘·年味小镇"，完善基础设施，提升人居环境，做好文化展示，打造精品民宿、特色农家乐，带动特色咸水蔬菜销售。

2021年，村党支部下设2个党小组，有党员66名，其中女党员17名。

1956年，常正海出席县团代会受表彰；1982年出席县党代会。1960年5月，张述敏先后出席甘肃省和全国民兵会议，受到表彰。1982年3月，曹世勤受到兰州军区的表彰；2004年9月受到县政府表彰。1998年，余新泰被县委、县政府评为"全县先进个体劳动者"；2010年，被镇党委、镇政府授予"十佳致富能手"称号；2011年，被县委评为"优秀共产党员"；2012年，被县委、县政府评为"优秀村（社区）党组织书记"；2013年，被县委、县政府评为"先进工作者""维护稳定先进个人"。2007年，张宏庆被镇党委评为"优秀共产党员"。2014年，张宏武被镇政府评为"优秀村干部"。2016年3月，东关村被市政府评为"信用村"；2020年10月，被县妇联评为美丽庭院创建工作示范村。

表3-2-2　1958—2022年东关村村组织成员及任期一览表

序号	姓　名	性　别	职　务	任职时间
1	党有福	男	大队党支部书记	1958—1960
2	胡永禄	男	大队党支部书记	1960—1977
3	郭天福	男	大队、村党支部书记	1977—1998
4	王新全	男	村党支部书记	1998—2005
5	曹世勤	男	村党支部书记	2005—2007
6	张宏庆	男	村党支部书记	2007—2010
7	余新泰	男	村党支部书记	2010—2021
8	张守东	男	村党支部书记	2021—
9	王焕祯	男	大队党支部副书记	1977—1982

续表

序号	姓名	性别	职务	任职时间
10	张守一	男	村党支部副书记	2017—2020
11	沈正芸	男	村党支部副书记	2020—2021
12	芮文珍	女	村党支部副书记	2021—
13	常正海	男	村长	1958—1960
14	张桂荣	女	大队长、革委会主任	1960—1969
15	张述敏	男	大队革委会主任	1969—1976
16	杨仲录	男	大队、村委会主任	1976—2002
17	沈渭泰	男	村委会主任	2002—2004
18	张宏庆	男	村委会主任	2005—2007
19	张宏武	男	村委会主任	2007—2019
20	余新泰	男	村委会主任	2019—2021
21	张守东	男	村委会主任	2021—
22	张宏武	男	村委会副主任	2019—2021
23	马兴才	男	村委会副主任	1999—2015
24	张守东	男	村委会副主任	2019—2021
25	魏代成	男	村委会副主任	2022—
26	张守一	男	监委会主任	2012—2016
27	张守东	男	监委会主任	2017—2021
28	芮文珍	女	监委会主任	2021—2021
29	付瑛琪	男	监委会主任	2021—
30	张桂荣	女	妇女主任	1956—1983
31	张玉英	女	妇女主任	1984—1998
32	寇明梅	女	妇女主任	1998—2003
33	马丽萍	女	妇女主任	2003—2007
34	郝燕	女	妇联主席	2011—2017
35	盖刘德	男	文书	1969—1971

续表

序号	姓名	性别	职务	任职时间
36	化廷智	男	文书	1971—1972
37	吕三多	男	文书	1972—1976
38	田永盛	男	文书	1976—1986
39	汪德财	男	文书	1986—1991
40	曹世勤	男	文书	1991—1998
41	张宏海	男	文书	1998—2000
42	张守一	男	文书	2000—2012
43	芮文珍	女	文书	2012—2021
44	焦育博	女	文书	2021—

三、城关村

位于芦阳城南，原名"南关"，自明万历二十七年（1599年）建城，南关之名沿用360年。1956年成立城关村高级社后改称今名。东邻东关村，西临席滩村，南接十里村，北邻芦阳村。古建筑有天地坛、老君庙（西城门外）等。

至2021年下辖4个村民小组，人口462户1741人，常住户280户1161人。居住总面积2.1平方公里，地处芦阳盆地，平均海拔1500米。

经济以农业为主，有水浇地4739亩，旱地6500亩，荒山荒坡6800余亩。2020年，流转耕地1670亩，其中旱地400亩、水浇地1270亩。农作物以小麦、胡麻、玉米为主。2020年底，全村人均纯收入1.2万元。有万头猪场1家，千头猪场4家，规模养殖户103户。

2021年，50万元以上资产的建筑队22个。

城关村聚龙湾瑞德生态田园农庄位于双龙寺东南方500米沙河处，占地面积200亩，其中餐饮、休闲娱乐场所占地750平方米，水上乐园占地15亩，逐步形成餐饮、娱乐、垂钓、采摘等多种活动形式为一体的休闲娱乐场所。

通过与盛大种猪场、芦建公司、养猪合作社、社火会等企业和组织联系，争取项目资金5万元，募捐资金7万多元（其中盛大种猪场3万元），建成党员

▲ 图3-2-3　2021年新建芦阳城西门

活动室、会议室、阅览室、计划生育工作室、老年人活动中心12间300平方米。2021年，以"年味小镇"建设带动村发展。

2021年，村党总支有党员84名，其中女党员27名；党员致富能手23名。

1954年，刘作栋被任命为芦阳乡政府委员。1957年，李发源获武威地区植树造林"先进标兵"称号；1982年，被镇政府授予"优秀村干部"称号。1986年，张延安被镇党委、镇政府评为"先进工作者"；1996年，被镇党委评为"优秀共产党员"。1980年，王治甲被镇党委授予"先进共产党员"称号。1981年，刘海花出席武威地区五好家庭表彰大会，并被授予"五好家庭"称号；1983年，被省妇联授予"五好个人"称号。1982—1992年，路秀英当选第六届、第七届省人大代表，1983年，武威地区妇联授予"三八红旗手"称号；1983年，全国妇联授予"三八红旗手"称号。1999年，包可伟被团县委评为"优秀团干部"；2012年被镇党委评为"优秀共产党员"。2013年，雷槐生被镇党委授予"优秀党务工作者"称号。2016年，被县委组织部表彰为"优秀共产党员"。2017年被市政府授予"农民土专家"称号。2017年，刘兴润被景泰县民政局评为景泰县"十大孝星"。2018年7月，尚立军获镇党委"优秀党务工作者"称号。2018年和2020年,村民王玉香家庭和吴兰英家庭获县妇联"最美家庭"称号。2019年,王玉香家庭获甘肃省妇联"最美家庭"称号。2020年,张秉花、陈国花、闫穆莲等3人获镇政府"好媳妇"称号。2021年,在全国第十一届残运会暨第八届特奥会上,焦鹏元获男子射箭项目第二名。

2016年,城关村老年幸福院被国家老龄委授予"全国敬老文明号"称号。2020年,特色小吃"大条糁饭"被评为市"十大名优小吃"。

2022年7月,村里开办"芦塘城爱心餐厅"并试营业。餐厅占地300平方米,可放置餐桌12套,供120人同时就餐。解决了本村30多位老人"做饭难""吃饭难"问题,同时面向社会开放运营。

表3-2-3 1958—2023年城关村村组织成员及任期一览表

序号	姓名	性别	职务	任职时间
1	王作信	男	大队党支部书记	1958—1960
2	付廷柱	男	大队党支部书记	1961—1963
3	王富恩	男	大队党支部书记	1964—1966
4	刘佐宾	男	大队党支部书记	1966—1977
5	刘在产	男	大队党支部书记	1978—1983
6	雷百让	男	村(大队)党支部书记	1983—1992
7	王治甲	男	村党支部书记	1992—1995
8	张延安	男	村党支部书记	1995—2004
9	沈佐文	男	村党总支书记	2004—2013
10	尚立军	男	盛大党支部书记	2014—2016
11	张延安	男	村党支部书记	2004—2013.12
12	王生雄	男	村党支部书记	2013.12—2016.12
13	车俊德	男	芦阳镇养殖合作社党支书记	2014—2016
14	包可伟	男	村党支部(总支)书记	2016—
15	李发源	男	村党支部副书记	1976—1987

续表

序号	姓名	性别	职务	任职时间
16	尚立军	男	村党支部（总支）副书记	2016.12—
17	雷槐生	男	村第一党支部书记	2023.3—
18	尚立军	男	村第二党支部书记	2023.3—
19	付廷柱	男	大队大队长	1958—1960
20	刘佐宾	男	大队长、革委会主任	1961—1972
21	刘在产	男	大队革委会副主任	1966—1977
22	雷百让	男	大队大队长	1973—1983
23	路秀英	女	村委会主任	1983—1992
24	沈文才	男	村委会主任	1992—1995
25	卢有伟	男	村委会主任	1995—1997
26	包文生	男	村委会主任	1997—2007
27	包可伟	男	村委会主任	2008—2016
28	付廷寿	男	村委会主任	2017—2019
29	包可伟	男	村委会主任	2019.11—
30	高江	男	大队副主任	1970—1975
31	路秀英	女	大队副主任	1973—1983
32	付廷寿	男	村委会副主任	2019—2020
33	雷槐生	男	村委会副主任	2021—
34	罗立艳	女	监委会主任	2012—2014
35	张延安	男	监委会主任	2014—2020
36	付廷寿	男	监委会主任	2021—
37	路秀英	女	妇女主任	1966—1982
38	刘海花	女	妇女主任	1983—2020
39	李名芳	女	妇联主席	2021—

续表

序号	姓　名	性　别	职　务	任职时间
40	化廷隆	男	文书	1958—1963
41	雷百庆	男	文书	1963—1968
42	付敏安	男	文书	1968—1969
43	高　江	男	文书	1969—1970
44	化　祥	男	文书	1970—1971
45	付仲荣	男	文书	1972—1976
46	范世奎	男	文书	1976—1981
47	王　杰	男	文书	1981—1984
48	付仲权	男	文书	1984—1989
49	张延安	男	文书	1989—1991
50	化廷伟	男	文书	1991—1997
51	包可伟	男	文书	1997—2007
52	雷槐生	男	文书	2008—2020
53	马新媛	女	文书	2021—2021
54	高加莲	女	文书	2021—

四、城北村

芦阳镇村域面积最大的行政村。原名"城北墩",因坐落于芦阳城以北,地处明长城(景泰段)烽火墩附近得名。长城从东向西在村子北面蜿蜒而过。

20世纪70年代,五佛乡约1100人分批次移民城北墩境内组成新村,因搬迁地山形状如马鞍,得名"马鞍山"村。同期,东风村300多人移民城北墩,按"东风新村"之意取名"东新"。1990年,城北墩村探索小麦套种甜菜,当年销售甜菜300吨,亩收入500元以上,总收入4.5万元,户均600元。

1994年11月,马鞍村盐碱地治理工程通过验收。12月,马鞍村肉鸽基地初步建成。2003年,城北墩、马鞍山、东新三村合并为一村,即城北村。2021年

▲ 图3-2-4 穿过村庄的长城遗迹

全村辖城北墩、东新、马鞍山3个自然村，17个村民小组，人口1455户5679人。2013年，建档立卡户193户768人，贫困发生率13.55%，2020年底全部脱贫；全村有五保供养8户8人，低保户75户233人。

耕地面积1.84万亩。传统产业以小麦、玉米种植和育肥羊为主。主导产业以露天西红柿种植为主，是景泰县西红柿、娃娃菜、枸杞种植基地，全县村股份经济合作社试点村。

特色产业以西红柿周转筐生产、仔猪养殖、小拱棚蒜苗、彩椒等设施蔬菜种植为主。2017年，西红柿种植面积878亩，亩产量7000公斤以上，年总产值1000万元左右，利润600万左右。产品直销西安、重庆、郑州三大市场。争取中央"三部委"扶持发展壮大村级集体经济项目资金50万元，配套建成城北村西红柿周转筐生产扶贫车间，节省西红柿产业发展投入成本，带动务工就业，增加村集体经济收益。2020年，村集体经济收入30万元，人均纯收入1.2万元。

2019年后投资700余万元，配套水电路等基础设施，建设占地面积100余亩的集中养殖小区，发展生猪产业。2021年，13栋标准化圈舍全部建成投入使用，实现生猪年出栏万头以上。投资50万元建成占地面积2000平方米种羊养殖繁育基地1处；露地西红柿种植面积达1400亩，辣椒种植600亩。为优化"产业链条"，流转土地260亩，投资400万元，搭建春秋塑料小拱棚，种植彩椒、西红柿、蒜苗等果蔬作物，是全镇三大"菜篮子"工程之一。实施"一事一议"项目，建设储藏量1000吨冷藏保鲜库一处；硬化灯光球场5000平方米。自2019年起从村集体经济收益中拿出部分资金，为全村70岁以上老人每人购买医疗保险补助150元，为80岁以上老人全额购买医疗保险。

2021年，村党总支下设3个党支部，有党员176名，其中女党员38名。

1997年7月，李得福被镇党委评为"优秀共产党员"；2002年9月，被司法部授予"模范人民调解员"称号；2007年3月，被白银市委评为"全市社会治安、综合治理 先进个人"；2000年5月、2001年4月分别被县委评为社会治安、综合治理"三五"普法先进个人。2000年4月，王社被县委评为社会治安、综合治理"三五"普法先进个人；2000年5月，被党中央、国务院表彰为全国劳动模范。2016年，王东彪被镇党委评为"优秀共产党员"。2017年6月，王虎健被镇政府授予"为民服务好帮手"称号；2021年7月，被县委评为"优秀共产党员"；2021年9月，当选第十七届县人大代表；2021年10月，当选第十届市人大代表。2018年6月，李利云被镇党委评为"优秀党务工作者"。2021年7月，殷世儒、杨琴、龚真规被镇党委评为"优秀党务工作者"。2010年8月，王勋健考录为镇公务员。2021年7月，李得论、王海健、安玉宪、张举柱、刘生政被镇党委评为"优秀共产党员"。

2019年，城北村被县委、县政府评为"县级文明村"。2020年，被县妇联评为"美丽庭院创建工作示范村"。2020年9月，村党总支被确定为省级党支部标准化建设示范点的评估对象。2021年1月，村合作社被县委、县政府评为"引领脱贫攻坚奔小康优秀农业合作社"。2021年6月，村党总支被白银市委评为"市先进基层党组织"。2021年9月，被省委组织部评为"全省标准化先进党支部"。2021年12月，被省委组织部评为"抓党建促产业振兴示范村党组织"。

表3-2-4　1956—2023年城北村村组织成员及任期一览表

序号	姓名	性别	职务	任职时间
1	李福德	男	城北墩大队党支部书记	1956—1966.3
2	张海	男	城北墩大队党支部书记	1966.3—1980.12
3	王勤	男	城北墩村大队书记	1980.12—1992.8
4	王社	男	城北墩村党支部书记	1992.8—2000.9
5	王建富	男	城北村党（总）支书记	2000.9—2007.12

续表

序号	姓名	性别	职务	任职时间
6	王东升	男	城北墩村党总支书记	2007.12—2016.12
7	王虎健	男	城北墩村党总支书记	2016.12—2023.3
			城北村党委书记	2023.3—
8	刘生奎	男	城北党总支六星支部书记	2004.10—2007.12
9	王伍建	男	城北党总支六星支部书记	2007.12—2013.12
10	龚真规	男	城北党总支城北支部书记	2004.10—2020.12
11	王东彪	男	城北党总支城北支部书记	2021.1—
12	张忠泰	男	城北党总支马鞍山支部书记	2004.10—2007.12
13	张德良	男	城北党总支马鞍山支部书记	2007.12—2016.12
14	杨琴	女	城北党总支马鞍山支部书记	2020—2023.3
			城北村党委副书记兼马鞍山支部书记	2023.3—
15	李得福	男	城北党总支东新支部书记	2004.10—2009.4
16	殷世杰	男	城北党总支东新支部书记	2009.4—2016.12
17	李得论	男	城北党总支东新支部书记	2016.12—2020.12
18	殷世儒	男	城北党总支东新支部书记（兼）	2020.12—
19	张尚乾	男	城北墩大队大队长	1956—1960.8
20	罗文玉	男	城北墩大队革委会主任	1960.8—1966.3
21	张海	男	城北墩大队革委会主任	1966.3—1978.11
22	王勤	男	城北墩大队主任	1978.11—1980.12
23	张海	男	城北墩大队主任	1980.12—1992.8
24	刘生奎	男	城北墩村委会主任	1992.8—1998.11
25	付钧安	男	城北墩大队主任	1998.11—2002.3
26	王勋建	男	城北墩村委会主任	2002.3—2004.10
			城北村委会主任	2004.10—2017.1
27	殷世儒	男	村委会主任	2017.1—2019.9
28	王虎健	男	村委会主任	2019.9—
29	罗文玉	男	城北墩村党支部副书记	1956—1977.1

续表

序号	姓名	性别	职务	任职时间
30	王 勤	男	城北墩村党支部副书记	1977.1—1980.12
31	张 海	男	城北墩村党支部副书记	1980.12—1992.8
32	王 勤	男	城北墩村党支部副书记	1992.8—1995.7
			城北村党（总）支副书记	2002.1—2004.10
33	王勋建	男	城北村党总支副书记	2004.10—2010.11
34	王晓健	男	城北村党总支副书记	2010.12—2016.12
35	李效茂	男	城北村党总支副书记	2016.12—2017.12
36	安玉宪	男	城北村党总支副书记	2017.12—2020.12
37	殷世儒	男	城北村党总支副书记	2019.9—2023.3
			城北村党总支副书记	2023.3—
38	李利云	女	城北村党总支副书记	2021.1—2023.3
			城北村党委副书记	2023.3—
39	王定富	男	城北村党总支马鞍山支部副书记	2019.9—2020.12
40	罗文玉	男	副大队长	1959.4—1960.8
41	罗文玉	男	城北墩大队革委会副主任	1966.3—1969.3
42	邓光前	男	城北墩大队革委会副主任	1969.3—1978.11
43	王 勤	男	管委会副主任	1977.1—1978.11
44	宣治田	男	大队、村委会副主任	1978.11—1989.7
45	刘 权	男	村委会副主任	1989.7—1992.8
46	付钧安	男	村委会副主任	1992.8—1998.11
47	王积佰	男	村委会副主任	1998.11—2002.3
48	龚真规	男	村委会副主任兼文书	2002.3—2008.1
49	张玉富	男	村委会副主任	2008.2—2019.4
50	安玉宪	男	村委会副主任	2021.1—
51	张举柱	男	村委会副主任	2021.1—
52	王东彪	男	监委会主任	2013—2021.1
53	刘生政	男	监委会主任	2021.1—
54	段秀英	女	妇女主任	1956—1963

续表

序号	姓名	性别	职务	任职时间
55	万兰英	女	妇女主任	1963—1966
56	王玉兰	女	妇女主任	1966—1969
57	王莲	女	妇女主任	1969—1978
58	龚成林	女	妇女主任	1978—1992
59	卢守莲	女	妇女主任	1992—1995
60	王建玉	女	妇女主任	1995—1998
61	宋建花	女	妇女主任	1998—2002
62	杨广红	女	妇联主席	2002—2021.2
63	朱宗秀	女	妇联主席	2021.2—
64	王怀宪	男	文书	1960.10—1969.3
65	杨金	男	文书	1969.3—1970.6
66	刘正荣	男	文书	1970.6—1977.1
67	李玉社	男	文书	1977.1—1978.11
68	王社	男	文书	1978.11—1983.12
69	王进喜	男	文书	1983.12—1992.10
70	王勋建	男	文书	1992.10—1994.7
71	卢有军	男	文书	1994.7—1996.6
72	龚真规	男	文书	1996.6—2002.3
73	王政	男	文书	2002.3—2003.4
74	龚真规	男	文书（兼）	2004.10—2010.3
75	黄文君	男	文书	2010.3—2012.3
76	龚真规	男	文书（兼）	2012.3—2016.12
77	李利云	女	文书	2017.1—2019.9
78	付廷瑞	女	文书	2019.9—2020.11
79	孔德萍	女	文书	2020.11—2023.5
80	刘在凤	女	文书	2023.5—

附表1 2003年马鞍山村合并前各村村组织成员及任期一览表

序号	姓 名	性别	职 务	任职时间
1	张仁伟	男	兴丰大队党支部书记	1979—1982
	张太山	男	大队主任	
	张德良	男	大队文书	
2	胡永林	男	八道墩大队党支部书记	1979—1982
	罗洪基	男	大队主任	
	王万强	男	大队文书	
3	张理太	男	兴合大队党支部书记	—
		男	大队主任	1979—1982
		男	大队文书	
4	韦应忠	男	马鞍山大队党支部书记	1979—1982
		男	大队主任	—
		男	文书	—
5	李元祯	男	红柳道大队党支部书记	1979—1982
		男	大队主任	—
		男	大队文书	—

附表2 1982—2003年马鞍山灌区村村组织成员及任期一览表

序号	姓 名	性别	职 务	任职时间
1	胡永林	男	大队支部书记	1982
	李元祯	男	大队主任	
	张理太	男	文书	
2	沈渭义	男	村支部书记	1983—1985
	张理太	男	村委会主任	
	李 太	男	文书	

续表

序号	姓名	性别	职务	任职时间
3	王朝杰	男	村党支部书记	1986—1989
	黄育民	男	村委会主任	
	张登龙	男	文书	
4	来耀天	男	村党支部书记	1989—1992
	黄育民	男	村委会主任	
	张玉玺	男	文书	
5	张忠泰	男	村党支部书记	1992—1994.5
	黄育民	男	村委会主任	
	张玉玺	男	文书	
6	张忠泰	男	村党支部书记	1995—2004.9
	王明德	男	村委会主任	1994.5—2002.3
	李效茂	男	村委会主任	2002.3—2004.9
			文书	1995—2001
	张明治	男	文书	2001—2002
	王岳一	男	文书	2002—2003

附表3 2003年合并前东新村村组织成员及任期一览表

序号	姓名	性别	职务	任职时间
1	殷昌智	男	大队（村）党支部书记	1981—1992年
2	李得福	男	大队（村）党支部书记	1993.1—2009.4
3	李得玺	男	大队长、村委会主任	1981—1986
4	李得福	男	村委会主任	1986—1989
5	李聪	男	村委会主任	1989—1992
6	王作臣	男	村委会主任	1993—1998

续表

序号	姓　名	性别	职　　务	任职时间
7	李得福	男	大队文书	1981—1986
8	王华政	男	大队文书	1989—1991
9	何占友	男	大队文书	1992—1992

五、席滩村

原名"蓆滩",因所在地芨芨草丰茂,芨芨草又称"蓆子",故名。2017年1月改为今名。位于芦阳镇西北处,距镇政府所在地3公里,北与城北村、寺梁村接壤,东邻城关村,南连十里村,西接条山村。村内有双龙寺等古建筑。耕地2291.38亩。

至2021年,下辖3个村民小组,人口375户1510人,常住人口347户1384人;建档立卡户37户117人。

20世纪50年代初期成立初级社、高级社,与城关、芦阳合并为一个大队。50年代末60年代初解散合作社,又重新成立席滩生产大队。

1973年,成立农村合作医疗站,每人交0.5元钱即可享受全年免费医疗。1975年,上缴国家公购粮41.5万公斤,被省委树立为"全省学大寨先进大队";被县委、县政府树立为"景泰县大寨村",奖励大型拖拉机一台。同年,大队制定新农村建设规划,确定第一批新农村建设地

▲ 图3-2-5　席滩堡子西北角

点，大队为每户在规划点建房的社员提供红砖5000块和大队林带自栽的白杨木椽子等。

1980年，全村分为6个生产小组包产到组进行试点。1981年，在生产小组承包的基础上进行联产承包责任制，村民承包责任田每人2.5亩，对农具、机械、耕地、牲畜及牛羊做相应分配。

1990年，建成新的村委会办公场地，有会议室、党员活动室、村委会办公室、妇联及计划生育办公室、伙房、老年活动室、厕所等设施。

1992年，第一生产队在村域内东滩打成一眼昼夜可浇地25亩的机井。1995年，村上向银行贷款4万元，打成梁湾机井。2011年，争取县水务局高标准农田项目资金22.5万元，衬铺"U"型槽渠道约11公里。2012年，向有关部门争取水泥20吨、"U"型槽4600多块，铺衬2.5公里渠道。2013年，争取县交通局通村公路项目资金910万元，硬化村主要道路7公里。2014年，争取县财政局"一事一议"村级道路硬化项目10公里。2016年，争取村级道路硬化项目3公里，2017年春季实施，实现水泥硬化全覆盖。2018年，建成占地面积约30亩的村委会办公场所及活动场地。2020年，整合散养户，规划建成可容纳生猪1万头、育肥羊10万只的胡地沟养殖小区，将34户养猪户、62户养羊户迁至养殖小区。2021年，打造"西路军指挥部——双龙寺爱国主义教育基地"，发展红色旅游。2020年底，人均纯收入1.1万元以上。

2021年，村党支部下设2个党小组，党员62名，其中女党员12名。

1968年，韦藏金被芦阳公社评为劳动模范、学大寨积极分子、标兵，赴山西省昔阳县大寨大队参观学习半月。1983年12月，王学贤被评为"全国农业合作经济财务会计先进工作者"。1993年8月，郭志学被市委、市政府评为"先进生产者"。2011年6月，张奇才被县委、县政府评为"优秀党务工作者"；2013年1月，被县委、县政府评为"感动景泰十大真情人物"。2018年12月，席滩村被市委组织部授予"党员引领奔小康行动先进示范点"。

1973年，村民张美兰病危做手术时，共产党员、民兵连长张守田无偿献血500毫升。2008年，村民向汶川地震灾区捐款1.6万元。2009年，村民郭永森妻子身患重病，村民共捐资人民币1.26万元。

表3-2-5 1961—2021年席滩村村组织成员及任期一览表

序号	姓名	性别	职务	任职时间
1	王顺国	男	大队党支部书记	1961—1962
2	李玉秀	男	大队党支部书记	1962—1975
3	韦藏金	男	大队（村）党支部书记	1976—1990
4	郭志学	男	村党支部书记	1990.1—2008.3
5	张奇才	男	村党支部书记	2008—2017.1
6	张拯优	男	村党支部书记	2017.1—2020
7	王维权	男	村党支部书记	2020—
8	张学文	男	村党支部副书记	1975—1984
9	郭永科	男	村党支部副书记	2020—
10	狄化贤	男	农会委员	1953—1954
11	韦万济	男	农会委员	1954—1955
12	王顺国	男	大队大队长	1962—1965
13	路宏福	男	大队革委会主任	1966—1970
14	卞有福	男	大队革委会主任	1970—1972
15	杨天成	男	大队革委会主任	1972—1975
16	张守勤	男	大队（村委会）主任	1976—1991
17	卢有亮	男	村委会主任	1991—1995
18	张汉才	男	村委会主任	1995—2011
19	赵国校	男	村委会主任	2011—2013
20	张永寿	男	村委会主任	2014—2017
21	王维泰	男	村委会主任	2017—2020
22	王维权	男	村委会主任	2020—
23	郭志平	男	村委会副主任	2021—
24	郭永伟	男	监委会主任	2012—2017
25	陈启福	男	监委会主任	2017—2020

续表

序号	姓　名	性　别	职　务	任职时间
26	安建太	男	监委会主任	2021—
27	王廷书	女	妇女主任	1952—1960
28	化伍兰	女	妇女主任	1962—1977
29	张永英	女	妇女主任	1977—1982
30	沈淑惠	女	妇女主任	1982—1992
31	郭志香	女	妇女主任	1992—1996
32	杨世秀	女	妇女主任	1997—2000
33	张美玲	女	妇女主任	2000—2005
34	罗立红	女	妇女主任	2005.1—2016.1
35	王钰香	女	妇联主席	2016—2020
36	张兆岚	女	妇联主席	2020—
37	张世模	男	大队文书	1961—1972
38	杨世福	男	文书	1972—1992
39	张世强	男	文书	1993—1996
40	赵国校	男	文书	1996—2011
41	张拯优	男	文书	2011—2017
42	罗立红	男	文书	2017—2020
43	包国华	女	文书	2020—

六、寺梁村

20世纪70年代，村民从黄河古渡——位于芦阳镇以东10公里黄河西岸的索桥大队搬迁双龙寺西面的山梁居住，即寺梁大队，1983年更名为寺梁村委会。距镇政府3公里，东临席滩村，西环西林村，南依席滩耕地，北连城北村。系原芦阳公社索桥大队整村搬迁景电一期工程灌区的移民村。

搬迁之前，索桥村为原芦阳乡的一个行政村，由段家湾、王家庄、杨庄、索桥园子4个自然村组成。1973年开始搬迁，1976年完成。1991年有100多人搬迁红水镇共建村。原麦窝村第三村民小组划归寺梁村，为第五村民小组。

至2021年，下辖7个村民小组，人口300户1196人。建档立卡户50户211人，低保户14户51人，其中一类低保2户5人，二类低保12户46人，特困供养户2户2人。

▲ 图3-2-6 盖新房

耕地面积3513亩。2011年4月，在村南部建设养殖小区5万平方米，占地面积160亩，建成标准化羊舍36栋。园区内成立兴盛、江顺、常顺等3家养殖专业合作社，依托园区成立芦阳镇羊产业协会，注册"昌林山"精品羊肉商标，获得国家质量管理体系认证。3家合作社吸纳养殖户80户进入小区，羊存栏6万余只，年出栏25万只，销售收入2.1亿元，实现利润2500万元。同时，辐射带动西林、席滩等村发展舍饲养羊150余户。2020年底，全村人均纯收入1.5万元。

2017年，申请财政奖补"一事一议"项目，衬砌"U"型渠道6公里。同年2月21日，省卫计委安排村上5名养老护理员到省第三人民医院养老护理培训基地进行为期7天的培训。3月28日，省卫计委在寺梁村举行"情系寺梁众乡亲，奉献爱心助双联"家庭保洁车捐赠活动，为村上220户常住村民发放总价值4万元的家庭保洁车。6月12日，县妇幼保健站在寺梁村开展"送医送药送温暖、诚信践诺为群众"下乡义诊活动，免费就诊220人次。是年，建成2200平方米的文化广场。

2018年，申请景泰县农业综合开发办项目，衬砌"U"型渠道21.08公里，渠道衬砌全覆盖。2019年，养殖小区道路硬化3公里，村内道路硬化全覆盖。2020年，自来水管道提升改造工程全部完成。

2021年，村党总支有党员70名，其中女党员11名。

2013年3月，村党总支被县委命名为"五星级基层党组织"；2011年、2016年、2021年，村党总支3次被县委命名为"先进基层党组织"。

2004年2月，寺梁村被县委授予"村民自治先进村"称号；2007年3月，市政府授予"全市人口和计划生育工作先进集体"称号；2011年，被中国科协、财政部授予"科普惠农兴村先进单位"称号；2011年1月，省人口和计划生育委员会授予"全省人口和计划生育宣传教育先进村"称号；2013年，市老龄工作委员会授予"村敬老文明号"称号；2013年11月，被中国计划生育协会授予"人口和计划生育基层群众自治先进村"称号；2016年，被县委授予"2015年度平安村"称号；2016年3月，被市政府评为"信用村"；2018年8月，被县妇联评为"美丽庭院创建工作示范村"。

2008年，村党总支书记王生铎被评为镇"优秀共产党员"；2012年，被省委组织部评为"甘肃省现代远程教育学用标兵"，被省社会组织创先争优活动领导小组评为"全省社会组织创先争优优秀共产党员"，被市委公有制经济工作委员会评为"全市非公有制经济组织创先争优优秀共产党员"，被县委评为"县优秀党组织书记"；2013年，被市委组织部评为市"优秀村干部"；2014年，被市委组织部授予"白银市优秀村干部"称号；2015年，被市委授予"劳动模范"称号，同年被评为省劳动模范；2018年，被市委党的建设领导小组评为市"党建引领奔小康行动优秀村党组织书记"；2019年，被县委授予"脱贫攻坚贡献奖"；2020年，被市委、市政府评为市"脱贫攻坚先进个人"。2013年，李德香被镇党委、镇政府评为"先进工作者"；2016年，被县委评为"优秀共产党员"；2017年，被县妇联评为"优秀妇联干部"；2018年，被镇党委评为"优秀党务工作者"；2019年被镇党委、镇政府评为镇"三八红旗手"；2020年，被镇党委评为"优秀党务工作者"。

2015年3月，段宝成考录为镇公务员。2021年6月，王生铎通过"五方面人才"项目被推荐为公务员。

第一次全国农业普查工作中，段宝成被评为全县农业普查"先进工作者"。

表3-2-6　1949—2022年寺梁村村组织成员及任期一览表

序号	姓名	性别	职务	任职时间
1	段守山	男	农会主任	1949—未详
2	王兴润	男	大队党支部书记	1957—1959
3	杨天交	男	大队党支部书记	1960—1961
4	王兴润	男	大队党支部书记	1962—1968
5	陈有存	男	大队党支部书记	1969—1976
6	杨天彪	男	大队（村）党支部书记	1977—1990
7	罗正悟	男	村党支部书记	1991—1993
8	王勤	男	村党支部书记	1994—1998
9	张茂生	男	村党支部书记	1998—2009
10	王生铎	男	村党支部书记	2010—2021
11	杨天展	男	村党支部（总支）书记	2022—
12	李德香	女	村党支部（总支）副书记	2017—
13	段好杰	男	大队大队长	1957—1959
14	段守宝	男	大队大队长	1960—1961
15	杨天才	男	大队长、革委会主任	1961—1976
16	李玉高	男	大队长、革委会主任	1976—1979
17	罗正悟	男	大队（村委会）主任	1979—1990
18	王勤	男	村委会主任	1991—1993
19	张茂生	男	村委会主任	1994—1998
20	王登峰	男	村委会主任	1999—2008
21	段宝成	男	村委会主任	2011—2016
22	杨天展	男	村委会主任	2017—2019
23	王生铎	男	村委会主任	2019—2021
24	杨天展	男	村委会主任	2022—

续表

序号	姓　名	性　别	职　务	任职时间
25	陈 祯	男	村委会副主任	1970—1980
26	陈 干	男	村委会副主任	1981—1984
27	杨天展	男	村委会副主任	2019—2021
28	王生武	男	村委会副主任	2022—
29	杨天展	男	监委会主任	2013—2016
30	王 琪	男	监委会主任	2017—
31	张兴莲	女	妇女主任	1955—1971
32	段好花	女	妇女主任	1979—1983
33	王秀花	女	妇女主任	1984—1989
34	康清兰	女	妇女主任	1990—2002
35	王燕霞	女	妇女主任	2003—2013
36	李德香	女	妇联主席	2014—2017
37	卢茹春	女	妇联主席	2018—2020
38	王玲玲	女	妇联主席	2021—
39	杨天彪	男	文书	1963—1976
40	李玉高	男	文书	1977—1984
41	杨佑科	男	文书	1985—1986
42	杨天应	男	文书	1987—1988
43	杨佑康	男	文书	1989—1992
44	段宝成	男	文书	1993—2011
45	杨佑博	男	文书	2011—2012
46	杨家龙	男	文书	2013.1—2013.12
47	李德香	女	文书	2014—2017
48	张树飞	男	文书	2018—

七、西林村

由正路乡移民形成的村落，1975年命名为西庆大队；1977年更名为西林大队。距镇政府6.5公里，距县城5公里。东临寺梁村，南临席滩耕地，西临五支渠，北临石城村。

2021年，辖3个村民小组，人口234户895人。总耕地面积1536.15亩。低保户11户28人，特困供养户1户1人。2020年，建档立卡户65户272人，是年底全部脱贫。

主导产业为玉米、小麦种植，生猪、育肥羊养殖；特色产业为朝天椒、西红柿种植。全村辣椒种植面积600余亩。2020年，全村人均纯收入8390元。集体经营性资产总额85.25万元，其中景中高速公路征地补偿款11.71万元，上级拨付资金65万元，村集体经营收入8.54万元。

2020年10月20日，县上在西林村举行朝天椒全程机械化观摩活动，组织全县各乡镇辣椒种植户观摩。

2021年，村党支部有党员37名，其中女党员8名。

▲ 图3-2-7 彩椒种植

表3-2-7 1988—2022年西林村村组织成员及任期一览表

序号	姓 名	性别	职 务	任职时间
1	冯有福	男	村党支部书记	1988—1990
2	高尚财	男	村党支部书记	1990—1991
3	丁锡祖	男	村党支部书记	1991—1992
4	曾海清	男	村党支部书记	1992—1999
5	苏景堂	男	村党支部书记	1999.1—2008
6	王廷贤	男	村党支部书记	2008.1—2015.1
7	胥先龙	男	村党支部书记	2016.1—2019.1
8	肖生凤	女	村党支部书记	2019.5—2019.9
9	张宏涛	男	村党支部书记	2019—2022.9
10	王景文	男	村党支部书记	2022.10—
11	丁锡祖	男	村委会主任	1989—1991
12	王真年	男	村委会主任	1991—1995
13	石生宝	男	村委会主任	2002.1—2008.3
14	王永清	男	村委会主任	2008.1—2013.1
15	胥先龙	男	村委会主任	2014.3—2016.12
16	蒲军明	男	村委会主任	2017.1—2020.7
17	张宏涛	男	村委会主任	2020.8—2022.9
18	王景文	男	村委会主任	2022.10—
19	彭贺嘉	男	村委会副主任	2021—
20	王存基	男	监委会主任	2013—2016
21	丁锡荣	男	监委会主任	2017—2019
22	彭贺嘉	男	监委会主任	2019—2021
23	王景文	男	监委会主任	2021—2022

续表

序号	姓 名	性别	职 务	任职时间
24	肖桂莲	女	妇女主任	1958—1962
25	杨国莲	女	妇女主任	1977—1982
26	杨生兰	女	妇女主任	1982—1998
27	刘克萍	女	妇联主席	1999—2020
28	赵德贞	女	妇联主席	2021—
29	王廷祯	男	文书	1992—2008
30	白文景	男	文书	2008—2013
31	王景文	男	文书	2014—2020
32	路正媛	女	文书	2021—

八、石城村

因所在地靠石头山得名。20世纪70年代初景电一期工程建成后，由正路公社的正路、石井、大滩、拉牌、红岘、黄羊塄、峡儿水、长川、黄崖等大队搬迁1400多人组成新的大队，时称向阳大队，分为6个生产小队，由正路公社管辖。1976年搬迁完成。1980年转属芦阳公社，改称石城大队。东临景中高速公路，高速辅道横穿村中心地段，连接环城路与条芦（条山—芦阳）公路。2021年，辖3个村民小组，人口419户1708人，耕地1520.66亩。

2013年建档立卡贫困户64户222人，贫困发生率13.2%，2020年全部脱贫；五保供养3户3人，低保户17户54人。

经济收入主要依靠农业及劳务；农作物以传统的玉米、小麦、胡麻为主。2014年，实现经济总收入2547.45万元，人均纯收入8168元。

2014年，建成千亩梨园。

2016年，景泰县易地搬迁项目"石城小镇"落地本村。2018年，依托县城向东南方扩建规划，村内耕地1313.84亩被征用，每亩补贴36080元，失地农民达214户731人。通过土地流转，整理改造，发展规模化、集约化现代高效设施

▲ 图3-2-8　蔬菜大棚

农业，建成设施大棚72座，其中种植草莓17棚，番茄、圣女果47棚，羊角蜜7棚，育苗1座；大型蓄水池2座；建成现代设施农业基地1处。2020年，集体经济收入189万元。

2021年，村党支部有党员49人，其中女党员8人。

1981年，朱武明被县委表彰为"优秀共产党员"；1985年，被县委表彰为县"优秀党支部书记"。1987年，张之国被县委表彰为县"优秀共产党员"。1989年，李生忠被县委表彰为"优秀共产党员"；1999年，被县委评为景泰县"社会治安综合治理先进个人"。2021年，魏工邦被县委表彰为县"优秀共产党员"。

2016年7月，村党支部被市委评为"先进基层党组织"。

2015年12月，石城村被市爱国卫生运动委员会评为"市级卫生村"；2018年1月，被省爱国卫生运动委员会评为"甘肃省卫生村"；2020年，被市政府评为白银市"全域无垃圾村"。

表3-2-8　1973—2021年石城村村组织成员及任期一览表

序号	姓　名	性别	职　　务	任职时间
1	薛有武	男	大队党支部书记	1973—1978
2	彭让志	男	大队党支部书记	1979—1980
3	朱武明	男	大队（村）党支部书记	1981—1987
4	范余宽	男	村党支部书记	1987—1989
5	张之国	男	村党支部书记	1989—1993
6	郑希成	男	村党支部书记	1993—1996
7	李生忠	男	村党支部书记	1996—2013
8	李天泽	男	村党支部书记	2013—2020
9	魏工邦	男	村党支部书记	2020—
10	冯宜宽	男	村党支部副书记	1973—1980
11	张之良	男	村党支部副书记	2014—2020
12	李俊飞	男	村党支部副书记	2018—2020
13	王建珍	女	村党支部副书记	2020—
14	朱武明	男	大队（村委会）主任	1973—1981
15	王克俭	男	大队（村委会）主任	1981—1993
16	辛世珍	男	村委会主任	1994—2004
17	张之良	男	村委会主任	2004—2013
18	魏天邦	男	村委会主任	2013—2017
19	李天泽	男	村委会主任	2019—2020
20	魏工邦	男	村委会主任	2021—
21	郭廷民	男	村委会副主任	2021—
22	李俊飞	男	监委会主任	2013—2018
23	王立平	男	监委会主任	2019—2020
24	张之良	男	监委会主任	2021—
25	韩立菊	女	妇女主任	1973—1975

续表

序号	姓名	性别	职务	任职时间
26	王翠英	女	妇女主任	1975—1978
27	薛梅武	女	妇女主任	1978—1988
28	冯宜香	女	妇女主任	1988—1993
29	贺成霞	女	妇女主任	1993—2008
30	张开蕊	女	妇女主任	2008—2017
31	王建珍	女	妇联主席	2017—2019
32	苟莲源	女	妇联主席	2020—2021
33	王玲娜	女	妇联主席	2021—
34	辛世珍	男	文书	1993—1996
35	李俊飞	男	文书	1997—2013
36	郑荣先	男	文书	2014—2018.9
37	王建珍	女	文书	2018—2020
38	苟莲源	女	文书	2021—

九、条山村

地处腾格里沙漠南缘，原名一条山，因村北有一条自西向东走向的山岗而得名。明万历年间就有一条山的名称。1983年7月改为今名。位于芦阳镇西北角，与芳草村、石城村接壤。村内有清真寺、接引寺、"一条山战斗"旧址。

历史上地处古丝绸之路，有"兰州、凉州、银川、西宁汇一条山"之说。古丝绸之路自西汉以来在景泰县境内东起黄河索桥，经响水、弯沟、芦阳、一条山村，称东西"凉州大道"；从兰州、沙河井、兴泉通过一条山村到营盘水一直通往银川的"南北大道"，史称"盐路"。

清咸丰八年（1858年），政府为杜绝蒙（内蒙古）盐走私，在一条山设盐站，后成立一条山盐务局。清及民国时期，内蒙古察汗盐池年数千吨食盐靠数百链骆驼队运至一条山盐仓，然后销往兰州、天水、宝鸡、汉中等地。带动一系列商业活动，进入一条山村经商的人超过本地人口，一条山村渐渐演变成一

▲ 图3-2-9　条山村大涝坝

个繁荣的村镇。由于来自盐务局经费的支持等各种因素，一条山小学名噪一时。

至2021年，全村辖一条山、上滩、大梁3个自然村9个村民小组，人口1180户4451人。其中大梁178户712人，上滩192户730人，一条山村810户3009人。有回族、东乡族等少数民族人口28户119人。有低保户65户176人，其中一类低保19户32人，二类低保31户95人，三四类低保15户49人。五保户15户16人，其中集中供养1人。有重大疾病人口20人，重度残疾人109人。建档立卡户6户23人，已全部脱贫。

有水浇地9989亩，主导产业为种植与养殖。种植业以小麦、玉米、梨树为主；养殖业以肉羊、蛋鸡为主。村民收入主要来源为种植、养殖及务工。

1987年，刘永祥创办青年养殖场，为农村养殖业提供改良商品猪，带动贫困户脱贫致富，多次受到上级表彰奖励。2000年后，有博大、恒远蛋鸡养殖合作社、上滩梨树养殖专业合作社、三阳开泰种植养殖专业合作社、安叶顺种植养殖专业合作社等5家合作社。以上滩为主的上滩梨树养殖合作社种植梨树约900亩，有林下散养鸡3户5000只；以一条山为主的蛋鸡养殖产业建成人禽分离养鸡小区2个，千只鸡场75家，蛋鸡存栏23万羽，日出产鲜蛋7500公斤；以大梁肉羊养殖为主的养殖户45户，存栏肉羊3.8万只。

2019年底，村集体经济收入95.9万元，其中景中高速征地补偿款59.4万元，铁塔公司补偿费等2.76万元。自来水入户率100%。2019年，参加城乡基本医疗保险4029人，医保覆盖率99%。参加城乡居民养老保险1750人，建档立卡户参保率100%，贫困人口城乡居民社会养老保险实现全覆盖。

2021年，村党总支下设3个党支部，党员116人。一条山村党支部党员77名，其中女党员16人；大梁村党支部党员20名，其中女党员2名；上滩村党支部党员19名，其中女党员7名。

1998年，一条山村被省委、省政府表彰为"民族团结先进村"。2017年，被市政府评为"市级美丽乡村"。

1983年，刘永祥被共青团中央和农业部评为"全国农村青年科技示范户标兵"；1989年，被团省委、省农委评为"全省农村青年十大标兵""甘肃省新长征突击手"；1990年，被团省委、省科委评为"青年星火带头人"。1995年，马玉芳被省关心下一代工作委员会评为全省"关心下一代工作先进个人"；1996年，被全国妇联授予全国"三八红旗手"称号；1998年，被国家民族事务委员会、省政府授予"民族团结进步模范"称号；2001年，被市委评为"优秀共产党员"。2001年，张明杰被县委评为县"优秀共产党员"；2002年，被县委、县政府表彰为"景泰县十佳优秀村主任"；2003年，被团省委、青联、民委授予"全省民族团结进步先进个人"称号。2010年8月，张明杰考录为镇公务员。

2018年，村民杨重雲被省新闻出版广电局评为"全省优秀农家书屋管理员"。2019年底，农家书屋藏书2370本。

表3-2-9　1953—2022年条山村村组织成员及任期一览表

序号	姓名	性别	职务	任职时间
1	张承祥	男	一条山乡党支部书记	1953.8—1956.4
2	张承祥	男	一条山乡党总支书记	1956.5—1958.4
3	杜有德	男	一条山高级社党支部书记	1956.5—1958.4
4	苗仲秀	男	大队党支部书记	1958.5—1959.5

续表

序号	姓　名	性　别	职　务	任职时间
5	高仰昆	男	农牧场党支部书记	1959.5—1962.12
6	杜有德	男	大队党支部书记	1964.1—1964.12
7	周世福	男	大队党支部书记	1965.1—1966.12
8	田自福	男	大队党支部书记	1967.1—1967.12
9	张志强	男	大队革委会主任	1968.1—1972.12
10	苟永年	男	大队党支部书记、革委会主任	1969.1—1972.12
11	张承功	男	大队党支部书记	1973.1—1976.12
12	苟永年	男	大队党支部书记	1977.1—1978.12
13	王兰元	男	大队(村)党支部书记	1979.1—1987.12
14	王　奎	男	村党支部书记	1988.1—1995.12
15	马玉芳	女	村党支部书记	1996.1—2003.12
16	马玉芳	女	村党总支书记	2003.1—2010.12
17	张明杰	男	村党总支书记	2011.1—2016.12
18	徐进文	男	村党支部书记	2011.1—2016.12
19	徐进文	男	村党总支书记	2017.1—2020.6
20	梁占军	男	村党支部书记	2017.1—2019.6
21	张登周	男	村党总支书记	2017.1—2020.10
22	高承军	男	村党总支（党委）书记	2020.10—
23	刘生科	男	村党支部副书记	1969.1—1978.12
24	张秀英	女	村党支部副书记	1969.1—1978.12.
25	王　奎	男	村党支部副书记	1984.1—1987.12
26	吴兴汉	男	村党支部副书记	1988.1—1988.12
27	郭裕民	男	村党支部副书记	1989.1—1994.12
28	刘永福	男	村党支部副书记	1995.1—1997.12
29	张守丰	男	村党总支副书记	2017.1—2020.06

续表

序号	姓名	性别	职务	任职时间
30	杨重雲	女	村党总支副书记	2021.1—
31	孙春荣	男	村党总支副书记	2021.1—
32	马永军	男	村党总支副书记	2021.10—
33	杨生恒	男	高级社主任	1956.5—1958.12
34	董得功	男	高级社副主任	1956.5—1958.12
35	杨生恒	男	一条山农牧场主任	1959.1—1962.12
36	董得功	男	一条山农场副主任	1959.1—1962.12
37	余培华	男	一条山农牧场场长	1959.1—1962.12
38	董得功	男	大队大队长	1963.1—1964.12
39	张治礼	男	大队大队长	1965.1—1966.12
40	张志强	男	大队大队长	1967.1—1967.12
41	苟永年	男	革委会主任	1969.1—1972.4
42	张承功	男	革委会主任	1973.1—1976.12
43	苟永年	男	革委会主任	1977.1—1979.6
44	苟永年	男	管委会主任	1979.7—1982.4
45	安廷玉	男	大队村委会主任	1982.4—1983.10
46	高秉银	男	村委会主任	1983.10—1987.12
47	刘善基	男	村委会主任	1988.1—1992.12
48	马忠	男	村委会主任	1993.1—1995.12.
49	张庆和	男	村委会主任	1996.1—1996.12
50	化得云	男	村委会主任	1997.1—1998.8
51	张明杰	男	村委会主任	1998.8—2010.12
52	刘治君	男	村委会主任	2011.1—2016.12
53	张登周	男	村委会主任	2017.1—2020.10
54	高承军	男	村委会主任	2020.10—
55	王兰元	男	革委会副主任	1972.4—1976.12

续表

序号	姓 名	性别	职 务	任职时间
56	刘善基	男	村委会副主任	1984.12—1987.12
57	常 军	男	村委会副主任	2020.6—
58	马新存	男	村委会副主任	2021.1—
59	化得功	男	监委会主任	2013.1—2016.12
60	高承军	男	监委会主任	2017.1—2020.09
61	姚昌忠	男	监委会主任	2020.1—2020.12
62	马永军	男	监委会主任	2021.1—2021.10
63	胡永春	女	监委会主任	2022.10—
64	张秀英	女	妇女主任	1958.1—1984.12
65	孟淑英	女	妇女副主任	1984—1987
66	马玉芳	女	妇女主任	1985.1—1995.12
67	邓全英	女	妇女主任	2007.1—2013.12
68	王晓玲	女	妇女主任、妇联主席	2014.1—2017.4
69	杨远丽	女	妇联主席	2017.5—2020.12
70	胡永春	女	妇联主席	2021.1—2022.6
71	司志瑞	女	妇联主席	2022.7—
72	王集荣	男	文书	1963.1—1965.12
73	安廷学	男	文书	1966.1—1969.11
74	王兰元	男	文书	1969.12—1972.4
75	曹庆文	男	文书	1972.5—1973.9
76	安廷玉	男	文书	1973.9—1974.7
77	杨明清	男	文书	1974.7—1975.10
78	张克诚	男	文书	1975.11—1976.9
79	支永荣	男	文书	1976.10—1977.1
80	吴兴汉	男	文书	1977.2—1987.12
81	马 忠	男	文书	1988.1—1992.12

续表

序号	姓名	性别	职务	任职时间
82	刘生贵	男	文书	1993.1—1996.12
83	张守杰	男	文书	1997.1—1997.12
84	刘治君	男	文书	1998.1—2010.12
85	张守丰	男	文书	2011.1—2016.12
86	杨重雲	女	文书	2017.1—2020.12
87	杨佑宝	男	文书	2020.12—
88	李如涛	男	上滩村（大队）党支部书记	1980—1991
89	尚伦宝	男	上滩村党支部书记	1991—2007
90	孙春荣	男	上滩村党支部书记	2007—
91	张延年	男	上滩村（大队）党支部副书记	1980—1991
92	张延年	男	上滩村（大队）村委会主任	1980—1988
93	杨建新	男	上滩村村委会主任	1988—1990
94	孙全生	男	上滩村村委会主任	1991—1993
95	高秉治	男	上滩村村委会主任	1994—1999
96	沈建红	男	上滩村村委会主任	1999—2003
97	闫秀鲁	女	上滩村妇女主任	1986—2002
98	李维平	男	上滩村文书	1987—1996
99	沈建红	男	上滩村文书	1997—2002
100	张凤山	男	大梁村（大队）党支部书记	1979—1986
101	崔有龙	男	大梁村党支部书记	1986—1994
102	卢有福	男	大梁村党支部书记	1994—1998
103	崔杰	男	大梁村党支部书记	1998—2007
104	杨沛云	男	大梁村党支部书记	2008—2014
105	马新存	男	大梁村党支部书记	2015—2020
106	崔有龙	男	大梁村村委会主任	1979—1985

续表

序号	姓名	性别	职务	任职时间
107	王 录	男	大梁村村委会主任	1986—1992
108	卢有福	男	大梁村村委会主任	1993—1994
109	崔 杰	男	大梁村村委会主任	1994—1997
110	杨玉荣	男	大梁村村委会主任	1998—2001
111	张平德	男	大梁村村委会主任	2002—2003
112	马新存	男	大梁村村委会主任	2004—2015
113	郝 健	男	大梁大队、村文书	1979—1984
114	卢有进	男	大梁村文书	1984—1986
115	卢有福	男	大梁村文书	1987—1992
116	白忠星	男	大梁村文书	1993—1995
117	王 文	男	大梁村文书	1995—1997
118	周继昌	男	大梁村文书	1998—2000
119	郝 健	男	大梁村文书	2000—2002

十、芳草村

曾名芳草渠，又名荒草渠。"芳草渠"或"芳草"作为村名，来源不详，但屡见于清朝时期本地人木主、墓表及家族谱牒等，证明这一名字的形成至少在300多年前。位于芦阳镇西南，北距县城5公里，东距芦阳村9公里。东与城关村苦苦滩交界，西与喜泉镇接壤，北与秀水村南沙河相望。东西宽约8公里，南北长约10公里。

康熙年间，逐渐有先民在此开垦、住耕，引洪灌溉、建涝坝，治水田。开挖地下串井百多孔，将地下水由兴泉引到芳草村。嘉庆年间，李泗德、李继颜投资建筑芳草堡子，堡子为夯土版筑，占地总面积约20亩。同治初，数次击退叛匪袭扰。同治六年（1867年），芳草人李宗经因协助靖远县令金麟克复靖远县城有功，授以六品蓝翎。光绪十三年（1887年），李宗经镇守西宁。光绪十六年（1890年），诰授总兵衔，领兵6500人，诰封"建威将军"（一品）。光绪二十年（1894年），李宗经解甲归田，创办私塾，为芳草村最早的学校。

1954年1月，县里在芳草村搞试点，成立初级农业生产合作社，李焕堂任社长，为景泰县第一个生产合作社。1964年1月6—11日，武威行署铺压砂田现场会在芦阳公社召开，与会代表在芳草石板咀铺压砂田现场参观。

▲ 图3-2-10　芳草村史馆

2021年，全村6个村民小组，人口504户1998人。2020年底，97户354人贫困户全部脱贫。

总耕地面积13025亩，其中水地6100亩，旱地6925亩，主要种植小麦、玉米等传统作物。村内大部分壮劳力主要流向县城，从事建筑行业、服务行业。新建小拱棚10亩8座进行试点，种植西红柿、茄子、辣椒等反季节蔬菜，形成产、供、销一体化服务体系。全村人均纯收入1.25万元。有专业合作社12家。玉米制种产业基地位于北头梁，占地1300亩。

2020年9月，建成"芳草村史馆"并对外开放。2021年5月，编纂完成并出版《芳草村志》。

2021年，村党支部有党员51名，其中女党员13名。

2012年，吴守红被镇党委、镇政府评为"2011年度计划生育优秀工作者"。2020年，芳草村被县妇联评为"美丽庭院创建工作示范村"。2022年，村党支部被市委组织部评为"全市标准化先进党支部"。

表3-2-10　1957—2021年芳草村村组织成员及任期一览表

序号	姓名	性别	职务	任职时间
1	李树桂	男	大队党支部书记	1957.1—1960.6
2	王作信	男	大队党支部书记	1960.6—1960.8
3	郝有铭	男	大队党支部书记	1960.8—1960.9
4	张凤山	男	大队党支部书记	1960.9—1962.1
5	张万宝	男	大队党支部书记	1962.1—1977.2
6	寇永成	男	大队（村）党支部书记	1977.2—1987.3
7	李作福	男	村党支部书记	1987.3—1993.1
8	李有权	男	村党支部书记	1993.1—1998.12
9	李作荣	男	村党支部书记	1998.12—2004.10
10	张义清	男	村党支部书记	2004.10—2013.12
11	武克玉	男	村党支部书记	2013.12—2016.12
12	张文	男	村党支部书记	2016.12—2020.12
13	赵子文	男	村党支部书记	2020.12—
14	李学仁	男	村党支部副书记	2013.12—2016.12
15	张文	男	村党支部副书记	2016.12—2019.12
16	吴守红	女	村党支部副书记	2019.12—
17	李焕堂	男	农会主任	1950.1—1956
18	李焕堂	男	农业合作社社长	1957—1958.12
19	寇世俊	男	高级社主任	1958.1—1959.11
20	郝有铭	男	生产大队队长	1959.11—1960.8
21	李宽	男	生产大队队长	1960.8—1962.1
22	郝有铭	男	生产大队队长	1962.1—1965.2
23	韦守仁	男	生产大队队长、大队管委会主任	1965.2—1968.4
24	张万宝	男	大队革委会主任	1968.4—1977.2

续表

序号	姓　名	性别	职　务	任职时间
25	寇永成	男	大队革委会主任	1977.2—1979.2
26	张万宝	男	大队革委会主任	1979.2—1983.1
27	李作福	男	大队管委会主任	1983.1—1987.3
28	张治理	男	村委会主任	1987.3—1993.2
29	李作荣	男	村委会主任	1993.2—1998.12
30	张义清	男	村委会主任	1998.12—2004.10
31	李元军	男	村委会主任	2004.11—2008.1
32	武克玉	男	村委会主任	2008.1—2013.12
33	张　文	男	村委会主任	2013.12—2016.12
34	张治富	男	村委会主任	2017.1—2019.11
35	张　文	男	兼村委会主任	2019.11—2020.12
36	赵子文	男	村委会主任	2021.1—
37	王　宝	男	村委会副主任	2021.1—
38	李尚虎	男	村委会副主任	1974.1—1980.1
39	李治权	男	监委会主任	2013.12—2021.2
40	李治刚	男	监委会主任	2021.2—
41	李文华	女	妇女干部	1956—1957
	韦兰英	女	妇女干部	
42	李文华	女	妇女主任	1957—1959
43	杜梅兰	女	妇女主任	1959—1963
44	李文华	女	妇女主任	1963—1972
45	杜梅兰	女	妇女主任	1972—1987
46	赵光花	女	妇女主任	1987—1998
47	马　翠	女	妇联主席	1998—2017
48	芦有蓉	女	妇联主席	2017—2021.2

续表

序号	姓　名	性别	职　务	任职时间
49	高永梅	女	妇联主席	2021.2—
50	李有祯	男	文书	1956.1—1962.10
51	寇永成	男	文书	1962.10—1963.4
52	李有祯	男	文书	1963.4—1966.5
53	李有权	男	文书	1966.5—1971.8
54	寇永成	男	文书	1971.8—1975.3
55	焦　清	男	文书	1975.3—1978.1
56	李作鼎	男	文书	1978.1—1983.1
57	李有权	男	文书	1983.1—1987.3
58	寇永成	男	文书	1987.3—2004.10
59	李作兴	男	文书	2004.11—2017.1
60	吴守红	女	文书	2017.1—2019.11
61	孙锦锦	女	文书	2019.11—

十一、十里村

原名十里沙河，位于芦阳沙河段南岸，距芦塘城西南10里处，原有一石头垒成的石头堆作为标志，故名。北临席滩村，东靠东关村，南接红光村，西连芳草村。村内有古建筑龙王庙2座，送子娘娘庙1座。

1976年开始，原红光六队（下墩）、七队（上墩）搬迁此处。1985年，从红光村划出新设十里村。

至2021年，辖4个村民小组，人口208户790人，常住人口484人。全村累计脱贫36户116人。总耕地面积12340亩，其中水浇地2700亩，旱砂地9640亩。

十里村地域开阔，气候干旱，海拔高，昼夜温差大，光热资源丰富，年日照时数为2652小时，太阳年平均辐射量147.8千卡/平方厘米，旱砂地保墒性能强，利用这一优势，种植旱地西瓜、籽瓜和甜瓜，已有80多年的历史，生产的西瓜个大、瓤口甘甜、色泽红润、利于运输，成为芦阳镇乃至全县的名优特色产品。

2013年，全村经济总收入1046万元，农民人均纯收入7150元。同年，成立西瓜销售合作社。2014年，在干旱山区投资百万元建成万亩旱作农业示范园，种植旱地西瓜、甜瓜2500亩。

▲ 图3-2-11　砂地籽瓜

种植旱砂地西瓜面积3000余亩，2019年向天津市西青区销售旱砂地西瓜37万多公斤。同年，村党支部通过县政府、镇政府的支持，借助东西部协作扶贫平台新销售模式，帮助村民销售西瓜40余万公斤。种植"文冠果""肉丛蓉"4200亩。拥有存栏百头以上养猪场5个，存栏百只以上养羊户2家，年猪出栏1300多头，羊出栏700多只。2021年，人均纯收入6350元。

2021年，村党支部有党员28人，其中女党员7人。

2012年，村党支部被镇党委授予"创先争优先进基层党组织"称号。2013年，十里村迎新春广场舞会演被镇党委、镇政府授予"优秀奖"。2016年，村党支部被镇党委授予"优秀党支部"称号。2017年，十里村被县委、县政府授予"平安村"称号。2018年，村党支部被县委评为农村基层党组织建设"五个好"标兵村党支部。

2016年，王俪颖家庭被县委、县政府授予县"五星级文明标兵户"称号；2018年8月，被市妇联授予市第三届"文明家庭"称号；2018年12月，被省文明委授予"甘肃省文明家庭"称号；2019年1月，被县委、县政府授予"景泰县第二届道德模范"称号；2020年8月，被市妇联授予市第五届"孝老爱亲道德模范"称号；2021年，被国家卫健委、全国老龄委评为2020年"全国敬老爱老助老模范"并予以表彰。

2017年，李治赟被县妇联评为县"优秀妇联主任"。2020年，张海斌被县委授予县"优秀党务工作者"称号。2020年，曾正荣被镇党委授予镇"优秀党务工作者"称号。

表3-2-11　1985—2023年十里村村组织成员及任期一览表

序号	姓名	性别	职务	任职时间
1	张永祯	男	村党支部书记	1985.10—2003.12
2	王占成	男	村党支部书记	2004.1—2013.12
3	周文军	男	村党支部书记	2014.1—2014.12
4	陈辅祥	男	村党支部书记	2015.1—2016.12
5	石玉奎	男	村党支部书记	2017.1—2021.12
6	张海斌	男	村党支部书记	2022.1—
7	张海斌	男	村党支部副书记	2019.11—2020.12
8	张永庆	男	村委会主任	1986.1—1988.12
9	王宗明	男	村委会主任	1989.1—1995.12
10	杨吉伟	男	村委会主任	1996.1—2010.12
11	石玉珉	男	村委会主任	2011.1—2013.12
12	石玉奎	男	村委会主任	2014.1—2016.12
13	马儒	男	村委会主任	2017.1—2019.9
14	石玉奎	男	村委会主任	2019.9—2021.12
15	张海斌	男	村委会主任	2022.3—
16	李京泽	男	村委会副主任	2021.1—
17	马儒	男	监委会主任	2011.1—2017.1
18	张海斌	男	监委会主任	2017.1—2019.9
19	李京泽	男	监委会主任	2019.10—2020.12
20	张海斌	男	监委会主任	2021.1—2021.5
21	李治赟	女	监委会主任	2021.6—
22	杨元芬	女	妇联主席	1985.1—1997.12
23	杜兆芬	女	妇联主席	1997.1—2001.12

续表

序号	姓　名	性　别	职　务	任职时间
24	张　红	女	妇联主席	2001.1—2004.12
25	张天琴	女	妇联主席	2004.1—2017.4
26	李治赟	女	妇联主席	2017.5—2021.5
27	石彩娥	女	妇联主席	2021.6—2024.3
28	曾正朝	男	文书	1985.10—1990.4
29	曾正荣	男	文书	1990.5—2020.12
30	李鑫鑫	女	文书	2021.1—2023.4
31	李婷婷	女	文书	2023.5—

十二、红光村

包括原红庄、沈庄、周家窑等村。1958年成立人民公社，将红庄、红磅、涝坝岘合并为红光大队，取"红庄"之"红"，寓红红火火、前景光明之意。位于芦阳镇南部，距镇政府11公里，距县城24公里，东临黄河，南靠米山，西临马昌山，北临东关村。属温带大陆性干旱气候，海拔约1500米，年平均降雨量不足200毫米。古建筑有龙王庙、雷祖庙。

1949年9月，米山、红庄属一区芦阳乡。1953年，米山为乡，包括周窑、沈庄、红庄、涝坝岘、碾轱辘山，属一区管辖。1955年，米山并入芦阳乡。1958年，成立人民公社，周家窑、沈庄合称米山大队，

▲ 图3-2-12 红庄孙氏家谱（雍正年间）村庄形势图

由响水人民公社管辖。后红磖上墩、下墩、涝坝岘、红庄统一合为红光大队，下辖7个生产小队，由芦阳人民公社管辖。后将六队、七队分离出红光大队成立十里沙河村。1976年前后，原红光大队近千人搬迁园艺场、唐马窑、大梁头、二期灌区、石城小镇等地。

1985年，村"两委"由原驻红庄村搬迁碾轱辘㟨；2011年，搬迁到沈庄。

红光村下辖周窑、沈庄、涝坝岘、碾轱辘㟨、红庄5个村民小组，人口168户613人，常住人口55户235人。2013年底，建档立卡68户277人。2020年，实现贫困人口整村脱贫。易地扶贫搬迁建档立卡户49户231人，同步搬迁非建档立卡户3户14人。2017年实现水泥路村村通。

耕地7112亩，其中水浇地1386亩，旱砂地5726亩。草原面积11万亩。

域内气候条件适于西瓜、籽瓜、油葵、谷子、荞麦、豌豆、扁豆种植。小麦占粮食产出的60%，还有大麦、莜麦、糜子、谷子、大豆、豌豆、蚕豆、扁豆、油菜籽等耐旱作物。主要特产有砂地洋芋，红庄、焦家梁、罗家大滩、付家沟种植的西瓜、甜瓜和籽瓜，砂地"和尚头"小麦，野生植物灰葱菜、沙葱菜、地达菜、头发菜、苦苦菜、羊角菜、地蘑菇、肉苁蓉、面棒棒以及野胡萝卜、野韭菜、野蜂蜜等。适宜发展特色养殖产业，以羊和驴养殖为主导产业。截至2021年，有大型养殖户15家，养殖场5家。2020年，人均纯收入7900元。

2017年，红光村被确定为"县级美丽乡村建设村"，建成米山生态旅游区一处，栽种各种苗木900多亩，流转土地2000亩发展文冠果。重点打造以米山生态旅游为主体的乡村旅游区。

2021年，村党支部有党员22人，其中女党员2人。

1992年8月，王昭被镇党委评为"优秀共产党员"。2016年，张顺被镇党委授予"先进工作者"称号。2018年、2021年，沈普林分别被镇党委授予"优秀共产党员"称号。

2008年，村党支部被市委授予"白银市先进党支部"称号；2016年，被县委授予"芦阳镇精准扶贫先进单位"称号。2020年，红光村被县脱贫攻坚帮扶工作协调领导小组授予"景泰县脱贫攻坚知识竞赛优秀组织奖"，2021年，村党支部被县委授予"景泰县优秀基层党组织"称号。

表3-2-12　1958—2023年红光村村组织成员及任期一览表

序号	姓名	性别	职务	任职时间
1	张凤山	男	米山大队党支部书记	1958—1959
2	沈森林	男	红光大队党支部书记	1958—1959
3	石海潮	男	红光大队党支部书记	1959—1961
4	杨吉功	男	红光大队党支部书记	1962—1974
5	王银	男	红光大队党支部书记	1975—1978
6	王璞	男	红光大队（村）党支部书记	1978—1992
7	王昭	男	村党支部书记	1992.1—1993.3
8	沈普林	男	村党支部书记	1993.3—1999.12
9	王生	男	村党支部书记	1999.12—2005.12
10	沈普林	男	村党支部书记	2006—2007
11	王立基	男	村党支部书记	2007—2008
12	金彦君	男	村党支部书记	2008—2009
13	刘兴呆	男	村党支部书记	2009—2011
14	焦永存	男	村党支部书记	2012—2013
15	张厚春	男	村党支部书记	2013—2013.11
16	张天谋	男	村党支部书记	2013.12—2020
17	沈茂红	女	村党支部书记	2020.10—
18	卢有吉	男	村党支部副书记	1969—1970
19	周世钰	男	米山大队大队长	1958—1959
20	沈文潮	男	红光大队大队长	1959—1960
21	张守礼	男	红光大队大队长	1959—1962
22	张凤山	男	红光大队大队长	1962—1965
23	王宗明	男	大队革委会主任	1966—1969
24	李宗佑	男	大队革委会主任	1969—1971

续表

序号	姓　名	性　别	职　务	任职时间
25	王　璞	男	大队革委会主任	1971—1974
26	卢有吉	男	大队革委会主任	1975—1978
27	周文参	男	大队、村委会主任	1979—1986
28	沈普林	男	村委会主任	1987—1993
29	王　生	男	村委会主任	1993.3—1999.12
30	鱼正龙	男	村委会主任	1999—2006
31	张天谋	男	村委会主任	2008—2013
32	沈茂堂	男	村委会主任	2013—2016
33	王　生	男	村委会主任	2017—2019
34	张天谋	男	村委会主任	2019—2021
35	沈茂红	女	村委会主任	2021—
36	周文存	女	大队革委会副主任	1969—1972
37	石玉亭	男	大队革委会副主任	1977—1978
38	曾正中	男	大队革委会副主任	1978—1978
39	王宗明	男	村委会副主任	1979—1982
40	张永庆	男	村委会副主任	1982—1985
41	沈茂堂	男	村委会副主任	2021.1—
42	孙正强	男	监委会主任	2013.11—2020
43	张天谋	男	监委会主任	2021—
44	洪玉芳	女	妇女主任	1954—1979
45	周文存	女	妇女主任	1980—1983
46	杨元凤	女	妇女主任	1984—1991
47	雷恩淑	女	妇女主任	1991.1—2002.2
48	李凤英	女	妇女主任	2002.2—2012.

续表

序号	姓　名	性别	职　　务	任职时间
49	沈金兰	女	妇女主任	2012—2013
50	何新岚	女	妇女主任	2013—2016
51	李雪霞	女	妇联主席	2016—2018
52	张菊香	女	妇联主席	2019—2020
53	沈茂莲	女	妇联主席	2021—2022.12
54	葛燕花	女	妇联主席	2023.1—
55	沈森林	男	文书	1958—1959
56	李树海	男	文书	1959—1975
57	石玉亭	男	文书	1976—1977
58	沈茂成	男	文书	1977—1979
59	杨大林	男	文书	1979—1984
60	沈虎林	男	文书	1985—1992
61	蔡有德	男	文书	1993.3—2012.12
62	张　顺	男	文书	2013.1—2021
63	寇宗玉	女	文书	2021—

十三、响水村

旧称小芦塘。因村南沙河有滴水崖，水自高而下，其声响亮，故更名响水。位于芦阳城东5公里处，东临黄河，西连东关。辖响水（原小芦塘）、东风、西关、麦窝（含鸢沟）4个自然村；自然村曾为行政村，合并后为响水村。境内有媪围古城、索桥古渡等遗迹；古建筑有乌龙山（老爷山）庙宇群、娘娘庙、圈神庙、马王庙、三圣宫、火神庙、关帝庙、麦窝关帝庙、罗家家庙、吴家家庙、匐眷梓清真寺、文昌山庙宇群、李蓝田故居等。

明万历二十七年（1599年），明王朝实边屯田，大规模移民，修筑长城，也称"新边墙";同时修筑大芦塘、小芦塘二堡。响水一带,有18家兵户定居于此,响水大户人家如卢、马、李、郝等姓,都是兵户之后。人口少时,全住在堡内,随着人口增加,上下街、后街、北坪和西南的小坪也陆续迁徙居住人家。西距弯沟媪围古城约1.5公里,是连接索桥古渡、通往河西的丝绸古道上的重地。是典型的山区村,也是全镇精准扶贫的重点贫困村。

20世纪50年代,响水为芦阳区下辖乡,设有乡党支部、乡政府、乡农会、乡人民代表会议、乡妇联等。

1955年,采取铺砂压碱、合理密植等措施,在3.27亩试验田里,取得亩产小麦492公斤、回茬糜子180公斤的历史最高纪录。

景电一期工程上水后,响水村500户2000多人搬迁龚家湾、麦丰、东新、寺梁、大梁头等地。2021年,555户2119人主要分布在响水、白银公司农场、下车木峡,有响水、东风、西关、麦窝、下车木峡和娃娃水6个自然村8个村民小组。

2015年,申请扶贫专项贷款19户95万元,新农合参合率达98.7%,农村养老保险参保率达95%。2019年,建档立卡户79户296人实现脱贫;完成整村退

▲ 图3-2-13 响水沙河

出贫困村行列；2020年，实现贫困人口全部脱贫。

响水有比较丰富的煤炭资源，有较长的烧制陶缸的历史。西关有500多年烧制砂锅的历史。主要原料是陶土，产于村东的山上。响水还有烧石灰、熬矾等传统产业。

主导产业为劳务输出、养殖业和种植业，主要农产品有小麦、茴香、大麦、糜子、红枣、油葵和胡麻。此外，零星种植玉米、旱地西瓜、文冠果等。

有养殖户28户，其中猪养殖10户，羊养殖12户，散养鸡6户。引进县农林业发展有限公司，流转旱砂地2万亩，种植文冠果，获得流转费50万、务工费60万元的收入，解决贫困人口务工2000人次。同时引进银太渔业、东源渔业、鲟龙渔业、三园渔业等4家渔业养殖企业，建成水域面积150亩养殖区，解决30人就业，带动40户贫困户脱贫。种植、养殖业的形成，带动全村贫困户79户，解决近百人就业。2021年，总耕地面积3.364万亩，其中水地3640亩，旱地3万亩，草原面积9万亩，水域面积800亩。

2021年，村党支部下设3个党小组，党员82人，其中女党员14人。

1955年，响水高级社被省人民委员会评为全省"先进生产单位"，受到表彰。2016年3月，响水村被市政府授予"信用村"称号；2020年，被县政府授予"信用村"称号；2022年11月，被县妇联评为"美丽庭院创建工作示范村"。2023年3月，响水村被住房和城乡建设部等6部门列入第六批中国传统村落名录。

1955年，郝邦才被省人民委员会评为省"农业劳动模范"，并于1957年2月赴北京出席全国农业劳动模范代表大会，受到党和国家领导人的接见；同年当选县人委委员。1962年，刘正凯当选第二届省人大代表。1977年，李兰英当选第五届省人大代表。

▲ 图3-2-14　郝邦才

表 3-2-13　1949—2023 年响水村村组织成员及任期一览表

序号	姓名	性别	职务	任职时间
1	卢守功	男	党支部书记	1949—1950
2	郝邦才	男	大队党支部书记	1950—1962
3	唐有弟	男	大队党支部书记	1962—1970
4	罗文英	男	大队党支部书记	1971—1976
5	郝良奎	男	大队党支部书记	1977—1978
6	王怀昀	男	大队党支部书记	1978—1980
7	马如胜	男	大队党支部书记	1980—1983
8	马绪	男	村党支部书记	1984—1987
9	闫建文	男	村党支部书记	1987—1990
10	祁林山	男	村党支部书记	1991—1997
11	郝德	男	村党支部书记	1998—2010
12	王保林	男	村党支部书记	2011—2012
13	张森林	男	村党支部书记	2013—2015
14	段吉武	男	村党支部书记	2016—2019
15	李进国	男	村党支部（总支）书记	2019—
16	卢有进	男	村党支部副书记	1984—1987
17	来耀武	男	村党支部副书记	2003—2013
18	吴克宪	男	村党支部副书记	2013—2016
19	化雪岭	男	村党支部副书记	2017—
20	马秀红	女	村党支部副书记	2019—2022
21	卢有仁	男	农会主任	1949—1950
22	唐有弟	男	农会（大队）主任	1950—1966
23	化雪岭	男	第一支部书记	2023.3—
24	马秀红	女	第二支部书记	2023.3—
25	张述玉	男	大队大队长	1967—1974

续表

序号	姓名	性别	职务	任职时间
26	郝良奎	男	大队大队长	1974—1976
27	卢有瑞	男	大队大队长	1977—1982
28	卢守让	男	大队大队长、村委会主任	1982—1988
29	潘生宝	男	村委会主任	1988—1993
30	郝德	男	村委会主任	1993—1997
31	王保林	男	村委会主任	1998—2010
32	张森林	男	村委会主任	2011—2012
33	李文兴	男	村委会主任	2014—2016
34	李进国	男	村委会主任	2017—
35	彭禄	男	村委会副主任	1983—1986
36	李文园	男	村委会副主任	2021—
37	刘家财	男	村委会副主任	—
38	陈启智	男	村委会副主任	1987—2000
39	卢守龙	男	村委会副主任	1993—2003
40	康星利	男	村委会副主任	—
41	郝录	男	监委会主任	2014—2016
42	卢守哲	男	监委会主任	2017—
43	吴佩兰	女	妇女主任	1950—1952
44	卢芝玉	女	妇联主任	1952.6—1962.8
45	石海兰	女	妇联主任	—
46	师宗莲	女	妇联主任	—
47	芮守芳	女	妇联主任	1966.6—2003.8
48	祁军琴	女	妇联主任	2003—2010
49	马秀红	女	妇联主任	2010—2016
50	马元芬	女	妇联主席	2017—2021
51	马秀红	女	妇联主任	2021—

续表

序号	姓名	性别	职务	任职时间
52	王怀昀	男	文书	1954—1957
53	卢有万	男	文书	1958—1975
54	彭可成	男	文书	1975—1976
55	杨天喜	男	文书	1976—1980
56	彭禄	男	文书	1980—2003
57	马兴墅	男	文书	2004—2013
58	化雪岭	男	文书	2014—2016
59	李文园	男	文书	2019—2020
60	高宏	女	文书	2021—2023.3
61	马秀红	女	文书	2023.3—
62	罗明众	男	麦窝村党支部书记	—
63	刘俊山	男	麦窝村党支部书记	—
64	吴大勇	男	麦窝村党支部书记	—
65	王兆泰	男	麦窝村党支部书记	—
66	吴守社	男	麦窝村党支部书记	—
67	王德奎	男	麦窝村党支部书记	—
68	来耀武	男	麦窝村党支部书记	1993—2003
69	吴克宪	男	麦窝村党支部副书记	—
70	来耀武	男	麦窝村党支部副书记	—
71	王义贵	男	麦窝村委会主任	—
72	罗正绥	男	麦窝村委会主任	—
73	罗进忠	男	麦窝村委会主任	2000—2003
74	王德奎	男	麦窝村文书	—
75	罗正绥	男	麦窝村文书	—
76	刘应象	男	麦窝村文书	—
77	赵爱香	女	麦窝村妇联主席	—
78	吴佩兰	女	麦窝妇联村主席	1957—1960

续表

序号	姓 名	性别	职 务	任职时间
79	段文炳	男	西关村党支部书记	1956
80	吴大保	男	西关大队党支部书记	1958
81	罗明众	男	西关大队党支部书记	1962
82	乔占武	男	西关大队党支部书记	1971—1976
83	康星荣	男	西关大队党支部书记	1976—1977
84	曹世俊	男	西关大队党支部书记	1977—1982
85	张庆奎	男	西关大队党支部书记	1982
86	贾有忠	男	西关大队大队长	1962—1965
87	刘俊山	男	西关大队大队长	1965
88	卢有华	男	西关村委会主任	1991—2005
89	马兴墅	男	西关村委会主任	2005—2012.6
90	卢有华	男	西关村委会主任	2012.7—2015.7
91	李述琴	女	西关村妇联主席	1965—
92	李玉花	女	西关村妇联主席	1977—2002
93	化述仁	男	西关村文书	1960—1975
94	王万成	男	西关村文书	—
95	祁 理	男	西关村文书	—
96	康兴利	男	西关村文书	—
97	谈明海	男	西关村文书	1993—2003
98	陈文月	男	东风大队党支部书记	1951—1965
99	王明有	男	东风大队党支部书记	1966—1976
100	谈嘉来	男	东风大队（村）党支部书记	1977—1987
101	谈嘉庆	男	东风村委会主任	1977—1987
102	王明有	男	东风村文书	1964—1966
103	李述训	男	东风村文书	—
104	李得祥	男	东风村文书	—
105	李得明	男	东风村文书	—

续表

序号	姓名	性别	职务	任职时间
106	杨凤礼	男	东风村文书	—
107	李得春	男	东风村文书	—
108	卢遇春	男	东风村文书	—
109	谈明春	男	东风村文书	—
110	周仲礼	男	东风村文书	—

十四、南环路石城安置区居委会——南环路社区（石城小镇）

位于县城东南端，紧临环城路，属国家易地扶贫搬迁项目。2016年9月开始建设，总投资3.12亿元，占地面积91.83亩，总建筑面积10.4万平方米，建成住宅楼19幢，其中6层住宅楼11幢、高层住宅楼8幢。

2017年9月7日，全省易地扶贫搬迁项目交叉检查组实地检查石城安置点项目进展情况。12月10日，芦阳镇召开安置房分配大会，按照与户籍人口相配套的住房面积分四个批次进行。共安置芦阳、正路、中泉、寺滩、喜泉、草窝滩等6个乡镇1253户5398人，其中建档立卡户1116户4808人，非建档立卡户137户590人。

后期配套建设投资1000余万元，建成占地114亩的蔬菜育苗棚和种植棚72座，配套建设后续产业孵化园，包括扶贫车间、农贸市场、扶贫超市、商业建筑等，配套建设水、电、暖、场地硬化、绿

▲ 图3-2-15 石城小镇

化等基础设施。引进甘肃依之特服装厂入驻扶贫车间，有各类制衣设备260台、现代化成衣生产线6条，与浙江8家外贸企业签订代加工协议，年外贸订单190万件，年产值2000万元，新增贫困户就业岗位350个。配套建成石城小镇小学，占地66.38亩。建成石城小镇幼儿园。

2023年1月，成立南环路社区居民委员会。社区有办公面积970平方米，设有党建办公室、会议室、便民服务大厅、警务室、医务室、读书室等。工作人员8名，其中芦阳镇选派科级干部3名，正路镇配备2名，中泉镇、草窝滩镇、喜泉镇各配备1名。公开选聘城镇公益性岗位人员6名，物业公司管理人员13人。每年财政下拨办公经费12万元。

表3-2-13 2020—2023年南环路社区组织成员及任期一览表

机构名称	姓名	性别	籍贯	职务	任职时间
石城社区工作站	芦林滨	男	正路镇	站长，党总支委员、书记	2020.4—2023.7
	王建成	男	喜泉镇	党总支委员、副书记	2020.4—2023.7
	达举锐	男	正路镇	党总支委员，石城安置点芦阳支部委员、书记	2020.4—2023.7
南环路社区	王建珍	女	石城村	党委书记，居委会主任	2023.7—
	刘晶	女	寺滩乡	党委副书记	2023.7—
	朱得颜	男	正路镇	纪委书记	2023.8—
	刘明艳	女	中泉镇	妇联主席	2023.8—
	张兴兰	女	红光村	社区工作者	2023.5—
	魏晋欢	女	喜泉镇	社区工作者	2023.5—
	达选存	男	西林村	社区工作者	2023.5—
	李斌京	女	东关村	社区工作者	2023.5—
	潘虹	女	响水村	社区工作者	2023.5—
	张玉婷	女	席滩村	社区工作者	2023.5—

芦阳镇志
LU YANG ZHEN ZHI

第四章

农业 水利

第一节　农业发展概况

一、1949年以前的农业

秦汉时期，芦阳一带的生产活动，主要以北方游牧民族的牧业为主。汉设媪围县，黄河河谷的二阶台地及有泉水出露的川源地，有军民屯田，境内农业始得开发。

明中叶以后，河西地区为明王朝统治，军屯与民屯并重，兴修水利，开垦土地，铺压砂地，芦阳地区的先民得以发展农业，休养生息。

清同治年间，境内战乱重起，民不聊生，农田荒芜，农业生产受到极大的破坏。

民国十五至三十三年（1926—1944年）的18年间，大旱7次，许多地方粮食绝收，人口锐减。

1949年，全镇有耕地24945亩，其中水地5635亩，车水地403亩，砂地13361亩，其余为旱地。农业以种植粮食作物为主，主产小麦，糜子、谷子次之；并种少量的经济作物，如油料、棉花、瓜类、蔬菜等。农业技术落后，产量不高，小麦种植，水地平均最高产量为156.5公斤，砂地最高为35公斤。有些干旱年份，甚至颗粒无收。1949年，粮食总产量429737.5公斤，人均约85公斤。

1949年，芦阳地区租种土地农民为1199户9983人，租种土地4263亩。地租大部为四六开，农民辛勤劳动成果约40%被作为地租交给地主。

旧的土地所有制关系，严重束缚广大农民的生产积极性，致使农业生产长期停滞不前；此外，干旱少雨、土地贫瘠、农具陈旧、农业技术落后、水规不合理等，都是影响农业生产的重要因素。

二、1949年以后的农业

（一）农业生产关系调整

1951年5月，完成减租减息。减租户518户3388人，减租42112.5公斤。

1951年冬至1952年3月，完成土地改革。全乡分到土地农民1434户6864

人。其中贫农524户2774人，占本阶层人口的92.25%；佃农359户1258人，占本阶层人口的99.9%；下中农237户1928人，占中农45.6%。

土地改革后，土地占有情况发生根本性变化。

1952年，农作物播种面积35220亩，总产量177.977万公斤。

土改后，互助组、变工队得到快速发展，1952年底，全乡有互助组（队）464个，参加人数3600多人。

1954年，芦阳乡试点建立初级农业生产合作社。1956年，转为高级农业生产合作社，主要生产资料归集体所有，耕畜、农具和羊只等折价入社，实行统一调配、统一管理，各尽所能，按劳分配，完成对农业生产资料私有制的社会主义改造。

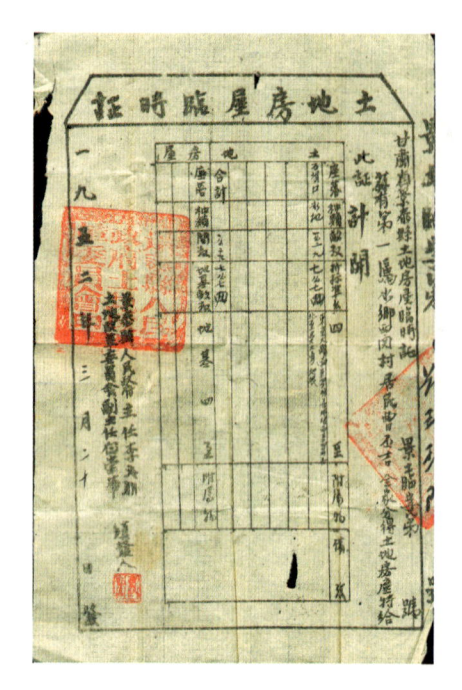

▲ 图4-1-1 临时土地房屋证

1958年秋，成立芦阳人民公社，政社合一，工、农、商、学、兵"五位一体"，生产统一安排，实行农、林、牧、副、渔五业并举。公社统一财权，以生产大队为核算单位。同时出现以生产队为单位办集体食堂，农户进食堂吃饭。在这一时期，"浮夸风"盛行，加之天旱等自然灾害，1959—1961年国民经济困难，人民正常生产和生活受到很大破坏，1961年10月，贯彻中共八届九中全会决议，放宽农村政策，调整公社体制，下放核算单位，农业生产逐步得到恢复。

1981年冬，全面落实中共十一届三中全会精神，农村实行家庭联产承包责任制，全乡粮食产量连年上升：1982年为711.5万公斤；1983年为808万公斤；1984年为836.5万公斤。人民温饱问题基本得到解决。

20世纪90年代末，实施二轮土地承包，通过连片流转土地，发展水产养殖业，种植各类经济作物，农民就近务工，收入大幅度增长，2020年底，全镇如期脱贫摘帽。

（二）农田基本建设

1. 铺压砂地

铺压砂地是芦阳地区发展农业生产、扩大耕地面积的一项重要措施。产生年代大约在明朝中叶。其方法是，在平整好的土地表面（俗称土母子）铺上一层砂砾，厚度约30厘米。砂地具有一定的抗旱性能，提高昼夜温差，保墒压碱。铺成后，可耕种10～20年。

1951年始，县政府向农民贷粮款或发放物资，帮助农民压砂。1951年，全县贷放黄米

▲图4-1-2 砂地

1044石（合6.18万公斤），人民币4000万元（旧币，合今币4000元），当年压砂800余亩。合作化以后，农民每逢冬闲，即出动大批劳动力，以人背、驴驮、车拉等多种办法铺压砂地。凡是没有水利条件而适于铺压砂地的地方，全部铺成砂地。1964年，由于雨水适中，砂地增产效果凸显，县上在芳草大队召开铺压砂田现场会，推动全县压砂工作。1985年底，全镇有砂地30708亩，占总耕地面积40%。

2. 平田整地

1949年以后，多次进行"农田治理"，扩大耕地面积，完善配套设施。

土地改革后，农户对分配到的土地进行平整。

1969年10月，一条山大队开始在东至大梁头下卢家大地、西到唐马窑、南至孙家梁、北达北沙河的大片土地上展开平田整地，至1978年共计开垦条田7700亩。

20世纪五六十年代,响水大队(主要是第二小队)在羊洼圈黄河边平整水地近百亩,利用柴油机动力提黄河水灌溉。

景电一期工程主体工程与田间配套工程同步进行,"水到、渠成、地平、路通"。1971年,县灌区建设指挥部划分芦阳公社15万亩灌区土地,公社分到各大队,各大队动员群众平田整地。秋收后,公社部署以民兵营、铁姑娘排为骨干,在胡地沟(十里村)、唐马窑、一条山村北面、园艺厂等地平整土地,为景电一期上水灌溉及移民搬迁做准备。

马鞍山灌区土地面积8000亩,多为盐碱滩。1970年,7个大队群众治理盐碱地。1973年,2000多群众参与治理盐碱地,完成4000亩土地的排碱设施建设,开挖排碱主沟道8条,总长7000多米。

1974年冬至1976年,芦阳、东关、城关、席滩、城北墩、一条山和芳草等大队实现条田建设目标,按照设计达到"田、林、渠、路四配套"。

1978—1980年,夏收后耕地复平深翻,修条田近4000亩。1980年,全公社条田面积24186亩,占灌区水地面积的70%。

1983年,对下地槽、蓆芨梁、沙槽子、城北墩沟、唐家沙湾开挖排碱沟,排碱面积7200亩。

20世纪90年代以后,灌区平田整地侧重于衬砌渠道、建立水斗等设施。倡导山区更新铺压砂田,鼓励村民开荒。

第二节 经济结构

一、农业区划

按照气候类型、土地类别和作物生态条件等因素,划分为3个农业区域。一是川滩高扬程提灌农林区,包括石城、西林、席滩、一条山等4个村,总耕地1.53万亩,人均耕地1.776亩;主要农作物有小麦、玉米、胡麻、糜子、谷子、黄豆、麻子及瓜菜,其中小麦、胡麻、玉米居多,部分地方可年种两茬。二是高扬程提灌和井灌交叉灌溉农牧区,主要包括芦阳、城关、东关、芳草、城北、十里、寺梁等村,总耕地6.2万亩,人均耕地3.887亩,人均水地2.32亩;

主要农作物有小麦、胡麻、玉米、糜子、谷子、蔬菜、瓜果等。部分地方也可年种两茬。三是泉水灌溉和井水灌溉农牧区，主要有红光村、响水村，总耕地3.99万亩，人均耕地14.61亩，人均水地1.53亩，主要农作物有春小麦、糜子、谷子、玉米、瓜果等。

▲ 图4-2-1 洋葱

二、产业结构

1980年以前，粮食种植面积占总播种面积一般在90%以上。粮食作物中，夏粮面积占70%以上，以春小麦为主；秋粮以糜子居多。

▲ 图4-2-2 枸杞

1984年，县委、县政府召开各有关部门领导干部和专家学者会议，提出"三压三扩"调整措施，即压夏扩秋，压缩低产作物、扩大高产作物，压缩单种、扩大间套复带，夏灌、秋灌作物面积6∶4；夏粮、秋粮、经济作物为5∶3∶2，合理轮作；间、套、复、带面积占总播种面积30%，以提高亩产量。

1991年，进一步调整灌区种植业结构，水地播种面积中，夏粮2.94万亩，秋粮8166亩，经济作物7886亩。三者之比由1990年的6.8∶1.2∶2调整到6.5∶1.8∶1.7，缓解夏粮灌水紧张和单一种植导致病害减产的问题。

2016年，全镇完成农作物种植面积7.49万亩，其中种植粮食作物5.3万亩，油料1.2万亩，瓜菜5061亩，新增林果种植面积3337亩，开挖鱼塘，水域面积470.1亩。

2017年，完成农作物播种面积6.7万亩，其中，种植粮食作物3.9万亩，黑谷子80亩，油料5886亩，蔬菜1000亩，辣椒40余亩；种植文冠果1.2万余亩，新增皇冠、早酥梨410亩，流转土地300亩，建成第五代日光温室24座，完成育苗100万株。投资1000余万元，建成年出栏肉羊15万只的寺梁养殖小区；开发养殖水域面积500余亩。

三、产品结构

1981年以后，进行农业种植结构调整，使粮食、经济作物和其他作物以及夏秋比例趋向合理。

1985年，芦阳镇进行种植业结构调整，以灌区为重点，在保证农民口粮和完成上缴国家公购粮的前提下，避免连作；秋粮种植玉米、洋芋、甜菜等高产作物，达到合理轮作，适时灌溉，提高粮食亩产量。

2013年，完成农作物播种面积7.2万亩，其中小麦1.3万亩，啤酒大麦5000亩，玉米1万亩，胡麻等油料作物6000亩，枸杞3000亩，玉米制种2万亩，瓜菜5000亩，文冠果1万亩，核桃300亩。

2021年，种植小麦1.5万亩，玉米2.8万亩，油料3.4万亩，瓜果类7000亩，洋葱1000亩，辣椒650亩。

第三节　土地与劳动力

一、耕地

2003年，全镇耕地5.36万亩，其中水浇地4万亩，人均1.4亩。2012年，有耕地7.7万亩，其中水浇地4.4万亩，旱地3.3万亩。2016年，耕地7.71万亩，人均耕地2.8亩，其中水浇地4.24万亩，人均1.7亩，旱地3.47万亩。2016年后，芦阳镇积极申请项目，建设高标准农田。按照中央政策落实粮食直补及农资综合补贴政策，鼓励农民发展水浇地，农用地迅速扩大。2021年，全镇耕地11.73万亩，其中水浇地5.66万亩，旱地6.07万亩。

表4-3-1　2021年芦阳各村耕地面积情况一览表

单位：亩

村　名	耕地面积	水浇地	旱　地
芦　阳	3815.66	2712.41	1103.25
东　关	8226.00	3599.00	4627.00
城　关	3100.55	2159.43	941.12
城　北	18000.00	18000.00	—
席　滩	2291.38	2291.38	—
寺　梁	3513.00	1790.00	1723.00
西　林	1536.15	1536.15	—
石　城	1520.66	1520.66	—
条　山	9989.00	9989.00	—
芳　草	13025.00	6100.00	6925.00
十　里	12340.00	2700.00	9640.00
红　光	6283.00	557.00	5726.00
响　水	33640.00	3640.00	30000.00
合　计	117280.40	56595.03	60685.37

二、劳动力

1949年后，实行集体土地所有制，劳动者的生产积极性得到提高，人民生活水平也得到不同程度的提高。

1978年，中共中央相继出台关于加强农业发展的决定、条例，农村实行土地承包责任制，农民在种好承包田的同时，外出打工挣钱或者发展第三产业，从事农业的人口比例不断下降，其他产业的人口比例相应上升。

20世纪50—70年代，以16~60岁的劳动者为主要劳动力，占总人口的40%左右。劳动力文化程度低，劳动工具简单，劳动技能主要从生产劳动实践中不断提高。

家庭联产承包责任制以后，劳动力年龄段不明显，全家男女老少都参加劳动。1986年以后，劳动力占总人口的50%左右，另一半逐步向建筑、商贸、服务等行业转移。

2000年以后，随着农业科技和机械化的发展，劳动效率提高，全年劳动的工作日相对减少，青壮年劳动力大部分为季节性劳动力。简单农活主要由妇女和有劳动能力的老人来完成。

随着市场经济的发展，技能型人才应运而生，农业集约化经营步伐加快，专业化、社会化服务逐步完善，出现农民专业合作社、农机专业大户等农业新型经营主体。

表4-3-2　2015年芦阳镇人口与劳动力情况统计表

村　名	村民小组（个）	总户数	人口数（人）总人口	男	女	劳动力数（人）
芦　阳	4	560	2016	1011	1005	1684
东　关	6	687	2519	1286	1233	2096
城　关	4	455	1713	862	851	1409
城　北	17	1436	5667	2874	2793	4587
席　滩	3	375	1401	703	698	1157
寺　梁	7	302	1180	595	585	938
西　林	3	237	903	472	431	737
石　城	3	410	1680	886	794	1296
条　山	9	1154	4372	2264	2108	3503
芳　草	6	498	1988	1027	961	1615
十　里	4	206	773	394	379	650
红　光	5	171	605	298	307	495
响　水	8	555	2139	1081	1058	1706
总　计	79	7046	26956	13753	13203	21873

第四节　生产工具

一、传统农业工具

中华人民共和国成立前，境内农业生产主要依靠手工制作的传统工具。

（一）传统耕作农具

犁　是较为古老的耕地农具之一，俗称桄子，由犁梢、犁底、犁铧、犁镜组成，除铧是铸铁外，其余为木制品，用马、牛，骡等牲畜拉着木杠牵引。

耧　有两种，一种主要用于耖地保墒；一种主要用于开沟和保墒；二者由双扶手连双耧腿、耧斗和耧铧组成，由牲畜牵引。

耙　由铁耙齿和长约110厘米、宽5厘米的木制框架组成，一般前排11齿，后排12齿，人站在耙上面，由牲畜牵引。

耱　长约130厘米，由柳条或硬质灌木条加3根耱鱼连接编织而成，形状如梳篦，一般用于籽种下地后耱平地表土层。

（二）除草工具

锄头　用来松土、锄草的工具，分为两部分，一部分是"锄刃"，另一部分是"把"，是一根圆形木棍，常用硬木制成，装在锄刃的后面一个孔内来支撑锄刃，长度80~160厘米不等，但长把使用起来比较省力。

铲子　又名铲铲，主要用于田地锄草的工具之一，长度20~26厘米不等。由手把、连杆、铲头三部分组成。手把多为木质，连杆和铲头多为铁质或钢质，铲头前端刀刃形，厚度约0.4厘米，长10~12厘米不等，多由铁匠铺打制。

（三）收割、脱粒、清选工具

收割工具主要是镰刀，由铁制镰刃和木把组成，农民蹲在地上手持镰刀收割成熟庄稼。脱粒工具主要是石磙、连枷、棒槌。清选工具主要有风车、木锨、筛子、簸箕等。

（四）运输农具

驮鞍　早期用于大牲畜驮东西的木制衬背支架，20世纪50年代普遍使用，70年代末基本结束使用。

独轮推车　由车轮、车架组成,全木结构,后发展为胶轮木架、胶轮铁架推车,由一人推行,用于短途运输。

架子车　分人力车和畜力车两种,人力车较小,畜力车较大。其结构大同小异,由车辕、车厢和胶轮组成。20世纪80年代,农民几乎家家拥有。

胶轮马车　由一匹辕马和二三匹梢马（骡）牵拉。20世纪50～70年代,是主要的长途运输工具。

（五）其他工具

铁锨　由铁制锨头和木把构成,用于翻、平土地,起埂,修渠,装、卸沙土等。

镢头　由铁制镢头和木把组成,挖、刨沙土。

铡刀　是专门给牲畜铡草料的工具,使用的时候,一人把草料平铺到木铡板上,另一人握住刀柄向下用力,根据需要将草切成短节。

撬杠　用粗钢筋制成,直径3厘米左右,长度1.6米左右,用来撬起或移动重物。

二、农业机械和设备

1957年10月,在庙儿塬安装第一台柴油机带动抽水机。1967年,成立芦阳人民公社拖拉机站,主要负责本公社的农机管理、使用、维修、保养和供油工作。

拖拉机　1967年,县上先后购进东方红-75型、铁牛-55型轮式拖拉机,分配给芦阳公社做示范推广,是最早的农业生产机械。主要用于犁地、播种、收割、打碾、农产品运输等。拖拉机分大型拖拉机和小型拖拉机两种。1968年,开始引进小型拖拉机。此后,各生产队的农机事业也开始发展。1980年每个生产队均有1台小型拖拉机。农业机械主要是社队集体经营,国营拖拉机站逐步撤销,拖拉机和农具折价下放给公社、大队、生产队三级所有。除社、队自筹资金发展农业机械外,国家还投放专项资金,补贴购置拖拉机等。1980年后,农业机械经营体制发生变化,个体经营逐渐占据优势。拖拉机、机引配套机具、排灌、植保、脱粒、加工、运输等农业机械大幅度增长,作业范围涉及农、林、牧、副、渔各业,成为农民生产、生活领域的重要组成部分。1981年,全乡有各类拖拉机178台,其中小型拖拉机92台,至1983年增长为455台,1984年

723台，1985年888台，其中小型拖拉机739台（不含无户口者）。2020年，全镇有大型拖拉机117台，小型拖拉机发展到户户有1台。

柴油机、电动机 1956年，开始引进柴油机，1958年开始使用电动机，主要用于磨面、碾米、粉碎、提灌等。

犁 与拖拉机同期引进使用。大中型拖拉机前期配套牵引四犁铧、五犁铧已基本淘汰，后期使用悬挂二犁铧、三犁铧，用于大块地的深耕灭茬。小型拖拉机配套的有单铧转向犁、双铧转向犁等，适于小块地耕作，至2000年，全镇有500余台。

耙 20世纪70年代初，开始引进使用圆耙犁，用于大中型拖拉机配套、大块地整地灭茬作业。80年代后，普遍使用配套手扶、小四轮钉齿耙。

旋耕机 1994年开始引进，与拖拉机配套完成耕、耙作业。小型旋耕机由人工操作，主要用于枸杞、果园和蔬菜地的耕作。中型旋耕机用于地块播种前耕、耙。2020年，全镇有小型旋耕机1245台，大中型旋耕机107台。

铺膜机 用于铺设地膜的机械。分为机引和人力畜力两类，20世纪90年代开始引进推广。人力畜力铺膜机因其结构简单，价格便宜，便于操作，使用和不受地块大小限制，很快在农村普及。2020年，全镇畜力铺膜机逐步减少，机引铺膜机93台。

激光平地机 激光平地机平整土地精度高，实用性强，利于节水灌溉，增加土地产出率。2020年，全镇有15台。

镇压器 为圆管实心、圆管空心钢筋碌子。用于压碎土块、压实土壤的农机具，多在土壤过松、播后较干旱时操作。农户普遍使用。

播种机 分小麦播种机和玉米播种机。小麦播种机是20世纪70年代引进使用的大中型拖拉机及配套的播种机。实行家庭联产承包责任制以后，引进使用畜力三四行播种机，2000—2018年分别引进的分层隔离施肥条播一体机和小麦种肥一体播种机，适应性强，得到广泛使用。玉米播种机有手提式点播枪、滚筒式穴播机、玉米精量播种机。

收获机具 主要有联合收获机、自动割晒机、牧草收获机、马铃薯和甜菜收获机等机具类型。其中联合收割机广泛使用。2020年，全镇有小麦收获机36台，玉米收获机23台，玉米脱粒机10台，秸秆切碎还田机55台。

表 4-4-1　2021年芦阳镇农机合作社情况一览表

序号	名　　称	法　人	地　址	种　类
1	景泰鸿盛农机专业合作社	洪全熹	芦阳村	其他类
2	景泰县星隆农机服务专业合作社	安满新	城北村	其他类
3	景泰县中鑫农机专业合作社	付仲信	城北村	其他类
4	景泰县大田农业机械服务专业合作社	马国芳	城北村	种植养殖类
5	景泰县鑫丰农机服务专业合作社	张好秀	城北村	种植养殖类
6	景泰县众行农机服务专业合作社	王彦行	席滩村	其他类
7	景泰县农友农机专业合作社	王维龙	席滩村	种植养殖类
8	景泰县庆生农机专业合作社	张庆生	条山村	其他类
9	景泰县清风农机专业合作社	宋秉海	条山村	其他类
10	景泰县森奇农机专业合作社	曾正成	十里村	种植养殖类
11	景泰县百力农机服务专业合作社	武成安	芳草村	其他类
12	景泰县机利农机服务专业合作社	屈占虎	芳草村	其他类
13	景泰县占梅农业机械服务专业合作社	余占梅	芳草村	种植养殖类

三、芦阳农业机械站

1967年5月，芦阳公社自筹资金5万多元，购置东方红-75型履带式、铁牛-55型轮式拖拉机各1台，CA-10型解放牌载重汽车1辆以及牵引五铧犁、悬挂三铧犁、41片圆盘耙，农运拖车等农机具，在一条山村建公社拖拉机站。

1969年，机站服务的主耕作区东移，农机站搬到芦阳村。

1974年4月，将公社拖拉机站改建为公社农业机械管理站。机管站下设机耕队、修理车间和零配件油料供应组。各大队均成立由领导、机手和热爱农机的群众代表组成的农机领导小组。

农机服务统一收费：机耕作业收费为每亩0.9元。修理费每小时0.6元。四缸柴油机燃油泵修理及调试，除零件外收费20元。

1971年7月，武威地区工业学大庆会议印发芦阳公社农机站先进事迹典型材料，指定农机站代表作大会发言。1976年1月，武威地区农业机械化工作会议印发农机站典型材料，指定农机站代表大会发言。大会报告中表扬了芦阳农机站和站长吕俊。1976年6月8—15日，全省农机工作经验交流会在平凉召开，大会印发农机站的典型材料，指定农机站大会发言。1978年3月8—12日，全省第二次农业机械化会议在兰州召开，3月19日、22日《甘肃日报》两次对农机站先进经验进行报道。1978年5月19—23日，武威地区在芦阳召开农机管理经验现场交流会，对公社农机管理经验进行推广。10月，省农业机械管理局指定机站为全省赴北京参观德国、日本、澳大利亚等12国农机展览的唯一名额。1979年1月11—16日，在武威地区农机系统先进集体、先进个人代表会议上，公社农机站被树为全区农机标兵单位，奖给机站"发扬实干精神，争取更大贡献"锦旗一面，奖金500元。机站铁牛-55-1号车长王赤云被树为全区拖拉机手标兵。同期在景泰县举行的群英会上，农机站被评为先进集体，出席省"双先"会的代表单位。

1979年8月3—5日，由省农机局领导陪同，农业机械部农机化管理局局长崔传芳、总工程师董一民等一行3人，视察景泰县的农机工作。重点检查芦阳公社农机站、东关大队、东关三队等单位的农机管理工作。12月下旬，公社农机站站长吕俊被特邀出席省农机局召开各地（市）农机局长座谈会。

1980年2月26日至3月7日，吕俊出席在北京召开的全国农机管理工作会议。会议印发农机站典型材料，表彰包括芦阳公社农机站在内的17个公社农机先进集体及一批农机战线上的先进个人。公社农机站获大会"农机使用管理先进单位"锦旗一面。

1982年11月，省人民政府授予吕俊"省先进工作者"称号，同月，在县劳模大会上，吕俊获"县劳动模范"称号。

1983年5月，武威地区农机局印发《景泰县芦阳公社机管站调查材料》，改革开放以来介绍农机站在改革开放以来，顺应形势发展服务农民的经验。8月30日，《甘肃日报》二版以《以技术服务为中心加强农机管理》为题，报道农机站的事迹。1985年12月，吕俊被省农机评为全省农机系统先进工作者。1987年4月、1988年12月，省农机局分别为农机站颁发《全省农机修理先进单位》铜质奖牌和《全省农机管理服务先进单位》奖状。1991年，市农委授予农机站《先进农机站》奖牌一块。1992年4月29日，市农机工作会议印发农机站《为农机户当好后勤》的材料，指定农机站代表作大会发言。

20世纪末，农机具走进千家万户，2002年机构改革，农机站撤并。

第五节 耕作方式

一、传统耕作方式

旱砂田 传统耕作方式是耖地、播种、除草、收割。收割后耖地灭茬，雨水好的年份，耖第二遍除草，耖第三遍保墒。雨水较少的年份，采用歇耕法，即种几年歇一年，以提高粮食产量。实行农村家庭联产承包责任制后，采用拖拉机收割、灭茬保墒。

旱地、山地 夏粮收割后，深犁一遍灭茬除草，如秋雨充沛，即播种糜谷或撒种荞麦，收割后，耖地、耱平保墒；如秋雨较少，第二年降雨后再耙耱保墒，种植糜谷、荞麦等。

水浇地 农作物收割后，随即深翻25～30厘米，打耱平整后进行冬灌。大集体时代农民播种糜谷或撒种荞麦，收获后，再犁地冬灌。

二、耕种方式的探索

小麦品种更新 20世纪70年代以前，小麦品种以齐头、半截芒、和尚头为主。70年代，先后引进小麦良种阿波、阿夫65-24、阴山红齐头、白玉皮等。80年代，先后引进麦866、墨卡、高原338、武春一号等，小麦品种基本优良化。

施用农药、化肥 1954年，始用农药茜力散、六六粉拌种，农药拌种得以推广。1972年，始用化肥硝铵、尿素、氨水等。

带状种植 1973年，试行小麦、玉米间种。1974年、1975年大量推广。带田充分利用光照资源，产量较高；但所产以秋粮为多，由于成本较大，未能推广。

地膜工程 1997年，实施助农地膜工程，芦阳镇完成地膜覆盖面积17775亩，其中地膜小麦1500亩，地膜玉米7670亩，地膜洋芋1750亩，地膜甜菜430亩，地膜瓜菜2200亩，地膜小麦套甜菜550亩。

三、农业机械化、现代化

20世纪50年代，农业运输工具出现了马拉的胶轮车（俗称马车）和手推的架子车。

1967年，公社拖拉机站有型号不同的大型拖拉机两台。

1968年，开始引进小型拖拉机（手扶拖拉机和小四轮），这种拖拉机适应性强，综合利用率高，有力促进了农业生产发展。

1980年后，农户小型拖拉机数量大幅增加，功能也在不断拓宽，劳动效率显著提高。

1989年夏收时，农机部门首次在景泰县组织参加小麦跨区机收活动。大型联合收割机在芦阳镇得到进一步广泛使用。秸秆还田机逐步派上用场，无人驾驶飞机喷洒农药，拖拉机、机引配套机具、排灌、植保、脱粒、加工、运输等农业机械都有大幅度增长，作业范围涉及农、林、牧、副、渔各业，成为芦阳镇农业生产中不可缺少的一个生产环节。

2000年底，全镇有农业机械3499台（辆），其中大中型拖拉机96台（辆），三轮车1503辆，汽车197辆；磨面机76台，榨油机38台，压面机59台，粉碎机60台。

2010年，开始使用激光平地机平整土地，使用无人机喷洒农药。

▲ 图4-5-1　大型机械收割

四、家庭农场

伴随农业机械化、现代化水平提高，各村出现家庭农场。

景泰县阜春家庭农场 2014年成立。种植面积260亩，主要种植玉米、大豆和经济林，养羊、牛等。法人代表卢富春，响水村人。

景泰县诚信家庭农场 2016年2月成立种植面积50亩，主要种植玉米、瓜类。法定代表人张海强，十里村人。

景泰县欣新绿源家庭农场 2017年12月成立，位于一条山村6组，是村里首家家庭农场。占地9600平方米，其中肉羊养殖区4800平方米、牛养殖区2600平方米、办公生活区及绿化带2200平方米。种植面积60亩，以种植小麦、玉米、菜籽、孜然、蔬菜和经济林为主。2021年6月获甘肃省5A级绿色服务"三农"金牌农场证书。法定代表人卢昌晖，一条山村人。

马杰家庭农场 2018年8月成立。种植面积200亩，主要种植玉米、瓜类。法定代表人马杰，十里村人。

海斌家庭农场 2020年4月成立。种植面积60亩，主要种植玉米、瓜类。法定代表人张海斌，十里村人。

表4-5-1 2021年芦阳镇农业机械及配套机具统计表

单位：台

村名	大型拖拉机	小型拖拉机	播种机	收获机械	新式农机具
芦阳	2	300	5	1	—
东关	15	315	17	2	—
城关	4	385	6	4	铺膜机3台
城北	17	417		7	激光平地机5台
席滩	12	396	15	2	激光平地机1台
寺梁	4	55	2	1	—
西林	6	270	3	2	—
石城	3	172	10	5	铺膜机3台
条山	10	297	194	10	—

续表

村 名	大型拖拉机	小型拖拉机	播种机	收获机械	新式农机具
芳 草	15	264	26	12	激光平地机1台
十 里	21	80	7	8	—
红 光	—	180	10	10	—
响 水	8	180	1	5	无人机1台
合 计	117	3311	296	69	14

第六节 水 利

一、水利发展概况

先民为求生存，不断想方设法改变靠天吃饭的局面。或引洪漫地，或挖泉浇地，据明代碑记记载：明代修筑芦塘堡时，"残墩断雉，渠坝塍址犹存"。这些渠坝塍址，就是泉水灌田的遗址。

泉水 芦阳地区泉水较多。较大的有大水泉，是明朝后期席滩村张、包、郭三大户开渠，可灌田2000多亩；芳草有洪家涝坝（又称新涝坝）、下涝坝，可浇灌土地800多亩；芦阳大泉灌地100多亩；吕家涝坝灌地100多亩；一条山大涝坝灌地百余亩；响水滴水崖、黑泉分别灌地200多亩；城北墩有泉水2眼，灌地百余亩；红庄涝坝，灌地60余亩。1972年，芦阳公社共有泉水35眼，灌溉面积2210亩。至2021年，全镇有泉水28处。

引洪灌溉 历史上人们就修渠引洪水浇地，俗称"漫水地"。洪水漫灌后，及时耕犁保墒，第二年耕种，亩产小麦可达100~200公斤。

石峡水库 位于距红光、沈庄1.25公里处。石峡长约5公里，两面石壁直立。峡口前是一片开阔地，两山环抱，适合修建水库。1959年上半年开始动工，红光、芦阳、城关、东关、麦窝、响水、一条山、芳草、城北墩各大队抽调人力，县上各单位全力支持，由于机械缺乏，只有两台推土机在堤坝上施工，其他全靠人工辛苦劳作，工地人数最多时达1.3万人。各大队马车从数公里外运

▲ 图4-6-1 石峡水库出水口遗迹

来红土（胶土），有上百人加班加点砸红土，和成泥团，将堤坝表面封死，防止漏水。多数人在石峡两面山头上，用架子车将土从石壁上运下来，坝上的人再用架子车拉上层层筑垫，一部分人用手工农具夯实。各大队运土的架子车400多辆，大车100多套，苦战一个冬天，1960年基本修成，坝高20多米。在水库东南方有一条沟，经层层填筑，修成出水口，洪水储蓄到一定高度就从出水口流出。水库修好后，由于雨水很少，少量洪水冲下的泥土，逐渐将水库底部填平而形成一大片淤泥地，农民直接在上面耕种农作物。

井灌 通过打井取水，制造水车、天车、龙骨车等工具，提水灌溉。1973年以后，用机械开挖水井和机械抽水灌溉，一条山、芦阳、沈家庄一带，发展成为井灌区。景电一期灌区上水后，一条山村至芦阳村地下水位逐年上升，至1977年，芦阳一带上升2～3米，个别井可达5米。但水质变差，只可配合黄河水交替灌溉。

"坎儿井" 也称串井，当地方言称为"塄子"。由竖井、暗渠、明渠、涝坝四部分组成。即在地势较高、地下水较为丰富的地方，找到水源，然后顺着水源到村庄的方向，每隔15～20米挖一个竖井，再将竖井底部挖隧道相互联通，串井一直延伸至接近村庄，井底逐渐接近地面，在井底用石料砌成矩形渠道，用胶泥将渠底垫实抹平，再加石板封盖，以防沙土填埋，将水引出地面，再经过一段明渠，把水引到修好的涝坝。"坎儿井"主要用于灌溉农田，同时又解决村上人畜饮水；坎儿井有利于防止水分蒸发，减少工程量，有效利用有限水资源。芳草坎儿井有两条，一条是开凿于清乾隆年间的洪家涝坝（后于1957年与找到的新水源合并，称为新涝坝），灌溉农田500亩左右；一条是开挖于同时期的下涝坝，灌溉农田300亩左右。另外，条山村的大涝坝、席滩村的东滩、红光村的涝坝岘也都有开凿于不同时代的"坎儿井"。

二、河道治理

域内属黄河流域。黄河从红光羊洼圈至响水下车木峡流经境内红光村、响水村。生态环境部门此处设立水质监测站。

其余河道均为行洪道，俗称沙河。镇域内的芦阳沙河，又名大沙河，属古媪围河旧河道。流域面积近2000平方公里，源头在古浪县境内。流经黄草塘、白茨水、寺儿沟、条山、席滩、芦阳、弯沟、西关、响水、东风、索桥等十多个村庄，至索桥古渡上游1公里处入黄河。其他沙河呈扇形分布流入芦阳沙河，最后归入黄河，总长约124公里。

2015年，芦阳镇成立河长制工作领导小组，组建镇河长制办公室。竖立河长制相关公示牌，明确镇、村两级河长主要工作职责。镇级河长全年完成巡河108次，村级河长完成巡河712次，发现问题及时上报、及时整改；全面清理生活污水，对河道两侧农户居住较为密集的芦阳城区进行污水管网覆盖；彻底整治面源污染，组织镇村干部、群众对河道上的畜禽粪便、废弃塑料、生活垃圾等面源污染进行整治清理，共清理河塘沟渠20公里，清理建筑垃圾200余吨、生活垃圾100余吨；拆除河道沿岸的违章建筑及露天场所44家；联合水利、环保、国土等部门，严厉打击河道境内非法采砂等现象。为防止洪水毁坏农田和其他基础设施，争取项目投资290万元，建成芦阳北沙河单面堤坝2.5公里。

三、景电一期、二期工程

（一）景电一期工程的提出及决定

1958年6月，响水部分群众提出"提黄河水浇米家山北滩"建议，芦阳公社首次协调、县上组织县、公社、大队干部进行实地考察。1959年10月，白银市组织人员就电力提水至米家山，灌溉一条山滩、城北墩滩、草窝滩、白墩子滩等土地的方案进行了两次草测，并于1960年写出《白银市米家山电力提灌工程草测报告》。以后省、市、县多次组织专业人员进行现场踏勘，提出可行性开发论证报告和可行性建设方案。1968年12月，中共甘肃省委、省革命委员会做

▲ 图4-6-2 景电工程上水管道

出开发景泰川，改变景泰、古浪两县干旱面貌的决定。

1968年，景泰川电力提灌工程先遣队、测绘队进驻城关村。工作人员白天在景泰一中教室办公，晚上住在农民家中。城关村民让出上房（堂屋）给测绘人员住，自己住在耳房和厨房。工程师李喜源住在四队刘嘉武家中；另有几位工程师住在李得中、卢有伟、兰登汉家；一中周围的几个村派驻工程技术人员。

1969年10月，成立景泰川电力提灌工程指挥部，指挥部设中共核心小组，时任甘肃省副省长李培福任组长兼总指挥。同年10月10日，李培福带领指挥部领导班子进驻芦阳城县革委会大院。勘测人员和部分工程技术人员分别住在城北墩大队和五佛公社兴水大队第七、第八生产队。10月15日，景电一期工程开工奠基仪式在五佛公社沿寺坪召开。

(二) 景电一期工程建设大会战

芦阳公社作为景电一期工程主要灌溉区之一，人民群众以极大的热情投入这项世纪工程的建设中。芦阳公社组成民工营，所属各大队组成11个民工连。县上采取社队记工分、指挥部给每个民工每天补助生活费0.3元的办法计酬。芦阳民工营在首任营长马登云的带领下，进驻红鼻梁，民工住在地坑里。民工营接受的第一个任务是在刀楞山半山腰开渠。刀楞山属红砂岩石，不易爆破，经过多次试验，请示指挥部同意，采取大爆破的方法，民工将3吨炸药用肩扛到半山腰的爆破点。民兵许生录任爆破手，被飞起的石子炸伤头部，简单包扎后，又投入到爆破工作中去。民工营完成爆破任务后，又奉命参加一泵站草土围堰大决战。草土围堰是指利用冬季黄河枯水期，靠河岸一层土一层草围成一个半圆形，然后抽完里面的水，通过开挖降低河床高度，以便修建泵房、安装抽水机械，并能在枯水季节保证正常提水。草土围堰麦秸的用量非常大，全部来自全县各村的无偿捐献。指挥部提出"大战五十天，抢出洪水面，革命加拼命，建设景泰川"等口号，芦阳民工营和兄弟民工营不分昼夜，人停架子车不停，将推土机推散的红土拉到围堰上，经过连续近百天的大会战，终于完成这项工作。紧接着，民工营又配合工程技术人员在二泵站挖基坑、五泵站安装机械设备和衬砌渠道等任务。

(三) 搬迁一期工程灌区

1971年10月，景电一期工程通水。工程有泵站15座，总干渠长20.44公

▲ 图4-6-3 景电一期工程芦阳渡槽

里,泵站6座,有支渠5条。其中,总一、总三、总五支渠南流,主要灌溉芦阳镇西北部,灌溉面积77358.11亩。总二、总四支渠北流。丰收渠、西三支渠南流,灌溉一条山镇东部厂矿和芦阳镇部分耕地。按照县委"就近不就远"的分配原则,安排耕地少的干旱贫困大队和生产队的部分农民搬迁灌区。芦阳公社分配土地34391亩,搬迁673户3528人。解决搬迁户建房的办法主要有两种,一是由生产队派员帮助修建;二是每间房屋补助30~50个劳动日或200斤小麦。响水大队部分社员搬迁草窝滩乡新组建的龚家湾村;红光大队部分社员分别搬迁上滩村、大梁村;城关大队部分社员搬迁上滩村,西关大队部分社员搬迁大梁村;东风大队部分社员搬迁东新村。麦窝部分社员分别搬迁上滩村、麦丰村,也有部分社员迁往白银公司等省市机关农场。此外由正路公社各大队部分社员搬迁芦阳公社辖区,组成石城、西林两个新的移民村。

(四)景电二期工程

1983年,省委、省政府决定,兴建景泰川电力提灌二期工程,并于3月31日成立景电二期工程指挥部,经过筹备,于1984年7月5日正式开工。

景电二期工程从景泰县境内的五佛乡沿寺提水,途经五佛、草窝滩、上沙沃、漫水滩、红水5个乡镇，灌溉白墩子、边外滩、漫水滩、方家井等4滩和古浪县的直滩、海子滩，东西长60公里，南北最宽25公里，总面积920平方公里，土地面积138万亩。工程提水流量设计18立方米/秒，加大提水流量21立方米/秒，灌溉土地面积52.05万亩。总干渠从沿寺一泵站开始，过红岘沟，入古浪县，至南、北干渠分水闸，全长99.6公里，其中景泰县境内长约80公里。干渠2条，总长14.8公里，支渠38条，总长326公里。分19级提水，总扬程713.02米，最大提水高度612.88米，建设泵站30座。

工程于1994年基本建成，1999年竣工通过验收。

（五）节水灌溉设施建设

经过30多年的运行，景电一期工程灌区渠道老化，泥沙淤积、渗漏问题严重，水费价格偏高。芦阳镇争取基础设施建设项目，建成以寺梁为核心的高效节水压膜示范田3万亩；建成以红光、十里村文冠果、瓜类等旱作农业水窖集雨工程，节水面积8000亩；建成以石城村为主的万亩渠道灌溉工程，标志着全镇节水灌溉实现新突破。

2011年，建成马鞍山、东新、双龙寺等3个农田节水示范区，组织群众投工投劳维修衬砌斗渠17.8公里，维修机井12个。

2021年，通过"一事一议"财政项目，衬砌渠道155.2公里，高标准农田建设项目衬砌渠道396.88公里、土地整理项目衬砌渠道81.5公里、粮食增产增收等项目衬砌渠道113.4公里，灌溉总面积6.256万亩。

表4-6-1　2021年芦阳镇衬砌渠道项目统计表

单位：公里

村　名	一事一议	高标准农田建设	以工代赈	粮食增产增收	总计
芦　阳	28.9	13.9	—	—	42.8
东　关	3.4	86	3	—	92.4
城　关	1.2	26.2	5.4	5.4	38.6
城　北	11	104	10.5	71	196.5
席　滩	20	—	15	—	35

续表

村　名	一事一议	高标准农田建设	以工代赈	粮食增产增收	总计
寺　梁	10	21.08	—	—	31.08
西　林	21	—	5	—	26
石　城	6	—	2	27	35
条　山	5.7	40.3	20.6	—	66.6
芳　草	6	8	—	10	24
十　里	14	21	—	—	35
红　光	3	14	—	—	17
响　水	25	62	20	—	107
合　计	155.2	396.48	81.5	113.4	746.98

四、农电建设

1965年，景泰县农机厂用锅驼机带动55千瓦发电机发电，白天供工厂生产，晚上供县城机关2小时照明。这是芦阳地区历史上第一次用电。1970年，由景电一期工程投资兴建110千伏白景（白银—景泰）输变电工程，1971年9月建成输电，形成景泰地区的电源干线，景泰城区首次通电。1973年，响水、城北墩、芳草通电。至1981年，全公社通电。

1978年8月，设农电站，负责维护和管理芦阳东北地区的农电线路，即：612主线8公里（五变—芦阳）；分支四条，3000千伏安，50公里；变压器41台（一条山、米家山一带属白银供电局）。1987年10月，建成220千伏石城变电所，是景泰地区及景电二期电力提灌工程的总干电源，到1990年底，提供电力2.5亿千瓦时，使芦阳镇电灌面积进一步扩大，有力地促进了芦阳地区工农业生产的发展。完全满足照明、磨面加工、粉草粉料、洗衣做饭、电视电话等生活需求。

景电一期工程上水以前，芦阳镇建有机电井及配套设施41处，灌溉面积6123亩；由各大队管理，指定专人负责，自然村由生产队管理。1990年以后，实行小型水利水费、产权、投入"三位一体"改革，通过产权、投入和经营机制的改革促进小水工程发展。全镇所有小水工程均实行水费改革。1997年，所有小水工程实行承包、转让、租赁。至2021年，由于干旱少雨，有些井水干涸，机井废弃。

2010年10月，中国华电集团在马昌山芳草村属赵家岘建设安装马昌山一期49.5兆瓦风电工程，安装55台风力发电机组、塔架及配套电气设备，占地面积12平方千米。2011年8月，中国华电集团在赵家岘又建设马昌山二期49.5兆瓦风电工程，安装25台风力发电机组、塔架及配套电气设备，占地面积约20平方千米。赵家岘两期风力发电厂的投资、建设、运行管理，都由华电集团企业自行管理，建设中占用村民耕地的，按有关规定给予补偿。

五、水政管理

景电一期工程配有管理和技术人员，实行分级管理和指标考核经营的办法，负责全工程的运行和灌溉，并采取专管和群管措施，斗口以上由专管机构负责，斗口以下由受益单位负责。由管理单位和村委会、村民小组衔接，制订灌溉计划，用水采取按方计费、凭票供水、超量加价的办法。实现数字化管理。

2000年，从镇政府工作人员中选拔水政、水保监察员2名，选聘村级水保监察员27人，健全水政管理机构。

第七节　粮油　经济作物

一、农业税

中华人民共和国成立后，农民主要以向国家上缴粮食的形式完成农业税，俗称"交公粮"。同时，国家按照当年粮食价格，向农民收购成品粮，称为"购粮"，通称"公购粮"，价格由国家决定。随着人民公社化的完成，各生产队在农技部门的支持下，推广新品种，粮食亩产有较大幅度的提高，上缴公购粮的任务也随之增加。一条山、席滩、芳草、城北墩等大队上缴公购粮在全公社名列前茅。1974年，全公社完成公购粮167.7万公斤，其中一条山大队完成公购粮52万公斤。1975年，一条山大队完成公购粮52.5万公斤。席滩大队提出"不要救济款、不要供应粮、不要国家投资"的口号，上缴公购粮41.5万公斤，全公社完成公购粮223.35万公斤,是全县完成公购粮最多的公社。

20世纪90年代,农村继续稳定以家庭联产承包为主的责任制和统分结合的双层经营体制,健全农村社会化服务体系,以市场为导向,着力推进农业产业化经营,调整和优化农村产业结构,改善农业生产条件,普及推广新技术,发展高产、优质、高效农业,提高农业综合效益,增加农民收入。

2006年,国家取消农业税。

二、粮食作物

小麦 是全镇主要夏粮作物。随着农业先进技术的普及和推广,品种更新,精量播种,配方施肥、化肥深耕、秸秆还田等实用技术配套应用于生产,促进了小麦增产。

和尚头小麦 一种无芒的小麦品种,属传统粮食作物。耐旱性好,面粉筋道,做成的面食口感好,但产量低,种植面积小。一般种植面积根据上年度和本年度雨水而定,雨水多的年份,面积扩大,雨水少的年份,面积缩小。进入21世纪,和尚头小麦种植面积有所扩大。

▲图4-7-1 "和尚头"小麦

玉米 俗称西番麦、包谷、苞米等,产区主要分布在川滩高扬程提灌农林区、高扬程提灌和井灌交叉灌溉农牧区。2011年,全镇玉米种植面积12466亩,品种主要有烟单14号、凉单1号、中单2号等,通过品种更新、合理密植、间作套种、增施化肥、地膜覆盖、化控技术等措施,截至2021年单产达到613公斤。

大麦 大麦是带壳大麦和裸粒大麦(青稞)的总称,境内种植为带壳大麦,多作为饲料作物种植。生长期短,比小麦早熟15~20天,灾年可提前接青。又利于复种。因耐盐碱,20世纪六七十年代在芦阳、城关、东关等村种植较多,80年代中期以后,引进啤酒大麦,作为酿造啤酒的原料。

杂粮 有豌豆、蚕豆、扁豆、大豆、洋芋、荞麦等。

糜谷 即糜子、谷子。属传统农业作物，灌区及旱川有种植，由于产量较低，除专业农户种植外，其他农户少有种植。

三、油料及经济作物

胡麻 主要油料作物，20世纪90年代初，陇亚7号、天亚5号一直占主导地位。90年代中期。天亚6号、陇亚8号、9号面积迅速扩大，成为主要品种。

文冠果 文冠果耐干旱、贫瘠，抗风沙，是一种特有木本油料作物树种，生态效益和经济效益明显，其果、枝、花、叶均可利用，是食用油、能源油、工业用油、中医药、保健品、复合材料的原料树。响水村栽植1.2万余亩，约58.8万株。

旱沙地瓜类 属旱作农业，主要有旱地西瓜、旱地籽瓜、旱地甜瓜，在红光、十里村建成两个千亩旱沙地瓜类种植基地。

甜菜 俗称糖萝卜，是20世纪主要经济作物之一。2000年试验、示范种植饲用甜菜，单产达到7吨以上。由于糖业效益不好，甜菜种植面积下降。

肉苁蓉 名贵中药材。十里村流转土地1000亩，进行规模化种植。

紫花苜蓿 芦阳村种植紫花苜蓿，为寺梁村规模养羊提供便捷优质的饲料，形成村与村产业互促互补发展模式。

棉花 20世纪30年代后期主要在旱砂地种植，正常年份亩产10公斤左右，1960年平均亩产11.5公斤。由于天旱少雨，产量下降，播种面积逐年减少，1984年停种。

大麻（火麻仁） 20世纪种植比较普遍，以榨油为主，也可以做麻腐。

四、技术推广

芦阳大部分地区的夏季作物主要有小麦、大麦等，夏收后复种糜子，谷子、荞麦，或麦类套种大豆（黄豆）。

1974年，学习五佛公社经验，引进带状种植技术。

1982年，推广带田和间作套种，一些地方麦田套种黄豆，增产增收，种地养地，还解决了倒茬问题。

20世纪80年代后期，开展科技兴农，为每村培训科技人员各1名，建立科技示范户，初步形成以县农技中心为枢纽，乡农机站为桥梁，村级示范户为基础的农技服务网络。

1990年，掀起"白色革命"，通过村级示范户引领，推广地膜覆盖种植农作物，取得明显经济效益。

2015年，落实地膜种植面积2.5万亩；农广校、县职专、条山农场等专业技术人员到田间地头讲授果蔬栽培、测土配方等技术，培训群众1000余名。

五、病虫害防治

历史上，麦蚜、棉蚜，小麦锈病及倒伏等，屡屡发生，农民虽以喷洒木灰、旱烟水等方法防治，功效甚微。

1954年的行军虫，1958年的谷子钻子虫，1984年的小麦锈病（主要危及"五春1号"），1985年的麦蚜等。其中，除1984年小麦锈病虽经施治，收效不大，造成一定损失外，其他几次，在农科单位的帮助指导下，均得到及时防治和捕杀。

传统的农作物保护，主要利用害虫的群集和假死的习性，通过人工捕杀、草木灰防腐防虫、摘除病叶虫果、日光暴晒防治贮粮害虫等办法，达到预防病害发生和消灭害虫的效果。

农作物主要有小麦病虫害和玉米病虫害。小麦病虫害主要有小麦腥黑穗病、小麦全蚀病、小麦锈病、小麦蚜虫、麦蜘蛛、小麦白粉病、麦穗夜蛾、麦蛾、野燕麦。主要通过轮作倒茬、使用农药、用草木灰、石灰撒施、采用诱杀或杀虫剂喷施等措施防治。2000年以后，主要采取"预防为主，药剂防治为辅"的原则，选用小麦良种，轮作倒茬，进行土壤处理、拌种、首苗水喷施除草剂、抽穗初期"一喷三防"等防治措施。玉米病虫害主要有玉米大、小斑病、丝黑穗病、疣黑粉、霜霉病、锈病、玉米螟、黏虫、蚜虫等。农民采用轮作倒茬、清洁田园、配方施肥、精耕细作、包衣种子、选用良种、干热处理种子、苗期化学、生物药剂预防等综合防治技术。

第八节 蔬 菜

一、种类及主要品种

（一）根茎类

品种有萝卜（水萝卜、花缨萝卜、绿萝卜、冬萝卜、露头青、翘头青、国光萝卜等)、胡萝卜(齐头红萝卜、黄胡萝卜)、苤蓝(茛莲)等。萝卜适应性强,生长期50~80天不等,春夏可种。

(二)叶菜类

主要有长白菜、翻心菜、陇西大白菜、小白口、大青口、油菜、娃娃菜、洛阳二包头、黑油菜;甘蓝类蔬菜有紫菜花、紫苤蓝、宝塔花菜、大芥菜、波菜、芹菜、抱子甘蓝、北京菜花、大雪球等,产量高,耐贮运,芦阳灌区均有种植。

(三)瓜蔬类

黄瓜 品种有兰州地黄瓜、安宁刺瓜、齐黄瓜、津研2号等,芦阳灌区均有栽培,果实长大,皮薄,有刺,早熟,为夏季主要蔬菜。20世纪90年代起,靠近县城的部分农民在日光节能温棚秋冬季栽培,并远销外省。

西葫芦 俗称番瓜、西葫芦,明清时已有栽培,芦阳各村普遍种植,春季种植,结果早,其嫩瓜在夏初市场上占有重要地位。20世纪80年代以后塑料大棚栽种者,隆冬季节即可上市供应。

(四)浆果类

主要有番茄(地方名西红柿,品种较多)、茄子(长茄子、圆茄、牛心茄、兰州长茄、兰州圆茄)、辣椒(小辣子、羊角辣、小羊角、大羊角、线辣子、灯笼椒、兰州大圆椒)。境内栽培历史悠久,春季种植。改革开放以后,浆果类蔬菜生产转向商品化,大棚栽培蔬菜、地膜覆盖种植蔬菜面积扩大,是景泰高原夏菜的主产区之一。

(五)荚果菜

主要有菜豆、豇豆、多花菜豆和扁豆4个种类。以嫩豆荚做菜为主,豆类为喜温性作物,怕低温和霜冻,多在春夏栽培。为适应市场需要,塑料大棚也多有栽培。

(六)鳞茎类

主要包括韭、葱、蒜、洋葱4个种类。前三个种类在本地栽培历史悠久,洋葱在清末传入。

韭菜 全镇普遍栽培,适应性强,其产品有韭菜、韭黄、韭薹,除大田生产外,多由塑料大棚栽培生产,可以全年供应。

葱　全镇水、旱地均有栽培，可分为白葱和红葱两个类型，品种有白葱、红葱、楼葱、羊角葱等。

大蒜　境内各地均可栽培，产品有蒜头、蒜薹、蒜苗，品种有红蒜、白蒜、紫皮蒜等。

（七）高原夏菜

2021年，发展以西红柿种植为主的高原夏菜1000亩，以辣椒种植为主的高原夏菜150亩，主要在石城、西林等村建有大棚百余座。

二、病虫害及防治

引进试验并示范推广一大批高效、低毒、低残留农药和生物农药，主要有集琦虫螨克、阿维菌素、苦皮藤素、黎芦碱虫、浏阳霉素、BT杀虫剂、CT杀菌剂等无公害生物农药。与此同时，加强对剧毒农药和高毒农药的管理。在日光温室推广垄间覆草、滴灌、防虫网、空棚消毒、控温闷棚、植物沼液防虫等病虫害防治新技术。

第九节　林　业

一、林木概况

芦阳地区属于林木稀少地区。米家山原为天然林区。至明末清初，人为砍伐严重，又遭火灾及各种自然灾害，恶性循环，完全成为童山。镇域各村在有水源和水浇地的地方及人居院落周围，有少量榆树、柳树、沙枣树的种植。碧云寺（双龙寺）周围及芦阳至响水的沙河两边河湾树木较多；此外，响水和索桥等地，有分散的小果园，产少量的梨枣等。

1949年后，国家提倡植树造林，1954年、1958年，政府先后动员大批劳动力，分别在马壕地沟和席子梁等多处，挖水平沟、水簸箕，广植树木，因降水稀少和无法解决灌溉问题而未成功。

1955年，县林业工作站在米家山炭沟湾、五道沟实行"封山育林"。

20世纪70年代，景电一期工程上水后，林业在灌区发展很快，至1980年，已大部成林，但芦阳城以东地区，因地下水位上升，水质盐化度增大，树木大部枯死。

表4-9-1　1978—1985年林业生产和发展情况一览表

年代	造林任务（万株）	完成（万株）	林业收入（万元）	种草（亩）
1978	—	14.3	0.87	—
1979	—	27.9	2.29	—
1980	—	68.8	3.73	—
1981	48	42.6	4.23	—
1982	40	29.1	1.43	—
1983	35.8	27.2	0.51	—
1984	26	38.8	4.94	6634
1985	41.6	47.9	10.77	7313

注：1.林业收入中，木材值约占70%，1985年产果品13吨有余，以苹果最多。2.种草地区在一条山、石城、红光一带。

至1985年，有林地3033亩，四旁植树123万株，果园885亩；林业专业户39户，经营林地176亩，其中果园58亩。

二、植树造林

1971年景电一期工程上水后，县里提出"水上到哪里、树栽到哪里"的口号，植树造林掀起高潮。每到春季，机关干部、教师学生、社员群众纷纷加入造林的行列。随着灌区面积的不断扩大，人工造林由零星植树到成片造林，再由片林向农田林网化发展。一条山、西林、芳草、席滩、城北墩等村造林质量好、效益佳。2011年末，累计造林4000亩，林木覆盖率14.8%。通过农业综合开发和中低产田改造、小流域治理、荒山造林和铺压沙田等农业措施，全镇共改良盐碱沙化地2400亩，起老更新铺压砂田1200亩，累计退耕还林、荒山造林面积达到1.55万亩。2021年，全镇林草湿地总面积1.19万公顷。林地面积2522.29公顷，其中乔木林地10.82公顷，灌木林地484.14公顷，其他林地2027.34公顷；草地面积9337.29公顷，其中人工牧草地8.03公顷，草畜平衡9329.26公顷，湿地面积36.55公顷。

三、经济林

1949年前,芦阳地区水源比较丰富的响水和索桥等地有零星果园分布。景电一期工程上水后,经济林在灌区发展较快,1990年有果园地2155亩。因上游大面积灌溉,芦阳城以东河湾地区土壤盐分大幅增加,水质变差,不宜饮用和灌溉,部分重碱地被弃耕,树木枯死,果园凋敝。芦阳镇因地制宜,实施枸杞、文冠果、玫瑰为主的"千亩林果培育工程";在十里、红光、响水等山区村发展文冠果套种旱地瓜、玫瑰套种旱地瓜绿色间作农业及优质枣、优质梨1000亩。其中,在十里村文冠果套种西瓜300亩,在红光村栽植黑枸杞700亩,新栽玫瑰50亩。城关村连片流转土地种植枸杞220亩。实施优质梨、优质红枣栽培工程,2014年石城村建成千亩梨园,在邻近条山农场、705公路沿线的条山村上滩组与芦阳西六支组种植优质梨1000多亩。

芦阳林场成立于2013年3月,位于芦阳村下地槽,占地面积238亩。以种植、养殖为主,修建水库1.1万立方米,种植各种树木10万多株,以红枣、枸杞为支柱产业,兼营育苗、林木种植、农产品种植等。每年为周边城北、马鞍

▲ 图4-9-1 石城村千亩梨园

山、拉碑头、大席滩、麦丰等村提供就业机会1500多个工作日，长期招收贫困户务工。场长戚武德，芦阳村人。1999年获"全国三北生态防护林先进个人"称号。多次受到有关部门的表彰。

四、环境绿化

米家山原有天然林，因历代无序砍伐和火灾而导致森林丧失殆尽。其余大部分地方为荒山荒坡。群众多在泉水、机井配套渠边栽种榆树、柳树、沙枣树等抗旱耐寒、病虫害少、生命力强的树种。景电一期工程上水、家庭联产承包责任制实行、自来水入村入户后，群众性造林活动大规模展开，公路两旁成为造林的重点，县城至芦阳镇主要公路干线、村村通道路两旁广栽树木，成活率提高，庭院经济得到发展，一些村民投资开垦荒地，培育经济林、观赏林树种，优质梨、枸杞等经济林的推广，既绿化了环境，又成为经济发展的新亮点。开展农村"风貌革命"。以公路沿线村、房前屋后、项目实施区周边为重点，统筹推进村庄亮化、绿化、美化。2019年，拆违治乱140多处，国土绿化面积586亩，栽植各类苗木21640株，全面整治提升农村人居环境。

五、病虫害防治

杨树害虫主要有光肩星天牛、黄斑星天牛、桑天牛、刺角天牛、青杨天牛等，其中以天牛危害为最。该虫以幼虫蛀入杨、柳、榆树干取食危害，严重时导致树木死亡。主要用群防群治的办法，采用人工砸卵、捕杀成虫、药物喷灌、清除虫源木等措施防治。

食叶害虫主要有杨梢叶甲、杨尺蠖、杨毒蛾等突发性的害虫。每年对重点地段用40%水胺硫黄乳剂或80%DDV乳油800～1000倍液进行化学防治。

六、林木管理

2016年，为了管护好森林资源，政府下发文件，聘请责任心强的村民担任护林员，并支付报酬。

2021年，全镇共设立镇级总林长2名，林长13名；村级林长13名，副林长19名；生态管护员53人。

表 4-9-2　2021年护林员信息一览表

村　名	人数	管护面积（平方米）	薪酬标准（元/年）	总金额（元）
芦　阳	5	4815	8000	40000
东　关	5	7234	8000	40000
城　关	5	3021	8000	32000
城　北	5	5160	8000	40000
席　滩	3	2832	8000	24000
寺　梁	2	4048	8000	16000
西　林	2	1444	8000	16000
石　城	2	1309	8000	16000
条　山	5	4637	8000	40000
芳　草	3	2202	8000	24000
十　里	3	2658	8000	24000
红　光	7	8802	8000	56000
响　水	7	8828	8000	56000
合　计	53	56990	—	424000

第十节　畜禽养殖

一、1949年前的畜牧业

清康熙年间，畜牧养殖业伴随着种植业发展而发展，是农业生产和农村经济发展的重要支柱之一。

1949年以前，畜牧养殖业集中在大户家族，一般小户人家仅有一二头耕畜甚至养不起大牲畜。大牲畜以毛驴最多，驼、牛次之，骡马最少。骡、马、牛、驴大部是农用畜。小牲畜主要是羊，其次是猪。羊以滩羊为多。

历史上，疫情比较频繁，医疗条件又差，畜牧业发展极为缓慢。1949年前夕，全乡仅有民间兽医3人，专医大牲畜。猪、羊疫病，多以土法治疗。

二、1949年后畜牧业和养殖业的发展

根据特殊的自然条件和气候条件，曾培育出滩羊、沙毛山羊、双峰骆驼等地方品种。在畜牧生产实践中，疫病防治、科学研究与推广应用方面都取得一定的成绩。

（一）发展情况

生产队时期，各村有专人负责全村畜牧和养殖工作。各生产队都建有大牲畜饲养圈、羊圈、猪圈等。各家各户允许少量的养羊、养猪和养鸡，也有个别家庭私人零星饲养大牲畜。村里有长期为村民提供劁猪、杀猪、为猪治病等服务的技术人员。

表4-10-1　1950—1985年芦阳地区畜牧业发展统计表

单位：头、只

年　度	骡	马	牛	驴	驼	羊	猪	鸡	兔
1950	163	109	506	2079	575	13780			
1959	264	145	536	2538	329	19188	1658	7649	628
1963	168	148	437	902	213	9924	1326		
1981	889	591	225	1359	159	16011	8430		
1985	943	415	84	1630	25	8634	8429		

1952年土地改革后，适于小农生产的牛、驴，增长很快；1958年公社化后，适于大生产的骡、马迅速发展；20世纪60年代，随着公路、铁路交通运输的发展，骆驼数量急剧下降面临淘汰；70年代，农业机械逐渐增多，大牲畜饲养数量趋于下降；80年代，在搞活经济的政策的指导下，家庭饲养业广为发展。1985年，全乡有专业户219户，其中养羊专业户5户，养羊1500只；养鸡专业户2户，养鸡600只。

（二）兽医站成立

1956年，芦阳乡派南关街的雷百禄到定西农校学习。学习结束后，雷百禄与响水民间艺人彭延龄（人称彭尕爷，对诊断牲畜疾病有经验）、南关街的马振宁（人称马三爷）3人集资400余元，又向社会募捐柜台等设备，向信用社贷少量资金购买药材和急用器械，雷百禄将自己南关临街坐南向北的四间铺面腾让出来，创办"兽医联合诊所"。年底，芦阳乡兽医站正式挂牌营业，是景泰县第一个由乡镇成立的兽医站，站长雷百禄。兽医站成立后，国家每年发放一定数量的药物，防治牲畜疫病。

1969—1977年，兽医站扩大为"人、兽联合医疗站"。经芦阳乡向县政府请示，给兽医站增加了2名人医大夫。一位是从县医院抽调的史麟英大夫，芦阳人称"史妈妈"，专看妇科疾病；一位是从兰州市城关区医院下放的城关村人王焕文大夫，王焕文毕业于国立北京医科大学（今北京大学医学院），长于诊治儿科疾病。

1978年，人医、兽医分家。1985年，兽医站编制为5人，其中大学进修1人，中专进修4人（女1人）。设施资金总值人民币10万元。20世纪90年代中期，兽医站随着自身功能的逐渐减弱而被撤销。

（三）品种改良

1956年后，先后引进河曲马、甘南马、关中驴、秦川牛等。1963年后，先后引进长白、巴克夏、约克夏、内江等良种猪和安可拉等良种兔。1979年，先后引进中卫山羊、宁夏滩羊等优良种羊。1982年后，先后引进新杂288、来杭、尼克等良种鸡和大耳白、青紫兰等良种兔。

（四）养殖业的兴起

1981年，实行家庭联产承包责任制，土地包干到户，牲畜、农具、羊只分配到户。农户拥有经营自主权，生产积极性提高，家庭养殖业兴起。

1997年10月，景泰县盛大种猪场动工修建，场址位于城关村，占地40亩，年生产1万头良种仔猪。完成投资236万元，建成高标准分娩、育成车间6栋3000平方米，办公室、兽医防治室6栋3000平方米。先后从北京、张掖等地引进纯种杜洛克、长白、大约克种猪172头进行育种繁殖，基础母猪330头。2000年投资260万元，扩建育肥生产车间、化验室、人工授精室12栋60立方米，

▲ 图4-10-1 养殖基地

500立方米水池各1座。引进亚卫畜牧新技术（广州）有限公司"PJGMAP-现代化养猪生产管理及分析系统"电脑软件，实现了"猪舍暖棚化、饲料配方化、饲养科学化、营销规模化"。

2018年，全镇羊存栏8.6万只，生猪存栏4.6万头，蛋鸡存栏18万只。

三、畜牧养殖业分类

大家畜 以马、骡、驴、牛、驼为主。成年畜又叫役畜。役畜只有在投入农耕、运输等生产过程中，才添加一定量的精饲料（以大麦、玉米、豆类为主），平时，均以农作物秸秆混合铡碎喂养。牛、驼为草食反刍动物，在饲养管理上较为粗放。

小畜禽 以猪、羊、鸡为主。猪、鸡以精饲料为主，适当添加一些青饲草和农副产品下脚料，如麸皮、酒糟等。羊为草食动物，主要靠青草、青贮和玉米秸秆粉碎喂养。只有母羊产羔期间适当添加一些精细料。

四、畜禽主要品种

马 最早为蒙古马类型，先后又引进甘肃地方良种，天祝一带的岔口驿马和甘南地区河曲马。经过优选杂交改良后的马，体型增高，力量增大，属于拉乘兼用型。

骡 有两类。一类为马骡，一类为驴骡。公马与母驴杂交的后代为驴骡；公驴与母马杂交后代为马骡。骡自身无繁殖能力，马骡、驴骡因杂交优势明显，体健力强，少病易养，料口小，耐力强。

驴 性情温驯，使役广泛，饲养经济，属凉州驴类型。20世纪70年代又引进关中驴进行改良，大部分驴为杂交驴，其特征是体型增高，耐力增强，易饲养，发展较快。

牛 主要是黄牛，属蒙古牛品系。作为役畜，犁地、耙地耐力强，性温和，疾病少，易饲养。其次是犏牛。犏牛是公黄牛与母牦牛杂交的后代，杂交优势极为明显。

骆驼 属于蒙古系统，驼峰中等，属关内沙漠型。1949年以前，骆驼以驮运为主。1949年后，随着生产的需要，骆驼由原来的长途贩运变为役畜，在人的役使下可以进行农业生产活动。

羊 有绵羊和山羊两个品种。绵羊为粗毛羊，品种为"滩羊"，系甘肃地方保护的优良品种。山羊又称"羖䍽"（音julü），品种为"沙毛山羊"。滩羊体质结实，耳有大、中、小三型，公羊有螺旋形大角，一般体重40~50公斤，母羊无角，一般体重30~40公斤，毛色为白色，毛股长度7~8厘米，波浪形弯曲。均有三角形脂尾。2000年先后引进山东小尾寒羊和澳羊陶赛特良种进行改良，变年产一胎为多胎。山羊皮毛多为白色，成年公羊体重45公斤左右，成年母羊30公斤左右。

▲ 图4-10-2 放养山羊

猪 以地方土猪为主。地方猪具有耐粗饲、适应性强、产仔多等优点，但生长较慢，出栏率低。为提高商品率，猪的品种改良主要依托省畜禽良种场，引进国外良种巴克夏、约克夏、苏大白、杜洛克，与地方猪进行二、三代杂交，培育出肉脂兼用型新品种，出栏率由原来"隔年猪"到以后的饲养半年内即可出栏，提高了出栏率和经济效益。

鸡 以散养为主，一般家庭养鸡3~5只不等，以地方土鸡为主，年产蛋80~100枚。改革开放后，养鸡品种主要靠引进产蛋型种雏为主，如来航、京白、星杂288、芦花、罗斯、新狼山等良种，年产蛋在200枚以上，产出率和经济效益明显提高。芦阳镇标准化蛋鸡养殖有条山、博大2个园区，蛋鸡年存栏量20万羽，日产蛋32吨。

五、主要畜产品

羊产品 一是绵羊，成年育肥羊一般平均每只产肉20多公斤。绵羊一年可以剪收春、秋两季毛，每只产毛1.5公斤左右。羊毛用途广泛，细毛可加工羊毛衫。粗毛制褐，可加工口袋、地毯，经久耐用，用羊毛擀成的毛毡，既防潮又暖和。羊皮可加工成皮革品，如皮夹克，皮大衣、皮手套等，质地柔软暖和。成年羊皮可制作皮袄。羊羔皮也叫二毛子，羔羊产后40天左右，毛股长2寸左右宰杀剥皮，毛穗呈水波浪，花型以串子花、软大花居多，笔筒花、卧蚕花较少，弯环均匀，一般在9道弯以内。用二毛裘皮制作的大衣，毛色雪白漂亮，轻巧保暖，属高档服装。羯羊肉膻味小，肉质细，滋补身体。羊羔肉肉质细嫩，味道鲜美，无膻味，胆固醇含量低。二是山羊，个体平均产肉13公斤左右，产毛0.4公斤，产绒0.25公斤上下。山羊肉质较细，肌肉脂肪均匀，膻味小。沙毛羊羔肉味美肉香，别有风味。沙毛裘皮是羊羔产出40天左右，毛长七八厘米，宰杀剥皮。沙毛羔皮花型仅次于二毛裘皮，但毛股紧，皮板厚，毛色洁白，光亮滑润，制作的皮大衣美观大方，深受欢迎。山羊绒是制作高档羊毛衣服的主要原材料，销路广泛。山羊皮是加工皮制品的上等原料之一。

猪产品 主要产品是猪肉。改革开放前，猪个体平均产肉50~70公斤左右，年景好的年份，每逢过年，几乎每家都杀一头猪，既增加年味，又提高生活质量。改革开放以后，农民养的新品种猪个体平均产肉100~130公斤，大部分进入市场销售。农民一年四季都能吃上新鲜猪肉。

驴产品 主要产品一是驴皮，可以加工药用阿胶，是传统中药材之一；二是驴肉，每头平均产肉90公斤左右。

骆驼产品 原来以驮运为主，1949年后也当作役畜，主要产品一是驼毛，骆驼个体产毛4公斤左右，粗毛可制褐、加工炕单、口袋、门帘；细毛可絮棉衣、棉裤、织毛衣、袜子。二是驼绒，加工制作驼绒衫，为高档服装。三是骆驼皮，可做皮制品。四是骆驼肉，个体平均产肉150公斤以上。

牛产品 一是牛皮，是加工高、中档皮制品重要原材料之一。用牛皮可加工皮鞋、马靴、皮包、皮沙发等生活用品。二是牛肉，个体平均产肉120公斤左右，因含高蛋白，低脂肪，营养价值高。

六、畜禽饲养

人民公社时期，大家畜的饲养以生产队集体饲养为主，供生产队集体使役；私人只有个别家庭饲养一两头，多以驴、骡为主。小畜禽的饲养则以家庭喂养为主，允许饲养少量鸡（鸭、鹅）、猪和羊，但限制买卖交易。实行家庭联产承包责任制后，大家畜被全部分配给社员自主饲养、自主支配。随着农业现代化的不断推进及农民家庭经济活动的多样性，大家畜家庭饲养日益减少直至只有零星饲养。小畜禽的饲养由完全家庭自主饲养逐步转变为以养殖合作社形式规模饲养。20世纪90年代起，养殖合作社逐步增多，规模不断扩大，主要养殖猪、羊、牛、鸡等。

截至2021年，芦阳镇注册以养殖、种植为主的经济合作社417个。其中寺梁村38个，西林村7个，席滩村29个，石城村16个，一条山村85个，芳草村39个，十里村14个，红光村11个，响水村22个，东关村36个，城关村31个，芦阳村20个，城北村69个。

七、养殖专业合作社

石城村经济合作社 石城村集体所有，种植圣女果、草莓，注册"泰思源"草莓商标。建有日光温室71座，自动育苗棚1座，蓄水池两座，蓄水2.31立方米，农资库房120平方米。小型蓄水池等配套设施齐全。2019年，获县委、县政府奖励10万元。2021年，占地265亩，种植面积85亩。法人代表魏工邦。

景泰县鑫城盛源农贸有限公司 成立于2019年4月，城北村集体所有，注册资金500万元。以种植、养殖为主。统筹"红色股金"和项目扶持资金148万元，村集体投入10万元，建成占地面积4060平方米的冷藏运储收购基地1处（含400吨冷库1个、600平方米收购棚2个），购进蔬菜转运筐生产设备1台，

▲ 图4-10-3 东关村千头牛场

建成年生产蔬菜转运筐40万个的生产扶贫车间1座，与西安、郑州、宁夏等地收购商合作，形成收购、冷储、销售、运输为一体的完整产业链条，年集体收入160余万元。流转土地200亩，种植蔬菜，带动500户1800人增收，人均增收5000元，集体经济年收入100万元以上。2019年开始，建成标准化圈舍15栋，生猪年出栏万头以上，羊出栏千只以上，产值300万元。法人代表王虎健。

景泰县崇轩农牧专业合作社　位于红光村，以养羊为主，年均存栏2000只左右，为村产业带动企业、诚信企业。22户村民每年保底分红1680元。法人代表罗文勇。

景泰县上滩种植专业合作社　条山村上滩组集体经济，成立于2010年9月，成员55人，注册资金400万元，提供种苗、养殖、农机、实用技术培训与咨询、代购代销等服务。形成种植产业链。谷物、豆类、薯类、油料、蔬菜种植560亩，产值500万元，产品销往全国各地。带动450户农户及周边村民增收。法人代表孙春荣。

景泰县占江养殖专业合作社　位于条山村，以养鸡为主。占地面积10亩，有鸡舍4座，料库1个，蛋库1个。年均存栏6000~10000羽。法人代表徐占江。

景泰三羊开泰种植养殖合作社　位于条山村，成立于2014年8月，占地4000平方米。以肉羊养殖为主，并为养殖户提供饲料配比、防疫技术、运输销售等服务。每年为22户村民每户分红1680元。法人代表车香安。

景泰县名扬养殖有限公司　东关村集体经济，2021年，东关、芦阳、城关、席滩、西林、条山、芳草、响水、寺梁等村经济合作社入股，实施芦阳镇村集体经济肉牛养殖产业发展项目。一期项目投资908万元，占地7.5万平方米，建设720平方米对头棚5座，1000平方米草料棚拌料棚1座，200平方米蓄水池1座，购置铲车1台，自动填料机2台，自动拌料机1台，自动粉料机1台。2021年底投入使用。二期项目投资780万元（东西部协作财政援助资金），占地9.6万平方米，建设720平方米对头棚15座，1000平方米草料棚拌料棚2座，500平方米蓄水池1座，绿化场地4000平方米，配套相关设施并引进肉牛。养殖基地建成圈舍棚20个，引进肉牛840头，年产值1018万元，年利润159.25万元。每年为入股村集体经济创收6万元左右。法人代表张守东。

景泰县文润农牧专业合作社　位于芳草村，成立于2015年6月，注册资金120万元。主要经营良种羊繁育、肉羊养殖。占地面积6000平方米，养殖区2500平方米，圈舍4栋，饲养羊只2000只左右。2019年，被县委、县政府确定为"6+5"产业带动合作社，为21户村民年均分红3280元。芦阳镇党委、镇政府向合作社赠送"抓产业谋发展倾民生助脱贫"锦旗一面；为市级农民合作社和省级农民合作社示范社。理事长李建文。

景泰县东顺养殖专业合作社　2015年6月成立，位于芦阳镇寺梁村养殖小区，注册资金120万元，经营肉羊育肥。占地面积5000平方米，养殖区4000平方米，圈舍4栋，饲养肉羊2000只左右。年出栏8000只。

景泰县景瑜养殖专业合作社　成立于2015年6月，位于寺梁村养殖小区，注册资金160万元，法人代表王建宾。经营肉羊育肥。占地面积2700平方米，养殖区1800平方米，圈舍2栋，饲养肉羊1800只左右。年出栏6000只。2022年纯利润68万元。法人代表段守东。

景泰县鑫顺养殖专业合作社　2018年6月成立，位于芦阳镇寺梁村养殖小区，注册资金140万元，经营肉羊育肥。占地面积2000平方米，养殖区1200平方米，圈舍2栋，饲养肉羊1300只左右。年出栏5800只。2022年纯利润52万元。法人代表王建有。

景泰县常顺养殖专业合作社联合社　2012年6月成立，位于寺梁村养殖小区，注册资金160万元，经营肉羊育肥。占地面积4200平方米，养殖区3200平方米。圈舍2栋，饲养肉羊5000只左右。年出栏2.5万只，年纯利润120万元。合作社以"合作社+基地+农户"模式开展标准化养殖，按照盈余分配制度进行分配。2018年被评为市级农民合作社示范社。2019年，被县委、县政府确定为"6+5"产业带动合作社，带动102户发展养殖，每户年均分红3280元。2020年被评为省级农民合作社示范社。法人代表王生铎。

景泰县开成农牧专业合作社　2018年成立，位于响水村，占地10亩，注册资金40万元，年出栏肉猪300多头。法人代表王开成。

景泰县强盛养鸡专业合作社　位于芦阳村下地槽，占地20亩，拥有鸡舍5座，存栏2万羽左右。法人代表刘国强。

景泰东成农牧专业合作社　位于芦阳村下地槽，占地5亩，拥有羊舍11座，年存栏育肥羊860只。法人代表周东成。

景泰县昌玮农牧专业合作社　位于芦阳村，耕地600亩，以种植苜蓿为主。法人代表卢有存。

景泰县旺山养殖专业合作社　位于芦阳村，占地25亩，拥有猪舍8座，年存栏1700头。法人代表王怀林。

景泰鸿盛农机专业合作社　位于芦阳村下地槽，以农业机械服务为主，有拖拉机6台，农用汽车2台，收割机1台，铲车1台，并有铧、犁等配套设备。法人代表洪全熹。

表4-10-2　2020年芦阳镇养殖专业合作社基本情况一览表

村　名	养殖户（户）	种　类
寺　梁	38	羊、牛
西　林	7	羊
席　滩	29	粮食、猪、羊、鸡、牛、农机服务

续表

村　名	养殖户（户）	种　类
石　城	16	羊、牛、蔬菜、粮食、农机服务
条　山	85	粮食、羊、鸡、牛、农机服务
芳　草	39	粮食、蔬菜、羊、猪、鸡、农机服务
十　里	13	孜然、辣椒、文冠果、羊、猪
红　光	11	粮食、瓜果、羊
响　水	22	粮食、羊、猪、鸡、农机服务
东　关	32	粮食、蔬菜、牛、羊、猪、农机服务
城　关	31	粮食、蔬菜、猪、牛、羊、生资供应、农机服务
芦　阳	20	粮食、蔬菜、苜蓿、羊、猪、农机服务
城　北	69	粮食、蔬菜、水产、食用菌、猪、牛、羊、生资供应、农机服务

八、疫病防治

1949年以前，由于缺医少药，没有兽医，畜禽疫病主要靠土办法防治。1949年后，经过20多年的发展，逐步建立起县、乡、村三级防疫体系。

1990年后，随着大家畜的逐渐退出，防疫工作重点转移到对猪、羊、鸡的疫病的防治。按照防重于治的原则，由于村社重视、养殖户支持，猪、羊、鸡的疫病免疫密度达到90%以上，有效地控制了三瘟（猪瘟、鸡瘟、猪肺疫）、五病（口蹄疫、布鲁氏菌病、羊痘、猪丹毒、羔羊痢疾）和畜禽体内外寄生虫病。

主要传染病20多种，其中人畜共患的传染病有炭疽、布鲁氏菌病、结核病、破伤风、狂犬病、放线菌病、李氏杆菌病、乙型脑炎、猪丹毒、禽流感等。

猪的传染病有猪瘟、猪肺疫、猪丹毒、猪喘气病、仔猪副伤寒等。

羊的传染病有羔羊痢疾、羊快疫、羊肠毒血症、羊口疮、羊口蹄疫等。

鸡的传染病有鸡瘟、鸡霍乱、雏鸡白痢、鸡传染性喉气管炎、鸡马立克氏病等。

另外还有寄生虫病肺和肠道的线虫病，如猪的绦虫病，羊的鼻蝇蛆、羊疥癣、猪螨，羊的脑包虫、肝包虫；鸡的球虫病。

20世纪五六十年代，畜禽疫病防治主要依托县、公社两级畜牧站负责。

1972年，开始计划免疫，每年主要针对猪瘟、猪肺疫、鸡瘟为主的春、秋两季防疫注射，羊三连苗也大面积使用。1981年，猪瘟、鸡瘟、羊痘等传染病曾在全县不同程度流行，造成猪、羊、鸡死亡严重。针对疫情发生的程度，防疫工作者逐户进行消毒和疫苗注射，并对死亡的畜、禽尸体进行深埋。

2012年，镇养殖场发生猪瘟、布病流行，一条山村芳草梁养鸡小区发生较大面积的鸡瘟传播，给畜、禽养殖造成较大的损失。

对畜禽的寄生虫病，坚持体内驱治、体外药浴等方法，用驱虫净对生猪的蛔虫病进行驱治，用左旋咪唑、抗蠕敏对羊肠道线虫驱治，用来苏水对羊鼻蝇熏蒸或喷鼻，用敌百虫、灵丹乳油、疥癣灵等药对羊体外寄生虫药浴，均收到较好效果。

九、水产

水产养殖以鱼为主，1985年，响水村建成鱼塘。

2019年，景泰鲟龙渔业、景泰银泰渔业、景泰东源渔业、景泰志泰渔业等4家公司入驻响水村。

寺梁村建成一处水塘养鱼。品种主要有鲤鱼、鲢鱼、鲫鱼、草鱼等，水域面积达150亩，水产养殖33吨，共有鱼50万余尾。

盐碱水质开发的养鱼池，在水温较低、水质清澈、溶氧充足，且又未受到工业废水有毒物质污染，也检查不出有足以使鱼致死的病原体，但也出现鱼死亡的事例。防治措施是适当补施一些硫酸铵、过磷酸钙等化肥，可以起到很好的预防作用。当发生三毛金藻中毒症时，将鱼类转移到未发病的肥池塘中，或者采取大量换水等措施。

景泰县东源渔业有限公司　成立于2018年5月，公司位于响水村南河和北河的交界处，占地20亩，修建高密度流水池2516.8平方米、进水沉淀池972.4平方米、排水沉淀池1092平方米、孵化车间和新品种试验室280平方米、引水渠300米、围栏350米，购置玻璃钢孵化缸50个，发展冷水鱼及亚冷水鱼养殖，主要养殖鲟鱼、虹鳟、金鳟等。投放鲟鱼亲鱼160尾，杂交鲟鱼苗7.5万尾，虹

▲ 图4-10-4　咸水养殖虹鳟鱼

鳟、金鳟鱼苗1万尾,出栏商品鱼5万公斤。董事长祁东,响水村人,大专文化,景泰县正泰林场法定代表人、景泰县东源渔业有限公司总经理,第六、第七、第八届县政协委员,第十七届县人大代表。在助力公益事业、生态绿化和防沙固沙方面受到市县表彰。

银泰渔业有限责任公司　2018年5月成立,注册资金280万元。法定代表人李银泰,响水村人。

芦阳镇志
LU YANG ZHEN ZHI

第五章

交通运输　邮电传媒

第一节 交通运输业

一、铁路、公路及村村通

芦阳镇东临黄河，西接县城。向东渡黄河可到达靖远等地，向西南可到白银、兰州，往西通往天祝、古浪、武威等河西走廊重地，往北可达宁夏、内蒙古。

古丝绸之路自索桥渡口西渡黄河入景泰，经黄崖沟、响水、大芦塘、一条山、寺滩等地，至壕沟岘入古浪，直通河西走廊，清末民初仍称为"甘肃之通衢"。

中华人民共和国成立前，景泰境内无铁路。民国十五年（1926年），国民军修筑兰（州）宁（夏）公路由永登秦王川王家庄进入景泰，途经一条山，至靖远有马车便道相通。各乡村之间主要以简陋的马车道为主。长途贩运主要靠骆驼商队，短途靠马、驴驮运。此后陆续出现畜力木轮车、铁轮车、木轮胶车、畜力胶轮车。黄河流经芦阳镇域，水上运输工具为羊皮筏子和人力木船。

1946—1948年，联合国亚洲及远东经济委员会在景泰芦阳援建"景泰毛纺厂"，名称为"美利坚合众国援助甘肃省景泰县扶容合作社"。在芦塘北沙河修临时飞机场一处，飞机场长约200米、宽约30米，曾降落飞机两架次。为景泰最早的飞机场和飞机航运。

（一）铁路

1958年7月，包兰（包头—兰州）铁路建成通车，自北向南横穿景泰而过。在包兰铁路建设过程中，芦阳公社所属各生产队派出社员、马车在建设工地劳动、拉运道砟。铁路建成后，部分社员仍然常年在大格达、白墩子、小红山三个火车站开挖拉运石膏、煤炭、石料、石渣等，发往外地。20世纪60年代，村民生活困难，部分村民到宁夏中卫乞讨、背粮，灾民大都是想方设法免费乘坐客车或扒乘货车。芦阳公社通过乡道、公路与包兰铁路相通。

（二）公路

1.古丝绸之路在景泰通道

古丝绸之路自西汉以来在景泰县境内有三条通道，第一条是东起黄河古渡索桥，经响水、弯沟、芦阳、一条山、寺滩、白茨水入古浪通往河西；第二条是从营盘水到兰州的马车大道，途经草窝滩、一条山、芳草、兴泉、喜集水、大安、沙河井、皋兰等地，被称为盐路；第三条是从靖远至武威的马车大路，在靖远三角城、虎豹口渡过黄河，经过刘川、吴家川进入景泰尾泉、中泉、赵家水、野狐水、东梁、永泰一带，西行入古浪通往河西。前两条都经过芦阳镇。

2.镇域公路体系

镇域范围内建成条芦公路（条山—芦阳）、条城公路（条山—城北）、芳条（芳草—条山）公路、芦草（芦阳—芳草）公路。13个行政村全部开通客运汽车，其中城北、芦阳、芳草、十里、响水等村纳入县城公交管理体系。村村通路、通网。

1984年，芦阳乡对总长105公里的16条道路，特别是对芳草、一条山、石城、响水、芦阳、城北水泥厂等地的重点道路进行修整，投入劳动力3030个，架子车1790辆，手扶拖拉机148辆，大拖拉机55辆，移动土石1.5万方。城北墩水泥厂用30人、一台75车、6台大型拖拉机，修路压沙一个月。

▲图5-1-1 从芦阳通往周家窑的村村通水泥路

1986年，芦阳镇修公路33公里，包括芦阳—兰炼、芦阳—石城、芦阳—红光公路。

20世纪90年代，逐步向村村通公路发展，公路的等级逐年提高，带动路网形成，融入以国家干道为动脉的干支相连、城乡沟通、内外畅通的交通体系。

2000年，芦草（芦阳—草窝滩）公路整修。工程完工2年后，全面进行整修，计25.4公里。同年协调资金200多万元，建设城北小康村环城路等，修通芦阳—红光、芳草—条山—县城、条山—县城—长城公路，对乡村道路进行维修。

2017年，硬化十里村村组道路6公里，十里至红光道路8公里，城北墩村组公路7.48公里。

2020年，县城东二环（景中高速景泰县城辅道）通车，经过石城、西林、条山村。

2021年，景中高速、东二环路穿镇域而过，条芦公路、景索公路建成通车；投资685.97万元，在城北、条山、响水、寺梁、石城等村硬化乡村道路47公里。

2021年9月18日起，从石城发往十里村的8路公交车早晚增加两个班次，接送十里村在芳草小学就读的学生。

条山村—古浪县余家台村的条余公路，途经景电一期西干一支、八支、九支、寺滩、三道塘、藏民庄、杨家庄子，长34.5公里，其中从条山村铺沥清路面10公里。

Y488麦景路 麦景公路是县城通往芦阳镇的重要县乡公路。Y463由响水村向西，经过芦阳向北经过城北村与G247国道相连。

兰营公路（代码S101） 1969年建成通车，时称705公路，是兰州经宁夏通往内蒙古的主要干线，因战备需要，又称为战备公路，从芦阳镇的西边通过。

景中高速（景泰至中川高速公路G1816） 2017年开工兴建，2020年11月26日建成通车运营。公路自东北向西南经过城北村、席滩村、寺梁村、西林村、石城村、条山

▲ 图5-1-2 景泰—中川高速公路芦阳段

村、芳草村，延伸到兰州新区、中川国际机场。

干沙河至小口公路 沿Y463乡道东行过芦阳、弯沟、响水，然后向东南进入盘山公路通往靖远小口渡口。小口渡口设有机动牵引船渡人渡车。

3.公路管理及养护

2019年，景泰县按照"一路一长"的要求，制定并印发《景泰县农村公路路长制实施方案》及相关配套制度，建立覆盖县、乡、村三级的路长管理机制。芦阳镇乡级总路长由镇长担任，村级路长由村委会主任担任，负责组织日常巡查、养护、路域环境卫生。

2020年1月，成立镇道路交通安全工作领导小组，建立健全养护长效机制，实现有路必养、养必到位。镇公路管理所发挥专职管理机构职能，协同相关部门，加强对辖区村公路、危险路段、临水临崖、坡道路段等隐患的排查整治和养护；加大对辖区摩托车、低速货车、三（四）轮车、农用车、客（轿）车等的巡查劝导力度，对车况不好、不达标的"三无"车辆严禁上路行驶，同时做好所辖路段的清障工作。

（三）村道的发展

20世纪70年代，各村对村道进行改造升级。

1998年，省计委在以工代赈项目内，戴帽下达景泰县城至芳草村道路建设资金30万元。

2013年10月，启动响水村主干道亮化工程，村内主干道单侧开挖路灯基桩20个，安装高杆式太阳能路灯20盏，平均每50米一盏。

2014年，县道管站铺通条山村到芳草村的沥青路面。由于车流量大、吨位大，两年内，路面损坏严重。2016年，结合村村通项目的实施，重新整修路面，提级改造。

2016年，芳草村建成水泥硬化路，朝西南过沙河绕过三塘村到达喜泉镇，全程约5公里。

至2020年，米家山、响水、索桥等偏远村庄实现村村通。通往索桥古渡口的河谷地带，也有班车相通。芦阳到干沙河到靖远小口一线的公路、芦阳经原索桥村到索桥古渡的公路全部修通。

芦阳镇公益事业建设"一事一议"项目，硬化道路包括2013年第一批12.8

公里，2014年23.8公里，2015年26.5公里，2016年16.5公里，2017年14.8公里，2018年6.2公里，2020年第一批7公里。

二、运输业

芦阳镇是古丝绸北路过黄河西上凉州第一个驿站，又在一条山与兰州—内蒙古北大路相交，借助交通要道优势，运输业得以发展。

▲ 图5-1-3 芦阳通往黄河小口渡口的公路

在古索桥渡口，黄河东西两岸夏秋备货，东岸有茶叶丝绸等货物，西岸备盐等，冬季黄河结冰后，通过冰上运输交易货物。清时一条山村设盐务局，是内蒙古察汗等盐池至兰州盐运中转站。

（一）早期运输

最早的出行方式主要靠步行，条件好一些的赶着毛驴晓行夜宿，往返兰州、武威、中卫等地，来回一趟少则十天半月，多则一个月左右。短途运输靠马驮、人背、肩挑，长途运输靠牲畜驮运。轴辘车是最先进的运输工具。根据芳草村赵氏家谱记载，清乾隆年间，赵氏家族从河西玉门昌马湖千里之外租车运送亲人灵柩回乡安葬，沿途40多天扶柩而行，历尽艰辛。

当时骑驴跨马出行是长途运输的主要方式。木轮车、铁轮车等逐渐成为运输工具。马车、牛拉车，主要从事农业生产、拉运和近距离的物流货运。

清末至20世纪三四十年代，镇域出现骆驼长途运输队。骆驼运输队规模庞大，首尾绵延近十里长，号称"十里驼队"。驼队主要为政府和军队运送物资，踪迹遍及西北各地区。20世纪40年代初，五佛胡氏家族迁居芳草村，该家族经营相当规模的骆驼队，主要从事商业运输，从内蒙古的察汗将食盐驮运到一条山盐务局入仓进账，然后再转运到兰州、陕西汉中、宝鸡等地。返回途中又采集日用百货，贸易流通，常年如此。

明清时期，一条山作为关卡和集散地，把内蒙古阿拉善左旗察尔汗的青盐用骆驼运出来，然后再运至兰州、陇东、陕西、四川，向西运至新疆，向北运至宁夏、包头、北京、天津等地。

农民自耕自食，自产自销，粮食较多的农户，将余粮自行运往兰州等地出售，换取生产、生活必需品。灾年粮食歉收，即在外地购买粮食。当时，拉骆驼、跑车靠脚力营生的人较多，从外地带来的花布、丝布、粟米酒脯、茶炭、农具可在本地销售，换取钱两。耕地少的农民有的经常将煤炭、食盐、砂锅、碗盆等贩运到外地换取口粮，有的以自产棉花、果类、瓜子等运到外地换粮食和布匹。

清朝晚期，随着生产力水平的提高和商品经济的发展，农户可供出售的农产品和手工业数量不断增加，粮、棉、丝、糖、茶、棉布、烟草、染料等成为集中上市的大宗商品，民间小吃布满集市，内有固定的店铺、作坊，人口也逐步增多，不仅当地的农民来此交易，附近村落的剩余产品也在这里聚散。外地的一些商品也通过商人转送到这里，以满足本地居民不同层次的需求。

为促进商品交流，举办庙会、唱戏等活动。庙会定期举办，有时一年只开一次，多者也不过两三次。时间多集中在春耕之前或秋收之后，与农作物季节密切相关。贸易范围可达方圆数百里，商人来自各地，品种繁多，交易量大，规模超过集市。

明清时期，靖远设兵粮道，仓大使主管粮饷事宜，并建有实赛、广盈、常平等仓；靖远北区所摊粮饷，上交广盈仓储备。

（二）1949—1979年的运输业

1953年初，中共中央西北局与中国人民解放军西北野战军在兰州召开关于向西藏运输粮食联席会议，决定由甘、青、宁、内蒙古、新疆5省区组成骆驼运输队，购买骆驼2.7万峰，雇驼工1000名。两年内，向西藏运送粮食7351.5万公斤，甘肃省以景泰、民勤为筹办基地。景泰县政府先后几次选拔翻身农民驼工380余名，选购骆驼2万峰，组成一支骆驼运输队，向西藏运送粮食、物资。1953年进藏人员中，席滩村有李保太、王华国、王有德、张宏礼、郭祯宗、王存国；西林村有达宗福、李宏义、邢化成、冯永富；一条山村有闫永安、杨帮昌；十里村有张鸿有、李北道、张鸿基、张永福、常和善；响水村有潘生荣、谈嘉宝、周世发、郝荣、王积兴、马林、卢有民、谈银章、王天复、罗振兴、李兴旺；芳草村有屈作文、张义和、李尚银、李尚源、田种英等人。

1949年后，交通运输工具有了较大发展。随着集体经济不断发展壮大，大牲畜得到大量繁殖、改良和使用，特别是骡、马、牛、驼的增多，促进了畜力胶轮车的推广使用。畜力胶轮车，主要用于农事活动中的运粪、运草、运粮食等农活。农闲时外出搞运输。村民们冬天烧饭取暖的煤炭都是用马车从黑山煤矿、响水大沟拉运回来。畜力架子车也是一种简车轻运的工具。

1975年后，各生产队陆续购买手扶拖拉机、大型拖拉机，用机械动力代替人力、畜力运输。

除货运外，客运工具也随着经济条件的改善有所改变。首先是自行车的使用和推广，逐渐代替靠人力步行和骑骡马骑驴的出行方式。不论是走亲访友、进城办事、平常劳动干活，有条件的村民都购买自行车。当时品牌有上海的凤凰、永久、飞鸽和天津的红旗等自行车。随着时代的发展，拖拉机本来是用作田间耕作和农业运输工具，但由于行驶速度快，使用方便快捷，村民就用来载客运货。每遇远距离农活及外出搞副业，或村上婚丧嫁娶、接客送人，都用拖拉机。拖拉机成为一个时期内客货两用的多功能运输工具。

(三) 改革开放以后运输业的发展

20世纪70年代末，交通运输业得到迅速发展。

1. 货运业

20世纪80年代，大中小型拖拉机进入农家，除耕种土地以外，有相当一部分时间用来跑运输，往建筑工地运送砂石、砖瓦、水泥等，成为当时主要的运输工具。随着建筑业兴起和城市安全、环保等要求，大卡车、翻斗车又取代了拖拉机。村民中又出现卡车经营户，也出现了散装水泥罐车的经营户，专门往县城、兰州、青海等地的建筑工地拉运水泥、石料等。有人根据全国正在兴起的物流业而购置大型长途货运车，走南闯北，来回找脚（货源）。同时也出现贩运户专拉生猪、活羊，运往兰州等地市场。

2. 客运业

1956年，与兰州通公路班车。1963年，与武威通公路班车。1978年县治迁一条山镇后，两条线路暂停。1985年以后，城乡、村村之间，逐渐修通简易公路；现代交通、运输工具与年递增。1985年底，全镇有汽车12辆，交通运输专业户24家。

从20世纪80年代初开始，进城务工的人越来越多，自行车成为大多数人的交通工具。随着生活水平的提高和新型交通工具的出现，人们又购买摩托车和三码车使用。21世纪初，电动摩托车和电动三轮车上市，由于其经济节能、环保清洁，又逐渐代替了燃油摩托车和三码车。

2021年，景泰县公交公司7路公交车通石城村、西林村、寺梁村、席滩村；8路车通石城村、条山村、芳草村、十里村；9路车从县城经下地槽通大席滩、拉牌头、城北村、校场梁、弯沟、西关村、响水村、东风村；14路车从县城经一条山村通西林村、席滩、芦阳村、红光村。

（四）芦阳镇主要客运业

朱贵祖客运　1986年，芳草村朱贵祖购买一辆客运汽车，开通第一条景泰

▲图5-1-4　县城通往芦阳的公交车

至白银的个体客运线路；截至2019年，有景泰、白银、古浪、兰州、天水及西宁等地之间的客运线路多条。同时期，郝延在县汽车运输公司经营通乡村客运班车。

李治国客运　1998年，芳草村李治国购置一辆中巴客运车辆，经营芳草—县城—龚家湾村的客运路线，每天早、中、晚三趟。之后由李治奎经营，一直运行到县上成立景泰公交运输公司，将专业户运行纳入公交公司运行管理。

崔宪（响水村人）客运　线路：响水—正路峡儿水。

宋秉刚（条山村人）客运　线路：景泰—兰州；景泰—武威。

卢昌仁客运（响水村人）　线路：景泰—白银。

朱全祖（芳草村人）客运　线路：景泰—大靖。

李作强（芳草村人）客运　线路：景泰—十里沙河。

卢昌海（响水村人）客运　县域内轮班：景泰—红水镇、景泰—四个山、景泰—尾泉。

杨天睿（响水村人）客运　线路：景泰—四个山。

崔长征（响水村人）客运　线路：景泰—响水；景泰—小口渡口（去往靖远县）。

（五）改革开放以后村民的出行方式

飞机出行　出远门旅游、上学、打工等，越来越多的人选择坐飞机出行。还有一些中老年人没有乘坐过飞机，有机会外出，就专门安排坐一次飞机。

乘坐高铁出行　到周边省市旅游或上学等，乘坐高速列车出行，也是村民的一种选择方式。

自驾车出行　村民在节假日、农闲时节出去旅游或拜访亲朋好友，自驾出行成为一种时尚。2016年底，芦阳镇家用小轿车1442辆、客车16辆。

公交出行　村民往返县城十分方便。65岁以上老人免费乘坐，中小学生半票乘坐，普通村民也是低价乘坐。

第二节 邮政 通信

一、邮政

汉朝,自长安至居延,沿途设驿站传递公文信件。境内的媪围(今鸯沟古城)是其中之一站。

光绪三十年(1904年),一条山村始设邮政局,靠肩挑人背传送邮件。民国十七年(1928年),自靖远至一条山村架通电话线路,并在一条山村设立电报局。民国十八年(1929年),架通宽沟(原红水县城)至一条山村单线电话线路30杆程公里。民国二十二年(1933年),红水县撤并,景泰县成立,治所芦阳,架通一条山至芦阳15杆程公里的电话线路。

1949年前,没有专门传递送信的人和邮政之类的业务。最原始的信息传递是靠人的步行或捎带口信,都是专人专程。如有中长路途的就骑马专程传送,费时费力。到了近代社会也没有多少改善。家中若有人外出谋生或被抓去当兵,有的人一去就十几年几十年无法联络,生死无讯。

1949年后,邮电事业得到发展。邮件可送至公社(镇)及大队(村民委员会)。与全国各地开通长途电话业务。

1991—1998年,景泰县邮电局在邮政、电信合一的体制下运行,在芦阳村、一条山村设置邮电

▲ 图5-2-1 乡村邮递员(寇永玲,芦阳村人。摄于1980年)

所，办理报刊发行、信函、包裹、邮寄、长途电话服务、电报发送等业务。在一些村上设立邮政信箱，村民发送信件，只要在信封上贴好邮票投入信箱内，邮递员就可按时取走发送。送来的报纸信件交到大队文书处，由文书代收代转。重要一些的信函包裹都互相签字转交，明确传递过程和查询、查找方式。邮递员每天派送一次（星期天休息）信件。

随着邮电业的不断发展，邮递人员由自行车改为摩托车投送信件。1980年元月，芦阳设邮电所，承担全乡书信、电报、汇款等收发和书报订发工作。邮电线路外通全国，内通全乡。1985年，订发各类报纸115种950多份，各类杂志110种1500多份。1997年，由于实行企业改制，邮电、通信分家，邮电业由以前的政府公办改制为企业自负盈亏。加上通信设备先进技术的应用和覆盖，人们用电话、手机通话多了，信件邮寄业务相对减少，村上的投递业务受到影响。报刊、信件等投送就变成隔日投送。2000年，县城到芦阳有摩托车投送。

进入21世纪，随着快递业务的兴起，各村快递业务迅速发展。

二、通信

1965年安装手摇式电话机。由于通信线路使用金属导线连通，通话声音清晰度较差。主要用于大队、公社和县上机关单位的公务联系，村民有紧急事情也可以往兰州等地打长途电话，因为在接通过程中需要人工转机，通话费时费劲。随着通信线路的架通，有线广播进村入户很快得到普及。

1992年，景泰县电信局开通程控电话业务。中国电信公司景泰分公司和中国铁路通讯公司景泰分公司两家公司办理有关业务。

1993年，10月，芦阳水泥厂投资18万元，架通本厂至县城8公里程控电话线路，可直拨全国各地。

1997年，移动通信业务在景泰地区全面开展，有条件和工作需要的村民陆续办理模拟手持电话。随着通信技术的迅速发展，网络通信、光纤数字传输系统逐步推广。同年，芦阳镇100门光缆电话并网开通，实现全国范围直接拨号。镇有线电视台建成开通，终端用户80户。

2000年，镇属15个村接通电话，装机400余部，修建移动通信发射塔1座。

2012年，县移动公司架通各村的宽带网线，农户安装村村通卫星接收锅，每户一口锅就可以接收多个频道的电视节目，很快提高网络电视的覆盖率。至

2016年，全镇有固定电话2021部，有移动电话14870部。

2017年，镇设立电子商务服务室，为村民购进生产资料和产后销售农产品提供了方便。较偏远的红光村无商店，开通14路班车，每天发两趟，村上开通甘肃电信网。

2021年，网络电视入户率95%以上，上网得到普及。手机成了人们日常生活的必需品，村民（除儿童外）都有手机，人们除了打电话，还可以上网、购物、视频聊天。

第三节　广播影视传媒

一、广播

1956年，县广播站在芦阳城内主要街道架设有线广播。1958年，县广播站于响水、一条山等较大村镇设有线广播，广播信号靠电话线路输出。1963年，利用邮局至公社的农话线路输送广播信号。1970年建立广播放大站，配备扩大机、机务员、线务员。放大站的主要任务是收转中央人民广播电台、省广播电台、县广播站广播节目；自办放大站节目；维护管理乡以下广播网络；完成每年广播入户任务。1972年，全镇形成广播网，生产队全部通了广播。

1975年，开始预制、使用水泥电线杆。1978年8月，公社设广播站，分早中晚3次，用4~5小时，转播县广播站节目。有主线3条，通16个大队，广播入户率为全乡总户数的70%。

1981年，架设县城——芦阳广播专线。1987年，基本实现以有线广播传递为主、无线广播传递为辅的广播网络。

20世纪80年代，基本做到广播村村通。

二、影视

1948年，联合国亚洲及远东经济委员会在县城芦阳开办纺织厂，其间曾放映过无声电影和动画片，是本地人最早接触到的电影艺术。

20世纪50年代初，甘肃省电影放映队来景泰，巡回放映纪录片《开国大典》、故事片《白毛女》《鸡毛信》等。1956年成立县电影放映队；1970年9月，成立县电影放映站；1980年更名为景泰县电影发行放映公司。

1976年9月，在马昌山建景泰县马昌山微波电视传输站。

1977年4月，芦阳公社成立放映队，设8.75毫米放映机1台。1978年5月，改用16毫米放映机。

1983年，县影剧院移交芦阳乡，有座位696个。

1984年7月，改用新光源16毫米放映机。至1985年底，放映队年均放映270场次，观众15万人次。

1985年，一条山村成立电影放映队。

▲ 图5-3-1 马昌山微波电视传输站

1985年5月，芦阳乡有电视收录机4台，电视机607台，收录机170台，广播入户率88.6%。1986年成立芦阳文化站录像放映队。

1996年10月，建成芦阳有线电视小前端，向用户提供10套电视节目。

1997年，安装有线电视差转台，安装有线电视500多户。有线电视及微波发射信号接收的12套有线节目覆盖面达100%，有录音机3739多台，电视机5836多台，VCD及音响设备1350台（套），镇、村、组扩音放大专音喇叭45台（套）。

2006年，芦阳大礼堂修缮一新，可容纳800人观看电影及演出。戏曲、秧歌、花灯等群众性文体活动蓬勃开展。

2007年8月，对卫星接收设施进行转星调整，方便群众接收卫星广播节目。

全镇村村通网络。广播影视自媒体发展迅速，芦阳的文化活动、元宵灯会、社火秧歌、广场舞等，通过自媒体广泛传播。

三、网络村村通、新媒体

在网络助推下，镇域的一些品牌产品如羊、瓜果等走出去，有了更广阔的销售市场。农民利用抖音、快手等自媒体发布信息，进行文化娱乐。

2016年，开通名为"景泰芦塘"的政务新媒体微信公众号，平台账号和名称分别为：jtlyz2008@163.com、景泰芦塘，使用范围为党建示范、政务公开、为民服务等，管理员为党政办干部。镇、各村建有100多个微信、QQ工作群。

2019年，举办"迎新春、庆元宵"首届春节联欢晚会。县电视台进行录播，"景泰全资讯""景泰微生活""镜头下的景泰""景泰芦塘"等微信公众平台全程直播。

芦阳镇志
LU YANG ZHEN ZHI

第六章

工业 制造业

第一节 概 况

一、1949年以前的发展情况

早在汉代，域内就生产、使用石灰和砖瓦，媪围古城有大量汉代砖瓦残片，尤其从一些古墓中发现砖瓦的花样品种繁多。说明古代先民已经掌握烧砖技术并运用于建筑。芦阳地区采煤业历史悠久，大多销于本地，少量销往皋兰、永登和靖远等邻县。清乾隆年间的1780年前后，西关人自古浪干柴洼引进砂烧锅制技术，开始以户为单位，小轮生产。至1949年，年产约1万套，销往全县，远至邻县和内蒙古、宁夏一带；外销砂锅以换取粮食为主。1936年，响水人祁永茸在响水涧水创办烧碗窑，产品有碗、缸和耐火砖等。主要供应本地人使用，部分销往古浪等地。1947年停产。1942年，东关（今东风）从宁夏引进制缸等技术和人才，建窑生产，缸窑以制缸为主，并制作少量的盆、罐和碗等，最高年产2000套。以滩羊皮袭衣为主的皮毛加工，始制年代不详，1941年已有大量生产。由蒙古游牧民族传入的毛毡制作，应用广泛。此外，响水还产白土、石灰石粉和明矾。白土学名"铝矾土"（玻璃原料之一），1938年开始生产，产量不等，多时逾万斤，销往兰州。明、清时期即有石灰石粉的少量生产，供寺庙和公共建筑用。

响水一直有小规模的明矾制作，民国时期，有设在九座墩下岳家沟山坳里的制矾厂。明矾主要是通过一定的工艺熬制而成，熬制的过程中需要加入人的尿液。尿液来自学校、公共场所及有些人家的尿缸（尿缸由矾厂提供）。制矾人工作环境差，非常辛苦。熬制明矾的主要是上街卢有仁家。

1949年前，境内手工业代代相传，工业经济薄弱，长期得不到发展。仅有一些小手工业作坊，多数从事农副产品加工、小件农具制造和传统手工艺制作，各村有铁匠铺，打造一些简单的农具，如镰刀、铲子、马掌等。利用沙子模具销熔碎铁，铸造犁、铧、铁锨、火炉等也很早开始。1949年前夕，大部分的手工业作坊已关闭，仅剩一小部分供给日常生产生活工具需求的小作坊在运营。因农村生活所需，民间工匠一直都有缓慢发展，较大的村镇都有，尤以城区为多。

二、1949年后的发展和变化

1955年，采矿、制陶、石灰石粉和建筑业等统归农业社经营。1956年，皮毛加工统归县手工业社。1958年，定西专区在响水设"响水钢铁生产团"大炼钢铁。其间，芦阳以大量的人力、物力支援。1959年，掀起"大办工业"热潮，东关大队加工厂经营铁木加工、缝纫、铸造等业。同年，公社地毯厂、造纸厂和小红山石膏矿相继成立。同期县砖厂交芦阳大队经营，有立窑两孔，年产青砖20余万块，并生产少量滴水和瓦片。1963年，农村"五匠"单干受到批判，统一由生产队管理经营。

1971年，芦阳大队第一、第二、第三生产队和席滩、城北墩大队先后建砖厂，均产青砖，年产数量不等。至1975年，由于青砖制作工艺落后、销售不畅而全部停产。1977年，芦阳公社再建砖厂两处，以满足市场需要。

20世纪80年代，芦阳镇出现一批专业户、重点户和新的经济联合体，个体企业和联办企业迅速发展起来。1984年后，不仅乡镇、行政村兴办集体企业，农民也兴起办工业、建材业、商业饮食和服务行业的热潮，各种不同形式、不同规模的企业不断出现。1985年底，有水泥厂1个，年产水泥1.5万吨，产值105万元，从业人员220人；砖厂9个，年产红砖360万块，产值1080万元，从业人员1100人；石膏厂2个，年产石膏4万吨，产值70万元，从业人员150人；煤矿2个，年产原煤1万吨，产值2.4万元，从业人员60人；建材厂1个，年产石膏板3万平方米，产值9万元，从业人员100人；铸造厂1个，年产烤箱等500套，产值4.5万元，从业人员30人；陶瓷厂1个，年产缸盆1200套，产值2万元，从业人员20人；铁木厂1个，年产家具等330件，产值6.5万元，从业人员15人；白灰厂1个，年产白灰3000吨，产值6万元，从业人员50人；彩色瓷砖厂1个，年产花瓷砖2000平方米，产值10万元，从业人员30人；砂石厂1个，年产砂石1万立方米，产值3.6万元，从业人员40人；建筑队60个，总收入约600万元，从业人数不定。此外，还有榨油、粉碎、米面加工专业户11家。

1949年前，工业经济薄弱，长期得不到发展。仅有一些小手工业作坊，多数从事农副产品加工、小件农具制造和传统手工艺制作，各村有铁匠铺，打造一些简单的农具，如镰刀、铲子、马掌等。同时也有利用砂罐模具销熔碎铁，铸造犁、铧、铁锨、火炉等。至1949年前夕，大部分手工业作坊关闭，仅剩小部分供给日常生产生活工具需求的小作坊在运营。因农村生活、生产的需要，民间工匠一直都有不同程度的缓慢发展。

三、传统工业

纺织 1948年，景泰第一家毛纺织企业在芦塘城创办。经过两年建设，毛纺织厂生产的毛毯，交兰州西北大厦转销英国，这是境内第一次纺织品出口。1950年初，在原毛纺织厂的基础上改办景泰县人民纺织工厂，职工40余人，生产棉布、手套和毛地毯等，年底停办后，改为景泰县芦阳综合社的一个生产车间。

烧陶 陶器生产始于烧砂锅。砂锅锅壁较厚，具有传热散热慢、保温能力强的特性，适于蒸饭、煮茶、熬药。

砂锅制作工艺比较简单，但主原料优质土比较稀少，要从石山夹缝中人工挖掘运输到生产场地，浇水粉化，与磨成粉的炉渣按5：1的比例，反复搅拌，用砂锅模子将搅拌好的泥料加工成锅坯，最后用烟煤烧制完成。

陶器的主要原料是陶土，农民利用当地丰富的陶土资源，经过清理杂物、粉化加工沉淀成糊状液体陶泥，然后用铁锨挖出反复搅拌，再赤脚反复踩踏，就可以用来制作陶器了。其次是釉子，用磨将釉石磨细，用水搅拌成糊状备用。制作陶器是在作坊内用料石制成的轮盘上进行的，共两个轮盘。一个人搅动木杆使轮盘转动起来，另一个人在轮盘上制陶。制好的泥陶晒干后进行烧制；烧窑是圆锥形立窑，总高10米左右，底口直径5米左右，呈锥状上升，上口直径约80厘米。首先是装窑，从窑的最里面装起。将陶坯大中套小，有的套3层，有的套4层。套装时分层次呈阶梯形进行，最后装齐，共套装5~6层。装至距离窑门1.5米处即可。封门后由3个工人轮岗，昼夜不停地加煤燃烧。火力强度不能太高，也不能太低，全凭烧窑师傅的经验掌握火候。连续烧三天三夜，然后停火自然降温，需要10天左右的时间，开始启门"出窑"。陶制品主要有坛、罐、碗、盆、缸等，还有蒜窝子、笔筒、碟子、醋酱壶、圆柱形瓶、圆肚形瓶、花盆、花瓶、调料盆子、尿壶、丧葬用食品罐子等小件。

高质量的陶制品质地细腻，光滑平整，声音清脆，音波较长。

芦阳地区的陶制品，以西关、响水的陶制品尤其砂锅制品较为驰名。砂锅等陶制品经济实惠，在很长的一个历史时期，是当地农民不可或缺的生活用具，而在生活困难的年份，农民用这些陶制品到外地交换粮食，帮助度荒。

采矿 主要是采煤和采石灰石。响水村小煤窑开采历史悠久，距村庄较近的煤矿点均有煤洞遗迹。农业合作化前，煤窑基本为农户经营，以人背为主，除自用外，盈余部分还可出售。合作化后，归生产队的副业生产。联产承包责任制后，小煤窑承包到户。由于储量小、事故多、污染环境等，已经弃用或被政府依法关闭。石灰石在芦阳沙河下游分布较广，开发历史悠久，但烧制石灰的规模不大，也没有专业生产企业。石灰的生产，初期为人工用土窑烧制，以后逐步改进操作工艺和方法，大多用机械化，质量和产量大幅度提高。

铸造 生铁铸造的历史也很悠久，自己建炉，打造简单的生产工具，1955年，县上组织各地炉院和零散工匠成立手工业合作社。1958年，在手工业合作社基础上，成立芦阳铁木加工厂，后改为景泰农机厂，主要是制造、修理铁木农具、犁、耧、耙等，有条件的还熔铁铸造犁铧、耧铧、火炉，锻造方头锨、斧头、菜刀等。所产犁铧、耧铧质量高，耐磨损，适宜土、砂地秒、犁、播种，除满足本地需要外，还销往外县。

▲ 图6-1-1 原县农机厂设备

制砖 芦阳第一砖厂其前身是县专业队砖厂，建于1975年，厂址位于席滩村南土壕，规模为18门轮窑大型砖厂。至1985年，有9家砖厂。

四、传统手工技艺

（一）调味品制作

麻籽油 麻籽，一种油料作物的籽实。麻子油的制作工艺相对比较简单，选料单一，主要采用"两锅煮法"，体现一个"熬"字。首先通过筛选，将颗粒饱满的麻籽用石碾碾碎，然后将碾细的麻籽料放在铁锅内，加水煮熬，先用大火将水烧开，再用小火煮熬。为防止麻渣沉底煳锅，要不停地搅拌，仔细观察，等淡黄色油层逐渐上浮，将油层用铁勺轻轻撇出来，放在另一口铁锅里，这样周而复始不断熬煮，直到锅内不再漂浮油为止。

将撇出的油用细箩过滤，再放进另一口铁锅进行煮熬，待油中水分蒸发完后，放凉进行第二次过滤。可以将过滤的油取少许，放在铁炒勺里加热，炒勺内如发出叭叭响声，油向外溅，说明还有水分，继续熬煮，直到水分全部熬干。装油坛前进行第三次过滤，纯麻籽油就制成了。

麻籽油色淡黄带微绿，无论拌凉菜、炒热菜、炝汤饭、炸油饼，色、香、味独特。

胡麻、菜籽也可以制成食用油脂，其传统制作方法与麻籽油的制作方法基本相同。

醋 酿醋首先是选料。根据做醋数量多少而定，精选颗粒饱满的小麦为佐料，以当年麸皮为辅料，适当添加发酵的醋曲。

将选好的小麦煮熟，麸子炒七八成熟，掺加醋曲，装进缸里，搅拌均匀，逐层压实。一般家庭还会邀请一位实践经验丰富的做醋师傅现场指导。在装好醋料缸上面加盖床单、棉被保暖。放在干净屋内，每天定时倒翻一遍。发酵7天左右，当闻到醋香味时，就将保暖东西去掉。搅拌降温，待晾凉后，再用力压实，放在阳光下晒20多天。当醋酿成熟，缸顶上面结成一层干皮，下面醋料变成红褐色，整个酿醋程序才算完成，酿醋成功。成品叫醋头，适当留一些，待来年再用。酿醋房一般都要挂红忌门，献盘上香，既是为了干净卫生，也以示对醋坛神的虔诚。

醋料发好后，就可以过滤了，俗话称为"搭醋"。专门的搭醋缸，侧底部钻直径2~3厘米小孔，再安一节20厘米左右长的木质空心醋筒，搭醋前在缸底垫3厘米厚的干净麦草用以过滤。将醋料装进缸里，加满水，泡够12个小时，抽出醋筒上的塞子，食用醋就流出来了。一般而言，醋的颜色越深，质量越好。

酱油 芦阳人称之为酱。把选好的黄豆放在盆内浸泡，水要淹过黄豆，充分搅拌除去杂质，再换水继续浸泡一个星期左右，以豆粒膨胀为度，用清水漂洗数遍晾干，与面粉、麸皮、食盐按比例搅拌均匀，放入蒸笼内蒸3~4小时，停火后再焖2小时。将蒸好的酱料拌匀入缸，放在屋内发酵。一般室内温度保持在30℃左右，每天要观察，发现菌丝就及时翻料，直到有粉状物飞扬，即成为"曲"。再将制好的醪与曲进行调配，严格控制发酵温度和周期，最后将酱料装坛封口，放在室外向阳处晒，晒的时间越长越好。最后的工序是搭酱，酱的颜色越紫黑质量越好，存放时间越长，味道纯而不易变质。

（二）芨芨草及其编织物

芨芨草多在山沟、地畔、房前屋后生长，耐干旱，耐盐碱，生命力强，茎秆柔韧，用途广泛。农民把成熟后的芨芨连根拔起，用于制作日常用具，已有数千年的历史。

编背筐、驮子、筐子　背筐上口呈长方形，向下延伸逐步缩小，底部接近圆形，封闭有翻沿，大小根据需要而定。背筐广泛运用于铺压砂地时背砂、小煤窑背煤、野外为家畜拔饲草、饲养圈出粪、平时背土，还用于在外边捡拾牲口粪等；驮子是将相同的两个背筐连在一起，架在牲口背上驮东西；筐子一般是圆形、平底，编好后放在地上用来盛粮食或其他东西。

编圈笆　圈（quān）笆的编织有两种方法。一种是不剥皮的芨芨，每10~15根为一组，视其所需的高度分设若干组，呈"人"字形编出。另一种和编背筐的方法基本一样，以长的方向作"经"、以宽的方向作"纬"编出。一般长度为6米左右，宽约1米。其用途是围在畜力大车的车排周围，拉砂送粪或者运送粮食时起围堵作用。

搓草绳　先将带皮的芨芨用木榔头敲砸扁平（不能砸断），然后放在水中浸泡，使其柔软，捞出后用五六根为一股，两股同时用手搓，上劲后合并，就自然拧到一起了。然后再上次劲，就是单绳，或者叫绳坯。粗细视需要而定，用两根单绳拧在一起叫两股绳，3根单绳拧在一起的叫三股绳，其长短没有固定的规格。用于日常生产，如捆庄稼、捆柴草、牵引牲口或农具上使用等。

编䇲子　䇲子是用芨芨编成的网格状大袋子，盛装脱粒过后麦子、糜子的外皮，可用于驮运。䇲子的制作类似于搓草绳。绳子搓成10厘米左右时，分成180度角，用同样的方法再搓，再分，再搓，搓成网格状大袋子收口。

编漏勺　漏勺是清洗小麦的一种工具，有大、中、小三种。加工小麦面粉前，要用漏勺在清水里淘洗小麦，俗称"捞麦子"，淘洗晾干后用石磨磨成面粉。编漏勺的原料主要是芨芨草，也可用红柳条编织。编好的漏勺也可拿到集市上出售。

扎扫帚 备用直径约8厘米左右的铁箍一个，剥了皮的芨芨若干把，冲子一个，木把一根。冲子一般用榆木、枣木或果木制成，长约50厘米，一头削尖，另一头带拐。扎扫帚时，先将较多的芨芨插入铁箍内，然后用冲子边冲边向箍内添加芨芨，一直到加不进去为止，最后将木把插入扎好的扫帚头内，一把扫帚就算扎成了。其用途是扫院子，扫街道，打碾庄稼扬场时扫除粮食上面麦秸、杂草等。

（三）扎笤帚

笤帚，是一种家用清扫工具。大糜子在秋季成熟后，拔回来将糜粒脱掉（不能打碾），然后将糜穗从上往下约40厘米处剪断，一根一根理顺，俗称"捋笤帚秣"，然后一束束捆好备用。扎笤帚时，首先给笤帚秣上洒温水，使其潮湿，然后用大麻搓的绳子先把一股直径约1.5厘米的笤帚秣扎住，再用同样直径的笤帚秣夹在上一股的中间往下错位

▲ 图6-1-2　芨芨扫帚

扎到一起，余类推，共扎10股左右，最后扎出约15厘米长的把子。扎的过程中用力，使笤帚弯成弧形。芦阳人扎笤帚，都是入冬农闲时进行的。多数人家扎成后自用，也有扎好后送给亲朋好友的。

（四）缝皮袄

皮袄，属于大衣类的御寒外衣，用绵羊皮缝制。缝制前先要"熟皮"。方法是，先将宰杀后的绵羊皮用碱水（后改用洗衣粉）清洗干净，然后放在芒硝水的缸内浸渍，每天翻一次，经十余天浸渍后，皮子就算"熟"好了，捞出来晾晒。晾晒半干后，先将毛上的芒硝除去，然后搭在一个横杆上，匠人用一把尖端呈半圆形有刃口的铁铲，将皮子无毛一面的肉类残留物铲去，皮子就非常柔软洁白，便可以制作皮袄了。皮袄的缝制是手工制作，大多是男技工完成。把成品皮子按所需的尺寸或大衣的样纸从光面用粗线缝合，针脚较为稠密。羊皮

大衣缝好后,有净面的,也有挂布料面子的。

(五)二毛皮衣制作

二毛皮衣是滩羊所产小羊羔,生长一个月左右后宰杀的板皮,经过熟皮,然后用铁铲将无毛一面的皮子上面肉类、油脂等残留物铲去。晾晒后的羊皮,其特点是羔皮毛弯曲度整齐,轻盈保暖,颜色洁白,制作的皮大衣、皮卡衣穿在身上暖和舒适。20世纪40年代初,芦阳村大户孙氏加工裘皮大衣远销四川、上海等地及海外。

(六)擀毡

毡在以前人们生活中的主要功能是防潮、保暖,铺在土炕上耐磨耐用。毡匠擀毡要经过以下几道工序:首先是大弓弹羊毛,羊毛被弓弦弹得疏松白净,将弹好的羊毛一层一层均匀地铺在竹帘子上,再用一种叫"撒把"的工具,将羊毛打理得平整均匀,再在上面撒一些莜麦面,目的是增强羊毛的黏合度。将羊毛连同竹帘子一起卷成一个圆柱体,用绳子捆紧,然后浇上热水,踩在脚下来回反复滚动,让羊毛充分地黏合在一起,成为一个整体,最后经过清洗修边,一条成品毛毡即告完成。随着生产力的发展和生活水平的提高,毛毡逐渐退出人们的生活。

(七)织毯

1948年,芦阳地毯厂从兰州聘请织地毯师傅李存仁(后落户城关村),同时在当地招收染线工,学徒经过培训,熟练掌握织毯技术。后李存仁与学徒为芦阳和景泰县创办了一批织毯企业,高峰时达30家,成为景泰一大支柱产业。1973年5月,县地毯厂在东关大队创建,同年,在芦阳公社建毛毯加工点。20世纪90年代后,在城关村建县地毯二厂毛纺加工点。

20世纪40—70年代,织毯设备全是木制架,20世纪80年代后改为钢制架。

(八)拧猪毛绳

用猪毛制作的绳子。先将猪毛清洗干净,然后在石碾子上碾压或者用木榔头捶打,使其柔软。碾后的猪毛掺入少许羊毛拧成绳,猪毛绳经济实用,用于驮庄稼、捆柴草、车拉麦捆等。20世纪60年代以后,猪毛绳逐步被麻绳、皮绳、尼龙绳等绳具所取代。

（九）石磨、石碾锻造

石磨 一种将谷物制成粉状的石制磨具。由上下两个圆形磨盘组成。刻有斜向齿槽的上磨盘和下磨盘。下磨盘被固定在同心圆的磨台上，磨台一周有延伸的集料槽，上磨盘有一大一小两个进料口，俗称磨眼。外力驱动磨盘转动时，谷物通过上磨盘的磨眼进入上、下磨盘之间，经磨盘齿槽的碾磨挤压，变成粉状，由磨盘边沿落入集料槽。然后在罗面柜中用面罗筛出细粉，即为面粉。

石磨使用一段时间后，磨齿会有磨损，导致出粉率下降，需要锻凿修复，即为锻磨，就是石匠通过铁锤敲击石锛（锻磨工具），锻凿磨盘的齿槽，使其变得锋利。

驱动石磨的动力，主要有人力和畜力两种。也有利用水流落差或风力的作为动力驱动石磨加工粮食的，称为水磨、风磨。20世纪六七十年代，磨湾村曾经建有水磨；席滩村在堡子的东南角建成一座风力磨坊。

石碾 为谷物去皮的工具。由碾台（一般为石制，也称碾盘）、碾轱辘（石制，也称碾磙子）、碾桩、碾杆、碾袢等组成。石碾主要加工黄米、小米、玉米糁子等。

五、新型工业

保洁用具 2015年，芦阳村民洪涛成立景泰县宏晟保洁用具厂。起初由小作坊起步，依靠手工生产，年产量2000件，通过数年的发展与设备引进，实现生产设备完全工业化，年完成产量5万件，销往全国各地。2021年2月22日，注册成立景泰县翰洁保洁用具设备有限公司，主营保洁用具类产品。

建材 1984年，东关村民张承慧开办景泰县银龙新型建筑材料厂，是甘肃省最早生产石膏新型建筑材料的企业，拥有职工80多人。在兰州大学的协助下，研发主要产品有石膏粉、吊顶石膏板、墙体石膏板和玻璃纤维及石膏乳雕工艺品。产品主要销往省内各地区及青海、宁夏、河北、辽宁、北京、重庆等省区。

冶金 甘肃翔发电石有限公司，成立于2004年，总经理戚永盛。2005—2014年生产电石，2016年技改转产铁合金。有固定资产9800万元，员工185人。截至2021年，公司累计上缴税费1.3亿元，年平均安置就业350人，其中有下岗职工和精准扶贫户。

景泰县昌盛冶炼有限责任公司，2001年成立，其前身为县电石厂。截至2021年，累计实现销售收入6亿多元，累计上缴税费2亿多元，出口创汇645.88万美元。2006年农业部授予"全国乡镇企业创名牌重点企业"称号。董事长朱生财，中泉镇人。2001年获县"工商企业先进个人"称号；2004年当选县工商联合会副会长，2007年获市劳动模范称号，同年当选省铁合金协会副会长。

水泥　六星水泥公司，前身是建于1984年的芦阳水泥厂、西北方水泥有限公司。主要生产32.5、42.5普通硅酸盐水泥，年产25万吨，固定资产3600万元。职工372人。机立窑生产线3条，总装机容量4180千瓦。水泥生产工艺线及检测手段实现全线自动化控制。"六星"牌32.5、42.5及普通硅酸盐水泥被中国中轻产品质量保障中心认定为"中国消费者放心购物质量可信产品"，通过国家ISO9001：2000质量管理体系认证，获甘肃省乡镇文明企业称号。

服装加工　2019年5月，石城村农民工返乡创业开办服装厂，主要从事有关工厂、企事业单位及学生校服，外贸订单的设计、制作及销售。2020年4月，又建立占地面积3000平方米、生产设备268台（包括各系列服装生产所需专机）、可容纳350名员工就业的现代化标准车间；公司建成后，被县人社局认定为景泰县扶贫车间，确保吸纳200名建档立卡户优先就业。

印刷业　截至2021年，有印刷企业3家，常年承接各种办公用纸、票据、学生作业本、宣传材料、内部资料的印刷装订等。景泰县兴盛印刷厂，成立于1997年，2006年被县工商局评为"诚信私营企业"。2005—2007年，连续3年被县工商局评为"守合同、重信用"企业。厂长吴昱，芦阳村人。政协景泰县第五届委员会委员。1985年创办景泰县文化印刷厂。经过20多年的发展，不断更新设备，达到数码快印。景泰县瑞盛印刷有限公司，成立于2002年1月。总经理高淑阳，东关村人。高中文化，1976年到景泰县印刷厂工作。2002年注册成立景泰县瑞盛印刷有限公司。

第二节 农村工匠及技艺

一、概况

镇域内的能工巧匠,较为知名的有东关王氏、席滩张氏的木匠;响水马氏、张氏,一条山李氏,东关罗氏,芳草李氏的铁匠;磨湾付氏、一条山姚氏、响水铁氏的石匠;城关杨氏的银匠;东关董氏、席滩杨氏、响水郝氏的皮匠;东关董氏的毡匠;芳草李氏、杨氏,东风李氏,芦阳刘氏的画匠;东关王氏的酿酒;响水王氏的熬糖;芦阳、响水一带众多的泥水匠以及地毯、棉弹、缝纫、染色、织席等方面的匠人。随着科学技术的发展,铁匠、皮匠、毡匠、银匠、织席等技艺,逐渐被其他行业或企业所代替。

历史上,因碾米、磨面需要,石匠是不可缺少的行业,进入21世纪,转变为加工石柱、石碑、石桌等。木匠最活跃最集中的时期是20世纪60—80年代人民公社时期,各生产队专门指定木匠制作、修理农业生产所需的犁、耙、种耧等传统农具及架子车,马、骡、骆驼拉庄稼的皮车,桌椅板凳等。村民新建房屋,木匠都是抽时间做。20世纪80年代,原生产小队的木匠铺随即解散。从20世纪90年代至21世纪初,由于国家的经济发展,人民物质生活水平逐渐提高,居住条件也随之

▲ 图6-2-1 刨子

改善,农村大规模拆旧房,新建砖木瓦房,从事木工的人越来越多。2000年以后,随着城镇化进程的不断加快,楼房及其他建筑设施的装潢产业逐渐兴起壮大,加工工具的改进,传统木匠的市场优势逐渐萎缩。也有少数木匠传承祖业,在逐步兴起的庙宇修建中大有作为。

二、产品分类

铁产品 铸造犁、铧、镂铧、火炉、火盆、铁锅,打造镰刀、斧头、锄头、

马掌、马钉、镢头、锄头、铁铲、铁叉、錾子、凿子、门闩等。

木制产品 建造寺庙大殿大门、房屋、马车,制造犁、桄、耙、桌、椅、板凳,鼓、澡盆,木桶、木桌、木柜、木灯架、木火盆架、棺材等。

皮制产品 皮袄、皮衣、皮绳、皮鞋,牲畜拉车用的围脖子等。

石制产品 石磨、石碾、石狮、石碑、石礎、柱顶石、石桌、石碑、聚宝盆、石柱等。

毛制产品 毛毡、毛毯、毡袄(牧羊人穿在身上可防寒防雨)、毡褂(牧羊人披在身上可防寒防雨)、毡包(牧羊人出外放牧可以背刚出生的小羊羔)等。

▲ 图6-2-2 毡袄

银制产品 银碗、银筷子、银酒具、银耳环、银项链等。

彩绘产品 棺材、木柜(独头柜、双头柜、三头柜、炕柜)、桌子、庙宇、凉亭、楼堂馆所的绘画等。

芦阳镇志
LU YANG ZHEN ZHI

第七章

商业服务业　建筑业

第一节 商业服务业

一、历代商贸概况

汉武帝元鼎六年（前111年），境内置媪围县，属武威郡，县治在今响水村鸾沟梁上，这里地处"丝绸之路"要冲，西域商人带着良种牲畜和玉石、鹿茸等与中原商人所带的丝绸、陶器等在境内交易，域内有较大交易市场。唐代以前芦塘城商贸活动频繁。北宋及金，境内虽为宋、夏、金争战的主要地区，但边界民间交易仍然进行。

芦塘城成为商贾云集的小镇。一条山等地，以丰富的土特产形成各有特色的集市。清代以前，商业贸易主要由私人经营，红水县驿使客商往来贩卖，生意兴隆。清代康乾时期，境内人口大增，交易网点增多；道光年间，大芦塘等地农村集市繁荣；同治匪乱后，集市贸易衰微，百业萧条。清朝晚期，随着生产力提高和商品经济的发展，小农可供出售的农产品和手工业数量不断增加，粮、棉、丝、糖、茶、棉布、烟草、染料等成为集中上市的大宗商品，民间小吃布满集市，芦塘城内主要街道有固定的店铺、作坊，人口逐步增多，既有当地农民互相交易，附近村落的剩余产品也在这里聚散。外地的一些商品也通过商人转送到这里交易。民国时期，城乡商贸逐渐恢复，买卖再度兴盛，主要交易品是日用百货、农副产品。

为补充市镇商品交流功能的不足，大芦塘、小芦塘、席滩还兴起赶庙会、唱大戏等活动。庙会有的一年开一次，多者两三次。时间多集中在春耕生产之前或秋收之后。商人来自各地，贸易范围可达方圆数百里，品种多，交易量大，超过集市，如大芦塘三月清明城隍庙，响水三月三老爷山庙、七月十二娘娘庙，席滩双龙寺四月八等庙会，活跃了市场，促进了经济发展。

民国初年，景泰县城乡有商号近40户，经营日用杂货、驮运、皮毛收购加工业。

东关村孙锡麟创设商号"庆馀祯"，购销皮毛，专做海外贸易。开设总号"庆馀锡"。之后陆续开设十大商号，分布于芦阳、五佛、兴泉、永泰、古浪、兰州等地。其子孙天蛟在天津经营规模更大的商号。20世纪40年代初，孙天蛟之子孙廷魁（字少卿）经营裘皮制品生意，每年加工裘皮大衣1000多件，远销四川、上海等地及海外。并经营大宗货物的批发、零售，涉及金融和粮食等行业。

芳草村人李继颜、李世琪、李宗经、李林祖孙四代，在村内开办水烟厂，历经嘉庆、道光、咸丰、同治、光绪、宣统和民国时期，上百年从未间断。水烟销往全国各地，出口马来西亚、泰国、新加坡等地。李氏家族商贸活动鼎盛阶段，在兰州、西安、苏州等地都有商号，主要经营丝绸、布匹等生意。他们从苏州到山东威海的商队，曾由京师武林名侠大刀王五的镖局护镖。李家商号名"福家堂"。其运输驼队规模庞大，号称"十里驼队"。

1935年，景泰县盐业鼎盛一时，仅在一条山，私人盐号就有全兴张、四知堂、振兴远、礼义诚、驼卷局、鸿义店等14家。

1948年，景泰县有私营商号100户，其中大芦塘36户，一条山13户，小芦塘7户。商业日趋繁盛，但受物价飞涨、货币贬值影响，有很多小本经营者逐渐破产倒闭。

景泰县出产食盐，民国前，当地政府在大格达、青崖、沿寺等地设盐场，1913年迁往一条山。1935年成立西北盐务管理局一条山盐场，对内蒙古阿拉善左旗察汉盐池的察盐、景泰县白墩子的白盐实行专卖。盐场设有武装盐警中队。年销量2500多吨，最高达5000多吨。销往兰州、靖远、会宁、静宁、天水及宝鸡、汉中等地。1949年9月，改组成今白银全境内第一家国营商业企业——西北盐务管理局一条山盐务分局。

民国时期，芦阳城中有石姓人家经营的饭馆；董姓人家经营的卤肉馆；余姓师傅（人称"三娃"）经营的油饼、年糕店。另外还有卖水晶包子以及几家卖大饼的小店。有三四家小商铺，其中较大的一家为东关李三桂（女）所开。有两家理发馆，其中一家理发店的老板称杜待招。

照相馆一家，由芦阳村人安绳宗创办于清末，照相师傅姓杨，后转由杨师傅经营，延续到民国后期。

车马店一家，创办人为东关村人白郎亭（李三桂之夫）。

二、1949年后的商业服务业

1955年底，有纯私营商业4户，从业4人；农兼商百货业26户，从业26人；饮食业9户，从业9人；理发业3户，从业3人；旅店业39户，从业39人。

1956年，在私营工商业的社会主义改造高潮中，4户纯商业过渡为芦阳供销社的一个门市；在县城的2户理发业过渡为芦阳供销社的一个理发馆；农兼商（百货）业转农业的25户25人；饮食业3户3人在一条山成立了一个合作小组，6户6人转从农业；旅店业39户39人，转从农业。

三年经济恢复时期，对私营工商户采取扶持政策，在税收、差价等方面给予照顾，私营商业及餐饮业很快得到恢复和发展。

1958年"大跃进"时期和1966年"文化大革命"时期，供销合作商业逐步并入国营商业，芦阳公社各大队均成立代销点，主要供应一些日常用品，如布匹、火柴、蜡烛、香烟、手套、毛巾、煤油、食盐、白糖、红糖、水果糖、砖茶和学生用的本子、铅笔、毛笔、墨汁、纸张等。1971年，芦阳供销社对各大队代销点直接管理变为分销点，营业员也成为芦阳供销社的正式员工，实行工资制。在提供生活用品的基础上，增加一些生产工具，如楼铧、架子车配件等。由于集市贸易被取缔，形成20年只有单一的国营商业"一统天下"的特殊时期。芦阳作为县城所在地，只有县商业局所辖的百货公司主营百货、针织、纺织、文化、五交化商品的批发和零售业务。糖酒副食公司主营糖烟酒零售和批发业务。饮食服务公司下属饭馆2个、旅店2个、理发馆2个、镶牙馆1个、照相馆1个。食品公司主营食品、肉、禽、蛋等。其他人员不得从事商业服务活动。一些重要的生产资料和日用品实行票证供应，如粮票、布票、棉花票、肉票、油票、糖票、购粮本、购物证等；作为商品

▲ 图7-1-1　建于20世纪80年代的芦阳老商店

的生活必需品分别或按户（人）定量供应，或凭证供应，或凭专用票分配供应，或凭统一介绍信分配供应。此外还有审批供应、特许供应等。

20世纪70年代，为繁荣经济、活跃市场，县里曾召开两次物资交流大会，这是一种特殊形式的集市贸易，其特点是间隔时间长，交易时间短，一般两三天，最长5天；规模大，赶集人数和商品品种数量，都可达到平常交易的几十倍乃至上百倍；影响面广，参与交易的有本地的，也有来自邻县乃至外省的。交易的货品主要是农业生产用具、家具、衣帽、服装鞋袜等用品。物资交流会在促进农副业生产发展，活跃城乡交流，便利群众生产、生活等方面，都起着不容忽视的作用。除此之外，也有少量的民间交易、私下买卖。农户在闲暇时间加工的生活用品如毛毡等相互私下进行交换或者买卖；货郎担走街串巷把针头线脑和农民积攒的猪鬃等农产品进行互换；个别家庭作坊低价收来麸皮制作醋、酱私下买卖或换取日用品等。

三、1978年后的商业服务业

1978年后，涌现出大批私营工商个体户。主要从事百货服装、食品加工、酒店餐饮娱乐、文化教育用品、农机服务及修理、建筑材料销售、照相摄影、电子商务及现代物流、家政服务、小百货批发零售、修理家电、镶牙、电焊、理发、缝纫等各种服务。

电商服务业 2000年后，紧抓阿里巴巴进驻景泰计划机遇，投资200余万元，实施数字电视、网线宽带进农村活动，广电宽带、电信宽带已覆盖全镇。累计培养电商带头人16名，培养电商阿里巴巴合伙人4名。成立电子商务培训中心1个，建设特色产品展览中心1处，建成乡镇服务站1个，在石城、芦阳、城北等村建立农村淘宝站点3个。自站点建成以来，累计完成交易额100余万元。完成"芦塘荟"农产品商标注册，系列产品有序开发，不断提升芦阳特色农产品知名度和竞争力。

饮食服务业 以"董扁悦来"较为著名。董家卤肉技艺传到芦阳村人董运科已经四代，1980年，在县城开办悦来饭馆，"董扁卤肉系列"成为县名优小吃；2017年，"董扁"被评为白银市知名商标；2021年，被省政府评为"先进个体工商户"。德庄火锅景泰分店，2010年成立公司，经理李彦成（寺梁村人）；在青海、武威设有分店，2015年获全国百强门店称号。红太阳大酒店，

20世纪80年代成立，经理周文存（红光村人），后转其他行业。

照相业 1983年，戴兆胜（芦阳村人）在县城创建"旭光照相馆"，为景泰县首家个体照相馆，1987年易地重建。1990年安排就业人员10人。1994年再次扩大经营规模，兴建三层营业楼，面积为320平方米，首创全县大幅婚纱拍照，并更名为"旭光婚纱艺术影楼"。2000年新建综合营业楼，成立"景泰旭光影像制作公司"。下设婚纱摄影部、照相器材部、彩扩部、儿童摄影部、电脑影像制作室、招待所等。

图书销售批发 成立于2002年的景泰世纪书店，是景泰第一家图书超市，位于县城世纪大厦，经营面积近300平方米。经营各类图书、教辅、期刊、光盘、画张及文创文化用品上万个品种。法人代表李明生，芳草村人，同时经营位于兰州市书刊批发市场的"甘肃明生图书发行有限公司"（2004年成立），面向甘肃省内及青海、宁夏部分地区代理销售发行商务印书馆、岳麓书社等多家出版单位的图书、教辅、工具书等各类读物。年销售额稳定在200万元码洋以上，年实现利税20万左右。

表7-1-1　2021年各村从事商贸流通及服务业情况统计表

行政村及户数	经营范围
城北村 52户	百货零售、煤炭及制品批发、建材批发、机械设备租赁、通信设备零售、果品蔬菜批发、殡葬服务
城关村 20户	电子产品修理、粮油零售、煤炭及制品批发、兽药经销、摄影扩印、百货零售、餐饮、建材批发、其他综合零售
东关村 49户	百货零售、针织品及原料批发、建材批发、快递、理发及美容、餐饮及其他娱乐业、生活用燃料零售、医疗用品及器材、建筑工程机械与设备经营租赁、种子批发
芳草村 24户	宾馆餐饮、百货零售、建材批发、种子批发、生活用燃料零售、建筑工程机械与设备经营租赁、果品蔬菜批发
芦阳村 45户	宾馆、再生物资回收与批发、百货零售及批发、煤炭及制品批发、民宿、理发及美容、其他电信、化肥批发、五金产品批发、室内装饰材料零售与批发

续表

行政村及户数	经营范围
条山村 102户	酒、饮料及茶叶零售、百货零售、民宿、理发及美容、建筑工程机械与设备经营租赁、煤炭及制品批发、互联网生活服务平台、通讯设备批发、石油及制品批发、农牧产品批发
石城村 92户	五金产品批发、医药及医疗器材专门零售、综合零售、农牧产品批发、建材批发、餐饮、畜牧渔业饲料批发、机械设备租赁、服装批发、纺织服饰业、职业中介、汽车修理与维护
寺梁村 15户	综合零售、日用家电批发、互联网其他信息服务、百货零售、食品饮料及烟草制品批发、建材批发、其他农牧产品批发
西林村 15户	餐饮、互联网广告服务、百货零售、娱乐业、农牧产品批发、建材批发
席滩村 16户	宾馆、服装批发、食品零售、百货零售、再生物资回收与批发、烟草制品零售、果品蔬菜零售、五金产品批发
响水村 13户	宾馆、煤炭及制品批发、食品零售、百货零售、综合零售、电器安装、机械设备及电子产品批发、建材批发
十里村 9户	农牧产品批发、百货零售、综合零售、通讯设备批发、其他机械设备及电子产品批发
红光村 3户	综合零、售建材批发、农林牧渔产品批发

第二节 建筑业

一、建筑业概况

1949年以后，芦阳地区建筑业逐步得到发展。20世纪70年代，民居大多为顶前方；改革开放以后，逐步过渡到拔檐，又过渡到更高级的封闭式拔檐。砖木结构取代土木结构，砖混结构又逐步取代砖木结构，甚至全钢筋水泥结构，门窗用铝合金。拔檐房前檐装玻璃窗，成为封闭式。拔檐可以长达7间，形成一个长廊，长廊中间开大门，长廊内再分主次，正中3间做主房，两边为厢房。房内装吊石膏板顶棚。这种房子容量大，采光好，保暖效果好。

20世纪70年代初，芳草大队胡秉荣有建筑方面的技术专长，先后任生产队和大队建筑队负责人，曾承建白银针织厂农场厂房、景泰县汽车队办公室、省水利水电工程局施工单位一栋二层办公楼。1978年，借县城搬迁的机会，芦阳建筑行业迅速发展，到1985年，芦阳镇的建筑公司（队）达81家。

20世纪八九十年代，以孙玉龙、孙友龙、雷恩厚、化义、卢和春、张兴祖、马占杰、沈佐文等为代表的民营企业家，先后承建人民文化广场、人民公园、世纪大厦、中国农业银行景泰支行办公楼、兴建饭店、盛大养猪场等建筑工程。非公经济吸纳4万多名农村富余劳动力就业，成为农民增加收入的重要途径。除承包本县的建筑工程外，还向县域外发展，到白银、青海等地承包工程。全镇有建筑工程队百余家。

▲ 图7-2-1 人民公园大门

二、主要建筑企业

（一）景泰县第一建筑有限责任公司

成立于1991年。1996年，公司被评为省先进乡镇企业、市先进建筑企业、省乡镇质量效益A级企业，先后获县"重合同，守信誉企业"、市县优质工程、省局优质工程称号。董事长孙友龙，东关村人，大专文化，经济师，高级工程师。1993年被评为省先进乡镇企业家；1994年被评为市优秀企业家；1996年被省政府评为捐资助学先进个人；2003年被评为建筑工程质量管理先进个人；2004年被评为市级优秀建筑业企业经营者、优秀项目经理。

景泰县第一建筑有限责任公司下属项目部 承建芦阳镇政府楼、芦阳二中教学楼、东关小学等。经理范世民，东关村人。

（二）景泰县第二建筑有限责任公司

成立于1982年9月，是集土建、钢结构、装饰装修、防水、防腐、保温及市政园林绿化为一体的中型综合性建筑企业。属国家注册的建筑二级企业。年平均完成总产值3.5亿元，向国家上缴税金3500多万元，年均提供就业岗位约

3000个，发放农民工年工资平均1.4亿元。1999年，县委、县政府授予公司"人民广场精神"称号；2016年，被中国铁塔股份有限公司白银市分公司评为2015年度工程建设铜奖，同年12月被市建筑业联合会评为优秀建筑企业；2018年2月，被中国铁塔股份有限公司白银市分公司评为2017年度优秀合作伙伴；2019年5月，承建的县职业中等专业学校综合楼教学实训楼工程获2018年市建设工程"铜城杯"奖；2018—2020年，连续3年被县人社局评为劳动保障守法诚信A级企业；2020年2月新冠疫情发生，积极捐款捐物，收到县委、县政府"一方有难，八方支援"大爱精神感谢信，同年5月，获县红十字会为武汉疫情捐款荣誉证书；2021年，获市、县纳税贡献奖，多项工程被市、县评为文明工地。公司董事长、总经理雷恩厚，城关村人。毕业于甘肃省建筑学院（函授），高级工程师，国家二级建造师，兼省工程质量安全协会常务理事，省乡镇企业质量协会副会长。1990年，被市建委评为先进个人；1998年，被省乡镇企业局评为在建筑企业中做出优异成绩的先进个人；2000年，被市委、市政府评为先进个人；2001年3月，被省政府评为乡镇企业第五届"优秀企业家"。白银市第四届政协委员。

  景泰县第二建筑公司第六项目部 1983年从事建筑行业，1986年加入景泰县第二建筑公司。总经理付仲荣，城关村人，中共党员，初中文化，工程师。2000年，受到县委、县政府表彰奖励；2002年，省政府赠予"捐资助学造福桑梓"条幅。

  景泰县第二建筑公司第七项目部 成立于1982年。1994年被评为白银市先进建筑企业；1997年1月，所承建景泰百货大楼被县城建局授予1996年度优良工程称号。总经理沈佐文，城关村人。中共党员，大专文化，助理工程师。2000年8月，为县人民公园建设捐资13万元，被县委、县政府评为"为景泰人民公园建设捐资的先进个人"和"在景泰人民公园建设中做出突出成绩的先进个人"；2000年12月28日，被团省委授予"省级农业产业化青年领头人"称号；2002年12月，当选第十三届县人民代表大会代表；2003年3月，获市政府首届"白银市乡镇企业家"称号；2003年9月，被市工商联、商会评为抗击"非典"先进会员；2005年12月，被市委统战部、市工商业联合会、市光彩事业促进会评为2000—2005年度光彩事业先进个人；2006年2月，被市科协评为先进个人；2006年7月，被县委评为"优秀共产党员"；2006年12月，当选第十四届县人民代表大会代表。2019年，被省委、省政府评为省劳动模范。2010年，沈佐儒（城关村人，工程师）任项目部总经理。

景泰县第二建筑公司第八项目部　成立1985年。2002年被县委、县政府授予"乡镇建筑企业先进项目部"称号；2010年，所承建的景泰县廉租房1—6#楼获中国建筑业协会"AAA级安全文明标准化诚信工地"等称号。总经理武克玉，芳草村人，小学文化。曾被推荐为县政协两届委员会委员，当选两届县人民代表大会代表。担任项目部经理期间，获省政府1994—1995年捐资助学先进个人称号。

景泰县第二建筑公司第十项目部　从事泵站修建、渠道修护工程，参加引大入秦延伸景泰工程建设。经理金国孝，城关村人。1990年从事建筑行业，1995年加入二建公司。

景泰县第二建筑公司第十三项目部　曾承建景泰人民公园李培福纪念室、景泰县职业中学康居工程、四个山初级中学等工程。经理雷百让，城关村人。中共党员，1996年加入二建公司。

景泰县第二建筑公司第十八项目部　成立于2007年，曾先后承建县体育场、实验小学综合教学楼、四小教学楼、石城小镇小学和幼儿园、龙湾小学校园等项目。建筑工程被县政府认定为县文化教育建设领域优等工程。经理卢有军，芦阳村人。

景泰县第二建筑公司二队　后属二建，曾承建景泰二中家属楼及部分教学楼、景泰三中教学楼、景泰县第一市场、职中教学楼、向阳小区、汽运公司办公楼等工程。经理魏怀明，城关村人。

景泰县第二建筑公司下属建筑队　曾在条山镇建筑公司、二建公司下属建筑队包活，20世纪90年代在景电一期工程上承揽项目。曾建饮食服务公司家属楼、水管处家属楼、条山农场种子公司办公楼、条山农场二分场办公室等。经理朱建国，城关村人。

（三）芦阳建筑工程有限责任公司

1982年，成立芦阳联建公司。1987年，更名芦阳建筑工程总公司；2000年企业改制，为芦阳建筑工程有限责任公司。年完成总产值9900多万元，上缴税收1000多万元。公司完成建设项目中，30项工程被评为省、市、县优良工程，1项获"铜城杯"，2项获省级文明工地，4项获市级文明工地。2002—2004年，被省建筑业联合会评为甘肃省建设工程文明工地；2004年，被市建筑联合会评为建筑施工安全教育培训先进单位；2002—2005年，被市建筑业联合会评为白银市建设工程文明工地。2007年，被县工商局评为"重合同、守信誉"企业；2008年，被县地税局评为"创税大户"；同年承建的县水务局1号楼，获市建设工程质量奖"铜城杯"。2000—2007年，先后为市政建设、资助教育、公益事业、支援灾区捐资135.8万元。董事长化义，城关村人，自学电大工民建专业，大专文化，建筑工程师，市建筑联合会常务理事；1992年担任总经理，2000年被推选为董事长。先后被县委、县政府评为人民公园、广场建设"先进个人""捐资助学先进个人"；被市建筑业联合会评为安全培训"先进个人""优秀经营者"，被省建筑业联合会评为"优秀经营者"。

芦建公司直属项目部　成立于1996年。总经理化勤，城关村人，高中文化，中共党员。1985年从事建筑业，管理层A级证书。

芦建公司直属项目部　成立于1994年。总经理景向军，芦阳村人，工程师。1994年进入芦建公司工作，2000年任公司直属项目部经理。

芦建公司下属项目部　20世纪90年代，曾建县面粉厂宿舍楼、县农副公司商场等。经理乔光旭，城关村人。

芦建公司第二项目部　成立于1996年。总经理樊玉刚，城关村人，1988年从事建筑行业，1997年参加省建设厅建筑工程项目经理培训并获国家项目经理资格证。

芦建公司第三项目部　成立于1993年6月。2011年，所开发兴建水沟湿地公园被评定为甘肃省省级水利风景区。总经理郭维平，芦阳村人，民革党员。兼任兴泰房地产开发有限公司董事长，水沟湿地旅游开发有限公司董事长；曾担任县旅游协会会长。2003年，被市工商联、市商会授予先进会员称号；2014年，获西部骄子先进个人称号；2019年，获甘肃省旅游贡献先进个人称号。

芦建公司第五项目部　承建县防疫站综合楼。所承建县水利局住宅楼获白银市"铜城杯"奖。经理付仲武，城关村人，1986年从事建筑业；1994年加入芦建公司。2007年，被白银市建筑行业联合会评为优秀项目经理。

芦建公司第八项目部　成立于1995年。经理化得学，城关村人，工程师。

芦建公司第十一项目部　成立于1990年。总经理李桃，东关村人，中共党员。曾任芦阳第三建筑公司负责人。1974—1978年，多次被评为县优秀共产党员；1978年9月兼任团县委副书记。

芦建公司第十二项目部　成立于1996年。总经理段好贵，城关村人，二级建造师，建筑工程师。曾为社会公益事业捐款捐物10万余元。

芦建公司第十三项目部　成立于2006年。经理寇永琴，女，芦阳村人。省二级建造师，曾为社会公益事业捐款10万余元，疫情防控期间捐款2万元。

芦建公司第十四项目部　先后承建县政府大院公园改造、寺滩生态地质灾害移民配套工程、景泰县乡村道路建设项目工程。总计完成国家税收300万元。经理段好明，城关村人，工程师。第十届县政协委员。2000年为公益事业捐资2万元。

芦建公司第十六项目部　成立于1996年。曾承建国营条山农场家属楼工程，良种猪场商用楼3#、4#楼建筑工程，寺滩乡黄崖坝土地整理项目，喜泉镇大安土地整改项目等。累计上缴税费500万元，为社会公益事业捐款3万元。经理张明生，条山村人。

芦建公司第十七项目部　1996年成立。先后承建正路乡双墩小学整体新建工程，景泰县三次、四次、五次廉租房项目部分工程。历年上缴国家税费50多万元，为社会公益事业捐款20多万元。经理张奇才，席滩村人，中共党员。2009年，被县委评为优秀共产党员；2011年，被县委评为全县优秀村党支部书记；2011年，被县委、县政府评为第三届感动景泰十大人物。第十四、第十六届县党代会代表，第十五届县人大代表。

芦建公司十八项目部　成立于2006年。2012年注册景泰文翔养殖专业合作社，被评为省级示范社。经理张文，芳草村人，中共党员。第十六、十七届县人民代表大会代表，两届芦阳镇党代会代表。先后为社会公益事业捐款7.5万元。

芦建公司第二十项目部　成立于1990年。经理李进生，城关村人，省二级建造师。2003年捐资助学6万元，被省政府表彰奖励。

芦建公司第二十一项目部　经理胡广勤，芳草村人。2006年参加省建设厅建筑工程项目经理培训并获国家项目经理资格证。

芦建公司第二十三项目部 成立于2006年，曾承建引大入秦延伸中泉、引大入秦延伸景泰、景泰县农村通畅工程等工程。捐资6万元建造寿鹿沙河通往一条山村涵桥。经理张明杰（2010年之前担任），一条山村人，中共党员。

芦建公司第二十四项目部 曾在靖远兴电工程承揽项目。经理吕世红，东关村人。

芦建公司第二十八项目部 成立于2008年。2011年获市"铜城杯"优质工程奖。总经理马荣，女，红光村人，大专文化。

芦建公司第三十项目部 成立于2006年。总经理张有武，席滩村人，中共党员，工程师。

芦建公司第三十二项目部 成立于2006年，总经理王祥忠，席滩村人。曾参加省建设厅建筑工程项目经理培训并获国家项目经理资格证。

（四）芦阳乡建筑队

成立于1980年。曾参与县水厂、县电影院、白银长通电缆厂俱乐部的建设。负责人孙玉龙，东关村人，中共党员，建筑工程师。曾任县联合建筑公司副经理、县第三建筑公司副经理。曾为芦阳中学和县一中捐资10万元。先后被市政府、省政府表彰为捐资助学先进个人；2004年被县委表彰为优秀共产党员。第十二、第十三届县人大代表。

（五）城关三队建筑队

成立于1982年，1984年组建芦阳建筑二队。20世纪90年代末改为芦阳建筑公司。总经理折福成，城关村人。

（六）胡秉荣建筑队

成立于1982年，队长胡秉荣，芳草村人。1984年，芦阳公社任命胡秉荣为芦阳建筑工程队芳草分队队长。

（七）李桂铭建筑队

李桂铭，芳草村人，1983年组建建筑工程队。1999年修建景泰蓝大酒店。曾承接县法院、县检察院等机关单位办公大楼。

（八）王吉杰建筑队

成立于1984年。曾承建县乡镇企业局石膏板厂、县二轻公司、税务局、乡镇企业局等机关和企业办公室和家属宿舍等工程。2002年，成立"景泰县市政建设工程有限责任公司"。负责人王吉杰，芳草村人。

（九）田种林建筑工程队

组建于1984年。曾承建中泉公社水泥厂、大安公社水泥厂。经理田种林，芳草村人。

（十）胡秉宝建筑工程队

1988年注册登记。曾承建一条山农场玉液酒楼、条山酒厂库房、白银供电局皋兰供电所、县土地局办公楼等工程。2009年，成立"宝泰房地产开发有限责任公司"。经理胡秉宝，芳草村人。

（十一）景泰县市政建设工程有限责任公司第三项目部

成立于1995年。总经理王治甲，城关村人，中共党员。2002年，省政府赠予"捐资助学造福桑梓"条幅；2010年，县委、县政府授予乐善好施奖牌。

（十二）景泰县市政建设工程有限责任公司项目部

曾承建引大入中工程红砚台渡槽、八道泉中学教学楼、景电工程十三泵站改建等工程，累计上缴税费500万元。经理赵文成，条山村人，为社会公益事业捐款3万元。

（十三）景泰县兴建房地产开发有限责任公司

成立于2002年。上缴税费1360多万元，福利投资捐款100多万元。曾承建的县医院住院部大楼和6#住宅楼，分别获"省局优质工程"称号和市建设工程"铜城杯"奖。董事长张兴祖，城关村人，2001年，被市政府授予"优秀乡镇企业家"称号，2002年，省政府赠"捐资助学造福桑梓"条幅，2004年，被推选为县政协委员，2008年当选县人大代表，2012年当选县商会副会长。

（十四）甘肃金天地房地产开发有限公司

成立于2003年。先后承建世纪花园、金地华府、金地中央公园等项目。投资2000万元打造小龙山公园。董事长马占杰，城关村人。接任董事长马登正，城关村人。

（十五）景泰县恒丰房地产有限责任公司

成立于2003年，承建芳舟苑小区、景电管理局家属楼等工程。董事长董建忠，条山村人。因资助贫困学生及本村70岁以上老人，获县政府表彰。

（十六）景泰县市政工程有限责任公司第二项目部

成立于2003年。曾承建县人民医院、景泰宾馆、景泰一中、县粮食局等工程的部分建筑。经理吴守林，城关村人。

（十七）景泰陇信源房地产开发有限责任公司

成立于2004年。先后为社会公益事业捐款捐物248万元，连续15年为黑咀子村一贫困户的两个孩子每年提供2000元学习生活费用。2006年起，连续3年获县非公有制企业先进党支部和基层先进党组织称号；2009年，获市非公有制企业先进党支部称号；县十强企业、市50强企业。董事长卢和春，生于响水村，中共党员，景泰县天麒源商务有限公司、景泰宾馆商务有限公司董事长，县工商联副主席，县人大代表，市政协委员。多次被县、市评为优秀共产党员，先后获"白银市优秀企业家""甘肃省优秀企业家""甘肃省第四届乡镇企业家""全国杰出企业家"等称号。

（十八）景泰县瑞丰房地产开发有限责任公司

成立于2009年，主要开发建设瑞丰小区。经理曹玉琴，东关村人，曾获市妇联巾帼英雄奖和县抗震救灾奖。参加多项公益事业捐助。

（十九）宝泰房地产开发公司

成立于2010年，承建经典坐标、兴泰花园、平贵A区等小区。董事长胡广斌，芳草村人。

（二十）甘肃顺翔建筑工程有限公司

成立于2016年。青年企业家联合商会会员单位。投资30余万元，为芳草村无偿承建村文化活动广场。先后为社会公益事业捐款捐物22万余元。董事长胡广顺，芳草村人，大专文化，中共党员，政协景泰县委员，县工商联执委。市工商业联合会、市总商会授予2019年度履行社会责任优秀企业家称号。

（二十一）甘肃省顺诚劳务有限公司

成立于2017年，2000年建立施工劳务队，承接各种建筑劳务工程。经理韦性荣，席滩村人。

（二十二）甘肃麒麟祥瑞建筑工程有限公司

成立于2018年。截至2021年上缴税费1000万元。董事长张有成，席滩村人，中共党员，大学文化。曾任县第二建筑公司项目经理、甘肃景城建筑工程有限责任公司监事长。兼职县政府备案的政府采购评标专家，县教育发展协会会长，县工商联协会会员。为社会公益事业捐款捐物3万多元。

（二十三）景泰创硕建筑工程有限责任公司

成立于2018年，曾参与县税务局、景电管理局、正路引提灌、景泰物流园停车场、路网建设、景泰县百公里生态长廊建设。经理张培发，东关村人。

（二十四）甘肃海龙有限责任公司

成立于2018年，曾参与兰州新区皇冠假日酒店、智选酒店，景泰一中校园修建。经理姜海龙。

（二十五）甘肃彬特建设工程有限公司

成立于2020年，曾承建一条山公园、同心公园、迎宾公园、小龙山公园、东环路北延伸段和广场人行天桥等工程。先后为社会公益事业捐款150余万元。法定代表人、总经理白宝云，东关村人。

（二十六）甘肃省铭宸源建设工程有限公司

成立于2021年。先后承建正路镇双墩村人居环境整治、中泉镇大水村红色美丽乡村规划建设、寺滩乡生态及地质灾害避险搬迁后续配套产业养殖小区建设项目等工程。累计上缴税费800万元，为公益事业捐款30万元。董事长张昌明，席滩村人。法定代表人高丽丽。

（二十七）甘肃省奥维旺建筑工程有限责任公司

曾承接景泰县鼎圣华府建设、县芦阳镇"福临芦塘·年味小镇"建设项目（二期）等工程。总经理雷恩成，城关村人。

三、其他建筑、建材、商贸企业

（一）景泰县云宇石化商贸有限公司

成立于2008年，主要经营液化气、天然气。截至2021年，上缴税费1000余万元。先后为地方公益性事业捐款30余万元。企业法人代表、董事长常敬霞，女，东关村人。2007年，获市慈善总会捐款荣誉证书和"爱心助学基金会捐款"证书；2012年，获市城镇"巾帼建功标兵"称号；2021年，为抗击新冠肺炎疫情工作捐款捐物，获县工商联、县光彩促进会颁发荣誉证书，获县委、县政府颁发"社会责任奖"。

（二）景泰县海燕建筑劳务有限公司

成立于2016年，主要从事建筑劳务分包、土石方工程、道路工程、工程机械设备租赁等业务。总经理芮文强，红光村人。

（三）景泰县恒盛商务有限公司

成立于2017年。经营建筑材料、汽车运输业务。法定代表人王世健，城北村人。2021年被北京百行百业市场调研中心评为优秀民营企业家。先后为公益事业捐助10万元。

（四）白银东城酒店有限责任公司

成立于2017年。经营住宿、餐饮、会议服务等业务。法定代表人杨延辉，石城村人。本人拥有5项发明专利。

（五）甘肃省周庄实业有限公司

成立于2019年。经营砂石料、黏土、硅石、玄武岩的开采、加工、销售，建筑工程劳务分包，土石方开挖，水利水电工程施工和酒店等业务。法定代表人杨延成，石城村人。

（六）白银腾茂商贸有限公司

成立于2020年。经营货物运输和建筑材料销售等。法人代表沈茂武，红光村人。

（七）甘肃润世恒商贸有限公司

成立于2021年。从事国内贸易销售代理，经营金属、建筑材料销售等。法定代表人卢昌立，响水村人。

（八）新疆壹品装饰工程有限公司

成立于2014年。从事住宅、商业空间等个性化装修设计与施工服务。2017年，企业发布"向日葵计划"，资助新疆南疆山村小学。2018年，获家庭装饰装修行业5A级诚信企业，获"中国建筑装饰杰出住宅空间设计机构"奖。2019年，获新疆名片认证企业。董事长郑栋先，董事、总经理郑烈军，分公司财务总经理郑彬先，分公司副总经理郑维先，均为石城村人。

芦阳镇志

LU YANG ZHEN ZHI

第八章

人口

第一节 人口发展概况

早在4500年以前，镇域内就有人类繁衍生息。历史上战争频繁，归属多变，人口较少。明朝万历年间，移民屯垦，人口才有适度发展。由于生产力落后，社会经济发展水平低下，医疗卫生条件差，人们的生活困难。人口出生率高，死亡率也高，自然增长率较低，人口增长缓慢。

1933年，景泰建县时，将靖远县辖大芦塘、五佛、一条山、锁罕堡、老龙湾等地划归景泰，划入1760户8436人，与原红水县人口合计约为4400户2.4万人。当时芦阳地区有三四千人。

1949—1979年，人口净增近1.5万人。20世纪70年代以后，推行计划生育政策，人口迅猛增长的势头受到遏制，自然增长率由70年代初的30‰～50‰降至2020年的5‰左右。

2021年底，全镇人口7121户27324人，其中常住人口5023户20891人。

表8-1-1　1962—2021年芦阳镇（公社、乡）人口变化统计表

年　份	户数（户）	人口（人）	自然增长（人）	自然增长率（‰）
1962	2383	13316	403	30.3
1963	2737	15399	619	40.2
1964	3187	18627	707	38.0
1965	2824	16578	673	40.1
1966	3187	19016	613	32.2
1967	3194	19514	547	28.0
1968	3049	18598	907	48.8
1969	3206	19524	741	38.0
1970	3318	20346	615	30.2
1971	3594	21606	862	39.9

续表

年　份	户数（户）	人口（人）	自然增长（人）	自然增长率（‰）
1972	3799	22647	841	37.1
1973	4211	24085	768	31.2
1974	4389	24669	470	19.1
1975	4431	24810	404	16.3
1976	4722	25671	420	16.4
1977	4670	26060	326	12.5
1978	4843	26601	274	10.3
1979	4942	26683	246	9.0
1980	4374	24859	282	11.4
1981	4448	25081	457	18.2
1982	4587	25523	440	17.2
1983	4569	25761	412	16.0
1984	4627	25805	365	14.1
1985	4675	25940	302	11.6
1986	4897	26032	189	7.2
1987	5329	27803	399	14.3
1988	5588	28025	283	10.1
1989	5834	28117	507	18.0
1990	6037	28792	312	10.8
1991	5659	26680	374	14.0
1992	5888	27528	406	14.7
1993	5970	27591	434	15.7
1994	6080	27561	438	15.9
1995	6266	27685	388	14.0
1996	6364	27894	362	13.0
2002	6219	27338	198	7.2
2008	6334	26820	142	5.3

续表

年　份	户数（户）	人口（人）	自然增长（人）	自然增长率（‰）
2015	6292	27045	71	2.6
2018	6330	27313	159	5.8
2021	7121	27324	137	5.0

表8-1-2　1964年芦阳公社各大队人口统计表

大队名称	户数（户）	人口（人）	自然增长（人）	自然增长率（‰）
芦　阳	279	1424	59	41.4
城　关	243	1350	48	35.6
东　关	211	1110	29	26.1
磨　湾	129	808	45	55.7
城北墩	223	1333	29	21.8
席　滩	122	744	34	45.7
一条山	294	1566	60	38.3
芳　草	164	997	37	37.1
红　光	162	912	34	37.3
合　计	1827	10244	375	36.6

表8-1-3　1964年响水公社各大队人口统计表

大队名称	户数（户）	人口（人）	出生（人）	自然增长率（‰）
响　水	191	1132	32	28.3
下　街	92	492	13	26.4
上　街	135	819	34	41.5
东　风	107	655	24	36.6
索　桥	94	561	26	46.3

续表

大队名称	户数（户）	人口（人）	出生（人）	自然增长率（‰）
西 关	96	568	17	29.9
麦 窝	126	777	29	37.3
米 山	92	583	30	51.5
合 计	933	5587	205	36.7

表8-1-4　1974年芦阳公社各大队人口统计表

大队名称	户数（户）	人口（人）	自然增长（人）	自然增长率（‰）
芦 阳	354	2087	37	17.7
东 关	456	2687	47	17.5
城 关	325	1933	51	26.4
城北墩	348	2057	46	22.4
席 滩	200	1167	26	22.3
索 桥	116	777	16	20.6
西 关	127	845	14	18.9
麦 窝	162	1053	18	17.1
一条山	414	2248	43	19.1
芳 草	248	1408	38	27.0
红 光	346	2159	43	11.5
东 风	147	921	21	22.8
响 水	580	3520	57	16.2
合 计	3823	22862	457	20.0

第二节　人口分布和密度

一、人口分布

镇域内，水资源是影响人口分布的主要因素。长期以来，在井、泉附近和河流沿岸大多是人口较为集中分布的地区。因此，村落呈点、线状分布于泉水出露的平原、盆地、沟谷、台地等，人口分布极不均匀。20世纪70年代后，随着景电工程上水，芦阳镇人口分布格局发生很大变化，山区人口、外乡人口陆续迁入灌区，形成新的人口分布特点，即：镇域内灌区如城北墩、马鞍山、席滩、芳草、一条山、石城、西六支、芦阳盆地等地人口稠密，黄河峡谷西岸、米家山区、红光丘陵地区等边远地区人口稀少。

表8-2-1 2021年芦阳镇人口分布情况统计表

村 名	村民小组（个）	总户数（户）	总人口	男	女	户数（户）	人口（人）
芦 阳	4	564	2025	1026	999	366	1466
东 关	6	693	2528	1297	1231	453	1811
城 关	4	462	1741	893	848	280	1161
城 北	17	1455	5679	2930	2749	1114	4456
席 滩	3	375	1510	783	727	347	1384
寺 梁	7	300	1196	617	579	201	983
西 林	3	234	896	468	428	141	605
石 城	3	419	1708	866	842	275	1323
条 山	12	1180	4521	2334	2187	1070	4280
芳 草	6	504	1998	1065	933	379	1632
十 里	4	208	790	393	397	116	484
红 光	5	169	613	306	307	51	204
响 水	8	558	2119	1081	1038	230	1102
合 计	82	7121	27324	14053	13265	5023	20891

二、人口密度

2020年，景泰县平均人口密度为34人/平方公里，芦阳镇平均人口密度为59人/平方公里，属于景泰县人口比较密集的乡镇。

第三节 人口构成

一、性别构成

表8-3-1　1962—2021年芦阳镇（公社、乡）人口性别构成统计表

年　份	总人口	男	女	男女比例
1962	13316	6802	6514	100∶95.77
1964	18627	9944	8683	100∶87.32
1965	16578	8356	8222	100∶98.40
1968	18598	9322	9276	100∶99.51
1969	19524	9726	9798	100∶100.74
1970	20346	10121	10225	100∶101.03
1971	21606	10666	10940	100∶102.57
1975	24810	12128	12682	100∶104.57
1978	26601	12928	13673	100∶105.76
1979	26683	13006	13667	100∶105.08
1980	24859	12185	12674	100∶104.01
1985	25940	12933	13027	100∶100.73
1990	28792	14381	14411	100∶100.21
1995	27685	13865	13820	100∶99.67
2002	27380	14088	13292	100∶94.35
2008	25959	12995	12964	100∶99.76
2015	27045	—	—	—
2018	27313	14023	13290	100∶94.77
2021	27324	14053	13265	100∶94.39

二、年龄构成

表8-3-2　2020年芦阳镇人口年龄构成统计表

村名	0—14岁	占比(%)	15—59岁	占比(%)	60岁以上	占比(%)
芦　阳	285	14.1	1261	62.3	479	23.6
东　关	359	14.2	1597	63.2	572	22.6
城　关	267	15.3	1083	62.2	391	22.4
城　北	923	16.3	3653	64.3	1102	19.4
席　滩	208	14.6	945	66.1	276	19.3
寺　梁	203	17.1	772	64.7	217	18.2
西　林	132	14.7	576	64.3	188	21.0
石　城	287	16.3	1094	64.0	331	19.3
条　山	744	16.5	2930	64.8	847	18.7
芳　草	335	16.8	1270	63.5	393	16.7
十　里	124	15.6	504	64.4	162	20.0
红　光	96	15.7	350	57.1	167	27.2
响　水	339	16.0	1328	63.7	452	21.3
合　计	4202	15.8	17363	63.7	5577	20.5

三、文化程度构成

1949年前的很长历史时期，读书人很少，家境比较好的人家才有可能供子弟读书。只有个别人能在村里的红白事及过年时书写对联，帮助别人书写土地或房产买卖契约及信件。能够完成中学和大学学业的人更少，绝大多数人是文盲。中华人民共和国成立初期，开展全民性的扫盲运动，人们上夜校、耕读班，通过扫盲，很多人能够识字读报。随着国家基础教育的发展，几乎每个村都办了小学、初中。20世纪七八十年代，芦阳中学开设高中班。90年代，普及九年义务教育，人们的文化教育水平得到很大提高，普通家庭考取大学生非常普遍。

1990年，完成"两基"（基本普及九年义务教育、基本扫除青壮年文盲）达标，芦阳镇每万人中有大专及以上文化程度8人；高中（含中专）文化程度694人；初中文化程度2655人；小学文化程度3234人。

表8-3-3　1964年芦阳公社人口文化程度构成统计表

大队名称	人口	12岁以下（不在校）	不识字	初识字	初小	高小	初中	高中	大学
芦　阳	1400	447	480	63	193	100	84	32	1
城　关	1314	471	408	97	182	70	70	15	1
东　关	1094	373	387	42	171	63	45	13	0
磨　湾	785	290	293	2	120	41	34	5	0
城北墩	1334	516	466	66	164	57	58	6	1
席　滩	733	274	266	45	90	36	16	6	0
一条山	1530	503	523	50	306	85	55	5	3
芳　草	986	354	387	19	133	57	30	6	0
红　光	888	316	334	58	118	25	35	2	0
机关单位	64	14	1	0	9	12	13	11	4
合　计	10128	3558	3545	442	1486	546	440	101	10

表8-3-4　2020年芦阳镇常住人口文化程度构成统计表

序号	文化程度	人　数	男	女
1	博　士	1	0	1
2	硕　士	25	10	15
3	本　科	336	171	165
4	专　科	585	322	263
5	高　中	1725	1124	601
6	初　中	6178	3582	2596

续表

序号	文化程度	人数	男	女
7	小学	5334	2468	2876
8	学前	558	277	281
9	未上学	1168	304	864
10	成年未受教育	505	250	255
11	合计	16425	8508	7917

四、85岁及以上老人

表8-3-5　2020年芦阳镇85岁及以上老人统计表

村名	姓名、性别及年龄	备注
芦阳 (22人)	卢守家（87）、吴华山（86）、张世英（女85）、王元福（89）、王兰英（女85）、王凤兰（女89）、刘正英（女86）、唐莲兆（91）、伟秉兰（女89）、张长清（89）、李发友（86）、陈有才（91）、李美兰（女93）、彭文花（女91）、龚成霞（女85）、马有顺（85）、吕俊（85）、化淑静（女94）、常秀英（女85）、刘家基（88）、张凤兰（女87）、赵玉叶（女86）	男10人 女12人
东关 (28人)	李发福（97）、张学刚（86）、王天英（女88）、张正胜（85）、沈渭河（87）、谭海芸（女91）、王梅英（女85）、董守珍（85）、王定清（88）、杨香云（女86）、何沛泰（86）、杜美兰（女88）、王天兰（女90）、缪天成（85）、刘万荣（90）、石生连（女85）、化廷英（女86）、黄文忠（86）、王全（89）、张永旭（85）、郭玉英（女88）、路秀英（女87）、安玉成（女85）、王定林（85）、王朝凤（女89）、王洪仁（85）、马明祥（85）、张素珍（女92）	男15人 女13人
城关 (27人)	王瑞云（89）、杨帮书（女85）、王银桂（女91）、张守兰（女93）、王月英（女85）、包守义（90）、刘兰英（女85）、郭梅芳（女91）、范学兰（女86）、尚义武（87）、卢守兰（女92）、雷百会（90）、卢兰英（女88）、付秀珍（女92）、贺玉芳（女86）、何梅奎（女90）、张兴玉（女87）、付仲科（89）、张玉淑（女87）、折福生（87）、折发荣（87）、付俊英（女94）、李文芸（女88）、陈文玉（女91）、吕玉英（女86）、付玉英（女86）、付廷举（85）	男8人 女19人

续表

村 名	姓名、性别及年龄	备 注
城 北 (40人)	来登旺(85)、李生章(91)、谈玉珠(女86)、王兆英(93)、沈霞云(女93)、王月兰(女92)、王积富(85)、王怀兰(女89)、王忠臣(85)、谈玉英(女88)、吴换英(女86)、张太礼(90)、王明有(88)、李翻兰(女86)、张珠(88)、李桂英(92)、路成祥(88)付生艮(92)、常金厚(85)、刘玉芬(女85)、王有莲(女91)、付如安(86)、王彩云(女88)、张有安(86)、高娥(女89)吴大鹏(87)、罗书(女88)、王秀英(女86)、李文化(89)、王波(86)、彭真情(女87)、缪述花(女91)、杨星兰(女87)、党风花(女85)、龚成英(女87)、王兰(女91)、李生江(87)、温全芳(女85)杨风英(女86)、王积华(87)	男19人 女21人
席 滩 (11人)	郭秀英(女86) 王廷书(女89) 张富荣(女91) 郭祥宗(86)、赵秀英(女87)、郭志娥(女87)、杨万花(女88)、张承祥(87)、马昌英(女87)、韦秉信(87)、司述元(女85)	男3人 女8人
寺 梁 (18人)	焦天书(女85)、王孝生(87)、张兴兰(女85)、王成秀(女88)、毛素英(女87)、杨天兰(女85)、张茂胜(87)、王孝举(89)、罗彩风(女85)、苏秀兰(女91)、沈秀英(女86)、贾桂英(女85)、毛全珍(女94)、杨天贵(92)、罗正强(87)、王登俊(87)、张兴云(90)、黄金花(女86)	男7人 女11人
西 林 (3人)	达宗福(85)、王贵忠(女87)、曾海林(88)	男2人 女1人
石 城 (14人)	王玉福(89)、沈春花(女87)、张有英(女96)、薛延良(93)、王文秀(女91)、孟生春(87)、田克扩(85)、罗红英(女88)、王玉芳(女89)、张会林(女85)、常庆林(女85)、王成义(87)、辛德礼(87)、马秀兰(女86)	男6人 女8人
条 山 (23人)	刘凤英(女87)、贾万珍(87)、卢守云(91)、唐文英(女93)张秀英(女85)、王香婷(女87)、高武祖(87)、王美兰(女85)、刘家万(85)、化秀兰(女85)、杨生保(96)、李永寿(85)、袁祥福(86)、张霞(女86)、高秀兰(女93)、闫彩凤(女87)、蔡文清(88)、胡兰英(女90)、洪玉芳(女88)、刘祝山(88)、张秀英(女88)、王家香(女86)、杨邦胜(94)	男10人 女13人
芳 草 (15人)	杨积广(86)、张学花(女85)、李玉英(女91)、尚有美(89)、赵兰英(女88)、武祥顺(85)、杨积昌(92)、吴秀英(女94)、王春香(85女)、王秀兰(女86)、李作兰(女88)、刘秀英(女87)、马登兰(女86)、张有禄(88)、焦万盈(85)	男6人 女9人

续表

村　名	姓名、性别及年龄	备　注
十　里 （5人）	杨吉兰（女89）、李凤英（女85）、张鸿玉（女88）、李凤兰（女87）、赵宗珍（女96）	女5人
红　光 （11人）	丁建花（女85）、康美兰（女85）、卢守兰（女86）、沈美林（90）、王昭（86）、杨树英（女86）、康玉珍（女88）、周世林（85）、沈森林（女89）、杨玉珍（女87）、张守信（86）	男4人 女7人
响　水 （17人）	刘尕香（女85）、李贵英（女92）、吴大选（86）、马如财（85）、罗正莲（女89）、李润兰（女90）、杨天财（87）、王怀昀（85）、高步春（90）、马生福（86）、张明正（85）、卢淑香（女89）、刘玉英（女85）、郝铎奎（90）、王月英（女91）、卢秀兰（女91）、彭文兰（女88）	男8人 女9人

第四节　人口迁移

除大的自然灾害和战争之外，芦阳地区人口基本处于自然发展状态。

中华人民共和国成立初期，国家有计划地从东部地区、大城市抽调一批知识分子支援西北地区的经济建设，有几十名知识分子分配到景泰县；1952年土改运动中，芳草村接纳来自县内白墩子乡10户50多人；白墩子、大格达、红水等地50多人搬迁至一条山；1960年前后，国营条山农场和一条山村场队分家，一条山村约200人留置农场；东风、西关、响水约200人搬迁至下车木峡。

1974—1976年，响水大队近2000人搬迁至今草窝滩镇龚家湾村；五佛公社7个大队、东风大队、麦窝大队等地1400多人搬迁至马鞍山、东新、麦丰等地，后合并到城北墩大队；麦窝、索桥大队1000多人搬迁至寺梁、唐马窑子等地，后合并为寺梁大队、上滩大队；芦阳、城关、西关、红光等大队及米家山区约1300人搬迁至西六支、上滩、卞地槽、大梁头等地；正路公社的正路、红岘、川口、石井、三墩、沙河井、冯家水、牟家庄、朱家庄、马槽沟等地600多人搬迁至西林大队；正路公社的正路、石井、大滩、拉牌、红岘、黄羊垴、峡儿水、长川、黄崖1400多人搬迁至石城大队；红光大队第六、第七生产队整体搬迁至十里村。

1988—1990年，东关村200多人、周窑部分村民搬迁至漫水滩乡的杨柳村；城关村130多人、寺梁村100多人搬迁至红水镇共建村；麦窝村100多人搬迁至漫水滩乡漫水滩村；西关、响水、东风大队1000多人搬迁至上沙沃镇新关、边外、榆树等村；红光村涝坝岘、碾轱辘㟃、红庄部分村民搬迁至红水镇清河村（大嘴子）。

1949—2021年，由于历年征兵、招干、招工，大专院校招生、农转非等，约有2000人的户籍迁出芦阳镇。城北村、条山村有近一半的人口为移民人口；寺梁、西林、石城、十里等村为纯移民村。

第五节　知识青年

1968年12月，芦阳公社所属各大队分期分批接受主要来自兰州、白银及本县城市户口的知识青年538人。1978年10月，停止了知识青年上山下乡运动。1979年后，绝大部分知青陆续返回城市，有少部分人在农村结婚落户。

表8-6-1　1973—1977年芦阳公社知识青年上山下乡安置情况表

单位：人

大队名称	安置点（个）	总数	1973年 男	1973年 女	1974年 男	1974年 女	1975年 男	1975年 女	1976年 男	1976年 女	1977年 男	1977年 女	知青原籍
东　关	6	55	8	4	1		2	5	1		17	17	兰州
城　关	3	65	17	17					18	13			兰州、白银
城北墩	5	73	5	4	8	6	6	4	10	5	10	14	景泰县
响　水	6	60									34	26	白银
席　滩	3	62	8	13	1	1	5	7	13	8	3	3	兰州、白银
一条山	7	111	10	10	2	2	25	25	18	18		1	兰州、白银

续表

大队名称	安置点（个）	总数	1973年 男	1973年 女	1974年 男	1974年 女	1975年 男	1975年 女	1976年 男	1976年 女	1977年 男	1977年 女	知青原籍
芳 草	3	53	9	8	2	2	6	4	14	8			兰州、白银
合 计	33	479	113		26		89		126		125		

注：安置点即生产队。

1973—1977年芦阳公社安置上山下乡落户知识青年名单（部分）

一、1973年

（一）东关大队

第六生产队　刘学刚、王建新、郭太民、鄱志雄、刘儒喜、龙得珠、王志萱、皮菊兰、顾宝春。

（二）席滩大队

第一生产队　陈龙、陈国华、孙振福、张立波、史新兰、李天祝、贡兰云、杨桂珍、刘春华、石淑敏、王宝琴、梁昭莲、贺灵。

第三生产队　姜文利、李树泉、韩永斌、蔡明友、顾妹妹、王雅珍、王喜荣、孙春艳、孙叶枝、王秀玲、于素花、张进。

（三）城北墩大队

第二生产队　焦建琦、刘吉斌、周刚、何建忠、乔富贵、王改荣、朱敏、张素荣、李春林、李惠林。

（四）一条山大队

第二生产队　刘军、任庆斌、周先宝、杨业杰、王良才、未小林、赵转定、张秀梅、陈越梅、张东林、吴治杰、杨忆岭、肖玉安、师胜利。

第五生产队　许建兰、孙宝英、倪金芳、王玉梅、何金萍、蒋玉秀。

第六生产队　李建东、郭蓉兰。

（五）芳草大队

第一生产队　贾菊花、程燕莉、张永林、李玉春、朱景花、李建华、关凤霞、于斌、李积武、冯建民。

第二生产队 付云霞、苏建国、王翟、金海清、郑君花、李长春、杨昌辉、张建宁、陈晓聪（景泰县）。

（六）东关大队

第二生产队 艾文琦、贾凤、安敏、徐振生、孔维新、赵惠芳、李惠玲（景泰县）。

第三生产队 段好存（景泰县）、杨兰、王莉、李敏容、马红梅、杨小玲、雷兰英。

二、1975年

（一）城关大队（白银籍知青）

第一生产队 杨光宇、申秀英、李谷、郭建霞、王猛、陈保臣、李贵清、布鸿炳、王淑娥、徐玉芸、张秀兰。

第二生产队 郎贤志、杨伟、马英伟、马庆德、赵志刚、曾秋明、郑松英、李春清、李海英、蔡秋珍、马云凤、苏新尧、温学环。

第三生产队 李保全、张安英、王云芳、李圣君、殷红英、宋淑芳、蒋春海、王如、雏爱萍、陈晓明、杜秀荣、关凤霞、刘念和。

（二）芳草大队

第三生产队 李桂庭、李海梅、孙明英、冯忠良。

（三）条山大队

第一生产队 安萍、宋华、白玉波、李明启、闵桂芹、杨俊琳。

第三生产队 高芸、芦新娥、戴莲瑞、张金全、崔小伟、王春生、张华、宋清；

第四生产队 姜东芝、陈晓梅、陈有银、祁革军、曾大同、高铁琦、张艳萍、艾红。

第七生产队 殷实、冯桂英、耿秀云、古思建、裴生胜。

（四）席滩大队

第二生产队 谢兰、芮建宇、鲁全瑜、王璠、黄小英、鲁爱莲、范秀英、张新富、郭永庆、郭永动、张守本、周文库、赵勇、尚平、李明娜、狄维菊。

(五) 东关大队

第三生产队 徐得财、牛福全、方玉梅、闫炯、张敏、郑思春、刘代英、青泽平、张勇、刘兴泉、董梅、刘玉华、郑天有、程远祥、马银玉、许善勤、麻翠香、孙玉梅、麦小清。

三、1976年

(一) 一条山大队

第二生产队 楚士英、芦金生、付丽君、余建军、谷剑英、王超英、张国忠、陈宝珠、翁乃华、刘建军、李跃平。

第五生产队 王淑芳、芦政飞、莫岚、王理正、代英杰、李廷盈、姚平安、高敏玲、徐德臣、张树英、王俊花。

第六生产队 李春辉、白光元、郑金里、马银娥、马红、张贵福、陈银林、陈立群、门大远、史幼民、赵玉梅、张志英、沈美云。

(二) 城关大队

第一生产队 李胜斌、马云芳、邵宝露、达庆刚、张建永、于玲玲、时国政、邴杰、付贵芬。

第二生产队 李淑兰、温学明、高志国、陈晓兰、张建银、付志霞、孙丽芳、谭新生、王平、薛英。

第三生产队 彭波、王丽红、安继生、岳铁坤、孙庆茂、白玉芹、刘建军、马建、谭延明、岳俊蒿。

(三) 芳草大队

第一生产队 郭刚、隋立华、张漪清、张凤英、张玉会、刘景春、李春华、姜东林、王淑香。

第二生产队 刘宝林、柴伟、郑金海、范玉英、王胜东、齐玉林、张惕、马桃芳、高鹏远。

第三生产队 王建中、张湛、牛红、张国微、雷卫星、杨俊山、冯忠良、王占兵、乔国强、李海梅、张淑杰、李桂婷、孙明英、王丽霞。

(四) 城北墩大队

第三生产队 朱平、高峰、刘芳英、朱亚龙、鲁金兰、王胜洪、康宝妹、瞿学斌、石立平、王胜敏、采玉清、袁佳萍。

（五）席滩大队

第一生产队　张照明、马勇、曹继兵、雷晓阳、吴珂、李刚、张志梅、王桂玲、颜丽、吴守德、刘媛、贺峰。

第三生产队　崔淑云、孙桂成、朱兰生、丁宗智、朱惠玲、丁田萍、郝爱萍、李军、单晓林。

四、1977年

（一）东关大队

第四生产队　薛兰萍、尹萍、朱云、张春楠、王艳、张丽、范立新、张忠良、张军、何帮军、刘永周。

第五生产队　王俊超、刘华、恽雪萍、欧亚玲、常淑萍、李生兴、徐秉良、陈勇、李泽。

第六生产队　付兵、陈家义、张新力、康学兵、王世华、杨凤玲、谢庆生、古振年、沙存林、王玉琴、张翠香。

（二）席滩大队

第一生产队　姚启武、王永平、吕中生、尚鸿、张惠方、赵小英、张照凤、张志海、冯涌、李刚、贺峰、刘媛。

（三）响水大队

第二生产队　刘宝玉、马国栋、程秀梅、杨洪浩、曹志刚、张晓春、杨臣、马芳秋、姚颖、杨春玲、刘兰香、齐瑞杰。

第五生产队　马秦洮、兰杰、李贵文、宋元江、蔡克川、陆铁钢、马存林、贠焕芝、蔡冬梅、郎英波、姚洁、齐莲芬。

第六生产队　蔡映全、王雪梅、李跃军、姚文清、宋建华、李铎菅、才铁立、付志琦、张桂凤、屈晏、张银华、张秀英。

第八生产队　安金斗、王琴、唐亮、闵桂军、蔡彭湖、孙家祥、陈跃林、王群、张淑芳、宋娟、白淑萍、苏雅荣。

第九生产队　陶辉、刘银洁、梁刚、王金宝、李贵宝、张德鹏、张兴福、徐玉莲、楚淑珍、李艳琴、李雅红、孙建华。

第六节 计划生育

一、组织机构

1976年，芦阳公社成立计划生育领导小组。1980年5月，配备计划生育专职干事，负责计划生育工作。1985年11月，芦阳镇成立计划生育领导小组，下设办公室，有计划生育专职干部2~3名，加强计划生育工作。1987年12月成立计划生育协会。随着计划生育工作的不断深入开展，相继建立计划生育服务站。2011年9月，计划生育服务站综合办公楼建成使用，总建筑面积为835平方米，服务站有技术人员6人，其中助理医师2人，护士1人。设有接诊室、B超室、乳腺诊断治疗室、妇检室、男女咨询室、治疗室、手术室、药具室、观察室、化验室、儿童乐园、视听室、办公室和婚育学校等。有B超、多功能妇科治疗仪、乳腺诊断治疗仪、输氧设备、显微镜、血红蛋白分析仪、尿液分析仪等38台仪器。

计划生育服务站开展的服务项目主要有环孕情服务、妇女病普查治疗和转诊、术产后随访、放取宫内节育器、放取皮下埋植术、出生缺陷干预、避孕药具发放、优生优育知识宣传咨询、生殖保健知识宣传咨询等服务。

二、政策措施

1973年以后，历届党委、政府把计划生育作为工作的重中之重，常抓不懈，计划生育工作也成为上级部门考核乡镇工作业绩的重要依据。计划生育协会会长一般由镇党委书记兼任，镇长兼任副会长，各大队党支部书记兼任大队计划生育协会会长，大队长兼任副会长。

1976年，提倡晚婚晚育，城镇青年男27周岁、女25周岁，农村青年男25周岁、女23周岁结婚；提倡一对夫妇只生2个孩子，胎次间隔4~5周岁；以后招工、招生、招收女兵时必须照顾已落实节育措施的有女无男户的孩子；凡是计划内的产妇，医院、合作医疗站优先安排免费接生，对积极采取节育措施者，政府按规定记给工分或给予其他照顾，对已生2个孩子、如有残疾者，经本人申请报计划生育办公室批准可再生1个，严格执行城镇一对夫妇只生育1个孩子。

已婚育龄夫妇节育措施主要有孕情检测、放环、皮埋、人流引产、早期人工终止妊娠术、避孕节育、结扎等。同时，对采取节育措施的家庭给予一定的优惠政策。

（一）对当年自愿落实绝育措施的政策内出生二女户，给予5400元的一次性奖励，600元养老储蓄，不低于1000元的营养补助。当年独生子女户给予600元的养老储蓄和360元的独生子女保健费（独女户另给1000元的一次性奖励），对往年独生子女户给予每年360元独生子女保健费（子女年龄不超过16周岁）。

（二）落实农村"两户"家庭（独生子女户家庭和二女户家庭）子女省内大学录取时加10分，初中升高中、中专时总分增加30分的政策。在普通高中家庭经济困难学生助学金制度中，将符合条件的"两户"子女全部纳入。对"两户"家庭子女考入重点本科院校和普通二本院校的分别给予2000元和1000元的助学奖励。对就读于高等学校的"两户"家庭学生，帮助联系信贷机构，优先享受生源地贷款政策。

（三）为"两户"家庭投保意外伤害保险30元；全额代缴新农合参合资金（2女户按4人，独生子女户按3人）。为"两户"家庭按每人100元代缴新型农村养老保险金。

（四）民政部门在实施农村低保中，在同等条件下，优先将符合条件的"两户"纳入低保。对符合条件的独生子女和二女特困家庭大病治疗优先给予医疗救助，并适度增加救助金额。将符合条件的农村独生子女死亡家庭父母和无劳动能力、无生活来源、女儿又无赡养能力的老人（男60岁，女55岁）纳入五保供养范畴。在危旧房改造项目中，优先考虑"两户"家庭，并适度提高补贴金额。

（五）在小额贴息贷款项目中，加大对"两户"家庭审批力度。对年满60周岁的"两户"家庭，及时纳入奖励扶助对象中。对特殊"两户"家庭及时纳入特别扶助对象中。

经过近40年采取持续严格的计划生育政策，人口过快增长的势头得到有效控制。2021年，全镇共有7121户27324人，其中已婚育龄妇女4152人，一孩妇女1160人，占总育龄妇女的27.94%；二孩妇女2579人，占总育龄妇女的

61.11%；其中独生子女领证340户；二女户节育户172户；人口自然增长率为5‰。

第七节　家庭　婚姻

一、家庭

明万历年间以后，随着镇域人口增长，家庭组织逐步趋于稳定。多数家庭组织为一个同宗同族、具有血缘关系的近世家族构成。家族事业有成，人丁繁衍兴旺，庄田、财产、人口较多者，称之为"大户人家"。

旧时的家长（掌柜的）是一家之主，在家族中具有最高权威。家族中凡有红事白事，或遇天灾人祸等大事，由家长主持协商办理。家长对家庭中的收入支出、老人赡养、子女养育、执行家规家法、迎来送往等，负有全权处理责任。民国时期，居民中不乏具有五六十口人的大家庭，四五代人同一锅灶吃饭（一锅搅勺）。出现"四世同堂"或"五世同堂"的家庭，亲友们一般都要赠送匾额，以示称颂。

家业兴旺的大户人家，田多地广，还兼营工、商、牧等各业，主要家庭成员实行分工负责，或雇佣他人操持。负责农牧业的称工头，负责商业的称先生。磨面、碾米、烹茶、煮饭等其他事务则由家中妇女分别轮流担当。也有雇佣"锅婆"（做饭的）、丫鬟的。家庭中对后辈的教育都比较重视，一般在家里聘请私塾先生，也可送至芦塘城的私学或官学中读书，甚至还可送至省城兰州读书。

家庭启蒙教育内容主要是《三字经》《弟子规》《孝经》《百家姓》《千字文》等纲常礼教。

民国时期，农村中贫富悬殊，农户拥有财产差别较大。家庭财产主要是土地、房产和财物等。根据贫富程度不同，大体可分为财主、富裕自给户和贫困户。财主的财产主要是土地和房宅，在城市与外地设有商号、钱庄和其他经营资产。贫困人家所占土地、财产较少。有的贫穷人家没有土地，多靠租种富裕人家的土地给其交租，或当长工、打短工、作佃户维持生计。

传统上，只有男性后代能够继承家庭财产。女性后辈在家有住有吃的权利，

▲ 图 8-7-1 万廷录家族（东关村）1958年全家福

▲ 图 8-7-2 王瑞云家族（城关村）1959年全家福

▲ 图 8-7-3 张德义家族（芦阳村）1961年全家福

也能获得部分财物作为嫁妆,但不能取得土地和房宅,不能继承遗产。分家一般不以人口多少为依据。父亲有多少儿子,家产就分为多少股,有的人家也为长孙单列一股。分家时必须有族中家长主持,家族成员代表及外公家舅舅或亲戚朋友在场,写成土地房产、财物详细分单(也称"契约"),有关人员都要签字画押,契约方能有效。分家之后,便可另起炉灶过日子。

中华人民共和国成立后,实现男女平等,男、女都是家庭财产的合法继承人。随着社会、经济的发展,家庭观念发生很大变化,家庭人口小型化发展趋向明显。如1949年芦阳户均7.5人,1964年户均5.8人,1990年户均4.7人,2020年户均3.8人。人们的生活向自由、舒适方向发展,父母与儿子、儿媳(女儿、女婿)分开居住生活成为常态。

二、婚姻

传统上,男女婚配大都由父母包办,遵循"父母之命,媒妁之言"的成规。讲究"门当户对",即双方基本条件大体相当。男方请媒人前往下聘礼,女方索要彩礼,婚娶全部费用由男方承担。家贫者经济压力沉重,婚后往往留有债务。结婚之前青年男女大多不曾相识,全凭媒人来回说合,直到入洞房才能见面,因此婚后感情不和者较多。如若夫妻感情破裂,男方可写一纸休书将女方休掉,女方则只能顺从。

包办婚姻还有其他形式。一是指腹为婚。双方父母曾是亲朋好友,事先约定夫人怀孕若分别生下男女,便两家成亲。二是娃娃亲。双方子女还是孩童之时,两家大人商定婚配,待孩子长大后为其完婚。三是冲喜婚姻。多为男方富裕家庭因其子弟患病不愈,意欲娶媳冲喜,男方娶来媳妇后,男子病情并未好转甚至不久亡故,女子终生守寡,命运悲惨。四是童养媳。多为贫苦人家因养活不了女儿,从孩童时候就送到未来的婆家,婆家把她当成闺女养活,男女暂不同居。待成年后简单操办婚事,男女便可完婚。有的童养媳实则成为奴仆,被夫家歧视,脏活累活都得做,还会经常挨打受骂、遭受欺凌,时有逃跑者甚至自寻短见者。

旧时代家庭婚姻关系极不平等,甚至产生畸形的婚姻形式。如富裕人家的男人可以一夫多妻;有的年轻女人丧偶成为寡妇,如果再嫁则备受歧视;也有寡妇自己不愿离开家庭和子女,招个男子上门为夫,俗称"招夫"或"坐堂招夫"，入赘丈夫须改寡妇前夫的姓，为前夫承担养家和教育子女的责任。入赘丈夫往往会受到社会的歧视。而青年男女自由恋爱则被视为大逆不道，为世俗所不容。

1950年，国家颁布《婚姻法》，青年结婚年龄规定为男满20周岁、女满18周岁。1980年，国家修改颁布《婚姻法》，规定结婚最低年龄男为22周岁、女为20周岁。在婚姻问题上由父母包办的现象已经很少见。青年男女完全实行自由恋爱，自主婚姻。入赘婚姻也逐步被社会所接受。

芦阳镇志

LU YANG ZHEN ZHI

第九章

教 育

第一节 教育概况

一、明清时期的教育

明朝正统初年,大芦塘、小芦塘一带为靖虏卫(今靖远县)所辖。连年战争使武职人员品级升高,一批将领形成军功世家,变为地方豪门大姓,开始设立私塾,教育子弟学习文化。

明正统二年(1437年),靖虏卫设塾(庠),塾有教授1人,训导2人,专司教育,部分军户子弟入卫庠学习。教谕、训导、教授等为学官,既是教育机构的行政长官,又是主要授课教师。学官除负责教育外,也负责主持地方各种祭祀活动,在地方上有较大的权力和较高的威望。

清初,靖远卫儒学署改称教育署,仍置教谕、教训等负责教育。清嘉庆十四年(1809年),靖远知县王保澄在大芦塘城外关帝庙西南文庙院内建置义学一处。后一些经济条件较好、重视教育的乡绅在本村先后开办私塾,并逐步取代义学。同治年间,在大芦塘任教的雷高捷先生,教育有方,门多高徒,时为地方名士。靖远县进士范振绪曾在大芦塘设馆授徒,门生较多。光绪二十八年(1902年),清廷颁布新《学校规程》;光绪三十一年(1905年),废科举、兴学堂;光绪三十四年(1908年),改教育署为劝学所,设劝学长、视学员、文牍员、会计各1人。

明、清两朝,官办学校经费由地方税收支付,私塾则由办学者自筹。民国初期仍沿清制。其间,大、小芦塘一带有文进士2人,武进士1人,举人18人。

二、民国时期的普通教育

民国元年(1912年),废除劝学所,设教育公所,所长1人,劝学员2人,文牍1人,会计1人。小学堂一律改名为小学校。民国二年(1913年),小芦塘创办响水小学。民国四年(1915年),大芦塘创建靖远县第四高等小学。小学校修业年限改为初小4年,高小3年,停止讲经课。低年级(初小一年级、二年级)开国文、算术、图画、唱歌、手工等课。中年级(初小三年级、四年级,下同)增开修身、常识课、唱歌课、体育课,改手工课为劳作课;四年级及高

▲ 图9-1-1 范振绪（前）与王阶平

小一、二年级加珠算课；高年级（高小班）不开设常识课，开历史、地理、自然课；高小三年级去珠算课，开英语课。民国五年（1916年），各地初小更名为国民小学。

民国五年（1916年），教育公所复改称劝学所，所长为教育负责人。同年，政府将军田、庙田、山林划归学校，由学校收取租粮作为办学经费。

民国十一年（1922年），国民小学改称初级小学。民国十二年（1923年），小学修业年限定为6年，即四、二分段制，分别称"小学"和"完全小学"。民国十三年（1924年），靖远县劝学所改称教育局，设局长、督学为负责人，文牍、会计为一般工作人员。民国十七年（1928年），高级小学统称"完全小学"。

民国二十五年（1936年），督学归县长直接领导，代表县政府督察地方教育。后教育局改称教育科。民国29年（1940年），教育科改为第三科，设科长1人，为教育行政负责人；督学2至3人，为业务督察；科员若干人。除第三科外，还设有教育稽核委员会、义务教育委员会、国民教育推进委员会、教育研究会、童子军理事会等机构，协助教育行政部门管理地方教育。各乡设学区，任命教育委员1人，负责当地教育。同年，政府又令小学附设成人班、妇女班，进行文化补习，以识字扫盲为主，大多兴时不久，即销声匿迹。民国三十年（1941年）以后，县城小学和规模较大的乡村小学，先后附设"幼稚班"，招收六七岁儿童入学，进行学前教育，学童称"幼稚生"。大部分学校实行男女同校就读。

抗日战争时期，小学一律改为秋季始业，家长仍沿旧制于春天开学时送子女入学。于是，小学即设"学前班"，秋季开学后，学前班的学生即升一年级，因学习期限只有半年，遂有"半年级"之称。

民国三十四年（1945年），以芦阳关帝庙为基地，建校舍50余间，创办景泰简易师范学校，当年秋天开学招生，学制3年。1949年，景泰简易师范学校

| 唐吉武 | 王允如 | 李蓝田 | 马雄天 | 王积印 |

| 龚大绥 | 王庆云 | 徐懃 | 安寅 | 张承宗 |

▲ 图9-1-2 芦阳镇籍优秀教育名人

改招初中班。1950年，学校改称景泰初级中学。

民国时期，高等小学（五年级、六年级）、中学和师范入学，都实行考试制度，招生简章由各学校自行拟定。考试完毕，试卷密封评定，录取名单张榜公布。正取生外，还有备取生若干名。在正取生到期未入学或班级定额不足时，学校通知备取生递补。学校每学年要进行两次期终考试，一次在暑假前，一次在寒假前。期中还要进行一次测验，上学期叫"春季测验"，下学期叫"秋季测验"。期考和测验都要分门别类评定分数、排列等级和名次，分甲乙丙丁四等，丁等为不及格，两次期考不及格者不能升级。

20世纪初期及中前期，芦阳地区涌现出一批为芦阳地区乃至景泰的教育和文化发展作出重要贡献的优秀教育人才。

三、1949年后的教育

（一）机构沿革

1949年后，教育行政部门称第三科，1950年改为教育科。1952年改称文化教育科（即文教科）。1955年为教育科，1956年重新合并为文教科。1964年改科为局。"文化大革命"期间，或改称革命委员会，或称宣教组。1969年前后，根据要求，全县各公社成立教师辅导站；1970年后，恢复文教局称谓。1985年称教委，1998年起称教育局。

（二）芦阳学区（芦阳公社教师辅导站）

芦阳公社教师辅导站成立于1969年，在公社和县文教局双重领导下，负责全公社的文教工作。2021年，学区有1所初级中学，5所完全小学，4所幼儿园（含私立幼儿园1所），4所小学附设学前班，教学点5处。在校学生837人，其中初中生214人、小学生442人、幼儿181人。教职工206人，专任教师205人，公益岗人员1名。初中专任教师45人，小学专任教师160人。专任教师中本科学历140人，专科学历59人，研究生1人，中师学历5人，教师学历合格率100%。其中有省教学能手2人、市县学科带头人4人、市县骨干教师15人。

中小学的布局和规模满足义务教育发展的需要，适龄儿童、少年均能就近入学。小学建筑面积15875平方米，生均校舍面积35.92平方米；中学建筑面积7383平方米，生均校舍面积34.5平方米。科学教学仪器、电教器材、体育、音乐、美术、卫生器材基本配齐。中学理、化、生仪器按省颁标准配备，均已达Ⅱ类要求。小学有图书4.1万册，生均92册；中学有图书3.1万册，生均144册。所有学校接入互联网。至2021年，有1所学校被评为"全国体育教育示范校"，2所学校被评为"白银市五星级学校"，3所学校被评为"甘肃省快乐校园示范校""甘肃省德育示范校""白银市园林化学校"，5所学校被评为"景泰县平安学校"，5所学校被评为市县先进单位；学区获得2008年度、2009年度、2011年度全县教育系统先进单位；2012年，获"甘肃省两基工作先进单位"称号，2013年，被评为"白银市教育系统先进集体"，2017年，学区党总支被评为县"先进基层党组织"。

1977年恢复高考。1977年、1978年两年，全公社考入大中专学校158人；1979年考入75人。

（三）民办教师和代课老师

民办教师 20世纪50年代开始，为补充师资力量，从本乡本土推选有一定文化水平的人承担乡村中小学教学任务，被称为民办教师。主要以本地同等劳动力工分作为报酬，工资待遇低。他们平时上课，放学后还要干农活。其间，通过陆续考试招录、中师招生及其他形式，逐步解决民办教师转正问题，至2000年，民办教师基本转为正式编制。

代课老师 主要指1984年之后没有事业编制的临时教师。其间,通过考试招聘和安排公益岗等形式转为正式编制。至2020年,代课老师的转正问题得到基本解决。

表9-1-1 芦阳学区(辅导站)历任领导一览表

序号	名　称	校长(站长)	籍　贯	任职时间
1	芦阳公社教师辅导站	刘家模	芦阳镇	1969—1973.1
2	芦阳公社教师辅导站	雷百庆	芦阳镇	1973.1—1980.1
3	芦阳乡教师辅导站	常蓬录	芦阳镇	1980.1—1987.1
4	芦阳镇学区	范学宗	芦阳镇	1987.1—1993.7
5	芦阳镇学区	罗文泰	喜泉镇	1993.7—2005.5
6	芦阳镇学区	高启俐	红水镇	2005.5—2010.7
7	芦阳镇学区	王英健	芦阳镇	2010.8—2016.11
8	芦阳镇学区	曹秉国	寺滩乡	2016.11—

表9-1-2 芦阳学区党总支历任书记一览表

序号	姓名	籍　贯	任职时间
1	周世伟	芦阳镇	1993.7—2000.7
2	罗文泰	喜泉镇	2000.7—2005.5
3	高启俐	红水镇	2005.5—2010.5
4	王英健	芦阳镇	2010.5—2012.2
5	周振明	五佛镇	2012.2—2017.4
6	高岳斌	喜泉镇	2017.04—2019.6
7	曹秉国	寺滩乡	2019.6—

表9-1-3　芦阳镇在职中小学教师获市园丁奖一览表

序号	姓名	性别	工作单位	获奖时间	获奖名称
1	李卫学	男	芦阳第一初级中学	1992.9	优秀教师
2	刘荣邦	男	芦阳第二初级中学	1997.9	优秀教师
3	罗立波	男	芦阳第二初级中学	1999.9 2015.9	优秀教师 师德师风先进个人
4	曹秉国	男	芦阳学区	2006.9 2011.9	优秀教育工作者优秀教育工作者
5	陶晓慧	女	芦阳第一初级中学	2011.9	师德师风先进个人
6	王文瑞	男	芦阳第一初级中学	2013.9	优秀教师
7	段发一	男	芦阳第二初级中学	2013.9	"两基"先进个人
8	王东行	男	芦阳第二初级中学	2013.9	优秀教师
9	高启荣	男	芦阳第二初级中学	2017.9	优秀教师

表9-1-4　芦阳镇在职中小学教师获县园丁奖一览表

序号	姓名	性别	工作单位	获奖时间	获奖名称
1	张文丽	女	寺梁小学	1991.9	优秀班主任
2	魏国信	男	西林小学	1994.9	优秀教师
3	张清德	男	西林小学	1998.9	优秀工作者
4	闫沛霞	女	马鞍山小学	1998.9	优秀班主任
5	苟三乐	男	西林小学	1998.9	优秀教师
6	张建国	男	石城小学	1999.9 2008.9	优秀教师 优秀教师
7	曹秉国	男	芦阳镇学区	2000.9	优秀教育工作者
8	贾有信	男	席滩小学	2000.9	优秀教师
9	焦淑	女	石城小学	2003.9	优秀教师

续表

序号	姓　名	性别	工作单位	获奖时间	获奖名称
10	刘荣邦	男	芦阳第二初级中学	2003.9 2009.4	优秀教师 先进工作者
11	徐占成	男	芦阳第二初级中学	2004.9	优秀教师
12	张金成	男	石城小学	2004.9	优秀教师
13	张鹏祖	男	城北墩小学	2006.9 2016.9	十佳新课改 师德师风先进个人
14	化　玲	女	一条山小学	2006.9	优秀班主任
15	化　明	男	一条山小学	2007.9	优秀教师
16	段发一	男	芦阳第二初级中学	2007.9	优秀教师
17	王　军	男	寺梁小学	2007.9 2012.9	优秀德育工作者 优秀教育工作者
18	张俊禧	男	芦阳第一初级中学	2008.9	优秀教师
19	高廉斌	男	寺梁小学	2008.9	优秀教师
20	张永山	男	响水小学	2008.9	优秀教师
21	高启荣	男	芦阳第二初级中学	2009.9	优秀教师
22	李小林	女	城北墩小学	2009.9 2019.9	优秀班主任 优秀班主任
23	李进琴	女	城北墩小学	2011.9	优秀教师
24	王　永	男	芳草小学	2011.9	优秀教师
25	赵鸿夫	男	芦阳镇学区	2012.9	优秀教育工作者
26	李武科	男	城关小学	2012.9	优秀教师
27	杨天彩	女	一条山小学	2012.9	优秀德育工作者
28	魏小萍	女	西林小学	2008.9 2013.9 2017.9	优秀教师 师德师风先进个人 优秀教师
29	戚月君	女	寺梁小学	2013.9 2015.8	师德师风先进个人 优秀教师
30	陈　燕	女	芦阳镇中心幼儿园	2013.8 2019.8	优秀教师 优秀教育工作者

续表

序号	姓名	性别	工作单位	获奖时间	获奖名称
31	马德	男	石城小学	2013.9	优秀教师
32	丁维智	男	城北墩小学	2014.9	优秀教师
33	赵仁燕	女	西林小学	2014.9	优秀教师
34	胡守娥	女	一条山小学	2014.9	素质教育先进个人
35	陈国娟	女	芦阳学区	2014.9	优秀教师
36	张巨红	女	城关小学	2014.9	优秀教师
37	张茂成	男	芦阳镇学区	2014.9 2017.9	优秀教育工作者 师德师风先进个人
38	何忠	男	寺梁小学	2014.9 2018.9 2019.9	优秀德育工作者 优秀教育工作者 优秀教育工作者
39	李锋	男	马鞍山小学	2015.9 2018.9	先进教育工作者 先进教育工作者
40	罗艳霞	女	一条山小学	2015.8	师德师风先进个人
41	殷世娥	女	城关小学	2015.8	优秀教师
42	李志玲	女	芦阳第一初级中学	2016.9	优秀教师
43	魏永平	男	石城小学	2016.9	优秀教师
44	邓万兰	女	一条山小学	2016.8	优秀班主任
45	王琪	男	一条山小学	2016.9	优秀班主任
46	冯宜淑	女	寺梁小学	2017.9	优秀教师
47	周健	女	西林小学	2017.9	优秀班主任
48	龚真花	女	一条山小学	2017.9	优秀班主任
49	焦刚	男	芦阳第一初级中学	2017.9	优秀教师
50	杨雪艳	女	芦阳第二初级中学	2018.9	优秀教师
51	马玉玮	女	芦阳镇中心幼儿园	2018.9	优秀教师
52	卢昌随	男	芦阳第一初级中学	2019.8	优秀德育工作者

续表

序号	姓名	性别	工作单位	获奖时间	获奖名称
53	李爱芹	女	芦阳第一初级中学	2019.8	优秀教师
54	苟彩霞	女	一条山小学	2019.8	优秀教师

第二节 大芦塘教育

历史上,今芦阳村、城关村、东关村一带通称大芦塘。

一、大芦塘义学和官学

嘉庆十四年(1809年),由靖远知县王保澄倡导,创建大芦塘义学;义学设在城外关帝庙西南文庙院内,后被几家家塾所取代。光绪二十四年(1898年),大芦塘设官学。官学由政府开支经费,修建校舍,聘请教师。

二、大芦塘家塾和私塾

雷家家塾 创办人雷高捷,本堡人,清朝同治贡生,从师闫致祯先生。同治十二年(1873年),就读于兰州兰山书院,学业优异,毕业时授予修职郎。回乡后,受芦塘父老挽留从教,执教四十余载。弟子何宝三、王允如、孙隆清、孙雨生、罗标、王作栋、安其蔚、吕济舟等较为有名。

安家家塾 创办人为安文训,本堡人,秀才,排行老八,人尊称为"安八爷"。曾被以反清罪名押解省城兰州审讯,备受刑罚。获释返乡后,设私塾开蒙。他经常向学童讲授自然知识。靖远名士范振绪中进士之前,曾在大芦塘设"弘文学馆"授徒,与安八爷交往甚密,尊八爷为先生,深受影响。1915年,芦阳高小成立后,安文训任教师,喜与学生游戏,开风气之先。自学中医,治病救人,其子安汝树受其教诲,成为名医。

何家家塾 创办人何玉,字宝三,笔名尚志,本堡人,秀才,曾就读于兰山书院。任芦阳营书记。1918年,任张掖县县长,后因性情所致,辞官还乡,创办家塾,课子训孙,并教授他人子弟。较有名的学生有孙雨蛟、黄在中、王焕荣等。

娘娘庙私塾 随着人口的发展，入塾启蒙的学童渐多。地方乡绅倡导，乡亲摊资，在娘娘庙开办私塾。先生多为本堡名士。科目以《四书》《五经》为主，兼授算术。

东关私塾 城东门外人口渐多，为使孩童启蒙，聘请樊觉天（靖远人）为先生开馆训蒙。

城隍庙私塾 创办于民国时期，先生为本堡清朝最后一科秀才吕济舟，后被碧云寺私塾聘为先生。城隍庙私塾后期聘周铭为先生。周铭，字野攀，芦阳村人，1933年毕业于兰州师范。

三、芦阳小学（芦阳完小）

由王成德（字允如，大芦塘人）创建于民国四年（1915年）。在李蓝田等地方进步人士的支持下，经多方努力，申请甘肃省政府并与省教育厅厅长王天柱交涉，将原芦塘营军田批为芦校学田，由农民租种，向学校缴纳租粮，经费充足，发展迅速。初建期为靖远县第四高等小学，第一任校长王成德，第二任校长李蓝田。时任教师有留日学者李蓝田、胡寿堂，有大学、高级师范毕业生樊鸿樵、边固、臧玲韵、王作栋等。教学质量高，学生成绩优异，历年赴省考学者，多名列前茅。

学校位于芦塘城内，占地约1.5万平方米，原址大部分为庙宇。校门为拱形，全用磨工青砖，雕砌精致。上方为砖雕大匾，横书"辅相裁成"。校门顶部为砖雕的海水朝阳，门外为砖铺台阶。八字墙前，盘踞一对石狮子。校门内，是绿色油漆的屏风中门，门头白底蓝字匾额，上书校训"敦朴"二字。屏门两侧对联，红底金字楷书："把他人子弟当作自己儿孙，望先生认真教导；立异日功名全在平时学问，劝诸士著实用功。"匾额及对联，出自靖远时贤陈国钧之手。陈国钧治诗书，长于篆隶。1923年先后为合水县、民乐县知事。为官清廉，体恤民间疾苦，颇得民心。享年71岁。

校园分南、北、中三院，大部分为学生宿舍，间有小教室、图书室、阅览室、成绩室、器械室等。南北二院主房为五开间拔檐教师宿舍和办公室。南北两院东西各开一门，与中院相通，东门为山字形，门头有砖雕匾，北书"教育之花"，南书"科学之苗"；西门为六角形，门头匾北书"文化源地"，南书"科学基础"。再进，仍为三院，中央有南北对称的两幢大教室，每幢七大间，东西为课堂，中为拱形大门，分别通往南北两后院，南院为仓库及学生伙房，北院为厕所，并开后门。后为运动场及校园，运动场开二门，上书"赏心""悦目"，设足球场、篮球场，并置有秋千、平梯、浪秋等设施。1948年，全县第一次运动会在这里举行。学校菜园位于运动场北部，可引西城外泉水灌溉。

民国二十二年（1933年），景泰县成立后，改为县立大芦塘小学。民国二十五年（1936年）后，地方财政实行统收统支，学田归政府管理，学校经费受到影响。

1949年后，改名为景泰县芦阳完全小学。1949年10月，与县中互换校址，并与原简师附小合并。1951年，芦校改称芦阳学区中心小学。

1956年，新建两栋土木结构的教室，首次出现玻璃窗。1959年，全部拆除庙宇，改建成土木结构校舍。1960年之前，面向全县招生，之后主要招收芦阳学生。

1968年，开设初中班（1968之前，全县初中学生在景泰中学就读），校名改为芦阳公社五七中学。逐年停招小学生。

表9-2-1　1915—1968年芦阳小学（芦阳完小）历任校长（负责人）一览表

序号	姓　名	性别	籍　贯	任　期	学　历
1	王成德	男	大芦塘	1915	—
2	李蓝田	男	小芦塘	—	大学
3	王焕荣	男	城关村	1936—1940	—
4	彭文魁	男	响水村	—	—
5	王作栋	男	芦阳村	—	—
6	安维三	男	芦阳村	—	—
7	马占芝	男	芦阳村	—	—
8	马雄天	男	芦阳村	—	—
9	安永昭	男	芦阳村	1947—	—
10	张长春	男	芦阳村	1949—1952	—
11	达学颜	男	大安乡	1953—1956	—
12	安永昭	男	芦阳村	1957—1958	—

续表

序号	姓 名	性别	籍 贯	任 期	学 历
13	张礼学	男	寺滩乡	1958—1959	—
14	王莲臣	女	芦阳村	1960—1963	—
15	徐憨	男	条山村	1963—1965	中师
16	戴靖国	男	芦阳村	1965—1966	中师
17	马昌友	男	芦阳村	1966—1967	高中
18	刘家模	男	芦阳村	1967—1968	初中

注：徐憨、戴靖国担任校长期间，同时分别负责全乡教育工作。

第三节 各村教育

一、芦阳村教育

1949年10月开始，各村陆续创办耕读小学，校舍简陋，规模很小，主要承担扫盲任务。1969年2月，小学在耕读小学的基础上成立，校址几经变迁，1979年，新校舍建在北沙河南岸沙湾湾。同年，按照"初中学生不出村上学"的政策要求，开设初中班。2000年秋，撤并到城关小学。

▲ 图9-3-1 芦阳小学毕业生合影

表9-3-1　1969—2000年芦阳小学历任校长（负责人）一览表

序号	姓　名	性别	籍　贯	任　期	学　历
1	周发俊	男	芦阳村	1969—1971	初中
2	王焕金	男	芦阳村	1971—1972	初中
3	贺玉莲	女	芦阳村	1972—1973	中师
4	焦万盈	男	芳草村	1973—1976	中师
5	吴林山	男	芦阳村	1976—1977	中师
6	董成生	男	城关村	1978—1989	中师
7	郭志福	男	芦阳村	1989.8—2000.7	中师

二、东关村教育

东关小学原名东关耕读小学，始建于1953年，地址在营盘台，王治国、张玉兰先后担任教师。另外磨湾和教场梁也有低年级教学点。后来，撤点并校于营盘台。

1971年，学校在张家台修建土木结构校舍；1980年，又在县农机局旧院新建砖混结构校舍。曾附设初中班。2011年秋撤并到城关小学。

表9-3-2　1969—2011年东关小学（耕读小学）历任校长（负责人）一览表

序号	姓　名	性别	籍　贯	任　期	学　历
1	付廷树	男	东关村	1969—1974	高中
2	化　敦	男	条山村	1974—1976	中专
3	张好学	男	城关村	1976—1981	初中
4	周邦盛	男	东关村	1981—1987	中专
5	张万泰	男	东关村	1987—2004	中师
6	刘兴旺	男	靖远县	2004.8—2006.7	本科
7	董学才	男	中泉镇	2006.8—2011.7	本科

三、城关村教育

1969年建校，其时没有固定校舍。五年级、六年级学生合并为一级，在城关大队办公室（今芦阳镇中心幼儿园西边）上课；一年级、三年级学生在耕读小学（村北民房）上课；二年级学生在村中木匠铺上课；四年级学生在二小队办公室上课；有学生200多人，教师9人。

1972年，在营盘台兴建校舍，占地40亩，学生600多人。1975年，学校篮球队参加全省小学生篮球表演赛获优秀奖。曾附设初中班。1989年，搬迁至县委党校旧址，并新建校舍。

2021年，学校占地1.59万平方米，校舍建筑面积3118平方米。建有图书室、仪器室、实验室、电教室、微机室、体育器材室、音乐室、少先队活动室、多媒体大厅和留守儿童之家。图书室藏书7500册，生均46册；科学实验器材2600件，配备达到国家二类标准，实验率达90%。学校运动场面积7682平方米，建有200米环形跑道，篮球场2个，足球场1个。

有6个教学班，学生312人；教职工21人，其中本科14人，大专4人，学历合格率100%。省级骨干教师1人，县级骨干教师2人。

先后被授予"全国体育教育示范学校""快乐校园示范学校""优秀乡村学校少年宫""甘肃省教育系统先进集体""白银市教育系统先进集体""德育示范学校""实验教学示范学校""校园文化建设示范学校""白银市文明校园""白银市扫盲先进单位""景泰县教育管理先进集体""景泰县文明单位""平安学校""德育示范学校""景泰县体艺示范校""校园文化建设五星级学校"等称号。10位教师在省级刊物发表论文，2位教师在市级优质课竞赛中获奖。

表9-3-3　1915—2021年城关小学历任校长（负责人）一览表

序号	姓　名	性别	籍　贯	任　期	学　历
1	王成德	男	大芦塘	1915—	—
2	李蓝田	男	响水村	—	大学
3	王焕文	男	城关村	—	—

续表

序号	姓　名	性别	籍　贯	任　　期	学　历
4	马雄天	男	芦阳村	—	—
5	金树义	男	大芦塘	—	—
6	来登岳	男	五佛乡	—	—
7	马登凯	男	喜泉镇	—	—
8	张德义	男	大芦塘	—	—
9	王成德	男	大芦塘	—	—
10	安永昭	男	城关村	—	—
11	张长春	男	芦阳村	1949.9—1951.3	—
12	达学颜	男	大安乡	1951.4—1956.8	—
13	张立信	男	正路镇	1956.9—1958.9	—
14	王博文	男	寺滩乡	1958.10—1959.7	—
15	王莲臣	女	芦阳村	1959.8—1960	—
16	徐憨	男	条山村	1960—1966	中师
17	戴靖国	男	芦阳村	1967—1968.8	中师
18	杨希山	男	寺滩乡	1968.8—1969.1	高中
19	张好学	男	城关村	1969.2—1970.3	高中
20	化敦	男	条山村	1970.4—1975.5	高中
21	常蓬录	男	芦阳村	1975.6—1980.7	中师
22	郭天祯	男	芦阳村	1980.8—1982.7	中师
23	李光武	男	城北村	1982.8—1987.7	本科
24	雷恩全	男	城关村	1987.8—1988.7	中师
25	付廷锦	男	城关村	1988.08-2002.04	大专
26	刘兴旺	男	靖远县	2002.4—2003.3	本科

续表

序号	姓名	性别	籍贯	任期	学历
27	郭志福	男	芦阳村	2003.3—2007.9	中师
28	刘兴旺	男	靖远县	2007.9—2011.5	本科
29	张好顺	男	芦阳村	2011.5—2018.2	大专
30	王恒研	男	靖远县	2018.3—2018.4	本科
31	陈燕宏	男	红水镇	2018.5—	本科

四、响水村（小芦塘）教育

清末，响水堡私塾有两个，一个设在后街娘娘庙里，一个设在上街李家庭院，学童多为小芦塘富户子弟和西关的富家子弟。先生以秀才郝明贤和秀才卢义安最为有名。

民国元年（1912年）夏秋，地方人士议定：富户出钱，众乡亲出力，在原三圣宫地址上兴建学校，修建时，卢守泉和他的师傅为掌尺木匠。次年春，学校建成，将东关村（今东风）、响水堡三个私塾合并于响水学校。校牌"启蒙学堂"由响水人彭春龄所题。响水小学成立后，学童都进了学堂，私塾自行消失。

响水小学第一任校长本村人马君祯（字周臣），于清宣统年间赴兰州讲武堂学习，同学的还有本村李蓝田，同时毕业，李蓝田去北京深造，后赴日本留学。马君祯回乡从教，先在碧云寺（即席滩双龙寺）任教两年，后回到响水，创办新式学堂。靖远县题赠"南宫初步"匾额。

民国六年（1917年）2月，启蒙学堂更名为靖远县北区二十一学区区立第三初级小学。

李蓝田留学归来，担任学校校长，村上乡绅名士为其题赠"捷足先登"匾额。1920年大地震，学校遭到破坏，李蓝田带头捐资、村民出工对学校进行修复，教学秩序很快得到恢复。

1913—1920年，小学为四年制，开设国文课，学生毕业时要达到能写文言文的程度，为提高学生的写作水平，加强了白话文的教学，增加作文的课量。

同时增设生物、修身、手工、图画等课程。其间，教师有马君祯、李蓝田、刘渊儒（常生窑人）、李东华、杨桂贤等。

1924年，李蓝田聘请郝登魁、卢有忠、杨贵清等人为教员。同年，由于刘渊儒辞去学校职务赴靖远，教学工作受到影响，郝明贤和殷先生（名不详）又恢复了私塾教学。随着学校教育转入正常，学童们又回到学校。

1926年，李蓝田之子李积德继任校长，聘请卢守祥、魏明轩任教。20世纪20年代末，郝登魁离开学校。

彭心伯任校长期间（1935—1937年），动员地方乡绅捐钱捐物，利用捐助的钱从兰州购买风琴、小号，组建军乐队；修建简易篮球场、乒乓球台；购置介绍动植物、矿物和民族英雄等挂图。学校面貌焕然一新。

教学内容上，又增加了自然常识、体操、唱歌等课程。另外，学校重视郊游和登山等活动，并形成传统。

1949年后，响水小学迅速发展，学生人数猛增。教材变动较大，而经费筹措的方式、学制和教员的调整，采用渐进式完成，保证学校的顺利过渡。

20世纪50年代后期，一般人家的子弟都能入学接受教育，学生人数达到七

▲ 图9-3-2 20世纪70年代响水小学学生课外活动

八百人。小坪设有低年级教学点。各小队办有农民识字班、扫盲班，由响水小学教务主任卢有万组织实施。六七十年代，学校增设初中班、高中班。其间，教师有60多人。70年代中期，高中部撤销。

20世纪70年代，景电一期工程建成后，响水村部分村民搬迁灌区龚家湾，学校一分为二。70年代中期，为适应形势和灌区建设需要，在龚家湾开办农职业高中，培养技术农民。1976年10月自行停办。

1982年秋，响水学校撤销初中部，成为一所完全小学。1987年秋，响水初级中学合并于芦阳一中，小学迁入原中学校址。1988年，附设学前班。1990年前后，东风、麦窝、西关各村的小学相继撤销，合并于响水小学。

20世纪90年代，学校和村委会动员响水籍公职人员捐款捐物，改善办学条件。1994年9月，响水小学被芦阳镇评为"集资办学先进集体"；1994年12月，被白银市人民政府评为"示范化学校"。

2004年6月1日儿童节，响水小学举行建校90周年庆典活动。由祁东召集，卢守统、郝进魁、马义等人捐资，为全体学生定做新校服。景泰县政府、县政协、县教育局、芦阳镇、芦阳学区相关领导，全镇各学校负责人及来自各地的校友和村民出席庆典活动。校友现场捐资2万余元，为学校置办办公用品，并向学生赠送学习用品。学生表演了文艺节目。

2013年，政府投资30多万元，硬化校园，粉刷教室，改造危墙，修建厕所，改善办学条件。至2021年，学校占地面积8000平方米，建筑面积1000平方米，设有科学仪器室、微机室、图书室、音乐、美术、体育器材室。教学仪器配备达到国家三级标准，图书2700册，生均60册。教师11人，均具有大专以上学历，学生45人。

表9-3-4　1913—2021年响水小学历任校长（负责人）一览表

序号	姓名	性别	籍贯	任期	学历
1	马君祯	男	响水村	1913—1920	兰州讲武学堂
2	李蓝田	男	响水村	1921—1925	大学
3	李积德	男	响水村	1926—1932	—
4	马君祯	男	响水村	1933—1934	—
5	李积德	男	响水村	1934—1935	—
6	彭心伯	男	响水村	1935—1937	—
7	李积德	男	响水村	1938—1939	—
8	马正中	男	响水村	1939—1940	—
9	彭文魁	男	响水村	1940—1941	—
10	郝登魁	男	响水村	1942—1943	—
11	李文蔚	男	东风村	1944—1945	—
12	卢守位	男	响水村	1945—1946	初中
13	彭文安	男	响水村	1946—1947	中专
14	郝尚钰	男	响水村	1948—1949	完小
15	彭兴	男	响水村	1949—1950	中专
16	郝尚钰	男	响水村	1950—1951	完小
17	卢守位	男	响水村	1951—1955	初中
18	罗忠	男	红光村	1956—1958	高中
19	车宗安	男	中泉镇	1959—1961	中师
20	吕德春	男	响水村	1962—1965	初小
21	寇永泰	男	中泉镇	1966—1967	中师
22	张熙明	男	寺滩乡	1968—1969	中师
23	雷百庆	男	城关村	1970—1972	大专

续表

序号	姓名	性别	籍贯	任期	学历
24	刘家模	男	芦阳村	1973—1979	小学
25	张承珪	男	条山村	1979—1981	师范
26	崔克义	男	西关村	1981—1982	高中
27	马如杰	男	响水村	1983—1985	师范
28	谈嘉浩	男	东风村	1986—1987	高中
29	郝尚勤	男	响水村	1987—1988	高中
30	李新才	男	西关村	1988—1991	中师
31	郝尚勤	男	响水村	1991—1992	高中
32	来耀勇	男	响水村	1992—2007	大专
33	王忠海	男	芳草村	2008—2010	本科
34	董学才	男	中泉镇	2010.8—2014.7	本科
35	李 锋	男	会宁县	2014.8—2018.10	本科
36	寇明俊	男	中泉镇	2018.10—2020.6	本科
37	张永山	男	正路镇	2020.7—	本科

表9-3-5　1994—2019年响水小学历年荣誉统计表

序号	荣誉称号	授予时间	授予部门
1	集资办学先进集体	1994.9	芦阳镇党委、芦阳镇政府
2	示范化学校	1994.11	白银市政府
3	园林化学校	2004.12	白银市教育局
4	2010—2011学年度少先队工作优秀中队	2011.6	芦阳镇学区

续表

序号	荣誉称号	授予时间	授予部门
5	全镇教育系统先进集体	2013.6	芦阳镇学区
6	"六一"儿童节文艺汇演"优秀组织奖"	2014.6	芦阳镇党委、芦阳镇政府
7	少先队工作优秀中队	2014.6	芦阳镇学区
8	2014—2015年度全镇教育系统先进集体	2015.9	芦阳镇党委、芦阳镇政府
9	"六一"儿童节文艺汇演三等奖	2017.6	芦阳镇学区
10	"六一"经典诵读比赛二等奖	2019.6	芦阳镇学区

五、东风村教育

清末时,东风村(原名东关)有私塾一家,设在谈家,先生为谈二先生(名字不详),有学童十多人,是富家子弟。私塾规矩和所授科目和响水堡私塾基本一致。民国二年(1913年)春天,响水小学成立后,东风小学生在响水小学就读。

20世纪60年代中期,东风村自办四年制耕读小学,开始有学生30多人。1969年2月,成立全日制五年制小学。1970年春天,学校由大队办公房搬入新址,即村东沙河南台,教室4间,办公室3间。开始设初中班。1974年,东风一部分群众搬迁灌区东新,有一半学生转入灌区学校。

1981年,在校长卢有亮的争取和时任皋兰县副县长陈文亮(东风人)的支持下,学校由沙河边搬迁村中梁畔,建教室6座,办公室4间。由于下车木峡有东风、响水、西关耕地,并有东风、响水村民搬迁定居,因此,1982年初,在下车木峡设教学点,由东风小学管理,学生十多人。1981年秋,初中学生入响水学校就读。

1990年,学校并入响水小学。

表9-3-6　1965—1989年东风小学（耕读小学）历任校长（负责人）一览表

序号	姓　名	性别	籍　贯	任　期	学　历
1	李得科	男	东风村	1965—1970春	初中
2	杜繁庆	男	响水村	1970—1972	初中
3	焦万盈	男	芳草村	1973—1975	高中
4	卢有刚	男	响水村	1976—1977	中师
5	康正国	男	麦窝村	1977—1979	中师
6	卢有亮	男	西关村	1980—1981	中师
7	王成荣	男	东风村	1982—1989	高中

六、麦窝村教育

麦窝私塾创办于20世纪20年代，有吴、刘两家。吴家创办人为吴大杰并任先生，刘家创办人为刘昌忠；先生刘昌孝。

1937年秋，在龙王庙开办四年制初小，半年后，转至吴大金家的上房。1939年转至关帝庙，并新建3间教室、3间宿舍。

自立校至1948年，学校校长、教师为同一人担任。1949年，始有校长、教员分任。

1956年之前，学校学生总数每年保持在40人左右。1964年，在吴家家庙内设耕读学校，学生十多人。耕读学校与小学并存。1965年，在梁头上新建学校，有教室4座，办公室4间，伙房1间，1966年正式迁入。后改建为砖木结构。耕读学校与小学合并，实行六年制。1968年后学制缩为五年。

20世纪70年代，部分村民搬迁到石城东面的麦丰，学校一分为二。麦丰教学点由罗正桐负责，采取复式教学。80年代并入石城学校。1979年，学校附设初中。有3届初中毕业生，约40人。

1982年，撤销初中，恢复完全小学。80年代末，学校撤并于响水小学。

表9-3-7　1937—1989年麦窝小学历任校长（负责人）一览表

序号	姓　名	性别	籍　贯	任　　期	学　历
1	刘吉庆	男	麦窝村	1937—1938	—
2	吴希节	男	麦窝村	1938—1945	—
3	吴大庆	男	麦窝村	1946—1947	—
4	李润德	男	响水村	1947—1948	—
5	吴希锦	男	麦窝村	1948—1949	—
6	罗明德	男	麦窝村	1949—1950	—
7	张承绪	男	麦窝村	1950—1951	—
8	吴大本	男	麦窝村	1951—1952	—
9	崔克兴	男	西关村	1952—1962	—
10	毛　华	男	麦窝村	1962—1968	中师
11	陈玉才	男	麦窝村	1969—1970	—
12	吴世章	男	麦窝村	1970—1979	—
13	王武奎	男	麦窝村	1980—1982	高中
14	郝举魁	男	响水村	1982—1989	高中

注：1963年，学校工作由李得存负责。

七、西关村教育

1913年之前，西关个别富户子弟在响水堡私塾读书，或投靠亲戚在外地接受启蒙教育。1913年响水小学成立后，西关部分适龄儿童入校就读。

1964年秋，西关创办四年制耕读小学。在校学生约40人。1969年，学生发展到150人左右。1971年，附设初中班，学制为七年制，小学5年，初中2年。

西关、麦窝合并一个大队后，麦窝初中学生在西关上学。

1978年，西关部分村民搬迁到一条山大梁头，在大梁头新建学校，五分之一学生转入新校。1982年下半年，撤销初中，恢复完全小学。1990年，学校并入响水小学。

1971—1982年，西关大队戴帽初中毕业学生330人。

表9-3-8　1964—1990年西关小学历任校长（负责人）一览表

序号	姓　名	性别	籍　贯	任　期	学　历
1	李得存	男	响水	1964秋—1975	高中
2	崔克义	男	西关	1975—1979	高中
3	付财安	男	麦窝	1979—1981	高中
4	卢有刚	男	响水	1981—1982	中师
5	沈渭江	男	东关	1982—1984	中师
6	李新才	男	西关	1984—1988	高中
7	张庆寿	男	西关	1988—1990	高中

八、索桥、寺梁村教育

（一）索桥私塾

索桥村首家私塾大约创办于1927年，由王家湾人王兴富（字润堂）创办，有学童五六人。后来，由于学童增加到20多人，为就近入学，私塾设在段家沟段永平家。先生待遇低，每月供给小麦100多斤，有时得不到保障。学习内容主要是《四书》《五经》。

（二）索桥小学

建立于1944年春天，校址在段家沟，有教室1座，办公室1间，伙房1间。第一任校长、教员为响水人郝尚钰。学制四年，采用复式教学。所教内容以语文、算术为主，也开设音乐、图画、体育。体育课的主要内容是爬山比赛。

1961—1969年，索桥大队分别在杨庄、王湾、索桥三个村设立3个村校（耕读班），其中杨庄村校教师王桂花，王湾村校教师王登龙，索桥村校教师张兴荣。收一年级、二年级学生，复式教学，各村学生人数在十一二人。1969年，各村耕读班与索桥小学合并，学生80多人，教师6人。

1975年开始，索桥小学分年分批搬迁景电一期灌区寺梁。随着村民全部迁出，索桥小学停办。

表 9-3-9　1944—1975 年索桥小学历任校长（负责人）一览表

序号	姓名	性别	籍贯	任期	学历
1	郝尚钰	男	响水村	1944—1946	小学
2	李文亮	男	东风村	1946—1947	中师
3	郝尚钰	男	响水村	1947—1949	小学
4	郭禄繁	男	—	1949—1951	—
5	范正国	男	索桥村	1951—1952	—
6	张兴信	男	东风村	1952—1953	—
7	郝尚钰	男	响水村	1953—1954	小学
8	于国斌	男	寺滩乡	1954—1956	—
9	卢有升	男	响水村	1956—1957	高中
10	张柱林	男	—	1957—1958	—
11	胡永春	男	—	1958—1959	高中
12	周应南	男	—	1960—1961	—
13	王文胜	男	五佛乡	1961—1962	中师
14	郝举魁	男	响水村	1962—1969	高中
15	王登荣	男	索桥村	1970—1971	高中
16	化敦	男	条山村	1971—1972	中专
17	沈文运	男	—	1972—1973	—
18	李文亮 沈可信	男	东风村 五佛乡	1973—1974	—
19	陈有存	男	索桥村	1974—1975	高中
20	沈可信	男	五佛乡	1975—	高中

（三）寺梁学校

位于席滩村双龙寺西面山梁上，索桥人搬迁于此，村名为寺梁。随迁小学更名为寺梁学校。

1977—1981 年，学校开设初中部，全校 7 个教学班，教师 11 人。1981 年撤销初中部。其间，村上组织筹资，村民出工出力，学生搬石头打土坯，新建3栋土木结构的校舍。

1989—1991年，学校向北迁移50米，原土木结构的校舍改建为砖木结构。2003年，附设幼儿园。

2005年，寺梁村党支部书记张茂生，村委会主任王登峰，村委会文书段宝成，共产党员吴守诚、王登宏、杨天胜（代课教师），校长宋之刚等人，以借款的形式筹资3.2万元，征用土地5280平方米，拓展校园面积，为寺梁、席滩两校合并打下基础。在学校还款时，他们每人向学校捐资500元。

2006年秋，省、市侨联牵线搭桥，"台湾财团法人爱心第二春文教基金会"董事长王建煊到校考察，决定援建一所爱心小学。基金会成员麦阁明女士（台湾地区人）捐赠20万元人民币，县政府配套资金40万元，寺梁村自筹3万元，建成666平方米砖木结构教室、265平方米砖混结构的办公室，并配套建成图书室、实验室、微机室和多媒体大厅。

2007年9月，"爱心基金会"联系卓刘庆弟女士（台湾地区人），为全校师生每天免费提供一个鸡蛋，改善营养。2009年8月，"爱心基金会"又捐赠价值4万元的图书3000册，建成"曙光爱心图书室"。同时，白银市教育局配发价值1万元的图书。2014年，新建250平方米的幼儿园、318平方米的辅助用房和灶房，硬化操场2000平方米，绿化美化了校园。

表9-3-10　1976—2021年寺梁小学历任校长（负责人）一览表

序号	姓　名	性别	籍　贯	任　期	学　历
1	郭天真	男	芦阳村	1976—1981	中师
2	康正国	男	麦窝村	1982—1984	中师
3	沈文涌	男	沈庄村	1985—1986	中师
4	段守祖	男	寺梁村	1987—1988	中师
5	李逢云	男	石城村	1989—1991	中专
6	杨佑林	男	寺梁村	1992—1994	中师

续表

序号	姓名	性别	籍贯	任期	学历
7	李进才	男	寺滩乡	1995—1997	中师
8	李进宏	男	东关村	1998—1999	中师
9	张清德	男	西林村	1999—2003	中师
10	宋之刚	男	正路镇	2004—2013	本科
11	王军	男	寺梁村	2014—2021	本科
12	李锋	男	会宁县	2021—	本科

表9-3-11 2009—2017年寺梁小学获得荣誉统计表

序号	荣誉称号	授予时间	授予部门
1	小公民思想道德建设先进班集体	2009.12	白银市精神文明办公室 白银市教育局
2	景泰县教育系统先进集体	2010.9	景泰县委、县政府
3	景泰县高效课堂建设先进集体	2013.9	景泰县委、县政府
4	"六一"节文艺汇演优秀组织奖	2014.6	芦阳镇党委、芦阳镇政府
5	全镇教育系统先进集体	2012.9	芦阳镇党委、芦阳镇政府
6	全镇教育系统先进集体	2015.9	芦阳镇党委、芦阳镇政府
7	全镇教育系统先进集体	2017.9	芦阳镇党委、芦阳镇政府

九、席滩村教育

(一)碧云寺私塾

碧云寺私塾创办于清末,学馆设在寺院内,由席滩村乡绅郭生楠倡导,富户出钱,聘请先生,教授富家子弟,学童不多。主要讲授《四书》《五经》,也开设算术、美术等课程。最初担任先生的是席滩人张兴仁,还有一位礼县籍的黄姓先生。后来，芦阳地区的名儒吕济舟（芦阳村人）、何尚志（芦阳村人）、马君祯（响水村人）入塾教授，使碧云寺私塾名声大振，影响深远，学童增多。

碧云寺私塾重视学童基本素质的训练。从碧云寺私塾走出的学童，都写得一手好毛笔字，擅长绘画的也不少。其中狄化育、狄化英两人的毛笔字颇有名气。狄化林的绘画功底扎实，其动物画曾在兰州美术院参加展评并获奖。

(二) 碧云寺小学

1917年4月，碧云寺私塾更名为靖远县北区第二十一学区第五初级小学。1941年，改名为碧云寺小学，担任校董的是狄化育、郭华2人，教员有吕济舟、郝尚钰、郭伟等人。随着学校规模不断扩大，陆续任教的教师有张学彦、狄化英、郭信宗、王立国等人。另外，学校也相继调来中泉人尚可敏，城关人焦得石、化廷龙等任教员。

学校开设的课程主要以国文《三字经》《百家姓》《千字文》和算术为主，也有活动课，以达到增强学生体质的目的。随着时代的变迁，一些农家子女也能如愿上学，学生人数增至七八十人，设4个教学班。

1957年以后，在碧云寺小学任教的教师有张学奎、王忠（东关人）、王学义、杨万德、王学贤、王成、杨世福等人。

1966年，"文化大革命"开始，碧云寺遭到破坏，学校无法正常开办，转出碧云寺，师生在席滩大队旧戏楼里临时上课。

(三) 席滩学校

1968年，席滩大队发动群众出资出力新建学校。经过努力，建成一所教室为"人字梁"土木结构学校。从此，碧云寺小学改名为"蓆滩学校"。全校设6个教学班，学生100多人。课程开设比较齐全，教学秩序逐步恢复。

1971年8月，学校开办初中班。大多数教师为本村民办教师。1978年，学校撤销初中班，改为五年制小学，后又改为六年制小学。1978—1979年，相继选拔一批高中生充实教师队伍。

1981年，由政府拨款、群众集资，建成一所教室为砖土结构的学校。学校设施齐全，师资力量雄厚。1994年，学校被市教育局评为"标准化学校"。

2007年10月，席滩学校与寺梁村的"阁明爱心小学"合并。

表9-3-12 1968—2007年席滩小学历任校长（负责人）一览表

序号	姓名	性别	籍贯	任期	学历
1	杨万德	男	正路镇	1968—1971	高中
2	毛 华	男	麦窝村	1971—1973	中师
3	付谦安	男	城北村	1973—1975	高中
4	焦万盈	男	芳草村	1975—1977	中师
5	马登殿	男	喜泉镇	1977—1979	中师
6	康正国	男	麦窝村	1979—1981	中师
7	毛 华	男	麦窝村	1981—1982	中师
8	冯肇基	男	正路镇	1982—1985	中师
9	韩 元	男	西林村	1985—1986	中师
10	张富财	男	席滩村	1986—1989	中专
11	李进才	男	寺滩乡	1989—1990	中师
12	韦秉荣	男	席滩村	1990—1996	高中
13	张永南	男	席滩村	1996—2004	中师
14	何 忠	男	红光村	2004—2006	中师
15	宋之刚	男	正路镇	2006—2007	本科

十、红光村教育

红光村有5个自然村，150多户600多人。由东南至西北，依次为周窑、沈庄、涝坝岘、碾轱辘屲、红庄，村委会设在沈庄。中华人民共和国成立后，这些村庄大都是行政村，各村也办有村学，规模较小。景电一期工程建成后，大多数村民搬迁到灌区，村子人口减少。

20世纪20年代，由红庄人沈文举（中华人民共和国成立初期担任米山乡副乡长）倡议创办私塾，聘请红磜人李作林、响水人杨凤中为先生，实行米津制。30年代，私塾由红庄迁至涝坝岘孙玉才家，先生为东风人李文亮。

1947年前后，由沈文举、孙玉才、沈文明、赵明林等人提议，改办新学，并在涝坝岘建校。学校建成后，再次聘请李作林为教员。校名为"景泰县芦阳红光米山峡堡初级国民小学"，学生二三十人，后来教师由上级委派，先后有沈文秀、彭心伯、李文亮任教。

中华人民共和国成立后，响水人彭文魁担任教员，彭文魁曾在兰州上学。来校时，随身携带新教材，教授新课程，当时有学生20多人。山村孩子第一次见到语文、算术等新课本；但数量不够，除年纪较大的学生有课本，其他学生几个人合用一套课本。彭文魁任教近一年时间就离开学校，由于没有老师，学生又离校回家。

1950—1951年，教员沈文华。1950年至60年代初，教员周铭（芦阳村人），20世纪30年代毕业于兰州师范。周铭将20多名学生分一、二、三个年级进行授课，取得良好效果。20世纪60年代，教师先后有王昭、王桂英、杨昌林等。

20世纪70年代，学校由涝坝岘搬迁到碾轱辘岘，并开设初中班，学生增加到二百多人。远处的学生住校或寄宿在亲戚家中。首届毕业时26人；1977年恢复高考后，先后考入大中专学校近20人。1980年，撤销初中部。

90年代初，学校筹措资金翻建大门和校舍，改善办学条件。白银市体校校长王桐捐助价值5000余元的体育器材。

1996年，红光小学被评为"省项目管理示范学校"。

2021年秋，红光小学停止招生。

表9-3-13　20世纪20年代至2021年红光小学（私塾）历任校长（负责人）一览表

序列	姓名	性别	籍贯	任期	学历
1	李作林	男	红磴村	20世纪20年代	中师
2	杨凤中	男	响水村	20世纪20年代	—
3	李文亮	男	东风村	20世纪30年代	中师
4	李作林	男	红磴村	1947—1949	师范
5	彭文魁	男	响水村	1949—1950	高中
6	沈文华	男	红庄村	1950—1951	高中
7	周铭	男	芦阳村	1951—1960	中师

续表

序列	姓名	性别	籍贯	任期	学历
8	杨昌林	男	涝坝岘村	20世纪60年代初	中师
9	李文亮	男	东风村	20世纪60年代	中师
10	付谦安	男	城北村	1970—1979	高中
11	周世伟	男	周窑村	1979—1983	高中
12	杨昌林	男	涝坝岘村	1983—1984	中师
13	沈文涌	男	涝坝岘村	1984—1990	中师
14	何忠	男	红庄村	1990—2003.1	中师
15	沈文海	男	沈庄村	2003.1—2010	高中
16	沈荣林	男	红庄村	2011—2017.6	高中
17	李新春	男	十里村	2017.8—2018.6	高中
18	何新岚	女	城关村	2018.9—2021.3	大专

十一、红磴和十里村教育

1942年，由毕业于师范学校的红磴人李作林倡导，当地一些知名人士捐资、捐物，在红磴修建4间教室、1间办公室。教员1人，先生薪酬实行米津制，学童多时有八九人。1949年改名为红磴初级小学。

1950—1956年，教师为响水人郝举魁。1956—1958年，红庄人李树海任教。1958—1962年，红庄人卢守珍任教。1962—1972年，教师为本庄上墩人祁武。1973年时，本庄上墩人李贵清为教师。

20世纪六七十年代，十里村属红光大队管辖，分上墩、下墩两个生产小队，为便于就近入学，两个小队都设有教学点，上墩教学点教师为李贵清、祁武、曾希文、曾树堂、李北泰；下墩教学点教师有张兴元、张永茂、张文元、蒲守祥（五佛人）、王金喜、张鸿秀。1978年，撤点并校，下墩教学点合并为十里沙河小学，校址迁到今十里村，校名定为十里小学。校舍为土木结构，建筑面积205平方米，学校占地面积6000平方米。校长张永茂，教师5人。有5个教学班，学生增加至100多名。

1983—1986年，祁武任校长。学校增修围墙298米，新建土木结构校舍50平方米。1987—1992年，周尚强任校长。村上组织群众集资，将土木结构改建为砖木结构。1993年上墩教学点并于十里小学。1993—2002年，祁斌任校长。因校舍紧缺且布局不合理，学校与村上协调，多方筹资，将原有校舍全部拆除，于1995年建成建筑面积401平方米的砖木结构校舍，并将土围墙改建为砖围墙，硬化篮球场和大门过道。2003—2012年，李锋任校长。学校绿化校园，平整操场，改善教学环境。2005年，学校实现教育教学信息化。2012年，郭昌盛担任校长。

此后，"明日中华教育基金会"为学校再次进行维修捐款。2018年，学校停办。

十二、石城村教育

1973年，创建"五七农校"，1974年春季开始招生，更名向阳学校。有教职工20余名，占地30余亩，建设工程全部由学校联系协调，利用甘肃省物资局农场、兰州医学院农场、甘肃省木材厂农场的机械设备，经过全体师生勤工俭学建成，学校基本满足正常教学需求。所设班级从小学一年级至高二各1个教学班，有学生300余名。实行贫下中农管理学校，以服务农村、服务农业为主要目的，提倡"以学为主，兼学别样"，实行半耕半读的办学模式。

1978年，石城大队归属芦阳公社管辖，学校更名为石城学校，并撤销高中部。1981年，学校规模进一步扩大，学生近700人，教学班18个，教职工30余人。学校执行教育部颁发的《全日制十年制中小学教学计划》（试行草案），改春季招生为秋季招生，小学学制改5年为6年，初中学制改2年为3年。

1996年，撤销初中，更名为"景泰县芦阳镇石城小学"。2002年，附设学前班。

2003年2月，教学班缩减为6个，学生160余人，教职工18人。2007年，逸夫基金会捐资20万元，县政府配发24万元，修建总面积444平方米教室4栋，256平方米办公室1栋。设有电教室、图书室、实验室、体育器材室各1个，配有"远程教育模式三"电教设备1套，藏书2010册。

2014年8月，由于部分学生选择进城上学，班级缩减为5个，出现"断级"现象，学生只有28人，教师14名。学前班学生22名。2017年，学校规模继续缩小，学生减少至17人。2019年，石城小镇小学开学，石城小学停止招生。

表9-3-14　1973—2021年石城小学历任校长（负责人）一览表

序号	姓名	性别	籍贯	任职时间	学历
1	魏永福	男	石城村	1973.2—1980.7	高中
2	王满奎	男	麦窝村	1980.8—1981.8	高中
3	卢育春	男	正路镇	1981.8—1982.8	中师
4	卢有刚	男	响水村	1982.8—2003.2	中师
5	王军	男	寺梁村	2003.2—2014.2	本科
6	陈文胜	男	席滩村	2014.2—2017.8	本科
7	张建国	男	正路镇	2017.8—2021.7	中师

表9-3-15　石城小学历年获得荣誉统计表

序号	荣誉称号	授予时间	授予部门
1	文艺节目汇演一等奖	2009.6	芦阳学区
2	先进集体	2009.9	景泰县委、县政府
3	优秀中队	2010.9	芦阳学区
4	文艺节目汇演二等奖	2011.6	芦阳学区
5	先进集体	2012.9	景泰县委、县政府
6	文艺节目汇演二等奖	2014.6	芦阳学区
7	先进集体	2014.9	芦阳镇党委、镇政府

十三、芳草村教育

芳草的教育始自家塾,开设家塾的时间已无从考证。创办人为清光绪年间建威将军、乡绅李宗经。

1919年,李宗经之子李林将方神庙3间庙堂改为学堂,开办私塾。有先生1人,学童近10人。随着时间推移,私塾规模逐渐扩大。其间在村民和学童中口碑较好的先生有响水村人闫天禄。

1941年,红磴上墩村李作林奉县政府公文,创办芳草渠公立初级小学。1942年,县文教科派一条山人张文蔚担任校长。在此期间,校址迁移不定。

1949年后,学校定名为景泰县芳草初级小学,一至四年级复式教学。学校除正常的教学工作,还承担"破除迷信、扫除文盲"任务,中午和晚上分别开设扫盲班。

其间,民勤人李开先任校长,征得大队同意,采取暂时免收家庭困难孩子学费和课本费的办法,鼓励适龄儿童上学。20世纪60年代,所有年级全部改为单班教学,规模扩大。1962年,新建校舍为土木结构。1965年,更名为景泰县

▲ 图9-3-3 芳草小学1966年毕业留念

芳草高级小学。

1965年，成立耕读班，主要开设语文、算术两门课，教师有寇永才、张义平、王天友等。

1969年，附设初中班，由秋季开学改为春季开学。同年，成立芳草小学革命委员会，贫协委员定期或不定期到学校参加会议和各种活动。

1978年秋季开学起，执行教育部颁发的《全日制十年制中小学教学计划》（试行草案），基本完成普及小学教育的任务，学龄儿童入学率达到95%，在校学生的年巩固率达到97%，毕业班学生的毕业率达到80%。

1986年，芳草小学就读学生达380多人，教职员工15人。县教育局、村委会、小学各出1万元翻修学校，建成砖混结构的教室9个，办公室9间。绿化校园，植杨树100多棵。

1987年秋，撤销初中班。

1990年，芳草小学设学前班。2016年，正式附设幼儿园，占地6667平方米，修建教室250平方米，可容纳120多名幼儿。按年龄分为学前中班、学前大班和学前班3个教学班。有教师3人，本科学历教师1人，大专学历教师2人。

截至2021年，芳草村考取大学本科及以上学历402人，其中博士（含在读）9人，硕士（含在读）51人。

表9-3-16　1941—2021年芳草小学历任校长（负责人）一览表

序号	姓名	性别	籍贯	任期	学历
1	李作林	男	红碛村	1941	中师
2	张文蔚	男	条山村	1942	—
3	张宗庆	男	中泉镇	—	—
4	胡永杰	男	芳草村	—	高小
5	刘家模	男	芦阳村	1950—1951	初中
6	化成	男	喜泉镇	1951—1952	中师

续表

序号	姓　名	性别	籍　贯	任　期	学　历
7	王怀恩	男	喜泉镇	1952—1953	高小
8	李明高	男	五佛乡	1953—1955	高小
9	王富仁	男	五佛乡	1956—1957	高中
10	李开先	男	民勤县	1958—1961	高中
11	焦万盈	男	芳草村	1962—1963	中师
12	马如杰	男	响水村	1964—1968	高中
13	焦万盈	男	芳草村	1969—1970	中师
14	周世伟	男	周窑村	1971—1979	高中
15	焦万盈	男	芳草村	1980—1989	中师
16	寇永才	男	芳草村	1990—1994	高中
17	刘在贵	男	中泉镇	1994—2000	大专
18	曾树堂	男	十里村	2001—2012	中师
19	曹新安	男	西林村	2012.7—2017.3	中师
20	王　永	男	响水村	2017.3—	本科

表9-3-17　1993—2017年芳草学校历年获得荣誉统计表

序号	荣誉称号	授予时间	授予部门
1	标准化学校	1993	白银市教育局
2	示范学校	1996	白银市教育局
3	园林化学校	2004	白银市教育局
4	先进集体	2005.9	中共景泰县委、县政府
5	少先队优秀中队	2014.6	芦阳镇学区

续表

序号	荣誉称号	授予时间	授予部门
6	先进集体	2014.9	芦阳镇党委、镇政府
7	教育质量管理先进单位	2014.12	芦阳镇学区
8	红旗大队	2017.5	中共景泰县委、县政府
9	优秀班集体	2017.7	白银市教育局

十四、条山村教育

1917年3月，由地方绅士张兆福、化云锦倡导，安玄昌、余海晏、张积宗、宋王叙等商定，报请花定盐务收税局同意，以在一条山盐仓卸盐3.6万驼只、每峰收饮水费银子4厘作为办学经费，成立靖远北区第二十一学区区立第二初级小学，即"一条山国民初级小学校"。张兆福、化云锦等组成校董会，管理学校。教室由财神庙修缮改建而成。课程设有国文（语文）、算术、修身、写字等。教员为本村人李恭宗，其余从外地聘请，如东风人李文渊，毕业于兰师，担任过一条山盐务局警士长、固原运输科科长。对聘请教员实行米津制。20世纪30年代，杨济川担任校长。

1936年10月，财神庙毁于战火变成废墟，学校就此停办。

1938年，张钦武（原名德成，字钦武。后以字名世）、化廷述等人重新发起，在盐务局局长朱曼卿的支持下，呈请盐务总局备案批准，凡来往一条山运盐驼只收水费5分（时币），每辆大车收水费2角，作为经费，在龙王庙旧址又办起了学校。化廷述任校长，教师5人。其中朱曼卿之妻王佩章系知识女性，被聘为教员。1942年，在原财神庙地基上修建教室3栋、办公室6间、宿舍10间、储藏室3间和伙房3间。教师增加到8人，学生100余人。

1946年，县教育科以"统筹统资"为由，截取学校经费。盐务局知情后，停止收取饮水费。办学经费向群众摊派，名曰"公教粮"。很多村民无力缴纳，导致学校经费困难，教师薪水无保障，外地教师陆续离校。

1947年，张善成出任校长，教师增加到9人。

1949年后，"一条山国民初级小学校"改名为一条山学校。教师由上级公

▲ 图9-3-4 条山学校1978年高中毕业留念

派。至1958年，学生增加到300人；并开办高小班，增聘民办教师。1960年，条山农场接管学校。1963—1964年，政府先后拨款2万多元，群众投工，新建教室6座，办公室8间。"文化大革命"期间，学校由贫下中农代表管理，教学秩序受到冲击。1969年，开办初中班，继而又开办高中班，开办时间不长即撤销。

1984年，政府拨款3.8万元、地方负担三分之一重修学校。1985年1月，县委、县政府授予时任村党支部书记王兰元"集资办学先进村党支部书记"称号。1996年秋，撤销初中班，并入芦阳第一初级中学。随后增设学前班，逐步接管幼儿园。

1997年，泰生集团董事长张守忠捐资31万元，建成一栋3690平方米的3层教学楼；2000年又捐赠43台电脑。

2012年，学校以红军西路军"血战一条山"红色资源为依托，成立"红色道德教育基地"，对学生进行革命传统和爱国主义教育。

2021年，学校占地18080平方米，建筑面积4637平方米。教师25人，学生138人。

表9-3-18　1917—2021年一条山小学历任校长（负责人）一览表

序列	姓　名	性别	籍　贯	任　期	学　历
1	张兆福 化云锦	男	一条山	1917—1936.10	—
2	杨济川	男	—	1936.10—1938	—
3	化廷述	男	一条山	1938—1947	—
4	张善成	男	一条山	1947—1951.3	—
5	杨生伟	男	一条山	1951.3—1951.12	—
6	化　敦	男	一条山	1951.12—1960	中专
7	张承功	男	一条山	1960—1962	—
8	化　敦	男	一条山	1962—1966	中专
9	范振中	男	喜泉乡	1966—1979	—
10	王永奎	男	麦窝	1979—1980	高中
11	张承珪	男	一条山	1980—1993	高中
12	张世奎	男	五佛乡	1993—1996.7	大专
13	化廷仁	男	城关	1996.8—2012.8	中师
14	达文岳	男	大安乡	2012.8—2016.3	中师
15	化　明	男	席滩	2016.3—	本科

注：1966—1979年期间，先后有沈有林、王懋元、高述度、张学奎等人任学校负责人。

表9-3-19　一条山小学历年获得荣誉统计表

序号	荣誉称号	授予时间	授予部门
1	先进集体	2001	白银市教委
2	教育质量管理先进单位	2002	白银市教育局

续表

序号	荣誉称号	授予时间	授予部门
3	五星级学校	2004	白银市教育局
4	优秀组织奖	2004.6	甘肃省教育厅
5	中小学档案先进集体	2008.3	景泰县教育局
6	远程教育市级师范学校	2009.9	白银市教育局

十五、城北村教育

(一)拉牌头私塾

1930年,李氏掌门人李正时在自家四合院大门右侧的3间厢房内开办家塾。先后聘请的先生有芦阳雷应临、安质蔚,响水谈嘉猷,五佛兴水黄先生(名不详),学童以李家子弟为主,兼收邻村儿童。

1937年,原私塾学子李俊英从兰州学成归来,在其兄李冠英支持下,在家塾的基础上,创办村中首家私塾,招收学童启蒙。还为十多名邻里儿童免收塾费,深得村民赞誉。

(二)城北墩私塾

20世纪30年代后期,村民王丕臣、王怀让创办家塾,招收自家子弟接受启蒙。聘请李俊英和黄先生(五佛兴水人)执教。先后在龙王庙、王定甲大院联办两年多,学童20多人。

(三)城北墩学校

1940年,村上有识之士王守珊、李冠英、王守广、王怀种等人倡议筹建学校。得到村民的积极响应,大家共举王守珊、李冠英、王守广、王怀种为校董,负责筹建学校。资金一方面从社火会布施中筹措,一方面倡议大家捐款。初步建成一座有教室1间、办公室2间土木结构的学校。校董李冠英将拉牌头自家五轮水田捐为学田。

1941年,呈报县文教科,挂牌"城北墩短期小学",任命王怀让为校长,教务为李俊英,教员为王敬孝,李俊英负责学校具体工作。1944年,李俊英任校长,聘龚大钧、王怀印为教员。1947年,王敬孝任校长,先后聘请沈育林、

▲ 图9-3-5　城北墩小学

王怀盛为教员，直到1949年。

　　学校自建成至1964年，均采用一至四年级复式教学。1964年后，成为六年制完全小学。1972年，附设初中班；1982年撤去初中，1985年又恢复戴帽初中；1987年秋再次撤销初中，并入芦阳一中。学生由开始的十多人发展到四五百人，最多时达600余人。

　　1985年，学校由大泉北岸迁到北梁偏西处，建成砖木结构校舍。由于施工较为粗糙，选址又在缺水的石梁上，绿化困难。1986年，附设学前班。1994年，村"两委"决定重建学校。甘肃西北方水泥有限责任公司（董事长王社）出资120万，于1998年建成一座有4层教学楼和2层教师办公楼的全新学校。

　　2002年，甘肃六星水泥有限责任公司（董事长王东升）出资22万元，硬化校园，完善部分辅助设施，修建大门及门房。时任甘肃省政协副主席应中逸题写校名。

　　2004年，学校安装电脑20台，并装配多功能厅和卫星天网系统，实现了校园信息网络化；教学仪器达到国家三类标准；藏书5000余册。2013年，县教育局投资建设学校食堂及附属幼儿园，2014年建成使用。

2021年，学校占地15954平方米，建筑面积3248平方米，操场面积6440平方米，硬化面积5600平方米，绿化面积1500平方米。在校学生除本村学生外，还有大席滩、拉牌头、娃娃水等村的学生200余人；8个教学班。教师20人，学历达标率为100%。

2003年，学校先后被评为"白银市五星级学校"和"白银市园林化学校"，获"市级绿色学校创建活动先进单位"称号。2004年，被市委、市政府评为"教育系统先进集体"；被县政府授予"平安学校""绿色文明学校"称号；被团县委授予少先队"雏鹰大队"称号。

2011年，通过县、市两级教育部门"五星级"学校复评验收，被县教育局、县妇联推荐为"白银市示范家长学校"。2017年，被评为"甘肃省快乐校园示范校""甘肃省德育示范校""白银市快乐校园示范校"。2018年，被评为"白银市文明校园""景泰县先进基层党组织"。

学校教师先后在《甘肃教育》等刊物发表论文10篇，在《白银教育》《白银日报》《铜城周刊》等报刊发表论文9篇；其中6篇论文获市级奖，6篇课例获市级奖，2篇课例获县级奖；在县级优质课竞赛中一等奖3名、二等奖4名、三等奖2名。县级骨干教师3名，县级学科带头人4名。

截至2021年，城北村取得大专、本科学历300多人，取得研究生学历十多人。

表9-3-20 1940—2021年城北墩小学历任校长（负责人）一览表

序号	姓名	性别	籍贯	任期	学历
1	王怀让	男	城北村	1940—1944	—
2	李俊英	男	拉牌头村	1944—1947	—
3	王进孝	男	城北村	1947—1949	—
4	付生全	男	—	1949—1950	—
5	李玉英	男	拉牌头村	1950—1951	—
6	杨天秀	男	响水村	1951—1952	—
7	罗忠	男	红光村	1952—1953	高中

续表

序号	姓　名	性别	籍　贯	任　期	学历
8	尚可敏	男	中泉镇	1953—1954	—
9	王积元	男	—	1954—1956	—
10	张世俊	男	寺滩乡	1956—1958	高中
11	张兴信	男	东风村	1958—1960	—
12	王来存	男	—	1960—1963	—
13	马如杰	男	响水村	1963—1964	高中
14	付千安	男	麦窝村	1964—1965	—
15	冯国煜	男	正路镇	1965—1966	—
16	刘家模	男	芦阳村	1966—1972	—
17	毛　华	男	麦窝村	1972—1982	中师
18	高秉贵	男	城关村	1982—1983	—
19	郭志义 王积石	男	城北村	1983—1984	中师
20	王积石 李成才	男	城北村	1985—1986	中师
21	冯学庆	男	正路镇	1986—1987	中师
22	王永奎	男	麦窝村	1988—1990	高中
23	王积会	男	城北村	1991—1994	中师
24	卢明春	男	正路乡	1994—1995	中师
25	王积石	男	城北村	1995—1996	中师
26	李得润	男	东风村	1996—1998	中师
27	达文岳	男	大安乡	1998.8—2012.8	中师
28	曾树堂	男	十里村	2012.8—2014.7	中师
29	王恒研	男	靖远县	2014.8—2018.3	本科
30	李武科	男	石城村	2018.3—2020.9	本科
31	王延建	男	城北村	2020.9—	本科

十六、西林村教育

1974年，正路公社部分社员搬迁西林村；为解决搬迁户孩子上学问题，大队聘请卢全春为学校负责人，王真香、张兴高为代课教师，开设一至三年级3个教学班。

1976年，移民学生逐渐增多，达到60余人，任课教师4人。大队征用土地10亩，由各生产队出资出劳，修建2栋200平方米土木结构教室和2间36平方米的土木结构办公室，开设一至五年级5个教学班。

1978年，学校移交芦阳公社教师辅导站管理。1984年，教师增至7人，学生120余人。村委会和学校自筹资金5000多元，争取财政资金1.5万元，修建面积240平方米的两栋砖木结构教室。1986年，附设学前班。

1996年，教师13人，学生290余人。全校师生捐书，建立西林小学图书室；师生自制教具、体育器材。村委会集资3.5万余元，学校筹资3万元，修建面积240平方米的两栋砖木结构教室和595平方米的校园围墙。2003年，争取县级财政资金，拆除土木结构教室，修建241平方米教学辅助用房，40平方米大门，20平方米厕所。2012年，县教育局为西林小学配发图书2000余册。2013年，县教育局配发学生科学实验器材及理科教学器材各1套，建立科学器材室。2014年，投入资金15万余元。硬化篮球场1000平方米及维修教室隔墙，配发学生美术器材、体育器材、卫生器材；安装校园监控13台，配发学生食堂设备1套，学生计算机4台。2015年，投入10万余元。一至六年级教室安装"班班通"教学设备6套；实现校园网络全覆盖；配发学生课桌凳36套。2017年，通过芦阳学区、县教育局的支持，拆除重建校舍200.2平方米，共计投入资金48.5万元。2018年，拆除重建校舍212.2平方米，修建学生食堂200.8平方米，共计投入中央资金83.5万。国家薄弱学校改善计划项目配发幼教机一台。2018年，天津"e+"公益金及天津UPI教育机构为西林小学捐赠图书1000余册，价值3000元的各类幼儿玩具。

2019年，中国西部开发促进会秘书长卢临憶（西林村人）为西林小学捐赠教师办公桌7套、沙发1套、架子鼓2套，共计约2万元。2020年，卢临憶争取教育部中央专项福利彩票金润雨基金120万元，对校园进行维修改造。

1997年，学校被评为"标准化学校"。2002年，学校少先大队被团县委授予"雏鹰大队"称号。2003年，被县委、县政府评为教育系统"先进集体"。2005年，被县委、县政府评为"文明单位"。2007年，学校少先大队被市少工委评为"中国少年先锋大队"。2008年，学校四年级一班被市少工委、市精神文明办、市教育局评为"小公民思想品德建设"先进班集体。

表9-3-21 1974—2021年西林小学历任校长（负责人）一览表

序号	姓名	性别	籍贯	任期	学历
1	卢全春	男	正路镇	1974.2—1978.8	中师
2	张学奎	男	芦阳村	1978.8—1984.9	高中
3	魏义忠	男	石城村	1984.9—1986.9	高中
4	曹新安	男	西林村	1986.9—2012.2	中师
5	王恒研	男	靖远县	2012.2—2014.2	本科
6	苟三明	男	西林村	2014.2—2015.1	中师
7	张建国	男	正路镇	2015.2—2017.2	中师
8	丁维智	男	红光村	2017.2—	本科

十七、马鞍山村教育

马鞍山村主要由五佛乡泰和、兴水、西源、红柳、老湾等村部分村民搬迁建成。1993年，由时任白银市政协委员张明泰发起，成立校董会，王明德村主任担任会长，胡秉儒、李元槐、张忠泰、来登旺、王进理、张久珍、罗洪基、李松、王兆英等各队队长组成。群众捐椽子、檩子，义务投工，芦阳镇政府支持3万余块砖，景泰县文教局拨专款3000余元，经5年左右持续修建，建成砖木结构教室7间，灶房1间，教师宿舍4间，会议室1间，大门1座，围墙100余米。1996年，附设学前班。

2003年，香港爱国人士邵逸夫先生捐助资金40余万元，学校搬迁新建。占地面积1万平方米。其中建筑面积771平方米，教室面积444平方米，建有音乐、美术、体育器材室，图书1200册。2021年教师10人，学历达标率100%。学生28人。

表9-3-22　1990—2021年马鞍山小学历任校长（负责人）一览表

序号	姓　名	性别	籍　贯	任　期	学　历
1	沈文云	男	—	1990—1993	中师
2	李元槐	男	马鞍山村	1993—2000.7	中师
3	张建国	男	正路镇	2000.8—2012.8	中师
4	陈文胜	男	席滩村	2012.9—2013.8	本科
5	寇明俊	男	中泉镇	2013.9—2018.11	本科
6	李　锋	男	会宁县	2018.11—2020.4	本科
7	曹镇清	男	西林村	2020.4—2021.1	本科
8	张举达	男	马鞍山村	2021.2—	大专

十八、早期撤并学校及教学点

（一）八道墩小学

1976年，由五佛公社搬迁移民创办。第一任校长杜希成，教师4人，学生40多人，设一至五年级。1985年，撤并到城北墩小学。

历任校长为杜希成（1976—1979）、沈文云（1979—1985）。

（二）大席滩小学

1964年设立学校，教室三间，半耕半读，教师付庆安，设一至三年级。1968年改为全日制，教师王久健，1977年教师为知识青年陶雪梅，1979年教师王永健，学校搬迁到知识青年点。1984年撤并到拉牌头小学。

（三）东郊小学

芦阳村搬迁灌区移民点下地槽，1992年建立小学，校长张敬祖，2000年魏国信任校长。设一至四年级，后附设学前班，2001年时有学生近70人。历任教师李英、常蓬学、郝忠、张守芳、王亚丽、高秉贵、段守飞、张文华。2005年撤并。

(四) 东新小学

1973年东风大队搬迁灌区移民点东新村，借用王作为家的三间土房做教室，开始办学校。学生10名，一至四年级复式教学，教师郝虎。教师住地窝子。1974年建土木教室，开设初中班，学生70多人。1978年，获"景泰县教育系统先进集体"称号。1978—1980年，五佛搬迁马鞍山的部分学生在东新学校上学，学生120多名。1981年学校进行翻修，马鞍山学生回本村上学，此时学生70多名。1997年，学校被评为白银市标准化学校。

2005年秋撤点并校，合并于马鞍山小学。

先后任教老师有郝虎、谈明经、张常禄、王成荣、陈启刚、王述苹、王明顺、郝佰魁、龚成爱、安维成、殷世俊、李得科、卢有亮、张连芳、卢有琴、李得润、王作海、杨梅、李得明、赵文连、李兴、朱宗秀等。

历任校长（负责人） 卢有刚（1973—1978）、李文亮（1978—1980）、谈明经（1980—1987）、郝虎（1987—1988）、李得润（1988—1990）、谈明经（1990—1995）、卢守山（1995—1998）、高秉贵（1998—2000）、崔克义（2000—2003）、郝虎（2003—2005）。

(五) 教场梁小学

1984年设立，2间教室，1间办公室，一至二年级，学生近30名，教师戚玉梅，高峰时学生有40多名。历任教师戚玉梅、王治国（宁夏人）、万廷芳、王新玲、常燕霞、刘正姣、付廷树。

2004年撤并到东关小学。

历任负责人有戚玉梅（1984—1986）、王治国（1986—2004）。

(六) 拉牌头小学

1964年设立耕读学校，一至四年级复式教学，学生约90人。1968年改为全日制，历任教师为付庆安、何维、邢军莲、王云。1986年撤并到城北墩小学。

(七) 米山小学

创建于1958年，教师为沈庄人沈培林。1962年，合作社改为生产队，沈培林返回沈庄，小学停办。1963年秋，周世伟任教，小学复课。到1971年，先后有周文升、王建军、张天俊、王孝贵、周德祥、周文清、卢有红、周文科、卢有亮（米山人）任教。1975年，学校升为完全小学。1977年，上级拨款1万元改建学校，并调公办教师周德胜任教，开设2个初中班，学生近百名，教师6人。1979年秋，初中班合并到红光学校。毕业的两级26名初中生，后来有8名学生考入大中专学校。1979年秋到1990年秋，教师3名，学生七八十名。1992年后，随着向景电二期工程灌区移民和人口外流，学校只有1名教师，1999年停办。

历任校长（负责人）沈培林（1958—1962）、周世伟（1963—1971）、周文升（1971—1973）、卢有亮（1973—1979）、周德胜（1979—1999）等。

（八）南庄小学

1974年成立，教室设在生产队办公室，设一至三年级，学生15人左右，教师张世模。后生产队集资重建，1983年张永新任校长，学校规模扩大，设一至五年级。20世纪80年代末达到高峰，学生140名左右，教师八九名。1991年张守德任校长，1993年设六年级，2000年撤并到西林小学。

（九）上滩小学

建于1980年，占地面积1800平方米，教室3栋，每栋2个教室，办公室5间，库房1间。五年制小学，5个教学班，学生约150人，教职工8人，校长来登蛟。1989年改为六年制小学。1998年校长张鹏祖，2002年何忠任校长。2004年秋撤并于一条山小学。

（十）沈庄小学（金庄水小学）

1958年创办，教室为生产队办公室，教师李宗佑，一至四年级，复式教学。1968年，沈文远接替任教。1973—1980年实行五年学制，其间教师沈文海、沈俊林。1980年后高年级学生到红光小学上学，一、二年级学生由沈文远负责上课。1999年并入红光小学。

（十一）娃娃水小学

1957年，第五小队自办。教师龚大均，学生七八人，设一、二年级。1975年，教师龚成财、马秀云，学生40多人，设一至四年级。

1980年在庙梁（龙王庙）新建学校，有两栋教室，5间办公室，教师龚成宪（校长）、马秀云、龚成财，学生60多人，设一至五年级。1998年秋，撤点并校，并入城北墩小学。

历任校长（负责人）周尚刚（1991—1992）、龚成宪（1993—1996）、龚成胜（1996—1998）等。

（十二）西六支教学点

芦阳村一组移民点，1980年设立教学点，设一至三年级，学生22人，教师安廷胜。1986年秋戚玉梅任教师。1999年秋撤销。

（十三）下车木峡教学点

下车木峡有东风、响水、西关村耕地，有村民搬迁定居。1982年设立教学点，由东风小学管理，一至三年级，学生10余名，教师王有成。1985年撤销。

（十四）响水小坪教学点

1968年设立，起初在本村马玉福家上房（堂屋）上课，第二年建3间土房，1间办公室，设一至二年级，复式教学，学生20多名。教师卢昌作、祁全发。1980年撤并到响水小学。

十九、芦阳镇及各村幼儿园情况

表9-3-23　芦阳镇及各村幼儿园历史沿革一览表

名　称	创办时间	所在位置	性　质	负责人及任期	隶属单位
芦阳镇中心幼儿园	2017	城关村	公办	张好顺（2017—2021） 陈　燕（2021—）	芦阳学区
一条山幼儿园	1984	条山村	民办公办	马玉芳（1984—2003） 郝万霞（2003—2019） 寇宗淑（2019—）	村委会
东关小学附属幼儿园	2018	东关村	公办	罗晓音（2018—）	芦阳学区
芳草小学附属幼儿园	1990	芳草村	公办	芳草小学代管	芦阳学区
响水小学附属幼儿园	1988	响水村	公办	响水小学代管	芦阳学区
马鞍山小学附属幼儿园	1996	城北村	公办	马鞍山小学代管	芦阳学区
城北墩小学附属幼儿园	1986	城北村	公办	城北墩小学代管	芦阳学区

续表

名　称	创办时间	所在位置	性　质	负责人及任期	隶属单位
寺梁小学附属幼儿园	2003	寺梁村	公办	寺梁小学代管	芦阳学区
西林小学附属幼儿园	1986	西林村	公办	西林小学代管	芦阳学区
石城小学附属幼儿园	2002	石城村	公办	石城小学代管	芦阳学区
育林生态幼儿园	2019	城北村	民办	刘钰玲（2019—）	芦阳学区

第四节　中学教育

一、芦阳第一初级中学（芦阳一中）

1987年秋，撤销城北墩学校、芳草学校的戴帽初中，与响水初级中学合并，在景泰一中旧址上组建芦阳一中。

20世纪90年代中期，芦阳一中西迁。地址选在一条山村大梁头南坡畔，投资90万元，经过一年多的建设，学校主体工程竣工，于1996年秋开始招生。同时撤销一条山学校、石城学校的戴帽初中。学生主要来自一条山、石城、寺梁、席滩、芳草、上滩、十里等村，也有少数外乡的学生，有教学班12个。

学校初建后，大门、围墙不齐，校园凹凸不平。全校师生一边上课，一边植树造林、平整操场改善校园环境。

2004年，学校新建水窖、多功能报告厅、微机室和理化生实验室，并配备全新的实验仪器。2013年，学校争取到危房改造项目资金200万元，在原址上重建一所集住宿、餐饮为一体的崭新学校。

2018年，学校占地为6.86万平方米，建筑面积4200平方米，绿化面积1.2万平方米，硬化面积1万平方米。

2019年秋，停止七年级（初一）招生。2020年秋，停止招生。

表9-4-1　1987—2021年芦阳一中历任校长（负责人）一览表

序号	姓　名	性别	籍　贯	任　期	学　历
1	周世伟	男	周窑村	1987.8—1993.7	高中
2	冯学庆	男	正路镇	1993.8—2003.7	中师
3	李　文	男	五佛乡	2003.8—2012.7	大专
4	石占敏	男	平川区	2012.8—2016.11	本科
5	寇宗强	男	中泉镇	2016.11—2019.10	本科
6	王文瑞	男	草窝滩镇	2019.11—2020.10	本科

二、芦阳第二初级中学（芦阳中学）

1969年3月，芦阳公社五·七中学改建为芦阳公社中学。1972年，开设高中班。"文化大革命"期间，学校教学秩序受到严重冲击。

1974年8月，芦阳中学男子排球队、兰州二十七中女子排球队代表甘肃省参加在四川温江举办的"全国中学生排球赛"，领队白守荣，教练高自映、王泰，队员郝招、许有孝、沈凯林、王鹏、杜立新、张学信、马占奇、孙延成、万国江、杨平西、杨天荣、董怀忠等。芦中排球队战胜宁夏、新疆和贵州代表队，被大会组委会评为"全国中学生排球赛（温江赛区）精神文明队"。1976年，卢守琪在全省步枪表演赛获物质奖；雷建生、马武获全省气枪表演赛金牌；龚真凤、尚伦花、谈明堂获全省步枪表演赛金、银、铜牌；董怀平（女）获全省小口径表演赛金牌；黄淑梅、李桂芳获金牌、银牌，被评为甘肃省优秀射手；马如杰被评为甘肃省优秀射击教练员；芦中红卫连获"优秀红卫连"称号，出席省先进集体表彰会。

1976年，学校邀请甘肃农业大学教授到校讲农机课，主要是柴油机、电动机、水泵维护和修理。一年后，培训的学生能够修理以上机械。1979年，此项教学任务结束。1977年，改称芦阳中学。1977—1979年，只招高中班。

1978年，实行校长负责制；开始建造砖木结构的校舍。

1980年8月，学校篮球队参加全国中学生篮球赛，获得纪念奖。1982年秋，撤销高中班。1982—1984年，由东关人孙玉龙投资兴建1栋两层教学楼。1985

▲ 图9-4-1 芦阳中学首届高中毕业班合影

年6月,芦阳乡政府投资14万元,翟自升(东关人)、范世民(东关人)建筑队承包并捐款1.6万元,兴建第二栋两层教学楼,教学楼建成后,学校教师题联一副:校园春意浓德才楼里催桃李,教师激情涌月明阁中育新苗。联中暗寓先后任芦阳乡(镇)党委书记的王得才(寺滩乡人)和李月明(五佛乡人)。

1985年,芦阳中学人数达1156人,16个教学班,教师48人。

1987年秋,芦阳一中组建成立。同年,芦阳中学改名芦阳第二初级中学。由时任武威地委书记王国文左手题写校名"芦阳二中"和"桃李芬芳"八字。

2011年,拆除两栋旧教学楼,新建一栋综合楼。

芦阳二中占地1.11万平方米,教学楼1栋,实验楼、办公楼各1栋,集住宿、餐饮为一体的学生公寓楼2栋。设有微机室3个,图书室2个(藏书2万余册),音乐室1个,多功能大厅2个,生理化实验室6个,均达到国家二类标准。有电脑100多台,并建成校园网络,使网络教学、远程辅导、学习资源共享成为现实。2014年,上级部门下拨农村薄弱学校改造资金200多万元,对食堂、餐厅等基础设施重建。

2014年，学校有教职工57人，其中本科学历教师53人，专科学历的教师4人；获得市"园丁"称号教师5人，县"园丁"称号6人；县级骨干教师8人。学生500多人，16个教学班。

各科教师在各级各类报纸杂志上发表教研论文20多篇，20多人次在市县优质课、说课竞赛中获奖。2001—2011年，中考成绩连续10年居全县前5名。2001年、2002年、2004年初中毕业会考多项指标位居全县第一；2003年、2005年、2006年、2007年4次名列第二；2008年、2009年名列第四；2010年名列第五；2011年名列第三。学生有300多人次在国家、省、市举办的语文、数学、英语、物理、化学等各科竞赛中获奖。

学校文艺演出队多次被县、镇邀请参加大型文艺汇演和重大庆典活动；校篮球队2001年、2002年、2005年获"景泰县中学生篮球联赛"冠军。

学校多次被省、市、县、镇评为"德育工作先进集体""教育系统先进单位""教育质量优秀单位""标准化先进学校""安全文明单位"。

表9-4-2　1968—2021年芦阳中学（芦阳二中）历任校长（负责人）一览表

序号	姓　名	性别	籍　贯	任　期	学　历
1	刘家模	男	芦阳村	1968—1969	初中
2	马如杰	男	响水村	1969—1970	高中
3	杨希山	男	寺滩乡	1970—1978	高中
4	常正贵	男	芦阳村	1979—1980	大学
5	张承宗	男	东关村	1981—1982	大学
6	郭天祯	男	芦阳村	1982—1984	中师
7	沈文河	男	红光村	1984—1993	中师
8	杨天安	男	响水村	1993—2000.4	中师
9	张长新	男	东关村	2000.4—2011.5	本科
10	罗立波	男	麦窝村	2011.6—2019.9	本科
11	刘荣邦	男	红水镇	2019.10—	本科

三、响水初级中学

1981年，景泰县教育局和芦阳乡抽调响水小学教务主任卢宝安负责筹建响水初级中学。校址选在响水与西关两村之间的石嘴子。一年多完成主体工程。1982年秋开始招生，主要招收响水、东风、麦窝、西关村的初中学生。另外，还招收芦阳、城北墩、娃娃水、一条山、芳草、周窑、红光、喜泉、草窝滩、五佛等外地学生。初设5个教学班，学生将近300人，教师十多名。学校初创，没有围墙、大门、实验室，没有体育设施，条件较差。但在第一年的升学会考中，统考成绩名列全县前茅，有4名学生考取武威师范学校。1984年，初中毕业生40多人，6名学生考入武威师范和景德镇技校，考入高中20名。学校被市教育局评为"教育先进集体"。1987年秋，芦阳第一初级中学在原景泰一中的校址上组建，响水中学并入芦阳一中。

响水中学历任校长：沈文河（红光人，任期1982.8—1984.7）；马如杰（响水人，任期1984.8—1987.7）。

历任教务主任：杨天安（响水人）、卢宝安（响水人）。

第五节　职业教育

一、芦阳农业中学

芦阳农业中学属面向农村子女的初级中学，1965年创办，学制、校历、课程设置等与普通中学相似。创办后因无校址、校舍，暂时在芦阳小学内上课，但独立办学，隶属芦阳公社管理，业务上受县文教局指导，公社负担经费。

学制为三年制。主要课程包括政治、语文、数学、物理、化学、历史、地理、体育、音乐等。每年秋季始业，全学年两个学期，教学时间9个半月。

1965年、1966年、1967年每年招收40~50名学生。农业中学的兴办，解决了一部分农民子弟不能上普通中学的问题。"文化大革命"期间，学生或者自行回家，或者被家长阻拦回家劳动，坚持继续在校学习的学生的不到10%。

聘用的民办教师，工资一部分由公社公益金支出，每人每月6元；另一部分由所在大队记工，每人180个工日，参加生产队年终权益分配。1965—1966

年，教师有刘家栋（临时负责人）、高显、化录。1968年秋恢复上课，学生大量增加，县里调来公办教师王钫兰（西北民族学院毕业）、李明新（武威师范毕业）；聘用民办教师雷百庆（原甘肃工业大学退职教工，担任学校负责人）、张承珪、康星元、马元、张承贵（兼学校会计）。民办教师每人每月为12元，所在大队记工不变，仍为每人180个工日，参加当年本大队的权益分配。

办学经费主要源于公社公共积累中的公益金。学生免收学杂费。1968年6月，一条山大队调剂80亩荒地，师生利用暑假，开垦加埂，雇用拖拉机翻犁后种上糜子，收获3000多斤，被公社调给索桥大队，用以解决群众生活困难。

1965—1966年夏，正常办学一年，基本上完成教育教学任务。"文化大革命"期间，教学秩序被打乱，一度教学被迫停止。1968年6月，学校筹备开学事宜。公社新任命学校负责人，调来公办教师，补充民办教师，校址定为一条山村盐务局旧址，有房屋30间；全体教师深入各村社动员在家学生七八十名。9月1日正式开学。到1969年元月放假，历时半年。

1969年2月，县上决定停办芦阳农业中学，农中在校生全部并入芦阳公社五·七中学。

二、芦阳镇农民文化技术学校

建于1989年，校址设在芦阳村。校舍50平方米，课桌板凳30余套。1996年，校长王朝才，副校长罗文泰，专职教师张承珪、黄龙云，兼职教师张厚春、荀三江、陈资全、王晓云、王立基、赵鸿夫、朱庭基、彭维新、董学才等；下设教学点16个。

至1996年，以镇农民文化技术学校和各村教学点为主要阵地，共扫除青壮年文盲1272人，同时举办各种实用技术培训班，其中种植业475人，养殖业110人，建筑业65人，农业机械202人，缝纫裁剪84人次，人口教育800人次，"二·五""三·五"普法教育140人，共计1876人。各村教学点举办各种技术培训26期，培训1100人次。

第六节　扫盲教育

民国十六年（1927年）后，国民政府强调平民教育，兴办民众识字班。各地在本村小学内设民众识字班，组织成人学习文化，教员义务授课。

中华人民共和国成立初期，由县文教科责成各小学分担本村扫盲任务，各地陆续办起冬学、民校，分夜班、午班、识字组。学员按文化程度编为甲、乙、丙班，分别学习《农民识字课本》或其他教材，由小学教师或有文化的农民任教。1950年冬，芦阳中心小学附设"农民夜校"，学生90余人，妇女居多。1952年，推广祁建华注音速成识字经验。1954年，在全乡普遍开展"扫盲"工作，至1958年大部分青年脱盲。

1958年，根据"人人学文化，个个脱文盲"要求，村村建校，队队办学，人人识字。以生字表、识字卡片、实物识字、识字牌、看图识字、小学生送字上门等形式，用生字排队、熟字带生字、繁字拆合、同音编组、形似字辨别的教学方法，开展亲教亲、邻教邻、夫妻互学、男女互教、子女教父母、识字人教文盲的包教包学活动。采用农闲多学、农忙少学、大忙放假的办法，利用田间地头、水利工地、生产点、放牧组组织学习。脱盲学员，一部分能看书、看报、写信、记账。其间涌现出一批优秀的扫盲教员受到县、乡表彰，如东风的卢有忠，响水的马如璨、卢有万等人。1965年，县文教局配备业余教育辅导员1名，常抓农民业余教育。

1980年，县文教局抽调十多人组成扫盲工作组，到各公社督促扫盲工作。芦阳公社建立了独立的农民（成人）文化技术学校，行政村建立了农民文化技术学校或教学点，又一次大规模开展扫盲工作。

20世纪90年代，文教局实行"一堵、二扫、三提高"的原则，再次对农民进行扫盲教育，农民文化技术素质逐步提高。

芦阳镇志
LUYANGZHENZHI

第十章

文化

第一节 文化艺术

一、民间音乐与戏剧

明清时期，芦阳地区各村庄都有庙宇，规模稍大一些的庙宇内一般都有戏楼，可以为地方演戏提供平台。其中较有名的戏楼有芦阳城隍庙戏楼、双龙寺戏楼、一条山盐务局戏台、小芦塘戏台等，各地戏台大小不同，但基本满足秦腔剧、眉户剧的演出。

（一）秦腔

秦腔在芦阳地区的发展，起源于清末民初，兴盛于20世纪三四十年代。

清咸丰年间，有陕西民间艺人在永泰、五佛、正路等地分别打出同乐社、益福社、陕山会馆等班社旗号，演唱传播秦腔剧。

光绪六年（1880年），芦阳人岳登龙在凉州供职，进京谒见慈禧太后和光绪帝后，从北京购买五领蟒袍、五件靠肩和一些道具，用于家乡演唱秦腔。光绪十二年（1886年），由陕西请来一戏班，在芦塘演戏两月。

光绪三十四年（1908年），芦阳秦腔爱好者组织一临时性戏班，时称同乐社。年头节下、庙会结社开台演戏。

1920年12月16日，宁夏海原大地震，波及景泰，民间艺人多有伤亡。此后秦腔演唱中断数年。

民国初，民间庙会盛行。庙会演戏多则7天，少则3天，也有在庙会期间放赌养戏、连演40天的。这一时期，外地艺人同本地艺人合作演出。因各地庙会均以演戏过会，芦阳、五佛、永泰都请艺人传演大戏，促成出现一个比较齐全的戏班，时称芦阳大戏班，名播遐迩。

1931年，各处庙会会长特请芦阳大戏班演戏过庙会。大戏班在大芦塘、小芦塘巡回演出，从正月初一演到五月端午节。

1934年，芦阳大戏班在古浪县的大靖、土门、干柴沟等村镇专业演出数月。这是本地艺人尝试走专业演出之路的第一步。1935年，芦阳大戏班又收纳陕西艺人，成为一天一夜能连演两场整本大戏的戏班。是年，芦阳、响水、五佛三处放赌养戏。大戏班年演出达到120场次。这一时期，秦腔演唱水平有很大提高。

至1936年，景泰有芦阳大戏班、永泰同乐社、五佛寺戏班三个较为齐全的业余戏班。芦阳大戏班有主要演员30余人，年演出80余场次。受过规范训练、各有特长的演员有化文林（旦）、戚仰祖（生，又名戚庚福）、郭月（小旦）、雷居正（绺子）、董增光（净）、常树德（丑）、洪九江（生）、张延斗（旦）等。

20世纪40年代以后，景泰涌现出的比较有名气的秦腔把式有戚庚福、沈渭湘等人，他们在景泰甚至在靖远、兰州、宁夏中卫的秦腔观众中都有一定的名气。

截至1949年，景泰有芦阳、一条山、五佛、永泰、正路等5个业余剧团。中华人民共和国成立后，剧团很快发展到36个，主要演员有500余人。其中芦阳剧团的安祥、李文兴、常翠英，响水剧团的岳玉桂、郝尚德等演员，在观众中享有一定声誉。

1953年，芦阳剧团抽调骨干参加武威地区举办的民间艺人学习班。

从20世纪50年代末到60年代，秦腔在芦阳得到广泛普及和发展，几乎村村都修盖戏楼，置办戏装、道具和乐器，各村都涌现一批批男女演员。有的演员演技和扮相出众，被选拔到县秦剧团甚至地区秦剧团。

"文化大革命"期间，传统历史剧停演，剧团主要以演出革命样板戏《红灯记》《智取威虎山》《沙家浜》等"革命样板戏"为主。

1977年12月，恢复传统剧的演出。

1984年，芦阳乡前后成立十多个业余剧团，其中有一条山剧团，团长刘华堂、郭述林；红光剧团，团长周文连；东风剧团，团长王成荣；席滩剧团，团长郭永福；芳草剧团，团长李有珍；寺梁剧团，团长李玉高；城北墩剧团，团长宣治田；西关剧团，团长贾有德；响水剧团，团长李农堂；城关剧团，团长雷佰仁；东关剧团，团长雷恩深；芦阳剧团，团长李文兴；东新剧团，团长王成荣。有350多人参加演出。

1990年，有业余剧团5个，150多人参加演出。

业余剧团演出的主要剧目，有《周仁回府》《十五贯》《赵氏孤儿》《放饭》《三滴血》《赵飞搬兵》《出堂邑》《罗成修书》《卧薪尝胆》《串龙珠》《小二黑结

婚》《七人贤》《四进士》《八件衣》《游四湖》《铡八王》《三打洞》《火焰驹》《游龟山》《杀狗劝妻》《大辕门》《逃国》《柜中缘》《放饭》《玉虎坠》《白玉楼挂画》《鱼腹山》《玉凤簪》《杨门女将》《罗成修书》《劈山救母》《苏三起解》《小姑贤》《法门寺》《杨三小》《牧羊圈》《福寿图》《哭祖庙》《葫芦峪》《下河东》《湘山还愿》《狸猫换太子》《窦娥冤》《假婿乘

▲ 图10-1-1 响水村秦腔《断桥》剧照

龙》《屠夫状元》等三百多本。新剧目有《智取威虎山》《红灯记》《沙家浜》《白毛女》《红色娘子军》《杜鹃山》《平原作战》《龙江颂》《沂蒙颂》《草原儿女》等10余本。

农村排练秦腔，多在农闲时节。演员是生产队的社员，演员们集中在一起，或由本村年长的秦腔艺人，或者从外地请来秦腔名家做导演。很少有现成的剧本，而且大多数演员都是文盲，更多的是整个剧本都记在导演、演员的脑子里，口传心授，烂熟于胸。演出多在晚上，演出时，多用汽油灯或柴油棉球照明。

随着电视的普及和人们精神文化生活的日益丰富，秦腔逐渐淡出人们的生活。中老年人中的秦腔爱好者，更多的是通过各地方台观看、欣赏秦腔；另有一部分爱好者，自发结班，在城乡的广场、公园、茶社自唱自乐。而在年轻人中，喜欢或参与秦腔演唱活动的人越来越少。

表10-1-1　1944年之前在芦阳活动外地秦腔艺人统计表

序号	姓名	性别	籍贯	角色	主要演出剧目
1	党绺子	男	陕西省	须生	《辕门斩子》
2	樊林	男	天水市	老旦	—
3	金勾锣	男	陕西省	—	—
4	田喜子	男	—	小旦	—
5	狗娃子	男	—	青衣	—
6	刘九旦	男	陕西省	青衣	《清风亭》
7	黄致中	男	陕西省	须生	《庄子三探妻》
8	化文林	男	武威市	旦、须生、老生	—
9	郭月郭九迎	男	陕西省	花旦	《走雪》《李慧娘》《白蛇传》
10	罗绺子	男	陕西省	须生	《祭灵》《放饭》《二启箭》
11	党全贵	男	—	须生	《逃国》《斩经堂》
12	田疙瘩	男	—	花旦	—
13	陈大脚	男	陕西省	丑	《卖画劈门》《李陵碑》
14	金叶子	男	陕西省	青衣	—
15	杨全明	男	宁夏回族自治区	生	—
16	杨金凤	女	宁回族夏自治区	青衣	《铡美案》
17	丁振华	男	靖远县	须生	《广寒图》《放饭》《烙碗计》
18	徐绺子	男	靖远县	须生	《空城计》《放饭》
19	宝娃子	男	靖远县	花旦	《打金枝》
20	贺正川	男	靖远县	须生	《哭祖庙》《赶都城》《路安洲》
21	安祥宗	男	兰州市	须生	《刘海打柴》《万寿图》《逃国》

续表

序号	姓　名	性别	籍　贯	角　色	主要演出剧目
22	赵青云	男	陕西省	大净	《铡美案》《铡八王》《二进宫》
23	揎面勺	男	陕西省	须生	《放饭》
24	景哲喜	男	民勤县	正旦	《白毛女》

表10-1-2　芦阳本地知名秦腔艺人统计表

序号	姓　名	性别	籍　贯	角　色	出名剧目
1	戚仰祖	男	大芦塘	生、净	《闯宫抱斗》
2	董增光	男	大芦塘	丑	《烙碗记》
3	张延斗	男	大芦塘	青衣	《铡美案》
4	洪九营	男	大芦塘	小生	《破洪洲》《穆桂英挂帅》
5	陈富贵	男	大芦塘	丑、花旦	《小二黑结婚》
6	安　瑜	男	大芦塘	干鼓	—
7	李文兴	男	大芦塘	净	《二进宫》
8	常翠英	女	大芦塘	武旦	《穆桂英挂帅》
9	张明清	男	大芦塘	大净	《白逼宫》
10	张文君	男	大芦塘	正旦、花旦	《周仁回府》
11	雷信正	男	大芦塘	小生	《李彦贵卖水》《游西湖》
12	雷百仁	男	大芦塘	须生、丑角	《小二黑结婚》
13	雷居正	男	大芦塘	须生	《高山上坟》《游西湖》
14	常树德	男	大芦塘	丑	《拾黄金》
15	洪九江	男	大芦塘	须生	《李白醉写》《三探妻》
16	安　祥	男	芦阳村	大净	《铡美案》《二进宫》
17	戚积德	男	芦阳村	须生	《辕门斩子》

续表

序号	姓 名	性别	籍 贯	角 色	出名剧目
18	董国俊	男	芦阳村	武生	《游龟山》
19	陈有才	男	芦阳村	青衣	《抱火斗》
20	李龙海	男	芦阳村	丑	《拾黄金》
21	刘在灿	男	城关村	大净	《二进宫》
22	王培成	女	城关村	青衣	《五典坡》
23	王 铭	女	城关村	青衣	《五典坡》
24	狄月云	女	城关村	旦	《铡美案》
25	狄月霞	女	城关村	净	《二进宫》
26	殷希忠	男	西关村	须生	《辕门斩子》
27	康星辉	男	西关村	老生	《三娘教子》《斩秦英》
28	吴克霞	女	西关村	旦	《窦娥冤》《周仁回府》
29	付召安	男	东关村	小生	《杀狗劝妻》
30	曹银贵	男	东关村	须生	《铡美案》
31	雷恩深	男	东关村	须生	《二进宫》
32	付廷权	男	东关村	须生	《黄鹤楼》
33	周连生	女	东关村	正旦	《白蛇传》
34	付廷俊	男	东关村	板胡	—
35	许有芳	女	东关村	小生、须生	《花亭相会》《二进宫》
36	王 燕	女	东关村	青衣	《三娘教子》
37	郝 燕	女	东关村	武生	《杀狗劝妻》
38	马如璞	男	响水村	干鼓	—
39	岳玉桂	女	响水村	青衣	《铡美案》
40	郝尚德	男	响水村	老生	《走雪》《双罗衫》
41	李 玉	男	响水村	丑	《串龙珠》
42	卢守荣	男	响水村	板胡	—

续表

序号	姓名	性别	籍贯	角色	出名剧目
43	卢有万	男	响水村	须生	《十五贯》《二进宫》
44	马 科	男	响水村	生	《逼上梁山》
45	卢昌发	男	响水村	武生	《黄鹤楼》
46	董继兰	女	响水村	青衣	《铡美案》《窦娥冤》
47	马 卫	男	响水村	小生	《周仁回府》
48	吕志强	男	响水村	大净	《二进宫》
49	赵大文	男	响水村	大净	《铡美案》
50	彭可俊	男	响水村	板胡	—
51	卢昌乾	男	响水村	板胡	—
52	李雪琴	女	响水村	青衣	《放饭》《三娘教子》
53	李文爱	女	响水村	须生	《窦娥冤》《辕门斩子》
54	郝述花	女	响水村	青衣	《火焰驹》
55	李得芳	女	响水村	花旦	《打金枝》
56	郝 芳	女	响水村	小生	《藏舟》
57	郝 梅	女	响水村	小旦	《李彦贵卖水》
58	马 庆	女	响水村	青衣	《四贤册》
59	王 勤	男	索桥村	大净	《铡美案》
60	周文存	女	米山村	旦	《白毛女》
61	李树民	男	东风村	小生	《三滴血》
62	陈启芳	女	东风村	青衣	《三娘教子》《窦娥冤》
63	胡秉仓	男	芳草村	板胡	
64	李有祯	男	芳草村	小生	《周仁回府》
65	李作文	男	芳草村	须生	《辕门斩子》
66	田种玉	男	芳草村	武生	《铡美案》
67	郭秀兰	女	芳草村	青衣	《铡美案》

续表

序号	姓　名	性别	籍贯	角　色	出名剧目
68	王秀凤	女	芳草村	青衣	《铡美案》
69	李兰英	女	芳草村	青衣	《探窑》《游西湖》
70	武克荣	男	芳草村	须生	《宝莲灯》《智取威虎山》
71	贾积福	男	芳草村	须生	《红灯记》《辕门斩子》
72	何沛英	男	芳草村	丑	《赵飞搬兵》《沙家浜》
73	李兰凤	女	芳草村	青衣	《游龟山》《智取威虎山》
74	刘华堂	男	条山村	须生	《二进宫》
75	王月秀	女	条山村	青衣	《三娘教子》
76	姚昌莲	女	条山村	须生	《二进宫》
77	马治香	女	条山村	旦	《三对面》
78	李卫琴	女	条山村	小生	《烙碗记》
79	卢昌霞	女	条山村	青衣	《三娘教子》
80	王翠珍	女	条山村	老旦	《放饭》
81	刘善基	男	条山村	老生、打干鼓	《三娘教子》《三滴血》
82	马　芳	女	条山村	丑	《放饭》
83	杨生莲	男	条山村	大净	《铡美案》
84	姚开书	男	条山村	须生	《铡美案》
85	彭玉琴	女	条山村	正旦	《铡美案》
86	尚伦宝	男	条山村	板胡、三弦	—
87	张凤林	男	条山村	反串女角	地摊戏、小曲
88	狄维平	男	席滩村	净	《二进宫》
89	郭永福	男	席滩村	须生	《玉凤簪》
90	郭永禄	男	席滩村	小生	《游龟山》
91	罗维芳	女	席滩村	青衣	《铡美案》
92	张秀梅	女	席滩村	青衣、正旦	《游龟山》

续表

序号	姓 名	性别	籍 贯	角 色	出名剧目
93	张振忠	男	席滩村	武生	《黄鹤楼》
94	郭永琴	女	席滩村	青衣	《赶坡》
95	杨佑芳	女	席滩村	小生	《火焰驹》
96	韩相尧	男	席滩村	板胡	—
97	郭志智	男	席滩村	干鼓	—
98	张守田	男	席滩村	净	《铡美案》
99	达宗福	男	西林村	须生	《二堂舍子》
100	张永奎	男	十里村	板胡	—
101	武新兰	女	石城村	花旦	《拾玉镯》
102	刘世雄	男	城北村	须生	《铡美案》
103	杨金男	男	城北村	须生	《辕门斩子》
104	宣治田	男	城北村	板胡	—

(二) 曲子戏

又称小戏，主要相对大戏秦腔而言。由民间小曲演化而来。因其声腔为民间小曲调式，故称曲子戏。内容主要是民间传说的小故事。这种戏所扮角色常与社火融通，既能在社火队中扭舞，又可在平地上演出，故又称地摊戏。

清初，大芦塘、小芦塘等地已有曲子戏演唱。咸丰年间，正月元宵节演戏者到富豪之家唱一折小戏，念些吉祥话语，可得样盘招待，还可得赏赐钱，从而形成在庭院演戏，逐渐演化为可避邪恶、百事呈祥的习俗讲究。嗣后，又形成正月元宵节全村布施演戏，祈求全村四季平安、百事如意的习惯，并成为群众的自发活动。民国初，景泰县各地仍盛行在庭院演戏。

1926—1936年，陆续有一些陕西的艺人来到景泰，与芦塘大戏班联班演戏，曲子戏的演唱越来越少，大部分传统剧目失传。

1937年，出现曲子戏同秦腔唱对台戏的局面。其中，芦阳南关的地摊戏吸引了大批观众。

1949年后，秦腔剧盛行，曲子戏逐渐被淘汰。但在边远山区，曲子戏还有一定程度的保留。

曲子戏演唱角色一般为二三人，表演无一定程式，舞蹈动作随艺人自由发挥。演唱时可有若干人伴唱衬词，重复拖腔，增强气氛。声腔分为平和柔缓的众音和悲怨哀伤的苦音两种。乐器以三弦为主，配以二胡。可击乐有碰钟、干鼓和大小铙钹。唱腔由剧目变化，不尽相同。曲子戏早期拥有剧目30多个。由于缺乏挖掘整理、保护研究，很多剧目只有名称，而内容残缺不全。所存剧目有《小放牛》《十里亭》《相面》《张连卖布》等。

（三）眉户剧

眉户剧，原作"郿鄠"，也叫"曲子""眉户子"，因方言发音又称为"迷糊子"。

民国期间，芦阳地区各村还有眉户表演，最早有席滩韦志汉，与陕西人老冯、富贵子从青海学来。后来小芦塘殷正国等人在小芦塘、芦阳、寺滩各地演唱，殷正国三个儿子殷天佐、殷天佑、殷天福，随父唱小曲儿，将眉户传至靖远东部和常窑子、胡麻水、芦阳、红庄、沈庄、锁罕堡（今喜泉镇兴泉村）一带。席滩人韦万全外号铁嗓子，将眉户传播到红水白墩子。

传播较早的眉户剧有《张良卖布》《刘海撒金钱》等。抗日战争期间，陕甘宁边区文艺工作者编演《十二把镰刀》《夫妻识字》《兄妹开荒》等剧目，影响较大，对眉户剧的普及起到重要作用。中华人民共和国成立后，由陕西易俗社创演的《梁秋燕》一剧，传播广，影响大，推动了眉户剧在景泰的传播和演唱。

较有影响力的眉户剧有《游西湖》《三娘教子》《闹洋烟》《张连卖布》《梁秋燕》《下四川》《卖水》《花亭会》等。20世纪60年代以后，眉户剧的演唱越来越少。

（四）皮影戏

清朝末年，殷正国结识天水人杨班长（名不详），学会皮影戏，组成一个班子，边制作皮影，边演唱，四时不限，有时候还受邀到富裕人家唱堂会。

民国五年（1916年），皮影戏班添置两套皮影戏具，分别在靖远地区和景泰各村演出。民国九年（1920年），杨班长、富贵子在靖远东川唱戏，遇地震蒙难。殷氏兄弟在大芦塘、小芦塘、锁罕堡、红庄、一条山演出，后来还到寺滩西沟、官草两村演出。

1953年，付召安利用殷氏父子的戏具在芦阳、响水一带演出。

（五）民歌

主要有小曲、山歌（荞儿）、劳动号子等类型。小曲《十劝人心》《十重深恩》《绣荷包》《十二古人》《十二大将》《庄稼曲》《刮地风》《洋烟曲》《逃难曲》等，以社火形式演唱为主，农闲及喜庆日子在农家炕头用三弦伴奏，由爱好者独唱或合唱；也有父子自乐班边弹边唱的。山歌主要以放牧人在山间独唱或对唱。1949年后才由外地传入的劳动号子，是打夯时为协调用力而唱的歌，主要有《打夯歌》等。传统小曲内容较多的是即景抒情，有庆丰收的，有诉灾难的，有的带有封建迷信色彩。后来艺人利用原曲调，删去不健康的部分，填写新的内容，继续传唱。

二、民间美术

（一）剪纸

剪纸的主要材料是纸、皮革及金银箔片，还有极少量的丝绸堆绫。以皮革进行剪刻主要应用于皮影制作；以金银片刻制图案主要应用在戏剧头饰、服装。

剪纸分剪和刻两种。剪纸包括阳剪和阳刻、阴剪阴刻、阴阳结合等方法。通过这些方法，在一幅作品中，阳剪（刻）和阴剪（刻）相互穿插，灵活多变，加上套色剪纸，拼合重叠，加工形成彩色画面。

窗花（画边）制作 选好内容、材料，按需要折叠成形，一般是折叠成多面对称，用铅笔画出图案轮廓，再用小纸捻子在空白处穿通纸面，用以剪刻时固定纸层，不致窜动变形。

门钱制作 门钱，也称"五福"，是贴在门楣上的五色剪纸。传统的制作方法是纸凿凿孔，这种"纸凿"本身就形成图案，有各种花瓣状的、贯钱状的。用"纸凿"打凿的方法，凿孔比较快，一次完成几十张乃至上百张，用于市场销售。手工剪制的也比较多。

花样花制作 也叫底样花，是做底样用的剪纸。民间各种底样流传很多，如熏烟剪纸，就是复制剪纸用的样稿，需用时将样稿放在白纸上，然后放在油灯上熏，等灯烟将整个纸面熏黑后，揭去样稿，自然就留下图形，然后照图形剪下。在民间，妇女们往往将自己喜欢的剪纸花样留底。以便复制，也有将熏好的花样直接贴在窗户上。一种花样可以年年复制。芦阳地区底花样保留很多，如窗花、五福、炕围花、顶盆花、烟阁子等；还有刺绣用的底样，如鞋花、枕头花、帽花、围𰎚花、衣绣花、背带花、被单花、针扎花、烟袋花、钱包花等。也有专门制卖花样纸的艺人。

历史上，每年春节民间都有剪贴窗花的习俗，作品有人物、花卉、飞禽、家畜等。1949年以后，剪纸艺术的题材从花鸟虫鱼发展到反映劳动生产、社会生活。1984年，县文化馆举办剪纸、刺绣综合展览，芦阳村吴爱莲、盖新菊等人作品参展。

（二）彩画寿材

彩绘棺材约始于清康熙年间。颜料一般有石红、石绿、太白、石青、油漆等，主要画法有大点金、小点金、上五彩、中五彩、下五彩等。大点金和小点金指棺材里外都画，主要用赤金镶嵌，有半浮雕和全浮雕。主画十二章、五瑞图等。一般图案有二龙戏珠、龙凤呈祥、虎头兽面等，还有"八宝""蟒抱碑""鹿鹤同春""百福图""百寿图""二十四孝"等富贵、长寿图案。其中八宝指软八宝、硬八宝、旱八宝、水八宝等。

在芦阳地区，较为有名的寿材画匠有王瑞云、张长春、狄化林、李得科、康星元、刘正宏、黄云龙、李尚秀等。

（三）香草荷包、香包

香包又叫香袋、香囊、荷包等，有用五色丝线缠成的，有用碎布缝成的，内装香料（用中草药白芷、川芎、芩草、排草、山奈、甘松、藁本等制成），佩在胸前，香气扑鼻，是芦阳地区端午节的民间工艺品。佩香囊，也是一种民间预防瘟疫的方法。人们用中药制成香袋，拴在孩子们的衣襟或肩衣上，意在保护孩子的健康。

香包的种类较多，比较流行的有桃形、如意形、葫芦形、荷叶形、元宝形等。

（四）刺绣

刺绣，是在织物上穿针引线构成图案的手工艺术。景泰刺绣，是在绣绷、绣框上绷上织物，有的还要贴好底样，一针一线地绣出图画。在物象的深浅变化中，排线成面、塑造体面，使之层次分明，花样轮廓齐整。刺绣以民间刺绣为主，大多是婚丧嫁娶的实用品。婚嫁用品，如头巾、衣襟、鞋袜、枕头、针扎、钱包、手绢等；喜庆生活用品，如烟袋、荷包、花鞋、钱袋、玩具、墙裙壁挂等，上绣鸟虫鱼兽、人物典故；丧葬祝寿用品，此类绣品的制作以平绣结合十字绣为主，寿枕、寿鞋、寿袜，内容有祝寿祝福的吉祥语。

在主要以手工缝制服装及织物日用品的时代，刺绣是女孩子从小学习女红的重要技能之一。20世纪六七十年代，刺绣工艺多用来绣制时兴口号，山川河流，领袖肖像、英雄人物、工农兵艺术形象等内容。逐渐发展到绣桌裙、炕围、门帘。农村姑娘刺绣的鞋垫、枕头等，可作为订婚时馈赠男方礼品。刺绣的图案有"丹凤朝阳""二龙戏珠""鸳鸯戏水""荷掌莲""喜鹊探梅"等，嗣后又增加"喜"字、"寿"字、人物、生产劳动、民族舞蹈等。20世纪八九十年代开始用缝纫机刺绣。

（五）十字绣

进入21世纪后开始盛行，是用专用的绣线和十字格布，利用经纬交织的搭十字的方法，对照专用的坐标图案进行刺绣。十字绣种类很多，分为钟表、风景、字画、静物、人物、卡通、花卉、动物、抱枕、中国风、宗教图、钱包、车枕、卡套、卡包、双面绣、三面绣、立体绣、手机袋、平安符、挂件、家居用品、配饰、转绣系列、个人写真、婚纱十字绣等。

第二节 非物质文化遗产

一、省级非物质文化遗产

在第四批甘肃非物质文化遗产代表性项目名录上，由景泰县文化馆整理申报的"甘肃打铁花""景泰砂锅制作艺术""景泰树皮笔画""景泰滚灯"四个项目榜上有名，实现了景泰在省级非遗代表性项目上零的突破。上述四项省级非遗项目，前三项的传承人在芦阳镇。

（一）芦阳打铁花

主要工具有打花炉、打花板、熔铁罐（坩埚）。熔化铁水时，先将炉中的煤炭点燃，马上关闭进炭口，立即启动电鼓风机吹风（旧时用风囊吹风），炉火燃旺时，将熔铁陶罐搭到炉口，大约20分钟，陶罐被烧得通红，这时，将生铁渣和几枚旧铜钱（用以增加铁花的色彩）放入陶罐内烧炼，大约1小时后，陶罐内的生铁渣和旧铜钱都已熔化成了红绿色的铁水，打花师傅用一根细铁棍在陶罐内一探，确定铁水已熔化，用一个长把小陶勺将铁水舀到木板前端的小窝内，打花手们双手端着木板快跑到打花台，这时，木板小窝内的铁水凝固成一个核桃大的火球，打花手轻轻将木板向上一扬，小火球离开木板，飞到离开木板约80厘米的空中，打花手迅速用木板奋力把小火球向上空一击，刹那间，火花四溅……

▲图10-2-1 打铁花

芦阳打铁花第三代、第四代传承人是芦阳村张正胜、张泰儒父子。

（二）西关砂锅

是一种用陶土、炉渣和泥塑型烧制的锅具。西关制作砂锅有500年历史。明代末年，宽沟窑匠发现西关村有便利的烧窑条件，

▲图10-2-2 西关砂锅

便举家迁徙于此，并招收当地门徒、开窑制作砂锅，逐渐形成砂锅制作行业。

西关砂锅的主要传承人有化树人、化雪岭等。

（三）芳草李氏树皮笔画

据芳草李氏宗谱记，明清时期，李氏先祖即从事民间绘画，李氏树皮工笔画的先祖以树皮柴棍为笔，以草木灰混合麻籽油为墨，结合传统图画的素描技法，画出人物、牡丹、山水、鸟兽。截至2021年，有12代传人。其中李尚秀、李尚仁、李尚义兄弟3人经40年探索创新，创作大量树皮工笔画作品。

▲ 图10-2-3　树皮笔画创作

二、其他非物质文化遗产

东关磨湾石刻；东风烧缸；响水铁氏石刻；响水王氏（王守常）制糖；响水郝氏皮革制作；响水马氏（马得禄）、张氏铁匠；周家窑张氏铁匠；东关白家（白郎亭之妻李氏经营）打点心；东关余氏糖油糕；芦阳董家卤肉（董扁卤肉）；芳草赵氏石刻；寿材彩绘等。

第三节　文物保护

一、文物资源及文物保护单位

域内有较为丰富的古文化遗址、遗迹，如马家庄汉墓群，张家台遗址，武翼大夫合葬墓，大芦塘堡，营盘台遗址，拉牌湾烽火台，红岘岘磡堡，陡坡沙河磡堡，石门塄上庄烽火台，马鞍山长城1段，芦塘城北墩烽火台，城北墩长城段，马鞍山烽火台，城北墩长城2段，索桥堡遗址，索桥古渡口，索桥堡烽火台，索桥长城1段，二座墩烽火台，石门塄烽火台，马鞍山长城2段，双龙寺，西林汉墓群，席滩遗址，索桥长城2、3段，三座墩、四座墩、五座墩烽火台，芦阳长城1、2段，城北墩烽火台，马鞍山汉墓群，马头㞠长城5段，水沟1号烽火台，马头㞠长城3、4段，城北墩战场遗址，水沟砖瓦窑，水沟2号烽火台，城北墩长城1段，蒙古王陵，小芦塘堡，老爷山遗址，马头㞠烽火台，马头㞠长城1、2段，鸢沟古城遗址，麦窝烽火台，麦窝长城3、4段，麦窝清真寺，十座墩烽火台，麦窝敌台，麦窝长城1、2段，八座墩、九座墩烽火台，响水长城2段，六座墩、七座墩烽火台，响水长城1段，东风园子遗址等。

截至2021年，全镇共有国家级、市级、县级不可移动文物保护单位27处，5处未定级重要文化遗址，分布于城北、响水、席滩、寺梁、城关、芦阳、东关、条山、西林等村，其中景泰县5个市级文物保护单位全部在芦阳镇。

表10-3-1　镇域内不可移动文物保护单位一览表

序号	名　　称	保护级别	类　　型	所在村域
1	长城	国家级	古遗址	索桥、响水、城北
2	张家台遗址	市级	古遗址	东关
3	红军一条山战斗旧址	市级	古遗址	条山
4	鸢沟古城遗址	市级	古遗址	响水
5	大炼钢铁遗址	市级	其他	响水
6	双龙寺古建筑	市级	古建筑	席滩
7	红岘岘碉堡	县级	近现代重要史迹代表性建筑	东关
8	陡坡沙河碉堡	县级	近现代重要史迹代表性建筑	东关
9	城北墩梁红军战斗旧址	县级	近现代重要史迹代表性建筑	城北
10	武翼大夫夫妇合葬墓	县级	古墓葬	芦阳
11	响水乌龙山古建筑群	县级	古建筑	响水
12	陈家台子遗址	县级	古墓葬	索桥
13	王湾遗址	县级	古墓葬	索桥
14	园子湾遗址	县级	古墓葬	索桥
15	阳㞠圈遗址	县级	古墓葬	响水

续表

序号	名　称	保护级别	类　型	所在村域
16	马鞍山汉墓群	县级	古墓葬	城北
17	城北墩汉墓群	县级	古墓葬	城北
18	教场梁汉墓群	县级	古墓葬	东关
19	西林汉墓群	县级	古墓葬	西林
20	营盘台遗址	县级	古遗址	东关
21	席滩遗址	县级	古遗址	席滩
22	西关砂锅窑遗址	县级	古遗址	响水
23	黄崖沟岩画	县级	石窟寺及石刻	响水
24	麦窝訇眷梓清真寺	县级	近现代重要史迹代表性建筑	响水
25	鸾沟汉墓群	县级	古墓葬	响水
26	席滩堡遗址	县级	古遗址	席滩
27	蒙古王爷坟	未定级	古墓葬	城北
28	化守登将军墓	未定级	古墓葬	城关
29	水沟砖瓦窑址	未定级	近现代重要史迹代表性建筑	城北
30	小坪儿汉墓	未定级	古墓葬	响水
31	马家庄汉墓群	未定级	古墓葬	芦阳
32	卢崇光墓	未定级	古墓葬	响水

二、文物保护员

全镇有文物保护员26名，其中城北村9名，响水村6名，席滩、寺梁村3名，城关村2名，芦阳村1名，东关村1名，条山村1名。

第四节　名胜古迹与文化旅游资源

一、长城

域内长城遗址主要为明长城遗址，大都以黄土夯筑，也有一些地段是利用

▲ 图10-4-1　伸入黄河的明长城"龙头"

地形走向在山脊上垒砌石块而成，自东向西，原索桥村（索桥古渡口）、响水村、城北村都有明长城遗存。其东端，在索桥古渡口下游数百米处，是一段石砌的伸入河面的墙头，被称为"龙头"。为国家级文物保护单位。

二、媪围古城

媪围县隶属于武威郡。媪围县的设立，为景泰设县之始。媪围古城所在的鸾沟梁，北依群山，南临媪围河（今芦阳大沙河）。梁顶较为平坦，回旋余地较大，便于屯兵。古城地跨山梁与川滩两处，由山城川城两部分组成，山城修筑沿山势走向版筑而成。北墙部分地段，有明显削山制塞的痕迹。在东北两面突出的山嘴上，城墙向外延伸版筑角墩的痕迹清晰。城东面以山势而筑瓮城，东南以自然沟谷为山路，开内外两个城门。城东面有一处较高的土堆，略呈馒头状突起，残高约2米，底部直径6米，似为烽燧遗痕。东南墙紧依山梁断崖边缘，中间有一自然沟口处开一门，与川城相通，东南角有角墩。向南沿山坡直下往川城伸延的城墙遗址，至大路北侧台地的断面上，城墙夯层明显可辨。川城平面呈长方形，全城周长约2400米，占地面积400余亩。媪围古城具有典型的汉城"因山为寨""垒石为城"的特点。

三、张家台遗址

位于媪围古城遗址西南约3公里处，地处大沙河南面的第二台地上，南临陡坡沙河，东接磨湾梁头，西面为营盘台墓葬遗址，东西长约500米，南北宽约300米。其南丘陵连绵，地势起伏，回旋有余，宜猎宜牧；其北台地开阔，清泉穿流，水甘土沃，适宜农耕；其东滴水崖风景独秀。张家台遗址属新石器时代马家窑半山类型的文化遗存。

四、营盘台遗址

地处南沙河南面的第二台地上。沙河地下水呈泉状溢出。这处新石器时代的遗址，均属马家窑半山类型的文化遗存，是张家台遗址向西延伸的部分。

五、教场梁汉墓群遗址

位于媪围古城西约500米处，东西长约500米，南北宽约300米。墓葬地表迹象不清。弯腰石碑前有一土冢，高约1.5米，底部直径6米左右。汉代张将军石碑形体弯曲，风化剥落，碑文只字无存。

六、岩画

黄崖沟，位于响水村东，溪流两岸的山坡上，散布多处古墓葬，由出土于古墓的彩陶判断，6000多年前就有人类在这里活动。在悬崖峭壁上刻有岩画。画面上有线条简洁带有尾饰的人物，人物的旁边是工整的同心圆，还有酷似北斗七星的图案；有生殖崇拜的图画；有蜿蜒曲折的河流；有站在河岸上眺望前方的马匹和大角羊；有跟在马羊之后的似狗的动物。形象生动，刻画逼真。岩画以硬器点琢方式敲击而成，以写实手法表现当时人们生活场景和地理环境。

▲ 图10-4-2 黄崖沟岩画

七、大芦塘城堡

位于媪围古城西约2公里处，今为镇政府所在地。建于明万历二十七年（1599年）。"城周二里零二百一十二步"。清初向南扩筑，把原来的南关也圈入城内，城周增至2公里。城平面略呈正方形，开东西两门，城门墩的南侧设有马道直通城关。城内有井5眼，分布于南关、官井巷、北街、大佛寺及城隍庙。城周有护城河，河宽8米，大、小席滩等地的泉水可灌其中。景泰县成立后，为县治所在。直到1978年县城搬迁一条山镇。

八、小芦塘城堡

位于媪围古城东约1.5公里处，北为北坪，南临大沙河，西为西关村，东为东风村，大沙河与北沙河在城堡东面交汇。建于明万历二十七年（1599年）。时明军驱松部宾兔于宁夏贺兰山区，恢复旧疆，设立新边，创建大芦塘、小芦塘二堡。小芦塘即今响水村。原堡子平面略呈正方形，东墙正中开一城门。清代早期，在旧堡子东面增筑扩建新堡子，与旧堡子连成一体，大小同旧堡子。新堡子在南城墙偏西开门，向南。东、西、南三面堡墙已毁，只有北墙残存。

九、索桥古渡

建于明万历二十九年至四十二年（1601—1614年）之间，位于原索桥村东北，坐落于黄河西岸第二层台地的缓坡上。北距长城约1公里。清人梁份《秦边纪略》载："索桥，黄河之津处也，名桥而实无之……索桥不过鼓棹浮舟，往

△图10-4-3 索桥古渡

来津渡而已。"索桥堡坐西向东，背山面河，建筑布局从东向西，由低到高，分布范围东西约500米，南北约300米。建筑依山势而建，就地取材，用山上到处都有的暗红色石片搭建而成，虽然坍塌严重，但是从残留的部分还是能分辨出排列整齐的院落，以及一排一排房屋中间的道路。这些建筑，是供来往商旅休息的客店和当年渡口守军、船工的居所。堡子西面弯溜嘴子高地东缘有五座片石垒成的墩台，主墩平面呈正方形，剖面呈梯形。登其顶部沿河景致尽收眼底。距主墩向北约3米处有小墩5座，与主墩一字型南北排列，间隔1.5米。

1936年，为阻截中国工农红军第四方面军西进，国民党河防前线总指挥马廷祥将这处关隘作为重要战略位置，在索桥遗址西南高地的陡坡上构建长达500米的作战工事（战壕上砌掩体的石块为原遗址石块），并利用遗址东南角的一处聚落遗址作为防守瞭哨据点。

十、响水乌龙山古建筑

乌龙山，因山体表层有腐煤出露，呈黑色，故名。又因山顶有祖师殿，俗名老爷山。位于响水堡南，隔沙河与响水堡相对。山体不高，但东、西两面比较陡。沙河长年流水，汇入黄河。祖师殿创建于明代，后因地震及兵燹等原因数次被毁，又多次重建。20世纪中期，山上庙宇被全部拆毁。改革开放之后，随着宗教政策的落实，响水村信教群众多方筹资，从1984年开始至2009年，先后恢复重建祖师大殿、灵官殿、黑虎殿、磨针殿、土地庙、菩萨庙等。

十一、双龙寺

又名碧云寺，别名双廊寺，位于席滩村，北靠山梁，南临大沙河，东接拉牌湾。寺院初建年代不详，存建筑为清代重修。原寺院建筑分三路布局，其中轴线由南向北，从低向高依次为戏楼（坐南朝北）、戏院、前楼、韦驮殿、大佛殿及东西厢房。其东路为东龙口、百子宫；西路为西龙口。东西龙口及戏楼等均被毁，仅留大佛殿、前楼、韦驮殿及百子宫天然石窟。

大佛殿为清代重修，砖土木混合结构，殿堂式、两坡水、硬山顶建筑，坐北朝南，依山面川。面宽3间（9.15米），进深2间（含廊7米）建于1.5米高的刹台之上，居高临下，为原寺院的主体建筑。东西两侧，各挂厢房3间。韦驮殿坐南向北，面对大佛殿后接前楼，砖土混合结构，面宽3间（9米）进深两间（含廊8.2米），明间稍大于次两间。大殿正梁题字为正楷墨书"光绪二十九年岁次八月中浣谷旦创修佛韦驮殿"及主持、工匠姓名等，标明其殿堂的殿名和建筑年月。前楼为砖木结构的两层楼阁，坐北朝南，背接韦驮殿，并与韦驮殿巧妙地接连，形成一座卷棚歇山顶殿堂建筑整体，面宽3间（9米），进深2间（含廊5.8米）。一楼基础与戏院、戏楼为同一平面，与韦驮殿、大佛殿形成阶梯形布局，高低错落有

▲ 图10-4-4 双龙寺

致；二楼地板与韦驮殿地面处于同一平面，并以木装修隔成佛阁，东南西三面外缘构成"U"形迂回式绕廊，宽约1.5米，与韦驮殿东西两侧拱门相连，通往内院。子孙宫系一天然石窟，当地人叫"拉牌寺儿"，位于大佛殿东侧30米处。窟内原来塑有"送子娘娘"，周围"悬塑儿"甚多，20世纪50年代均被破坏。窟顶石板上有一双酷似人手的印记，人称"佛手托崖"。窟内东北角石顶上滴水，旱涝不息，为原寺院景致之一。1980年，双龙寺被景泰县政府公布为县级文物保护单位。1984年，政府拨款9500元，对大佛殿后倾进行抢救性维修；1987年，当地群众集资2000多元，对大佛殿和韦驮殿进行油漆装修。

1936年，红四方面军强渡黄河，抵达景泰。红30军指挥部在双龙寺驻扎，徐向前、程世才、李先念等将领指挥了芦塘城、一条山、雷家峡等战斗。双龙寺后山顶峰上矗立着由徐向前元帅题写碑名的西路军烈士纪念碑。2011年8月，双龙寺管委会在西厢房开设红30军军部纪念室，陈列当年红军西路军战斗用过的部分实物及图片，成为景泰县重要的爱国主义教育基地之一。

十二、一条山接引寺

建于民国初年，坐落在一条山村西北处。1936年10月30日，红军西路军30军3个团进驻一条山，88师一部住清真寺、接引寺，围打"全兴张"堡子马家军。2005年，群众广集钱物，修建大雄宝殿，又于2008年修缮大门。

十三、一条山清真寺

建于1930年。寺院坐西向东,东西14米,南北15米,占地210平方米。中式大屋顶建筑。1982年和1997年,分别在原址基础上进行维修扩建。1999年4月,白银市民族宗教局批准为正式活动场所。2011年7月,总投资70万元重建。占地面积1400平方米,建筑面积346平方米,其中大殿246平方米,水房、厢房及其他配套设施100平方米,2012年8月竣工。

1936年10月,红西路军三十军88师一部曾短暂驻防于此。

十四、芦阳城隍庙

始建于明万历二十八年(1600年),位于芦阳城中心。原建筑由前、中、后三院构建组成,已毁损不存。1987年,当地群众在芦阳礼堂右侧修建城隍庙前宫。砖木结构,坐北向南。2010年,又在原城隍庙旧址新建城隍庙大殿,砖木结构,坐北向南。城隍庙占地面积约1500平方米。

十五、芦塘城内寺庙及古建筑旧址

大佛寺 建于明代天启年间,有大佛殿、韦驮殿、戏楼等建筑。毁于清同治年间。

药王庙 位于大佛寺东侧,毁于清同治年间。旧址建芦阳粮站。

娘娘庙 在城内西北角大街尾端北侧,坐西向东,四合院结构。后被毁。2005年,由几位信教女士化缘重建,大殿面宽三间,配套厢房,山门南开。

钟鼓楼 位于大街和西街(学堂街)交叉的十字处,下为刹台,高约6米,四面开拱门与街道连通。上建两层楼阁,木结构,悬山顶,三楼置钟、鼓,故名。二楼为玉皇阁,主尊为玉虚大帝塑像。毁于清同治年间。

玉皇阁 钟鼓楼遭兵燹后在原钟鼓楼东面的牌楼上,主供玉皇大帝牌位。1958年拆毁。

大街牌楼 大街与中间交叉十字的偏东处,东城门西面。1958年拆毁。

魁星楼 位于西街(学堂街),临南关处,街道从下面通过,上面架一座桥式平台(木结构),上置一间大小的木构楼阁。1958年拆毁。

无量庙 位于娘娘庙东侧,毁于民国初年。

天地坛 位于南关街与西街(学堂街)的丁头处,北距魁星楼50米。传说,有一位王子被贬配芦塘,这位王子不祭其他神祇,只敬天地,死后被封为芦塘城隍。故在此专修天地坛供其祭祀。同治年间焚毁。

老君庙 在西城门外，同治年间被焚。

文庙 旧址在今芦阳二中西侧。

忠烈祠 同文庙在一个院落，位于大成殿的西南角，与文庙、大成殿同时拆毁。1937年芦阳民众敬立的《抗日救国陈云将士纪念牌》即出土于此废墟处。

大庙 又名关帝庙，初为芦阳完小作为教室，后为芦阳中学礼堂，"文化大革命"期间被拆除改建。

雷神庙 在关帝庙西南，南沙河北侧。有大殿、陪殿、厢房、山门等。山门朝东，门前有木结构牌楼一座。1958年拆毁。

火神庙 旧址今为芦阳剧院。

菩萨庙 位于滴水崖儿梁头顶上，其下半崖上交处滴水，其东面一处泉水从崖上涌出，如瀑布下泻，故名滴水崖。其南为张家台遗址。20世纪50年代被拆除。

焦家牌坊 位于芦塘城东墙外，木斗拱重叠结构。1958年拆毁。

游击府 位于城隍庙与大佛寺的中间，靠北城墙，坐北向南。拆毁时间不详。

十六、麦窝甸眷梓清真寺

位于媪围古城北面约1.5公里处的麦窝村，是明末清初时景泰境内修建最早的一处清真寺，也是黄河两岸回民举行宗教活动的主要场所之一。当地留有"先有甸眷梓，后有麦窝湾"的传说。

十七、"大炼钢铁"遗址

镇境内保存完好的大炼钢铁遗址有三处，即响水村黑土坡"土炼钢炉"遗址、九座沟"土炼铁炉"遗址，麦窝村天然"炼钢炉"遗址，均建于1958年"大炼钢铁"运动中。

黑土坡"土炼铁炉"遗址 位于响水村干沙河临近索桥的黑土坡上，距镇区12公里，其坡势低缓平坦，东西长约600米，南北宽约300米，总占地面积约18万平方米，有大小土炼铁炉千余座，炉体绝大多数为圆柱形，也有极少数为正方形炉，炉灶均为泥土坐浆，块石砌造，最大炉径3~4米，高1.5米，最小炉径1.2米，高1米。当时，炼钢的原料除部分来自农户自家的铁制品外，其余的煤炭、铁矿石等资源均取材于这一带矿产丰富的山沟里。

1958年秋冬，陇西、靖远、临洮、通渭、渭源、定西等县约2万群众在此会战。

▲ 图10-4-5 响水黑土坡大炼钢铁遗址

九座沟"土炼铁炉"遗址 位于响水九座墩长城之北山坡上。此处有煤炭资源，遗址占地面积、炉体及数量与黑土坡规模接近。保存较为完好。

麦窝"天然炼钢炉" 距镇区8公里。炉体是靠近村东大槐树的一锅底形天然山谷，临近麦窝訇眷梓清真寺。山谷直径约40米，深约20米，总容量约8000立方米。曾动员数万名群众，历时2个月，在"炉"内装入约6000吨煤炭、1.5万吨铁矿石，于1958年12月中旬举行隆重的点火仪式。直到"大炼钢铁"运动结束，封炉停工后，炉内烟火3年不息。

十八、景泰川电力提灌工程纪念园

位于响水村，占地160亩，距景泰县城10公里。2004年5月开始兴建，2006年10月14日正式开园。

园区由供水工程、大门、石雕龙柱广场、展览厅、记事碑、纪念碑、李培福墓碑、墓葬区、园区道路、园林绿化区、停车场等组成。墓区按骨灰和棺葬两种安葬形式规划布置，统一设计、统一施工，墓位按石雕护栏，墓碑、花岗石铺地面、石雕供桌等设计。展览厅以图片和实物展示景泰川电力提灌工程艰苦卓绝的建成历程以及建设成就。园区有中共甘肃省委原常委、原副省长、省革委会原副主任、第四届省政协副主席，第五届省人大常委会副主任，中共七大候补代表，八大、十大代表，景泰川电力提灌工程总指挥李培福的陵墓。纪念馆内陈列李培福的铜像。李培福曾任陕甘宁边区根据地庆北县苏维埃政府土地委员、庆北办事处主席,庆北游击队总指挥,陕甘宁曲子县苏维埃政府主席,陕甘宁边区华池县县长,曾经得到毛泽东主席的表彰,并亲笔题词"面向群众"。题词被镌刻在李培福的墓碑上。

十九、西部民俗文化生态谷——水沟湿地

景泰县西部民俗文化生态谷暨芦阳水沟湿地生态公园,位于景泰县城东10公里城北村。这里是芦阳地区多山丘和多沟壑相结合的典型地貌。生态园南北两边群山耸峙,山顶上有明长城遗址蜿蜒而过,文化生态谷就在芦阳沙河旧河道的基础上筑坝修建而成。

湿地公园的主体是一个面积10余平方千米的人工湖及一座小型发电站,其余还有养殖区、游泳区、休闲区。湖边建有10余个观景台、3座桥梁,临水建有200多米木质栈道。在山体的左侧有民俗屋、窑洞、"蒙古包",可以餐饮、娱乐、住宿。湖边芦苇茂密,红柳丛生,吸引了各种水禽在这里栖息繁育。

水沟湿地公园由农民企业家郭维平投资2000多万元建设。主要是通过修筑堤坝,将芦阳沙河的水流聚集起来,形成的一片湿地,经过十余年的投资建设,已经成为一个集休闲、娱乐、观光于一体的旅游景点。

▲ 10-4-6 水沟湿地公园

第五节　乡村文化建设

一、文化建设

1949年前，群众文化活动的主要形式是庙会，其中，规模较大的有元宵节、响水老爷山的三月三、芦阳城隍爷的清明出府、碧云寺的四月八和娘娘庙的七月十二。庙会以戏剧为主要活动内容。此外，时有外地流入的皮影戏、马戏、杂技等。

1949年后，庙会被逐渐废止。

1950年8月，芦阳业余剧团参加定西专区调演获集体优秀奖，秦腔老艺人戚仰祖获个人奖。1952年春，组建芦阳群众业余剧团。1962年建成芦阳剧院（露天）。20世纪70年代，各大队组建业余剧团，上演《红灯记》《沙家浜》《杜鹃山》等现代剧。

改革开放以后，每年过春节，村村唱大戏闹社火，全镇每年有1000多人参加社火队。元宵节期间，镇上组织一年一度的社火表演赛。20世纪70年代后期，深受群众欢迎的而被禁锢十余年的秦腔开禁。一条山、城北墩、芳草、席滩、响水、东风等大队，相继组建新剧团，重新

▲ 10-5-1　春节唱大戏

演唱传统秦腔。1978年春节，全公社18个大队组建20多个社火队近3000人参加，上演519场次。1982年，重修芦阳剧院。全乡有业余剧团10个，业余演员300多人，有露天剧院9处。1984年，登台演出队8个，演本戏75场，折子戏95场次。

1981年4月，成立公社文化站，有图书200多册、报刊数种。设施简陋，但活动开展较好，1982年10月，被武威地区文化教育局树立为"全区农村文化艺术工作先进集体"，同年11月，在"全省农村文化艺术工作先进集体、先进工作者代表会议"上，被省文化局授予"先进集体"称号。1984年1月，改为乡文化中心，新建活动室287平方米，设图书、阅览、游艺室等，阅览观众年约2.5万人次，参加游艺人数年均2万人次，借阅书籍年约1万人次，书刊流通年均3000册次。

芦阳镇文化中心设有农民技术学校、婚育学校、业余党校、体育运动委员会等。各村有羽毛球、乒乓球、篮球、排球、足球、康乐球、象棋等场地。有大小35个农村业余社火队和演出队。建有15个农村文化室，45块宣传栏，电影放映面达80%。

1982年3月，芦阳镇治理"脏、乱、差"，开展以讲文明、讲礼貌、讲道德、讲秩序、讲卫生及心灵美、行为美、语言美、环境美为内容的第一个"全民文明礼貌月"活动。1983年，芦阳镇在第二个"全民文明礼貌月"期间，以"五讲四美三热爱"为内容，开展创建文明村、文明单位的活动。

1991年，景泰县书画协会芦阳分会成立。1994年，成立芦阳镇文物管理领导小组。

1997年6月30日午夜时分，中英香港政权交接仪式进行。芦阳镇群众举行隆重的庆祝仪式，举办庆祝香港回归祖国文艺演唱会和全镇篮球比赛。

2013年，组织全镇干部排练大合唱，参加全县农民春节联欢晚会。

为挖掘旅游资源，全方位推介芦阳，2012年底，编印《芦阳旅游》画册，筹划《芦阳镇志》编纂工作。2013年7月，协调水沟湿地公园等景点为电视剧《十送红军》外景点，并组织慰问演职人员。

2013年2月，成立《芦阳镇志》编纂委员会，并从镇内外抽调、聘请相关编辑，启动编写工作。组织部分编辑人员赴白银市民俗博物馆、会宁县教育展馆参观学习。举行郝天魁教授爱心捐书仪式，举办郝天魁教授"芦阳历史文化"专题讲座，并征求对镇志撰写工作的意见和建议。

2015年，争取补助资金5.5万元，用于全镇11个村乡村舞台设施建设。2016年，争取补助资金4万元，用于响水村文化剧院维修项目和石城村购买文化用品。2017年，争取补助资金6000元，用于响水村文化活动。

2019年，芦阳镇举办"迎新春、庆元宵"春节联欢晚会。县电视台进行录播，"景泰全资讯""景泰微生活""镜头下的景泰""景泰芦塘"等微信公众平台全程直播。春节期间还开展广场舞、体育比赛、元宵节社火会演、猜灯谜、打铁花等传统活动。镇文化站联系甘肃省京剧团、景泰县老年艺术团等文艺团体，在一条山村、芳草村、石城村、席滩村开展秦腔、小品、舞蹈文艺表演。

2020年，进行村级特色文化座谈交流、庆祝"三八"妇女节、"七一"建党节、中华人民共和国成立70周年等文艺汇演6场次，文物巡查4轮次，道德讲堂开讲6场次。

2020年9月，芳草村建成"芳草村史馆"并正式对外开放。村史馆位于芳草村村委会内，展厅面积约60平方米。内容包括图版展示和实物展示两个部分。实物展出包括20世纪30年代红军西路军作为纪念品赠送给芳草村民的三把大刀及其他民俗实物80余件。

2021年1月，开展芦阳镇首届元宵晚会及庆元宵系列文艺活动。2月，配合甘肃省话剧院"三下乡"活动制作各类宣传标语，宣传法律、医疗、文物保护、交通安全等知识。3月"三八"国际劳动妇女节期间，文化站组织镇村乡村舞台队伍，在镇大礼堂及乡村舞台开展文艺表演节目。同时，还表彰奖励了"道德模范"和"三八红旗手"。6月，镇文化站联合学区举办"翰墨书香"书画展及童心向党庆"六一"文艺汇演系列活动。9月，组织党员干部排练，参加景泰县庆祝中华人民共和国成立70周年万人大合唱活动。做好农家书屋管理工作，镇文化站及13个村农家书屋制度上墙、图书编目上架。农家书屋管理员由村文书兼任，农家书屋内有统一标牌，统一的《图书管理员职责》《农家书屋管理制度》《农家书屋图书借阅制度》并张贴上墙。截至2021年，总计有图书3万多册。

2021年5月，芳草村党支部、村委会组织编写的《芳草村志》由中国出版集团研究出版社出版发行。

截至2021年，镇文化站开展各种培训6400人次，培训种植业能手2457人，养殖业能手530人，建筑业技术员768人，农业机械人员1300多人。培训缝纫裁剪技术284人次，人口教育3800人次，"二五""三五""四五"普法教育2140人。各村教学点共办各种技术培训31期，培训3100人次。

二、文化工作获奖情况

1982年10月，芦阳公社文化站被武威地区文教局评为"全区农村文化艺术工作先进集体"，11月，被省文化局评为"全省农村文化艺术工作先进集体"。

1984年12月，县委、县政府批准命名一条山村为文明村。

1989年和1992年，芦阳镇被白银市文化局评为先进集体、社会文化先进乡。

1996年，镇文化站被市文化局评为市示范文化站。

1998年，镇文化站被评为甘肃省示范文化站。

第六节　文化活动

一、摄影、电影、书画

（一）摄影

民国时期，芦阳安绳宗、大安杨照相（名字不详）走村串巷为人照相。

1955年，景泰县第一家国营照相馆在芦阳成立。至1985年，芦阳镇有旭光、春风、曙光等个体照相馆。

景泰县文化馆馆员、东关村人焦信的摄影作品《攀登》《耍旱船》《喜晒丰收粮》参加武威地区摄影展览，其中《喜晒丰收粮》获地区创作三等奖。焦信、朱延明合作摄制的《灌区新貌》，在《甘肃新闻图片》农村普及版上发表。

史书鉴的摄影作品《花椒丰收》参加甘肃省影展，《大会战》《引水上山》等作品在武威地区、河西三地区、白银市等影展中展出。《当代新愚会》获河西三地区联展三等奖；《山舞银蛇》获白银市影展二等奖；《翻地》获武威地区影展二等奖。

(二) 电影

2016年拍摄电影《血太阳》，根据乔仲良同名小说改编而成，以1936年中国工农红军在景泰的革命活动为内容。乔仲良编剧，朱世魁导演，除聘请的主要演员外，群众演员来自县内的干部、职工和农民，是景泰县历史上第一部由芦阳人自编、自导的影片。另有反映精准扶贫主题的电影《马兰花开》，乔仲良、朱世魁编剧，朱世魁导演。

▲ 10-6-1 镇书画协会成立大会

(三) 书画

2013年1月，芦阳镇书法艺术协会成立，多次承办省、市、县书法家协会送文化下乡活动；"大漠芳洲"生态酒店总经理魏玮捐助2万元，举办芦阳镇"大漠芳洲"杯书画展；县委老干局、县老年书画家协会支持举办农民书画家王瑞云、黄龙云书画展。2021年12月，宋旭升漫画作品展在县文化馆举办。

其他文化活动 举办郝天魁、党成德赠书仪式；举办全镇职工大合唱、全镇各村广场舞比赛等文化活动。

二、文学艺术创作

截至2020年，全镇从事业余文艺创作的人员170余名，其中有50多人在地区、省级以上报纸杂志上发表作品520多件。

乔仲良、王占忠的小说在《飞天》《红柳》《白银文艺》《白银风情》等刊物上发表。乔仲良小说《沙锅窑旧事》，于1986年在《红柳》杂志发表。乔仲良创作的电视剧《真假100分》由甘肃电视台拍摄播放。王兆文创作的剧本《车站风雨夜》，在《红柳》杂志上发表并获全省1981年剧本创作三等奖。王兆瑞的短篇小说《金山的女人》在《人民文学》发表，另有《僮娃》等8篇短篇小说获《红柳》杂志铜奔马奖，其中《快活的郝三爷》获武威地区创作一等奖。王兆文和王兆瑞合编的大型剧目《红媒草》获甘肃省剧目创作优秀奖。焦信的诗歌《金花银叶的沙枣树》参加武威地区诗歌朗诵表演赛,获创作奖,《歌唱王扶祖》参加武威地区会演获优秀节目奖。

当地自编自演的剧目,有芦阳村人吕普英编写的《花魁传》《媳妇贤》,东关村人曾建录编写的《挖界石》《老人灶》,芦阳村人安瑜编写的《楚雄星》等剧目。20世纪50年代,芦阳剧团自编自演过一些反映社会生活的剧目,如《老人灶》《兄弟分家》《退彩礼》《五更放哨》《黄道降妖》《四大饭桶》等。

1966—1967年,各业余剧团演出京剧剧目《红灯记》《智取威虎山》《沙家浜》《龙江颂》《杜鹃山》《平原作战》等剧目。

20世纪70年代,出现一些新编改编的历史剧和现代题材的剧目。主要有王兆文改编的《黄道婆》,苏运来、李进生合编的《红柳滩》等。

表10-3-1 芦阳镇籍文化艺术协会会员统计表

序号	姓名	性别	出生地	协会(最高级别)
1	焦清	男	芳草村	中国作家协会、中国书法家协会
2	苏运来	男	东关村	中国美术家协会
3	李焕	男	东关村	中国书法家协会
4	郭长存	男	芦阳村	中国书法家协会
5	高雅秋	女	城关村	中华诗词学会
6	郭昌盛	男	席滩村	中华诗词学会
7	胡秉海	男	芳草村	中国艺术家协会
8	乔仲良	男	响水村	甘肃省作家协会、电影家协会
9	王兆瑞	男	城关村	甘肃省作家协会
10	王瑜	男	芦阳村	甘肃省作家协会
11	朱世魁	男	东关村	甘肃省作家协会
12	王德健	男	城北村	甘肃省作家协会
13	王兆文	男	城关村	甘肃省戏剧家协会
14	孙铭谦	女	响水村	甘肃省诗词学会
15	陈海宏	男	寺梁村	甘肃省诗词学会
16	林志刚	男	东关村	甘肃省音乐家协会

续表

序号	姓　名	性别	出生地	协会（最高级别）
17	彭可俊	男	响水村	甘肃省音乐家协会
18	张举天	男	芦阳村	甘肃省美术家协会
19	宋旭升	男	芦阳村	甘肃省美术家协会、漫画家学会
20	郭志君	男	席滩村	甘肃省摄影家协会
21	付仲东	男	东关村	甘肃省摄影家协会
22	郭永泰	男	席滩村	甘肃省书法家协会
23	王　杰	男	城北村	甘肃省书法家协会
24	化　勤	男	城关村	甘肃省书法家协会
25	孙志远	男	芦阳村	甘肃省书法家协会
26	张登科	男	条山村	甘肃省书法家协会
27	张天琦	男	红光村	甘肃省书法家协会
28	彭建喜	男	响水村	甘肃省书法家协会
29	卢有亮	男	响水村	甘肃省书法家协会
30	陈　福	男	寺梁村	甘肃省书法家协会
31	周德慧	女	红光村	甘肃省书法家协会
32	刘　霖	女	芦阳村	甘肃省书法家协会
33	杨建升	男	红光村	甘肃省书法家协会
34	沈雁楠	女	红光村	白银市作家协会
35	陈珊美	女	芦阳村	白银市音乐家协会
36	杨家伟	男	寺梁村	白银市音乐家协会
37	崔长娥	女	响水村	白银市音乐家协会
38	吴金辕	女	响水村	白银市音乐家协会
39	张树立	男	响水村	白银市音乐家协会
40	杨　丽	女	响水村	白银市音乐家协会
41	沈媛媛	女	红光村	白银市音乐家协会
42	焦雅露	女	芦阳村	白银市音乐家协会

续表

序号	姓名	性别	出生地	协会（最高级别）
43	王焕成	男	芦阳村	白银市诗词楹联家协会
44	卢昌随	男	响水村	白银市诗词楹联家协会
45	周德宗	男	红光村	白银市书法家协会
46	张治忠	男	红光村	白银市书法家协会
47	王新民	男	芦阳村	白银市书法家协会
48	黄龙云	男	东关村	白银市书法家协会
49	张奇才	男	席滩村	白银市书法家协会
50	张永孝	男	红光村	白银市书法家协会
51	龚成瑾	男	城北村	白银市书法家协会
52	郭延安	男	芦阳村	白银市书法家协会
53	王学军	男	东关村	白银市书法家协会
54	来耀勇	男	响水村	白银市书法家协会

表10-3-2　芦阳镇籍作者出版（印行）著作一览表

序号	作品名称	作者	出版（印行）单位	出版时间
1	西北气候概论	李果	—	1955
2	科学巨匠的光辉郝天魁	郝天魁	甘肃人民出版社	1986
3	中华人民共和国区域地质调查报告	徐步	地质出版社	1986
4	孙冶方的经济体制改革理论研究	冒天启（合著）	经济日报出版社	1987
5	孙冶方的社会主义经济理论体系研究	冒天启（合著）	经济日报出版社	1987
6	孙冶方"社会主义经济论稿"体系研究	冒天启（合著）	经济日报出版社	1987
7	国家经济职能概论	来跃勤	陕西师大出版社	1988

续表

序号	作品名称	作者	出版（印行）单位	出版时间
8	中国政治体制改革的理论和实践	来跃勤	甘肃人民出版社	1988
9	中国特色社会主义的理论和实践	来跃勤	甘肃人民出版社	1989
10	建设现代企业文化	来跃勤	甘肃人民出版社	1989
11	社会主义市场经济研究	来跃勤	中央党校出版社	1993
12	佛教论语集	李尚全	甘肃民族出版社	1994
13	水资源评价	曾正中（合著）	兰州大学出版社	1995
14	世界科学技术史	王鸿生	中国人民大学出版社	1996
15	转型期中国经济关系研究	冒天启	湖北人民出版社	1998
16	金山的女人（短篇小说集）	王兆瑞	内蒙古人民出版社	1998
17	经济转型和社会发展	冒天启	湖北人民出版社	1999
18	五十年巨变：从集权计划经济到现代市场经济	冒天启	江苏人民出版社	1999
19	经营战略与管理思想	来跃勤	兰州大学出版社	1999
20	足迹	朱世魁 乔仲良（主编）	远方出版社	2000
21	和田草地	祁贵	新疆人民出版社	2001
22	我们的家园	朱世魁 乔仲良（主编）	远方出版社	2001
23	临海听涛（诗集）	焦清	北京大众文艺出版社	2001
24	飘香的怀念	王瑜	中国文联出版社	2002
25	中国科技小史	王鸿生	中国人民大学出版社	2004
26	基石（报告文学）	李保卫	甘肃美术出版社	2005
27	精编实用对联	李有智	甘肃人民出版社	2005

续表

序号	作品名称	作 者	出版（印行）单位	出版时间
28	燃烧的太阳石（报告文学集）	焦 清	敦煌文艺出版社	2006
29	景泰这片热土	郝天魁 马成福 朱发忠	中国文史出版社	2006
30	当代中国汉传佛教信仰方式的变迁	李尚全	甘肃人民出版社	2006
31	让胖孩瘦下来	龚真观	北京体育大学出版社	2006
32	景泰诗笺	王 瑜	作家出版社	2007
33	历史的瀑布与峡谷——中华文明的文化结构和现代转型	王鸿生	中国人民大学出版社	2007
34	汉传佛教概论	李尚全	东方出版中心	2008
35	楷书书法异体字集锦	李有智	甘肃人民出版社	2008
36	十二生肖新春联	常正贵	兰州大学出版社	2008
37	景泰高等植物资源	张承芸	甘肃科学技术出版社	2008
38	教育启蒙与公民人格建构	李朝东	社会科学出版社	2009
39	景泰一中校史	李有智（主笔）	甘肃人民出版社	2009
40	我们兰大	王中山（主编）	兰州大学出版社	2009
41	人本佛教、现代化语境里的佛教话语	李尚全	甘肃人民出版社	2009
42	红月亮（散文集）	焦 清	中国青年出版社	2009
43	午夜阳光（诗集）	焦 清	敦煌文艺出版社	2009
44	落叶飘零	朱世魁	作家出版社	2009
45	盛世微言	陈 福	大众文艺出版社	2010
46	素质教育和新课改背景下的高中课堂教学技术	张治忠	甘肃文化出版社	2010

续表

序号	作品名称	作者	出版（印行）单位	出版时间
47	足迹	张极	北京时代文化传播中心	2010
48	正智与生活	李尚全	东方出版中心	2010
49	竺法护传略	李尚全	甘肃人民出版社	2011
50	简明中国佛教史	李尚全	辽宁教育出版社	2011
51	晚开的花	王积石	作家出版社	2011
52	科学技术史	王鸿生	中国人民大学出版社	2011
53	西方哲学思想	李朝东	高等教育出版社	2011
54	现代西方哲学思潮	李朝东	高等教育出版社	2011
55	实用中药药性歌赋	王焕成	甘肃科学技术出版社	2012
56	慧灯无尽照海东	李尚全	社会科学文献出版社	2012
57	真空计量新技术	李得天	机械工业出版社	2013
58	半扇门（长篇小说）	焦清	作家出版社	2013
59	大学衍义	李尚全	北京大学出版社	2014
60	明开法师：生平与著述	李尚全	甘肃人民出版社	2014
61	李培福的故事	宋旭升	甘肃人民美术出版社	2014
62	迟结的果	王晓梅	作家出版社	2015
63	盛世华章	陈福	中国诗词楹联出版社	2015
64	淡墨秋山	李世荣	文汇出版社	2015
65	飞花雪梅（长篇小说）	焦清	作家出版社	2015
66	回望	赵世珣	兰州大学出版社	2015
67	人本佛教的当代价值	李尚全	人民出版社	2016

续表

序号	作品名称	作者	出版（印行）单位	出版时间
68	母亲：永远的心灵驿站（叙事诗）	焦 清	中国文联出版社	2018
69	空间电推进测试与评价技术	李得天（合著）	北京理工大学出版社	2018
70	卫星充放电效应环境模拟方法	李得天（合著）	北京理工大学出版社	2019
71	卫星充放电效应基础理论	李得天（合著）	北京理工大学出版社	2019
72	形而上学的现代困境	李朝东	人民出版社	2019
73	神奇的雪峰（叙事诗）	焦 清	长春出版社	2019
74	习近平心系人民	马成福	中国作家出版社	2020
75	芳草村志	李保军（主编）	研究出版社	2021
76	星载微推力器推进性能测量与评估方法	李得天（合著）	科学出版社	2021
77	景泰风情一、二	王兆瑞（主编）	内部印行	1999
78	芦阳回忆录	郝天魁	内部印行	2000
79	玉慧硬笔书法	沈玉慧	内部印行	2001
80	宋旭升漫画集	宋旭升	内部印行	2002
81	景泰文史	焦 信（主编）	内部印行	2003
82	人生百味话沧桑（上、下）	郝天魁（主编）	内部印行	2004
83	春秋人生	吴应瑞	内部印行	2004
84	春华秋实悟人生	王惠科	内部印行	2005
85	黄河石林传说	朱世文（主编）	内部印行	2005
86	岁月如歌（画册）	李保卫	内部印行	2005
87	景泰卢氏源流族谱	卢有亮（主编）	内部印行	2005
88	景泰旅游指南	王兆文（主编）	内部印行	2005

续表

序号	作品名称	作　者	出版（印行）单位	出版时间
89	响水马氏宗谱	马　卫（主编）	内部印行	2006
90	景泰李氏源流族谱	李树江（主编）	内部印行	2008
91	路在何方——学、知、引	周德祥	内部印行	2008
92	我的人生一路歌	郝天魁	内部印行	2008
93	甘肃条城复兴园——李氏宗谱	李树江（主编）	内部印行	2011
94	神往的地方	郝天魁	内部印行	2012
95	抒怀人生	沈玉林	内部印行	2012
96	米山的春天	沈森林	内部印行	2012
97	百年人物史话	李树江（主编）	内部印行	2012
98	唱和集	王可弘	内部印行	2013
99	思考感悟录	卢有治	内部印行	2013
100	杨善洲故事（连环画）	宋旭升	内部印行	2013
101	丝绸之路与景泰	李树江（主编）	内部印行	2014
102	翰墨味录——陈福书法集	陈　福	内部印行	2014
103	诗书华	廖永亮	内部印行	2014
104	西路军在景泰（上、下）	李树江（主编）	内部印行	2015
105	血太阳（电影剧本）	乔仲良	内部印行	2016
106	丹心忠魂西路情	李树江（主编）	内部印行	2017
107	景泰宗教文化	李树江（主编）	内部印行	2017
108	正贵诗词集	常正贵	内部印行	2017
109	抗美援朝 景泰籍志愿军	李树江（主编）	内部印行	2018
110	米山红光史话	李树江（主编）	内部印行	2020

续表

序号	作品名称	作 者	出版（印行）单位	出版时间
111	从黄河边到昆仑山下	李树江	内部印行	2020
112	育才诗画选集	陈育才	内部印行	2020
113	如歌岁月缤纷年华	朱世魁	内部印行	2020
114	岁月足迹	张振兴	内部印行	2021

第七节　宗教活动及场所

一、主要宗教活动场所

乌龙山寺　乌龙山原为景泰县境内三大道教活动山场（寿鹿山、三眼井梧桐山、响水乌龙山）之一，每年农历三月三举办庙会的主要场合。自明代开始，每年农历三月初三，乌龙山都要举办传统庙会，一般为3~5天。是大芦塘、小芦塘、麦窝、索桥及靖远石门、小口等地群众进行宗教活动和季节性物资交流活动的重要场所之一。

双龙寺庙会　每年农历四月初八，是双龙寺一年一度的四月八庙会。庙会既是一个纪念佛诞、做佛事的日子，也是一个物资交流的场合，更是各种秦腔、眉户剧目集中展演的平台。本地以及来自青海、陕西、宁夏的客商在这里交流推销各种商品，更多的人前来观看秦腔、眉户的表演，品尝各种特产小吃。20世纪六七十年代，庙会中断。改革开放以后，庙会恢复。

一条山接引寺　见"文化·名胜古迹与文化旅游资源·一条山接引寺"

三清殿　位于席滩村东南双龙寺后山梁，修建于20世纪80年代中期，大殿及东、西厢房9间约150平方米。大殿由殿堂、前廊、左右山墙组成。大殿面阔三间，宽约12米，进深6米，有隔扇门四扇，门阔4米；前廊宽3米，长12米，立柱为4根朱红色廊柱。单檐歇山式屋顶，屋角起翘，山脊由绿色琉璃装饰，斗拱饰彩绘图案。殿内供奉道家创始人老子、佛教始祖释迦牟尼、儒家创始人孔子的塑像。2007年，在三清殿前面建地母殿3间，殿内供奉女娲、王母、窦母。后又修建一座四柱三间三楼木制牌坊式山门，山门为庑殿顶，翘角飞檐，檐下用五层四朵斗拱挑檐。是本地主要的道教活动场所。

修建三清殿的主要出资人为城关村人张受禄、陈文玉夫妇。

普音寺 位于城北村，始建于1990年，有大雄宝殿两座和观音殿、地藏殿、西方三圣殿、东方三圣殿等佛殿。每逢农历初一、十五，本地及周边市县甚至外省的信教群众在该寺进行宗教活动。

一条山清真寺 见"文化·名胜古迹与文化旅游资源·一条山清真寺"。

二、其他宗教活动场所

（一）下拉牌湾"九龙山"仿古庙群

地王殿 位于最西面。坐北向南，两坡水，起脊出廊，硬山顶，廊房式殿层建筑，砖木结构。

三霄殿 位于地藏王庙的东南侧，独坐一座小山头，坐北向南，面宽三间，两坡水出檐仿硬山顶廊房式殿堂，内塑三霄娘娘。

关公庙 位于地藏王庙东北侧，坐北向南，大一间，四坡水，悬山顶，前面出廊。

龙王庙 位于关公庙东侧，大一间，构造与关公庙同。

三大菩萨庙 位于龙王庙东侧，面宽三间，坐北向南。

七圣阁 位于菩萨殿的东侧，沿山梁走势，坐东北面西南，大一间，以天然拉牌为室，左右砌造山墙，前建木装修仿古式门阙，一坡水。

城隍庙 位于圣母庙东北侧。坐东北，面西南，内设将台，上置城隍塑像。

将军庙 坐落于城隍庙东北侧，坐东北面西南。内塑唐将罗成将军穿甲持械像。

玉皇阁 坐落于菩萨殿南，大一间，四坡水，悬山顶。坐北向南，砖木水泥结构。门前陡坡上以水泥建造比较陡立的阶梯可登上下，寓意"天梯"。

三官庙 坐北向南，两坡水，前出廊的仿硬山顶殿堂。堂内北面设将台，将台下中塑天官，两边分别塑地官与水官。

三大菩萨殿 坐北向南，大一间，两坡水，仿硬山顶廊房式殿堂。内塑观音、文殊、普贤菩萨。

山神庙 大一间，两坡水，砖土木水泥结构，廊房式小殿，内塑山神、土主为主尊。

山门 山神庙前西南面，进入庙群的各口。钢筋水泥结构，牌楼式仿古建筑，明间高于两次间。明间门楣正中书写"九龙山"三个大字，因此地有九条低矮山岭而命名。

祖师殿 大一间，两坡水，仿古硬山顶出廊，砖土水泥混合结构。

天坛 坐东向西，大一间，两坡水廊房式建筑。

地母庙 位于祖师殿西南侧，坐北向南，大一间。

法王庙 大一间，廊房式建筑，门道金字楷书斗战圣佛殿，内塑孙悟空法像。

三宝殿 位于梁头顶，坐北向南。

（二）一条山龙王庙

位于条山村内。建于清咸丰年间，同治年间遭兵燹焚毁，后村民集资重建。20世纪50年代又被毁。改革开放落实宗教政策，村民集资在原址重修大殿三间，两坡水，仿古硬山顶前出廊，坐北向南，东西各8间厢房，前（南）面为二层楼阁式山门。

（三）东风文昌庙

位于东风村大沙河北面，原有清代所建文昌庙，故小地名以建筑命名为文昌山。原建筑毁于清同治年间，后重建。1920年海源地震震塌，再次重建。20世纪50年代被拆毁。随着宗教政策的落实，村民于1998年在原废墟上重建庙宇，再塑神像。殿堂面宽三间，两坡水，仿古硬山顶，廊房式殿堂。坐东向西。殿堂后有菩萨殿、三清殿、老母殿，均为大一间，与文昌庙组成了一个小群落。

（四）东风老君庙

位于东风村，据传说初建于明代，清代毁于地震。1980年由村民集资修建。两坡水，廊房式仿古建筑，砖木水泥混合结构。

（五）西关三官庙

位于西关村内原西关村学西侧。原庙为清代建筑，旧址因原大队办公室占用，故重新选地建造。面宽三间，两坡水，出廊，硬山顶廊房式仿古建筑，砖木水泥混合结构。

（六）城北墩龙王庙

位于城北村南，两坡水，廊房式殿堂，坐西向东，原为清代创建，"文化大革命"期间被拆毁。改革开放以后，村民出资于1987年在原址重建。

（七）城北墩三霄殿

位于龙王庙东北侧，坐西向东，大一间，两坡水，廊房式建筑，内塑三霄神像。1987年恢复重建。

（八）城北墩土地庙

位于龙王庙北侧，大一间，坐东向西，两坡水，廊房式建筑，砖木水泥混合结构。

（九）麦窝龙王庙

位于麦窝村。2000年由村民集资修建。

（十）麦窝关帝庙

位于麦窝村。坐西向东，两坡水廊房式建筑，砖木水泥混合结构。1990年由村民集资建成。

（十一）响水娘娘庙

位于响水村东，据传初建于清乾隆年间，1920年毁于海原大地震震波，后重建。"文化大革命"期间被拆除。1980年，由村民集资在原址重建，两坡水出廊，硬山顶仿古建筑。

（十二）芳草灵官殿

两坡水廊房式仿古建筑，砖木水泥混合结构。2001年由村民集资修建。

（十三）芳草关帝庙

两坡水廊房式仿古建筑。2007年由村民集资修建。

（十四）大梁头二郎庙

位于大梁头村，两坡水廊房式仿古建筑。2005年由村民集资修建。

（十五）大梁头三官庙

位于大梁头村，两坡水廊房式仿古建筑，砖木水泥混合结构。1994年由村民集资修建。

（十六）十里沙河龙王庙

位于十里村，两坡水廊房式仿古建筑。20世纪80年代由村民集资修建。

（十七）马鞍山三官庙

位于马鞍山村北，坐北向南，面宽三间，出廊，仿古硬山顶建筑。

（十八）席滩祖师殿

位于席滩村梁湾梁，廊房式仿古山顶建筑。

（十九）席滩马王庙

位于席滩村梁湾梁，两坡水廊房式仿古建筑。

（二十）席滩文昌庙

位于席滩村梁湾梁，大一间，两坡水仿古建筑。

（二十一）西六支玉龙观

坐落于西六支芦阳移民新村，包兰铁路东侧。1991年开始筹建，2008年建成。

（二十二）西六支无极老母殿

坐落于西六支芦阳移民新村，是一个以道观为主体的道教活动场所。

芦阳镇志
LU YANG ZHEN ZHI

第十一章

医疗卫生

第一节 医疗卫生发展

一、1949年前

清末民初至1949年以前，医疗主要靠民间中医。他们散布在各个乡村，以具有中医特色的治疗方法，为群众提供最基本的医疗服务。

民国时期，县域内有中药铺17家，分布在大芦塘、红水、镇虏（今正路）、永泰、西番窑（今三合）、五佛等地。一般中医诊断处方、中药铺配药；或医药合一，医师处方，自带中药，自己抓药配方。药材大多从汉中、兰州等地由本地商号进货，以骆驼驮运来供给，也采用本地地产中药材。

民国二十年（1931年），国民政府在大芦塘开办县卫生院，先后以娘娘庙、城隍庙、长巷子、魏家院作为卫生院的门诊部。医生有彭文奎、居裕华、高振祯等。使用药品有70余种，绝大部分是治疗一般常见病的普通药。药品从兰州购进，部分防疫药品由甘肃省卫生处供给。卫生院开设门诊，兼顾防疫。

民国二十一年（1932年），白喉、天花病流行，镇域死亡多人。民国三十一年（1942年），白喉流行，死亡惨重。

至民国三十三年（1944年），有中医诊所2家，中药铺5家。嗣后，始有西医定居。由于药价昂贵，贫穷人家就医者少。后又有西医数家，先后定居芦阳，医疗情况开始好转，但药价昂贵。

穷苦人家无钱就医，祈求神灵护佑。1949年前夕，响水一带"黄坛"猖獗，上当受骗者大有人在，枉死者不乏其人。

二、1955—1987年

1955年秋，响水设卫生所，有医务人员2人。1958年，芳草、席滩、一条山大队设医疗站。1967年，红光大队设医疗站。

表11-1-1　1933—1955年芦阳镇药铺商号一览表

序号	商号	铺主	开设地点	行业	从业人员	开业时间	歇业改组时间
1	庆余锡	孙锡麟	大芦塘	药铺	—	清同治年	1941年
2	天辅成	马君祯	小芦塘	药铺	—	民国四年	1952年
3	德盛俊	彭文杰	小芦塘	药铺	—	民国四年	1952年
4	百忍堂	雷子诚	一条山	药铺	1	民国三十年	1952年
5	—	严夺武	大芦塘	药铺	3	民国三十六年	公私合营
6	—	安树汝	大芦塘	药铺	2	民国四年	1952年
7	—	崔王义	大芦塘	药铺	1	民国三年	1941年
8	—	潘进同	大芦塘	药铺	1	民国三十年	1955年

1958年，芳草大队建立卫生站，由张治安负责全大队预防接种、妇幼保健、常见发病诊治、传染病隔离和报告、宣传卫生常识等工作。

1960年，麻疹、白喉、伤寒等传染病混杂发生，小儿麻痹病毒流行。各大队卫生站采用中西医结合治疗，同时向群众宣传病毒传播知识及防治办法，病情扩散蔓延得到有效控制。

1964年，大队卫生所工作人员和社员一样，实行工分制，每人每天挣8分工（后来涨到10分），年终参加本小队的决算；社员看病，交5分钱的挂号费。这种运作一直延续到20世纪70年代末。

20世纪60年代起，各大队逐步开办卫生所，有乡村医生、卫生员。有自学成才并先后在境内行医治病的民间中医，如孙雨蛟（芦阳人）擅长治疗伤寒，唐吉武（湖南人）擅针灸，王世礼（寺滩人）擅长中医妇科，郭建功（寺滩人）擅长整骨，颜宗元（正路人）擅长中医内科。

20世纪70年代以后，县、公社、大队三级医疗事业发展迅速，卫生站补充资金，更新医疗器械，中、西药常用药品更加齐全。

1972年冬至次年春，麻疹大流行，10岁以下的儿童患病较多，症状为持续咳嗽，高烧不退。

1973年5月，撤响水卫生所，在芦阳设公社卫生院，医务人员增至5人。1977年，医务人员增至9人。1978年，设住院部，计划病床15张，实设10张。

1973年6月，北京医疗队六中队一行50人，到景泰协助农村卫生建设。医疗队来景泰后，和景泰医务人员组成7个分队，分赴各公社。医疗队的医务人员到芦阳公社各大队巡回指导，开展医疗服务工作。1974年，医疗队下乡支援地方，为公社卫生院提供大量的医疗技术和器械设备。6月，医疗队完成任务返回。

1976年，开展计划生育工作。

1980年，公社卫生院迁至东关大队原县医院旧址。

1980年10月，西林、石城大队划属芦阳公社。除上滩外全公社各大队均有医疗站。在境内的景泰县一中、芦阳中学两校还设有医疗室。

1982年，公社卫生院多次开展计划生育手术及其他手术。

1983年，公社卫生院医务人员增至15人，病床增至15张。1985年，实有医务人员减至8人。至年底，有乡医18人，卫生员19人，个体行医3家4人。

1986年3月，镇政府拨款2万元，对镇卫生院进行维修。

三、1987—2010年

每年完成各种疫苗单苗接种率达到85%。1995年消灭小儿麻痹；2000年，消除碘缺乏症，基本消灭新生儿破伤风，孕产妇系统保健达到90%。

1993年，镇卫生院设立化验室，开展血、尿、粪三大常规检查。1994年，新建工字形门诊住院一体办公室平房300平方米，成立放射科。1998年，自筹资金2万元建立一条山村门诊。2001年，以租借形式成立石城村门诊。2002年，在镇政府支持下建立响水村门诊。2003年3月，全国发生非典，镇卫生院职工免费为人民群众体检，并设立隔离区、消毒区，隔离发热病人300多人次，外地发热病人10余人次。持续半年左右。

2003年10月，镇卫生院更名为芦阳中心卫生院。

2004年，开始农村新型合作医疗惠民工程。随着工程逐年推广，覆盖面扩大，村民有病先找村医，住院先到卫生院，转院办理转诊手续，基本形成分级诊疗、科学就医的局面。

20世纪90年代，宣传教育群众树立全社会大卫生观念，开展改水改厕工作。

2006年4月，组织签订新型农村合作医疗目标管理责任书，合作医疗逐步覆盖农村。

2009年6月，芦阳镇成立甲型H1N1流感联防联控工作领导小组。同月，芦阳中心卫生院被省卫生厅评为"一级甲等卫生院"。

四、2010—2021年

2010年，少数贫困人口因病致贫、因病返贫，脱贫攻坚成为医疗战线的难点。各村村民参加城乡居民基本医疗保险，享受国家政策帮扶。

2011年11月，景泰县通达煤矿发生透水事件，芦阳中心卫生院抽调医务人员投入矿难救援工作，并进行昼夜巡回医疗。2012年6月，境内发生禽流感疫情，在芦阳城门设关卡进行消毒、预防、检疫等工作，持续3个月。2014年3月，制定《村卫生服务一体化管理工作制度》。

2015年以后，健康扶贫成为精准脱贫攻坚内容。在村民自愿参加基本医保的基础上，所有贫困人口100%参加基本医保，建档立卡，再申请享受民政参保费用资助政策，资助由国家出钱，对于重大病人、老年病者，制订出健康帮

▲ 11-1-1 芦阳中心卫生院

扶措施，通过签约医生按"一人一策"具体服务。

2016年3月26日，白银市第一人民医院与芦阳中心卫生院组建对口帮扶医院，市一院派心内科、妇科、骨科、中医科、神经内科的8名专家到院进行义诊活动。随后，芦阳中心卫生院医疗技术人员协同省级医疗专家，在"5·15"国际家庭日进行大型义诊活动。

2016年4月19日，芦阳中心卫生院成立肿瘤工作领导小组。4月22日，市妇幼保健院派5名医生到芦阳卫生院进行"两癌筛查"工作。11月15日，卫生院成立药事管理组织。11月28日，卫生院在城北村卫生室开展健康教育及义诊活动。

2017年1月，各行政村卫生室免费为老年人体检。2月20日，石城村卫生室开展"三爱三民、送医送药"下村义诊活动。3月8日，镇中心卫生院购置冷链小冰箱、台式电脑、黑白打印机、打印复印一体机、彩色打印复印扫描一体机数码相机、笔记本电脑、音响设备、办公桌椅、文件柜、床垫、洗手盆、电热水器、换气设备、就餐餐桌等。3月10日，购买"120"急救车保险、维修保养。3月18日，卫生院成立公共卫生事件应急处理小组。5月18日，卫生院制订创建全国文明城市实施方案。6月1日，卫生院成立医院放射防护工作领导小组。6月3日，卫生院制订家庭医生签约服务工作实施方案。6月23日，卫生院制定中医馆建设工作实施方案，并成立工作领导小组落实。8月20日，卫生院深入开展服务好、质量好、医德好、群众满意的"三好一满意"活动。11月，卫生院被评为2016—2017年度"群众满意卫生院"。

2018年1月，中心卫生院被评为甘肃省优秀乡镇卫生院。3月26日，根据上级部门的相关要求，深化医药卫生体制改革，加强财务管理，给村卫生室建立账务。4月，制订健康扶贫工作实施方案，成立卫生院健康扶贫工作领导小组。5月24日，省、市级专家在芦阳卫生院开展大型"送医送药送健康"义诊活动。7月12日，卫生院委派王富、李进富前往深圳大学西丽校区医学部进行全国第十届中医微创术学习。是年底，卫生院与各村村医签订聘用合同。

2018年，镇属各村对一些垃圾堆放点进行清理拉运，整治清除一些卫生死角。开始统一处理生活垃圾，镇政府为各村配发垃圾收运车一辆，固定一名清洁工，每天早上专门收集垃圾，拉运到村外处理。同年，镇卫生院免费为各村老年人体检。

同年,镇上加强食品药品安全工作,共排查各类安全隐患115条,整改完成115条。重点对儿童食品和校园内及其周边食品店、农村食品市场、仓储食品等进行专项整治。开展中药饮片、医疗器械、疫苗质量及特殊药品安全等专项检查。共出动执法人员365人次,车辆75辆次,安装电子追溯系统103家,督促办理健康证106个。

2019年1月,在各行政村卫生室免费为老年人体检。4月,镇卫生院预防接种室安装360度全方位摄像头、叫号机、留观机等。7月,镇卫生院委派王富、杨世明、寇永成等3人前往南京新中医学研究院进行中医适宜技术培训学习。8月,镇卫生院医师团队被评为白银市优秀医师团队。谢丽被评为"2019年度白银市优秀乡村医生",李晓玲被评为"2019年度白银市优秀医生"。10月15日,卫生院在芦阳镇养老院设立医养结合点。

2020年1月13日,镇卫生院对消防安全通道、消防设施、电线路、救护车辆、锅炉房、药品库房、收费科室、B超室、放射室、重要仪器科室及安全保卫工作,进行安全生产大检查。2020年,全国范围内发生新型冠状病毒感染疫情。芦阳镇全面落实联防联控各项措施,严把农村防疫第一关。1月26日,召开新型冠状病毒感染性肺炎联防联控工作会议。26日起,监测点进行过往车辆人员的体温监测。9月2日,王富被评为"白银市优秀医师",尚天忠被评为"白银市优秀乡村医师"。同年,完成孕前优生健康检查127对。

2021年10月,中心卫生院将33位职工及18位村医分成11个组,在上滩、城北、一条山、石城、芦阳、芳草

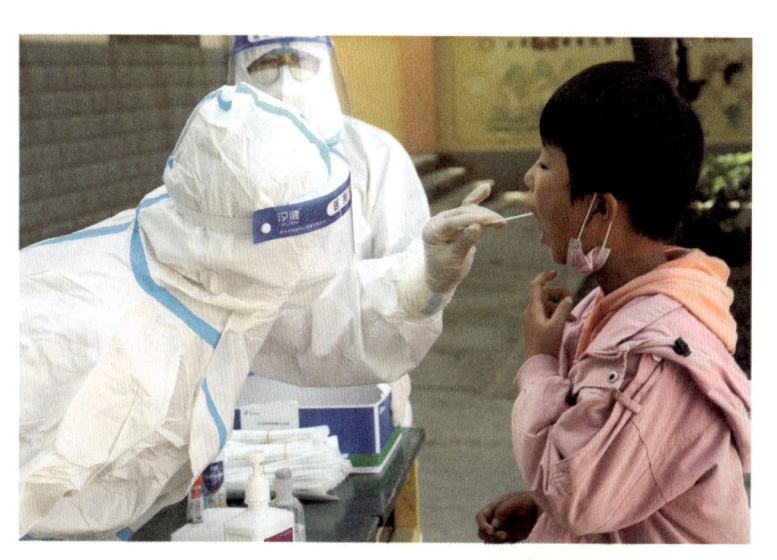

▲ 图11-1-2 为城关小学学生做核酸检测

等22个采样点，对1.3万余名"绿码"群众进行核酸采样。同时成立6个流动采样组，日均为200余名"红码"重点人员进行上门采样。同期，中心卫生院成立志愿服务队伍，在高速公路执勤点、预检分诊、核酸采样点等关键点做好防控工作。

同年10月，中心卫生院派出杨世明、王艳宁支援兰州隔离点执勤工作；派出张月亮、安学铭支援天水核酸采样工作；派出3名医护人员支援县隔离点执勤工作；派出检验人员1名支援县疾控中心核酸检测工作；派出会计1人前往县卫健局支援物资统计、调拨等工作。

第二节 乡村医院 卫生站

一、概况

2011年末，全镇有中心卫生院1个，计划生育技术服务站1个，村级医疗站18个，个体诊所14个；床位30张，固定资产总值251万元。专业卫生人员50人，其中执业医师11人，执业助理医师1人，注册护士9人。2011年，医疗机构完成诊疗1.8万人次。2011年，农村安全饮用水普及率86.6%，新型农村合作医疗参合人数2.6万人，参合率96.9%。

二、芦阳中心卫生院

芦阳镇中心卫生院为一级甲等医院，始建于1974年，承载辖区内13个行政村2.7万人口的基本医疗、公共卫生服务、妇幼保健、预防保健、健康教育、卫生协管等农村卫生服务工作及村级医疗机构管理工作。是一所集基本医疗、公共卫生、乡村一体化管理为一体的综合性中心卫生院，能够开展分级诊疗病种及农村常见病、多发病的诊治，并承担对急危重病人院前急救及转诊工作，是全县医保定点医疗机构。

卫生院占地3194平方米，业务用房1493平方米，生活用房258平方米。2017年，芦阳中心卫生院有干部职工30人，党员6人，非党员24人，本科学历5人，大专1人。2020年有职工35人，其中副主任医师2人，中级职称医师6人，初级职称26人，中级技工1人；本科学历15人，大专学历18人，中专学历2人。

截至2020年，医院开设内科、外科、妇科、儿科、中医科、理疗科、口腔科、全科医学科、医保科、公共卫生科、预防保健、健康咨询等科室，按照疫情防控要求设立了预检分诊点、发热门诊、隔离病房，医技科室有放射室、B超室、心电图室、检验室等，有满足门诊、住院所需要的中西医标准化药房，日均门诊量约60人次。住院部设有病床25张，病床使用率70%左右，病房、急救室、远程医疗会诊中心、治疗室设备齐全。主要医疗设备有DR机1台，彩色B超机1台、便携式彩超1台、全自动生化分析仪1台、电解质分析仪1台、全自动三分类血细胞分析仪1台、十二导联心电图机1台、口腔综合治疗仪1台，有多功能牵引床、电脑恒温电蜡疗仪、智能艾蒸灸慰仪、智能疼痛治疗仪等，可开展中医诊疗、针灸、按摩、拔罐、刮痧、蜡疗、穴位封闭、埋线等中医适宜技术。配备120急救车2辆。

2016年，中心卫生院档案室被省档案局评为"甘肃省档案工作规范化管理省一级档案室"；2017年，中心卫生院被国家卫生健康委员会评为"群众满意卫生院"；2018年，被省卫健委评为"甘肃省优秀乡镇卫生院"；2019年，医师团队被市卫生健康委员会评为"白银市2019年度优秀医师团队"。

2020年，中心卫生院利用第一批天津帮扶资金40万元，通过招标采购、房屋改造、人员培训、设备安装等程序，于4月底建成DR项目投入使用。

2021年，镇辖13个行政村，设立村卫生所18个，各有1名村医。

表11-2-1　1975—2021年芦阳中心卫生院历任负责人一览表

序号	姓名	性别	职务	任职时间
1	孙庆武	男	院长	1975—1982
2	卢守谦	男	院长	1982—1995
3	彭　维	男	院长	1995—2004
4	杨世明	男	党支部书记	2000—2019.12
5	彭可东	男	院长	2004—2006
6	李维奎	男	院长	2006—2016

续表

序号	姓　名	性　别	职　务	任职时间
7	王富	男	院长	2016—
8	杨天辉	男	副院长	2004—
9	李进富	男	副院长	2004—2005
10	李进富	男	副院长	2016—
11	达兴祖	男	副院长	2016—
12	王登国	男	工会主席	2013—2016
13	寇永成	男	工会主席	2016—

表11-2-2　2021年芦阳中心卫生院各村卫生所负责人一览表

序号	姓　名	性别	村卫生室名称	序号	姓　名	性别	村卫生室名称
1	付廷馨	女	芦阳村卫生所	12	冯宜广	男	石城村卫生所
2	王克玲	女	城关村卫生所	13	张建忠	男	席滩村卫生所
3	俞海涛	男	东关村卫生所	14	杨莉	女	西林村卫生所
4	尚天忠	男	城北村卫生所	15	许存霞	女	响水村卫生所
5	李桂湘	女	城北村东新卫生所	16	张武	男	芳草村卫生所
6	刘叶子	女	城北村马鞍卫生所	17	马伟	男	十里村卫生所
7	谢丽	女	条山村卫生所	18	马翠	女	红光村卫生所
8	王琼	女	条山村上滩卫生所	19	刘孝凤	女	条山村大梁卫生所
9	张元英	女	条山村大梁卫生所	20	王延环	女	城北村东新卫生所
10	王永娜	女	条山村利民卫生所	21	郑凯元	男	南环路社区卫生室
11	王熔	女	寺梁村卫生所				

表11-2-3　芦阳镇籍医疗人员在镇内各村及县城开办诊所情况统计表

序号	姓名	性别	所在村	诊所名称	诊所位置
1	王党萍	女	响水村	党萍诊所	一条山镇
2	李得保	男	响水村	李得保诊所	响水村
3	郝述奎	男	响水村	郝述奎诊所	一条山镇
4	杨天玲	女	响水村	杨天玲诊所	水源村
5	杨天双	男	响水村	杨天双诊所	龚家湾
6	卢有娟	女	响水村	卢有娟诊所	一条山镇
7	李新财	男	响水村	李新财诊所	响水村
8	崔克花	女	响水村	崔克花诊所	响水村
9	卢守银	男	响水村	卢守银诊所	响水村
10	彭维芳	女	西林村	家庭诊所	西林村
11	杨生兰	女	西林村	家庭诊所	西林村
12	达宗福	男	西林村	家庭诊所	西林村
13	蒲云	男	西林村	家庭诊所	西林村
14	杨天辉	男	寺梁村	三村祥和诊所	寺梁村
15	王再琴	女	索桥村	家庭诊所	原索桥村
16	郭志香	女	席滩村	席滩村合作医疗站	席滩村
17	沈世慧	女	席滩村	席滩村合作医疗站	席滩村
18	张振科	男	席滩村	席滩村合作医疗站	席滩村
19	武克能	男	芳草村	普慈堂	一条山镇
20	化得强	男	条山村	得强理疗店	条山村五组
21	张振云	女	石城村	张振云诊所	石城村
22	王焕成	男	芦阳村	芦阳村卫生所	芦阳村
23	安祥	男	芦阳村	芦阳村卫生所	芦阳村
24	戴兆胜	男	芦阳村	芦阳村卫生所	芦阳村
25	张学淑	女	芦阳村	芦阳村卫生所	一条山镇
26	王培阔	男	芦阳村	芦阳村卫生所	芦阳村

续表

序号	姓名	性别	所在村	诊所名称	诊所位置
27	俞允武	男	东关村	东关村卫生所	东关村
28	张守全	男	东关村	东关村卫生所	东关村
29	李得顺	男	城北村	李得顺诊所	一条山镇
30	祁钰珊	男	十里村	扶阳诊所	一条山镇
31	王 瑜	女	东关村	王瑜口腔诊所	一条山镇

第三节　医疗　预防　医保

一、医疗

(一) 民间中医、中药治疗

1.中医

针灸　民间俗称"扎针"。针具多从外地购得或以马啣铁打制。在芦阳针灸知名的医师有唐吉武、安汝树、白东垣先生。

推拿　即按摩疗法，有推法、拿法、按法、摩法、压法、擦法、搓法、抖法、拍法、摇法、扳法、滚法等多种手法，主治骨伤科疾病、内科疾病（胃病、头痛、高血压）、面瘫、感冒、妇产科疾病、小儿科病等。

拔火罐　利用燃烧的热力，排去罐中空气以产生负压，使之吸着于皮肤，造成被拔部位皮肤的瘀血现象，用以治疗风湿痹痛、腹痛、胃痛、消化不良、头痛感冒咳嗽、腰背痛、月经病等疾病。

刮痧　是用边缘光滑的瓷器片、铜钱、小汤匙、玻璃或头发、麻等工具，蘸食油、清水在体表部位进行刮动的方法；另有"撮痧法"，将手指用清水湿润，五指弯曲，用食指与中指的第二指节对准穴位或所选部位，将皮肤挟起，然后松开，一起一落，反复进行，或用拇指和食指将皮肤捏起，以皮肤出现紫红色充血斑为度。主治急性胃肠炎、中暑、流行性感冒、关节痛头痛等病。

敷贴疗法　将药物敷在体表的特定部位，以治疗疾病的一种方法。

膏药疗法　是以膏药敷贴治病的方法。旧时民间多用凉州产"王蛤蟆"或外地黑膏药，用以贴治疮疖、冬季皮肤皲裂。后人们多用"伤湿止痛膏""麝香止痛膏""祖师麻膏"等治关节痛或跌打损伤。

箍围疗法　民间常以旱烟锅杆内所积烟油围圈腮腺炎肿块（称圈核核。核，音hu）阻止扩散，或毒圈治虫咬伤。

熏洗疗法　是用药物煎汤，以药液热蒸气熏蒸患处，待温后以药液淋洗患部的一种治疗方法。民间多用透骨草、伸筋草或各家中药洗方汤熏洗外伤。

药酒疗法　将药物浸酒内制成药酒，内服治疗疾病。

吹耳疗法　将药物研成细粉，吹布外耳道内以治耳病。

吹喉法　将药物吹布于咽喉以治病的方法。

放血疗法　民间称"挑擦"，对急性热症或吐泻（急性肠胃炎）以针具刺手指尖（十宣穴）出血的方法。

气功疗法　民间流传着多种气功疗法以治疗各种慢性病，多为从师学习，自己修炼，祛病健身。

体育疗法　多种多样的体育疗法，作为病后调养和功能恢复的辅助疗法，民间常见太极拳、八段锦、五禽戏、太极剑、健身球等。

2.民间中药

明、清时期，芦阳地区就有中药铺。药材大多从汉中、兰州等地由本地商号进货，以骆驼驮运来供给，也采用本地地产中药。

（二）赤脚医生

20世纪六七十年代，乡村医生普遍未接受过正规的学习培训，治疗水平参差不齐，装备和治疗手段简单，农忙时节他们也下地干活，被称为"赤脚医生"。1985年改为"乡村医生"，参加考试评定，不达标的称为"卫生员"。民间医生、医术在防病、治病等方面发挥了重要作用。

1968—1969年，公社卫生院为大队培训赤脚医生19人。

1969年，实行合作医疗，各队有赤脚医生。

1973年冬，北京医疗队巡回医疗至芦阳，为大队培训赤脚医生30人。是年，北京医疗队初训和复训赤脚医生193人次。

1978年，公社医院为大队培训赤脚医生23人。

1983年，全县赤脚医生统考，芦阳公社部分村医取得乡医证。

二、预防

常见疾病有流感、百日咳、伤寒、麻疹、痢疾、白喉等。自1955年响水卫生所建起后，在县医院协助下，全面开展牛痘、小儿麻痹糖丸、麻疹疫苗、百白破、卡介苗等疫苗注射，有效地控制了相关疾病的流行。

政府相关部门历来重视疾病预防措施宣传，向居民分发心脏病、糖尿病、高血压、高脂血等疾病预防手册；进行疾病筛查，及早发现，及早治疗；对现有疾病进一步加重的预防，如对老年患者摔倒的预防，对糖尿病并发症的预防。

1992年，落实《全国消灭脊髓灰质炎强化免疫日活动方案实施细则》，进行脊髓灰质炎预防。

2000年以后，各村引导养殖户讲究卫生保护环境，将村内的养殖场全部拆除清理，新建养殖场所远离村庄。

2016年4月25日，联合县畜牧兽医局、镇畜牧兽医站，在西林、寺梁两村开展羊布病免疫现场操作培训会。

5月15日，由省卫生计生委主办、省计划生育教育中心和县卫生计生局承办、芦阳镇协办的"健康进家庭·幸福融万家"国际家庭日主题宣传活动在芦阳镇寺梁村开展。

2017年3月21日，省、市、县动物疫病预防控制中心组团来芦阳镇进行包虫病采样工作。重点在西林村、石城村现场走访农户和村级防疫员，了解本地包虫病的流行与防治，家犬与流浪犬管理，并现场采集犬粪60份，填写《犬粪及其户主相关信息登记表》6份。

2018年6月1—20日，芦阳镇妇联配合县医院、县妇幼保健站、芦阳卫生院，开展"两癌"免费检查工作。

2019年5月12日，县疾控中心深入芦阳镇开展慢性病、传染病防治知识培训，全镇各村慢病患者共计70余人参加。9月17日，省疾控中心在响水村开展健康素养宣传及健康素养调查活动。

2020年，结合全县慢性病综合防控示范县建设，芦阳镇进行疾病预防控制工作：开展健康村委会工作；出台有关烟草控制、降低有害饮酒、减盐控油、控制体重、全民健身等预防慢性病制度；建成健身场所，开展健康教育讲座；

建立无烟党政机关；至少每2年为职工进行1次健康体检。

2021年，中心卫生院与各村卫生所免费为65岁以上人员进行肺病筛查、结核菌素试验等预防工作；为准备怀孕的农村妇女进行国家免费孕前优生健康检查，内容包括妇科检查、男科检查、十二项化验及妇科B超；免费发放叶酸、建立母子健康手册，免费提供孕期保健、艾滋病梅毒乙肝检测、产后访视、0~6岁儿童健康管理。

三、医保救济

1985年，县里给芦阳镇400户贫困户拨12万元扶贫救济资金，户均300元。其中红光68户，响水66户，西关20户，东风22户，麦窝24户，灌区200户。

同年，为困难户、大病户赊销棉花、布匹，期限为5年，人均安排25元。

1988年6月1日，为19户困难户和五保户给予社会救济，共计2000元。同时下拨4—7月口粮救济粮41.46万斤，救济款6400元。

21世纪初，全镇基本建立与农民收入水平相适应的农村食品药品监管、药品供应体系。

2010年，全镇群众参加新型农村合作医疗，参合率99.5%，全年补偿报销医疗费75.7万元。2011年，参合率达到98%。

2011年，农村医疗救助227人次，民政部门资助参加合作医疗103人次，共支出5150元，比上年增长39.2%。农村临时救济273人次，支出5.9万元，比上年增长11.6%。国家抚恤、补助各类优抚对象101人，抚恤事业费支出41.5万元，比上年增长9.2%。及时发放优抚定补、医疗救助、养老补助、临时救助等惠民资金360多万元，切实解决贫困人口的实际困难。

2014年，发放优抚定补、医疗救助、养老补助等惠民资金，全年共发放各类惠民救助资金732.99万元，发放面粉6.6万斤、棉被260床，维修改造互助老人幸福院3所。

2018年，镇卫生院药品实行零差率销售，合作医疗参合率达到98.8%。

2019年上半年，享受医疗救助74人，发放资金37.53万元，为因病、因学、因灾造成家庭生活困难的311户发放临时生活救助资金111.39万元。

2020年，全镇新农保参保14893人，参保率90%，60岁到龄待遇发放4969人。新农合参合25286人，参合率98%；建档立卡贫困人口参合率达100%，参保率达100%。共办理社会保障卡26723张，办卡率97.3%，共发放社保卡26500张，发放率99%。

2020年，全年共发放城市低保23.86万元，农村低保335.99万元，五保、优抚、孤儿、临时救助、医疗救助、残疾人补助、高龄补贴等资金581.95万元。

表11-3-1　2016年芦阳镇各村参合、参保情况一览表

类别 行政村	新农合 参合人数	新农合 参合率（%）	新农保 参保人数	新农保 参保率（%）	老年互助幸福院（个）
芦　阳	1806	98.53	1290	95.8	3
东　关	2275	99.82	1598	95.7	1
城　关	1561	98.49	1207	96.0	1
城　北	5252	98.46	3344	95.3	2
席　滩	1292	99.16	867	95.4	0
寺　梁	1129	98.69	700	95.1	1
西　林	839	98.47	614	95.9	1
石　城	1487	98.74	999	95.3	1
条　山	4080	98.38	2798	95.5	2
芳　草	1797	98.68	1247	95.6	1
十　里	699	98.87	477	95.5	0
红　光	569	98.44	356	95.2	1
响　水	1849	99.04	1239	95.3	0
合　计	24635	98.71	16736	95.5	14

表11-3-2　2020年芦阳镇各行政村社会救助一览表

单位：元

行政村	低保户 户	低保户 人	低保户 资金	特困供养 户	特困供养 人	特困供养 资金	医疗救助 户	医疗救助 人	医疗救助 资金	临时救助 户	临时救助 人	临时救助 资金	退役军人优抚 户	退役军人优抚 人	退役军人优抚 资金
芦 阳	432	1087	328836	12	12	6360	3	3	6016.05	50	110	220901	117	117	97943.31
东 关	493	1531	455955	108	120	63600	2	2	50208.01	68	156	297521	307	307	149704.95
城 关	409	1411	309779	47	47	24910	1	1	2820.52	37	72	148125	182	182	61045
城 北	833	2632	812292	96	96	50880	3	3	5302.78	130	289	519274	548	548	194254.99
席 滩	251	871	206818	60	60	31800	—	—	—	23	49	88928	196	196	88924.99
寺 梁	155	606	213563	12	12	6360	1	1	3436.03	27	59	100125	61	61	63621.64
西 林	129	321	115941	9	9	4770	1	1	3081.45	13	30	51388	45	45	35797.65
石 城	187	566	200608	24	24	12720	2	2	5539.93	31	85	172164	169	169	55385
条 山	784	2138	547617	168	180	95400	10	10	21938.77	126	278	501497	326	326	146881.64
芳 草	291	825	275450	31	31	16430	3	3	8711.43	39	102	215782	103	103	29540
十 里	144	316	93044	48	60	31800	—	—	—	42	82	161511	78	78	16665
红 光	60	319	92750	18	18	9540	—	—	—	22	44	84470	92	92	27420
响 水	495	1494	344262	68	68	36040	1	1	1834.28	101	212	366533	195	195	75614.99
合 计	4665	14114	3996915	701	737	390610	27	27	108889.25	709	1568	2928219	2149	2149	1042799.2

芦阳镇志

LU YANG ZHEN ZHI

第十二章

体 育

第一节　群众体育

一、武术

明、清时期，体育主要是以武术的形式体现。民国初年，武术是民团的主要操演内容。民国中后期，随着新式武器的配备，武术练习退为次要位置。但在民间，仍然有人练习武术，用以强身健体、防身自卫。如芳草村的"孙家五虎"，就以学成的武术保护家人，还受雇为商队护镖。偶尔在庙会或节日中可以看到武术表演。

民国时，芦阳地区民间体育活动有传统武术、拔河、跳绳、象棋、踢毽子、荡秋千、滚铁环等，很多游戏活动也即体育活动的一部分。随着小学的建立，篮球、田径等体育项目逐步从外地传入，但发展范围小，速度慢。

民国三十二年（1943年），一条山村人张钦武以盐务局职工为主，组织篮球队"骆驼队"，这是芦阳地区最早的篮球队。

民国三十四年（1945年），景泰简易师范在大芦塘建成，聘请专职体育教师，学校体育开始活跃。民国三十七年（1948年），简易师范学生李文瀛、彭维安等4人，徒步至兰州，代表景泰第一次参加甘肃省体育运动会，未获名次。

1973年4月，武威地区体委为各县培训武术教练员。景泰县体委为基层多次培训武术教练，武术活动在全县推广。东关小学等学校都组织了武术队，队员平均在30人左右。1976年10月，举行全县武术调演，参加人员300多人。年底，全县有武术队181个，队员6300多人；参加武术活动的总人数约2.5万人。

二、文艺体育

民间文艺体育有舞狮、舞龙灯、跷子舞、彩船、太平鼓、陕北秧歌等，是春节社火队主要演出内容，在庆祝特大节日也有表演。舞狮等文艺体育在民国时期就已流行，只有陕北秧歌是1949年以后传入。另外，民间较为广泛活动的文体项目还有象棋等。

三、农民体育

1949年前，农民体育活动仅是一些带季节性的民间传统项目，如武术、拔河、跳绳、踢毽子、踢沙包、打毛蛋、下象棋、滚铁环、跳方、打缸、跳皮筋、荡秋千、抓羊、顶仗、瘸房、扽棍、夹腰、扳弓、跳楼、拉趴牛、着锅、打本、捉迷藏、老鹰捉小鸡、丢手绢等。

1951年，芦阳城区附近农民组织篮球队，参加比赛。接着，各区政府所在地的农民在政府倡导下，纷纷修球场，制球架，集资买球，组织球队，训练队员，开展活动。土地改革时，芦阳地区农民球队已具有一定水平。

1954年5月1日，芦阳、东关、响水、一条山等地农民球队，首次参加全县篮球比赛。1958年后，社队篮球运动迅速发展。

1974年，席滩大队组建女子篮球队，在"三八"妇女节举行女子篮球赛，60多人参加比赛。同年，甘肃省体工大队少年篮球男女队到芦阳巡回比赛交流。

1972年、1974年、1976年、1978年、1979年芦阳公社分别举行运动会，主要是田径和篮球。1977年，公社成立"体育领导小组"，加强对农村体育的领导。同年芦阳公社举行自行车比赛。芦阳水泥厂建成后，每年举行农民运动会，设球类、田径、自行车、象棋等15个比赛项目，特设老少钓鱼、夫妻拔河、家庭接力、汽车驾驶等比赛项目。每年参赛队员达5000多人次。

1987年春节，芦阳镇开展农民运动会，项目有篮球、乒乓球、象棋等。

2013年1月，芦阳镇举办"董扁杯"象棋比赛，董扁悦来酒店董事长董运科为活动捐资1万元。

四、职工体育

1951年春，机关建立早操制度。1952年春，在职工中普遍推行《第一套广播体操》。1954年4月，机关建立早操、工间操制度，全面推行第一套广播操，并组训体育积极分子，加强指导工作。是年秋，举办"周末篮球赛"，大部分机关单位先后组建篮球队参加。1956年，先后接收一批京津青年学生，其中爱好乒乓球者较多，且有一定水平，在他们带动下，职工中形成了"乒乓热"。

1997年，以"迎七一，庆回归"为主题的芦阳镇第八届运动会召开，举办体育比赛65场，参赛选手9884人次，参加单位有19个行政村、14个机关单位、25所学校、24家企业。

第二节　学校体育

民国初，响水初小、芦阳完小均配有体育教师，设有篮球、秋千、平梯、木刀、哑铃、球杆等体育器材，学校体育活跃。民国十六年（1927年），体操"八段锦"由清华大学芦阳籍学生安立绥传入芦校，后普及全县。民国十九年（1930年），芦校代表队在靖远县教育局举办的全县第一次运动会上名列前茅。民国二十年（1931年）后，篮球、足球、排球、乒乓球、网球和田径运动、体操等，陆续开展。民国二十一年（1932年），芦校代表队在靖远县运动会上获团体总分第二名。抗日战争期间，学校经费困难，体育器材破损不堪，体育活动受到限制，于是既经济又能自制的"毛球"应运而生，并成为主要体育器材之一，盛行时间较长。

一、体育课

中华人民共和国成立后，中、小学各年级每周设体育课两节。中等学校及小学高年级以球类、田径为教学内容；小学中、低年级以游戏为主。1956年，《中小学体育教学大纲》公布施行，体育教学初步纳入正规。

20世纪60年代末，中学体育课以"学军"为主，小学体育课由"学工、学农"取代，体育课更名"军体课"。

1973年，芦阳公社中、小学贯彻《全国体育工作会议》精神，坚持两课（每周两节体育课）、两操（每天做早操和课间操）、两活动（每周保证有两节课外体育活动）。每学期举行1次以田径、球类为主的运动会；积极推行《劳卫制》锻炼；小学开展足球、篮球、排球活动，并组建代表队。

1979年12月，"景泰县体育教学中心教研组"成立，负责贯彻执行《体育教学大纲》。1980年4月，县文教局发布《中小学体育教学常规》《中小学体育课课堂常规》和《中小学体育课考核暂行规定》，促进体育教学。广泛开展课外活动，建立健全三级代表队，积极开展"达标"活动。要求体育教师认真备课、认真上课、认真训练、认真辅导；上课穿运动服、运动鞋；每课进行队列和素质训练。10月，县体委根据国家体委和原总参谋部《1979年军体工作意见》中关于"军体项目的普及对象是中、小学生。重点应放在城市学校"的规定，经与文教局协商，确定县中、芦中、白银公司农场学校为开展射击项目的重点，配发枪支、弹药。

二、早操和课间操

中、小学均设早操，约半小时，以跑步为主，体操为辅。1971年，提倡"象征性"长跑后，大部分学校以长跑代替早操。1973年，参加长跑学生占学生总数的97%，人均里程达10万米以上，完成了国家规定标准。

课间操原在每节课后举行，以班为单位在教室前自行做操。1951年，春改在上午两节课后，各校统一做操。中学采用《第一套广播体操》，小学采用《少年广播体操》。

三、课外活动

中、小学每周星期一至星期五下午均有一节课外体育活动，学校统一安排活动项目，分班活动。

1953年6月，响应毛泽东主席全国青年做到"身体好、学习好、工作好"的号召，要求学生上好体育课，积极参加课外活动。20世纪70年代，许多学校学生骤增，体育场地器材紧缺，在课外活动中，每班每周只有两节体育活动，其余为文艺、卫生或自由活动。

四、组训代表队

1955年5月1日，芦阳组建体育代表队，为参加第一届县运动会做准备。1973年，各学校积极开展"三小球"活动。1974年，城关小学篮球队在县、地两级比赛中，连夺桂冠。6月份，代表武威地区在临泽参加"全省小学篮球赛"，获第三名。20世纪80年代，学校体育代表队得到进一步发展，男女并重。

五、建立重点项目

1973年，学校建立重点项目。武威地区体育工作会议决定景泰发展田径、篮球、排球和乒乓球项目，根据学校特点，景泰一中为篮球、乒乓球；芦阳中学为篮球、排球；中泉和红水两所中学为田径。1977年，县一中、芦阳中学增设射击项目。1978年，省体委定芦阳中学为篮球重点学校，并颁发证书（1982年，芦阳中学撤高中部后，篮球重点学校转至景泰二中）。1980年4月，县文教局、县体委对学校重点项目重新调整：县一中为排球、女篮；县二中为田径；

芦阳中学为篮球、排球；中泉、红水中学为田径、足球；工程局学校为男排；白银公司农场学校为射击。

第三节　体育人才培养

一、体育教师的培训

1956年，景泰县文教科派景泰中学和芦阳小学体育教师，参加武威地区《中小学体育教学大纲（草案）》学习班，这是对体育教师的第一次培训。

1973年5月，县上培训体育教师10人。1975年1月，县体委为中、小学培训武术教练100余人。1976年1月，武威地区体委委托县体委举办中小学体育教师武术学习班，景泰参加102人，其中学生60多人。同年3月，派中、小学体育教师13人，参加武威地区体育骨干训练班学习，主要内容为田径、体育训练法。1977年5月，中、小学体育教师9人，参加地区"推行《国家体育锻炼标准》学习班"。回来后，扩大训练65人，其中，中学9人。1979年3月，县体委、县文教局培训公社中学及重点小学体育教师19人，主要学习《锻炼标准》《太极拳》和《眼保健操》。

二、运动员培训

至1999年，芦阳镇共为上级体委（体校）培养、输送除学校外的各类运动员76名，其中自行车运动员14名。在第三届全国农民运动会上，全县6名自行车运动员代表全省参加比赛，其中4名是从芦阳镇选拔的。

三、教练员及裁判员的培养

教练员　1954年5月，景泰县文教科为县级机关培训广播操领操员20多人。1972年，县体委培训田径教练8人。1976年3月以后，省体委先后在武山等地为景泰培训射击、手球、排球、武术教练各1人。1973—1976年，体委利用寒暑假为学校、机关、厂（场）矿、公社多次培训武术教练，总数500人次。芦阳镇多人参加以上培训。

裁判员　20世纪五六十年代，为适应平时体育活动及运动会的需要，临时培训各项裁判员。70年代，体育教师队伍迅速壮大，裁判员整体水平提高。

第四节 体育设施

1954年春，经县委、县人委批准，由县文教科动员县级机关和县中、芦小的干部、师生、利用课（业）余时间，在县城东门外南端将一段护城河垫平后修了两块篮球场，这是景泰县最早的公共体育场，1956年被百货公司占用。同年，在县城北沙河北岸修建一处简易田径场，有400米跑道。1964年4月，县体委在县城东门广场修了一块水泥篮球场，四边设铁护栏。1990—1996年，芦阳镇先后筹资8万元，建成3个文化体育活动中心，购置健身器材。1997年，新建一处排球场和一处水泥篮球场地。2020年，芳草村建成灯光球场和羽毛球场。截至2021年，全镇每个行政村都建有文化广场，设有健身器材，供村民举办文化活动、休闲健身。

2022年，城北村建成硅胶篮球场。2022年，城关村建成笼式足球场和硅胶篮球场。

第五节 赛事成绩

一、田径、球类

民国三十四年（1945年），崔成信参加甘肃省和兰州市体育运动会，获100米、200米、400米、800米赛跑和跳高、跳远、三级跳远田径全能7个第一名。

1974年6月，城关小学篮球队代表武威地区在临泽比赛中，获第三名。同年7月，芦中男排获省中学生排球赛冠军，代表甘肃省参加全国中学生排球比赛。

1978年，娃娃水村人龚珍凤（女）手枪慢射破省纪录。

1979年，麦窝村人王孝珍（女）获省第五届运动会女子1500米赛第二名；东风村人李淑香（女）获气步枪50米循环靶射击比赛第三名。马鞍山村人黄淑梅（女）获射击第四名。

1980年，芦阳中学男篮获全省中学生篮球赛冠军，并代表甘肃参加全国赛，名列西北赛区第四名。

二、自行车

1978年8月，芦阳村恵金兰（女）参加全省自行车赛，获30公里第一名。1979年，男女队参加省自行车赛，双获团体第三。1981年，芦阳村人安正秀（女）获省自行车女子少年20公里赛个人第一名。1984年，杨天礼获全省自行车赛男青40公里赛个人第一名。1984年，安正秀获全国多日分段自行车赛（河南林县）个人总分、团体总分和团体赛50公里第一名。同年安正秀被选入省队。1985年，全省少年公路自行车比赛在景泰举行，城关村人付廷忠获男甲30公里赛个人第二名、70公里赛个人第一名。

1986年，芦阳村人安正军参加全国青年赛（太原），获4公里团体第一名；1987年，参加全运会预赛（太原），获4公里团体第三名；1988年，参加全国多日赛（北京密云），获100公里团体第二名；7月，参加全国冠军赛（郑州），获4公里团体第二名、4公里个人第二名；10月，参加全国锦标赛（陕西渭南），获100公里团体第二名、40公里个人第一名；1989年，参加全国锦标赛（宁夏），获100公里团体第二名、30公里个人第一名；1990年，参加全国多日赛（北京怀柔），获个人总分第一名；10月，参加香港万宝路赛获70公里、40公里大组团体总分第三名。1988年7月，参加中蒙友好赛（蒙古国），获60公里个人第三名。

1988年，张兆霞（女）获省首届青运会20公里、30公里、40公里个人第一名。1989年，上滩村人王建梅（女）获省自行车赛30公里个人第一名；芦阳村人龚伟获1公里个人第二名；芦阳村人吴红艳（女）获3公里个人第三名。

1991年，城关村人付廷德获省运会个人1公里第三名，4公里、30公里第二名，团体50公里第二名。同年入选省体工大队。1994年获全国公路锦标赛个人180公里第七名、团体第一名。1995年获全国场地冠军淘汰赛第五名、锦标赛个人第五名。1995年调"八一"军体大队任教练。

1995年，城关村人狄宝芳（女）获自行车锦标赛（北京）60公里团体第二名、大组第二名；1996年获第二届农运会（上海）自行车团体第二名。

▲ 图12-5-1 景泰县首届农民运动会芦阳代表

2000年，芦阳村人赵成获省第十届运动会自行车赛男子1公里金牌。

三、其他比赛

1950年，索桥村人王生荣获景泰县象棋比赛冠军。1979年，索桥村人陈铎获甘肃省第五届运动会射击比赛第二名。1979年，城北村人卢守琪获甘肃省第五届运动会射击比赛第一名。1985年，芦阳镇代表队在县首届农民运动会篮球比赛夺得男女队冠军。1996年8月，芦阳镇被甘肃省体委授予"甘肃省群众体育先进集体"称号。1997年春节，芦阳镇在县"丰收·绿色·水利"杯农民运动会上获团体总分第一名。1997年5月，芦阳镇农民篮球代表队获"电力·铁牛"杯冠军。1997年，在甘肃省第九届运动会上，芦阳镇获"群众体育先进集体"。1999年1月，芦阳镇被农业部、国家体育总局、中国农民体育协会评为"全国亿万农民健身活动全国体育先进体育乡镇"。2002年，在全省体育运动学校、业余体校跆拳道比赛中，城北村人张承旭获58公斤第三名；席滩村人张文强获53公斤第三名；城北村人王霞（女）获女子51公斤级金牌。2013年1月，东关村人王成山获全镇"董扁杯"象棋赛冠军。

2014年，城关村人焦鹏元获甘肃省第九届残运会"体育道德风尚奖"；2017年，获甘肃省残疾人青少年田径锦标赛跳远第一名；2018年，获甘肃省第十届残疾人运动会铁饼项目第四名、男子标枪第三名、男子跳远第一名；2020年，获"我要上残运"全国残疾人射箭（视障邀请赛）第一名；2021年，获全国第十一届残运会暨第八届特奥会男子射箭第二名。

截至2014年，西林村人陈国普在全国残疾人田径锦标赛获第一名8次、第二名5次、第三名3次、第四名2次、第五名1次，全国第七届残疾人运动会全程马拉松第四名，"体育道德风尚奖"5次。

2023年7月9日，芦阳镇代表队在"景泰县'牧原杯'和美乡村篮球大赛（村BA）"比赛中获第二名；14日，在"白银市和美乡村篮球大赛（村BA）"比赛中获第二名。

第六节　管理机构

1990年，芦阳镇成立全县第一个乡镇体育活动委员会，镇党委书记兼体委主任，镇长兼副主任，各村党支部书记、各企事业单位负责人为委员，负责实施《全民健身计划纲要》和《体育法》。镇党委每年召开2~3次专题会议，安排部署全镇群众体育工作。

第七节　参加县第二至第四届运动会代表团

一、参加县第二届运动会代表团（2000.9）

（一）代表团领队

团　　长　焦占元（镇党委书记）

副团长　石玉磊（镇长）、李文（芦阳一中校长）、张长新（芦阳二中校长）

秘书长　王东升

联络员　张正军

（二）田径比赛青少年组

领　　队　王东行

教练员　王东行

运动员　（男）李军、万建新、范富胜、张永宝、沈慧云、车国如、卢昌

盛、王小龙、沈亮祖、路正海、杨金龙、朱元章、李应东、张兴鸿。（女）黄楠、姜红霞、王海娟、杨囡

（三）中国象棋代表队

领　　队　王成山

教练员　王成山

运动员　王成山、张万盛、马立波

（四）乒乓球成年男子组代表队

领　　队　杨天照

教练员　杨天照

运动员　杨天照、王建民、赵鸿夫

（五）足球青少年男子组代表队

领　　队　彭建伟

教练员　彭建伟

运动员　张全德、陈国宣、陈国普、卢建春、王文一、路正海、朱元章、路正隆、刘文彬、蔡承玉、郭永文、曹镇旭、杨金龙、卢昌胜、蔡承兴、卢玉春

成　　绩　获青少年组第三名

（六）篮球青少年男子组代表队

领　　队　忽彦宏

教练员　忽彦宏

运动员　马德平、常培文、王立博、雷开元、张昌鹏、曾林茂、杨天龙、卢昌胜、马伟、路正海

（七）篮球成年男子组代表队

领　　队　王勋建

教练员　王勋建

运动员　王勋建、龚真国、张昌兴、张仲富、卢昌峰、郝万祥、龚真设、许玉军、王恒研、李永武

二、参加县第三届运动会代表团（2016.9）

（一）篮球成年组代表队

领　　队　王恒研、张好顺

教　　练　　化明、王沛

运动员　（男）李锋、李金玉、魏伶、李旭年、卢昌璟、寇明俊、龚恒平、王能伟、梁曾曾、常培文；（女）李爱玲、沈雁萍、李彩武、谈继荣、李艳、杨天彩、付仲莲、陈燕、马玉玮、魏雪春

成　　绩　　女子代表队获成年组第三名

（二）篮球少年男子组代表队

领　　队　　段发一

教　　练　　王东行

运动员　李清世、李金旺、狄凌云、郭长鹰、杨祚沣、王东麟、付兆菠、王钦彦、刘海清、常翰宇

成　　绩　　获篮球少年男子组第五名

（三）中国象棋代表队

领　　队　　王晓红

教　　练　　孙瑞亮

运动员　孙瑞亮

（四）羽毛球代表队

领　　队　　王英健

教　　练　　王忠海

运动员　龚恒平、李艳、张生凤

（五）乒乓球成年组代表队

领　　队　　杨天照

教　　练　　罗立波

运动员　（男）杨天照、赵鸿夫、王建民；（女）李爱玲、沈雁萍、周银霞、张生凤

成　　绩　　女子代表队获乒乓球成年女子组第八名

（六）田径成年组代表队

领　　队　　刘宗娥（女）

教　　练　　刘宗娥

运动员　刘宗娥

成　　绩　　刘宗娥获田径成年女子组跳远比赛第五名

（七）田径少年组代表队

芦阳一中、芦阳二中

三、参加县第四届运动会代表团（2020.9）

（一）足球成年男子组代表队

领　　队　　张举龙

教　　练　　周邦忠

运动员　　周正君、魏涛、张宏涛、栗文浩、童飞、王炳杰、周继珍、宋良、王平贵、王生龙、张立鹏、王延武、张虎伟、张云峰、刘起江、李金羽、王之健、马超、魏邦国、闫沛阳、杜义明、孔庆博

成　　绩　　获成年男子组第一名

（二）篮球少年男子组代表队

领　　队　　王雪安

教　　练　　安润名

运动员　　罗尧腾、王嘉智、韦隐桢、王绍绪、张泰山、车昇涛、邓德顺、周正茂、李国铭、谢振辉

成　　绩　　获少年男子组第四名

（三）跳绳成年女子组表队

领　　队　　高启荣

教　　练　　谈继荣

运动员　　谈继荣、李爱芹、张晓霞、沈秉莹、马昭瑜、马雪莉、朱雅琼、张兆静、刘克艳、卢霞

（四）中国跳棋少年组代表队

领　　队　　段发一

教　　练　　朱万德

运动员　　李海裕、卢荟茹、张乐

成　　绩　　李海裕获少年组个人比赛第三名；卢荟茹获少年组个人比赛第七名

(五) 拔河女子组芦阳卫生院代表队

领　队　王　富

教　练　王　富

运动员　王钦娜、周德娟、张月亮、孙建玲、彭可艳、罗耀琴

成　绩　获成年女子350公斤级第五名

(六) 羽毛球芦代表队

领　队　张举龙

教　练　周邦忠

运动员　（女）周银霞

(七) 绑腿跑成年组代表队

领　队　魏　伶

教　练　魏　伶

运动员　（男）卢有设、李旭年、何明东；（女）马昭瑜、张兆静、孙丽华

成　绩　成年组团体组第七名；成年男子3人组第五名；成年女子3人组第六名

(八) 绑腿跑青年组代表队

领　队　段发一

教　练　谈继荣

运动员　（男）罗完腾、王绍绪、马金德；（女）王惠鸿、周尚锦、高杨

(九) 中国象棋成年组代表队

领　队　张举龙

教　练　周邦忠

运动员　孙瑞亮

(十) 田径成年组代表队

领　队　高启荣

教　练　李　艳

运动员　（男）安润名；（女）李艳、张晓霞、卢霞、谈继荣。

成　绩　李艳获女子3000米和1500米比赛第一名；谈继荣获铁饼比赛第一名

(十一)田径少年组代表队

领　队　高启荣

教　练　李　艳

运动员　（男）化希鑫、罗尧腾、高义春、车昇涛、邓德顺；（女）张雅洁、戚钰婧、张景悦、王晨曦

成　绩　戚钰婧获女子800米和1500米比赛第一名；罗尧腾获男子3000米比赛第一名和1500米第二名；邓德顺获男子3000米比赛第三名；张景悦获女子3000米比赛第三名；化希鑫获男子100米比赛第五名；高义春获男子1500米比赛第五名；车昇涛获男子3000米比赛第五名；王晨曦获女子800米比赛第六名。

芦阳镇获县第四届运动会体育道德风尚奖。

芦阳镇志

LU YANG ZHEN ZHI

第十三章

中国共产党

第一节　1949年以前党在芦阳地区的活动

一、芦阳最早的共产党员

1925年12月，中共甘肃特别支部在兰州成立，书记张一悟，委员钱清泉。共产党人联络国民党左派在兰州创办政治人员训练所，吸收兰州进步青年学生参加。时在兰州一中学习的何其亨（芦阳村人，时年20岁），自愿参加政治训练所，接受进步思想，在张一悟的介绍下，于1926年加入中国共产党。同年，同在兰州一中学习的西关村人李果（时年21岁）加入中国共产党。

▲ 图13-1-1　何其亨、李果

二、参与组建"景泰学会"

1934年中秋，在兰景泰学子80余人，在兰州师范学校隆重集会，庆祝景泰县成立。是年冬，景泰学子在兰州成立"北屏学会"。1941年，经多数会员建议，将学会改为"景泰学会"。1945年8月，景泰学会在兰州召开本年度第一次会员大会，改选理事、监事。大会选举金树义、王阶平、王积印、安永昭、王进孝、雷恩浚、郝璘、金腾、达学颜为理事，后补选柏遇海、王庆云、马正中为理事；选举金树义为理事长，王积印、王阶平为常务理事。选举安太垣、王郁若、冯衍宗为监事，后补选李学孔为监事；常务监事安太垣。

改选后的景泰学会理事会决定出版会刊《景泰通讯》。王积印为编辑，金腾、郝璘为主要撰稿人，王进孝为发行人。聘请县长张赞绪、县参议员王允如、省参议员王仁若为指导员；聘请建设厅秘书王阶平为顾问；聘请龚大绥、卢渊安、王彤云、卢有序、狄化民、狄化林、张兆梅、周文连、王兆文、王瑞峰、马起文、李秀英、彭心伯为特约通讯员。编辑部设在中央医院西北分院医师寓所。

《景泰通讯》创刊号于1946年元旦出版，为16开单面石印本。作者多用笔名发表作品，有散文、小品、漫画、消息、通讯、评论。前后共出版4期，每期印刷50份。刊物发行范围主要是旅兰学生所在学校、景泰县政府、县中小学。并在县简易师范与大街上张贴。次年4月，因经费无着而停刊。

《景泰通讯》刊物小，发行时间短，但影响较大。文章针砭时弊，揭露黑暗，弘扬民主，特别一些揭露贪官、腐败的文章，引起当局的不满。1946年暑假期间，警察将编辑部主要成员王积印、金腾、郝璘以共产党嫌疑予以逮捕，送兰州监狱进行审问。9月28日，因证据不足，3人被通过多种渠道营救出狱。

三、参与组建甘肃青年抗战团景泰分团

1937年7月，抗日战争爆发。11月，甘肃学院附中学生罗伟、清华大学学生谷苞、金陵农大学生郭善和万良才在兰州成立甘肃青年抗战团，设总部。根据总部要求，各地学生寒假回乡扩大青抗团。是年寒假，景泰在兰州上学的卢渊安与在上海上学的金树义，联络芦阳小学教师高陇生（又名高钟）组成青年抗战团景泰分团，吸收进步学生金树智、张文远、郝璘、马昭、张永钦、周铭、金腾等50多人，在地方进步人士的配合下，宣传抗日，支持1938年景泰农民大游行，迫使时任国民党县长鲁桂舫辞职。

四、参与组建学生团

1949年8月26日，兰州解放；9月1日，19兵团司令杨得志发布宁夏进军命令。63军188师从兰州出发，解放兰州以北地区及宁夏。景泰进步青年在地下党的带领下，组织学生团，开展对敌斗争。配合人民解放军解放景泰，建立新政权。

1949年8月初，兰州大学学生、中共地下党员尹建鼎（陕西人）从兰州到景泰，以西北防沙林场作掩护，进行串联活动。他曾先后找到兰大同学王怀瑜（兰大政法系学生，城北墩人）、王庆云（兰大外语系，城关人）、李作标（兰大附中学生，芦阳人），经多次研究，秘密分头联络回景泰的学生、进步青年、机关干部，建立秘密组织，因多数是各地学生，人称"学生团"。

在尹建鼎指导下，王怀瑜、王庆云、李作标分头联络，秘密参加学生团的有60多人。其中有教师龚大绥，教育科长王积印、徐懋，干部王彤云，小学教

师张长春、安寅,学生化孝、王可弘、杨清林、洪泰、王有臣、彭文达、王进孝、彭兴、马元、安钰、王怀银、杨生荣、王儒、王仲科、张长奎、彭文浩、王丕臣、马扶骥、金申、金玉、张文楷、郭天成、王治国、冒登文、张海洲、王怀盛、安慧云、彭文选等。

学生团活动主要目的是发动群众,组织起来,维护地方治安,迎接解放军进城,和平解放景泰。

1949年9月2日,学生团在城北墩梁长沟召开秘密会议,30多人参加,会议研究收缴警察局武器一事,推举由王积印与警佐欧贺元谈判,王怀瑜、龚大绥多方协助,将50支步枪200枚手榴弹收来,由学生团保管,后交解放军。解放军来景泰前夕,国民政府景泰县县长张赞绪、芦阳乡乡长逃至响水小坪,学生团组织十多人将二人捕捉。

1949年9月11日,解放军先头部队到脑泉,学生团派王庆云、王彤云前往迎接。9月12日,解放军188师563团某营教导员刘增旺带先头部队,在学生团带领下翻过米山盘坡,经红庄到县城,学生团组织群众打开城门,欢迎解放军进城。中国人民解放军563团进驻县城,景泰县宣告解放。

当时,解放军63军188师政委李贞、师长张挺乘船到五佛,向胡宗南骑一旅张钦武写了一封劝降信。学生团派彭文浩与王儒护送马雄天将信送张钦武处,促其投降。

9月14日,经解放军同意,在原县政府礼堂召开各界人士大会。成立临时人民政府。大会由学生团负责人王怀瑜主持,解放军代表讲话。大会选举王成德为县长,化孝为芦阳乡乡长,尹建鼎为政务秘书,王怀瑜为治安大队长,王积印为教育科长。

9月19日,武威行政督察专员公署派景泰县第一任县委书记曹布诚、县长李林柯等20人到景泰赴任。临时政府于次日移交了工作。

第二节　土地改革时期党组织活动

1949年，芦阳区第一乡政府召开第一次会议，要求旧保甲长向新任乡长进行交接，对文件进行造册交清。会议对成立乡政府以及居所等问题进行讨论安排。

1950年，芦阳区各乡有农会组织，召开会议，安排有关工作。

芦阳区各乡在1951—1952年召开五六次农代会。农代会一般由农民代表、青年代表、妇女代表组成，对生产、兵役、婚姻、成分、分配等问题进行解决处理。

芦阳区下辖芦阳乡、响水乡、东关乡、米山乡等，每年召开3~6次乡人民代表会议；乡有党支部会议，区有区委，为领导机构；乡有汇报制度，两天汇报一次。有学习制度，早上干部学习，晚上群众学习。

中共景泰县委成立后，批准成立芦阳、永泰、临河、大安、中泉等5个区委，在土地改革运动中，芦阳区委在雇农、贫农、中农中培养入党积极分子。

1952年3月，土改完成后，为了巩固土地改革的成果，芦阳区按照县土改复查委员会的要求，颁发土地所有证，明确地权。从1952年10月26日至1953年3月底，对土改进行复查，着重解决的问题有：①整顿基层组织，实行民主建政。在充分发扬民主的基础上，在乡人代会上，选举正、副乡长及乡政府委员。吸收工作积极的农民参加乡村政权工作。②加强党组织建设。按照"积极慎重"的原则，结合土改复查，发展党员。③整顿和建立、健全基层党组织、民兵、青年团、妇联等，使农村干部队伍不断壮大。

第三节　芦阳镇（区、公社、乡）党委领导机构

一、中国共产党芦阳镇委员会

1949年9月成立中共芦阳区委，1950年7月改称第一区委，1955年4月恢

复芦阳区委称谓，10月撤区并乡。1956年改为镇。1958年9月镇改为公社。1983年6月，芦阳公社改为芦阳乡，1985年9月，芦阳乡复改为芦阳镇。

表13-3-1　1949—2023年芦阳镇（区、公社、乡）党委书记、副书记及任期一览表

序号	姓　名	籍　贯	职　务	任职时间
1	呼庭义	陕西省	芦阳区委书记	1949.9—1950.7
2	呼庭义	陕西省	第一区委书记	1950.7—1952.7
3	牛世清	陕西省	第一区委书记	1952.8—1953.5
4	满元勋	武威市	第一区委书记	1953.6—1954.3
5	张正甲	武威市	第一区委书记	1954.4—1955.4
6	张正甲	武威市	第一区委副书记	1953.3—1954.4
7	沈玉林	红光村	第一区委副书记	1954.4—1955.4
8	李文清	城关村	第一区委副书记	1955.3—1955.4
9	张正甲	武威市	芦阳区委书记	1955.4—1955.10
10	沈玉林	红光村	芦阳区委副书记	1955.4—1955.10
11	李文清	城关村	芦阳区委副书记	1955.4—1955.10
12	李文清	城关村	芦阳乡党总支部书记	1955.10—1956.4
13	周世忠	—	芦阳乡党总支部书记	1956.5—1956.8
14	焦正芳	—	芦阳镇党总支部书记	1956.9—1957.2
15	罗明钟	麦窝村	芦阳镇党总支部副书记	1956.9—1957.2
16	焦正芳	—	芦阳镇党委书记	1957.3—1957.4
17	赵玉祥	—	芦阳镇党委书记	1957.4—1958.4
18	罗明钟	麦窝村	芦阳镇党委副书记	1957.3—1958.4
19	杨凤栖	响水村	芦阳镇党委书记	1958.4—1958.8
20	李文清	城关村	芦阳镇党委副书记	1958.4—1958.8
21	焦正芳	—	芦阳镇党委副书记	1958.4—1958.8
22	杨凤栖	响水村	芦阳公社党委书记	1958.9—1958.11

续表

序号	姓名	籍贯	职务	任职时间
23	李文清	城关村	芦阳公社党委副书记	1958.9—1958.11
24	焦正芳	—	芦阳公社党委副书记	1958.9—1958.11
25	李文清	城关村	芦阳公社党委负责人	1958.11—1958.12
26	张承祥	条山村	芦阳公社党委书记	1959.2—1959.5
27	张礼学	武威市	芦阳公社党委书记	1959.5—1959.6
28	杨生华	五佛乡	芦阳公社党委书记	1959.6—1959.7
29	尚步岳	喜泉镇	芦阳公社党委书记	1959.7—1960.9
30	张礼学	武威市	芦阳公社党委书记	1960.9—1961.5
31	张守瑜	皋兰县	芦阳公社党委书记	1961.5—1961.11
32	张礼学	武威市	芦阳公社党委副书记	1959.5—1960.9
33	张承祥	条山村	芦阳公社党委副书记	1959.5—1960.9
34	呼庭义	陕西省	芦阳公社党委副书记	1959.6—1959.9
35	张守瑜	皋兰县	芦阳公社党委副书记	1960.9—1961.5
36	王作信	红光村	芦阳公社党委副书记	1961.5—1966.5
37	张承祥	条山村	响水公社党委书记	1961.5—1964.12
38	张守瑜	皋兰县	芦阳公社党委书记	1961.11—1965.3
39	张守瑜	皋兰县	公社副书记，主持工作	1965.4—1966.5
40	蒋成林	寺滩乡	芦阳公社副书记	1965.2—1966.5
41	张守瑜	皋兰县	芦阳公社党委书记	1966.5—
42	杨礼清	索桥村	芦阳公社党委书记	1969.12—1973.9
43	王得才	寺滩乡	芦阳公社党委书记	1973.9—1976.10
44	蒋成林	寺滩乡	芦阳公社党委副书记	1966.5—
45	王作信	红光村	芦阳公社党委副书记	1966.5—1976.10
46	万国才	五佛乡	芦阳公社党委副书记	1974.3—1976.10

续表

序号	姓 名	籍 贯	职 务	任职时间
47	张杰廉	喜泉镇	芦阳公社党委副书记	1976.8—1976.10
48	王得才	寺滩乡	芦阳公社党委书记	1976.10—1983.6
49	王作信	红光村	芦阳公社党委副书记	1976.10—1980.12
50	万国才	五佛乡	芦阳公社党委副书记	1976.10—1983.7
51	张杰廉	喜泉镇	芦阳公社党委副书记	1976.10—1981.8
52	王玺贞	正路镇	芦阳公社党委副书记	1978.8—1980.4
53	王文彰	正路镇	芦阳公社党委副书记	1981.12—1985.9
54	寇永军	中泉镇	芦阳公社党委副书记	1981.12—1983.5
55	彭维友	中泉镇	芦阳乡党委书记	1983.6—1983.11
56	李月明	五佛乡	芦阳乡党委书记	1983.11—1985.9
57	李月明	五佛乡	芦阳乡党委副书记	1983.8—1983.11
58	张子杰	寺滩乡	芦阳乡党委副书记	1983.8—1984.8
59	安进元	红水镇	芦阳乡党委副书记	1984.9—1985.9
60	李月明	五佛乡	芦阳镇党委书记	1985.9—1986.6
61	王文彰	正路镇	芦阳镇党委书记	1986.6—1989.12
62	杨明星	条山村	芦阳镇党委书记	1989.12—1992.12
63	周爱成	五佛乡	芦阳镇党委书记	1992.12—1995.12
64	张守学	响水村	芦阳镇党委书记	1995.12—1997.10
65	常守斌	中泉镇	芦阳镇党委书记	1998.12—2001.12
66	张正勤	东关村	芦阳镇党委书记	2001.12—2004.12
67	焦占元	寺滩乡	芦阳镇党委书记	2004.12—2005.10
68	刘在峻	中泉镇	芦阳镇党委书记	2005.10—2008.4
69	郭廷成	寺滩乡	芦阳镇党委书记	2008.4—2010.12
70	王 涛	红光村	芦阳镇党委书记	2011.3—2012.7

续表

序号	姓名	籍贯	职务	任职时间
71	唐维国	正路镇	芦阳镇党委书记	2012.7—2015.7
72	白贵海	寺滩乡	芦阳镇党委书记	2015.11—2019.10
73	周正君	五佛乡	芦阳镇党委书记	2020.7—2023.8
74	岳自国	会宁县	芦阳镇党委书记	2023.8—
75	杨明星	条山村	芦阳镇党委副书记	1986.6—1990.1
76	王文彰	正路镇	芦阳镇党委副书记	1985.9—1986.6
77	安进元	红水镇	芦阳镇党委副书记	1985.9—1989.12
78	周爱成	五佛乡	芦阳镇党委副书记	1989.12—1992.12
79	程丰年	喜泉镇	芦阳镇党委副书记	1989.12—1992.12
80	张守学	响水村	芦阳镇党委副书记	1992.12—1996.1
81	范世杰	寺滩乡	芦阳镇党委副书记	1992.12—1997.10
82	常守斌	中泉镇	芦阳镇党委副书记	1995.12—1997.12
83	张正勤	东关村	芦阳镇党委副书记	1997.12—2000.12
84	罗广天	五佛乡	芦阳镇党委副书记	1996.11—1998.12
85	王雄	寺梁村	芦阳镇党委副书记	1998.12—2002.2
86	王宏安	寺滩乡	芦阳镇党委副书记	2000.12—2003.12
87	卢临军	正路镇	芦阳镇党委副书记	2002.12—2005.10
88	石玉磊	民勤县	芦阳镇党委副书记	2004.6—2005.10
89	周明	五佛乡	芦阳镇党委副书记	2005.2—2010.12
90	郭延成	寺滩乡	芦阳镇党委副书记	2005.10—2008.4
91	戚继军	喜泉镇	芦阳镇党委副书记	2006.8—2010.12
92	金墙	榆中县	芦阳镇党委副书记	2008.4—2011.4
93	王立基	正路镇	芦阳镇党委副书记	2011.1—2011.4
94	常蓬东	芦阳村	芦阳镇党委副书记	2011.3—2013.7
95	李得水	东风村	芦阳镇党委副书记	2011.6—2012.7

续表

序号	姓名	籍贯	职务	任职时间
96	苟三江	条山村	芦阳镇党委副书记	2012.12—2014.3
97	张举龙	五佛乡	芦阳镇党委副书记	2015.11—2023.3
98	吴 滨	河北省	芦阳镇党委副书记	2015.12—2019.2
99	周正君	五佛乡	芦阳镇党委副书记	2019.2—2020.7
100	杨 扬	正路镇	芦阳镇党委副书记	2020.7—2020.10
101	岳自国	会宁县	芦阳镇党委副书记	2021.1—2021.6
102	窦祖琴	寺滩乡	芦阳镇党委副书记	2021.6—

二、芦阳镇党代表大会

1983年7月1日，中共芦阳乡第七次代表大会召开，提出任务：广泛深入学习宣传党的十二大精神；搞好社队体制改革，将公社体制改为实行党、政、企分设，成立芦阳乡；设乡党委、乡政府、经济联合委员会，乡党委领导乡政府和经联委；不断完善农业生产责任制；认真搞好科学种田；积极发展多种经营；搞好党建。

1986年10月23日，中共芦阳乡第八次代表大会开幕。会议听取审议中共芦阳镇第七届委员会工作报告，选举第八届委员会和出席县第七次党代会代表。

1989年12月18日，中共芦阳镇第九次代表大会召开。会议听取审议中共芦阳镇第八届委员会工作报告，选举第九届委员会和出席县第八次党代会代表。

1992年12月9—10日，中共芦阳镇第十次代表大会召开。会议听取九届委员会作的工作报告。选举中共芦阳镇第十届委员会。选举产生中共芦阳镇第一届纪律检查委员会。选出出席中共景泰县第九次代表大会代表。

2006年9月15日，中共芦阳镇第十四次代表大会召开。会议听取和审议《中共芦阳镇纪律检查委员会工作报告》，选举芦阳镇纪律检查委员会。

2011年6月，中共芦阳镇第十五次代表大会召开。全镇共有党员814名，其中预备党员32名。确定大会代表名额为129名，各选举单位选举产生代表129名。大会听取和审查中共芦阳镇第十四届委员会工作报告；听取和审查中

▲ 图13-3-1　中共芦阳镇第十七次代表大会

共芦阳镇纪律检查委员会工作报告；选举第十五届委员会；选举纪律检查委员会。

2016年6月18日，中共芦阳镇第十六次代表大会召开。全镇129位党代表、11位列席代表到会。在党代表的推选过程中，尽量减少与人大代表、政协委员的交叉。县委组织部、县纪委相关负责人出席大会。大会听取、审议并通过镇党委书记《立足新起点，谋划新发展，为实现芦阳全面建成小康社会而努力奋斗》的工作报告和纪委书记《全面从严治党，坚持挺纪在前，全力推进全镇党风廉政建设和反腐败工作》的工作报告。大会选举产生十六届委员会委员、纪律检查委员会和出席景泰县第十四次党代会代表。

2021年8月21日，中共芦阳镇第十七次代表大会召开。会期1天。大会听取和审查中共芦阳镇第十六届委员会的报告；审查中共芦阳镇第十六届纪律检查委员会的工作报告；审议党费收缴、使用和管理情况的报告。大会通过有关报告。选举产生第十七届委员会委员和第十七届纪律检查委员会。

2021年10月17日，镇党委组织召开党员代表会议，选举镇党委出席中共景泰县第十五次代表大会代表。选出代表15名。

三、纪律检查委员会

1992年12月9—10日，中共芦阳镇第十次代表大会召开。选举产生中共芦阳镇第一届纪律检查委员会，由周爱成、王朝才、徐占昌组成。李成爱为镇纪委书记。

2006年9月15日，中共芦阳镇第十四次代表大会召开。会议听取和审议《中共芦阳镇纪律检查委员会工作报告》，选举产生新一届纪律检查委员会，由郝国华（女）、满智忠、祁忠、苟三江、郭志学组成。选举郝国华为纪检书记。

2021年8月21日，中共芦阳镇第十七次代表大会开幕。第十七届纪律检查委员会由王虎健、田震（女）、金倩（女）、赵子文、郝国民组成。

芦阳镇纪律检查委员会书记及任期 李成爱：1992.12—1998.12；陈资全：1998.12—2001.12；卢临军：2001.12—2006.8；郝国华（女）：2006.8—2011.4；徐新彩（女）：2011.4—2013.8；周文军：2013.8—2016.5；周正君：2016.5—2017.8；康景睿：2017.8—2021.6；郝国民：2021.7—

四、中共景泰县第五至第十五次代表大会芦阳镇代表

丁锡祖、马玉芳（女、东乡族）、马如胜、马虎春、马绪、王万龙、王文彰、王占成、王生铎、王立基、王兰元、王有玲（女）、王成恒、王兆泰、王作信、王虎健、王金芳（女）、王建玉（女）、王奎、王振华、王晓荣（女）、王涛、王海、王得才、王勤、王璞、韦秉花（女）、韦藏金、卢守仟、卢守谦、田积梅、包可伟、冯学庆、达举锐、吕传宝、吕俊、华立民、刘生奎、刘永堂、刘在参、刘在峻、闫天祥、闫建文、安进元、祁全平、苏景堂、李月明、李生忠、李兰英（女）、李发祯、李成爱、李自宏、李进平、李作福、李弟英（女）、李得水、李得福、杨天彪、杨凤礼、杨生伟、杨兴平、杨希山、杨明星、来跃天、吴守红（女）、吴林山、余新泰、沈佐文、宋秉墀、张义清、张之国、张玉英（女）、张世林、张永祯、张有礼、张仲泰、张庆奎、张守学、张茂生、张奇才、张金霞（女）、张治国、张学文、张举龙、张桂荣（女）、张涛、张海、张捷（女）、陈庆龄（女）、陈资全、苟三江、范玉英（女）、罗文涛、金倩（女）、周正君、周发俊、周爱成、赵广花（女）、郝良奎、郝国民、郝国华（女）、寇永成、徐新彩（女）、高启俐、郭天福、郭廷成、郭延健、郭志学、唐永莲（女）、唐克雄、唐维国、谈嘉来、谈嘉庆、谈嘉言、曹世俊、戚继军、龚真规、

常正海、常守斌、常蓬东、崔有龙、梁汝山、彭维友、董继武、焦占元、曾海清、雷百让、雷槐生、路秀英（女）、窦祖琴（女）、缪显军、滕泽亮、魏工邦。

五、白银市党代会芦阳镇籍代表

白银市第五次党代会芦阳镇籍代表　马玉芳（女、东乡族）。

白银市第六次党代会芦阳镇籍代表　马玉芳（女、东乡族）。

白银市第八次党代会芦阳镇籍代表　白贵海、马玉芳（女、东乡族）、龚真规。

第四节　党政工作机构

1949年后，芦阳镇党政机构经过多次调整、改革。

1983年7月，芦阳乡成立经济联合委员会（简称经联委），负责乡镇企业和经济等工作。1998年更名为经委，正科级建制。2011年撤销。

1990年，镇党委、镇政府通知设立镇政府各股室，设立镇政府农业委员会、科教文股、计卫股、财税股、社会保障股、乡镇企业股、办公室、武装部。

1998年乡镇机构改革，镇党政机关设置党政办公室、农业经济办公室、社会事务办公室、镇村建设办公室等4个综合办事机构。

2002年乡镇机构改革，镇设机构有党政综合办公室，经济发展办公室（加挂乡镇经联委牌子），社会发展办公室，计划生育办公室，人民武装部，司法所（加挂社会治安综合治理委员会办公室牌子）；镇纪委无单设机构，1名镇副书记兼纪委书记。下属事业单位有农业服务中心（整合原农经站、水利水保站、畜牧站、农机站、林果站职责），文化服务中心（整合原文化站、广播放大站职责），计划生育服务中心（原计划生育工作站更名），财税所，卫生院。

2008年乡镇机构改革，镇党政机关只保留党政综合办公室，同时加挂社会治安综合治理办公室、人口和计划生育办公室、统计站、经联委牌子。撤销经济发展办公室和社会发展办公室，保留人民武装部牌子。

2011年乡镇机构改革，镇设机构有党政综合办公室，经济发展办公室（加挂卫生办公室牌子，不再加挂乡镇经联委牌子），人口和计划生育办公室，社会治安综合治理办公室（加挂人民武装部牌子），司法所调整为司法局派出机构。镇纪委无单设机构，1名镇党委副书记兼纪委书记。下属事业单位有农业综合服务中心，社会事务服务中心（加挂农经财政服务中心牌子），农村文化服务中心，计划生育服务中心，产业发展服务中心。撤销财税所，卫生院调整为原卫生局下属事业单位。

2012年单设驻乡镇纪工委，芦阳镇由第一纪工委管辖，同年各乡镇成立监察室，副科建制，隶属乡镇政府和监察局双重管理，主任由镇纪委书记担任。

2020年乡镇机构改革，芦阳镇为二类镇，设党政综合办公室、社会治理和应急管理办公室、党建工作办公室、经济发展和社会事务办公室（卫生健康办公室）、生态环境办公室等5个党政机构，均为股级建制。

按有关规定设置人民武装部，不计入机构限额。

按有关规定设置人民代表大会办公室，不计入机构限额。

设置农业农村综合服务中心（加挂农产品质量检测中心、农村公路管理所牌子）、政务（便民）服务中心、社会治安综合治理中心（加挂应急服务中心牌子）、公共事务服务中心（加挂退役军人服务站、综合文化站牌子）、综合行政执法队等5个事业单位，均为副科建制。

共青团、妇联、工会组织的设置按有关章程执行。

撤销农业服务中心、文化体育活动服务中心，事业单位设农业技术服务中心、畜禽养殖服务中心、人口和计划生育服务中心、农村经济发展服务中心（财政所）、农村社会发展服务中心等5个中心，均为副科级建制。

设在芦阳镇的公安派出所、司法所、国土资源所、市场监督管理所、畜牧兽医站等5类派驻机构，继续保留。

设置财政所，事业单位，副科级建制，不计入镇机构限额。

表13-4-1　芦阳镇（公社、乡）经联委（经委）主任、副主任及任期一览表

序号	姓名	性别	籍贯	职务	任职时间
1	罗孝	男	红光村	主任	1983.7—1986.1
2	田玉贵	男	东关村	主任	1999.12—2001.12

续表

序号	姓 名	性别	籍 贯	职 务	任职时间
3	王 雄	男	寺梁村	主任	2002.1—2005.1
4	卢临军	男	寺滩乡	主任	2006.1—2006.8
5	魏岱宗	男	正路镇	主任	2006.8—2011.12
6	安廷玉	男	条山村	副主任	1983.7—1992.11

注：1986.2—1999.11 未设经联委主任

表13-4-2 芦阳镇（公社、乡）人民武装部历任部长、负责人一览表

序号	姓 名	性别	籍 贯	职 务	任职时间
1	张礼学	男	武威市	部长（兼）	1958.10—未详
2	甘惠元	男	红水镇	部长	1962.2—未详
3	马昌友	男	芦阳村	部长	1978.10—未详
4	曾正强	男	十里村	部长	—
5	王 静	男	城北村	部长	—
6	柏延坤	男	正路镇	部长	1998.12—2001.12
7	戚继军	男	芦阳村	部长	2001.12—2005.10
8	张正军	男	五佛乡	部长	2005.10—2006.8
9	张晓斌	男	正路镇	部长	2006.8—2011.8
10	苟三江	男	条山村	部长	2011.6—2012.12
11	王 伟	男	喜泉镇	部长	2012.12—2015.12
12	柏东山	男	正路镇	部长	2015.12—2019.2
13	岳自国	男	会宁县	部长	2019.2—2020.10
14	童 飞	男	寺滩乡	部长	2020.6—

第五节　党的建设

1954年11月至1955年1月，结合第二次建社，在已建和新建的农业合作社骨干中发展党员。

1955年11月下旬至年底，农村进行整党。结合整党，培养一批入党积极分子，充分发挥党员在农业合作化运动中的带头作用。

1985年3月19日，芦阳镇党委召开扩大会议，对文明村建设、扶贫工作、计生工作进行安排，并与各村签订粮食生产目标责任书。是年12月，成立普法领导小组，9人组成，开展法律宣传活动。

1986年10月至12月25日进行整党工作。各支部对照检查，找出问题，进行整改。

截至1986年12月，全镇有党员593名。其中正式党员575名，预备党员18名；男党员529名，女64名；汉族590名，少数民族3名。有基层党组织24个，党员797人，其中农民党员640人。1990年，镇党委共有党支部28个，党小组82个，党员651名。

1991年7月8日，镇党委召开扩大会议，各村支书、村主任、下乡工作组及镇领导干部参加会议。对夏粮情况进行观摩，主要看种植业结构调整和粮食长势。同年，开展村组织建设工作，以村党支部为核心的村级组织配套建设取得实效。

1992年6月11日，镇党委召开扩大会议，重点对杨树黄斑星天牛害虫的防治工作进行安排。8月11日，召开镇党委扩大会议，对粮食入库工作和乡镇企业工作进行安排。提出要千方百计办企业，从资金筹措、理念转变各方面改进。10月9日，镇党委扩大会议决定成立第二期农村社教（社会主义思想教育）工作队，到村进行社教，促进经济发展。

2002年1月至2月，在19个村展开村党（总）支部换届选举工作，共选出新一届支部书记19名，委员83名。

2002年，经芦阳镇党委批准，甘肃六星水泥有限责任公司成立党支部。

2003年,从12月22日开始党员"冬训",至30日结束,历时9天。共有598名党员参加,占全镇624名党员的96%。开展学习、党员评议支部和党员互评工作。是年底,芦阳镇设党总支一个,支部16个(其中村支部12个,非公经济支部1个),党员763名。东关、城北、席滩、芳草4村创县"五好标兵村"。

2004年,党员"冬训",学习党的十六大精神、《中国共产党章程》、市场经济知识、农业科技、法律法规。

2006年5月,成立治理商业贿赂领导小组,开展有关工作。治理商业贿赂专项工作主要以治理工程建设、土地出让、医疗购销、政府采购、教育采购等领域的商业贿赂行为为重点,尤其注重国家机关工作人员利用职权参与或干预企事业单位经营谋取非法利益、索贿受贿行为,着力解决公益性强、与人民群众切身利益密切相关、严重破坏市场秩序的问题。

2007年,建成农村党员现代远程教育站点17个。

2008年,制定《芦阳镇机关效能服务承诺制度》《芦阳镇党委会议事规则》《芦阳镇镇长办公会议制度》《芦阳镇党委中心组学习制度》《芦阳镇机关工作人员请示报告制度》等。是年7月,各村党(总)支部开展党风廉政宣传月活动。领导干部听一堂廉政党课,举办一期村组干部反腐倡廉教育培训班,组织党员观看一部军事教育片,举办一次廉政文艺演出,总结宣传一批先进典型,由镇妇联牵头组织开展一次家庭助廉活动。

2009年,对农村党员进行"冬训"。集中开展政策形势、党建理论、法律法规、农业科技等知识的培训教育。是年3月,对村干部进行绩效考核管理。9月,开展学习实践科学发展观活动。

2010年12月,开展"千名干部进万家"活动。

2013年,打造为民服务大厅、城北村级活动场所、寺梁村创新社会管理、城北大学生"村官"创业基地、兴盛养殖园党员创业基地、城关远程教育站点等党建示范点15个。同年,镇党委建立党委委员联系村党(总)支部、党代表联系困难党员的结对帮扶机制,并建立利用短信、QQ等现代信息平台联系流动党员关怀服务机制,有效增强党组织的凝聚力、战斗力。全镇走访慰问困难党员26名、老党员15名,结成帮扶对子210多对,通过短信、QQ发送关怀服务党员信息200多条。

2014年1月，党的群众路线教育实践活动第二批活动开始进行。全镇参加教育实践活动的党组织有1个党委、5个党总支、34个党支部、1029名党员，参加活动的单位有镇党委、镇政府、镇属各单位、各党（总）支部、各村委会、学区（各中小学）、卫生院、司法所、派出所、食品药品监督所、畜牧站等20个单位。全镇共征求到针对领导班子的意见建议36条，针对班子成员的意见建议105条。全镇各村、各单位共梳理出突出问题321条，即知即改321条，结合实际开展了14项专项整治行动，全镇同比压缩会议25%，精简文件20%，清理取消城乡低保153户552人，完成对红光、十里2个软弱涣散基层党组织的整顿转化工作，修订15项制度，新建5项制度。

2014年，选任3名大学生村官担任村党组织书记，下派4名机关优秀干部担任"软弱涣散党组织"书记；镇党委举办培训班4场（次），组织村党组织书记参加省、市、县轮训6场次，46人（次）。是年2月，按照县委开展"三个千名"活动的统一安排部署，镇党委以深入开展党的群众路线教育实践活动和"双联"行动为契机，扎实开展"干部下基层"等"三个千名"活动。全镇95名干部参加"三个千名"活动，包抓13个村79个村民小组，累计走访群众1.5万多人次，结对帮扶110人，排查调处各类矛盾纠纷150多起。

2015年，镇党委举办全镇村干部能力培训班，开展孝道、致富、政策、卫生、学习、法制、文明进农家的"七进农家"宣传培训活动。

2016年5月10日，召开"两学一做"（学党章党规、学系列讲话，做合格党员）学习教育推进会。全体镇干部、各村党（总）支部书记参加会议。9月17日，召开县委第三轮巡察第六巡察组进驻芦阳镇开展党风廉政建设专项巡察工作动员部署会议。镇领导及各村党（总）支部书记、村主任、监委会主任等50余人参加会议。

2017年2月17日、20日，举办两场（次）省、市、县纪委全会精神传达会，镇村干部150余人参加会议并进行学习。2月21日，召开2017年党建工作安排部署会议。各村党（总）支部书记、副书记、文书参加会议。5月4日，组织召开芦阳镇党委扩大会议，传达学习全县整合涉农资金助推贫困村项目建设会议精神，安排部署全镇项目建设、精准扶贫、环境卫生整治、安全生产、综治维稳、农业、抗旱防汛、党建、危旧房改造等重点工作。2月25日上午，召开新一届村级干部上岗培训暨节前约谈会议，全体新当选的村"三委"班子成员参加会议。5月8日，镇机关支部开展"亮身份、践承诺、树形象"暨党员"固定党日"活动。

2018年6月22日，组织召开全镇党建重点工作暨党（总）支部标准化建设安排部署会议，全镇领导干部，各村书记、主任、文书共计110余人参加会议。是年，组织党委中心组学习12次，开展全镇党的十九大精神专题辅导2次，举办习近平新时代中国特色社会主义思想知识竞赛活动3场（次）。镇党委会研究党建工作10次，其中专题研究4次。全镇建立产业党小组26个。组织党员收听收看市委书记讲党课22场（次）。以推进支部建设标准化为手段，整顿软弱涣散党组织2个，完成软弱涣散村级阵地维修、展板上墙，建立规范制度10项，建成芳草村文化广场1个，形成联系单位指导、镇党委主抓、党建办主推、包村责任人协调、驻村工作队助力、村党（总）支部主导抓党建工作提升的"红光经验"。

2019年，全镇共召开党委中心组学习会议14次，在各党（总）支部开展专题党课、专题讨论72场次。举行党员志愿服务授旗仪式，动员全镇党员开展志愿服务活动，组织党员义务实践教育15场（次），走访群众300余户。对村干部、党员等重点领域开展集中排查4次，向县公安局、纪委、司法局、信访局、法院、检察院6部门3次发函联审村"两委"班子成员及村小组长，全面肃清涉法违纪内垢；严把入党关口，规范审查程序，2019年新发展党员19名，摸排、转化信教党员2名。全面完成西林村、芦阳村、城北村、石城村、十里村5个软弱涣散村级党组织整顿提升工作，向县委组织部申请下派2名年轻副科级干部分别担任芦阳村、西林村党支部书记；严格按照选举程序，全面完成东关、城关等11个行政村书记、主任"一肩挑"选举工作，新增选副书记13名，副主任3名。采取公开选聘方式，为芦阳村、城北村、席滩村、西林村、一条山村、十里村、红光村、响水村选聘8名专职化文书。

2020年，新冠肺炎疫情发生，镇党委迅速成立一条山村、石城村、城北村监测点临时党支部，在疫情防控工作最前沿凸显党组织的战斗堡垒作用。

2020年4月下旬开始，开展凝心聚力"三个一"活动。4月25日，召开全镇开展凝心聚力"三个一"活动动员部署会议，并为全镇领导、干部、村"两委"班子成员、文书、驻村工作队全体队员印发《入户走访手册》150本,对自来水入户、入室等情况进行登记。镇党委派出62个小分队走访6854户,共收集群众个人需求方面135件,群众反映问题方面63件,群众提出意见建议方面29件,13个村建立"三张清单"(需求清单、问题清单、整改清单)。13个村召开村"两委会议""党员大会"和"村民代表会议"。镇政务(便民)服务中心将107户生活困难户纳入临时救助对象。

2019年,村干部基本报酬1.6万元/年,绩效工资分为7000~3万元6个档。2020年,村干部人均报酬达到3.2万元/年(基本报酬1.6万元/年、其余1.6万元/年作为绩效报酬),干部误工补贴提高到人均9000元/年。

2020年,党员签订不信教承诺书1600份,会议学习、安排整治党员信教文件会议精神8次以上。在建党99周年之际,各党(总)支部举办"缅怀革命先烈、不忘初心使命"纪念活动,慰问老党员、困难党员14名。

2020年12月20日,全镇13个村党组织圆满完成换届选举工作。换届共产生村党组织委员63人,村党组织书记连任10名,新任3名;新一届委员平均年龄43.4岁,较上届(49.7岁)下降6.3岁。大专及以上学历19人,占比30.2%,较上届(17人)上升10.9%;高中学历44人,占69.8%,较上届(41人)上升了23.2%;女性委员13人,占比20.6%,其中1名当选为党组织书记。实现任职人员年龄、学历"一降一升"。

2021年3月5日,组织召开党史学习教育动员大会。全镇干部、各村党支部(总支)书记参加会议。按照省、市、县委要求,对开展党史学习教育进行动员部署。

2021年换届,全镇共选举产生村"两委"干部107名,平均年龄42.4岁,较上届降低10.7岁;大专及以上文化程度35人,占32.7%,较上届上升19.7%,高中及以上文化程度99人,占92.5%,较上届上升37.5%。

表 13-5-1　2021年基层党组织情况一览表

党支部	党小组（个）	党员数（人） 总数	女性	预备	少数民族	大专以上
芦阳村	2	64	15	1	—	10
东关村	2	66	17	—	—	14
城关村	2	81	26	—	—	11
城北村	4	179	38	3	—	31
席滩村	2	64	13	2	—	18
寺梁村	2	70	11	1	—	9
西林村	—	37	8	4	1	8
石城村	2	49	8	—	—	6
条山村	2	115	25	2	2	22
芳草村	2	55	14	—	—	9
十里村	—	28	7	1	—	4
红光村	1	25	2	1	—	3
响水村	3	83	15	1	—	5
机　关	2	60	19	—	—	52
合　计	26	976	218	16	3	202

第六节　表彰与奖励

1991年7月1日下午，举行庆祝中国共产党成立70周年大会。全镇党员370多人参加会议，会议向先进党支部和优秀党员颁发奖状、奖品。

芦阳镇完成1997—1998年社会治安综合治理目标管理责任书，被县委、县政府评为一等奖。

1998年，芦阳镇获"中国亿万农民健身活动先进乡镇"称号。同年，被县委、县政府评为渠道衬砌先进乡，市评渠道衬砌优良长度38.8公里，获奖金1.94万元。

同年5月，石城、十里、上滩村被县委、县政府命名为安全文明村。芦阳二中被命名为安全文明单位。石城村李生忠被表彰为先进个人。6月，东关村党支部被表彰为先进党组织。

1999年度，芦阳镇被县委、县政府表彰为全县水利重点工作先进乡镇，获集雨节灌一等奖，奖金2000元；铺压砂田二等奖，奖金1500元；渠道衬砌一等奖，奖金5800元。同年，镇党委被白银市委评为"六好乡镇党委"。

2000年5月，镇司法所被县委表彰为政法系统先进集体。

2007年度、2008年度，芦阳镇被县委、县政府命名表彰为县级文明乡镇。

2008年1月，镇妇联被县妇联表彰为2007年度乡镇妇女工作先进单位。同年度，东关村连续8年被县委、县政府命名表彰为县级文明村。

2008年3月，县委、县政府奖励芦阳镇2000元，颁发奖牌一面，表彰在2007年禁毒工作中成绩突出。同期，县委、县政府奖励3000元，授予一等奖，奖励完成《2007年度社会治安综合治理目标管理责任书》；城关村、西林村被县委、县政府命名为平安村；城关小学、一条山小学、城北墩小学被县委、县政府命名为平安学校。同期，县委、县政府奖励3000元。

2009年3月，芦阳镇完成2008年禁毒责任书，县委发奖金1500元；红光村党支部被县委命名为"五个好"标兵村党支部；镇党委、镇政府兑现2008年度效能建设目标管理责任书，表彰奖励城关村1000元、城北村800元、芦阳村800元、石城村500元、席滩村500元、十里村500元、条山村500元、寺梁村500元、芳草村500元、东关村500元、响水村500元、红光村500元、西林村500元。

2009年4月，镇档案室被县委办公室表彰为全县档案工作先进集体。6月，镇党委、芦阳养殖合作社党总支、芦阳二中党支部被县委表彰为先进基层党组织。7月，镇党委表彰城关村党总支、城北村党总支、芦阳村党支部、石城村党支部、学区党支部为先进党（总）支部。2009年，县委宣传部评选"感动芦阳十佳人物"，分别是何新岚（红光小学教师）、龚真规（城北村村委会副主任）、李晓琳（镇卫生院妇产科主治医师）、王生宏（寺梁村村民）、沈佐文（城关村书记、盛大种猪场场长）、马玉芳（条山村党支部书记）、谢丽（条山村村民）、杨建强（条山村上滩村民）、祁莲云（城关村村民）、刘家香（城北村村民）。同年，镇党委表彰党代表好建议，分别是《关于镇文化广场建设的建议》（领衔代表张奇才）、《关于开展"两户"助学活动的建议》（领衔代表金墙）、《关于建设大型沼气池的建议》（领衔代表沈佐文）等。

芦阳镇先后获"中国亿万农民健身活动先进乡镇""甘肃省先进基层党组织""甘肃省禁毒先进乡镇""甘肃省第一次经济普查先进乡镇"和"白银市两基达标先进乡镇"等称号。

2010年3月，镇党委、镇政府对2009年度优秀村专干、自管小组长进行表彰。优秀村专干：罗立红、段宝成、龚真规、曾正荣。优秀自管小组长：段好霞、贾燕祖、吴守红、李成芳、常进月、李红莲、王小莉、王晓玲、吕玉、苗树花、陈玉花、王金芳、李富渊等。4月，表彰张佰才、余新泰、安方刚、李旭、王祥忠、李天泽、张明国、石玉奎、李治奎、康星福等10名"十佳致富能手"，表彰刘正成、张永康、孙建军、王珑、王峰健、王勇、刘明、王建焚、杨生俭、马岩等10名"十佳务工青年"。同年，庆祝"三八"国际劳动妇女节100周年，镇党委表彰袁芳、张安芳、路花、卢昌梅、殷芳兰、吴海琴、卢昌清、王锡霞、车月翠、胡永春等10名"十佳好媳妇"。

2011年，镇党委表彰先进党（总）支部、优秀党务工作者、优秀共产党员。其中先进党（总）支部为条山村党总支、城北村党总支、十里村党支部、芳草村党支部。

2012年3月，镇党委、镇政府表彰2011年度综合工作先进集体芦阳村、城北村、寺梁村。7月，表彰2010—2012创先争优先进基层党组织、优秀共产党员、优秀农村党员致富带富明星和创先争优活动先进工作者。创先争优先进基层党组织城关村党总支、条山村党总支、寺梁村党支部、十里村党支部。优秀农村党员致富带富明星卢有存、吕世红、雷恩忠、王峰健、段好双、孙宝爱、魏德虎、徐进文、张文、石玉泯、张生林。同年，表彰镇教育系统先进集体西林小学、芳草小学、寺梁小学。

同年12月，芦阳镇被省政府授予"全省城乡居民社会养老保险工作先进单位"称号。

2013年3月,镇党委决定,条山、芳草两村定为"民主法治示范村"。同期,镇党委、镇政府表彰2012年度全镇目标任务绩效考核先进集体和先进个人。2012年度目标管理综合考核一等奖城北、寺梁、十里村;二等奖芦阳、东关、条山、响水、城关村;三等奖石城、西林、红光、席滩、芳草村。同年,镇教育工作先进集体芦阳一中、马鞍小学、响水小学。

2015年教师节,表彰教育工作先进集体及先进个人。其中先进单位3个:城北墩小学、寺梁小学、响水小学。

2016年2月,镇工会被市总工会授予白银市模范乡镇(街道)工会。同年,镇党委、镇政府表彰奖励2015年度优秀工会工作者。6月,镇党委、镇政府表彰精准扶贫先进单位、优秀党组织、优秀党员、先进工作者。其中先进单位红光村。6月,芦阳镇被县委授予先进基层党组织称号。7月,石城村党支部被市委评为"先进基层党组织"。同年,芦阳镇被县政府授予2016年度电子商务发展优秀乡镇称号。

2016—2020年,十里村青年妇女王俪颖个人及家庭多次获市、县有关部门颁发、授予的各种荣誉称号。2020年8月,被国家卫健委、全国老龄委评为年度"全国敬老爱老助老模范"并予以表彰。

2017年教师节,镇党委、镇政府表彰芦阳一中、寺梁小学、城北墩小学等先进单位;6月,表彰优秀党组织、优秀共产党员、先进工作者、为民服务好帮手。优秀党组织条山村党总支、寺梁村党支部、响水村党支部、石城村党支部。

是年1月,东关村段好忠被县委表彰为"见义勇为道德模范"并受到奖励。

2018年3月,芦阳镇获县委、县政府2017年度防范处理邪教工作一等奖。同年教师节,表彰先进集体、先进个人。先进单位,为芦阳二中、西林小学、一条山小学。

2019年6月,芦阳镇被市委、市政府表彰为2018年度全市脱贫攻坚先进集体。同年教师节,表彰先进集体、先进个人。先进单位2个:芦阳一中、芳草小学。表彰"三八红旗手"10名:周玉彩、田震、郑晶晶、肖生凤、郝燕、李金凤、李德香、任学萍、张广瑞、朱可霞;"最美家庭"7户:段好霞家庭、闫穆香家庭、王扶玲家庭、侯治霞家庭、李晓霞家庭、王世玲家庭、马玲玲家庭;"好媳妇"6名:贾爱梅、赵东萍、张明玉、李建梅、王金花、马国玲;"美丽庭院"7户:马梅家庭、张秉花家庭、王钰香家庭、冯廷珍家庭、达朝彩家庭、沈渭芳家庭、罗立根家庭。表彰"党建引领促脱贫攻坚突出贡献集体"4个:甘肃金厦建筑安装有限公司、国家电网景泰县城郊供电公司、中国邮政储蓄银行景泰县支行、石城村;"人居环境突出贡献集体"3个:城关村委会、城北村委会、寺梁村委会;道德模范6名:马朝花、吴学军、郭玉民、罗立红、李富彩、李治梅;光荣军属4名:戚新德、袁延军、张维芳、李润清;五星级文明户4户:杨虎清、段宝理、王贵行、龚真虎。

2020年教师节,表彰先进集体、先进个人。先进单位2个:西林小学、一条山小学。

图13-6-1 芦阳镇党委获"全国先进基层党组织"称号

2021年6月,在庆祝中国共产党成立100周年之际,镇党委被中共中央授予"全国先进基层党组织"称号,党委书记周正君代表镇党委赴北京出席授奖大会。7月1日,镇党委召开庆祝中国共产党成立100周年表彰大会。会议为60名优秀共产党员、18名优秀党务工作者、3个先进基层党组织颁发荣誉证书和奖杯。9月,城北村党支部被省委组织部命名为"全省标准化先进党支部"。

2021年10月,芦阳镇获"甘肃省劳动关系和谐乡镇"称号。

是年,全镇86名党员获得"光荣在党50年"纪念章。其中芦阳村9名、东关村4名、城关村6名、城北村15名、席滩村3名、寺梁村5名、西林村2名、石城村7名、条山村14名、芳草村5名、十里村3名、红光村7名、响水村4名。

芦阳镇志
LU YANG ZHEN ZHI

第十四章

人民代表大会

第一节　芦阳镇人民代表大会

一、人民代表大会

1953年下半年，景泰县开展基层普选工作。

1954年2月，芦阳乡进行普选。上半年，完成第一次普选，选举产生乡人民代表。召开乡第一届人民代表大会第一次会议，听取和审议乡人民政府工作报告；选出乡政府组成人员和出席县人民代表大会代表。

20世纪50年代初，乡人民代表大会每届任期2年，每3个月召开一次会议，由本级人民委员会召集。听取和审议政府工作报告，选举乡政府组成人员和出席县人民代表大会代表，行使人民代表大会的职权。

从1954年6月起，乡人大一年召开一次人民代表大会，听取和审议政府工作报告；选举乡政府组成人员和选举出席县人民代表大会代表。

1958年，实行人民公社后，公社社员代表大会行使本级权力机关的职权。1966年"文化大革命"开始，公社人民代表大会停止活动，人民公社"革命委员会"取代人民公社管理委员会。

1978年，中央决定恢复公社、镇人民代表大会，芦阳公社召开人民代表大会，听取和审议公社管理委员会工作报告，选举产生公社委员会和出席县人民代表大会代表。

1980年8月，芦阳公社第九届人民代表大会召开，会议听取审议革委会报告，大会决定将公社革委会改为公社管委会。

1983年6月，人民公社改成乡。随后举行乡人民代表大会，选举乡人民政府组成人员。

1984年1月，芦阳乡第十届人民代表大会一次会议召开。会议审议乡政府工作报告，选举产生新的政府领导班子。1985年1月，召开十届二次会议，会议提出1985年工作任务：调整农业经济结构；调整种植业内部结构；调整农林牧副产业结构，种草种树，发展牧业；调整农业产业结构，大力发展乡村企业和第三产业。

1987年2月,芦阳镇第十一届人大一次会议召开。会议听取审议政府工作报告和人大主席团报告。选举镇长、副镇长。

1990年1月,芦阳镇第十二届人民代表大会第一次会议召开。设立芦阳镇人民代表大会主席团常务主席职务。参加代表58名。

1992年,芦阳镇选举产生县人民代表大会第二届人大代表18名。

1993年,芦阳镇第十三届人大会议第一次会议召开。

1996年1月,芦阳镇第十四届人大第一次会议召开。

2001年,芦阳镇第十六届人民代表大会第一次会议召开。

2006年12月,芦阳镇第十七届人大一次会议召开,会议听取审议政府工作报告和人大主席团工作报告。选举镇长、副镇长。

2011年8月,芦阳镇第十八届人民代表大会第一次会议召开。选举镇长、副镇长。

2014年,芦阳镇创建"人大代表之家",做到"六有",有牌子、有办公设施、有学习资料、有活动计划、有活动制度、有记录台账。是年,芦阳镇有县人大代表小组1个,代表18名,镇人大代表58名,其中部分代表具有双重代表身份。"人大代表之家"开展活动以镇人大代表为基础进行分组活动,共分为5个代表小组。镇党委确定一名同志专门负责人大工作的宣传事务,利用横幅、宣传栏、公示栏、政府网站等媒体宣传人大工作。镇政府专门安排专项资金用于"人大代表之家"创建工作。

2016年6月,芦阳镇第十九届人民代表大会第一次会议召开。来自全镇20个选区58位人大代表、32位列席代表参加会议。会议听取和审议政府工作报告和人大主席团工作报告。选举镇长、副镇长。

2018年,镇人大推进"两个机关"建设,规范"代表之家"和各代表小组活动阵地建设。

2021年8月28日,芦阳镇第二十届人民代表大会召开。来自全镇的63名人大代表参加大会。县委指导组莅临会议指导工作。会议听取和审议政府工作报告和人大主席团工作报告。选举镇长、副镇长。

2021年9月18日,芦阳镇组织县、镇人大代表、各村党(总)支部书记及致富带头人60余人,对全镇重点工作和项目进行集中观摩调研。代表们先后参

▲ 图14-1-1　芦阳镇第二十届人民代表大会第一次会议

观芦阳镇年味小镇建设项目、东关肉牛养殖基地、城北村集体经济产业、西林村辣椒种植基地、芳草村史馆等，听取重点项目建设、产业发展状况及村集体经济规模前景等情况汇报。

二、第二至第十七届景泰县人民代表大会芦阳镇代表

马元芬（女）、马少林（回）、马玉芳（女，东乡族）、马世斌、马如胜、马法土麦（女，回族）、马翠（女）、王义山、王文彰、王东升、王生、王生铎、王生雄、王吉杰、王克俭、王作信、王社、王虎健、王金芳（女）、王宗明、王录、王俪颖（女）、王涛、王海、王焕新、王朝杰、王勤、王璞、韦应琴（女）、韦藏金、卢有存、卢有亮、卢有梅（女）、卢有锐、卢守让、卢守位、田种刚、白贵海、达朝鲜（女）、吕传宝、朱武明、华廷伟、刘海花（女）、刘善基、安正梅（女）、安进元、安松山、祁林川、祁林山、孙胜云、芦林滨、李元安、李月明、李世锦、李生忠、李兰英（女）、李有仁、李成芳（女）、李进国、李作身、李金凤（女）、李炳强、李娜（女）、李焕堂、杨天彪、杨元芬（女）、杨世秀（女）、杨明星、杨意清、吴守社、沈佐文、沈虎林、沈森林、沈普林、宋进文、张万宝、张万斌、张开蕊（女）、张凤山、张文、张玉玺、张正甲、张

正军、张永祯、张有理、张守东、张守学、张宏武、张茂生、张述敏、张奇才、张明杰、张明泰、张明爱（女）、张忠泰、张金霞（女）、张学德、张承祥、张举龙、张涛、张海、张德良、张麟玉、陈永芳（女）、陈资全、武克玉、苟永年、罗广灿、周文参、周正君、周发俊、周邦忠、周爱成、孟子翠（女）、郝廷建、郝明得、郝德、贺成霞（女）、贾有忠、殷昌智、高仰昆、高军、高尚才、高秉银、高承军、郭天福、郭永泰、郭延健、郭莲英（女）、唐维国、谈嘉言、曹世俊、戚登璠（女）、龚大道、常蓬东、康正银、梁汝山、寇永成、彭让智、彭维友、程丰年、雷百让、雷恩成、路秀英（女）、魏工邦、魏天邦。

三、甘肃省、白银市人民代表大会芦阳镇代表

甘肃省第五届人民代表大会（1977年）代表　李兰英（女）。

甘肃省人民代表大会（1982—1992年）代表　路秀英（女）。

白银市第七届人民代表大会代表　沈佐文。

白银市第七届、第八届人民代表大会代表　王东升。

白银市第九届人民代表大会代表　王生铎。

白银市第十届人民代表大会代表　王虎健。

表14-1-1　1989—2021年芦阳镇人大主席、副主席及任期一览表

序号	姓名	性别	籍贯	职务	任职时间
1	安进元	男	红水镇	主席	1989.12—1998.12
2	王朝才	男	草窝滩镇	主席	1998.12—2001.12
3	王义山	男	寺滩乡	主席	2001.12—2005.9
4	张琴英	女	大安乡	主席	2005.9—2006.8
5	陈资全	男	五佛乡	主席	2006.8—2011.6
6	张正军	男	五佛乡	主席	2011.6—2013.11
7	赵德源	男	寺滩乡	主席	2013.12—2015.7
8	魏岱宗	男	正路镇	主席	2015.12—2016.3
9	芦林滨	男	正路镇	主席	2016.6—2017.4

续表

序号	姓　名	性　别	籍　贯	职　务	任职时间
10	周邦忠	男	五佛乡	主席	2017.5—2020.9
11	安松山	男	红水镇	主席	2020.9—
12	王建成	男	喜泉镇	副主席	2016.6—2019.4
13	周文军	男	中泉镇	副主席	2019.8—2021.6

第二节　代表建议、意见及办理

1990年3月，芦阳镇人大主席团要求镇政府会同有关部门，对镇十二届人大第一次会议期间收到的代表80条建议、意见，给予解决和答复。

1992年，镇十二届人大代表在第二次会议提出44件建议、意见，审查委员会审查后，打印成册，转镇人民政府处理，并以书面材料答复代表。

至1992年，县十届人大芦阳镇代表小组3年共提建议、意见27件，涉及人畜饮水、乡村道路、机井配套、发展水地、扶持乡镇企业、改善医疗条件、重视农村初级教育等方面。

1994年12月，芦阳镇政府对镇人大代表建议，安排专人承办，后进行答复。

2003年，芦阳镇办理代表意见、建议39件。

2009年4月，镇人大发文，要求镇政府认真研究办理人大代表议案、建议、意见，将办理情况直接答复代表本人，并征询代表对办理情况的反馈意见。十七届人民代表大会第三次会议召开期间，代表个人或联名提出各方面工作建议、意见共26件，其中，农林水牧方面14件，道路交通方面5件，其他方面7件。

2009年7月，芦阳镇人大决定对"关于马鞍枸杞种植的建议"（张玉富代表）、"关于芦阳文明新村建设的建议"（卢有存代表）、"关于城北村广场建设的建议"（王东升代表）3个建议进行表彰奖励。

2009年7月，芦阳镇人大对李维奎、张德良、龚真规3名优秀人大代表予以表彰奖励。

2009年9月，县人大常委会慰问芦阳选区县人大代表，并组织召开座谈会。会上代表提出如下建议、意见：①应加大渠道衬砌项目力度。许多斗渠年久失修，县里安排的渠道衬砌数量太少，还有很多斗渠需要尽快衬砌。②景电管理局对斗渠的量水设施经常维修，量水堰不断抬高，水方量不足，群众负担加重，县政府应该与管理局协调好这一方面的事情。③为了养殖业的不断发展，品种更新换代，应建设种猪繁育基地，对引进种猪的养殖户给予适当补贴。④响水村有2300多人口，应该设立村级医疗卫生所。⑤合作医疗代金券只能在本村合作医疗定点卫生所买药，一张代金券一次买不完的，用其他类药物顶替，群众对此反应较为突出。⑥响水村有人畜饮水问题至今还没有得到妥善解决，建议县里能够尽快立项。⑦建议县上提高农村学校的教师待遇，激励教师到农村任教，提高教学质量，留住农村学生。⑧近年来，农村道路交通发展较快，但由于道路后续建设跟不上，通油道路的维修养护跟不上，一些通油道路"路难行"问题依然存在。⑨石城村办公阵地年久失修，已成危房；寺梁村在2004年建设村办公阵地时，拖欠工程款1万多元。建议县里能够继续安排村办公阵地建设项目。

2020年，镇人大代表向十九届五次大会提交建议、意见共计25件。其中涉及基础设施项目建设的9件、水利电力方面的10件、农林牧方面的1件、其他方面的5件。收到议案和意见、建议后，镇政府组织召开交办会，对议案和意见、建议办理工作进行具体的安排和部署。办结21件，办结率84%。

表14-2-1　芦阳镇第十八届人民代表大会第四次会议代表意见、建议统计表

类 别	意见、建议	提案人
农业	1.芦阳村下地槽、西六支、芦阳城区渠道衬砌。	卢有存、卞献正、董运科
	2.东关村三支、五支下端渠道渗透严重，急需维修衬砌。	张宏武
	3.城关村西门滩、拉湾渠道需维修。	雷槐生

续表

类 别	意见、建议	提案人
	4.城北村东新几百亩地已无法耕种，需开挖排碱渠。	贾邦武、张德良、孙得玉、张明爱、殷世杰
	5.城北村总一支渠破烂严重，村民用水量大，需衬砌。	
	6.城北村马鞍山一斗、四斗农渠破烂不堪，无法浇水，建议尽快解决。	
	7.城北村马鞍山大部分排碱渠已被堵塞，返碱现象日益严重，盐碱地治理亟待解决。	
	8.城北村马鞍山三排碱渠深挖、整修，四排整修。	
	9.西林村渠道无法浇水，希望解决灌溉问题。	高萍玲
	10.响水村3个水渠渡槽建设维修。	李文兴、张奇才、张森林
交通	1.芦阳村组道路泥泞不堪，急需维修。	卢有存、卞献正、董运科
	2.东关村组巷道需硬化。	张宏武
	3.城关村一组道路硬化。	雷槐生
	4.城北村马鞍山四、五、六、七、八、九组道路出行、拉运困难，需要尽快解决。	贾邦武、张德良、孙得玉、张明爱、殷世杰
	5.城北村城滩小路需沙化修平，希望镇村领导组织人民群众来干。	
	6.西林村需安装路灯，希望镇政府能给予解决。	高萍玲
	7.条山村大梁组街道硬化。	
	8.条山村需硬化村内巷道，改善群众生活质量。	王永霞、杨沛云、刘志君、张 文
	9.重修条芳（条山—芳草）公路，公路多过重型车辆，受损严重。	
	10.条山村内交通不便，希望公交车能够进入村中，从上滩到条山、芳草村内绕行。	
	11.芳草村内道路硬化。	赵贵成

续表

类别	意见、建议	提案人
文化	1.城关村委会为丰富村民业余生活，需修建一座羽毛球馆。	雷槐生
	2.城北村民素质有待提高。	殷世杰
	3.一条山村大梁组文化中心设施简陋，希望置办较全面的文化设施。	刘志君
	4.芳草村人民文化广场修建、健身器材配套、路灯安置。	赵贵成
	5.红光村文化广场的建设。	王　生
	6.响水村文化广场的建设。	李文兴、张奇才、张森林
水利	1.东关村内8眼机井急需维修改造。	张宏武
	2.寺梁村人饮工程需并入城区引大水。	段宝成
林业	条山村上滩现种植经济林，希望政府给予财政支持。	孙春荣
电力	席滩村大梁头下照明电压低，有很大安全问题。	路　广
环境	响水村容村貌治理。	李文兴、张奇才、张森林
卫生	红光村卫生所的建设。	王　生
民生	加强东关村民生实施项目的后期管理。	卢彬林

第三节　村民民主管理

一、村民管理方式的演变

民国以前及民国时期，乡村治理实行保甲制度：以户为单位，10户为甲，10甲为保；保长、甲长负责处理村上事务。其他村民没有管理权力。

1950年，各村建立农会。村上事务由农会负责，相继建立农业生产互助组。1953—1955年，互助组转为初级农业生产合作社（简称初级社）。1956年，初级社转为高级社。

1958年，成立人民公社，高级农业社转为生产大队，下设生产小队。生产大队设大队长。1962年3月，大队成立管理委员会和监委会。1967—1968年，大队成立农代会。

1968年4月，大队成立革命委员会（简称革委会），设主任、副主任，由干部代表、民兵代表、群众代表组成。1969年，成立大队治安保卫委员会。1975年，成立大队调解委员会。

生产队是社员群众集体所有制的合作经济，实行独立核算、自负盈亏。生产队土地等生产资料，归生产队集体所有；在完成向国家缴售任务的条件下，按政策规定，处理和出售多余的农副产品。生产队根据本队的实际情况编制生产计划，制定增产措施，制定经营管理方法。社员由生产队统一调度参加农业生产劳动。作息时间依照季节由生产队自行规定。具体到每个社员的工分档次由社员大会议定或生产队负责人会议核定。记分基准以每个标准工作日一个男壮年劳动力定为10分，女性壮年劳动力为8~9分，学生3~6分。队干部除管理队事务以外，还必须参加劳动。每年年底大队干部、小队干部、民办教师和其他非生产工作人员工分要通过大队和小队审定，与社员工分一起张榜公布。生产队按人口分配瓜果菜蔬、肉类等。粮食先按人口分，再按每户当年所挣工分多少进行分配。年底决算时，生产队副业收入好，工分高的人家还会分到一些现金。从1959年到1980年，各生产队发展壮大，人口增多。

1983年6月，大队改为村民委员会，生产队改为村民小组。村民小组长由各组村民兼职，不脱离生产，通过村民小组会议推选产生，村民小组会议由本组全体村民参加。推选的方式由村民先推荐候选人，然后由全组村民投票表决，由村委会上报乡政府下发通知。村民对小组长的工作不满意的，可以随时撤换。组长每人每年补贴4500元，2020年起每人每年9000元。

1998年，芦阳镇推行实施村务公开、民主管理工作，制订公开内容、公开程序。

1999年，镇政府利用一个月开展深化村务公开、民主管理活动。对干部责任目标、计划生育指标、宅基地申报、水电费收缴、救灾救济款物发放、集体经济项目承包经营、群众关心的其他事宜进行公开。

二、村民民主管理方式

（一）民主选举

1991—2000年5月，开展创建村民自治示范单位活动。其间通过第二、第三次村委会换届选举和推行村务公开、民主管理活动，对村民自治工作突出的村委会，命名为自治示范村。

2002年1月15日至3月16日，进行第四次村委会换届选举工作。选举产生村主任19名，副主任3名，委员90名。

2004年，进行第五次村民委员会换届选举工作；2007年，组织第六次村委会换届选举工作；2010年12月，组织第七次村委会换届选举工作；2017年1月21日，组织第九次村民委员会换届选举工作。

（二）民主决策、民主管理

2018年开始，市、县、镇推行"三议""五会""两个公开"制。"三议"包括村"两委"提议、党员代表会议（党员大会）审议、村民代表会议（村民会议）决议；"五会"包括公共事务议事会、民生保障理事会、矛盾纠纷调解理事会、乡贤能人理事会、村民红白理事会；"两个公开"包括党务公开、政务公开。

重大事项范围包括：①村民自治章程和村规民约的制定、修订。②村庄总体规划和年度计划制定。③村公益事业的兴办和筹资筹劳方案及建设承包方案。④村集体经济项目的立项、承包方案。⑤村集体资金、资产、资源的管理与改革，集体资本股权股份的变更。⑥宅基地使用方案、征地补偿费的使用、分配方案。⑦以借贷、租赁或者其他方式处分村集体财产。⑧通过协商无法解决或存在较大争议的问题和事项。⑨涉及村民利益的其他事项和村党组织、村委会认为应当决策的事项。

（三）民主监督

2012年，各村选举设立村监督委员会。

村监督委员会在村党组织的领导下，独立行使监督权，对村民大会或村民代表会议负责。①对村务管理工作及村民自治章程、村务管理制度执行情况实行监督。②对村民大会、村民代表会议讨论决定事项的实施情况进行全过程监督。③监督检查村务、财务公开情况，对村务、财务公开清单进行审核。对村级财务实行重点监督，督促村委会以明细方式进行财务公开。④监督检查村集体经济合同的执行情况，参与和监督村集体工程项目的招投标及验收，集体土地出让、转让及使用，村集体资源、资产处置等工作。⑤积极听取和收集村民的意见建议，及时向村"两委"会转达，提出改进工作的建议。⑥支持村"两委"会的正确决策，配合村"两委"会向村民做好解释工作。⑦当村党组织有关村务管理工作的行为和村委会的行为违反法律、法规、政策和村民自治章程，损害村民根本利益时，要求村"两委"会予以纠正。⑧提议召开村民大会或村民代表会议；由村民大会或村民代表会议授权的其他职责。

另外，村民、村民会议等也有监督权。

2017年3月，为进一步提高新一届村监督委员会工作成效，推进基层纪检工作规范化开展，芦阳镇纪委对13个行政村村监督委员会进行全面整顿，实施定点整改。

表14-3-1　2021年芦阳镇各村村民代表情况统计表

序号	行政村	村民小组	村民小组长	村民代表会议参会人数	村民代表	村委委员	交叉人数	村民代表中党员数
1	芦阳	4	4	40	37	5	2	10
2	东关	6	6	36	33	5	2	7
3	城关	4	4	32	32	5	5	14
4	城北	17	17	88	87	7	6	28
5	席滩	3	3	26	25	5	4	7
6	寺梁	7	7	31	28	5	2	13
7	西林	3	3	19	17	5	3	7
8	石城	3	3	32	29	5	2	6
9	条山	12	12	67	66	7	6	36
10	芳草	6	6	39	38	5	4	10
11	十里	4	4	20	17	5	2	3

续表

序号	行政村	村民小组	村民小组长	村民代表会议参会人数	村民代表	村委委员	交叉人数	村民代表中党员数
12	红光	5	5	18	15	3	0	3
13	响水	8	8	35	32	5	2	13
14	合计	82	82	483	456	67	40	157

芦阳镇志

LU YANG ZHEN ZHI

第十五章

人民政府　群众团体

第一节　芦阳镇人民政府

一、芦阳镇人民政府主要工作

1950年7月，芦阳镇称第一区，设区公署，辖4个乡；区公署订立"爱国公约"、合作社入股、各乡建立"变工组"。

1953年1月31日，芦阳供销合作社成立并登记。

1953年2月，芦阳区对本区农业生产、文教、卫生、普选等工作进行安排。

1964年，响水公社管委会制定《景泰县响水人民公社农业七年发展规划》，对1964—1970年农业发展方针、任务提出建议。

1991年，镇政府开展法律业务服务，共调解民事纠纷25件，协助办理公证81件，代理民事处理非诉讼纠纷5件，代理民事、行政诉讼3件，帮助企业挽回经济损失3576元。

1992年8月10日，镇政府成立镇治安联防组织，各村成立联防小组。

1994年，芦阳镇成立依法治村领导小组，在石城、大梁、条山、上滩、芳草5村开展工作。

2001年，成立信访领导小组，设立办公室，接受群众信访。

2002年，落实依法治镇和"四五"普法工作，开展"百日扫毒"攻坚战，强化综合征治理责任，建立"打防控"治安防范网络，强化矛盾纠纷排查调处工作。

2003年，印发《芦阳镇禁毒三年（2003—2005）规划》，巩固"无毒乡镇"成果。

2005年，全面落实"四五"普法、依法治理任务，加强法制宣传，提高群众法律意识，特别是增强公职人员法治观念和提高依法办事能力。

2007年，开展行政效能建设年活动。

2009年全面效能建设年，镇政府累计受理各类审批服务事项1386件，办结1384件；完成农技服务246例；解答政策咨询2882例；接受群众来访211次；引导劳务输出2568人次，组织免费培训农民技术工360多人；办理农村低保

679户，下发低保金94.4万多元；办理城镇低保93户，下发低保金27万多元；办理农村五保92人，发放五保供养金17万多元；上报大病救助36户，下发医疗救助金10万多元。各类事项承诺时间内办结率为98%，群众满意率达97%。

2013年，在"双联"行动中，联系全镇18个单位297名干部为群众办实事好事3600件，争取项目资金960万元，申请贷款资金6788万元，其中妇女小额贷款873户4363万元，双联惠农贷款申报落实298户2425万元。共发放各类救助资金360多万元。同年，镇政府大力推广垄膜沟灌、垄作沟灌、滴灌、喷灌节水技术和旱作全膜双垄沟播集雨技术，建成以寺梁为核心的高效节水示范田3万亩，其中，核心片区1000亩，垄膜玉米2.82万亩，蔬菜800亩；建成以红光、十里文冠果、瓜类等为主的旱作农业，节水面积8000亩。以石城村为主的万亩管灌工程顺利实施，标志着全镇节水灌溉实现新突破。

2015年，镇政府推进公务员职务职级并行制度。

2016年4月，为解决城北村自来水存在的各类问题，由县政府分管领导牵头主抓，县水务局、给排水公司、芦阳镇政府、城北村委会紧密配合，投资190万元，新铺设主管道3.8公里，分支管道45公里，入户管道70公里。通过集中居住区连片入户、山区分散片集中供水的方式，确保城北村自来水全覆盖，并辐射服务芦阳村下地槽组，工程实施后受益1425户6450人。

2016年4月27日，召开扶贫领域"两查两保"专项动员会，传达和贯彻省、市、县扶贫领域会议精神，安排部署全镇"两查两保"工作，全力保障全镇脱贫攻坚工作顺利推进。5月，石城村成立村经济合作社，建立石城村经济合作社章程、制度、组织机构。7月29日，芦阳镇召开易地扶贫搬迁工程利益群体座谈会，镇长、镇人大主席、县稳定风险评估专家、石城村干部及项目涉及群众代表参加了会议。同日下午，召开2016年防汛安全工作部署会议，镇党政领导班子成员、全镇干部、各村党（总）支部书记、村委会主任参加会议。8月18日，召开全镇新一轮退耕还林座谈会，各包片领导、村党（总）支部书记、村委会主任参加座谈会。9月5日，镇召开2016年危房改造推进会，各包村领导、干部、各村党（总）支部书记、村委会主任、监委会主任、文书参加会议。9月19日上午，在石城村西口，芦阳镇易地搬迁集中安置暨石城·康庄一期项目举行奠基开工仪式。11月29日，召开盐碱地管控治理与开发利用研讨会，中国科学院兰州分院科技处处长尹常亮、中国科学院西北生态环境资源研究院副研究员鲁新川和张生银参加研讨会。

同年，制定村级组织换届选举突发事件应急预案，镇上成立村级组织换届选举工作应急处置领导小组，建立安全保卫组、信息调查组、后勤保障组等工作组。对选举中发生的各种破坏选举或扰乱选举现场秩序的行为，进行及时处置。

2017年2月27日，中国科学院地质与地球物理研究所兰州油气资源研究中心相关专家一行8人，实地调研城北村土地盐碱情况并提出4点建议：①积极配合政府尽快实施盐碱地整治项目。②为城北村盐碱地治理提供科学规划。③实施循环经济，采取秸秆还田，恢复绿肥种植，增施有机肥等初步自治措施。④根据地下水径流走势指导开挖排碱渠。5月7日，在全镇范围开展环境卫生综合整治行动，集中统一对道路沿线、房前屋后、沿街林带等卫生死角进行清理整治。5月18日，组织召开电子商务发展促进会，镇产业发展服务中心主任、淘宝合伙人参会。5月27日上午，在文化广场举行以"放飞梦想，童心飞扬"为主题的庆"六一"文艺汇演暨"争做文明小公民、共建文明芦塘城"宣讲大会。6月1日，召开芦阳镇农贸市场听证咨询会，开发商及镇区个体经营户参加会议。

同年6月，召开镇村组三级动员会议，全面安排部署畜禽养殖禁养区划定整治工作。

2017年7月25日，镇政府联合县工信局、阿里巴巴和杨凌戈绿原农业有限公司，举办"蜜瓜+互联网"直播销售活动。直播地点为十里村戈壁滩石头蜜瓜地，线上销售时间在阿里巴巴淘宝网天猫聚划算25日10时、线下直播19时开始，截至26日17时30分，销售量15590件，交易金额31万。9月29至10月8日，水沟湿地举行首届稻草艺术节。由镇政府主办、景泰水沟湿地旅游开发有限公司承办。12月10日，召开芦阳镇2016年易地扶贫搬迁建档立卡户安置房分配大会，大会全程在镇人大、纪委及部分村民代表的监督下进行。

2018年4月13日，召开精准扶贫"一户一策"工作推进会。5月21日，组织召开脱贫攻坚帮扶暨重点工作推进会，全镇领导干部、各村党（总）支部书记、村委会主任、驻村帮扶工作队全体成员、帮扶单位分管领导等130余人参加了会议。

2019年12月13日下午，芦阳镇召开2019年第四季度脱贫攻坚联席会议。全镇领导、干部，各村党（总）支部书记、村委会主任，驻村工作队队员以及联扶单位干部等100余人参加会议。

2020年2月，由于新冠疫情影响，全镇暂停营业饭馆、农家乐等餐饮娱乐场所13家，对村内巷道、办公场所、监测卡口消毒每天3次，检查商店、药店、菜铺2轮次，简办白事3家，取消、推迟红事18家。党员捐款捐物支持武汉、全县、全镇防疫工作。各村党员群众自发为防疫监测点送去防护口罩、消毒液、方便面、水果等物资。

2020年4月17日，组织全镇领导、干部，驻村帮扶工作队全体成员、帮扶单位联系人，收听收看2020年全省脱贫攻坚帮扶工作推进视频会。会后，召开2020年脱贫攻坚联席会议，就建档立卡户2020年最新政策享受从医疗、教育、住房、兜底保障、"6+5"产业、2020年"一户一策"管理表等各方面进行讲解培训。是年8月，芦阳镇顺利通过国家脱贫攻坚普查。

2021年7月，镇党委、镇政府开展"优化营商环境"专项整治工作。

2021年及整个精准扶贫过程中，镇政府采用包村到人方式，在齐抓共管的基础上，将1108个扶贫人员与同等数量的贫困家庭结对，帮助贫困家庭脱贫。10月3日，召开巩固拓展脱贫攻坚成果"大排查"工作推进会议。对照产业帮扶、就业帮扶、基本医疗、义务教育、住房安全、饮水安全等15项排查内容，进行再安排再部署。

二、芦阳镇（靖远县北区、景泰县一区、芦阳乡一区）镇长、副镇长及任期

表15-1-1　1949年前靖远县北区、景泰县一区、芦阳乡一区区长及任期一览表

序号	姓　名	性别	籍　贯	职　务	任职时间
1	李蓝田	男	响水村	靖远县北区区长	1927年以前
2	王仁若	男	城关村	靖远县北区区长	1928—1933
3	金树鼎	男	城关村	景泰县一区区长	1934—1938

续表

序号	姓名	性别	籍贯	职务	任职时间
4	张德义	男	芦阳村	芦阳乡一区区长	1939—1944
5	樊新民	男	城关村	芦阳乡一区区长	1945—1949

表15-1-2　1949—2021年芦阳镇（区、公社、乡）主要负责人及任期一览表

序号	姓名	性别	籍贯	职务	任职时间
1	郝光有	男	陕西省	区公署区长	1949.9—1950.6
2	王彤云	男	城关村	区公署副区长	1950.4—1950.6
3	郝光有	男	陕西省	第一区公所区长	1950.7—1950.9
4	任邦民	男	陕西省	第一区公所区长	1950.10—1951.6
5	牛世清	男	陕西省	兼，第一区公所区长	1951.7—1953.1
6	罗鸿儒	男	五佛乡	第一区公所区长	1953.2—1954.4
7	沈文秀	男	红光村	第一区公所区长	1954.6—1955.4
8	付选良	男	陕西省	第一区公所副区长	1950.11—1952.9
9	李英	男	陕西省	第一区公所副区长	1952.10—1953.2
10	沈文秀	男	红光村	第一区公所副区长	1953.2—1954.6
11	马元	男	—	第一区公所副区长	1954.11—1955.4
12	沈文秀	男	红光村	区公所区长	1955.5—1955.10
13	马元	男	—	区公所副区长	1955.5—1955.10
14	王开国	男	席滩村	乡人民委员会乡长	1955.10—1956.8
15	赵国檀	男	武威市	镇人民委员会镇长	1956.9—1957
16	张礼学	男	武威市	镇人民委员会镇长	1957.3—1957.7
17	付召安	男	东关村	镇人民委员会副镇长	1956.9—1956.12
18	王开国	男	席滩村	镇人民委员会副镇长	1956.9—1958.8

续表

序号	姓　名	性别	籍　贯	职　务	任职时间
19	卢守功	男	响水村	镇人民委员会副镇长	1958.3—1958.8
20	杨宣清	男	响水村	镇人民委员会副镇长	1958.3—1958.8
21	张礼学	男	武威市	公社管委会社长	1958.9—1959.5
22	王开国	男	席滩村	公社管委会副社长	1958.9—1958.12
23	杨宣清	男	响水村	公社管委会副社长	1958.9—1958.12
24	马佩兰	女	响水村	公社管委会副社长	1959.2—1959.5
25	张礼学	男	武威市	公社管委会主任	1959.5—1960.9
26	张守瑜	男	榆中县	公社管委会主任	1960.9—1961.5
27	高占德	男	五佛乡	公社管委会主任	1961.5—1964.12
28	沈可隆	男	五佛乡	公社管委会主任	1964.12—1966.5
29	马佩兰	女	响水村	公社管委会副主任	1959.6—1960.12
30	寇世权	男	芳草村	公社管委会副主任	1960.2—1960.12
31	魏烈明	男	皋兰县	公社管委会副主任	1960.9—1963.12
32	张永泰	男	五佛乡	公社管委会副主任	1965.2—1965.12
33	王作信	男	红光村	公社管委会副主任	1965.2—1965.12
34	王进智	男	五佛乡	公社管委会副主任	1965.12—1966.5
35	张永泰	男	五佛乡	公社管委会副主任（响水公社）	1961.5—1964.12
36	郭养民	男	喜泉镇	公社管委会副主任（响水公社）	1961.5—1964.12
37	沈可隆	男	五佛乡	公社管委会主任	1966.5—1968.3
38	王进智	男	五佛乡	公社管委会副主任	1966.5—1968.3
39	杨礼清	男	索桥村	公社革委会主任	1968.4—1973.9
40	王得才	男	寺滩乡	公社革委会主任	1973.9—1976.10
41	王作信	男	红光村	公社革委会副主任	1968.4—1976.10
42	王进智	男	五佛乡	公社革委会副主任	1968.4—1976.10

续表

序号	姓名	性别	籍贯	职务	任职时间
43	李明诗	男	五佛乡	公社革委会副主任	1969.9—1976.10
44	阎桂馨	女	条山村	公社革委会副主任	1974.10—1976.10
45	王 银	男	红光村	公社革委会副主任	1974.10—1976.10
46	张杰廉	男	喜泉镇	公社革委会副主任	1976.6—1976.10
47	王得才	男	寺滩乡	公社革委会主任	1976.10—1978.6
48	王玺祯	男	正路镇	公社革委会主任	1978.7—1980.5
49	王作信	男	红光村	公社革委会副主任	1976.10—1980.7
50	王进智	男	五佛乡	公社革委会副主任	1976.10—1980.5
51	李明诗	男	五佛乡	公社革委会副主任	1976.10—1980.7
52	阎桂馨	女	条山村	公社革委会副主任	1976.10—1979.1
53	张杰廉	男	喜泉镇	公社革委会副主任	1976.10—1978.6
54	万国才	男	五佛乡	公社革委会副主任	1978.8—1980.7
55	王作信	男	红光村	公社管委会主任	1980.7—1980.12
56	万国才	男	五佛乡	公社管委会主任	1982.2—1983.7
57	万国才	男	五佛乡	公社管委会副主任	1980.7—1982.2
58	李明诗	男	五佛乡	公社管委会副主任	1980.7—1983.7
59	王廷勋	男	正路镇	公社管委会副主任	1980.9—1983.7
60	马 宝	男	响水村	公社管委会副主任	1981.2—1981.11
61	罗 孝	男	红光村	公社管委会副主任	1982.6—1983.7
62	安进元	男	红水镇	公社管委会副主任	1980.7—1983.7
63	王文彰	男	正路镇	乡政府乡长	1983.7—1985.9
64	安进元	男	红水镇	乡政府副乡长	1983.7—1985.9
65	周爱成	男	五佛乡	乡政府副乡长	1983.7—1985.9
66	杨明星	男	条山村	乡政府副乡长	1984.9—1985.9
67	唐 明	男	东关村	乡政府副乡长	1984.9—1985.9

续表

序号	姓名	性别	籍贯	职务	任职时间
68	张守学	男	响水村	乡政府副乡长	1984.11—1985.9
69	王文彰	男	正路镇	镇政府镇长	1985.9—1986.6
70	杨明星	男	条山村	镇政府镇长	1986.6—1990.1
71	周爱成	男	五佛乡	镇政府镇长	1990.1—1992.12
72	张守学	男	响水村	镇政府镇长	1993.1—1996.1
73	常守斌	男	中泉镇	镇政府镇长	1996.2—1997.12
74	张正勤	男	东关村	镇政府镇长	1997.12—2000.12
75	王洪安	男	寺滩乡	镇政府镇长	2000.12—2003.12
76	石玉磊	男	民勤县	镇政府镇长	2004.06—2005.10
77	郭廷成	男	寺滩乡	镇政府镇长	2005.10—2008.4
78	金墙	男	榆中县	镇政府镇长	2008.4—2011.4
79	常蓬东	男	芦阳村	镇政府镇长	2011.3—2013.7
80	吴滨	男	河北省	镇政府镇长	2015.12—2019.2
81	周正君	男	五佛乡	镇政府镇长	2019.2—2020.7
82	张举龙	男	五佛乡	镇政府镇长	2020.7—2023.3
83	岳自国	男	会宁县	镇政府镇长	2023.6—2023.8
84	杨松	男	平川区	镇政府镇长	2024.1—
85	周爱成	男	五佛乡	镇政府副镇长	1985.9—1990.1
86	杨明星	男	条山村	镇政府副镇长	1985.9—1986.6
87	张守学	男	响水村	镇政府副镇长	1985.9—1993.1
88	唐明	男	东关村	镇政府副镇长	1985.9—1987.2
89	程丰年	男	喜泉镇	镇政府副镇长	1986.10—1990.1
90	张学德	男	芦阳村	镇政府副镇长	1990.1—1996.1
91	范世杰	男	寺滩乡	镇政府副镇长	1990.1—1992.12
92	郭莲英	女	响水村	镇政府副镇长	1990.1—1992.12

续表

序号	姓　名	性别	籍　贯	职　务	任职时间
93	罗广天	男	五佛乡	镇政府副镇长	1993.1—1996.1
94	王朝才	男	草窝滩镇	镇政府副镇长	1993.1—1997.12
95	张正勤	男	东关村	镇政府副镇长	1993.1—1997.12
96	田玉贵	男	东关村	镇政府副镇长	1993.1—1997.12
97	吴文成	男	白银市	镇政府副镇长	1994.1—1996.1
98	张万贵	男	寺滩乡	镇政府副镇长	1996.2—1997.12
99	王义山	男	寺滩乡	镇政府副镇长	1996.2—1997.12
100	王朝才	男	五佛乡	镇政府副镇长	1997.12—1998.12
101	田玉贵	男	东关村	镇政府副镇长	1997.12—1998.12
102	张万贵	男	寺滩乡	镇政府副镇长	1998.12—2002.1
103	王义山	男	寺滩乡	镇政府副镇长	1998.12—2002.1
104	肖　赢	男	庆阳市	镇政府副镇长	2002.1—2005.10
105	陈资全	男	草窝滩镇	镇政府副镇长	2002.1—2006.8
106	戚继军	男	喜泉镇	镇政府副镇长	2005.10—2006.7
107	王立基	男	正路镇	镇政府副镇长	2006.8—2011.6
108	张正军	男	五佛乡	镇政府副镇长	2006.8—2011.1
109	张举龙	男	五佛乡	镇政府副镇长	2011.4—2015.11
110	张晓斌	男	正路镇	镇政府副镇长	2011.6—2013.3
111	吴　滨	男	河北省	镇政府副镇长	2013.4—2015.11
112	王　伟	男	喜泉镇	镇政府副镇长	2015.12—2016.5
113	安松山	男	红水镇	镇政府副镇长	2016.6—2020.9
114	段宝成	男	寺梁村	镇政府副镇长	2016.6—2021.6
115	王维武	男	城关村	镇政府副镇长	2016.6—2019.4
116	范富芳	女	喜泉镇	镇政府副镇长	2019.4—2021.2

续表

序号	姓　名	性别	籍　贯	职　务	任职时间
117	陈玞辛	男	中泉镇	镇政府副镇长	2020.10—
118	王生铎	男	寺梁村	镇政府副镇长	2021.6—
119	张晓庆	女	武威市	镇政府副镇长	2021.6—2023.12
120	张志成	男	芳草村	镇政府副镇长	2021.9—
121	董　飞	男	寺滩乡	镇政府副镇长	2024.1—

三、财政　税收　金融信贷

（一）财政、税收

1949年前，各种税收名目有田赋粮、附加粮、马干粮、乡丁粮、常备队粮、配购粮、保教粮、教员津贴、保公费、军衣费、军鞋费、枪支费、门牌费、房宅税、草头税、人头税等，还有当兵、买马等差役。

①1989年，镇财政收入实际完成38.8994万元，比预算安排超额了32.8%，超收9.6094万元，比1988年财政收入的31.828万元增长22.2%。加上上级拨付的专项补助，总共完成财政收入79.2246万元。财政支出75.2234万元。②1989年财政结存4.0012万元，1988年结转1.0296万元和地方财政5.1413万元。结转下一年继续使用款项10.1721万元。③财政收入来源：工商税26.7364万元；农业税12.0705万元；农林特产税9250元。④财政支出：农林水牧支出经费9194元；文教卫生59.2731万元；行政支出11.1221万元；补贴2.0166万元；抚恤救济6500元；其他1.2322万元。

1992年，农税总计18.0997万元，农业税公粮15.9万公斤，金额19.7796万元。

1992年6月2日，国家取消农林特产农业税150元/亩起征点。

1995年，财政收入完成38.33万元，比1994年财政收入29万元增收9.33万元，增长率为32%。其中，工商税9.34万元，农业税28万元，农林特产税5800元，牧业税3400元。加上工资专项补助30.73万元，定额补助121.73。总计财政收入190.79万元。财政支出190.43万元。

1997年，财政收入100万元。财政支出216.2万元。财政支出主要用于工资、维稳、重点项目。

1999年，财政实现"三保一挂"：保财政收入快速增长，保工资发放，保当年财政收支平衡与奖惩挂钩。全年财政收入168.4万元，其中工商税87.7万元，农业税77.7万元，牧业税2万元，特产税1万元。财政支出298万元，其中农林水利事业费20.6万元，文体事业费3.8万元，定额补贴70.1万元，专项补贴34.2万元；教育事业费171.7万元，行政管理费25.9万元，卫生事业费17.8万元，离退休人员经费24.67万元，其他部门事业费6万元，抚恤和社会救济费8.9万元，支援农村不发达地区4万元，专项支出13万元，其他支出1.5万元。年度结余1300元。

2000年，开展农村税费改革"三定"（如实定亩、合理定产、公平定税）工作。

2003年，完成财政税收119.2万元，其中农税71.2万元，工商税48万元。同年，芦阳镇成立农财代理中心，全镇13个村的财务全部实现村账镇管。

2006年1月1日，国家废止《农业税条例》，取消农业税。

2008年，财政收支完成291.0594万元。分项目收支情况：行政管理费126.8307万元，财政事业费4.1923万元，计生事业费609.86万元，广播事业费5.3991万元，农业事业费53.5489万元，补助村民委员会支出39.5万元。计划生育事业费收支情况：上级拨付计划生育事业费47.1907万元，上年结转7.83元，合计47.1915万元。计划生育事业费支出45.6816万元，结转下年1.5098万元。民政救灾事业费支出情况：上级拨付民政事业费287.592万元。民政事业费支出287.592万元。

2009年6月，县审计局对芦阳镇2008年预算执行情况和其他财政收支情况进行了审计。

2018年，财政收入1606.3077万元；财政支出1606.3077万元。

2019年，财政收入1262.8763万元；财政支出1262.8763万元。

2020年，财政收入1704.1245万元；财政支出1704.1245万元。

（二）金融、信贷

民国二十四年（1935年）11月，民国政府实行币制改革，禁用银锞和银圆，通行法定货币，简称法币。1943年，于芦阳设县银行。解放战争时期，法币急剧贬值，1948年8月停止使用；8月19日，发行金圆券代替法币，由于极度发行，使通货膨胀甚于法币通行阶段，民众拒绝使用，即停用。银圆券是民国政府为取代金圆券发行的货币，由于不能保证兑现，因此也未能通行。

1948年12月1日，中国人民银行成立时开始发行人民币。面额有100元、200元、500元、1000元、5000元、1万元6种。1955年3月1日，发行新人民币替代原来面额较大的旧版人民币。新旧币的折合比例为1∶10000。

1949年前，芦阳地区没有信贷组织，但存在民间借贷，一般为高利贷，即一种高额利息的借贷。利息高达10~20分。此外，还有利上加利的"黑驴打滚"和"内加利息"，即借100元，实得80元，20元扣为利息。

1952年，政府在芦阳设银行，地方金融事业统归其经营。1953年，先后在芦阳、响水、一条山组建信用合作社，通过储蓄、借贷、组织农村资金，打击和消灭高利贷，促进农业合作化和发展农业生产。

1958年，撤乡信用合作社，设公社信用部。

1979年6月，设芦阳营业所，经营存贷款、汇兑、储蓄等业务。

1985年，贷款53万元，回收贷款39万元，储蓄39万元。

2021年，发放精准扶贫专项贷款833户4163万元。

第二节　共青团　妇联　工会

一、共青团

20世纪50年代，芦阳区各村有团支部。团支部组织青年广泛参加乡人民代表会议、农会等活动。

1986年12月15日，芦阳乡团委在乡政府礼堂举办老山作战英模报告会，由三等功退伍军人王义法作《在老山前线的日日夜夜》演讲。

2015年，芦阳镇在乡镇实体化"大团委"建设工作中，共建立直属团组织12个。其中机关事业组织1个、企业组织1个、商业市场组织1个、工业园区组织1个、农业产业化基地组织1个、农村专业合作组织2个、居住社区3个、社会组织1个、文体兴趣组织1个、大学生村官组织1个、其他1个。全年召开80后干部座谈会2次。镇团委结合"阳光工程""雨露工程"等培训项目，重点对泥瓦工、电焊技工、农机具维修工等职业技能进行培训，共举行培训班4期，人数达120人次。吸收172名青年加入共青团，组织4次入团宣誓仪式。

表15-2-1　1968—2023年芦阳镇（区、公社、乡）团委书记及任期一览表

序号	姓　名	性别	籍　贯	任职时间
1	张久鹏	男	五佛乡	1968—1972
2	罗明安	男	五佛乡	1972—1975
3	慕兰生	女	喜泉镇	1975—1980.12
4	郭有林	男	喜泉镇	1981.4—1984.7
5	周德高	男	红光村	1984.7—1989.12
6	闫沛荣	男	喜泉镇	1989.12—1990.7
7	洪海涛	男	红水镇	1990.8—1991.10
8	王立基	男	正路镇	1991.8—2000.10
9	张正军	男	五佛乡	2000.11—2003.10
10	石延荣	男	寺滩乡	2003.11—2006.9
11	金彦君	男	条山村	2006.10—2009.10
12	陈辅祥	男	中泉镇	2009.11—2011.6
13	石成娟	女	正路镇	2011.7—2012.7
14	张宏涛	男	芦阳村	2012.7—2013.3
15	刘　轶	男	正路镇	2013.3—2015.8
16	曾永玉	男	草窝滩镇	2015.8—2016.6
17	张举龙	男	五佛乡	2016.7—2020.7
18	杨　扬	男	正路镇	2020.7—2020.10
19	岳自国	男	会宁县	2020.10—2021.6
20	窦祖琴	女	寺滩乡	2021.7—

注：从2016年7月开始，团委书记由党委副书记兼任。

二、妇联

1950年后，成立区妇联会，召开乡妇代会，行政村均设妇女副村长。1958年9月，改为人民公社妇联会。1961年5月，有专职妇女干部。1961年，设人民公社妇联，在生产大队设妇代会，生产队配备妇女队长。"文化大革命"开始后，各级妇联停止活动。1966年，村妇女主任一般结合进"三结合"班子，为大队革委会成员，同时兼任妇女主任。妇联在公购粮收缴、计划生育、调节家庭纠纷等方面发挥作用。1973年，公社恢复妇联组织，召开公社妇女代表大会，配备妇女专干。

景电一期工程建设中，全公社各大队派妇女参加劳动，与男民工一样，吃住在工地。

20世纪60年代，妇联安排会缝纫的妇女做服装等，记工分。70年代，由于强壮的男劳力都外出搞副业以壮大集体经济，妇女成了农业生产的主力军。生产队组织铁姑娘队，在平田整地、铺压砂田、渠道建设、养殖等工作中发挥重要作用。

1985年9月，乡妇联改为镇妇联。2011年年初，镇妇联借助村两委换届选举，组织各村妇女推选出村妇代会主任1名，副主任1~2名。各村村民小组选配1名女性党员担任妇女信息联络员，及时反馈本小组内妇女群众的思想动态、生活状况，经常性地组织妇女进行小范围文体娱乐活动、交流致富经验。

2012年，在妇联开展"四项"活动：①创建标准化"妇女之家"，全镇13个村的"妇女之家"成为宣传政策的阵地、传播知识的课堂、联系和服务妇女群众的窗口、展示妇女风采的平台。②建设"留守妇女阳光家园"示范点，在城北、芦阳、一条山村建成"留守妇女阳光家园"，城北村被评为全省"留守妇女阳光家园"示范点。③争创示范"留守儿童之家"活动，结成"巾帼志愿者+留守儿童"的帮扶对子，认真解决留守儿童生活、学习上的困难。继续实施"春蕾计划"，2011年，共救助贫困女学生12名。④开展妇女创业就业技术培训。镇妇联邀请县农技部门、畜牧中心的专家为全镇的妇女群众举办3期以种植枸杞、养羊技术、养猪技术、动物防疫为主要内容的农村实用技术培训班。全镇有全省"妇"字号创业基地2处、巾帼致富能手28人、农村妇女实用人才221人。同时，积极组织妇女剩余劳动力到北京等地学习专业技术，提高外出务工能力，共向北京富平学校输送家政服务员12名。

2012年，春蕾女童救助活动由救助人"音乐之声"救助10名女童每人各300元。

截至2012年3月，全镇50岁以下留守妇女为508人，她们都接受包括种植、养殖、刺绣技能在内的至少一种技术培训。

2012年5月，镇妇联对5位乳腺癌宫颈癌检查确诊患病妇女进行400～3000元的救助。同年，镇妇联完成妇女小额贷款873户4363万元、双联惠农贷款申报落实292户3011万元。同年，镇团委与镇妇联协同工作，全镇评选出县级优秀家庭成员6个、平安示范村1个、平安示范家庭6户，评选出市级美德家庭2户。

2015年3月6日，镇妇联在镇文化站举行"魅力女性·快乐巾帼"活动。同年，镇妇联创建"省级留守妇女阳光家园"、市级标准化"妇女之家"各1个，创建县级标准化"妇女之家"2个。

2017年5月，镇妇联组织改革。完善镇妇女代表大会制度，镇妇联领导班子和执委会由镇妇女代表大会选举产生，班子成员设定3人，执委30人。各村妇联班子成员确定为3～5人，执委确定为15人。

2018年3月6日，镇妇联在镇文化站开展以"巾帼心向党·建功新时代"为主题的趣味活动。各村分别组织开展丰富多彩的庆"三八"文化活动。4月11日，按照镇党委总体部署，镇妇联组织全镇广大妇女开展"美丽庭院·绿色乡村"主题活动。是年，镇妇联创建"省级留守妇女阳光家园"、市级标准化"妇女之家"各1个，创建县级标准化"妇女之家"2个。是年，镇妇联、镇团委组织人居环境整治集中宣教3次，进校园宣传5次，通过微信、QQ等平台发布宣传报道16篇。镇妇联牵头，引领全镇广大妇女积极开展"美丽庭院"评选活动，石城村被评为市级"美丽庭院"示范村，寺梁、十里村被评为县级"美丽庭院"示范村，5户农户获得市级"美丽庭院"示范户称号，10户农户获得县级"美丽庭院"示范户称号；完成"两癌"筛查700余人。

2019年1月，镇妇联组织全镇妇联主席、副主席、执委200余人，下载安装"妇联通"应用程序，学习中国妇女十二大专题学习教育。是年，镇妇联走访慰问贫困母亲20人；配合县妇幼保健站、芦阳卫生院开展农村妇女"两癌"

筛查活动，350名妇女接受免费检查。

2019年，为纪念"三八"国际劳动妇女节109周年，镇妇联推选出"三八红旗手"，镇"最美家庭""好媳妇""美丽庭院"示范户。

2020年，镇妇联深入开展拥军爱民等活动，完成退役军人登记441人，发放光荣牌463个；开展"美丽乡村·巾帼先行""美丽庭院"及"好婆婆、好媳妇"评选活动，走访慰问贫困妇女、留守儿童、空巢老人；配合卫生部门完成"两癌"筛查1159例；建立响水村积分超市1个。镇妇联获"全省陇原脱贫攻坚巾帼先进集体"称号。

2021年1月29日，市、县妇联领导一行，走访慰问东关村困难妇女，并对镇妇联工作进行指导。3月8日，镇机关举办活动，庆祝"三八"国际妇女节。各村妇联在"三八"妇女节前后，广泛组织开展以"两癌防治知识""平安家庭，与法同行""创文明家庭、建和谐社会、展巾帼风采"系列活动，着重宣传讲解有关法律法规，并对"两癌"免费检查进行宣传。5月，镇、村两级妇联组织妇女开展"学四史、听党话、跟党走"党史知识竞赛。

表15-2-2　1971—2023年芦阳镇（区、公社、乡）妇联主席及任期一览表

序号	姓　名	性　别	籍　贯	任职时间
1	闫桂馨	女	条山村	1971—1976
2	寇明芳	女	中泉镇	1976—1981
3	焦生翠	女	五佛乡	1981—1984
4	郭莲英	女	响水村	1984.10—1990.10
5	王春玲	女	五佛乡	1992.7—2001.10
6	周邦翠	女	五佛乡	2001.10—2004.3
7	郝国华	女	响水村	2004.3—2006.3
8	万应芳	女	五佛乡	2006.3—2008.12
9	徐新彩	女	条山村	2008.12—2011.8
10	段桂花	女	寺滩乡	2011.8—2018.10

续表

序号	姓 名	性别	籍 贯	任职时间
11	王 琪	女	草窝滩镇	2018.11—2022.3
12	张晓庆	女	武威市	2022.4—

注：自2022年开始，镇妇联主席由镇副镇长兼任。

三、工会

1994年2月，成立镇工会委员会。

2013年6月，镇总工会举办以"防治职业病，造福劳动者"为主题的宣传日活动，在企业数量比较密集的工业园区内进行宣传；在安全生产月组织已建工会的6家企业开展《职业病防治法》知识竞赛活动。

2014年，镇总工会代表队在县总工会组织开展的工会知识竞赛中获三等奖。6月，总工会协调市书法协会到芦阳镇举行送文化下乡活动，干部职工积极参与活动。

2016年2月24日，镇政府与镇总工会召开联席会议。会议听取镇总工会年度工作开展情况汇报，研究镇总工会提出的有关问题和年初工作安排。5月4日，镇总工会配合团县委、县文体局开展纪念五四运动97周年暨红军长征胜利80周年"重走长征路·圆梦助学行"公益徒步活动。在徒步经过的一条山战斗旧址、双龙寺、寺梁村、石城村沿线设置5个服务站、2个交通管制组、1个应急组和1个讲解组。参观双龙寺红三十军指挥部历史遗址。

2016年，镇总工会将伯玲、长城两家公司列为安全生产重点企业。3月，镇总工会参与镇人大组织的《劳动法》《工会法》执法检查，听取相关单位工会主席的工作汇报。

2018年，镇总工会组织农民工入会400人。

2021年5月，镇总工会用3天时间，为全镇80余名干部免费进行体检。"七一"期间，镇总工会慰问老党员13人，发放慰问金6500元。

表15-2-3　1994—2021年芦阳镇总工会主席及任期一览表

序号	姓名	性别	籍贯	任职时间
1	范世杰	男	寺滩乡	1994.2—1997
2	达举锐	男	正路镇	2007.5—2016.6
3	张举龙	男	五佛乡	2016.7—2020.7
4	杨扬	男	正路镇	2020.7—2020.10
5	岳自国	男	会宁县	2021.1—2021.6
6	窦祖琴	女	寺滩乡	2021.7—

注：自2016年7月开始，镇总工会主席由党委副书记兼任。

芦阳镇志

第十六章

脱贫攻坚 小康建设 乡村振兴

第一节 脱贫攻坚

一、概况

2013年年底,全镇建档立卡贫困户1124户4202人,贫困发生率15.59%;2014年脱贫247户1047人,贫困发生率下降至11.84%;2015年脱贫122户510人,贫困发生率下降至9.95%。

表16-1-1　2015年芦阳镇建档立卡户情况一览表

村 名	减贫户数	减贫人口数	2015年减贫后建档立卡户数据 户数	2015年减贫后建档立卡户数据 人口数	贫困面（%）
芦 阳	7	34	56	171	8.48
东 关	15	69	65	226	8.97
城 关	7	25	46	162	9.46
城 北	19	77	141	559	9.86
席 滩	8	26	26	78	5.57
寺 梁	5	23	26	103	8.73
西 林	10	42	15	53	5.87
石 城	5	22	37	130	7.74
条 山	22	98	140	443	10.13
芳 草	11	41	53	168	8.45
十 里	4	12	29	93	12.03
红 光	2	4	61	250	41.32
响 水	7	37	70	245	11.45
合 计	122	510	765	2681	9.95

2016年，脱贫103户390人，贫困发生率下降至8.51%；2017年动态调整后建档立卡696户2410人，贫困发生率为8.94%，2017年脱贫160户611人，2017年底建档立卡536户1799人，贫困发生率为6.67%；2018年脱贫448户1520人，年底贫困发生率下降至0.94%。

2018年，芦阳镇建立扶贫工作站，选任扶贫专干8名，选派镇村工作队长3名。建成以旱地瓜、肉苁蓉、文冠果为主的脱贫产业园3个，建成特色产业园10个，在石城村新建日光温室80座，在寺梁村新建养殖大棚26栋；完成石城小镇安居工程一期建设任务，安置草窝、喜泉、正路等5个乡镇山区村易地扶贫搬迁户925户4052人，其中建档立卡户799户3492人。2018年底，全镇建档立卡户减少到137户451人。

2019年，全镇累计退出贫困村3个、贫困人口1072户4046人；完成房屋改造提升91户。石城小镇承接6个乡镇1242户入住，跟进配套建设扶贫车间、学校、卫生室、娱乐场地等设施；建成提升特色产业园、脱贫园20个，发放"6+5"产业扶贫资金917户1498万元；建成席滩村、石城村、城北村扶贫车间3个，增加劳务用工400余人；全镇199户兜底户入股金戈壁农业开发有限公司，享受每年10%的入股分红。全镇政策兜底119户484人。2019年脱贫93户341人，年底剩余贫困人口42户102人，贫困发生率由最初的15.2%下降至0.38%。

截至2019年12月，红光、十里、响水等3个贫困村全部整村脱贫。

2020年，全镇建档立卡户全部脱贫，脱贫监测2户8人、边缘易致贫5户18人全部清除预警风险，贫困发生率下降至0。

表16-1-2　2018—2019年芦阳镇贫困人口脱贫时序一览表

类别\年度 村	2016年底农业人口数	2017年底贫困人口 户数	2017年底贫困人口 人数	2017年底贫困人口 贫困发生率	2018年脱贫 户数	2018年脱贫 人数	2018年脱贫 贫困发生率	2019年脱贫 户数	2019年脱贫 人数	2019年脱贫 贫困发生率
芦阳镇	26956	536	1799	6.67%	290	1016	2.90%	246	783	0.00%
城北	5667	94	349	6.16%	48	180	2.98%	46	169	0.00%

续表

类别\年度\村	2016年底农业人口数	2017年底贫困人口 户数	2017年底贫困人口 人数	2017年底贫困人口 贫困发生率	2018年脱贫 户数	2018年脱贫 人数	2018年脱贫 贫困发生率	2019年脱贫 户数	2019年脱贫 人数	2019年脱贫 贫困发生率
城关	1713	38	128	7.47%	23	77	2.98%	15	51	0.00%
东关	2519	47	159	6.31%	25	84	2.98%	22	75	0.00%
芳草	1988	44	140	7.04%	25	81	2.97%	19	59	0.00%
红光	605	47	203	33.55%	41	185	2.98%	6	18	0.00%
芦阳	2016	34	91	4.51%	12	31	2.98%	22	60	0.00%
十里	773	18	46	5.95%	10	28	2.33%	8	18	0.00%
石城	1680	28	91	5.42%	13	41	2.98%	15	50	0.00%
寺梁	1180	15	52	4.41%	5	17	2.97%	10	35	0.00%
西林	903	17	61	6.76%	9	34	2.99%	8	27	0.00%
席滩	1401	22	66	4.71%	8	25	2.93%	14	41	0.00%
响水	2139	57	194	9.07%	40	142	2.43%	17	52	0.00%
条山	4372	75	221	5.05%	31	91	2.97%	44	130	0.00%

二、产业扶贫

（一）特色种植

先后引进黑谷子、美国红辣椒等作物，在十里村、东关村试点种植黑谷子，席滩村试点种植美国红辣椒。按照市场价格，每亩玉米制种年收入1000元；每亩西红柿年收入3000元；每亩钙果年收入2000元；每亩黑谷子年收入1000元；每亩旱地瓜年收入1200元。实施旱地覆膜技术，产量提高4%~6%。

表16-1-3 2018—2020年芦阳镇特色种植产业一览表

种植项目	村名	2018年 总种植面积	2018年 贫困户种植	2019年 总种植面积	2019年 贫困户种植	2020年 总种植面积	2020年 贫困户种植	效益（元/亩）
红辣椒	席滩	100	30	150	50	200	80	4000
玉米制种	芳草	600	100	650	110	700	130	1000
西瓜	十里	1200	300	1250	312	1300	325	1200
西瓜	红光	300	180	350	210	400	240	1200
甜瓜	十里	1300	325	1350	337	1400	350	1200
籽瓜	红光	522	313	550	330	600	360	1200
籽瓜	十里	1000	250	1050	263	1100	275	1200
黑谷子	红光	169	85	175	88	180	90	1000
钙果	红光	6	4	100	60	150	90	2000
西红柿	城北	1000	500	1500	750	2000	1000	3000

（二）规模养殖

发展肉羊、肉猪、蛋鸡产业，建成以寺梁村养殖小区为主的肉羊产业集中区、以城关村盛大猪场为主的肉猪产业集中区，以一条山蛋鸡养殖小区为主的蛋鸡产业集中区，实施"统一进苗、统一管理、统一销售、统一防疫"发展模式。

2017年3月27日，芦阳镇在镇文化广场前为条山、芳草、西林、红光、十里、响水等村的26户精准扶贫户、低保户、五保户发放26头"扶贫仔猪"，并为每户配发一袋饲料、一份养殖技术宣传单。

表16-1-4　2018—2020年芦阳镇规模养殖产业一览表

养殖项目	村名	2018 存栏量	2018 贫困户养殖	2019 存栏量	2019 贫困户养殖	2020 存栏量	2020 贫困户养殖	效益
羊	寺梁	6万只	300只	7.5万只	450只	9.5万只	600只	300元/只
羊	红光	3500只	2100只	5550只	3330只	7500只	4500只	300元/只
羊	西林	4万只	1万只	5万只	3万只	6.5万只	5万只	300元/只
羊	芳草	1.4万只	100只	15000只	160只	16000只	220只	300元/只
蛋鸡	条山	16万只	2万只	20万只	3万只	25万只	5万只	3.75元/只
肉鸡	响水	3万只	2000只	4.5万只	5000只	6万只	8000只	10元/只
驴	红光	120头	34头	130头	48头	140头	68头	3000元/只
猪	城关	3000头	—	4000头	—	5000头	—	2000元/头
猪	席滩	1000头	20头	2000头	50头	5000头	70头	2000元/头
鱼、虾	响水	30亩	5亩	60亩	20亩	100亩	30亩	试点养殖

(三) 特色林果

建成条山村上滩组和石城村千亩梨园基地，扩大城北村、芦阳村枸杞连片种植规模，增加十里、红光、响水等村文冠果种植面积。发展以林下养鸡、鸭、鹅为主的立体经济，发展以梨花节为主题的乡村旅游业。按照市场价格，每亩文冠果前四年年收入400元，第五年年收入1000元；每亩枸杞年收入2000元，每亩梨年收入2000元。

表16-1-5 2018—2020年芦阳镇特色林果产业一览表

种植项目	村名	2018 总种植面积	2018 贫困户种植	2019 总种植面积	2019 贫困户种植	2020 总种植面积	2020 贫困户种植	效益（元/亩）
枸杞	芦阳	240	—	440	—	540	—	2000
枸杞	城北	500	250	700	350	1000	500	2000
梨	条山	300	60	300	65	300	75	2000
文冠果	响水	12000	300	15000	500	20000	700	400
文冠果	红光	50	35	100	70	150	105	400

（四）日光温室

发挥石城—西林片区城乡接合区位优势，建成"第五代土墙+钢架"日光温室500座，共1000亩。西林村以吸引贫困户就近务工200人次；石城村发展温室大棚100座，吸引更多的易地搬迁贫困户就近务工。

（五）戈壁农业

在红光村戈壁滩上发展戈壁农业。发展以文冠果、苜蓿、黑枸杞等为主的现代高效种植示范区。建立以牛、羊、驴为主的现代养殖区。旱沙地实际种植面积2万余亩，戈壁农业项目实施后，带动贫困户257户。

（六）特色小镇

石城特色小镇占地194公顷（2910亩），建筑面积700亩，定位红色爱国主义教育基地、旅游产业扶贫基地、红色文化体验基地。构建旅游、商业、住宿、文创、影视于一体的红色文化全产业链。结合景泰县易地扶贫搬迁石城安置点项目，辐射带动全镇易地扶贫搬迁贫困户214户就近就业，贫困户通过务工、农家乐、开设店铺等形式，参与到特色小镇的建设过程中。

三、就业扶贫

（一）业务培训

创新培训方式，以政府购买服务形式，通过农林技术培训、订单培训、定岗培训、定向培训、"互联网+培训"等方式开展就业技能培训、创业培训、农业实用技术培训、"两后生"职业技能学历教育培训、干部和帮扶队员培训。

实施针对建档立卡贫困人口的各类培训，加强对贫困家庭妇女的职业技能培训和就业指导服务，提高技能培训的针对性和精准度，确保每个接受培训的贫困家庭劳动力至少掌握一门就业技能或农业实用技术。对培训后自主创业的贫困劳动力，结合联扶单位开展转移就业结对帮扶，促进跨地区转移就业。

▲ 图16-1-1 衣之特服装厂生产车间

（二）劳务输出

开展劳务输出，帮助贫困户参加新疆生产建设兵团招工，建立输出输入地劳务对接平台，做到输出有基地、岗前有培训、劳动有合同、工作有保险、维权有保障。

芦阳镇富余劳动力省内输转去向兰州、嘉峪关、金昌、白银、天水、酒泉、武威、定西、陇南、平凉、临夏等地；省外输转去向广东、北京、上海、天津、江苏、内蒙古、浙江、广西、青海、宁夏、新疆等地，主要分布在建筑业、采掘业、制造业、建材业、服务业和其他行业。

2020—2022年，全镇劳务输出人数累计21973人，其中组织输出17798人，自谋输出4176人，就地转移8899人。劳务收入累计5.45亿元，外出务工人员享受交通补贴9.42万元，174人享受务工奖补65.51万元。

（三）资金筹措

技能培训总投资6.63万元，其中种植业培训投资2.4万元，烹饪培训投资2400元，刺绣培训投资600元，电焊培训投资1.44万元，电子商务培训投资1200元，机修培训投资1200元，家政服务培训投资1200元，架线技能培训投资600元，铝合金加工培训投资1000元，秘书培训投资300元，钳工培训投资1200元，瓦工培训投资1200元，养殖业培训投资1.7万元。

表16-1-6 2018年芦阳镇精品劳务产业一览表

村 名	劳务输转规模（人次）				务工收入（万元）
	总规模	县外	县内	贫困户	
城 北	1640	1100	540	70	1968
城 关	750	400	350	50	825
东 关	300	200	100	46	360
芳 草	300	120	180	42	420
红 光	110	60	50	86	99
芦 阳	120	70	50	25	156
十 里	160	90	70	17	240
石 城	300	190	110	26	367
寺 梁	400	160	240	9	680
西 林	45	20	25	16	522
席 滩	200	120	80	13	300
响 水	540	340	200	78	654
条 山	800	520	280	43	1120

四、电商扶贫

壮大电商经营主体 利用村级便民服务中心、农村超市等资源，实施"电子商务进农村"，推广"一村一店"模式。2019年，红光村投资2万元（中央财政资金），建立电子商务服务网点。2020年，全镇行政村电子商务网点全覆盖。

培育品牌，提高产品质量 借助阿里巴巴、淘宝、微商等线上销售模式，推广素有"红宝"之称的城北盐碱地天然枸杞和享有"十里香"美誉的十里村、红光村的砂地西瓜、甜瓜、籽瓜，创建天然绿色无公害农产品品牌。

农村快递配送体系建设 韵达快递覆盖全镇电商分布网店，与申通、圆通、顺丰等物流企业合作，通过物流补贴、税费减免等方式，快递企业在镇、村建立快递物流配送门店，与村电商服务点融合。

表16-1-7　2020年芦阳镇电商扶贫创业带动贫困户增收项目一览表

网点名称	涉及贫困户	销售产品	月交易量	人均年增收
芦阳镇电子商务服务站	15	枸杞	7万元	500元以上
城北村电子商务服务网点	35	枸杞、西红柿	7万元	500元以上
石城村电子商务服务网点	15	苹果、早酥梨、枸杞	6万元	500元以上
十里村电子商务服务网点	9	甜瓜、籽瓜	7万元	500元以上
条山村电子商务服务网点	20	鸡蛋、枸杞、皇冠梨	7万元	500元以上

五、易地扶贫搬迁

芦阳镇石城安置点总投资304.074万元，其中中央财政资金40.8万元，省级资金25.5万元，市县财政资金4.5万元，金融资金183.6万元，其他资金49.674万元。

2019年，石城安置点分别安置十里村3户10人、响水村8户38人、红光村1户3人，总计12户51人。

提高搬迁群众就业创业能力，对搬迁的安置户，加强职业技能培训和就业服务，提供就业信息，户均有一个劳动力就业。

通过流转土地，发展设施养殖、大棚种植等产业，使农村集中安置户有稳定的产业收入。

落实对建档立卡贫困户的资金补助政策，实现搬迁一户，脱贫一户。

六、教育扶贫

2018年，投资110万元（省级财政资金），完成城关小学维修项目。

学前教育　每名幼儿每年可减少2000元的保教费开支。涉及57名贫困户学前教育幼儿。

义务教育　为义务教育学生进行"两免一补"和享受"营养餐"，每名学生除免去书本费和学杂费，并享受每年239元的寄宿补助金。涉及179名贫困户义务教育的学生。

普通高中学生　资助助学金和免除学杂费，每名学生每年可减少800元学杂费的支出。涉及61名贫困户普通高中学生。

中职生　资助国家助学金和免除学费。涉及9名贫困户中职学生。

高职生　免除学费，每名学生每年可减少5000元左右的学费支出。涉及19名贫困户高职学生。

专本院校学生　专科和普通本科院校学生开放生源地助学贷款。涉及77名贫困户专科和普通本科院校学生。

2020年，全镇各级各类学校办学条件基本达标，学前教育三年毛入园率达到96%，九年义务教育巩固率达到99.8%。

七、健康扶贫

2018年，作为芦阳镇健康扶贫重点项目，投资3万元（省级财政资金）为贫困村响水村、红光村村卫生室配备健康一体机等医疗设备。

截至2021年，镇、村两级医疗卫生机构标准化建设达到100%；常住贫困人口健康档案率达到100%；贫困人口常住儿童疫苗接种率达到100%；贫困常住儿童健康管理率达到100%；贫困常住人口孕产妇管理率达到100%；常住贫困人口老年人健康管理率达到100%；常住贫困人口高血压和糖尿病健康管理率达到100%；常住贫困人口精神病患者管理率达到100%；常住贫困人口新生儿代谢病、听力筛查、孕产妇住院分娩、叶酸补服、"两癌"筛查均达到100%；贫困人口医生签约服务率达到100%；贫困人口新农合住院费用提高5%报销；贫困人口大病保险和慢特病门诊报销纳入大病保险起付线降至3000元；贫困人口门诊慢特病和重大疾病住院医药费用新农合直接按70%报销；贫困人口重大疾病住院个人自付合规费用年累计超过3000元部分，通过民政医疗救助全部兜底解决；贫困人口住院全部实施先诊疗后付费制度；全镇各村卫生所至少配备1名村医。

八、住房安全

共投入资金76万元，其中中央补助资金18.2万元，省级补助资金28.8万元，县级补助29万元，进行危房改造。2018年底，全面完成贫困户13户、非贫困户25户共38户C级危房改造任务，其中东关村3户，城北村7户，城关村7户，芳草村1户，条山村15户，西林村5户。

九、生态扶贫

2018—2020年，生态环境改造1380亩，其中美丽乡村绿化780亩，道路绿化600亩；平整林带2.135万平方米；退耕还林422.37亩；草原保护37万亩；栽植优质林果4500亩；新增育苗面积150亩。林业技术培训1800人次。全镇聘用生态护林员20名。

十、光伏扶贫

2020年，投资320万元，其中中央预算内投资81万元，金融资金239万元，在响水村建成400千瓦分布式集中电站一座，带动贫困户81户，年收益3000元/户。

十一、饮水安全

1.2017年，对镇片区实施农村饮水安全巩固提升工程，总投资629.36万元，从县城区自来水9#分水口接引，更换管网总长度35.725千米。其中总干管1条，总长度16千米；干管两条，总长度1.9千米；支管30条。总长度17.825千米；新建各类阀井85座；将工程设计村的原井泉水置换为引大工程水。

2.按照2018—2020年脱贫攻坚农村饮水安全巩固提升工程规划，对全镇剩余11个村4744户的入户管道进行维修改造，投资总额944.3万元，彻底改善全镇群众的人饮条件。其中：

芦阳村，受益531户。配水井106座、DN50配水分支管10.62千米、DN50闸阀106个，DN20入户管26.55千米、入户水表531个。

城关村，受益411户。配水井82座、DN50配水分支管8.22千米、DN50闸阀82个，DN20入户管20.55千米、入户水表411个。

席滩村，受益346户。配水井69座、DN50配水分支管6.92千米、DN50闸阀69个，DN20入户管17.3千米、入户水表346个。

寺梁村，受益289户。配水井58座、DN50配水分支管5.78千米、DN50闸阀58个，DN20入户管14.45千米、入户水表289个。

西林村，受益218户。配水井44座、DN50配水分支管4.36千米、DN50闸阀44个，DN20入户管10.9千米、入户水表218个。

十二、扶贫互助协会

截至2020年，全镇13个村均成立扶贫互助协会。全镇扶贫互助协会资金总规模414.88万元，其中：财政扶贫专项资金189.2万元，市、县落实配套资金159万元，农户缴纳互助金40.22万元，占用费扩充本金13.82万元，其他12.64万元。全镇扶贫互助协会入会农户1061户，其中贫困户445户。2017年，全镇互助协会累计发放借款439户，其中贫困户129户。发放借款额385.1万元，其中贫困户92.8万元。互助协会账面余额11.25万元，2017年占用费收入13.21万元。

表16-1-8　2017年芦阳镇扶贫互助资金项目实施情况统计表

村　名	资金规模（万元）	借款户（户）合计	借款户（户）贫困户	发放借额（万元）合计	发放借额（万元）贫困户
芦　阳	23.95	24	3	24	3
东　关	33.68	28	4	28	2
城　关	16.10	21	4	15	3
城　北	36.58	60	36	37	18
席　滩	16.02	15	—	15	—
寺　梁	49.52	54	15	54	15
西　林	33.73	42	13	30.2	9
石　城	46.76	38	5	43	3.5
条　山	16.40	17	14	15.3	7
芳　草	18.51	31	4	17	1.8
十　里	33.68	29	4	24	3
红　光	45.81	38	21	38	21
响　水	44.13	42	6	41	6
合　计	414	439	129	385	92.8

十三、兜底保障

(一) 攻坚目标

以2017年12月底实保人数为基础，对完全或部分丧失劳动能力的农村低保对象（即农村低保一、二类对象）836人、农村特困救助供养人员74人、农村散居孤儿5人，共计915人，在严格动态管理的前提下，实行政策性保障兜底。

(二) 支持措施

①全面运用农村低保家庭困难状况评估指标体系、居民家庭经济状况信息核对等手段，准确认定兜底保障对象。农村低保动态调整时，把因病、因残等返贫家庭作为重点，符合条件的及时纳入兜底保障范围，做到应保尽保，不错保漏保一户一人。②综合考虑农民人均纯收入增幅、农民人均消费支出增幅和物价上涨等因素，在2017年农村低保标准每人每年3500元的基础上，2018—2020年，参照全省确定的脱贫退出验收标准逐年提高农村低保标准，按照保主保重的原则逐年提高完全和部分丧失劳动能力的农村低保对象（农村低保一、二类对象）补助水平，确保其实现收入上的"政策性脱贫"。③对农村低保家庭中的老年人、未成年人、重度残疾人和重病患者等重点救助对象，采取多种措施提高救助水平，保障基本生活。④在2017年农村特困人员救助供养标准每人每年分散供养4855元、集中供养6220元的基础上，2018—2020年，根据特困人员基本生活需求和照料护理需求，逐年提高农村特困人员救助供养标准，为其提供托底、适度的救助供养服务。⑤对16周岁以上有长期照料护理需求的贫困重度残疾人，符合特困人员救助供养条件的，纳入特困人员救助供养；不符合救助供养条件的，在条件成熟时通过政府购买服务、采用托养等多种方式为其提供集中或社会化照料护理服务。⑥对完全丧失劳动能力的农村低保对象、特困救助供养人员、孤儿参加新型合作医疗个人缴费部分给予全额资助，对部分丧失劳动能力的农村低保对象、有劳动能力的低保对象、建档立卡贫困人口参加新型合作医疗个人缴费部分给予定额资助。⑦对农村低保对象、特困救助供养人员、建档立卡贫困人口诊疗发生的政策范围内的医疗费用，按照"基本医保+大病保险+医疗救助"的路径进行报销和救助，医疗救助标准在全省统一的指导标准基础上提高3~5个百分点。在省上确定的50种重特大疾病医疗救助病种的基础上，结合易发多发等特点的地方病种，适当扩大重特大疾病医疗救助病种范围。⑧全面落实残疾人"三类补贴"制度，将符合条件的困难残疾人和重度残疾人纳入残疾人两项补贴范围，做到应补尽补、不漏一人。

表16-1-9 2017年12月底芦阳镇实保人数统计表

单位：人

村　名	一类低保	二类低保	农村特困救助供养
城　北	5	130	5
城　关	3	43	6
东　关	23	76	9
芳　草	1	38	5
红　光	1	30	3
芦　阳	19	24	5
十　里	2	17	6
石　城	4	64	7
寺　梁	7	33	1
西　林	23	13	0
席　滩	4	58	6
响　水	22	72	4
条　山	25	99	17
合　计	139	697	74

表16-1-10 2020年芦阳镇雨露计划一览表

村　名	人　数	补助标准（人/元）	补助金额（元）
芦　阳	6	1500	9000
东　关	15	1500	22500
城　关	5	1500	7500
城　北	19	1500	28500
席　滩	3	1500	4500
寺　梁	6	1500	9000
西　林	2	1500	3000

续表

村　名	人　数	补助标准（人/元）	补助金额（元）
石　城	6	1500	9000
条　山	13	1500	19500
芳　草	8	1500	12000
十　里	2	1500	3000
红　光	9	1500	13500
响　水	7	1500	10500
合　计	101	—	151500

第二节　小康建设

一、20世纪80年代

20世纪70年代，陆续搬迁到景电一期灌区的群众，解决了温饱问题，并通过到公社、大队砖厂打工、县市场经商、收鸡蛋羊皮等农产品等渠道增加收入。截至1979年底，社员储蓄额达到32.226万元，大多数家庭有自行车、缝纫机、手表和收音机。1980年，全公社110个生产队普遍建立各种形式的生产责任制。

二、20世纪90年代

1994年，芦阳镇提出"31843"脱贫致富奔小康工程：健全体系（基层组织、社会服务、双层经营），村村发展一个村办企业（"一村一业一品"），建立8个示范村（城北村以工促农，马鞍山村盐碱地治理，西林村以农促牧规范化种植，石城村高产丰产大棚种植，条山村良种培育，上滩村科技促农，芳草村中低产田改造，十里村旱砂地西瓜多种经营），建设肉鸽、蔬菜、红枣、果类基地，发展农林牧结合、种植养殖结合、农工商结合专业户。

1997年，农民人均纯收入达到1463元，比上年净增123元；发放救灾救济款12850元，救灾粮4000斤；学龄儿童入学率98%；80名初中毕业生被高中、中等专业技术学校录取。人口自然增长率6.24‰。

1999年,制定《1999—2001年芦阳镇三年发展规划》,确定1999年、2000年、2001年分别为芦阳镇"区域经济培育年""区域经济发展年""区域经济提高年"。

三、2000—2013年

2000年,全镇总人口25423人。6周岁以上识字人口20969人,不识字2404人(其中15岁及以上不识字人口2362人);6周岁及以上人口受教育程度:未上过学2404人,扫盲班812人,小学9660人,初中8420人,高中和中专2004人,大专及以上73人。

2000年3月,实施国家生态环境建设综合治理工程农田种草项目。

2001年,实现"村村通广播电视"。

2003年,制定《芦阳镇林业生态小康村镇建设规划》。同年,完成工农业生产总值10794万元,其中乡镇企业总产值6774万元,农业总产值4020万元。人均纯收入达到2150元。

2011年,景泰县被列为国家六盘山片区扶贫重点县。2013年底,全镇建档立卡贫困户1124户4202人。2013年,全镇有红光、十里、响水等3个贫困村,其中红光村为深度贫困村。

四、2013—2021年

2013年,全镇落实义务教育阶段"两免一补"政策917人,"雨露计划"学生102人。义务教育阶段就学率、贫困人口基本医保和大病保险参保率均达100%。构建公益性岗位托底保障体系,聘用公益性岗位22个,选聘生态护林员、护草员53个,贫困人口工资性收入增加。2014年,经过调整农业结构,优化畜牧业发展,人均纯收入2570元。

表16-2-1 2016年芦阳镇社会发展统计表

村 名	电话(部) 固定	电话(部) 移动	电脑(台)	沼气池(座)	自来水(户)	电冰箱(台)	摩托车(辆)	汽车(辆) 轿车	汽车(辆) 客车
芦 阳	149	1150	260	—	560	425	510	165	1
东 关	180	1200	240	—	687	395	520	203	2

续表

村名	电话（部）固定	电话（部）移动	电脑（台）	沼气池（座）	自来水（户）	电冰箱（台）	摩托车（辆）	汽车（辆）轿车	汽车（辆）客车
城关	23	1000	150	—	455	335	300	145	2
城北	350	3600	200	—	1280	678	950	320	3
席滩	292	760	80	—	375	205	201	95	0
寺梁	76	680	53	—	302	253	46	68	—
西林	20	510	50	—	237	192	120	63	—
石城	79	950	90	22	410	256	236	64	1
条山	630	2400	450	—	1154	697	992	163	1
芳草	—	930	20	36	498	305	280	93	2
十里	92	310	15	—	206	68	150	12	3
红光	50	420	2	—	72	16	45	8	—
响水	103	960	150	—	280	123	272	43	1
合计	2021	14870	1760	58	6516	3948	4622	1442	16

2017—2021年，镇党委、镇政府制定精准扶贫规划；建立帮扶单位与帮扶村关系；建立干部帮扶贫困户关系，将镇1108户帮扶对象分配给帮扶干部，责任到人，落实措施；将十里、响水、红光等村建档立卡12户51人搬迁石城安置点。

截至2021年，实施农村住房抗震改造24户；适龄儿童0辍学，均享受"两免一补""营养餐"；建档立卡户医保参合率、养老保险缴费率、家庭医生签约落实率均为100%；11个企业及合作社带动719户发展；对符合条件的建档立卡贫困人口全部纳入社会救助兜底保障；对易致贫返贫人口进行动态监测；易地搬迁后续扶持建立扶贫车间、超市、小学、幼儿园、活动场所等；全镇回收精准扶贫贷款708户3503.66万元，续贷195户636.44万元；全镇13个村的兜底户享受光伏分红每人每月41元，配齐公益性岗位人员79人，每人每年落实补助资

金5000元；与天津西青区帮扶对接，争取帮扶资金25万元，东西部扶贫协作帮扶十里、红光、响水、石城等村共200万元；聘用生态护林员

▲ 图16-2-1 天津西青区援建的扶贫项目

53人，每人每年补助金8000元；积极争取财政支持，管理有关项目。

2000年，芦阳镇建档立卡户全部脱贫。2019年12月，3个贫困村全部整村脱贫。为镇全面小康奠定基础。

各村发展特色经济，通过农林牧副渔、劳务输出及承揽工程等多种渠道增加农民收入，截至2020年，人均纯收入2704元。通过"一事一议"、危房改造、土炕改造、自来水改造、厕所革命、美丽乡村、乡村振兴等项目的实施，村民生活条件环境得到改善。

20世纪七八十年代，芦阳镇村民饮食以黄米、小米、包谷面、小麦面为主。进入90年代，大米、乳制品、肉食成为农村百姓家常便饭。21世纪，饮食逐渐向清淡化、蔬菜化、杂粮化方向发展，早点增加鸡蛋、豆奶粉、牛奶、芝麻糊等，不再自家屠猪宰羊，可随食随买，保持新鲜。村民饮食基本做到米面蔬菜肉蛋搭配，农村家庭自种蔬菜水果，注重绿色环保营养均衡。

20世纪50—70年代，群众服装多数自制，面料多以的确良、的卡化纤布料为主。80年代，妇女多以喇叭裤、直筒裤、牛仔裤为主。21世纪，妇女着装紧身裤、打底裤、花样凉裙、毛料裙子、皮草裙子等花样繁多，佩戴耳环、项链、戒指等装饰品成为时尚。男性中青年以西装、轻便服为主，老年人多着中山装四兜"干部服"。服装以购买成衣为主。

20世纪70—80年代，农村住房由土窑、土木结构向砖木结构转变，注重采光、保暖、宽敞，式样为一坡水、穿靴戴帽、砖包封、木拔檐；90年代后期，部分农户建造2~3层楼房，大多数住房以钢筋混凝拔檐为主，双扇门，大玻璃窗，石膏板线条造型房顶，瓷砖铺地，灶台水熏石，院落硬化。

2020年，村民都有自己的宅基地，农村住房通过国家补贴改造，95%以上已砖木砖混结构，部分农民在县城购置楼房。

村民下地干活，有的开小车，有的开电动三轮车。电视、电脑、自行车、冰箱、洗衣机等日常用品均已普及。村道实现村村通，网络布线村村通。2020年，全镇家庭轿车千余辆。为65岁以上老人办理免费公交卡。

2021年，老年人一般都有老人机，部分60岁以上老人有智能机。年轻人一般都有智能手机。村上建立联系群，村务事宜大都通过微信群告知。镇村居民食品支出占总消费支出比重在下降，住房改善、自我教育、旅游、结婚、出行、养育等支出比例在上升。2021年，每千人有医生超过2.8人，同时，由于新农合报销合并，村民方便到县医院、县中医院、市医院看病。60岁以上老人每年免费体检。

推行建设林业生态小康村。对村庄房前屋后绿化；公路两旁栽植槐树；村委会院内林木覆盖率40%以上；全镇16所学校全部建成"花园学校"；镇内总一支、总三支、总五支及所有农渠与第二代农田林网改造相结合；城北村一排、二排、三排碱渠绿化和排碱渠衬砌相结合；响水村农渠林网建设和整村推进相结合；红光村种植耐盐碱、耐旱树种沙棘、红柳，绿化率80%以上；席滩、寺梁、西林、石城、城北、条山等村建成农业科技示范园区，种植优质林果杏、梨、枣等经济林；荒山荒地绿化，在十里、红光、响水山区耕地种植文冠果，覆盖率达18%；有效绿化城北麻梁、芳草梁覆盖率达30%。2000年，实施响水、麦窝、西关、红光等村退耕还林（草）工程，响水地区1685亩水地种枣为主，红光351亩水地发展牧草种植。退耕还草还林，封山育林育草，通过不懈努力，镇域植被逐年恢复，气候环境逐渐改善，人居环境优化。

第三节 乡村振兴

一、养殖产业

寺梁村羊养殖育肥贩运产业 养殖小区累计投资3000万元，占地面积266亩，建成标准化羊舍66栋，吸纳养殖户80户。羊存栏6万余只，年出栏25万只。同时辐射周边西林、席滩、条山、城北等邻村150户农民从事肉羊养殖。

条山村标准化蛋鸡养殖产业 建成条山、博大标准化养鸡小区2个，蛋鸡年存栏量20万羽，日产蛋32吨。

响水村高密度水产养殖产业 景泰鲟龙渔业、甘肃银太渔业生态养殖发展有限公司、甘肃东源渔业等公司入驻发展，建成水域面积150亩响水戈壁咸水鱼虾养殖示范区1处。

二、种植产业

①城北村千亩高原夏菜种植。发展以西红柿种植为主的高原夏菜1000亩。②石城—西林现代设施蔬菜产业。③响水村万亩旱作文冠果种植。以景泰县响水村生态农林业科技发展有限公司为龙头带动，流转承包300户耕地及林地1.6万亩，积极引导全村发展文冠果种植。④西林发展辣椒种植产业，流转土地150亩。同时直接示范带动村民调整产业结构。⑤山区村千亩绿色旱作瓜种植。在红光村、十里村干旱山区，建成万亩绿色旱作农业，种植旱地西瓜、甜瓜5000亩。十里村，流转规模化种植名贵中药材肉苁蓉4000亩。⑥条山—上滩—西六支优质梨种植。在临近条山农场，705公路沿线的条山村上滩组与芦阳村西六支组种植优质梨1000多亩，建成冷库一座，库容500吨。⑦城关村标准化枸杞种植产业，城关村致富带头人连片流转土地种植枸杞220亩。⑧芦阳村发展种植紫花苜蓿1000亩，为寺梁村规模养殖羊提供便捷、优质的草料，形成村与村产业互促互补发展模式。流转土地种植枸杞321亩，辣椒、洋葱1000余亩。⑨城北村建成冷储收购基地1处，建成400吨冷藏库1座、600平方米收购棚2座，建成西红柿周转筐生产扶贫车间1个。

三、脱贫攻坚

①加大农村住房安全提升和易地搬迁力度，共改造提升住房91户，石城小镇安置楼竣工率达到100%，安置全县贫困户1116户4807人。非建档立卡户126户560人。配套完善石城易地搬迁安置点道路、自来水、电力、学校等基础设施。②义务教育阶段就学率和贫困人口基本医保，大病保险参保率均达100%，建档立卡贫困户报销后费用比例达到85%以上。③构建公益性岗位托底保障体系，聘用公益性岗位22个，选聘生态护林员20个，贫困人口工资性收入稳定增加。④做好与天津西青区帮扶对接工作，充分发挥东西部协作契机，争取天津市西青区帮扶资金25万元，对接西青区销售红光村、十里村旱砂地西瓜360吨。⑤全面提升"两园"建设水平，建成提升特色产业园、脱贫园20个。"6+5"产业扶贫资金补助到位1498万元，受益农户917户。⑥建成席滩村、城北村扶贫车间2个，增加劳务用工380人。⑦推进光伏扶贫工程，全镇199户兜底户按照每人5000元户均不超过2万元，入股金戈壁农业开发有限公司，每年按照入股资金的10%进行分红。

▲ 图16-3-1　西青景泰共建示范村　　▲ 图16-3-2　石城小学

▲ 图16-3-3　芦塘城爱心餐厅　　▲ 图16-3-4　乡村医疗服务

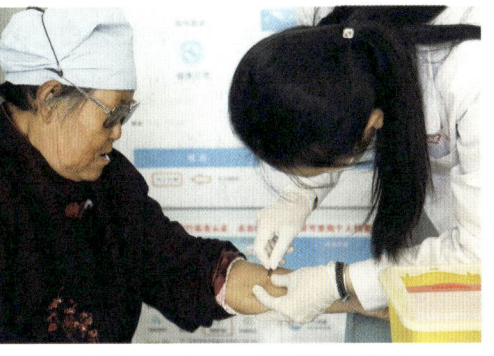

四、项目建设

兑付景中高速资金5200万元，完成景中高速辅道资金兑付1388.27万元；兑付南沙河土地储备，"三水一园一河"土地储备资金6400万元；依托扶贫政策，投资86.97万元，硬化石城村道路2.5公里；石城易地搬迁项目完成投资1.6亿元，搬迁户全部入住；一事一议项目共整合财政奖补资金271万元，修建西林、城关、芳草、十里沙河等6个行政村渠道、文化广场、活动室；持续推进设施农业综合示范园建设项目，建成大棚63座，投入使用38座，一期种植收入62万元，二期种植收入约176万元。

五、人居环境改善

"厕所革命" 在城关村、十里村、席滩村、西林村实施整村推进建设，辐射条山村、城北村、席滩村推进"厕所革命"。建成公厕3个，户厕1000个。

"垃圾革命" 持续推进全域无垃圾专项治理行动，拆除空壳房及残垣断壁，累计出动大型车辆385次，投入人力1300多人次，清运垃圾1200吨。

"风貌革命" 开展村庄清洁行动，统筹推进村庄亮化、绿化、美化。共拆违治乱140多处，国土绿化面积1586亩，栽植各类苗木2.164万株，全面整治提升农村人居环境。

芦阳村通过改造提升、改建达标、配套新建等多种方式，已建成双坑交替式旱厕173户，水厕119户，村内建有卫生公厕2座，专人打扫清理。2021年底，厕所达标率达到100%。积极推广土炕改造，完成土炕改造274户；有275户农户家中建有洗澡间，积极引导村民使用太阳能热水器。清理垃圾386吨，其中人工清理生活垃圾120余吨，垃圾车辆转运垃圾266吨，通过聘用精准扶贫户等救助人员配置公益性岗位，按照统一平台、渠道不变、各尽其职原则，全部投入乡村建设行动示范村创建中，划分责任区域，做到集中清理和日常维护相辅相成，对村级公益性设施进行长效管护，并制定相关规章制度，使村级公益性设施共管共享工作深入开展，建立"有制度、有标准、有队伍、有经费、有督查"的长效管护机制，村庄干净整洁有序。

2021年3月，芦阳镇倡导全体镇村干部以及广大党员群众做到"人精神、地干净、物整洁、院绿化、禽规范"，镇村干部带头行动，对辖区开展全面彻底的环境卫生整治行动，推进人居环境进一步改善，村容村貌进一步改观。

▲ 图16-3-5 城关村小广场

六、惠民政策

2019年，全镇全年共发放农业支持保护补贴439.9万元，退耕还林补贴591万元，经济林补贴40.72万元，救灾款119万元，城市低保23.86万元，农村低保335.99万元，五保、优抚、孤儿、临时救助、医疗救助、残疾人补助、高龄补贴等资金581.95万元。

七、社会保障

截至2019年12月，新农保参保14893人，参保率90%，60岁到龄待遇发放4969人，新农合参保25286人，参合率达100%，共办理社会保障卡26723卡26500张，发放率达99%。

八、科教文化

开展村级特色文化座谈交流、道德讲座活动。举办"三八"妇女节、"七一"建党节、中华人民共和国成立70周年等文艺汇演，全面提高群众文化素养与文化自信。

落实义务教育阶段学生"两免一补"政策，受益917人；落实"雨露计划"政策，受益学生102人；表彰优秀教师24名。

九、健康计生卫生

2019年底,全镇新出生237人,出生率为8.49‰,人口自然增长率为5.29‰。完成孕前优生健康检查127对,完成率105.8%。食品和药品安全工作,重点对儿童食品和校园内及其周边食品、农村食品市场、仓储食品安全等进行专项整治,开展中药饮片、医疗器械、疫苗质量及特殊药品安全等专项检查。出动执法人员365人次,车辆75辆次,安装电子追溯系统103家,督促办理健康证,未发生食品药品安全事件。

芦阳镇志

第十七章

军　事

第一节 机构和驻军

一、历史上的地方武装

团练 清道光年间,靖远县所属大芦塘、小芦塘成立团练,也叫保卫团,设团总。主要职能是保卫乡里、缉防盗贼。人数以村镇大小而定,一般在20~40人。民国二十年(1931年)后,逐渐解散。

巡兵警察 民国二十六年(1937年),景泰县成立警察队,编制有警佐1人,巡官2人,警长3人,警察若干名。其任务是保卫县政府的安全,跟随党政要员(县长、科长等)出外下乡,传讯诉讼人,捕捉、押送罪犯等。抗日战争初期,景泰县组建义勇警察,设2个班,约60余人,配有武器。

民国初,一条山盐仓设盐务缉私队。民国二十四年(1935年),一条山盐务公署设缉私中队,并于一条山设卡,计有盐警数十人,配有武器,执行保卫盐仓和缉查私盐等任务。

1949年,原盐务警察改为中国人民盐务缉私部队,人员增至100余人。1953年改为中国人民经济警察,1954年警察大队转业。

国民兵团 抗日战争中,景泰县组建国民兵团,由县长兼任团长,另设专职副团长1人,由省派军事教官1人任教练,另设有督练员、指导员,负责督促检查各乡保的国民兵团军事训练。国民兵团在县设常备中队,约数十人,配有武器。乡有乡队,保有壮丁队,乡、保长兼任队长。

民众自卫总队 民国三十四年(1945年),抗日战争胜利后,国民兵团改称景泰县民众自卫总队,由县长和军事科长分别任总队长和副总队长,后又配副总队长1人。民众自卫队在县设有常备中队,约七八十人,编为两个分队,装备武器。常备中队属预备役性质,平时集中在县城训练,必要时可部分或全部补入正规军;有时奉调参加大的军事行动。后县民众自卫常备中队改称景泰县自卫中队,下设两个分队,即两个排60余人。

民众自卫中队在乡和保的基层组织同国民兵团,乡队长由乡长兼任,另设1名乡队副,乡队人数以乡之大小而定。芦阳乡有30人左右,配有武器。保队长由保长兼任，另设一名保队副，保队人数不等，不装备武器。

国民兵团和民众自卫队的军事训练，每年进行两次：春播后普训一次，冬训一次。训练对象一般是18~30岁的壮丁。

二、驻军

（一）汉代

武帝元鼎六年（前111年），设媪围县，驻武卒。

（二）唐代

武周大足元年（701年），凉州都督郭元振奏请设新泉军，驻媪围城。开元五年（717年）改为守捉使，首任军使安忠敬，新泉军平时千人左右，战时7000人。

（三）明清时代

明万历二十七年（1599年），芦塘城设参将1员，中军千总1员，把总1员，马、步兵丁1219名，辖墩台24座，隘口2处，边墙50里，属靖虏卫。清初设游击1员，千总1员，有马战兵162名，步战兵38名，守兵62名，后增经制外委1员。至道光三年（1823年），实有马兵91名，步兵49名，守兵64名。所辖塘汛7处，东路：小芦塘、干沙河、索桥；西路：席芨滩（今席滩村）、塘马窑（今上滩村）、锁罕堡（今兴泉）；隘口21处，边墙50里。属靖远协标管辖，清末废。

小芦塘堡设防守2员（其中索桥1员），统领军兵131名，火器66位杆，所辖墩台9座，隘口2处，边墙20里。

（四）民国时期

民国十六年（1927年），国民军入甘后，一条山驻国民军一个骑兵连。民国十七年（1928年），李鸾山部驻一条山、大芦塘。民国十九年（1930年），蔡呈祥部进驻。同年底，三十五师马鸿宾部一零五旅冶成章接驻靖远县城，其一部驻一条山、大芦塘。民国二十年（1931年），马鸿宾军一个营约1000余人进驻一条山、大安、正路等地，次年撤回宁夏。民国二十五年（1936年），马步青在沿黄河设防堵截红军，一条山、芦塘、五佛、尾泉、老龙湾、脑泉、西番窑等地驻马步青军；民国三十二年（1943年），骑兵第二旅旅长白海凤部进驻靖远县城，其一部分驻景泰，1935年撤离，1936年复驻，1937年调陇东参加内战。之后，胡宗南军一部驻景。1949年8月，张钦武整编骑旅之一部进驻一条山、大芦塘，后驻红水、昌林山，至景泰解放时向解放军投降。

（五）中华人民共和国

1949年9月12日傍晚，中国人民解放军19兵团63军188师563团进驻县城芦阳。景泰解放。

1975年10月24日至11月17日，原兰州军区在一条山地区组织陆军师检验性实兵演习，中共景泰县委成立支前领导小组，从4个公社41个大队抽调144名民兵、干部组成武装基干连参加演习。

第二节　中国工农红军西路军在芦阳

一、红三十军军部进驻双龙寺

1936年10月，中国工农红军第一、第二、第四方面军在会宁会师。红三十军、九军、五军于10月25日从靖远虎豹口强渡黄河，攻破国民党马家军河防线，28日抵达景泰尾泉。30日，红四方面军总指挥徐向前、政委陈昌浩率总部进驻中泉赵家水。红三十军从锁罕堡向芦塘、一条山进军。31日，军长程世才、政委李先念率三十军军部进驻双龙寺。同日，三十军89师267、268团在师长邵烈坤带领下，88师265团在师长熊厚发带领下占领一条山村，将马家军马进昌团围困在全兴张堡子。当日晚，88师一部与89师一部攻打芦塘城未克，88师263团退驻席滩、西林，89师返一条山参加战斗，政治部主任李天焕带领三十军政治部进驻秀水村，住村民刘文德、宋本善家中。后勤及三十军医院进驻芳草村。随三十军行动的两个骑兵连进驻城北墩并参加攻打芦塘城战斗，后仍驻城北墩村。

10月31日，军长程世才率88师两个团自双龙寺出发，经城北墩、响水咬牙沟向五佛进军途中，与从米家山过来的红军会合后，改道从响水进入五佛，占领索桥、车木峡、兴水、西源、金坪各渡口。

至11月1日，红三十军89师两个团，88师一个团一部分占领一条山大部村庄，另一部分攻打敌河防前线总指挥部驻地大芦塘。三十军军部进驻双龙寺，政委李先念住在拉牌头李冠英家，四方面军政治部主任李卓然率警卫连住在席滩村拉牌湾郭志胜家的拉牌里。11月3日，总指挥徐向前来到双龙寺，8日接到军委命令，准备向河西开进。一小部从米家山翻过盘坡石峡向一条山集中，一小部分直奔响水向五佛前进。另有一部在牧羊人卢坐安带领下从胡麻水翻米家山过猴牙叉、华道沟，从周家窑到红庄，与石峡过来红军会合，直奔响水，向五佛渡口进发。

二、一条山战斗

1936年10月31日，西路军主力部队三十军攻占一条山，国民党马家军马进昌团退守在全兴张堡子。11月1日，马廷祥派出师司令部上校兽医处长张毅生（靖远人）到一条山与红军谈判，程世才、李先念致马廷祥信函，表示红军北上抗日，不打内战。为表诚意，放走锁罕堡被围的马禄600多人，并于11月2日给被围困的马进昌团提供粮食补充和饮水。而马进昌这时估计其青海援军即将到达一条山，放黑枪打死张毅生，并嫁祸给红军，谈判破裂。

11月2日，青海马步芳任命的前线总指挥马元海带领援兵到达一条山，马进昌占据的全兴张堡子东面不远处有座财神庙，位置比堡子高。为防止红军占据财神庙对其产生威胁，马进昌派人从地下挖通道，在财神庙纵火，烧了三天三夜。

11月3日下午，围攻一条山的国民党马部1500多人又进攻村南1里处的秀水，政治部主任李天焕驻扎在宋本善、刘文德家的土围子里，大部分是机关、后勤文艺宣传人员，作战人员只有一个排。李天焕组织反击，战斗到天黑，红军弹药用尽，战士们用大刀、木棍、铁钗、长矛与马家军展开激战，危急时刻，熊厚发师长带领部队解围，击退敌人，一同退回一条山。

88师防守地原是村东南角的一座龙王庙，11月4日下午，熊厚发抽调部分兵力支援秀水村，一股马家军乘机钻进龙王庙，向北面住在地势较低的民房里的红军扫射。267团团长张明伦迅速赶来，指挥部队反击，用密集的火力压住敌人，一部分战士投扔手榴弹、土地雷，马家军撤出龙王庙。黄昏时88师从秀水返回，防守龙王庙。

11月3日，马元海命马步銮、马忠义两个团，鲁沙尔民团、保安骑兵旅两个团近1万人从三面进攻一条山。马步銮攻打清真寺、接引寺，马忠义从西南攻打杨家堡子。4日，马廷祥带卫队来到一条山，组织骑五师马宗义团、韩起禄旅与青海援军共同发起新的进攻。马廷祥登上全兴张堡子督战，不时抢过士兵的枪支向红军射击，被红军击毙。

经过两天攻打，村北一些阵地被马家军占领，89师阵地进行收缩。西北边的清真寺离全兴张堡子不远，马元海命马步銮全力攻打，红军伤亡较大，子弹用尽，撤出清真寺向盐务局靠拢。

青海援军与马进昌联到一起，村北大部分地盘被其占领。11月5日，89师撤离一条山向锁罕堡（今兴泉村）转移。马家军占领一条山，到处搜捕红军伤员，东北角盐仓30多名红军伤病员未接到撤离通知，被马家军全部杀害。

一条山攻守战一个星期，歼灭国民党马部近2000人，河防总指挥马廷祥被击毙，团长马宗林、营长马登云、马元被击伤。红军李肇基等数百人牺牲，师长邵烈坤负重伤。

三、大芦塘攻坚战

大芦塘为当时景泰县城所在地。敌河防前线总指挥部驻守县城。驻军有马廷祥卫士队、炮兵团第二营、马禄的一个骑兵营、祁明山的一个加强骑兵连，以及马廷祥参谋、办公人员。红军渡河前，总指挥马廷祥强迫老百姓加固城墙，挖深护城壕，在城外修筑碉堡，在城头上搬运大量石块，用沙包堵塞城门，收集灯笼，布置在城头四周，重兵把守。

1936年10月31日晚，红三十军89师一部，88师263团从一条山、席滩、双龙寺出发，攻打县城，红军晚间到达县城周围，占领城外碉堡与高地，从东南角和西南角发起进攻，红军战士在机枪掩护下，抬着从城北墩用树枝扎绑好的云梯，冲到城墙根，搭梯登城，因木梯长度不够，马家军就用石头砸、用机枪射击，红军很难登城，后来88师263团三营八连二排排长李求带领五班战士，在机枪掩护下从东南角登上城墙，马廷祥下令用机枪扫射，包括李求在内五班战士大部牺牲，敌人又占领城墙。激战半夜，城未攻下，红军牺牲30多人，总部命令撤出战斗，黎明前89师撤回一条山，88师263团撤向西林、席滩阵地。

四、城北墩战斗

1936年11月2日，原来驻守在县城内的河防指挥马廷祥，一面派人假意和谈，一面等待青海援军到来。估计青海援军快到时，与参谋部主任李惠民带一个卫兵排,步、骑兵各一个连,出东城门向北绕过红军指挥部驻地双龙寺,经城北墩再向一条山进发,企图与围困在一条山的马进昌里应外合,击垮红军。未等他们会合,就被墩北墩村东堡梁上的红军哨兵发现,双方骑兵在北边后湾到长城边宽阔地带厮杀,马部步兵则沿南山梁利用地形进攻。红军指挥部得到报告,迅速派步、骑兵一营向城北墩战地冲杀,配合城北墩驻军很快将敌人包围压缩到村东何庄、王家洼一带。战斗从中午一直打到日落,驻守在县城的敌营长马进忠率军前来救援,马廷祥逃回县城。

红军撤离城北墩时,红军首长将一头小骡驹送给李冠英,给王守珊100块大洋,王守珊坚决不收,最后留下一张借条。

五、芳草战斗

三十军后勤部卫生部及医院驻芳草堡子,进驻次日,卫生部部长兼政委俞荣华召开群众大会,宣传红军政策,红军进村后秋毫无犯,给群众看病给药。许多躲藏在外的群众陆续返回村庄。院长徐其新组织医护人员布置医疗设施,投入救护工作,各战场伤员陆续送往芳草。

为破坏各战场红军与芳草的联系,马家军于1936年11月2日曾两次派骑兵攻打芳草,后勤部警卫战士进行反击,组织力量在半路打退敌人进攻,保证了芳草与各战场的联络。芳草战斗消灭敌人十多人,红军也牺牲数人。芳草群众组织起来,成立由武发顺为主席的8人办粮委员会,收集粮物,供应医院,并向各战场供应物资。

六、西林战斗

1936年11月4日,国民党马部进攻西林红军,马家军将马拴在西林村北沙河,人躲进村北树林里埋伏,红三十军263团一营住张生银堡子,营长韩声发登上厨房屋顶观察敌情,被马匪击中牺牲。红军战士冲出村子,将敌人击败。战士与乡亲们将韩声发安葬在滩台地。

七、截获敌驼队

红军妇女独立团先住赵家水。在阻击青海国民党马元海部包围一条山村时,妇女独立团前来接应,在永泰与一条山之间的郭家台一带,截获敌一运输队,收缴一部分粮食、盐、弹药及驼队30余峰,补充了红军给养,红军向河西进军,驼队发挥了作用。

八、熊发庆智勇打敌骑兵

1936年11月6日,263团三营在团长熊发庆带领下,从席滩出发向西南方向运动,侦察下一步行军道路,走了十多里,行至荒草滩一带(在芳草西南),与敌骑兵遭遇,263团三营抢占有利地形,布好阵势,打死敌人100多人,冲出包围,部队向西南挺进。

第三节 兵 役

一、明清及民国期间的兵役

明万历年间,小芦塘驻有18家兵户,镇守响水堡长城九座墩,后定居于此。大芦塘设游击,并有军田197份半,每份2~5斗不等(每斗折合水地25亩),由兵户承种,大份属官,小份属兵。至民国四年(1915年),军田归芦塘高级中心小学。

民国二十二年(1933年),推行国民政府颁布的《兵役法》,应征的适龄壮丁,由子多到子少依次抽征,独丁免征。但实际推行的是抓兵,被抓的大都是贫苦农民和其他劳动人民,有钱人多是雇人当兵。被雇当兵的人,大部分是确因生活所迫而卖兵的劳动人民;少部分则是屡卖屡逃的兵痞。

民国三十一年(1942年),全县兵役缓征,实行"以马代丁",即以一马代替二丁。有马的交马,无马的出钱买马,交县上集中,由接马部队验收,行贿方可验过。民国后期,征兵办法虽有抽征、拔丁、抽签、抓阄、以马代丁等名目,但实际都是抓兵,通称"抓壮丁"。

民国三十三年(1944年)冬,景泰县成立"知识青年从军征集委员会",专办知识青年从军事宜。全县应征42名,实征41名。

二、1949年后的兵役

中华人民共和国成立后,实行志愿兵役制。1951年,抗美援朝期间,全县有284名青年参加志愿军,其中芦阳籍71名。

1954年,全国开始实行义务兵役制。是年,全县征集补充兵员100名。

1955年,按照《中华人民共和国兵役法》,全面实行义务兵役制,建立定期征兵、退伍制度。年满18岁的青年公民，不分民族、种族、职业、社会出身、宗教信仰、文化程度，都有服兵役的义务。20世纪五六十年代，愿意参军的农村青年到应征年龄，要在生产大队报名，然后生产小队召开社员大会，对本队报名的青年进行讨论推荐。需要对本人的家庭成分、社会关系进行严格考察。符合条件且推荐成功者，到指定医院体检。体检合格者，还要对本人再进行政治审查，审查合格，达到入伍要求，县人民武装部颁发入伍通知书。

接到通知书后，大队组织村上相关人员和学校的学生排着长队，手持红旗，敲锣打鼓，鸣放鞭炮，把入伍通知书送到服役者家中。即日起，亲朋好友、左邻右舍分别邀请入伍青年到家中做客吃长面，以示祝贺和饯行。

入伍集中的当日，生产队配备一匹红色高头大马，披红挂彩，由生产队负责人牵马到新兵的家门口，迎接新兵上马。并组织社员和学生敲锣打鼓欢送新兵入伍。一直送到公社集中，然后统一送县人武部，由部队派专人从县人武部接走新兵。1984年以后，实行以义务兵役制为主体的义务兵与志愿兵相结合、民兵与预备役相结合的兵役制度。兵员征集一般每年1次，多在冬季进行，个别也有在春季征集的。

退出现役的义务兵，符合服预备役条件的人员，及时到县人民武装部进行预备役登记，继续履行兵役义务而服预备役。

第四节 民 兵

一、民兵组织

民兵分为基干民兵和普通民兵。基干民兵为第一类预备役，普通民兵为第二类预备役。

土改时期，各村建立民兵组织，成立民兵小分队，参与打土豪、分田地，保卫胜利果实。遇到村上有大事，昼夜轮流站岗执勤。合作化时期，民兵组织更加完善。民兵训练一般在冬季农闲进行，主要学习一般军事常识，进行军事技术操练。

1960年，贯彻毛泽东主席"民兵工作要做到组织落实、政治落实、军事落实"的号召，芦阳公社以村为单位，全公社成立13个民兵连。

1972年，景泰县建民兵师，芦阳公社成立民兵团。同年，景电一期工程指挥部组建以民兵为主体的芦阳民工营。

1977年，景泰县召开全县民兵工作"三落实"先进单位和先进个人代表大会，授予芦阳公社武装民兵营6个单位为民兵工作"三落实"先进集体。表彰了东关大队民兵营等14个单位。选出武装民兵营等9个单位和城北墩大队民兵营副营长石立萍（女，下乡知识青年）等5人，出席武威地区民兵工作"三落实"先进单位和先进个人代表大会，芦阳公社民兵营被武威地区树立为"三落实"先进单位。

是年，芦阳公社民兵总数约8000人，占总人口的35%。

1978年10月，红光民兵营代表景泰县民兵参加武威军分区军事竞赛。9人参加三项竞赛课目中的两项，赢得竞赛奖及班组打坦克对抗赛等课目优胜奖。

20世纪六七十年代，民兵在农业生产、农田改造、铺压砂田、修建工程、完成突出性任务等工作中，都有良好表现，发挥了积极作用。公社多次组织训

▲ 图17-4-1　公社民兵参加地区比赛留影

练，进行比赛和表演。

1981年，黄河上游连降暴雨，河水急剧上涨，黄河沿岸五佛公社兴水村2000多人的生命财产和近万亩丰收在望的庄稼受到严重威胁。上级机关和防汛指挥部下令，全县800多名民兵立即投入抗洪抢险战斗，日夜奋战在黄河防护大堤上，东关通信连曹世勤等6名报务员接令后，立即携带电台赶赴五佛黄河沿岸险段开展工作。曹世勤在孩子病危夭折时还坚守岗位，保证了抗洪联络的畅通。

1986年，芦阳镇重新组建六零炮、迫击炮排22人，八二型无后坐力炮连50人，一二七高射机枪连85人，侦察排47人，通信连60人。

1990年10月20日，寺滩乡、正路乡一带发生6.2级地震。县人民武装部立即向全县民兵组织发出紧急通知，号召各乡镇民兵火速动员起来，积极投入抗震救灾的援助工作。芦阳镇通信民兵连小分队携带通信器材和电台，徒步跋涉几十公里准时赶赴灾区，连续奋战3昼夜，架通下堉村—寺滩乡政府—景泰县城—白银市—甘肃省指挥部的通讯联络。对抗震救灾、恢复生产、重建家园，作出重大贡献，受到上级政府和广大灾区人民群众的高度赞扬。

1990年，全镇民兵专业技术分队人数达110多人。

二、军事训练

1958年前，训练的科目是一般军事常识和一般性军事技术操练。人民公社化后，训练逐步完善和改进。

1960年，东关民兵连长张述敏，因政治工作和军事训练成绩优异，出席全国民兵代表大会，国务院、中央军委授"五六"半自动步枪一支。

1962年，民兵训练增加实弹射击等项目。是年，芦阳公社训练基干民兵约120人，参加步枪射击及格率为98%，总成绩优秀。

1964年，民兵开展大比武，全县35人参加武威地区大比武活动，红光大队民兵连长王昭夺取轻机枪射击第一名，后参加全省比赛，获第一名。

1966—1969年，为配合公安部门在景泰县城维护社会治安，执行看押、公审、公判、追捕逃犯等重大执勤行动，芦阳公社共7次组织出动民兵连，参与民兵6230人次。

1969年，因国际国内形势和战备需要，全公社130名民兵学习训练"三打"

（打飞机、打坦克、打空降）、"三防"（防原子弹、防化学、防细菌），组织民兵连进行拉练。

1972年，为重点训练民兵干部和武装基干民兵，芦阳公社约40名民兵骨干分子及民兵干部参加了培训，射击、投弹及个人单兵战术均取得优异成绩；在县建师、公社建团大会上进行了射击、投弹、反空降示范表演。

1973年，芦阳公社参加全县举办反坦克训练班6期，培训连排干部及骨干40多人，训练民兵500多人。专业技术训练177人，排以上干部70多人。武装基干民兵120多人，实弹射击240人。总评成绩良好。

1974年，驻地靖远的六十二师舟桥团在五佛渡口举行渡河演习，芦阳公社13个民兵连参加演习。

1975年10月，芦阳公社民兵营派出一个重火器排，参加原兰州军区在一条山地区组织的加强陆军师检查性实兵演练，圆满完成演习任务，受到演习指挥部的表扬。

1976年，芦阳公社13个民兵连1100多人，参加原兰州军区守备二师代号"抢战高涝坝"的军事演习，芦阳民兵营受到军事指挥的好评。

1977年，芦阳公社民兵增加六零炮、五六式火箭筒和八二无后坐力炮的实弹射击项目，训练民兵800多人，其中排以上干部120多人，武装民兵530多人。参加步兵实弹射击700多人，完成90%，成绩优良，受到武威军分区首长的表扬。

1978年，芦阳公社共计训练民兵680多人，其中排以上干部130多人，武装民兵460多人，参加步枪射击520多人，及格率为95%，总成绩优良。

1980年，芦阳公社13个民兵连集结在城北墩梁上，进行为期一个月的正规化军事训练，教官是从当地驻军炮团抽调来的军事骨干，以六零炮、四零火箭筒、八二炮等重火器为主要训练武器。时值初春，条件非常艰苦，实弹射击成绩优良。当时，芦阳民兵配备的武器跟当地驻军基本一样，炮团教官都感到非常惊讶。通过这次训练打靶，每个民兵连又选拔2~3名成绩优异、作风优良、军事过硬的骨干分子，参加全县的重火器骨干培训班。

1981年开始，民兵训练改为两年一个周期，1981—1982年为第一个周期训练民兵200人；1983—1984年为第二个周期训练民兵100人，其中连排干部4人。

1985—1990年，民兵训练任务开始逐年减少，重点训练民兵干部和民兵技术兵。训练的项目主要是八二无后坐力炮、六零炮、有线和无线通信等。

三、各村及芦阳中学民兵组织

（一）芦阳村民兵组织

组建于20世纪50年代。在当时没有武器的情况下，他们手持大刀长矛，站岗放哨，配合新政权，保卫胜利成果、防止敌对阶级的捣乱破坏，帮助村上处理解决治安及各种应急突发事件。20世纪60年代，芦阳村民兵连配发的武器是762步枪、转盘轻机枪，20世纪70年代换装备为五六式冲锋枪、半自动步枪，20世纪80年代配装了六零炮。20世纪70年代中期，村上组织成立以民兵为骨干的农业技术专业队，奋战在下地槽和西六支两个本村移民点，抗风沙，战严寒，平田整地，开沟铺渠，植树造林，为芦阳村的农业发展打下坚实的基础。

参加民兵组织的青年有贺万生、戚铸、杨清奎、安福、刘家基、杨天盛、郝保华、张玉堂、王仲、张长清、张文模、王隆科、李文新、付廷宣、刘生荣、贺万泰、王天寿、张维祖、吕荣、杨清和、王焕清、王伟、王作模、刘怀礼、高何、吕惠民、卢有才、张承禄、郭有宗、吕成音、吴华山、戚虎、张宏福、郝敏行、张长生、洪仲、张玉玺、张长发、吴学瑛、常恒银、王存恩、戴靖玉、张发忠、罗振国、杨云汉、王有才、张守荣、洪儒、陈有才、王登寅、乔永成、何沛杰、王守杨、安崇、李发有、常正华等；贺万生担任民兵队长。历任民兵连连长有贺万生、张玉堂、王靖、李明发、张承存、李明建、景向奎等。

（二）城关村民兵组织

组建于中华人民共和国成立后的土改时期，他们手持长矛大刀，白天黑夜轮流站岗执勤，积极参与打土豪、分田地，保护胜利果实的斗争。农闲时，学习一般军事常识和进行军事操练。

20世纪70年代，因居住地在县城腹地，大队民兵特务连经常担任县城周边的战备执勤、站岗、巡逻和社会治安任务。1976年，特务连成立农业技术专业队，平田整地，兴修水利，衬砌渠道，植树造林，为城关村农业发展作出重要贡献。

1973年，民兵连长高江和县人民武装部一名组织干事到武威军分区，参加甘肃省警备司令部举办的民兵骨干分子培训班，历时65天。培训回来后，警备司令部派相关军事人员来到城关大队，组建民兵特务连，高江任连长。当时隶属省警备司令部领导指挥，配备的武器有马克沁重机枪、五三式冲锋枪和半自动步枪。

参加民兵组织的青年有化福、尚义武、付仲奎、折发云、魏文元、化廷俊、王钧、高银、刘恒山、马占全、朱积满、刘作栋、包守玉、雷恩科、段守存、王瑞雪、王作信、张承永、李发忠、朱积银、付廷祖、高秉兴、孙浦云、张世有、关锦臣、焦连元、雷能涛、雷百川、高海、张有贵、卢根安、李麦生、曹有福、化廷荣、张受禄、张兆福、郭瑞云、郝天祥、王福恩、折福生、陈玉贤、范富清、张明禄、张玉智、刘加武、卢守宾、马生禄等；刘作栋任队长。历任民兵连连长有刘作栋、付廷柱、李发贵、高江、王治甲、付仲权等。

(三) 东关村民兵组织

组建于20世纪50年代初。在时任队长胡永禄的带领下，昼夜站岗巡逻，重要街道巷口严格盘查来往人员，为保一方平安起到积极作用。1958年，因成绩优异、军事本领过硬、完成任务坚决等优点，经上级领导批准，成立东关民兵"八一"连。1960年，因思想政治工作过硬和军事训练成绩优异，东关民兵连长张述敏出席全国民兵代表大会，国务院、中央军委奖授"五六式"半自动步枪一支。

20世纪70年代，民兵连成立农业技术专业队，造田植树，兴修水利工程和衬砌灌溉渠道，一边生产，一边训练。1977年，民兵连在全县民兵工作"三落实"先进单位和先进个人代表大会上受到表彰。1981年秋，曹世勤等6名报务员携带无线电话赶赴五佛黄河灾情现场开展工作，因工作表现突出受到上级表彰奖励。

参加民兵组织的青年有万廷禄、汪生福、高步昭、王万俊、张尚乾、付仲恒、付廷模、沈渭河、李彦芳、韦秉华、董守禄、张佰祥、李文勇、沈树林、化廷云、何培太、马占江、胡永禄、陈永安、龚大魁、余应彪、张承贵、来文杰、张承良、刘万禄、张承泰、张承功、刘作月、张文田、刘宏文、陈贵、常正海、林贵村、王建三、赵宗章、党有福、马占贵、杨仲德、马占和、赵天成、郭天福、康连兆等；胡永禄担任民兵分队长。历任连长有胡永禄、马占贵、化廷俊、张述敏、郭天福、杨仲禄、李桃、曹世勤、姜福生等。

（四）城北村民兵组织

组建于20世纪50年代初。60年代，民兵连配备的武器有步枪、转盘轻机枪。70年代更换装备，配发半自动步枪和冲锋枪，80年代装备八二炮和火箭筒。

1976年，以民兵连为骨干分子，组建农村专业技术队，植树造林，抢收庄稼，修渠整田，奋战在生产一线。进入冬季，又开始一年一度的民兵军事训练，做到生产任务和军事练兵两不误。改革开放后，民兵组织和全体村民一起，积极开展农田基本建设，平田整地，兴修水利，并通过集资，修建大型水泥生产厂房及生产线，为早日脱贫致富奔小康打下坚实基础。

参加民兵组织的青年有王俊臣、刘作祯、龚成熙、龚成信、魏文民、魏治德、龚成文、龚成仁、龚大高、杨天顺、龚大道、马银、王积礼、胡明金、王怀灿、王怀福、王怀亮、王怀明、王怀书、王瑜、刘学存、王相臣、王作臣、贾建魁、张举才、王积祥、高升阳、卢银安、焦万荣、王怀国、张彦忠、付生华、王渊、范学仁、付生德、付生明、付太安、王成恒、毛正宗、王积荣等；王俊臣任队长。历任民兵连长有王俊臣、邓光前、刘正荣、王建华、王勤、付钧安、王进喜等。

（五）席滩村民兵组织

组建于20世纪50年代初期。60年代，民兵配发的武器有步枪和转盘轻机枪。70年代，武器装备更新，配发半自动步枪和五六式冲锋枪，80年代更换八二无后坐力炮和四零火箭筒。

1965年，芦阳公社成立"三枪"民兵营，民兵营下设4个民兵连。营长王作信（时任公社主任），副营长周希忠，教导员蒋成林，一连长马万清，副连长吴发祥，指导员张义气，副指导员杨天成，司务长杨邦宁。席滩民兵被编为第一连第二排和第三排。1966年，席滩民兵连又扩编成民兵营。民兵人数223人，占全村人口的29%。1974年，又编为武装民兵排，适值农业学大寨高峰期，民兵排和全体村民在一起，平田整地，成绩突出，推动了席滩村的整体工作。1975年，席滩村以武装民兵为主要力量，成立农业技术专业队，衬砌渠道、植树造林。2011年7月15—30日，席滩村民兵张有武、张文强参加白银军分区举办的民兵骨干培训班，系统学习民兵组织建设和常规武器步枪的射击训练，学习棍术和军体拳术。

参加民兵组织的青年有郭祥宗、郭志清、陈玉福、狄维平、路千福、王学良、张宏义、赵玉林、陈玉禄、张成祥、王润、王学仁、李玉秀、韦藏珍、张守万、张学文、张守才、张生金、吴顺理、张世遂、郭志坚、张守千、郭朝宗、郭真宗、陶连孝、韦秉杰、李成敏、王存国、韦藏金、张宏礼、路万福、郭英宗、郭阳宗、路田福、李保泰、郭志元、路宏福、张成禄、狄维成、化五金、李树成、杨万祥、韦秉志等；郭志坚任分队长。历任民兵连长有郭志坚、马万清、王学义、卞有福、路成、张守田、张有武、张文强等。

（六）寺梁村民兵组织

寺梁村系索桥大队搬迁村。20世纪五六十年代，索桥大队组建民兵组织，维护村庄安全，保护土改成果。

20世纪70年代搬迁新建寺梁村后，有90多名民兵，其中武装民兵排36名。武器配备有762步枪、762冲锋枪、手榴弹、地雷等。每年春冬进行军事演习两次，每次训练约40天。训练项目有打靶和投弹。

1978年，大队民兵配合甘肃省军区特务部队进行演习，有战术战略、射击、投弹、地雷埋设、反坦克等项目。

1980年，大队民兵编入芦阳公社武装部下属通信连，训练项目有爬杆、放线等。解放军某部曾经对通信连进行培训。1984年，武器上交，民兵训练基本结束。

参加民兵组织的青年有段好杰、杨天龙、王登治、杨天云、杨秀清、杨天祯、李玉白、杨天德、杨枝清、杨天蛟、段守让、段守仟、段好仁、段文来、王登禄、王登俊、陈禄、王生义、王孝武、王登明、王登成、王孝得、郝得奎、王孝生等。历任民兵连长有陈真、段积云、杨天应、杨佑民、杨佑顺等。

（七）西林村民兵组织

20世纪60年代末至70年代初，社员们平田整地，兴修水利，至1974年逐步开始建房，安家落户，同时成立生产大队，大队设党支部、共青团、民兵连组织。1976年，西林大队民兵和生产队的社员一起衬砌渠道、平整土地，帮助未建房的社员建房安家。并参与修建学校。

民兵连长有杨国莲（女）、冯学春等。

（八）石城村民兵组织

景电一期工程上水前，正路公社选派各村以民兵为主的青年到移民点平田整地、开沟铺渠、植树造林，在没有房屋居住和任何物资保障供给的情况下，战风沙，抗严寒，平整场地，开挖地窝，圆满完成公社党委交给的艰巨任务。

民兵连长有朱武明、张治国、彭维才等。

（九）条山村民兵组织

组建于20世纪50年代初。1972年，民兵的武器配备连由原来的转盘轻机枪、步枪，换装成8挺对空射击的重机枪；1974年，增加4挺防空重机枪；1976年，随着战备形势的需要，又增加12挺，共计24挺对空射击的重机枪，负责把守包括高家涝坝在内的县城周边3个防空阵地。民兵连经常参加县里的重大军事表演活动。

参加民兵组织的青年有田积福、刘号来、张务得、化修信、李治、马学良、孙延林、郝有福、张克刚、赵万福、闫永安、师守信、邓玉山、龚大怀、常永义、张尚周、韩风一、张玉成、刘生科、李文生、余映旺、李廷贵、吴自福、沈桂林、杨生连、马海云、高秉银、朱延龙、董得功、苟百年、朱怀魁、苟隆年、余成云、段文星、张元在、张进才、李保定、郭长存、王世恩、张承功、宋永成、卢守珍、化廷智、张文茂、李有珍、李忠、李作文、郝有明、李有禄等。历任民兵连长有田积福、周世福、马万清、刘生科、王奎、安廷玉、李秀文等。

（十）红光村民兵组织

组建于20世纪50年代初期。1958年，本村复员军人王昭担任民兵连长，他以在部队学到的军事知识和操练规则，严格要求和训练本村民兵，在军事训练、实弹射击中成绩突出。1964年，在芦阳公社民兵大比武中获第一名，代表芦阳公社在全县民兵大比武中获射击第一名。随后王昭带领公社民兵代表马如浩、郭志库、付廷权、李兰英（女，芦阳村）、万桂芳（女）、王焕莲（女）、沈秀英（女）等人，代表景泰县到武威地区参加西北军区第一局举行的包括步枪射击、精准射击、对抗射击等项目在内的民兵射击比赛，获集体射击第二名。马如浩获"神枪手"称号。王昭、马如浩、郭志库被选拔到省上（西北局）参加训练后进行比赛。通过近5个月的专业训练，王昭取得机枪射击第一名，给予集体奖励400发子弹和一挺机枪。1978年10月，红光大队民兵营9名民兵每人参加武威地区三项竞赛课目中的两项，赢得竞赛奖及班组打坦克对抗赛等课目优胜奖。

参加民兵组织的青年有张永福、张守信、杨武林、沈祥林、王昭、王锐、刘家惠、杨吉昌、张兴贵、石海潮、张永本、祁文、王福祥、谈加财、张贵生、沈文让、周世珍、周生寅、康德才、吴守俭、卢守敬、周世坚、周世勇、吴大成、张凤山、周文勤、周世坤、张正华、韦秉玉、沈文仲、沈美林、沈文楷、沈文春、郭常才、张守玉、洪铎、李德生、沈文俭、沈文福、沈文满、卢守保、王作义、刘兴山、孙全、沈益祥、沈文杰、沈森林、

▲ 图17-4-2 （上、下）公社民兵参加地区军分区军事竞赛

段守勤、何天仁、包守堂、彭元、王作智、王作礼、王业明、沈文朝、曾希让、曾正家、李北海、周应锡、曾希顺、马如谦、张得才、曾希文、杨积堂、李树元、张玉林、张世林、杨积功、张宏义、赵安德、张明善等。先后分别担任民兵队长、民兵连长的有韦秉玉、王昭、王璞、石玉堂、张爱忠、包文奎、董海林等。

（十一）响水村民兵组织

组建于20世纪50年代初期。60年代，响水村民兵连配备的武器有步枪和转盘轻机枪；70—80年代配备半自动步枪和冲锋枪。

1969年，景电一期工程建设中，响水民兵连在红鼻梁、芦阳渡槽、刀棱山等处攻坚克难，完成任务。70年代初，景电工程上水，响水村以民兵为主的青年农民到本村的移民地龚家湾、三个山、马鞍山、大梁头、大席滩等地展开平整土地、开沟铺渠、修筑道路和植树造林，为建设美好家园奠定了基础。

参加民兵组织的青年有罗文英、祁保山、高步连、卢昌发、祁全奎、马秀娃、马如来、马娥、马如勋、祁全平、祁全虎、卢有莲、彭可强、卢惠安、祁海风、彭贵英、彭碎女、郝仙厚、马如川、郝瑄、潘生元、卢昌永、卢昌林、卢昌胜、孙贵英、马如栋、卢昌贵、马元菊、马如生、范梅花、彭立霞、马如正、彭恕、马成、祁连山、马正、马信、马芳、郝云、李述英、郝国平、卢有炳、张成华、高仲林、铁玉英等。民兵连历任连长有马如生、马如浩、马如思、卢守龙、马绪、祁全义、彭禄、王成奎等。响水村东风组历任民兵连连长有李文化、殷昌智、李进勇等。响水村麦窝组历任民兵连长有刘昌海、乔占礼、曹世俊、刘家全、赵国杰等。

（十二）芳草民兵组织

1954年4月，芳草成立民兵分队；1965年3月，成立民兵营；1969年5月，成立武装民兵排，1970年10月，成立武装民兵连。在组织训练方面，多次参加县、公社比赛和表演，芦阳公社武装部曾总结推广过芳草民兵连的做法。1966年，芳草民兵参加全县民兵射击比赛，寇永宝以5发子弹命中50环的好成绩夺得第一名，受到奖励，民兵排也受到表彰。

在完成农业生产、农田改造、铺压砂田、修建工程各项工作中，民兵组织都发挥了积极作用，尤其在完成突出性工作中表现优异。20世纪70年代初，以民兵连为主要力量，参加修建景电一期工程，民兵吃在工地，住在地窝，日夜奋战，在修建四号渡槽渠道的土建工程中，由于工程难度大，任务艰巨，芦阳公社民兵营将任务交给芳草民兵连，在连长李尚虎的带领下，圆满完成任务，受到民工团的表彰。因工作成绩突出，李尚虎、张治理被村党支部吸收为共产党员。

参加民兵组织的青年有李作文、郝有明、李有禄、冠世杰、李茂成、李作栋、李宽、杨生禄、李作田、李俊发、李选、孙延年、王天才、武正顺、沈玉林、胡永坎、韦守仁、张义和、李尚宽、李文仓、李孝、李得有、张有福、李文科、严得福、李保奥、尚有文、李尚瀛、梁金山、焦万益、武发强、李保兴、李永守、李尚福、李尚荣、李作才等。

先后任民兵营长、副营长、政治教导员的有武祥顺、韦守仁、张万宝、张义气、杨积礼、李有祯等；任民兵分队队长、副队长的李有珍、李忠；任武装民兵排长的有王积祥；任民兵连连长、副连长、指导员的分别有武祥顺、张治礼、李尚虎、孙延安、李保平、张义平、杨生茂、李元泰、孙延芳、寇永成、李有权等。

（十三）芦阳中学民兵组织

20世纪60年代末，为适应战备需要，公社党委申报上级有关部门，批准组建芦阳中学民兵武装连，也称红卫连。经过训练，很快就精准熟练枪械性能，熟练操作武器装备，引起社会各界的关注。

红卫连配发半自动步枪和冲锋枪，学习和军事训练相结合。1979年，在甘肃省第五届运动会上，红卫连民兵卢守琪夺得射击第一名，陈铎夺得射击第二名，李淑香夺得气步枪50米循环靶射击比赛第三名。

1969—1970年，红卫连民兵成员有卢守辉、卢昌胜、李保平、王建珍、王天保、刘志喜、刘正勤、曾正学、祁全银、顾永忠、顾建才、王义保、卢有智（胡麻水）、胡秉菊、张玉梅、李元吉、卢昌红（胡麻水）、李宗魁、张祖文、苗世荣、沈文海、周发顺、蔡有德等。1971—1973年，红卫连民兵成员有杨永清、王世健、王洪生、韩波、余会柱、杨有林、刘正梅、包富荣、王维民、王玲、郑淑芬、张文彩、张正勤、李玉凤等。1974—1976年，红卫连民兵成员有何玉家、吕月英、康星彩、王红军、李淑珍、李爱英、郝玉风、王花、马占兰、付廷兰、李兰民、郭莲海、王怡云、张兰梅、周玉娥、李萍、汪德才、杨佑康、杜立新、李桂芳、唐孝、郭天仪、张茂有、杨天照、陈铎、曹委元、田玉桂、乔建军、董胜兰、王建军、李明建、化廷慧、曹世勤、何瑞等。

先后担任连长、指导员、副连长、副指导员的有马昌友、马如杰、王仓本、王连生、杨永清、汪德才、杨佑康、杨佑顺等。

第五节　拥军优属　拥政爱民

一、拥军传统

20世纪30年代，红军来到景泰，采取写标语、演节目、作讲演、访贫问苦等形式进行宣传，通过大量深入细致的工作，当地老百姓不顾个人安危，冒着生命危险，支援红军，为两万余名红军提供近半月的给养及生活、作战用品，为救护红军伤病员和掩护红军失散人员，付出很大代价。

为红军提供粮食　席滩农民王仲汉，给红军借粮3石7斗（1120公斤），红军三十军一位首长用毛笔写了"借王仲汉粮3石7斗"的借条，并盖了"红军第四方面军"的印章。

城北墩村民王积银、王积素、王积贤等帮助红军安排住宿，背草喂马，还动员群众给红军卖猪十多口。开明人士李冠英支援红军粮食9石（3150公斤）、马一匹、猪两口，红军走时送他一头小骡驹。王守珊看到住在家中的红军粮食不够吃，就送给红军面粉3袋、小麦5000斤；拉牌头付礼家也为住在自己家里的红军送了2000斤粮食。

小芦塘（响水）彭长龄为红军提供700多只羊。芳草李作珍家将面粉、黄米、小米供应红军食用。芦阳周铭在城外见一红军领导身着草衣，便将一件皮衣送给他。小席滩郭定宗将一头肥猪卖给红军。大席滩王积文将数只山羊送给红军、刘廷杰将50多只羊送给红军。东关村王治安将一大车粮食送给驻双龙寺红军。响水卢稳安在米家山卢家窑将8口袋洋芋、豌豆、莜麦炒面送给赵家水红军总部。

1936年10月至11月，各地群众自发组织办粮委员会。委员会成员胸前佩带红布条，走乡串户，为红军收粮收物。其中芳草办粮委员会主席武发顺，委员有李伟、李树荣、李文清、李焕堂、李树珍、尚步泰、张巨宝等，时称"八大委员"。席滩办粮委员会主席郭宣，委员王仲奎、路有道等。

为红军当向导 十里沙河沈福泰在赵家水办事，将红军从赵家水带到芦阳；芳草李文林将部分红军（从石峡沈家庄过来的）从芳草带到双龙寺、锁罕堡，最后送大安，前后7天；芳草李伯宗也给红军带过路；一条山村关永河、余虎将二人几次将红军通讯人员带到附近各村。居住在米家山卢家窑的响水人卢坐安、卢守治，给从胡麻水过来的部分红军当向导，把红军从猴牙叉、华道沟带到周家窑，并指明去红庄的方向。小席滩王仲汉将红军带到五佛。

救护红军伤员 红军在城北墩与马步青军交战时，当地群众王定科、王守明、康正福、王积禄、王怀秀等，卸下庙上的门板，冒着枪林弹雨，将六七名红军伤员抬到席滩红军救护站。城北墩王守珊家住过一位红军伤员，王家白天将他藏在离家不远一个壕沟里，让只有六七岁的孙子王积忠送饭，晚上接回家，用土方为其治疗，护理近两个月，伤好由其儿子送去找部队。后来，人们将藏过红军的壕沟叫红军沟沟。红军去五佛路过小芦塘时，在彭文焕家小住，彭家为一位臂部受伤的战士进行了土法治疗，并送给棉衣一件。1936年11月，芳草人赵永安在赵家岘窑洞家中救助照料两名红军伤员两月之久，伤愈后红军战士追寻部队。

埋葬烈士遗体 对阵亡的红军烈士，群众自发进行掩埋。一条山村张兆福组织余海荣等八九个青年将烈士遗体埋在安家梁、马家湾和窝铺地。城北墩群众王怀重、王积学、王怀成、王怀满、王鼎科、王定家等参加掩埋红军遗体。席滩郭延宗，芳草李虎经、杨兆贵等都掩埋过红军遗体。红军遗体抛在芦阳城外，进步人士王仁若、王成德提倡，家庭富裕者每人半升麦子，组织年轻人掩埋，城关张长寅、李茂磊等将20多位红军遗体埋在樊家壕。沈家庄群众张国玉、沈文仲、韦秉玉在沈文明组织下将红军的遗体埋在石峡山坡下。

营救失散红军 大芦塘南街付仲贵的奶奶将一个受冻伤的红军小战士领到家中，给小战士洗脚伤，剪下家里毛毡、棉花包扎，一直到小战士伤好离开。红军战士杨民和与部队失去联系，被敌人的两个骑兵尾追到城北墩大土壕，正在放骆驼的当地农民王俊臣，让杨民和打扮成一起放牧骆驼的，并让他装成哑巴，骗走了敌人，给他指路去找部队。3个月后，杨民和所在部队被打散，他一路讨饭来到城北墩，王俊臣介绍他给人放骆驼，第二年返回老家四川。驻芦阳马家军抓捕了两名失散红军战士，派芦阳雷养正用车子送往马家军大本营，走到半路，雷养正将两位红军战士放走，让他们去找部队。其中一位战士回到部队，中华人民共和国成立后在宁夏军区任职，20世纪70年代曾派人来找雷养正（已过世）表示感谢。四川籍红军周世泰身负重伤，在拉牌付生金家养伤4个月，养好伤后，于第二年到芦阳张大宝（四川人）饭馆帮工，后来回四川。芦阳附近留下不少红军伤病员，南街联保主任雷居正让芦阳大户人家每家拿出50斤面粉，将红军伤病员20多人收容在刘家大院治疗休养，伤病员养好伤陆续离开芦阳去找部队。响水人祁东祖母在涧水务农放羊，1936年11月初，来了3个受伤的女红军，穿着单薄，祁东祖母带她们到羊圈，让她们喝热水，吃拌汤；临行时在她们单衣内加羊毛保暖，并送了炒面、烧洋芋。

二、1949年后的双拥工作

1999年7月，芦阳镇成立双拥领导小组。2019年，落实优抚政策，上半年镇社会服务中心、民政部门对179名回乡的复员退伍军人、革命伤残军人和军烈属、60周岁烈士子女等优抚对象抚恤金定期补助，共兑现优抚补助金42.55万元，通过一卡通发放。

截至2020年，完成退役军人登记441人，发放光荣牌463个。走访优抚特困对象，发放慰问物资。每年10月份通知各村60岁到龄的农村籍退役军人（不包括领退休金、享受企业、灵活就业待遇人员）携带本人身份证、户口簿、退役证、惠农一卡通、武装部复印的入伍登记表、退伍登记表，到镇上退役军人服务站办理新增待遇手续。服役返乡后，及时通知退役人员携带本人身份证、户口簿、退役证、获奖荣誉材料到镇退役军人服务站办理信息采集手续。各村都成立退役军人服务站，各村党（总）支部书记为服务站站长。

2021年，优秀退伍军人有贺科峰（芦阳村人，四有优秀士兵）、王乃尧（城关村人，四有优秀士兵）、卢照春（大梁村人，四有优秀士兵）、吴鹏（东关村人，三等功获得者）、杨世有（石城村人，四有优秀军官）、李晓枫（寺梁村人，四有优秀士兵）、乔仲刚（条山村人，三等功获得者）、王伯涛（西林村人，四有优秀士兵）等。

芦阳镇志
LU YANG ZHEN ZHI

第十八章

民情风俗

第一节 节日习俗

一、春节

(一) 腊八节、祭灶节

腊八节 腊月初八,习惯上要吃腊八饭。初七晚上,将做腊八饭的米、面、肉准备好,凌晨两三点就要将腊八饭做好。然后,要将第一筷子献给天神,并向房顶泼散,也有人将饭粒粘到门窗上,让小鸟啄食共享。凌晨四五点时,全家人起来吃腊八饭,祈求佛祖保佑全家人丁兴旺、身强力壮;同时期望来年五谷丰登,仓实囤满。吃腊八饭有两个讲究,一是不泡汤,二是不加青菜。说法是:泡汤会招致水灾或洪灾,加青菜会致地里杂草多。

腊八节,很多家庭会特意在这一天为儿女完婚。

祭灶节 腊月廿三俗称小年,是祭灶即送灶神的日子。灶神又称灶王爷、灶娘娘,其职责是保佑主家饮食平安,监督主家好好过日子。一般人家灶台上方都供奉灶神的牌位,即在灶台上方的墙上,挂一个神龛,神龛里有灶神的画像。也有在黄表纸写上灶神牌位供奉的。廿三晚上,灶神回天宫汇报一年的工作。人们用粘糖的小饼子敬献灶神,意在请灶神上天言好事,回宫降吉祥。

(二) 扫房、糊窗户

扫房 腊月廿三后开始扫房。打扫房屋是过年最重要的准备工作之一。要把主要的房间里里外外、角角落落,无一遗漏地大扫除。清扫大梁、檩子、每一根椽子以及整个屋顶、所有的墙面;屋里的箱箱柜柜、瓶瓶罐罐都要搬出房子逐一擦拭干净;更换墙面上贴的画张,如果没有新画,就用抹布将旧画表面的灰尘污渍擦拭干净;还要清洗衣服、被褥,更换炕上铺的麦草。

糊窗户 扫完房就要贴窗户。过去农家的窗户多为木制,窗棂的形式有万字格、满天星、九连灯、十三花等。先将窗户卸下来,将上一年贴的窗户纸完全清理掉,把窗棂刮干净。将裁成窗格大小的彩色纸在窗户的四角和中心贴出各种图案,或者是贴上剪成各种图案的窗花,然后再将整张白纸贴在上面。窗户糊好后再装上去,屋内立刻变得明亮而喜庆。

（三）杀猪

过去生活困难，平时很少吃肉，但有条件的人家都要养猪，到腊月宰杀。杀猪一般都是相邻的几家合作，一是共请一个屠户，二是合用柴火烧一大锅烫洗猪毛的开水。一般是在上午，在院外临时垒起一个大灶台，架一口直径约1.5米左右的大铁锅烧开水烫猪毛。

杀猪时，把绑好的猪抬到砧板上，猪头伸在砧板外边。屠户将刀捅进猪脖子里，将猪血接在下面的盆子里。等到猪完全没了声息，抬起来慢慢放进开水锅里翻烫。猪毛烫松软后，边翻动边拔毛。毛基本褪光后，再捞出来放在砧板上。屠夫在猪的其中一只后蹄处割开一个创口，用一根长长的铁条（俗称捅条）捅进去，沿着不同的方向捅几下，再在创口上涂上花椒或者白酒，然后就用嘴使劲向里吹气，一直吹到整个猪膨胀起来。再用砖块或者瓦片就着烫猪水，刮猪身上没有拔干净的真毛和死皮。刮洗干净后，将猪倒挂在架子上，开膛破肚，摘尽板油。整副内脏掏出后，要反复清洗。

过年前，也有杀鸡宰羊的。

（四）擀长面、蒸馒头、炸油饼

擀长面　是过年最重要的准备工作之一。和面时一般要掺一点蓬灰水以增加面的韧性。将面粉和成团，稍微饧一下，软硬适中，就可以擀了。擀长面有专用的擀面杖，比平时用的擀面杖要长。先用小面杖将面团推成小型的面张，然后再用长面杖擀。擀出的面张，要求厚薄均匀，边缘整齐。将擀好的面张卷在擀面杖上，提起来一前一后来回折叠，折成约有巴掌宽的层摞，用切长面的刀切成面条，再一把把地提起来，一来一回地折叠成15～20厘米大小的方形面块，晾在不常进人的房屋里的地面上。

长面最好的材料是和尚头面粉。长面的调味汤叫臊子汤，用肉丁、洋芋丁、蘑菇丁、木耳、黄花等十几样原料烹制而成。初一早上下长面，表示好日子天长地久。长面也是接待贵客的上好食品。

春节前，除了擀长面，还要蒸馒头、花卷，炸油饼、炸油果子。

（五）春联、门神、五福

春联　也叫对子、对联。贴春联，是过春节的重要标志。家家户户都要用大红纸写对联、贴对联。旧时代农村识字人少，有人家在红纸上画圈充当对联。

但大多数人家都要请人写对联。对联内容一般都是表示喜庆祝福的意思。大门、上房、厨房、耳房等房间的对联内容要有区别。也有在灶神牌位、库房、马厩、羊圈、猪栏贴对联的，内容跟用途相关。对联的标准搭配有对联、横批、门神、门簪等几部分。对联贴在两边的门框上；横批的内容跟对联有对应关系，一般为四字，贴在门框的上方。贴对联讲究"人朝门立，右手为上，左手为下"。

门神 以传说中能驱邪捉鬼镇宅的神话形象为主，较早的门神贴神荼、郁垒。后来贴秦琼、敬德。也有纯粹表达丰收、喜庆内容的图画、文字。一般大门有两个门簪，门簪各贴一个福字。

村上办公室、戏台、寺庙甚至饲养圈等所有公共场合的大门都要贴春联，不可遗漏。

五福 传统意义上的五福包含长寿、富贵、康宁、好德、善终等含义。五福和春联一起准备。五福的做法是将红黄蓝绿紫等五种颜色的纸，裁成约宽15厘米、长约20厘米的纸条，用专用工具在中间凿刻出一个"福"或"家和万事兴"等，周围配以各种图案，贴在门框的上槛。

（六）年夜饭、接先人、咬鬼、守岁、拜年、送先人、追五穷、跳火堆、社火

阴历腊月三十（小月为二十九），又叫"除夕"，是一年的最后一天。活动分别有年夜饭、接先人、咬鬼、守岁等。

年夜饭 又称年晚饭、团年饭、团圆饭等。一年一度的年夜饭，是除夕阖家团聚、共享天伦、共享美餐的时刻。尤其在外地工作的家人回来，全家人一起吃年饭、拉家常，显得十分重要。

接先人 晚饭后，将供桌擦干净，摆上神主即祖先牌位（有家谱者供上家谱），为神主逐个上一炷香，为灶神上三炷香。无神主及家谱的家庭，用一张十六开大的黄纸，折叠一个牌位，上书"供奉某某家远近三代宗亲之身位"（不写"神位"，会与灶神的神位有冲突），供上祭品，开始祭祀。先为祖先和灶神奠酒。家中主事者在供桌前祷告，然后领族中人前往村口外焚烧冥币（也有白天到坟地焚烧的），献祭品，奠酒，磕头。回到家中，在供桌前向牌位磕头，再在桌前按族中辈分大小依次磕头。

咬鬼 除夕夜，将新杀的猪骨头煮一大锅。接近午夜，全家人围坐在家中最年长者睡觉的炕上，一起啃吃骨头，俗称咬鬼，意为将所有的鬼祟都咬死吃

掉，来年全家平安。

守岁 也叫守夜，熬夜。咬鬼后，家人集中一起守岁，年长者发年钱，尤其向孙子辈、重孙辈发。然后大家一起猜谜语、做游戏、打麻将、玩扑克等，直至天明。民间的说法守岁也是熬寿，即熬夜的时间越长寿命越长。

拜年 正月初一清晨，家中主事者招呼全家为家中最长者磕头拜寿。初一、初二、初三这三天，每天吃完早饭，主事者率家中大小，按辈分高低，在本族中挨家挨户拜年；其次是为德高望重者拜年；三是同辈互拜。过了初三，再分别到舅舅家、岳父母家拜年，一直延续到正月十五。

送先人 初三吃完晚饭后，要把先人送回去。程序是上香、叩首、放炮。也有人到祖先的坟地烧冥币，以示把先人送回他们的住地。

追五穷 就是送穷鬼的意思。五穷指的是智穷、学穷、文穷、命穷、交穷。腊月三十到初五之前，一般不允许搞卫生。初五黎明起来，先放鞭炮，再打扫卫生。这一天吃面疙瘩或洋芋搅团，称填穷坑；清除垃圾称送五穷；洗脏衣服称洗穷垢痂。

跳火堆 正月廿三晚上跳火堆。在村道上放好一堆堆麦草或柴火点着，人们争先恐后在火堆上跳来跳去，也有大人抱着小孩子跳火堆。一边跳，一边念叨"燎干燎净，一年没病"，意为通过跳火堆，将一年的不顺、疾病和烦恼通通燎干净。跳完火后，火焰熄灭，只剩下发红的灰烬，用铁锨将灰烬扬起来，看着扬起来的火花，人们大声喊着"糜子花""麦子花"或者"荞麦花"，意思是扬起来的火花像这些粮食的花，像哪种花，就预示着来年这种作物将会大丰收。

社火 芦阳的社火活动有舞狮、舞龙、秧歌、太平鼓、高跷、旱船、大头娃娃等内容。新时代的社火，不仅是表达人们对神的崇拜，还演变成了一种形式活泼、名目繁多的文化娱乐活动。

二、元宵节

即农历的正月十五，又称"上元节"，民间一般直接称之为"过十五"，是春节之后的第一个大节日，而十五之夜又是新的一年的第一个月圆之夜，过了这一天，这一年春节所有活动就算真正结束了，因此民间的观彩灯、放烟火、唱大戏、闹社火等等重头活动都安排在这一天。民间甚至有"小年大十五"的说法。过去因为生活条件比较差，饮食中极少见到"元宵"一类的食品，因此也很少有将正月十五称之为元宵节。而在元宵节食用元宵，则是改革开放以后发生的变化。

三、二月二，龙抬头

农历二月初二，又称春耕节、农事节，是民间的传统节日。有"二月二，龙抬头，大家小户使耕牛"的说法。此时，阳气回

▲ 图18-1-1　看社火

升，大地逐渐解冻，正是万物复苏、春季备耕之际。农民用架子车、马车等工具，向地里拉沙运肥，平整土地，准备春耕春播。

这一天，有吃炒麦子、炒豆子的习惯。俗称"爆（音bie）龙肝"，又说"爆虼蚤"，意在惊醒蛰伏了一个冬天的各种动物。

四、清明节

又称踏青节，祭祖节。既是自然节气点和重要的传统节日，又是国家的法定节日。清明前后，种瓜种豆。这个季节种树最容易成活。习惯上要在清明节前，最迟在清明节当天，上坟扫墓、祭祀祖先。扫墓时，整个家族的大人小孩能出动的一起出动，携带酒水、各种凉菜、水果、纸钱等物品，将食物供祭在祖先墓前，再将纸钱焚化，然后向祖先磕头祭拜，同时还要按辈分依次向在场的长辈叩头，最后在坟院聚餐。人们习惯在坟前许愿，祈求增添子嗣、高考得中、生意顺利等。若有达到愿望的，第二年就要领羊向祖先致谢还愿。

烧纸　清明节扫墓，除了必要的贡品外，烧纸是一项重要的内容，也有很多讲究。上坟提前做的主要工作之一就是拓印纸钱，大致有这样一些规格：①烧纸，大约为8开的白纸，印上四行圆钱，每行五枚。②冥钞，按照现行纸币仿制的冥币，与现行钱币颇为相似，发行单位为"天堂银行""冥国银行""地

府阴曹银行"等字样。图案一般为酆都城，面额巨大。③洋钱，多用硬纸作芯，外包银箔，钤印类似银圆的图案。④往生，在圆钱状的黄纸上拓印红色《往生咒》，又叫往生钱；往生钱一部分烧在后土上，一部分压在坟头上。⑤元宝、锞子，用金银箔叠成，有时还要用线穿成串，代表后辈敬献给祖先的金银财宝。在焚化纸钱时，在坟院外烧几张纸钱的习俗，意思是打发外祟，也就是分散给孤魂野鬼的。

进入21世纪，提倡并践行上坟时不再烧纸，而代之以敬献鲜花以及网上祭奠。

五、四月八

农历四月初八，传说是释迦牟尼的诞辰日。信仰佛教的人在这一天到佛寺上香、拜佛、念经。这时候头茬韭菜刚下来，人们用韭菜做各种饭食，腌肉炒韭菜，烙韭菜角角等。头茬韭菜是过四月八饭食中的重要原料。

六、端午节

农历五月初五，又称端阳节、五月节、五日节，2008年起被列为国家法定节假日之一。端午节有绣荷包的习俗，荷包的造型有圆形、椭圆形、方形、长方形，也有桃形、如意形、石榴形等；荷包的图案有繁有简，如花卉、鸟、鱼、兽、草虫、山水、人物等，具有很强的装饰性。大人小孩都可以佩戴。另外还有用五色丝线搓成花绳，系在小孩的手腕、脚腕、脖子上，用以辟邪。这一天，有在门头插柳枝的习俗。

端午节的食品，有韭菜角子、韭菜包子、凉面、凉粉和粽子等。

七、中秋节

又称"祭月节"，习惯称为"八月十五"。中秋之夜，在院子中摆上桌子，献上以月饼、西瓜为主的各种祭品。在月下，全家人依次拜祭月亮，然后由一人将月饼上的月亮剜下，再将西瓜分成犬牙状的两半，每半8个瓜牙。放些许月饼和瓜果在干净的水碗里，泼到房上。祭完月神，全家就可以吃西瓜、月饼。月圆之夜也是团圆之夜，通过这样的方式，寄托人们对生活的无限热爱和对美好生活的向往、遥祝远方亲人健康快乐。中秋夜还有向邻居各家分送月饼的习俗。

中秋节羊最肥，人们习惯吃羊肉。

八、寒衣节

又称"十月朝""十月一"。是为已逝亲人送寒衣的节日。祭奠时除食物、香烛、纸钱、酒水外，还要给祖先焚化用彩色纸做成的成套"寒衣"，即御寒的冬衣。

寒衣节的主要吃食是麻腐包子。麻腐，就是用大麻的种子麻子，经过碾磨、煮、过滤等加工程序，做成类似豆腐一样的絮状物。另一种原料是土豆泥，两者混合在一起，然后佐以葱花、花椒为主的香料、食盐，拌成馅，包好的包子放入蒸笼蒸熟，沾着香醋、香油、酱油、油泼辣子、蒜泥等调味品食用，味道独特。

九、镇域少数民族节日

开斋节 是伊斯兰教的主要节日之一。在这一天，芦阳地区的穆斯林群众同全国信仰伊斯兰教的少数民族一道，共同度过这一盛大的民族节日。

古尔邦节 伊斯兰教的传统节日之一，又称"宰牲节"。在这一天，芦阳地区的穆斯林，通过举办各种活动以示庆祝。

第二节 礼庆习俗

一、婚姻习俗

截至20世纪六七十年代，芦阳地区年轻人的婚姻一直延续"父母之命，媒妁之言"的传统，盛行包办婚姻。

（一）提亲

男女青年到了谈婚论嫁的年龄，媒人（多由女性充当，因此也称媒婆）推荐可以缔结婚姻的合适对象。男方请媒人向女方家说明缔结婚姻的请求。如果女方家长认可对方诸如社会地位、经济条件、家族世系以及职业等家庭条件，认为条件合适，门当户对，即答应可以考虑。具体程序如下：

第一步，媒人携带象征性礼品，向女方家提亲。女方收下礼品，说明这门亲事可以进行。第二步，媒人问清女方的生辰八字，以合五行相生相克之说以及相属相合相冲之说。第三步，双方通过各种关系了解对方家庭的所有渊源，俗称"打问"。通过这种方式,考察判断婚姻的可行性。这一系列活动都叫合婚,婚姻能否成立,这是很要紧的一环。若八字不合,或者对方家庭有自己不愿意接受的隐秘历史或家族病史,双方的联姻就此止步。若生辰八字没有不合适之处,婚姻就基本确定下来。在正式确定婚期之前,男方逢年过节都要到女方家,带上礼品一同过节,有时还按季节给女方送衣物。在确定关系之后,紧接着第四步是送礼。其间女方也可以上男方家里做客,俗称"上门"。姑娘上门时,准公婆要给见面礼。

（二）定亲、送礼

定亲又叫订婚。定亲和送礼是婚姻习俗中最重要环节之一,俗称"送大礼",也叫"完聘""完大聘"。选择吉日,由媒人领着男方家的主事人,携带聘礼去女方家订婚。所带礼品中有两个酒瓶,用6尺红线绑在一起,瓶上贴着红帖子,上写"秦晋之缘,百年好合"字样。媒人将酒瓶放在女方供桌左方,将红线解下,搭在青年男女肩上（从男左肩到女右肩）,再将红线挂到灶君牌位上,新女婿便上香、磕头或作揖。而后将携带包袱放在桌上,开始验瓶、验聘。

验瓶 将贴有"秦晋之缘,百年好合"的两瓶酒放到桌上,由女方弟弟或者妹妹出来验瓶,由新女婿将钱放在瓶下,弟弟或妹妹逗说左不平或者右不平,让新女婿不停出钱垫在瓶下,以此考察新女婿的脾气、度量、性格,经过一番逗玩,女方叫喊"平了",示意逗乐完毕,验瓶的钱归验瓶人所有。然后打开酒瓶,和男方家来人一同饮酒,喝完酒,瓶内装上大麦或者豌豆,让男方带回家,来年春种时种到地里,象征姑娘到男方快快生子,象征他们的婚姻圆圆满满。

验聘 男方给姑娘送的衣物一般要够六身也即六套,验聘的时候,女方家的婶娘、姑姑、嫂子等女性亲友逗新女婿,说服装宽了窄了长了短了……双方当场交换信物。条件好的有镯子、戒指、耳环等,俗称"换手"。信物交换完毕,这时女方家长说一声放炮。炮放过后,女方家向男方奉酒、茶,男方接受女家的酒席款待,表示两家已经结成秦晋之好。酒宴完毕,女方家拿出小礼品送给男方所有来的人,叫作回礼。

（三）结婚

男方择定结婚的时间,通过媒人告知女方,征求女家的同意,叫"送日子"或"告日子",也称"告期"或"探话"。送日子主要是选择迎娶以及根据八字相属选择合适的迎亲送亲的人。

经两家同意选定日子，男方备礼到女方家娶亲。女方家则要为女儿饯行。娶亲人将订婚时拴酒瓶的六尺红线的一端握在自己手里，一端交到姑娘手里，将姑娘牵出闺房，然后将自己手里的红线交给新女婿，意即红线牵姻缘。男方要给女方父母"离娘钱"，女方父母接到离娘钱后，选定家族和亲戚中的几个人，带着嫁妆陪送姑娘到男方家。男方家将这几位客人称为喜客。

20世纪六七十年代，一般都用马车娶亲。21世纪，多用小轿车娶亲。

新人进门时间一般都在傍晚。男方家在门前准备迎亲队伍，端着酒盅等候，看到娶亲车快到跟前，鸣炮迎接，迎亲的人向喜客一一敬酒，由新郎背或抱着新娘，走进选定的新人房。男方备好迎亲宴，热情招待喜客。

新郎背新娘进洞房后，新娘拿出事先准备好的面豆豆撒向看热闹的人们。尔后进来一些同辈人闹洞房。送亲的和新娘婆（有的是娶亲婆）两人用核桃、枣子、花生铺床。核桃寓意圆圆满满，枣子寓意早生贵子，花生寓意有男有女。过了午夜，按选定时间在堂屋先人桌前上香、叩首、拜堂、一拜天地、二拜高堂、夫妻对拜。拜堂过后就在当天上午举行婚礼。

婚礼仪式在本家当院举行，院中摆放专用婚礼仪架，仪架中挂一个巨大的"囍"字。结婚典礼开始，鼓乐齐鸣，主持人邀请双方长辈按席入座，爷爷、奶奶坐正席，父母叔伯左席，舅舅、姑姑右席。新郎、新娘就位，新人佩戴红花。新郎、新娘向爷爷奶奶、父母亲敬酒，新娘改口称夫家父母为爹（爸爸）、妈。新郎、新娘向来宾鞠躬、交换礼物、介绍成婚过程、向来宾致感谢词，来宾致贺词。结婚典礼结束，送新人入洞房，婚宴开始。

（四）回门

结婚第三天，新娘回门，就是女子出嫁后由新郎陪着第一次回娘家。如果娘家路途遥远，则有等到三四个月或六个月回门的。以前讲究在回门时，娘家弟弟或妹妹来陪着姐姐和姐夫一起回娘家。因为这是女儿出嫁后第一次回到父母身边，因此新郎必须带重礼。

二、生育习俗

分娩 20世纪六七十年代以前，医疗条件落后，产妇分娩一般由民间接生婆接生。分娩前，家里从野外背来干净的细沙铺在炕上，烧炕将沙子煨热。分娩时，产妇躺在细沙上由接生婆助产。产下孩子后，接生婆处理好新生儿的脐带，并用细沙蘸掉新生儿身上的胎血和羊水，用提前准备的小褥子包裹好。最后将用过的沙子装在背篼里，到野外倒掉。

坐月子 生了孩子，产妇一个月不能出门，俗称"坐月子"。坐月子的房间称为月房，产妇称为月婆子，新生儿称为月娃子。月房要严实不透风，也就是不能让月婆子受风。同时要在月房的门框上方挂一绺红布，俗称挂红，也叫"忌门"，表示"闲人止步"。据说如果闲人进去，会"踏奶"，就是让产妇断了奶，因此成为禁忌。万一有人不慎"踏奶"，需要踏奶者专门送一砂锅酸长面送给产妇，俗称"还奶"。

历史上，由于生活条件所限，加上陈旧观念，月婆子基本上一日三餐（多餐）都是小米粥和素面条，极少肉食。坐月子的时候，亲友邻居都会主动做长面送给月婆子，既是表示祝贺，也是帮助增加营养。

满月 新生儿出生一个月，称为"满月"。这一天孩子的外爷外奶（姥爷、姥姥。外，芦阳方言读如wei）家会为孩子送来一身新衣裳；爷爷奶奶则要给孙子揣钱，有条件的找个戥子放在孙子枕头下，意为"前程（钱秤）"。满月当天，公婆家和娘家两家人在一起吃一顿长面，肉都选瘦肉，切成小丁，意为"添丁"。

百禄 新生儿长到100天，家里请来剃头匠，为孩子剃头。家人将剃下的头发捻成一个小圆球，用红线缝好，缀在娃娃肩上，男左女右，意味着将一生的毛躁烦心的事情全收了，一生圆圆满满。也有人在106天的时候过"百禄"，六，读音lu，谐"禄"。过"百禄"都较重视，打一锅荞面搅团，饭色越青越好，寓意轻轻松松活一辈子。给娃娃带一个长命锁，手脚带上小铃铛，"铃"谐音"灵"，象征手脚麻利，聪明伶俐，能够长命百岁。

周岁 为孩子过周岁生日的时候，在孩子面前放很多东西，或者是玩具，或者是学习用具，或者是生活用品，如笔墨纸砚、算盘、锣鼓、乐器、骑鞍、马鞭、碗等物品，让孩子上前抓取。孩子抓什么，意味着孩子以后会主要从事什么。比如孩子抓笔纸，就意味着孩子长大喜欢读书，能做文章；如果拿算盘，以后会精于计算，可以做账房先生；抓了骑鞍，长大后会高头大马、当官发财，等等。为了讨彩，有意将把笔和纸或者骑鞍往前放，好让孩子容易抓到，而把有些寓意不太好的物品放得远一些。周岁时也会请亲友在一起吃饭,叫"周岁庆",或叫"抓岁日"。

拜干爹、干妈 拜干爹、干妈的第一个条件必须是孩子父母的同辈,第二是家中子女齐全,第三是地方上名声较好,第四是没有明显的疾病。这对两家关系来说,就是干亲家,也说干亲。一旦拜了干亲,两家的关系就变成了亲戚,而认了干爹、干妈的孩子,过年、过节,干爹、干妈的寿诞、生日,都要拜望他们;而干爹、干妈对于干儿子、干女儿的婚嫁、生子、盖房等重大活动都会过问、关心。拜干亲选一个好日子,孩子的亲生父母准备酒席,还要给孩子预备好孝敬干爹干妈的礼物。一般都是干爹的帽子,干妈的鞋子,还要配上衣料之类。干爹干妈也要送给干儿子、干女儿一些礼物。其中有饭碗、筷子和一个长命锁,还有衣物。干妈用五色线为孩子编一条长命锁套在脖子上,表示一生平安,长命百岁。

起小名 小名也称乳名。小孩子出生后,在起官名之前,都要先起个小名字。小名一般都是父母或爷爷奶奶起,有按出生年生肖起的,如牛娃、狗娃等;有按祖父的年龄起的,如五十二、六十五等;有取吉祥如意字眼的,如福娃、绥娃、顺娃等;有依农事稼穑的,如耕良、麦娃、存粮等;有根据出生时体重起的,如十斤、七斤等;有根据所拜干爹姓氏起的,如胡家娃、李娃等(胡和李都是干爹的姓)。以上一般都是男孩子的小名。生了女孩,除了一般表示金花、银花等女性色彩明显的小名外,还有为了在生女孩之后生男孩,则给女孩起上如招弟、领兄、翻儿、转转等小名。随着时代变化,小名字逐渐淡化,一般小孩子只起一个名字,填报户口,一直使用。

接生婆 也称老娘婆,即帮助产妇分娩的女性助产者。能做接生工作的人,大多性格开朗,身体健康,乐于助人,胆大心细。过去妇女生孩子,都在自家的土炕上分娩。在快要分娩时,家人请来村里的接生婆。过去接生婆都是义务帮忙,不收取费用。20世纪六七十年代开始,选拔专门人员进行培训,承担接生任务,使接生工作进入一个新的阶段,大大降低了孕、产妇和新生儿的死亡率。改革开放以后,产妇都选择住到医院分娩,接生婆的作用成为历史。

三、寿礼习俗

在习俗上,60岁之前的生日,只在家中通过聚餐等方式庆祝一下,称为

"内祝"。到60岁过生日，才可称做寿，亲朋好友要送贺礼祝寿，嗣后每10年做一次，称为大生日。各个年纪做寿都有不同称谓，50岁称暖寿，即半百添寿；60岁称小寿，70岁称中寿，80岁称上寿、大寿，90岁称绛老添寿，100岁称期颐。传统上讲究过九不过十，一般逢九做寿。如69岁做七十大寿，79岁做八十大寿，以此类推。

过寿时，寿堂一般设在堂屋，中堂挂寿帘，男寿悬挂南极仙翁，女寿悬挂瑶池王母或八仙庆寿图、三星图等象征高寿的画轴，或以金纸剪贴"寿""福"大字挂于寿堂正中，下面注明某某某多少华诞，表明为谁做寿。两边悬挂"福如东海长流水，寿比南山不老松""天地长寿人长寿，子孙满堂福满堂"等寿联，正中设寿桌，寿桌上陈设寿蜡、寿桃、寿糕、寿面、水果等，布置一些花篮。有客人送寿联寿幛也要挂出。寿桌前置放红色拜垫，以备后辈行礼。

过生日的饮食首选是吃寿面，俗称臊子面，手擀长面，寿面要求每根长达1米，每束百根以上。用上等的五花肉、洋芋、豆腐、香菇、粉条等做成臊汤。寿星坐上方，所有主宾陪寿星吃长寿面，祝寿星福寿绵长、长寿百年。改革开放后，随着生活水平的提高，很多家庭在祝贺诞辰的活动中，又增添了吃生日蛋糕的内容。

第三节　生活习俗

一、饮食习俗

因为物产的原因，芦阳地区的主食以小麦磨成的面粉为主。面粉易加工、易成型、易保存、易配菜，因此用面粉可以制作出花样繁多、风格各异的面食。其次是黄米和小米。

黄米由糜子加工而成。黄米分黏黄米和一般黄米。芦阳地产黄米为不黏品种。过去多用黄米做蒸黄米干饭（纯黄米不加其他成分）和黄米籼饭（加工时掺加面粉）。黄米籼饭特别耐饿，是劳作时最常食用的食物。小米含丰富的蛋白质、脂肪和维生素，营养价值较高，过去多用于熬粥，俗称"米汤"。由于缺乏其他营养食物，产妇或老人喝小米粥，有助于营养的补充和身体的恢复。

镇域内各村也种植一定量的玉米、大麦等杂粮。

副食方面，除新鲜的牛羊肉、猪肉、禽蛋外，村民在冬天有腌肉的习惯。腌肉可以长时间保存，是缺少肉食时代改善生活、增加营养的重要方式。随着生活水平的提高，制作腌肉的习惯逐渐变为过去式。另外，除时鲜蔬菜之外，过去有少量的窖储蔬菜，更习惯于腌制咸菜和酸菜。而大白菜、胡萝卜、莲花菜、韭菜、芹菜、圆辣椒、长辣椒、圆茄子、长茄子、苣连、菠菜、油菜、洋姜、大葱等蔬菜，都是自种并常年食用的基本蔬菜品种。

（一）长面（见"饮食习俗/春节/擀长面"）

（二）面条、棋花、拉条子、面片、凉面

1.面条、棋花

面条，就是将和好的面团擀成大张，将大张切成宽十几厘米的宽条，再将这些宽条摞在一起，用刀切成或宽或窄的条状，在开水锅里煮熟即可。棋花面也是面条的一种，做法与面条相同，区别是把面条切成不规则的四边形。

面条或棋花面，调制方式有很多种。最简单的是，用清水煮面条，煮熟以后，炝以清油葱花，调入盐、酱油、醋等调味品，即可直接食用。也可在面条里调洋芋丁、洋芋片和肉臊子，或者在煮熟的面条里打上鸡蛋花，叫鸡蛋面。

米和和　在锅里放入少量黄米或者小米，煮熟后，再将擀好的面条下入锅里，跟黄米或小米一起煮，直到将面条煮熟。调制的方法与面条的方式相同，也叫"鱼钻沙"。

灰豆面　将扁豆淘洗干净，放入锅中，加水，加适量蓬灰，在火上熬煮，直到扁豆被煮熟、煮烂。将煮好的扁豆调进煮熟的面条中，炝以清油和葱花，调上食盐即可。食用灰豆面，一般佐以小咸菜。

血面　过去多在杀猪后，用新鲜的猪血和面，做成面条，在煮过猪脖子和猪肉的汤锅里煮熟。血面里一般都要调新鲜的猪肉片。习俗上，在吃饭前，要用碗盛好血面，打发家里的小孩，送给还没有杀猪的左邻右舍品尝。也可以用羊血做血面。

2.抒面、揪面片、凉面

抒面　又称拉条子、扯面。抒面的面要和得稍软一些，和好后，在和面盆里盖好盖子放一会，其间不要直接跟空气接触，这个过程叫"饧面"；饧过的面筋道，更容易成型。可根据个人喜好将面拉成宽条、细条或者圆条形；吃抻面需要佐以炒菜，还可以根据需要调入酱油、醋汁、辣椒油等调味品。

揪面片 揪面片的面跟抻面的面一样。将饧好的面推开，切成长条，用手捏到薄厚合适，等水开了之后，直接将面条揪成大小适中的方形面片入水煮熟即可。面片的味道调制，与面条略同。

凉面 夏天常食用的主食之一。和面时放少许蓬灰或食用碱，以增加面的柔韧度，擀成大张。切面的方法与切长面相同，但面条比长面宽。煮面的水要稍宽一些，开水将面煮熟，捞出后，趁热浇上生胡麻油或麻子油，翻挑拌匀，摊开在案板上晾凉。凉面一般不另做卤汁汤料，直接调以醋、芥末油及辣椒油即可。

与凉面的最佳搭配是凉粉，做法是用绿豆淀粉加水调成糊状，慢慢倒入开水中，边倒边快速搅动，以防结块或焦煳。煮熟后盛在盆中，冷却后成型。食用时，根据个人喜好，切成块状或条状，调上醋、酱油、辣椒油等调味汁即可。

凉面佐餐菜是凉拌韭菜或凉拌小白菜、芹菜等。

（三）搓鱼子、拌汤、糊糊、拨鱼子、抄疙瘩、煮疙瘩

1.搓鱼子 将面粉和成面团，擀成0.5厘米厚的面张，切成四棱面条，再将面条切成四五厘米长的段，用手在案板上搓成中间鼓两头尖的形状，类似小鱼，因此叫搓鱼子。搓鱼子的味道调制，与面条略同。

2.拌汤 糊糊

拌汤 根据需要，在和面盆里放适量面粉，里面加少许水，用筷子搅拌成小颗粒状。水开后即可下锅，边下边搅，不要粘连，煮熟后调以盐、姜末、花椒粉、葱末等调味品就可盛碗食用。也可以加入鸡蛋或根据个人口味调香菜、味精。拌汤以清淡为主，适合老人孩子和消化功能虚弱者食用。

糊糊 与拌汤的做法接近，区别是做糊糊时，直接将干面粉撒入开水中，边撒边搅，直到稠度合适。做糊糊的原料，除了精细面粉，也有粗面、玉米面等。糊糊是困难时期最常食用的一种面食，调味品多为腌制酸菜或咸菜。

3.拨鱼子、抄疙瘩、煮疙瘩

拨鱼子 在碗中将面粉和成半稠粥状，稀不外流，干不成团，然后一手斜端着碗，一手用筷子将流到碗边的面糊拨成小鱼状下进开水。煮熟后佐以调味

品即可食用。

抄疙瘩 做法跟拨鱼子略同。抄疙瘩是用两根筷子抄起面糊，直接下进开水里，会形成不规则面疙瘩，故名。抄疙瘩也叫"懒汉饭"，意在不讲究外形且容易做。

煮疙瘩 又名"巴娄"，原料一般是玉米面或者黄米面。用开水和面，成团即可，用手捏起一块面团，用双手揉成圆球状，两手向掌心挤压，使之如同体育用具铁饼的形状，待将所有和好的面都抟成一样大小的圆饼后，即可入水煮。有时候会在圆饼中心包一点红糖或豆沙。煮疙瘩的优点是吃了耐饿，缺点是吃多了胃特别容易反酸。

（四）馒头、花卷、月饼、锅盔、包子

1.馒头、花卷

馒头的做法是将面粉加酵母发好后，抟成外形为半球形或长方形，蒸熟即可。在民间有些较大型的活动上，也有将馒头做得比较大，比如老人去世后敬献的大馒头，直径可达30厘米，俗称"大盘"。过去农家起架盖房，亲友多用馒头恭贺，也称"盘"，但比"大盘"小，有时在馒头的表面涂上姜黄，又称"黄馍馍"，为盖房专用。花卷的做法是用同样发好的面，摊成面饼，敷上各种香料、油脂，卷成卷，用刀切成段，加以叠、压、翻、扭，做出各种花样，故名花卷。也有在婚事上做成规格较大的花卷，俗称"花盘"，犹如盛开的莲花，又称为"花馍馍"。

▲ 图18-3-1　大盘

2.月饼、锅盔

月饼 也叫蒸饼，中秋节用于敬献月神。月饼视年景丰歉，可大可小。大的直径可有60厘米，厚可达20厘米。蒸月饼先将面发好，兑好蓬灰或食用碱，揉匀，摊成大饼，上面撒上苦豆叶、姜黄、红曲、清油等，卷起来，再抟成饼；月饼成型，在月饼正面涂上姜黄和清油，用碗口在中心拓一个圆形，代表月亮，

月亮上用针画上孙猴子和桂树。月亮周围画上各种图案纹饰。还要用一种专门的镊子在月饼边沿捏上花边。上笼之前，再擀一张与月饼同大的白面张，盖在月饼上，以防止水蒸气破坏月饼图案。平时食用的蒸饼，表面不画月亮和纹饰。21世纪，由于生活水平的提高，制作月饼的辅料、规格及制作方法都有了很大的变化，除了蒸，也可以用专门的烤箱烤制，也可以选择各种不同的味道。

锅盔 又叫锅魁，和好面，经过发酵，兑好蓬灰或食用碱，揉匀，做成饼状，然后在平底锅上或鏊子上烤烙。锅盔有大有小，内酥外脆，易于存放。

3.包子

包子根据馅料的不同，分为肉包子、麻腐包子、糖萝卜（甜菜）包子、胡萝卜包子、韭菜包子、油酿包子、红糖包子等。

肉包子 分猪肉包子和羊肉包子两种。将猪肉或羊肉剁成肉馅，加上葱末、花椒、盐、酱油等调味品，搅拌均匀，将发好的面擀成圆形包子皮，将肉馅放在包子皮中心，再将包子皮捏起来。用蒸笼蒸熟即可。

麻腐包子（见节日习俗·寒衣节）

糖萝卜（甜菜）包子、胡萝卜包子、韭菜包子 顾名思义，就是分别用糖萝卜（甜菜）、胡萝卜、韭菜作为包子馅的主要原料做成的包子。

油酿包子 酿，读rang。主要原料是提炼过猪油或羊油的油渣，俗称"油拨拉（音bole）"，但不能炸得太过。将油渣碾碎，加上适量面粉，再加上各种调味品，搅拌均匀，作为包子馅而包成的包子。

红糖包子 将红砂糖用热猪油化开，作为馅料包成包子；也可加上适量的核桃仁、花生仁、芝麻等辅助原料，搅拌均匀，包成包子。

（五）油饼、油果子、糖油糕

油饼 油饼分两种，一是油饼，一是油水饼。主要原料是面粉和清油。油饼是将发好的面做成圆饼状，待油温上到80℃左右，将面饼放入油中，炸到两面金黄变熟，即可捞出。为了油饼的浸油度好及快熟，入锅前在油饼中心用刀划两下。油水饼是用开水和面，抟成圆饼，平底锅放油适量，烧热后放入饼子，两边煎透煎熟即可。

油果子 将发好的面根据自己的喜好加入砂糖、鸡蛋、蜂蜜等材料，或切或搓或捏成各种形状，控制好油温炸制而成。

糖油糕 用开水和面，搅拌成絮状，凉后揉匀，饧发二十来分钟，再揉成条，切成大小适中的面团，将面团用手捏一个小坑，放入用猪油化开的红糖适量，将红糖裹在面团中，然后两手将面团抟揉成状如铁饼一样中间鼓凸周边较薄的圆饼子，将清油加热，放入饼子炸至金黄、熟透即可。

（六）搅团、糁饭、黄米干饭、米汤

搅团 是20世纪六七十年代芦阳人的家常饭。由于生活条件限制，主要原料多为黑面、荞面、洋芋面等。做法是将面粉均匀地撒入烧开的水中，边撒边用勺子或擀面杖搅。要领是一直顺着一个方向搅，不能出现干面块，不能太硬也不能太软。吃搅团需要做醋水汁，主要原料是醋、香油、辣椒油、蒜泥、姜末、芝麻等。

糁饭 将黄米淘洗干净后下锅，待黄米快烂的时候，撇去多余的汤汁，在黄米上铺一层面粉，盖上锅盖继续蒸。待面粉快熟的时候，放适量食盐，用搅饭铲或者擀面杖快速搅动，将黄米和面粉搅拌均匀。搅拌的时间要稍微长一些，有"糁饭若要好，三百六十搅"之说。在劳动强度非常大的时期，做糁饭宁干勿稀、宁硬勿软，甚至硬到掉在地上不变形、不沾灰，糁饭越硬越耐饿。随着生活水平的提高，也有用黄米掺加大米、或者只用大米做成的糁饭。糁饭最好的佐餐菜是大肉片炒酸菜，或者腌缸肉烩酸菜。

黄米干饭 即蒸熟的黄米饭。做法与大米饭相同。过去年代极少能吃到大米，有条件的人家，在蒸黄米干饭的时候掺入少许大米，黄米和大米黄白相间，时人称为"金银饭"。

米汤 即黄米粥或小米粥，做法相对比较简单，将小米或黄米淘洗干净，放入锅内，煮沸后，用文火慢熬，待米粒煮化、汤变黏稠即可下火。熬米汤最好是用新米，有营养且有米香味。生活困难时期，小米米汤是哺乳期妇女的不二选择。

（七）炒面、烙烙（烙拨拉）

炒面 是一种非常普遍的熟食品。将粮食淘洗干净，炒熟后磨成面粉即可。炒面的主要原料有小麦、大麦、莜麦、豆类等，也有掺杂在一起磨成的。还有一种做法是，在小麦等粮食中，掺加少量炒熟的麻子，磨成的炒面自带油脂香味。炒面的食用方法，除了极少数情况下干吃外，大多数时候是用开水搅拌后

食用。还有一种独特的吃法是，搅拌在西瓜瓢中，味道甜美别致。困难时期，也用草籽做炒面，草籽炒面口感差、营养成分低、不易消化。

烆烆（烆拔拉） 一种面食。主要原料是面粉。在锅里放水，烧开后，再在水上放上面粉，盖好锅盖，将面粉蒸熟，蒸熟后不停地搅拌，形成形状不一、大小不一的但不会结成团的面块，根据口味调上盐，再用清油葱花炝一下。有时候在烆烆里放上土豆、胡萝卜丝或者甜菜丝。

（八）麦索子、烧麦子、麻麦、煮麦子、煮豆子、煮洋芋、烧（烤）洋芋

麦索子 是过去人们在青黄不接时用未完全成熟的粮食充饥救急的一种食物。先把即将成熟但还没有完全成熟的小麦割下来，麦粒脱去麦壳，这时候的麦粒，还是青绿色的，将麦粒煮熟，捞出晾到半干，放在磨盘上，通过磨盘上的大眼磨出来，麦粒就变成索状，故名麦索子。可以直接食用，也可以用熟油、葱花、花椒炝一下食用。

烧麦子 把即将成熟的青小麦拔下来，将麦穗放在火上烧烤，烧熟以后，用手搓去麦壳和灰土，即可直接食用。

麻麦 即炒麦子，用烧热的锅将小麦粒炒熟，以作为一种简单便捷的干粮，直接放进嘴里咀嚼，有时在炒麦子中掺加少量炒麻子，咀嚼的时候有一种油脂的香味，故称"麻麦（音mamei）"，也有人称为"麻麻"。除了炒小麦外，还可以炒各种豆类、莜麦、玉米、青稞等。也有少量炒大麦，大麦的外皮比较厚，需要用石碾将外皮脱去。

煮麦子、煮豆子 将小麦或豆类（大豆、黄豆、豌豆等）直接煮熟食用的一种食品。煮豆类的时候，一般需要加适量蓬灰或食用碱，容易熟烂，易于消化。

羊头煮麦子 将羊头洗净，加上调料在锅内熬煮。将洗干净的麦粒放入锅中，跟羊头一起煮。待羊头煮熟，麦子也被煮得熟烂，羊肉的香味被煮进麦粒，味道独特。

煮山药、烧（烤）山药 马铃薯，又称土豆、洋芋，芦阳方言称"山药（yue）"。煮土豆是将土豆洗净，囫囵入锅煮到熟透，即可出锅食用。吃煮土豆一般要撒上盐末或者佐以咸韭菜。与土豆同煮的还有胡萝卜、糖萝卜（甜菜）、苴莲（苤蓝）等。烧（烤）土豆的方法有多种，如将整个土豆埋在做完饭

的灶火余烬里烧，根据时间长短判断土豆烧熟与否。有将土豆放在煤火的炉膛里烤，也有将土豆放在冬天的炕洞里烧的。而最独特的烧土豆的方式，是在野外劳作时，在地上挖类似灶台的一个小窑，点燃柴草，充分燃烧，烧成灰烬后，将土豆埋在里边，然后将小土窑拍散，全部盖在灰烬上。等劳作一段时间回来，扒开土层和灰烬，土豆就变得外皮焦黄，剥开洋芋，吃在嘴里，又软又沙，醇香可口。

（九）炒菜、烩菜、大茶

炒菜 是家常菜的常用制作办法。在烧热的锅里，放入适量的油（植物油或动物油），待油烧热后，及时将葱及切好的菜品放入锅内，用锅铲翻动，旺火炒熟。根据喜好，炒成酸、甜、辣、咸、淡等口味。生活条件艰苦时，上好的菜肴就是土豆丝、韭菜炒鸡蛋、西红柿炒鸡蛋、韭菜炒腌肉、腌肉炒白菜等。

烩菜 过去过年的时候，在煮肉汤尤其是煮骨头的汤里，加上土豆、粉条、酸菜等，条件好的，还可以加上豆腐、木耳、黄花菜等食材。烩菜一般都会做成一大锅，做好后，放到冷屋子里。食用的时候，舀一些在小锅里加热，吃起来方便、可口。进入21世纪，食材的种类极大地丰富，搭配也日益丰富。平时白事上多做烩菜。

大茶 即大锅臊子汤，一般在子女婚嫁时调制并招待亲朋好友。先把猪肉丁燥成臊子，把土豆丁炒半分熟，把豆腐丁等炸一下，其他食材，如粉条或粉块等都切成碎丁。调汤时，把做好的各样食材一一放进烧开的大锅里，再调入花椒、食盐、酱、醋、鸡精等，打上粉芡，出

▲ 图18-3-2 大茶

锅时放些韭菜、香菜等绿色菜。一般喜庆宴席，用大茶泡糁饭招呼客人。

（十）酸菜、咸菜、窖藏菜、腌肉、油拨拉、油茶

酸菜 腌制酸菜，意在延长蔬菜保存期限。主要原料是大白菜，也有其他

蔬菜。20世纪五六十年代，家家户户都要腌制酸菜。进入秋末冬初，收获了大白菜，就可以腌制了。先将白菜摘好洗净，在开水锅焯一下，切成寸方的小块，然后在腌菜缸里放一层菜撒一层粗盐，并压瓷实。直到装满缸或者坛子，最后在上面压一块石头，月余即酸。吃饭时直接捞出酸菜就饭。条件好的，有时可用酸菜炒肉。随着生活水平的提高，腌制酸菜已逐渐淡出人们的生活，但有些饭馆以糁饭和"酸烂（爁）肉"即酸菜炒肉做主打，被逐渐淘汰的酸菜又上了人们的餐桌。

咸菜 咸菜也是过去经常食用的一道腌渍后的蔬菜，有较强的咸味，是以食盐等调味料腌制，保存期长。原料主要有胡萝卜、苴莲、黄瓜、辣椒、韭菜以及未成熟的西红柿，还有从野外采摘的沙葱等。一般头年秋末冬初腌制的咸菜，能够吃到第二年的五六月份，是不可或缺的佐餐菜。

窖藏菜 为了在冬季或者次年青菜下来之前吃到新鲜蔬菜，部分芦阳人有窖藏鲜菜的习俗。在院子一角或者后院的某个角落，挖一个地窖，冬天来临时，将土豆、白萝卜、胡萝卜、南瓜、大白菜、葱等易于保存的蔬菜藏在里面，需要时取出食用。也有一种埋藏储菜法，直接挖一个土坑，以深过冻土层为宜。冬天来临时将土豆、萝卜、苴莲等埋在土里，需要时挖取即可。

腌肉、油拨拉 过去人们一般只有在过年时才杀猪吃肉。除了过年吃肉之外，大多数家庭会选择做腌肉，以求较长时间的保存。将猪肉剔骨洗净，连皮带肉切成10厘米大小的方块，放在锅里用自身的油脂炸炼，直到完全析出水分；在炸好的肉块上，涂上盐和花椒、大料等调味品，码在腌肉的缸或者坛子中，最后将炼好的猪油倒入肉块中，油要没过肉块，以阻止空气和肉块的直接接触。腌肉的盐比较重，除了入味，更是为了达到食品保藏的目的。油拨拉，就是猪油或者肥肉经过烧炼以后的油渣，但不能烧炼得太透太过，介于脂肪和油渣之间。油拨拉易于存放，在普遍缺乏肉食的情况下，平时用来炒菜，或作为馅料包包子，增加辅食的营养和味道。

油茶 将羊油放在锅里烧热化开，再放上面粉，加上各种调味品，边放边搅，越均匀越好，但不能粘锅，不能焦煳，待到面粉熟透，就可以起锅，油茶就做好了。食用时，取一些油茶放在碗里，浇上开水，搅匀，即可直接饮用，或泡锅盔、就馍馍吃。

(十一) 困难时期的代食品

三角子籽 三角子，学名黑翅地肤，一年生草本植物。植株高15～20厘米，雨量充沛年份能长到25～27厘米。三角子分黑三角和白三角两种。黑三角一般生长在山坡、荒地、山洼、沟边土质地带。白三角长在沙河边的沙包上和沙包畔周围荒沙上。籽粒成熟于农历七月下旬到八月前半月。在三角子将要成熟的时候，人们将三角子拔下运到场上，借助工具的敲打，将籽实打下来。更多的时候，人们拿着扫帚和簸箕到野外扫落在地上的籽实。运回家用水淘洗干净，磨成面粉蒸馒头，或者炒熟磨成炒面。面粉味道苦涩，尤其较难消化，食用过量会导致排便困难，但在困难时期是不可多得的救急食物。

水蓬籽 水蓬，原名碱蓬，又名翅碱蓬，一年生草本植物，土话也称扎哇。籽实在农历八月下旬成熟，含有油和碱。水蓬的秸秆主要用来制烧碱，种子经过浸泡去碱后多用来喂猪。但在困难时期，也有食用水蓬籽的情况。将水蓬籽反复浸泡，充分去碱，晒干后磨成面粉。水蓬籽的面粉呈墨绿色，口感偏咸。营养价值极低。

小灰条籽 小灰条，原名小藜，一年生草本植物，也称小叶灰草或绿灰菜，幼株可以焯水后做凉菜，也可以做家畜饲料。成熟期在七八月间。将灰条籽打下，晒干后脱去外壳，磨成面粉，主要用于蒸食，用一层面粉一层灰条面做成黑白花卷，或者纯灰条面直接装在碗里蒸熟，人称"瓦坨"，味道略甜，是困难时期较受欢迎也比较难得的食物之一。灰条的籽小，有黑、棕、红、紫等色泽。

大灰条籽 大灰条，原名中亚滨藜，一年生草本植物。也称大叶菜、清灰菜、白灰菜。大灰条面粉相对小灰条，口感略咸。

鹿角刺皮 鹿角刺，俗称刺刺花，多生长在石洼或砂洼上。困难时期，人们挖来鹿角刺，剥食根部的皮层。鹿角刺的皮嚼起来略有甘甜味，脆中带柔，质白如鸡肉，因此也称之为鸡肉柴。

驴尾巴杆子籽 驴尾巴杆子，学名灰绿碱蓬，一年生草本植物，也称驴碱蓬，俗称立蓬子。籽实农历八月初成熟，含有油脂。困难时期人们将其籽实磨面食用，味苦涩咸，不易消化。

苦苣菜 俗称苦菜、苦苦菜、曲曲菜，常作为野菜食用，是传统中草药，也是一种青绿饲料。

困难时期人们食用的草籽还有米心柴和烟葫芦柴的籽实。米心柴、烟葫芦柴都属于小灌木。其籽实的面粉口感极差，不到万不得已，人们很少食用。

除此之外，困难时期人们普遍口重口杂，几乎牛羊能吃的植物，人们都尝试食用，比如蒲公英、大辣辣秧、面条条、铁链子、羊角子草、马牙草，等等。有时候甚至采食狗刺秧子、沙枣树叶子、榆树叶子、榆树皮等。不仅如此，在生活极端艰难的情况下，还有发生在马粪、骆驼粪便中挑拣未完全消化的谷物和豆类颗粒，淘洗干净充饥的现象。

（十二）艰难生活时期形成的独特生活习俗

挖田鼠仓　秋季，田鼠将成熟的粮食穗咬下来搬回窝中，储存冬天食物。生活困难时期，有人就在田间地头找到田鼠窝，挖开找到它的储粮仓，将所有的粮食取出来，拿回家作为口粮。

舔碗　过去人们吃完饭，如果饭食比较稠，碗壁上遗留有饭粒和面汤之类，都会用舌头将碗壁舔干净，由于长时间舔碗的习惯，有人甚至能将三号砂锅的内壁舔舐干净。而对于舌头够不到的地方，会将食指蜷曲起来，沿着盛饭器皿的内壁，将食物刮下来，再用舌头舔掉。

拾麦穗　因收割和驮运掉落麦穗，老人和孩子进地或在路上捡拾。

搜沟　在已经收获过洋芋、萝卜的土地里，捡拾遗漏的洋芋、萝卜等。

芽面馍馍　夏收后，因雨水过多，小麦垛中的麦穗生芽，晒干后磨面做成食品，带甜味。

煮胡萝卜干　困难时期，将较小的胡萝卜煮熟晒干食用，口感柔甜。

（十三）粮食加工

根据本地区的物产，粮食以小麦、大麦、糜子、谷子为主。粮食加工主要是将小麦、大麦加工成面粉，将糜子、谷子加工成黄米和小米。

推磨（操磨）　推磨，是指用石磨加工面粉，更是指主要使用驴以及马或骡子等畜力，拉动磨盘对粮食进行加工。过去几乎家家有磨房，俗称磨道，磨面的时候，将牲畜套在磨杆上，需要将牲畜的眼睛蒙上，还要套上嘴坊，一是模糊牲畜的方向感，二是防止牲口偷吃磨盘上的粮食。而操磨则是主要以人力为动力推动磨盘加工面粉。20世纪六七十年代，在有机械加工面粉之前，所有的面粉都是石磨加工而成。由于畜力的短缺以及私人不允许喂养大牲畜，加工面粉的工作主要通过人力揉磨来完成。

揉磨加工面粉，除了耗时很长外，一是非常疲劳，二是揉磨的时候一直是围着磨盘转圈，会产生一种眩晕的感觉，因此对绝大多数人来说都是非常艰辛的体验。

可加工成面粉的粮食，除了小麦、大麦外，几乎所有的谷物都可以通过石磨而加工成面粉，如极少量的青稞面、豆面、高粱面、玉米面，还有困难时期将可食用草籽加工成面粉。20世纪六七十年代，人们将国家供应的红薯片（由外地调拨，即晒干的红薯切片）加工成面粉食用。

碾米 即通过石碾将糜子或谷子加工成黄米或小米。在过去普遍缺少大牲畜的情况下，碾米主要通过人力推动碾盘上的碾轱辘来完成。

由于加工物及加工方式的不同，过去村上碾子的数量相比石磨要少得多，还有一个重要区别是，石磨都是在室内，而碾子既有室内的，也有安置在户外的。安置在户外的碾盘基本上属于大家共有，人人都可以随时使用。

二、服饰习俗

（一）皮袄、大氅、毡袄、袍子

皮袄、大氅 指用整张羊皮或其他兽皮做的长大衣或短大衣。皮袄多用绵羊皮（带毛皮）缝制。也有极少量用狗皮、狐狸皮缝制的。将宰杀后的羊皮（其他兽皮同样）处理干净，经过特殊的工艺进行鞣制，使羊皮变软，然后根据人体进行裁剪成全身皮袄或半身皮袄。皮袄一般都是对开襟。过去的皮袄多为光板皮袄，即羊毛朝里，羊皮朝外，不挂布料面子。皮袄的保暖效果好，是冬天从事放牧、野外劳作等活动时的最佳选择。穿着品相好的皮袄是二毛皮袄、羊羔皮袄以及狐狸皮的皮袄。只有家庭条件好的人家，才会给皮袄缝上布料面子。缝制了布料面的皮大衣也叫皮大氅。

毡袄 即用毡做的长袄，也就是用擀毡的工艺擀成的大衣。毡袄分带袖和不带袖两种。由于带袖毡袄工艺比较复杂，较难掌握，因此毡袄多为不带袖的。毡袄特点是厚重，除了保暖，还可以防风防雨，多用于野外守夜、放牧穿着。有些毡袄甚至立起来就是一个小型的毡帐篷，野外劳作的人可以在里面坐着小憩。毡袄多为对襟，一般没有纽扣。

袍子 一种从肩部长至脚部的衣服。袍子分棉袍、夹袍和单袍三种。棉袍指里面絮了棉花或者畜毛的袍子，可以御寒；夹袍指有里有面两层，但里面不絮棉花和毛，可以在春秋季穿；单袍则指只有一层面子，多在夏天穿。单袍又称大褂。20世纪五六十年代还有人在诸如祭祀、拜年、扫墓等特殊时期和场合，穿着袍子，以示隆重。袍子通常为大襟也叫斜襟，即两襟一大一小，小襟为右衣襟，大襟为左衣襟，纽扣钉在小衣襟一面也即身体右侧，系纽扣的时候大衣襟从左侧到右侧，盖住小衣襟。大襟一般不分男女，都是统一制式。袍子的纽扣是用布料制成的带纽扣、盘结纽扣。即用各种布料缝成细条，俗称"袢条"，盘结成各种各样形状的花式纽扣。俗称"纽子"或"纽子疙瘩"。由两部分组成，一边是盘结成小球的纽扣，一边是形成开口的纽襻，衣襟就是用纽扣和纽襻固定的。

（二）棉衣棉裤、单衣单裤、毛线衣裤

棉衣棉裤 材质有褐子布、老土布、棉布等，里面多絮棉花，条件好的有絮羊毛、驼毛的。棉衣分斜襟和对襟两种。斜襟（大襟）是左襟盖过右襟，纽扣在右侧。对襟是两襟相对，纽扣在胸前正中。纽扣也是传统的盘结纽扣。棉衣又称为"裹肚"或"棉裹肚"。棉裤多为大裆裤，又叫缅裆裤，也作"勉裆""抿裆"，裤前不开口，裤裆大，裤腿（裤管）宽，裤腰宽而高。缅裆，就是穿好裤子后，将宽大的裤腰折一下，再系上裤带，裤带一般用布条或毛绳做成。裤脚处缠腿带。

单衣单裤 过去人们的夏衣都是单衣单裤。单衣有袷袷（土布夹衣）、汗褟（贴身穿的小褂），也是斜襟或对襟。单裤也多为抿裆单层裤。过去衣服布料色彩单调，以白色、青色（黑色）、蓝色为主，多为自染。

毛线衣裤 将羊毛或驼毛清洗干净，捻成毛线，用竹签编织的毛线上衣或裤子，保暖性好。过去捻毛线和编织毛衣都是男人尤其是牧羊人的专长。编织毛衣叫"挑毛衣"或"打毛衣"。

（三）棉鞋、单鞋

芦阳人称棉鞋为"窝窝"或"棉窝窝"，棉鞋由鞋帮和鞋底组成。鞋底是将若干层褙子用细麻绳和锥子锥纳而成，鞋帮是用单层褙子絮上棉花或者兽毛而成，增加了厚度，提高了保暖功能。将鞋底和鞋帮连接起来叫"绱鞋"。也有直接用兽皮做成的棉鞋，毛向内，可以极大地提高棉鞋的保暖性。还有一种棉鞋叫"毡窝窝",就是用制毡的方式擀出来的毡靴。毡窝窝非常结实,既保暖,又可以防水隔潮,但大多数人穿不起。单鞋的做法与棉鞋的做法基本相同,区别是鞋帮不絮棉、毛。做鞋帮时,也有在前帮处一层一层地缝上细布条,叫"裹头"或"裹尖",以增加耐穿性。

(四)棉帽、单帽等

棉帽多是手工缝制,根据人的头型做一个帽子,加上帽檐,两个护脸的帽扇,就是一个完整的棉帽子了。还有一种毡帽,是用制毡的方式做的帽子。质量好的毡帽,甚至可以用来盛水。单帽多为瓜皮帽,就是将帽子做成半个西瓜皮的样子。

妇女保护头发及头部御寒的,一种是自己缝制的布帽,也叫"揪揪帽",即一个圆顶帽子将头发装在里面,下檐带有可抽紧的细绳。再就是方头巾和头帕。头巾80厘米见方,用的时候对角线折成三角形,蒙在头上,将三角形的两个锐角系在脖子下面。在风沙大的天气里,头巾可以将除了眼睛之外的头部和面部都包起来。头帕是长有四五尺、宽有半尺多的一条长巾,使用时一层一层地包住头皮和头发,可以御寒,防风;多为黑色,一般为老年妇女所用。

(五)袜子

过去袜子多为自己缝制。分单袜子、棉袜子、毛袜子等几种。单袜和棉袜一般用棉布缝制,多为白色和黑色、蓝色。毛袜子即用羊毛线或驼毛线织成的袜子。

三、居住习俗

各村的居住条件及居住习俗大同小异。居民住所的主要形式为:以坐北朝南的北房为主的封闭式院落。基本都是上房配以厢房或耳房、厨房及其他用途的房间。由于干旱少雨,房屋绝大多数为平坡顶房,前低后高,土木结构,即墙体用土坯砌、墙面用草泥抹装;屋顶为木质大梁、檩子、椽子构成。极个别家庭有两进院子。一般都是人畜分开,旱厕和家畜饲养栏都在院外。

上房 正房,主房。属于典型的中国北方规整式住宅风格,上房居中,规格一般为三开间。上房是敬奉祖先神位、举行家庭礼仪、接待重要客人乃至老人去世后停放的所在。平时一般家中年龄最长者才能住在里面。但在实际生活过程中,出于保暖、生活方便等考虑,有时是晚辈住在上房,而长辈住在耳房或者其他房间里。上房的门开在前墙正中,双扇门,向内开。占上房中间的位置,而窗户在门的两边,居左右两间的正中。窗户一般为整扇板棂窗,窗轴在上窗框,向外开。正房两边规格小于正房的房子叫厢房。两间厢房除了住人,还兼作厨房或储藏间。

厨房 过去厨房既是用来加工食物、存放食物同时还要住人的一个重要场所。厨房内除了有火炉、灶台、案板、水缸、储物架之外,还有炕。由于厨房相对间隔小加上有热源,家口小的人家,冬天多睡在厨房里。随着生活水平的提高,厨房逐渐回归到纯粹加工饮食的初始作用,更加美观、整洁。很多家庭使用电器设备,做饭越来越便捷。

庭院 庭院是一家人平时最大的活动空间,讲究宽敞、方正。院墙将整个房屋都包括在里面。院子里可以堆放柴火、放置农具、晾晒粮食、打煤砖,一院多用。多数人家黎明即起,洒扫庭除。不管家庭是否富有,保持一个清洁的生活环境,成为世代相袭的生活习惯。

大门 大门分三种情况,一是有门楼的大门,包括门楼顶部的挑檐式建筑、门楣、门框、门扇。第二种是没有门楼的大门,第三种是既无门楼也无门框,直接在院墙留一个敞口。有极少数人家没有院墙,也就没有大门。大门的门扇有单扇和双扇。也有人家在大门外建造照壁(也称影壁),和院墙、大门一样,成为这个院落建筑的一个有机组成部分。大门是一家人的门面,往往反映出主人的社会地位和经济水平。

四、建房习俗

选址、处理地基 建房俗称盖房子。选好房盖房子的地址后,请风水先生查看确定具体地理方位。然后即开挖地坪,取高补低,低洼用土石垫实并用水浸泡,浇透晾干后,再用杵子或夯锤夯实地基。

砌墙 地基打好后,用石块镶砌根脚,然后在上面砌墙。过去砌墙的材料基本都是土坯,俗称"土墼"或"胡墼"。土墼是用专用的模子脱制的,俗称"脱胡墼",即将和好的泥装进模子中,然后倒在平地上,干了以后就是类似砖块一样土坯。过去房子、院墙都是用土坯砌成的。从20世纪80年代起,人们都用砖和水泥盖房、砌院墙。

上梁 大梁,又称中梁,也称担子,是整座房屋的关键部件,也象征一个家庭的栋梁。上梁前，选好良辰吉时，届时要有风水先生在场，祈祷中梁保佑房屋的坚实牢固，祈祷全家平安顺遂，诸事如意。在这一天，周围邻居都来帮工，共同见证新房建成。同时亲朋好友送来黄馒头（表皮涂了姜黄的馒头）表示祝贺。放好中梁，再依次放好檩子、椽子，在椽子上面铺芨芨草或竹箅，再在上面铺上麦草，抹上黄草泥，房子主体工程完成。

第四节　丧葬习俗

丧葬又称殡葬、丧事，俗称白事。丧葬习俗从处理逝者遗体及举行相关悼念的方式，也是有关生死文化的最集中体现。内各村丧事程序都有停放、报丧、招魂、告庙、祭奠、送亡、入殓、出殡、送葬等几个过程。

停放　在逝者落气时，亲属要给逝者沐浴，换上寿衣；贴身穿白色的棉布衬衣衬裤，再穿黑色的棉衣棉裤，最外面套上一件黑色的长袍，头戴上一顶挽边黑帽，帽顶上缝一个用红布做成的圆球。整套服装不缝扣子，而是用带子系紧。沐浴更衣后，要即刻将遗体移到灵床上。

报丧　逝者亲属亲自或央求别人将亲人逝世的消息告诉亲友和乡邻。按照规程，即使已经知道消息的亲友家，也要过去报丧。报丧者一般都是晚辈，不管是孝子本人还是央请的报丧者，报丧时到亲戚朋友家门前跪下，将写有逝者去世日子的帖子双手举过头顶，某某家某某人于某某日没了或走了。孝子报丧时，孝帽、孝衫穿戴整齐，麻带系好，由一个礼宾先生领着，到了亲友家门口，见到要请的人，孝子磕三个头，礼宾先生说"某家儿子磕头来了"，对方只回答"知道了"，礼宾带上孝子马上走开，去请下一家。这种请人属于大请。

成服、守灵、坐草　成服俗称破孝，孝男要身穿白色衣衫，腰束麻绳，头戴麻布帽，前遮麻帘，鞋上罩白布，手拄白纸缠绕的一尺长丧棒。孝女要身穿白色衣衫，腰束麻绳，头顶孝布，白布包鞋，束紧裤腿。孝男孝女不能直立行走，须弯腰弓背，趿履慢行。成服后至出殡期间，孝男孝女日夜守在灵床前，不能擅离。灵堂地上铺满麦草，孝子们跪卧在上面行孝，因此又叫"坐草"。

领羊　孝子、女婿、侄子、外甥等至亲要给亡者拉羊，即为丧事送一只羊。成服后，要举行领羊仪式，俗称"领路羊"。众孝子、晚辈、亲友围跪成一圈，将羊置于其中，身上洒上酒水，由孝子或亲友揣测说出亡者所牵挂的事情，并对所牵挂的事情予以表态；待羊四蹄蹬直，全身抖动，即为亡者所认领。说明亡者已无遗憾，愿意起驾上路。

勘地、开穴　勘地，就是看地方。老人去世后，事主将消息通知亲友，并同时请风水先生寻找确定落葬的地方。地方确定后，风水先生按罗盘上的字立向定桩，然后用一只耧铧尖划穴口，划穴口时需要奠酒，烧往生，风水先生手摇铜铃，口中念念有词，大致意思是土中太岁最怕铧尖，看到耧铧远远躲了，此处不会再有太岁相犯等等。穴口为长方形，一般上线98厘米，下线68厘米，长218厘米；也有上口线128厘米，下口线88厘米的。穴深一般要在176厘米。

吊丧　也称吊孝。丧家从报丧后便开始祭奠，接受亲友、邻居的吊唁慰问。吊唁的人先到灵前跪叩烧阴钱，磕头作揖，凡有人来吊唁，孝子要拄丧棒上前跪迎，子女都要恸哭，俗称"哭丧"，有人劝慰才能停止。亲友吊唁大多携带礼品或礼金，至亲的族兄族弟和女婿要献大馍馍（12个大馒头），有文化的人有送匾、挽联、挽幛，挽联、挽幛内容根据亡人的身份年龄和具体情况而写。

招亡、送亡　为超度亡灵，祈求免除冤孽灾祸，有人家请道人念经。先由阴阳先生设经堂，安神位，栽方杆，围法坛，把亡故先人、亲朋好友的亡故先人及附近没人管的亡灵都招来，然后奏乐、诵经，为亡魂消灾免罪，以求在阴间畅通无阻，免受艰难困苦。念经结束前，务必把所有招来的亡魂都送走。

入殓　入殓有"大殓"和"小殓"之分。小殓指为死者穿寿衣，大殓指死者入棺。大殓一般在交午夜时，负责入殓的一般是本家人。入殓时需要避相（执服人不避）。入殓完毕，在棺材头上放一碗水，一把菜刀，一只红公鸡，等待吉时出殡。水碗是亡人在世时常用的碗，出门时用菜刀打破，还要在门槛上剁三下，意味着亡人对阳世的永久告别，永不回头。

送葬、起灵　送葬是将逝者遗体送到埋葬地点。将停放在灵堂的灵柩抬起运走的那一时刻，叫起灵。起灵前，从屋内扫一包坐草，在大门外选一个地方点燃，负责抬灵柩（俗称扶灵）的年轻人抬着灵柩，放在火堆前，捆绑老杆。绑好后，一声吆喝，扶灵人抬起灵柩直往茔地。后多用卡车拉运。唢呐要一直从屋里吹到茔地。到茔地后，灵柩绕墓穴三匝，称为抢茔。还需要"铺堂"，即清扫墓穴，孝子向墓穴内撒钱。"土工长官"进入穴内打扫后，点上灯，放上文房四宝，再按照风水先生的指令"良辰吉时到，下葬"，亲友们用绳吊灵柩入穴，然后铲土堆起坟堆。至此，送葬结束。

攒三、七七纸、百日纸、周年祭 亡人被葬后第三天，孝子到坟上祭奠，给坟冢上撒些五谷杂粮，每个孝子给坟冢培三锨土，然后在围坟苑走三圈，叫"嚷苑"也即攒三。攒三后，出嫁的女眷可回自己的家，儿孙也可以外出工作。下葬后的每一个七天祭奠一次，叫烧七日钱，一直祭奠七次，第七次到坟上"烧七七纸"。一百天的时候烧"百日纸"，嗣后还有周年、三周年、十周年、三十周年祭等。

第五节　生活、生产用具

一、炊事用具

铁锅 主要是铸铁锅。多用于烧水、煮饭、炒菜、蒸馍等。有各种规格，有直径一米多的铁锅，多用于饭馆、集体食堂，或在杀猪时用来烧水烫褪猪毛。

铝锅 以金属铝为材料制成的锅具。分软铝锅和硬铝锅两种。软铝锅一般用来烧水、煮食物，硬铝锅一般用来炒菜、烙饼。

砂锅 用黏土为原料烧制而成的锅，多数没有锅把、锅耳。有头号、二号、三号等不同规格。用于烧水、熬粥、煮饭以及盛装米面和食物。使用前，将锅烧热后用油脂（多用猪皮）反复擦拭，增加其光亮度和防漏性。有时还要用铁丝箍一下，增加牢固度。对于有了裂纹的砂锅，进行锔补后还可继续使用。

鏊锅 有铸铁、黏土烧制、铜制等几种，平面圆形，中心稍凸。主要用于烙饼，一般上下两层，烙饼时，下层置于炉火上，将面饼放在上面，上层既是鏊锅盖，又可放炭火，两面加热。

墩墩锅 铁锅的一种，锅体为圆柱形，平底，一般用于煮肉、烧水、炖菜、烙饼子、盛放食物等。

案板 长方形木板，主要用于擀面、切肉、切菜等，用果木、沙枣木、榆木、核桃木等材料制成。比较小的案板一般叫作刀板。

砧板　用硬杂木、竹子做成的主要用来剁、砍食材的板子。也有直接截取一棵树横截面的一段而做成的砧板。

擀杖　也叫擀面杖,是一种呈圆柱形、用以擀面用的木棍。多用硬杂木制成,有长有短,有粗有细,是擀面条、擀面饼、擀饺子皮都需要的工具。擀长面的擀面杖有一米多,而擀饺子皮的擀面杖只有半尺长。

勺子　舀饭、舀汤的用具。材质有木质的,陶质的,还有铁质、不锈钢、铝质、塑料等材质的。

糁饭板　木板或竹板制作而成,用于搅和米面的用具。

碗　盛饭的器皿,材质有陶瓷、搪瓷、金、银、木等多种。其中木碗俗称"馒馒"。比较大的碗称为海碗,俗称"讨吃碗"。

筷子　在碗、盘子或锅中夹取食物的用具。材质多为木质,也有用骨头、竹子、象牙、金属等材质制作。

筷笼　盛筷子的器具。多用芨芨、竹篾编制小笼子,一般是尖底,用钉子挂在墙上或碗橱上。也有木质、铁质的,后多用塑料制品。

蒸笼　蒸馍馍的用具。用柳木或者桑木劈成篾条编制而成,圆边平底多层,笼底一般用木条铺成,叫笼齿,间隔有空隙,用以透水蒸气。也有正方形的蒸笼,多用于食堂等场合。俗称饦笼。

锅刷子　刷洗锅具的用具。多是将芨芨草、胡麻秆等截成五六寸长,直径四五厘米绑扎而成。

蒜窝子、踏蒜棰子　能将蒜捣、研成泥状的用具。蒜窝子有木质和陶制的,蒜棰一般为木质。

锅铲（甲叶）　用于翻拨炒菜或铲舀徽饭、刮起锅巴的铲子。有木质、铁质、铝质等材质。金属锅铲俗称甲叶,据说因为过去战争时期战士用盔甲上的叶片加工用来翻搅、揪取饭菜,故名。

碗架　收纳、放置碗和碟子的架子,先在墙上钉几根可以搁置木板的铁钉或者木钉,然后将木板放在上面,层数根据材料多少或根据需要而定。

碗柜　功能与碗架相同,区别是碗柜是前面带门的柜子,将碗、碟子及调料盒等都可以放在里边,比较卫生。

火钳子 夹取煤炭块或者柴火的工具，形状类似剪刀，也叫火剪。多为铁制。

火箸 即捅火棍，烧柴火或煤炭火时，一是为了挑动炉膛里的柴火或者煤炭使之烧得更旺，二是通过炉膛底部的炉齿将灰烬捅到灰膛里。一般都是铁质的。也称火剪。

二、盛具

木盘 长约50厘米、宽约30厘米、四边高三四厘米的木制盛物用具，上部开口，分直立边和斜边两种，一般用来在供桌上放置贡品或来客时将饭碗和菜碟放在上面端给客人。

木函 是一种开口大、下底小的梯形木箱，一般上口宽0.7米、长1.25米，下底宽0.6米、长1.1米。多在磨房中使用，既可以装面、盛麸子，也可以用作罗面柜。

木稍 木桶的一种，比一般木桶大、直径在一米多大木桶，用松木板箍扎而成。一般用来盛水，也可以用以盛放粮食。过去多为大户人家所用。

柜 盛放粮食、衣物等家用物品的箱式木制品，一般为长方形，柜面上一半钉死，一半可以开合，就是柜盖。柜有单头（独头）柜、双头柜、三头柜。通常成品柜都要用油漆画上图案，尤其在柜体正面，画上花鸟虫鱼、人物山水等。20世纪五六十年代，有人将画张裁下来贴在柜面上，然后涂以清漆，代替以前的绘画。

▲ 图18-5-1 双头柜

炕柜 放在炕上的木柜。靠炕侧后墙处放置，一般为双扇柜门，柜子里面放衣服和其他生活常用物品，柜顶上叠放毛毡、褥子、毯子、被子等用品。炕柜一般要用油漆画上图案。

缸 用陶土烧制而成，有各种大小不同的规格。用于盛水，装米面，腌制酸菜、咸菜，酿制醋、酱油等，尤其酿制醋和酱油，需要一种特制的缸完成最后的过滤。

盆 有陶质、砂质、金属等不同材料及不同规格。用于和面、发面、洗菜、洗脸、盛物等。

罐 分砂罐和陶罐。主要用来盛放食物。形体较大的砂罐和陶罐，也可以用来煮饭、煮肉。

水桶 从水源处取水或装水的用具，由下底和上盖加若干条木板捆箍而成。上盖开小口用于向里面灌水。也有不加上盖的开口桶，多用来提水或者抬水，叫抬桶。水桶一般有圆形和圆角长方形两种，有提梁，方形桶多用于牲口驮水，也叫驮桶。后来逐渐有了铁皮箍成的水桶，可以用扁担挑水或者两人抬水。俗称"拉拉"。

纸盆、纸坛、纸缸 用废纸做成的盛物器皿，流行于20世纪50—70年代，是将废报纸、旧书等纸品用水泡成纸浆，然后将盆、脸盆等家什倒扣在一块平整的地面或木板上，先在盆子的外面均匀地涂抹一层纸浆，用麻匹缠绕几周，再在麻匹外涂抹上纸浆，要求均匀平整，晾干后从盆子上取下来，再用彩纸糊在纸盆上，也有用白纸糊面然后用彩笔画上各种图案的。

▲ 图18-5-2　纸缸

背篼 用竹、藤、柳条等做成的背在背上运送物品的器具，在过去用来背砂造田、背土、野外捡拾牲口粪、装猪草等。背篼分单肩背和双肩背两种。芦阳地区的背篼多是单肩背。

笸篮 用芨芨草、柳条、红柳条或竹篾编织成的盛物用具。开口直径一般在1米以上，高40厘米左右。多在淘洗麦子时用来盛放洗过的粮食。也在春节期间盛放蒸好的馍馍或烙好的饼子。

筐子 箩筐，用竹篾编制的圆形篾制品，主要用于盛放粮食或其他家用物品。

口袋 用麻线或棉线织成的专门用来装粮食或其他用品的袋子，一般宽度35厘米左右、长度1.5米左右。一边开口，装上粮食后，再将开口绑扎起来。

盛放粮食时，不能单独立在地上，需要靠墙或者几条口袋互相倚靠方可竖立。可以人扛，也可以牲口驮。

麻袋 主要用粗麻线织成的用来装粮食及其他物品的袋子。与口袋相比，麻袋的长度较短，宽度较宽，厚度较薄，盛放粮食后，可直立在地上。

褡裢 与口袋的材质及制作方式接近的一种盛物用具。褡裢比口袋短，开口在中间，粮食或其他物品都装在两头，不论人背或者牲口驮，开口都在上方，不需要绑扎。

三、生活用具

茶缸 煮茶的器物。由砂质、陶质、搪瓷、铁、钢、铜等材质制成，后生产出用电磁炉烧茶的钢化玻璃茶缸。

茶杯 喝茶的口杯，有陶质、铁质、搪瓷、玻璃、铁、钢、银乃至金质的。

暖水瓶 能使开水保温的器具。由外壳、内胆、壶塞三个部分组成。外壳有竹篾编制、薄铁皮、铝皮等材质，内胆为玻璃，壶塞为软木。俗称"电壶"。

炕桌 主要放在炕上用来吃饭及围坐进行其他活动的桌子，一般为木制。正方形，60多厘米见方，高30厘米左右。

罗 用来分隔面粉和麸子的用具。圆边平底，边框是用软化后的柳木或桑木薄板圈成圆形，底子是马尾毛或细铜丝、铁丝编织的网。

罗面柜 磨坊用具，宽60厘米左右、长1米左右、高约60厘米的一个木盒子，一般无盖，开口向上，按顺长方向安装两根细木条，支撑面罗在上面来回拉动进行箩面。俗称案匣。

斧头 用于砍削木材或柴火的用具。由斧头和斧把两个部分组成，斧头为金属所制（一般为坚硬的金属，如钢铁）。斧柄一般为木质（也有金属的）。刀刃形状一般为弧形（有时也为直线形）或扁形。

粪叉子 一种专门用于捡拾牲口粪便的叉子。叉头多用粗铁丝弯折绑扎而成，安在一节木棍子上即可。

升子 计量粮食的工具，平时也用来盛放粮食。一般由一块正方形木块和四张同样大小的梯形木块组成，下底小而上口大。也有用五块方形木块做成的下底和上口一样大的升子。用榫卯或钉子连接。升有大升、小升之分，一大升小麦约为5公斤，一小升约为2公斤。

斗 也是计量粮食或平时用来盛放粮食的工具。体积比升大，1斗等于10升。

合 音ge，量具，10合等于1升（大升）。除了用以计量粮食外，平时放在米面盛器中起到舀具的作用。

烙铁 熨烫衣服的用具，一般是用一块表面平滑的铁块，焊接一个手把，使用时将烙铁在火上烤热，直接或垫衬一层旧布熨烫棉布、绸缎制品。

药罐子 熬中药用的罐子，多用砂罐或者瓦罐。药罐只用来熬煮中药，不作其他用途。

楦子 按照正常脚的形状做成的一种模型，将布料绷在上面制作鞋子。也可以用来制作棉布袜子。一般用木头做成。也叫楦头。楦子大概有三种形式，一种是整体的木质脚形楦子；一种是由一块脚形木块，加一个后跟和一根横梁组成的楦子；还有一种是分成两块的楦子，通过在两块之间加楔子起到楦鞋的作用。

漏勺 一种底部有许多小孔的勺，用于在水中、汤中或油中捞取、沥干食物的用具。有木质、陶质或金属材质等多种。

笊勺 也称笊篱，用芨芨、柳条或铁丝编织而成，用于淘洗麦子的用具，也有用于在锅中捞取加工好的食物。

灯盏 照明用具。比较原始的灯盏，是用一个浅盘，内盛清油（食用油），放一根棉线灯芯，也叫灯捻子，用时点亮灯芯即可。曾经有用胶泥甚至面粉做的灯盏，后来多用瓷制的灯盏。

煤油灯 用煤油作为燃料的照明用具。煤油灯的种类较多，材质有金属（薄铁皮）和玻璃的。商店出售的煤油灯一般都有相匹配的透明玻璃灯罩，灯头处有一个调整灯芯的旋钮，通过调整灯芯调节亮度。较为简易的自制煤油灯，是利用空墨水瓶或其他空瓶子，在瓶盖上打一圆孔，将薄金属皮卷成的灯芯管插进圆孔，里面穿上用棉花或布条做的灯芯，在瓶内装上煤油，点燃灯芯即可照明。

水烟锅 专门吸食水烟的用具，多为铜质和铁质，主要由吸烟管和水壶构成。水烟是经过特殊加工的一种烟草。水烟锅中装入清水，可以起到过滤作用。

水烟斗 吸食水烟的烟斗。有木头、竹子、骨头等多种材质。

火柴（洋火） 通过摩擦发火的取火工具。在短小的木棍头上粘上一种特殊的易燃物质，装在专门制作的抽屉形纸盒里，纸盒的一侧或两侧，涂上一种黄磷或硫化磷的物质，使用的时候，将火柴从纸盒里取出来，在涂有黄磷的侧面擦划，即可燃烧，用来点燃柴火或其他需要点燃的东西。

火镰 一种比较原始的通过击打火石而产生火星的取火用具。击打火石的金属形如镰刀，因此得名。

火盆 用来盛放煤炭块或木柴生火的取暖用具。材质有泥土、陶制、生铁以及铜制的。一般是圆形的，有些火盆还会饰以花纹，以增加美观性。

炕炉子 可以放置在炕上取暖的炉子，一般是用几根直立的铁条，将几个直径大小相同的铁条圈固定成桶状，在下部装上炉齿，再用泥抹成一个中空的圆筒，在里面生上炭火，就可以放在炕上取暖了。炕炉一般在下面衬垫一块隔热板，一是为了盛灰，二是不至于烧着炕席。有条件的一般都是放置在配套的火盆上，起到上述的两个作用。

琴桌 在堂屋上方靠墙放置的一种仅作为摆放祖先牌位或仅仅作为陈设的长方形桌子，一般长2米左右、宽50厘米左右、高约八九十厘米。也叫供桌。

四、生产工具

铲子 在田地里除草或在土中挖取植物的工具，形状与锅铲相似，安一竖式木把，便于手握。

木榔头 用于在田地里捶打土块或者粪块的工具，在一截粗10厘米、长20厘米圆木的中段，开挖凿孔，安上1米多长的把子即可。

木锨 即木制锨，是将一块薄木板做成的锨头安在一根木棍上使用，多用在打碾粮食的场院上，用来扬场或者翻搅晾晒粮食。

筛子 专门用来分离粮食与草芥等杂质的用具，一般都是用竹片编制，圆形，底部有漏孔，可以使沙土或者小颗粒的杂质通过漏孔掉出去。也有用铁丝编织的筛底。

簸箕 清选粮食的用具，通过颠、簸等动作，使粮食与其中的土块、沙粒、护颗分离，多用野生沙竹或竹篾编制而成。

五、梳洗、女红用具

针扎　主要用来收纳缝衣针的用具，用布做成类似桃心形，里面装进棉花，再缝制一个形状相同但略大的硬质套子，将针别在上面再套上套子做保护。

顶针　缝制衣物时戴在指头上帮助将针穿过织物而保护手指不被针刺的用具。一般为铁质或者铜质，环状，表面布满小坑，防止针尾滑脱。

荷包　主要做饰品，用丝绸缝成圆形、椭圆形、方形、长方形或也有桃形、如意形、石榴形等形状，用棉花填充，边上缀以彩线穗子；在荷包面子上绣上花卉、鸟、兽、草虫、山水、人物等图案。也是过去测验女红优劣的一种方式。

梳子　梳理头发的用具。有单面梳齿，主要是木制的，因此又叫木梳。也有牛角及其他材质的梳子。

篦子　用竹子制成的梳头用具，两边有齿但比普通梳子更细更密，用来刮梳头发中的草屑或藏在头发里的虱子、虮子等。

锥子　用于锥纳布鞋底的工具。材质为铁或者钢，分几种形式，一种是直接用铁锻打成一头是尖锐的锥针一头是可以手握的锥把，一种在锥针后面安装一个木制的把子，还有一种是特制的锥套，将锥针安装在上面，然后上紧。

六、其他用具

马灯　一种可以手提、能防风雨的煤油灯，金属材质，有玻璃罩。骑马夜行或车马夜里出行时挂在马身上或车辕上起照明作用。

夹铙　用于在野外捕捉野物的工具。由两个铁圈及弹性非常大的弹簧组成，使用的时候，在动物经常出没的地方将夹铙撑开，埋放在地上，清理掉埋夹铙的痕迹，动物路过时踩到夹铙，脚会被夹铙夹住。为了保护动物，后来国家严禁使用类似的工具捕捉动物。

灯笼　用于照明灯具。简易的灯笼，是用四根木条和在上下两块正方形木板固定在一起的方柱形灯笼，使用时将白纸或彩纸糊在上面即可，其中一面可以开合，便于将油灯或蜡烛从这里放入灯笼，上木板中间有空，便于空气流通助燃。夜里出行可以提着灯笼照明。也有六边形、八边形、圆形以及异形的灯笼，逢过节时，将灯笼挂在大门外或者屋檐下，既可照明又能装点节日气氛。

弹弓　弹射石子击打远处目标的工具。一般是一根呈"丫"字形的树杈，在树杈的两头系上皮筋，皮筋中段系上一个包裹石子的皮块。使用的时候，在皮块上放上石子，瞄准目标，一般是左手握紧弹弓杈，右手使劲向后拉拽皮筋，拉到一定程度，突然松开皮筋，将石子向目标发射过去。皮筋张力越大，石子就射得越远。

撂撇子 一种通过离心力原理将石子抛撇到远处击打目标的用具。是一片巴掌大小带凹面的长方形或椭圆形的皮子，两头各连接一根绳子，其中一根绳子梢上带一个圆环。使用的时候，将石子放入皮碗中，将两根绳子合在一起，将带环的绳子套在食指上，尽力做圆周运动向外甩去，张力最大时松开其中一根绳子，石子即向远处飞去。材质一般是皮料或麻线、棉线。也叫甩炮子。多用于野外牧羊或在庄稼地里驱散鸟群。

第六节 禁　忌

不得目无尊长，在长辈和上级面前，忌讳随意开玩笑，说话忌讳带脏字。忌讳单手向长辈递送东西。

忌讳直呼长辈名字（包括代称、外号、绰号）。

忌讳不敬祖先、不孝父母。忌讳怠慢祖先神灵。

忌讳对人去世用"死"字。比如老人去世，称为"睡了""走了""缓下了""往生了"。小孩子夭折也说"糟掉了"。

忌讳公公和儿媳妇及阿伯子（丈夫的哥哥）关系亲昵。甚至忌讳同桌吃饭。

忌讳站无站相、坐无坐相、走无走相。

忌讳在长辈面前背手、双手叉腰，或将手放进衣裤口袋里；忌讳跷二郎腿。

忌讳年轻女性在大人面前梳头、随便用指头指别人、毫无顾忌地大笑、说脏话；忌讳女性公开晾晒内衣，尤其忌讳将内衣裤晾晒在男人通过的上方。

忌讳别人踩自己的影子。

忌讳晚上照镜子。

忌讳不停地吐唾液。

忌讳用唾液吐人。尤其忌讳女人唾男人。

忌讳留宿年长者。有"七十不留宿，八十不留饭"的说法。

忌讳家中留宿重病的亲戚或朋友。

忌讳热孝（也称生孝，指亲人刚去世）上别人家门或者参加别人的婚礼。

忌讳轻易说他人瘦。过去一般认为胖是有福气的象征，称人胖为"发福"。而人瘦则是不健康的。随着生活水平的提高，则以说人"胖"为忌讳。

忌讳打他人脸。即使处罚小孩，也不能打脸。

忌讳家中来客人时打骂呵斥家人、喝猪断狗发脾气。

忌讳空手去别人家做客；忌讳做客别人家时东张西望、乱串主人家房间。

忌讳衣服夜间放置在户外。

忌讳将男衣放在女衣之下。

忌讳别人尤其忌讳女人踩踏或跨过男人的衣帽。

忌讳吃饭时说话。

忌讳饭后碗底有剩余。

忌讳吃饭用筷子敲空碗，忌讳将筷子竖插在饭里面。

忌讳清晨听音乐。

忌讳在外面捡拾他人遗失的帽子、手巾、手帕。

忌讳晚上在户外晾衣服。

忌讳晚上在户外喊别人名字或应答别人喊自己名字。

忌讳夜晚走路随便回头。

忌讳过年生气骂人、打小孩。

忌讳除夕到正月初五前打扫卫生，尤其忌讳向外扫地。

忌讳出嫁的女儿大年三十或初一春节回娘家（住娘家）。

忌讳出嫁的女儿、女婿在娘家同床。

忌讳女儿在娘家生孩子、坐月子。

忌讳过年期间说家里什么东西"没有了"。

忌讳随便进入别人家的月房（产婴儿的房间）。

忌讳从外面回来直接进有婴儿的房间。

忌讳说小儿身体"重了"。

忌讳用手指彩虹。

忌讳给别人倒茶时壶嘴对着人。

第七节 游 戏

踢毽子 毽子是一种用鸡毛或者山羊毛插在圆形的底座上做成的游戏器具。羊毛毽子就是将一股山羊毛栽在由三枚或者五枚叠在一起的麻钱的方孔中，要求紧实，不易脱落。然后将栽好的羊毛剪成8厘米左右。踢毽子有踢毽数、落尖、跳胯拉等几种动作。

滚铁环 铁环是一个由铁条或粗铁丝构成的圆圈，外加一个推动铁环前进的长柄。铁环较大的直径80厘米，推动铁环的柄臂长约70厘米，前端是一个弯成"U"字形的小钩。滚铁环时，将铁环立在地上，U形钩控制住铁环，人稍一用力就可以推动铁环做圆周运动向前滚动。也可在铁环上套3~5个直径2.5厘米左右的小铁环，铁环滚起，带动小环在铁环上滑动，发出悦耳的声音。滚铁环有长滚、直滚、八字滚和圆圈滚。

抓羊儿 由两人或多人分两组参与，是一种表现手的灵活程度以及手眼配合反应能力的游戏活动。道具是直径2厘米左右的石子若干。游戏开始，先开始的一方，一只手将所有的石子抓在手上，扬起来同时翻过手背，在将石子均匀抛撒开的同时，手背上要落一部分，然后扬起手背石子，同时再翻过手接住一部分，多少不限。这时将手中的石子抛起来，空手快速抓起地面的石子，转手再接住向下落的石子。规则是：无论留在手背的石子是几个，但抓地上的石子要按一二三的顺序延伸，即第一次只能抓一个，第二次抓两个，以此类推。数字越大越难抓，但也成绩越好。同时，按一二三的次序抓地面上的石子时，不能碰到其他的石子，其次是抛起来的石子要一同接住，不能落地。落地为输，交对方抓。抓羊时，有点抓、一线抓、品字抓、满把抓等抓法。抓羊的胜负以双方抓得多少而定，抓得多为胜方。

抓窝窝 在地上挖两排5个拳头大的小土坑，就是"窝窝"，在每个窝窝各放5个石子，总共50个。先走的一方抓起任意一个窝里的5个石子，被抓起石子的窝窝叫空窝，然后将这5个石子往后面的窝窝里放，可多可少，由走的人决定。5个石子放完，由对方开始从下一窝石子抓起，继续往后面的窝窝里放。

遇空不放，就是空窝里不放石子，跳过空窝，把手里的石子继续放完，接着由对方接着抓、放。如果放完手里的石子刚好遇到空窝，手在空窝拍一下，后面窝窝里的石子就是自己的战利品了。抓完后如果下一个还是空窝，则下一窝子石子也是战利品，以此类推。最后以抓的石子多少定输赢，多者为胜。

荡秋千 秋千由两根5米左右高的立柱、上方架一根三四米长的横木组成，类似一个足球门框。两根立柱下方都用三脚架支撑，起稳定作用。再将荡绳和荡板固定在横木上，一个完整的秋千架子就完成了。荡秋千有站荡、蹲荡、坐荡等几种。荡秋千荡得越高越好，一是需要技巧，二是需要胆量。

捉迷藏 这是一人或几人藏起来，由其他一两个或两个以上的人寻找的游戏。藏得越隐蔽越难找越有意思，充满着神秘性和刺激性。被找到了，换另一方接着藏接着找。除了藏人和找人，还有一种找画码的游戏，也属于捉迷藏的一种：一个人在墙角、土块或某块石头的隐蔽处画上几道线，然后画线人和其他人一起找，找到了哈哈一笑，找不到算输。捉迷藏的游戏一般只有男孩子玩。

解绞 也叫"解巧巧"，解，音gai，将一根长约1米的线绳，绾住两头，一人用两手套两圈（只用两手的食指、中指和无名指），另一人的大拇指和食指在线的交叉处插进翻起底边线向外一张，形成一个图案，叫"旗花子"。前一个人再从"旗花子"的交叉翻动，出现图形，叫"猪食槽"。对方又在"猪食槽"的交叉用小指钩住"猪食槽"再一翻，"马槽"的图形就出现……这个游戏具有极大的延展性，会玩的人能翻来翻去一直套下去，翻出各种图形，不会翻的人套一两次就宣告结束。

▲ 图18-7-1 解巧巧

砸锅子 这是一个属于男孩子的游戏。组合2~5人，在地上画一个一尺多大的方框，就是所谓的"锅"，在离锅二三米处画一道码儿线（平行线），然后几个人一人一枚麻钱或者硬币，在"锅"里摞起，而后大家站在"锅"前，两脚并齐，拿铜板（铜圆）向码儿线丢，铜板不能压码儿线，丢过后看谁最高

（离线最近），依次决定砸锅子的顺序，此后便按顺序砸锅。谁打出"锅"的钱越多，谁就拿得越多，砸不出钱的人算输。

喝嗦 四五个人组合在一起，选一个"王"做监督人。"王"发口令"开始"，其他人开始"嗦——"地喊起来，边喊边跑，一直不停地跑，声音不能间断，若谁的声音先停了，"王"下令把他抓来，命令他把跑得最远的那个人背着转一圈，或者指定背到10～20米以外，就算一局结束。这时"王"把大家招来共同商议玩几局，大家说三局就三局，五局就五局。商议后便开始以如上方法，玩够商议定的局数。这个游戏只有男孩子参与。

跳房 跳房也叫瘸房（即单腿跳的意思），这是一个男女都能玩、有时会男女混合玩的游戏。

在地上画一个长约2.5米、宽约2米的长方形，再把这个长方形分成两面各3块相等的小方块。即6间房子。游戏双方各占一面。游戏开始时，双方手持一块小石片（厚约1.5厘米，直径5厘米大小），背身站在自己的一面，向后丢石片，要求丢在第三间房里，丢准者先开始。跳房时将一腿蜷起，单脚向前跳，并将小石片一方一方地踢出。这时另一个人开始跳，方法相同。如果双方都丢进第三间房里，就两人同时跳，跳的时候脚不能踩线，石片不能压线，也不能一次越过两个方块。

决胜负时，两人背身将石片丢进第三间房子里，然后单脚一格一格地跳过去，跳到第三房里，回过身，猛地一踢，将小方石直接踢出三个房，表示双方都盖成了大房子（三间房）。未踢出者就算只有小房子，而没有大房子了。

打岗 又叫攒岗，是两人竞赛的一种游戏。先在地上画两道相距2米的平行线。找两块10厘米大小的方石块，其中一块立在一条线上，人站在另一条线上，将另一块石片夹在两腿膝盖处，并腿向前跳，跳过去再松开膝盖，用力将立着的石块击倒。击倒即为打岗。两人轮流打，击倒多者为赢。

绷方 在地上画一个40～50厘米的"冈"字图形，甲乙二人各拿两枚颜色不同的小石子，分别放在"冈"字的上面和下面，四个石头对阵，在"冈"字内走动，一人一步轮流走，不管谁先走，总有把一方路线堵死的时候，甲把乙堵死，甲赢，反之则乙赢。这个游戏也叫补裤裆，又叫扯裤裆。

背鞋 这是一项由两个人玩带点戏谑味道的游戏。游戏开始前，两人先扳手腕，输者脱下自己的一只鞋，由赢者用脚尖挑起来（只能挑在鞋的后跟处，不能挑在前鞋口上）猛地向身后挑飞，不论落在什么地方，输者都要光着脚跑过去，把挑飞的鞋放在背上，低着头，弯着腰，碎步快走背回来。如果鞋子从背上掉下来，就要重挑重背，直到背回原地才算完结，游戏重新开始。另外如果挑鞋者把鞋挑得朝前飞了，则被挑者就变成挑者，赢家变成背鞋者了。

狼吃娃娃　也叫娃娃围狼，一种棋类游戏。棋子分1只狼和9个娃娃。在地上画一个40厘米的正方形，再等分成9个小正方形，形成横竖各4条线。把狼摆在上线的任何一个点上，娃娃摆在两条下排线的8个点上。娃娃先走，第一步是给狼让路。狼跳过娃娃头顶，算吃掉了娃娃；接着娃娃开始围狼，狼则寻找机会跳过去吃娃娃。如果娃娃将狼围在中间，算娃娃赢。如果娃娃被吃掉一半，则就很难围住狼了，就算输了。

和尚挑担子　在地上画一个40厘米的正方形，在其中横竖各画3条线，把正方形等分成16块。然后把4个中点用线连起来，形成一个菱形，这是和尚逃跑的路径。在上线的中点处，再画一个菱形，里面画上十字，算是和尚庙，最高一点处是和尚的座位。而后把大方横中平行线与菱形"口"子左右角连起，是和尚的左右通道。

把娃娃摆放在大正方形周边线的交点上，一周16个娃娃。还有两个娃娃摆在菱形的边角一个，十字一个。游戏开始，娃娃先走，第一步只能走庙中十字上的娃娃，娃娃从中向边一走，和尚一担担走了娃娃，这时庙里只剩和尚，娃娃开始走，走时不能形成担子，更不能形成双担子。娃娃只能走一步，只可前行，不可后退。和尚可以跨几格直行，还可以后退，能从庙的两条边线行走，机动性较大。和尚被娃娃围死，算和尚输；和尚将娃娃用担子担光，算娃娃输。

跳绳　跳绳既是一种游戏，也是一种效果不错的锻炼方式。跳绳只需要一条绳，场地也不需要太大，四五平方米的空地就可以开展。游戏不限定人数，可以多人也可以一个人就能进行。跳绳有单脚跳、单脚换跳、双脚并跳、双脚空中前后与左右分跳等多种方法。多人跳是两人拉着长绳的两头同时摇动，一人或多人在长绳上面同时腾跳或者轮流跳。跳绳需要跳跃的幅度和起跳的节奏高度一致，否则容易被跳绳绊倒。

老鹰抓小鸡　主要由十来岁的小孩子参与的多人游戏。游戏开始，先在参与者中选出一个做"老鹰",再选一个做"鸡妈妈";其他的参与者做"小鸡",老鹰站在鸡妈妈的对面,小鸡一个抓着前一个小鸡的后衣襟,跟在鸡妈妈的后边;老鹰的任务是抓鸡妈妈身后的小鸡,而鸡妈妈的任务是张开翅膀千方百计保护小鸡,小鸡跟着鸡妈妈左躲右跑,不要被老鹰抓去。最后以老鹰把小鸡抓完为止。游戏活动幅度大,热闹刺激,是小孩子最爱玩的游戏之一。

㧐棍 两人游戏。两个小伙伴面对面坐在地上,脚掌和脚掌对蹬在一起,手里拿一截长度二尺左右的木棍,两人的手都横握在棍上,在得到开始的口令后,各自使劲朝自己的方向拉,谁的屁股被拉得离开地面算谁输。

绊跤 也叫摔跤,两人游戏,两个人抱在一起,除用力之外,通过各种技巧和方法将对方摔倒在地。以先倒地者为输。

拉爬牛 两人游戏,一根绳子两头都绾个环,两个人反方向趴在地上,将绳环套在两个人的肩膀上,绳子正中间系一个布条,与地上画的两人的分界对齐;一声令下,两人开始用力向相反的方向拉,以最后绳子上的布条越过地上的"界线",停留在谁的地界内谁是赢家。

扳手腕 两个人相对而坐,各自的右手或者左手攥在一起,两人的肘部同时靠实在下面的支撑物上,开始后向自己的方向往下压,以最后向自己的方向压倒的次数多或时间长为赢。

拧钩 两人的中指勾在一起,互相向相反的方向拧,以最后拧不过对方者为输。

顶牛 也叫顶膝盖、斗鸡或斗牛,两个人相对而立,一腿立地,一腿盘起膝盖凸出,用手将盘起的腿抱住,两人独腿跳动,用膝盖顶撞对方,谁先倒或盘腿落地算谁输。

夹碌子 碌子指打碾粮食或镇压土地的石碌子。玩游戏的几个小伙子,分别拿起碌子,夹在腰间,走到指定的地点,并在指定地点走圈数,谁走的圈数多谁赢。玩这个游戏的场合,一般是翻过土的松软的田地里。还有一种玩法是,举起碌子转圈,由于比较危险而被放弃。玩这个游戏需要注意的是,往地上放碌子时,尽量使碌子离身体稍远一些,以免砸伤自己。

跳楼 这是男孩子们玩的游戏,三五人不等。游戏开始,选一块平整松软的土地,用猜拳的方式选出第一个作"楼"的人,先是俯身蹲在地上,其他孩子通过助跑，一个个从他的身上跳过去，跳过去一次，增加一次高度，直到出现一个跳不过去的人作"楼"其他人跳，以此类推。跳楼游戏对于锻炼人的弹跳力有帮助，但如果配合不好，跳楼者会有被摔伤的危险。

第八节　亲戚关系及称谓

祖太爷　爷爷的爷爷，父亲的太爷。

祖太太　祖太爷的夫人。

太爷　曾祖父，爷爷的父亲。

太太　曾祖父的夫人，父亲的奶奶。

爷、爷爷　祖父，父亲的父亲。

奶奶　祖母，爷爷的妻子，父亲的母亲。

大爷、大奶奶　爷爷的哥哥、嫂子，爷爷的兄弟，分别依次称呼为大爷、二爷……尕爷。爷爷兄弟的妻子，分别称呼为大奶奶、二奶奶……尕奶奶。以下类此。

外爷　外公，姥爷，外祖父，母亲的父亲。

外奶　外婆，姥姥，外祖母。

姑奶　父亲的姑姑；母亲的姑姑。

姑爷　父亲姑姑的丈夫；母亲姑姑的丈夫。

舅爷　父亲的舅舅；母亲的舅舅。

舅奶　父亲的舅母；母亲的舅母。

姨爷　父亲或母亲姨姨的丈夫。

姨奶奶　父亲或母亲的姨姨。

爸爸、爸、爹、大大、大　父亲。

妈　母亲。

大爹（大爸）　伯父，父亲的大哥，大爹之下，依次为二爹（二爸）、三爹（三爸），最小者为尕爹（尕爸）。

大妈　伯母。父亲的大嫂。大妈之下，以此类推。

舅舅　母亲的兄弟。根据排行，依次为大舅、二舅、三舅……尕舅。

舅母　舅舅的妻子，母亲的兄弟媳妇。大舅母之下，以此类推。

妗子　舅母。

娘娘　姑姑，父亲的姐姐或妹妹。大姑为大娘，二姑为二娘，以此类推，最小的姑姑为尕娘。

姑父　娘娘（姑姑）的丈夫。大姑父，二姑父……尕姑父。

姨娘　①姨姨，母亲的姐姐或妹妹，依次为大姨娘，二姨娘，最小的姨姨为尕姨娘。②岳母，女婿对妻子母亲的称呼。

姨父　①姨姨的丈夫。母亲的姐夫或妹夫。大姨父，二姨父……尕姨父。②岳父，女婿对妻子父亲的称呼。

后爹　继父，母亲再嫁的丈夫。背称。

后妈　继母，父亲后娶的妻子。背称。

公公　妻子对丈夫父亲的称呼。背称。当面一般都随着丈夫对父亲的称呼而称呼

婆婆　丈夫的母亲。背称。

干爹、干妈　义父、义母。多出于子女健康等方面的原因而为子女结拜的义父、义母。"拜干亲"就是为孩子拜认干爹、干妈。

丈人　岳父。背称。面称"姨父"。

丈母娘　岳母。背称。面称"姨娘"。

叔老子　伯伯或叔叔。背称。

婶娘　伯伯、叔叔的妻子。背称。

爷父　父子关系，即父亲和儿子。

娘母　母女关系，即母亲和女儿。

干哥、干姐　干爹（干妈）家比自己大的子女。

堂哥（弟）、堂姐（妹）　兄弟的后代之间的关系。也叫亲堂兄弟或姐妹。背称。

姑舅　即姑表亲。兄妹关系或姐弟关系的后代之间的关系也即称谓。他们的长辈分别是对方的娘娘（姑姑）、姑父或舅舅、舅妈（妗子）。但一般面称仍为"哥""姐"。习惯上，舅舅的子女相对娘娘的子女为上姑舅，反之为下姑舅。

两姨 即姨表亲。姐妹后代之间的关系或称谓。他们的长辈分别是对方的姨姨、姨父。但一般面称仍为"哥""姐"。

姑舅爸 父亲或母亲的姑表兄弟。

姑舅婶 姑舅爸的妻子。也称姑舅婶婶。

姑舅娘娘 父亲或母亲的姑表姐妹（对其丈夫仍面称姑父）。

两姨爸 父亲或母亲的姨表兄弟（对父亲或母亲的姑表姐妹一般也称呼为姨娘）。

两姨婶 两姨爸的妻子。

先后 妯娌，即哥哥和弟弟的妻子之间的关系。

挑担 连襟，即姐姐和妹妹的丈夫之间的关系。

亲家 ①子女有婚姻关系的双方家庭。②也是对儿子（女儿）岳父母（公公婆婆）的称呼。

干亲 子女拜给对方做干儿子（干女儿）的两家关系。

阿伯子 丈夫的兄长。背称。

小叔子 丈夫的弟弟。背称。

大姑子 丈夫的姐姐。背称。

小姑子 丈夫的妹妹。背称。

大舅子 妻子的哥哥。也称舅子哥、世兄哥。背称。

小舅子 妻子的弟弟。背称。

世兄哥 舅子哥。背称。

大姨子 妻子的姐姐。背称。

小姨子 妻子的妹妹。背称。

掌柜的 妻子对丈夫的称谓。也称"当家的"。

叔老子 叔伯父的统称。背称。

姊妹 ①姐和妹的统称。②兄弟姐妹的统称。

堂姊妹 叔伯姊妹。

兄子 兄弟。特指弟弟。

兄子家 （兄弟家的）兄弟媳妇。即弟弟的妻子。

隔山兄弟（姊妹） 同父异母或者同母异父的兄弟（姊妹）。背称。

侄儿子　哥哥或弟弟的儿子。其妻子则是侄儿媳妇。

侄女子　哥哥或弟弟的女儿。其丈夫则是侄女婿。

外甥　姐姐或妹妹的儿子。其妻子则是外甥媳妇。

外甥女　姐姐或妹妹的女儿。其丈夫则是外甥女婿。

孙子（孙女）　儿子的儿子（女儿）。也称家孙子。

外孙子（外孙女）　女儿的儿子（女儿）。

重孙子（重孙女）　儿子的孙子（孙女）。

男人　①对成年男性的统称。②丈夫的意思。

女人　①对成年女性的统称。②妻子的意思。

爷们　男人。也指丈夫。

婆娘　中年已婚女性。也指妻子。

老婆　老年女性，也指中年以上的妻子。年轻人不称老婆。

媳妇　①自己的妻子。②儿子之妻。③也泛称已婚年轻妇女。

姑娘　①女儿。②未婚女孩的统称。

娃子　男孩。也指儿子。

女子　女孩。也指女儿。

后人　儿子，也特指男性后代。

当家子　本家、同宗族的成员。

芦阳镇志

LU YANG ZHEN ZHI

第十九章

方言 谚语

第一节 方　言

一、方言类型

芦阳方言，其中芦阳、东关、城关、城北、席滩、寺梁、西林、条山、十里、红光、响水等村的大多数居民的方言，属于北方方言中原官话秦陇片区方言。而芳草村居民，因系主要来源于今白银市白银区之武川、蒋家湾和榆中县青城一带的早期移民，另有石城村居民主要来源于正路乡的搬迁居民，其方言接近北方方言兰银官话金城片方言。

二、语音

1.除极少数迁入人口外，大多数芦阳人的方言中没有en（恩）、in（因）、un（温）、ün（韵）等前鼻音韵母，而一律发成后鼻音韵母的eng、ing、ong。

2.除部分迁入人口（如来自正路乡的居民）外，芦阳方言语音中，没有舌面音j、q、x与韵母i、u结合起来的ji、qi、xi和ju、qu、xu的音节，将前者一律读为平舌音的zi、ci、si；而将后者一律读为zu、cu、su。

3.除芳草和石城方言外，芦阳方言中，翘舌音声母zh、ch、sh在很多情况下发成平舌音z、c、s。

4.除石城方言外，芦阳方言中的零声母音节，除了"哎""唉""嗯"作为叹词保持零声母外，几乎所有零声母如ai、an、ao、ang、ou都要加上声母n，分别读为nai、nan、nao、nang、nou；零声母en加上声母n读为neng；还有将e（饿、恶、额）分别读为wo、nuo、nai等。

5.在大多数芦阳方言中，"的""得"用作助词时读为zi。石城方言读为di。

6.除芳草和石城方言外，芦阳方言中，"得"用在"得到""得意""不得了""取得""得道（不知道）"等词义时读dei。

7.除石城方言外，芦阳方言中，除叹词"咦"之外，没有声母b、p、y和韵母i拼读的普通话音节；没有声母y和韵母u拼读的普通话音节。芦阳方言将声母y和韵母i一律拼读为国际音标辅音浊音z的发音。

8.除芳草和石城方言外，在芦阳方言中，有将韵母e发为ei或uo的情形，如读"色、涩、塞"为sei；读"遮、辙、蛰"为zei；读"可、课、科"为kuo。有将韵母ai发为ei的情形，如读"窄、宅、摘"为zei。

9.助词"呢""哩""里（哪里，头里）"，一律读ni音。

10.芦阳方言中（石城方言有例外），还有这样几种情形：

读"街"为gai；

"解"有两音，解放、解决、了解为jie，解鞋带、解纽扣、解（锯）木料为gai；

"藏"用于"隐藏、躲藏"义时，读qiang。

读"鞋"为hai。

读"脚""嚼""角"为jue。

读"咸"为han；咸菜，读为han菜。

读"做"为zu或zou。

读"眼""咬""硬"分别为nian、niao、ning。

"严"用于"严格""严肃"时读"yan"，但在用于表示闭合如"严实""严丝合缝"时读nian。

"研"用于"研究""钻研"时读"yan"，在用于表示细磨、碾压如"研磨""研药""研墨"时读"nian"。

读"瞎、吓"为ha。

"下"用于如下雨、下面（条）时读xia；更多的情况下尤其用于方位词、助词、量词时，如下车、下头、放下、一下等，一律读ha。

读"被、备、卑"为bi（i近似国际音标z）。

读"饿"为wo或者nuo。

"住"用作动词的补语时读chu。

11.随着社会的发展进步和文化交流的日益广泛以及教育的普及，年轻一代的语言发音日益向普通话靠近。完全使用方言读音的人口数量逐渐减少。

三、词语[①]

(一) 天文、节气、时令

山水　洪水。

天爷　一指天，例：老~。一指天气。例：今年~不下雨，太旱了。

日头　太阳。

打春　立春。

扫帚星　彗星。也作"扫把星"，有时用于骂人，犹言"丧门星"。指给别人带来晦气的人。

过雨　阵雨。

阳婆　太阳。

冷子　冰雹。也称蛋蛋。

雨水　雨，降水量。

热天　指太阳。

热头　阳光。

贼星　流星。

宿宿　音xiu，星宿，星星。

(二) 时间、方位

太阳冒花　太阳刚刚升起时。

外前　外面。也作"外头"。

半夜会　夜晚，前半夜。

年时　去年。

后晌会　约为下午四五点时。

这半　就在此时，这会儿，当下。例：你~就过来，有个事情商量一下。

里头　里面。

饭罢会　饭后。多指晚饭后。例：~还在眼前头呢，怎么转眼不见了。

夜来　昨天。

亮半夜　下半夜。

[①] 个别词语标注两组拼音，表示芦阳方言的两种读法。

将将　刚才，不多一会儿。例：~还在这里，一转眼不见了。

脑头　里头，里面。

麻麻亮　天刚亮。

擦亮　天刚亮，拂晓。

擦黑　黑，音hei/he。天刚黑。

（三）称谓

一手子　一个人，单身人。

二百五　说话做事不靠谱的人。

二杆子　行为乖张、不守规矩的人。

二流子　行为夸张、不安分守己的人。

大拿　一件事情中主事的人，也指有本事的人。

个家　音guojie/gejia。本人，自己。例：~的事情~操心。

瓦渣　渣，音zha/za。陶瓷碗碟的碎片。

少欠　欠了别人。用于骂人。例：这些~鬼，吃饭差一嘴都不饶。

生牛皮　生，音seng/sheng。原意是未经过鞣制的牛皮。用以形容性格生愣、缺乏教养、欠调教的人。

白肋巴　好吃懒做、好逸恶劳的人。

白铁刀　白，音bei/bo。钢口差、容易卷刃的刀。指人徒有其表、中看不中用。例：小伙子就是个~，干活根本指不住。

半吊子　性格不稳重，说话办事不靠谱、吊儿郎当的人。

半眼汉　半身不遂或行动不便者。也用以讽刺懒惰的人。

头首　头胎。第一个孩子。

讨吃　乞讨者，乞丐，叫花子。有时也指行为举止令人讨厌的人。

母老虎　性情暴躁的女性。

老疙瘩　父母最小的儿子。

老婆舌　指在人背后传闲话、搬弄是非。

耳报神　耳，音er/e。传话、通风报信的人。有时指搬弄是非的人。

衣胞子　胎衣。借指没出息、长不大的人。与另一个骂人的词"囊包"近义。

羊户长　羊倌，牧羊人。

护头驴　原意为被人打怕了的驴。指特别胆小、无担当的人。

屁胎子　屁多的人，也作对人的蔑称。

转珠子　情绪、性格不稳定的人。例：一会行，一会不行，真正是个~。

账主子　讨账人。有时大人用以骂自己的孩子，意为欠了孩子的一样。例：赶紧要做饭了，我家的~来了。

胛子　肩膀。

架子　身架，身高。有时也指傲慢。例：官不大~不小。

崩娄　额头。

懒弯弯　腿弯。

垫窝子　父母最小的孩子。

胡墼　墼，音 ji，土坯，也作"土墼"。

背罗锅　背锅，驼背。

显道神　原指出殡的仪仗中放在最前的开路神。比喻凡事喜欢显摆的人。

破破　旧时指破旧衣裳拆下来的布块，用以缝补丁或粘褙子，也叫破布。

哭皮胎　爱哭的孩子。

脏腑　胸襟，胸怀。

烧包　喜欢自夸的人。

家　音 jie/jia。他，人家，第三人称。

猫鬼神　传说猫死后变成作祟于人的细小神怪，指用小伎俩祸害于人的坏人。

谎溜子　爱说谎的人，谎话说得很溜的人。

缁泥　黑色的泥。主要指水塘底部由于长期淤积而变黑的泥。

楞棒　性格莽撞，做事张皇、不知变通的人。也作"楞㞞（音 song）"。

蔫　性格柔弱。

滚水　烧开的水，也指开水。

溏土　被风化或被碾压而变成稀松、虚浮成流状的土。

麸子　谷物籽实破碎后的外皮。例：谷~子。麦~子。

褙子　把旧布片一层一层地粘在一起的厚布块，用于制作布鞋。

懵迷　指头脑不清、做事动辄出错的人。也作"懵迷鬼"。

（四）健康、疾病、医疗

一晕（儿）　突然眩晕，突然失去知觉。有时特指老人去世时的状态。例：老汉走得快，就~，一点罪都没有受过。

不干净　特指邪祟事物。例：夜路走得多了，难免碰上~。

心口子　心。也指胃部。例：这两天~有点不舒服。

心疯病　精神疾病。比喻一个人疯疯癫癫不稳重。

发潮　反胃，恶心。例：今天吃的不合适了，有点~。

拨治　土法治疗疾病。用迷信的办法治疗疾病。

放命　咽气，多指老人临终、弥留之际。例：老太太这几天~着呢。

怪着　一般指因惊扰了鬼魂、邪祟等，被惩罚了一下。例：娃娃被~了，得叫个魂。

挑擦　一般为放血治疗；擦：用纸钱或画有道教灵符的纸燃烧后在患者头顶燎治（有念诵词）。

核核　音huhu。泛指淋巴结、脂肪瘤、皮下结节、腮腺囊肿等疾病。

病胎子　经常生病的人，病秧子。

裂子　由于天冷，手背和脚后跟上被冻肿而皲裂的口子。

燎擦　讲迷信。通过烧纸钱、作法驱鬼等方式为人治病。

糟　特指小儿夭折。也说糟掉了。又说"踢踏"。

禳厌　祛除邪恶灾祸，例：这些年一直不顺，找人~一下。

（五）感觉、情绪、性质、状态

一天　整天，一天到晚。例：你~光知道往外跑，家里的正事再不知道干的。

一尽　全部，一律。

一股气　一贯，一直以来。

一趟　全部，一律。

干头　工作，（做）事情。例：打发娃娃找一下他叔叔，在城里找个～。有时用于否定别人做某事。例：你也真是没～了。也表示某事无意义。例：回家吧，这个事情没～了。

下茬　厉害，过分。

下眼饭　看人眼色的事或工作。例：吃的是～。

上紧　操心，牵挂，疼爱。例：老太太最～的还是她的小儿子。

木固　麻木、反应迟钝。

个　那个，这个，指示代词。可以根据不同的语境指代不同的事物、行为以及状态。如天气晴好、表示赞叹，可以说"今天的天气太～了"，同样如天气不好，表示烦躁不悦，也可以说"今天的天气太～了"；也指代（做）某件事情，例：你不～我就不～，你要～我也就～。意即你不如何如何我就不如何如何做，你要那样做我就也那样做。

不作样　样子不好看。其貌不扬。例：别看这些苹果抽抽巴巴的～，味道还甜的不得了。

中　①差不多，够。例：这场雨下得也～呢。②都，全部。例：说是羊肉面片，碗里～是洋芋，就不见一疙瘩肉。也作"中中"。

方亭　端庄，相貌端正、大方。多指男性。例：刘家新女婿人长得～，看样子挺不错的。

心疼　指小孩子样子长得好看，惹人喜欢。

巴和和　眼巴巴。

打眼　好看。

可口　饭菜的味道合适，好吃。例：媳妇饭做的～得很。

可方　恰当，合适。例：姑娘大了，找个～的人家就嫁了。

夯胀　胀气，很生气，厌恶。例：看他那个样子，我～着一句话都没说。

瓜　傻。不懂事。例：娃娃还～着呢。

老刀　厉害，不好惹。多指女性。例：这个女子～得很。

机钻　机灵。反应快，利索。干活有眼色，思路灵活。

机蹿　机灵，麻利，身形灵活。

有了　①有身孕的意思。②算了，不要，放弃。例：这个人难缠得很，你还是~跟他合作吧。

划过来　类似"原来""却原来"的意思。例：我说你怎么不吃饭，~在外头胀饱了。

迈眼　错神，稍不留意。例：刚打了个~，自行车就不见了。

至根　原来，本来，始终。例：人家~就不愿意。

尖钻　聪明，机警。

当　①以为，认为。例：房子里没有开灯，我还~家里没人。②恰好，恰巧。例：家里请客，突然电线出问题了，客人~有个人当过电工，立时就修好了。也作"当当"。

吃手　饭量。例：有~没做（zu）手。

吃住　住，音chu。使劲，发力。

丢底　露破绽，丢人。例：~卖臊。

争　欠，缺，差。例：买房子还~几万块钱。

扯布　买布。

把作　做作，不自然。例：第一次这么多的人前头说话，把人~坏了。

连便　利落，方便。例：崴着脚了，走路不~。

没过　没，音mo。表示转折，不过，但是。

没看头　没，音mo。不好看，没优势，不值得一顾。

没说　没，音mo。（为什么）没有，含埋怨、指责意。例：上街去也~把我叫上。

没情况　没用，差劲。也用于表示没指望，靠不住。

灵泛　机灵，活泛。

屁核　核，音hu。也作屁核子。比喻空话、子虚乌有、什么都没有。例：还说今天放电影呢，等到天黑了，有个~呢。

劲大　厉害，过分。例：也不是人说，这个媳妇对待公公婆婆也太~了些。

松　随意，看得淡，不上心。例：老汉嘴不馋，对肉都~着呢。

软作　软和，柔软，不紧绷。

肯　1.容易。例：新下来的小米熬稀饭~烂。2.愿意。例：这两年城里的亲戚也~来。

受活 舒服，即所谓"爽"或"受用"的感觉。

胀气 生气，使人生气。例：事情做得叫人~得很。也可以分开表述，胀了一肚子气。同"夯胀"。

性子 性情，性格，脾气。例：也是你~好，要是我，巴掌都上去了。发脾气。耍~。

诧 （幼儿）认生，陌生，不熟悉。猛然反应不过来。

前后 统共，总共。

拾翻 收拾，折腾，翻腾。义同"反乱"。

指不住 靠不住，指望不了。例：大风底下烧纸呢，~的儿和女。

茬势 茬口，架势，势头。

歪 厉害。一指力气大，一指性格强。例：老汉家就~了一辈子。

背捶 有好处时被背过或被遗漏。也作打背捶。例：今天我们吃肉包子，老三来不了，打了~了。

背善 不顺，背时。总是与好事擦肩而过。有时也比喻不分好坏，不识时务。

点晃 不稳重。也作点点晃晃。

弯 绕，相对近路而言。例：走大路太~了，干脆直接从庄子穿过去。绕开，躲开。例：石头大了~着走。

弯编 绕圈子骂人、说人坏话。

恰秀 多指女性说话做事恰当秀气，干净讲究。

染缠 也说淘缠，纠缠，不利落。做什么事都~得很。也指得病不见好：这个病~得很。

陡 长相不平顺，丑陋，难看。也指一个人长相凶横。例：不要看相貌~，倒是个软心肠的人。

起蔓 聚集，泛滥。也作起了蔓了。

挼 音rua。肚子（内心）有揉搓感，不舒服，也指事情不顺折磨人。例①空肚子吃了一瓣蒜，~得不行。例②这个事情太~人了。

顾托 照料，照看，照顾。

紧 馋，嘴馋。

钻奸 奸，音gan。指男女不正当交往。

罢了 ①事情没有办成。例：这件事情又~。②指人已经去世。例：还没有拉到医院，半路上人就~。

逛 主要指年纪小的人做事、学习方面不上进、不用心。例：上学的时候~得不好好学，不然考个大学没任何问题。

高低 副词，类似"好歹""无论如何"的意思。例：老汉要在城里买房子，老婆~不愿意。见"死活""瞎好"。

奘 粗大，粗壮。也相对"细"而言，例：萝卜要拣~的拔。

捷路 近路，近道。有时引申为自杀，例：要不是想着几个娃娃可怜，他早就走~了。

做手 做，音zu，做事的本领、能力。也指做法，做事的方式。

做假 （不诚实地）客套，推辞。例：不要~，就在我家吃饭。

停停 正好，恰好，凑巧。例：学校食堂想找个稍微好一些的厨师，~我姑舅在部队上干过几年炊事班，我就推荐他了。

得道 得，音dei，谁知道，不知道。也说"知不道"。

脬 松弛，松垮，不瓷实。

猛乍乍 猛然，突然间。

凑手 顺手，方便。例：这个铁锨使起来特别~。也指用钱不方便。例：想买个自行车，就是钱不~。

着气 生气。例：事情做得叫人~得很。

着实 确实，非常，特别。例：今年的社火~办得好。

断肠草 骂人的话，指特别能令别人受到伤害。

短 ①为人小气、吝啬。②为人促狭，做人做事不留后路。

傍肩 接近，差不多，过得去。例：①两个人的情况都~，谁去都行。②做事情~些，不要太过分。

蒙混 糊涂，脑子不清楚。也作蒙里混里。

瘆煞 气氛吓人，恐怖。

满富 扎实，满足，美（表示程度）。例：今天吃~了。

乇古（ga gu）　指人性情暴躁怪癖，行为怪诞，不大气，促狭。

漫散　用好话劝人或者糊弄人，类似"忽悠"。例：人家嘴巧，会~，难怪别人喜欢。

瞎好　瞎，音ha。好歹，好坏。①不问条件好坏，将就地（做某件事）：就这个条件，就~吃上一点儿；②不管怎样、无论如何：等了半天，他~就不过来。同义词有"死活""高低""好歹"等。

端端　恰好，正巧。也说"偏偏""停停"。

糟灭　折磨，欺辱。例：嫁过去才几年，就被~得不像样子了。

孽障　可怜，贫困。

囊　①弱，窝囊。~包，~蛋。②富足。日子过得~得很。

瓢歉　弱，差。例：大小伙子~得很，一桶水都提不起来。

（六）动物

儿马　公马，种马。

牙狗　公狗。

长虫　蛇。

长虫舅舅　蜥蜴的一种。

叫驴　公驴，种驴。

沙老鼠　蜥蜴。

刺拐子　猫头鹰，也叫"咕咕喵"。

乳牛　母牛。

夜呱子　猫头鹰。

羯羖　山羊。

草驴　母驴。

草狗　母狗。

虼蚤　跳蚤。

屎爬牛　蜣螂，屎壳郎。

臭臭　臭虫。

脖牛　公牛，未阉割的牛。

羝羊　雄性绵羊。

骒马　母马。

落落婆　老鹰。

蛤蟆咕嘟　蝌蚪。

犍牛　阉割过的公牛。

跳兔子　跳鼠。

骟马　经过阉割的马。

骟驴　被阉割的驴。

蝎虎狼子　壁虎。

羯羊　阉割了的羊。

臊胡　公山羊。

鹰雀老鸹　鸟类的统称。

癞呱子　泛指青蛙、癞蛤蟆。

（七）动作、行为

干看　无奈地看着，也作"干瞅""干望"。

干喊　大声叫唤。没有眼泪地大声哭叫。

下拔头　努力，下功夫。

扎咐　特别郑重地嘱咐，叮嘱。

支格　应付，敷衍，拦挡，用言辞拒绝。

日攘　吃饭的詈语。多为大人督促孩子吃饭。赶紧~完了上学去。

反乱　翻腾，弄乱。例：俗语说，死娃娃~谷草。

欠挨　挨，nai/ai。欠打，欠收拾。

打乱话　说话的中间打岔，岔开话题。

央及　央求，请求帮忙。

叨达　啰唆，说话颠三倒四。

生方　想方设法，千方百计。

处心　从心里打算，故意，蓄谋。义同"处心积虑"。

立固　强求，当下要求满足。例：看上了一个玩具，~着要呢。

扛臊　扛，音gang。蹭、碰的意思。故意找茬，耍赖皮。

过桌　意指用严厉的态度收拾、教训人。

压茬 紧跟，叠压。多指做工作首尾相接不中断。

曳络 联络，拉扯。例：~了一帮子人城里去呢。

吃烟 吸烟。

收纠 收拾在一起。

扯 狗叫，狗咬。例①今晚上不知咋了，狗~得这么凶。例②昨天路过羊圈，不小心差点叫狗~了。

走手 走路的样子、姿态。也指马（骡、驴）的走路步态好。

折转 转身，回过头。

抓药 买药。多指买中药。

坐 居住，住家，指家庭居住地。例：先前在堡子里头~了十几年，这几年才搬出来。

拉不展 表示性格腼腆，扭捏不大方。同"批不展"。

拉哭声 说话口气里带哭腔。表示不舒服或极不情愿的意思。

抬埋 埋葬。也代指办丧事。例：才把老子~掉。

抬晃 折腾，起哄，怂恿。

抬腾 折腾，翻腾。例：人家都睡了，你就不要再~了。

松皮 对有令人不能忍受的毛病的人进行敲打，用行动给予训诫、收拾。与之对应的词是"皮胀"或"皮痒"。义同"熟皮"。

受苦 主要指体力劳动，下苦力。例：哪个朝代，都离不开~人。

胀 吃饭（含贬义），例：赶紧~完了我们下地干活。也指已经饱了还要撑着吃饭。例：饭剩不多了，几嘴~上算了。

单另 ①另外。例：这一份你拿着，你兄弟那边我~再给。②分家，主要指家庭成员分家另过。例：兄弟两个前年就~开了。

泼散 将酒或食物分散开祭奠祖先。

哐 音die。大口吃东西，有时含贬义。例：一口气~了三碗糁饭。

咳嚷 咳，音hai。唠叨，叫唤。引申为乞求、恳求。例：天天~着要去兰州呢。

送呈 送掉，打发。

退逊 推辞，谢绝，谦让。

赶欢　赶紧，赶快，抓紧。

倒醋　过去在商店买散装醋，也说灌醋、打醋。

胳搂　（动）挠人痒痒使难受。（副）痒痒的感觉。也指别扭令人尴尬、不适的感觉。

站　逗留，停留，住，居住。例：这次回娘家~了半个月。

浪门　串门。

掂办　琢磨，估摸。

掂算　掂量，算计，估摸。

笼火　生火。主要指用草屑、劈柴等材料点燃灶火或炉火。

脚巴骨　踝骨

麻利　指做事动作快，效率高。

麻咪　眼神朦胧，瞌睡而睁不开眼。也指天色朦胧。

望嘴　指眼馋别人吃东西。

断　驱赶，撵。例：①把贼~跑了。②没事了地里~鸟儿去。

谝　①聊天。例：我们随便~一会；②吹牛。例：这家伙能~得很。③撒谎。例：你信他！纯粹~着呢。~传，~嘴，~客。

揽承　答应，应承。

搜腾　搜，翻找，翻腾。例：家里~了半天，一根铅笔都没有。

跌绊　（费力地）准备、打算。办事，处理。例：今年~着把娃娃的婚事给办了。

喝神断鬼　大声吆喝。含贬义。

缓　暂停，休息。例：~一会把剩下的这点活都干完。也指老人过世。例：老太爷昨天半夜~下了。

解水　解，音gai。给农田浇水，有分解、分配之意。

填还　付出，交付，交给，还报。

照　看，注意，观察。例：我~着今天的雨下不下来。

跐　用脚踩，蹭。用脚在地上摩擦。

跟赶　逼迫，施加压力。例：这个事我办不了，你再不要~我。

遮拦　阻止，拦挡。

漾　撒，丢落。例：炒面~了一地。也作"~~撒撒"。

磕撞　撞，音chuang。磕碰，撞击。也指人受挫折。例：现在的娃娃都是温室里长大的，受不得一点~。

踢蹋　多指小儿夭折。也指糟蹋了钱财。

膛　音tang。脑腔，大脑，头脑。例：这个人~里不清，听不来好赖话。

熟皮　原意为鞣制皮制品。借指用强制手段整治性格顽劣的人并促使其改变。例：今天他爹要给他~呢！

缭　用针线连接。例：袖口掉了，我给你~上。

整断　嚷叫，催逼。例：儿子~着要买汽车呢。

瞭　看，观察，判断。例：我~着今天的这场雨又下不下来了。

翻肥肠　找麻烦，找旧账，清算。例：几个人要给这家伙~呢！

戳唆　挑拨，怂恿，搬弄是非。

戳脖子　扇巴掌。主要是从颈部打巴掌。

蹲　待，留居。例：原先我在这个地方~过三年。也指闲居。例：得找个事干，不能老~在家里。又例：~班房。

躧踏　叨扰，骚扰。有时指到别人家做客因叨扰别人而自谦的说法。例：这一来就~了好几天。

灌油　指过去到油粮店买散装食油。

（八）服饰、器物

帕子　方形的丝质或棉麻质头巾，80厘米左右，四边有穗子。年轻妇女用来顶在头上保护头发。颜色多样。

首帕　也作手帕。多为丝织品，黑色，宽40厘米，长150厘米左右。老年女性用来裹在头上保护头发及头部的条形帕子。

擩擩帽　手工缝制的无檐圆帽，下摆穿松紧带，妇女劳作时戴在头上用来收紧和保护头发。

瓜皮帽　手工缝制的圆顶帽，有里子和面子两层，一般为黑色，外形如半个西瓜，故名。多为男性老人佩戴。

褂褂　棉背心。

汗褟　贴身穿的单层棉布小褂。

袷袷　手工缝制的棉背心。

裹肚　棉衣。分大兜襟和对襟。

大兜襟　大襟棉衣。

搐搐　衣服口袋。

裆裆裤　小儿不开裆的裤子。

衩衩裤　小儿开裆裤。

窝窝　深腰棉鞋。根据材质不同，有棉窝窝、毡窝窝、皮窝窝多种。

第二节　谚语　歇后语　谜语　民歌民谣

一、谚语

(一) 天气　农时

一九一场雪，来年雨不缺

一九一阳生，三九兔子吃饱青

一九南风喜洋洋，来年麦子堆满仓

一个驴粪蛋，一碗小米饭

一场秋雨冷，十场秋雨棉上身

一年庄稼两年务

一年栽活一棵，十年栽活一坡

一泡尿，一道约（yao）

七阴八下九日晴，九日不晴泡死人

七糜子，八谷子，荞麦三五出地皮

人凭饭养，地凭粪长

人哄地皮子，地哄肚皮子

九九有雪，伏伏有雨

三天学个买卖人，一辈子学不下庄稼人

三月犁后漫，当年吃上饭，小满犁后漫，清油拌糁饭，夏至犁后漫，糜子打几石，暑期犁后漫，白菜腌缸罐，秋天犁后漫，翻年等吃饭。

三年不选种，增产必落空

三年两头旱，五年一大旱

三伏深翻，地出金砖，三伏水漫，麦子万石

土雾罩山头，泡死老黄牛

大麦见芒，四十五天上场

大瓶灌小瓶，等不到明年成

大暑小暑，灌死老鼠

小满前，泡稻田

山上长杂草，山下庄稼好

山上有树，山下有水

山上多栽树，强如山下修水库

山上树砍光，农民遭灾荒

山上绿油油，山下清水流

山像和尚头，沟里没水流

马拉碌子跑，挑起三遍草，挑完起场，乘风就扬

马粪热，牛粪凉，羊粪啥地都能上

天空长桥升，必然雨淋淋

云朝东一场空，云朝南下不完，云朝西泡死鸡，云朝北下到黑

瓦碴云，晒死人，钩钩云，泡塌城

日晕雨重重，月晕刮大风

水地没粪，不如不种

水浇根，雨淋心

牛打喷嚏羊抵架，不过三天大雨下

乌云接驾（太阳），不阴就下

东虹日头西虹雨，南云往北下大雨

东韶天晴西韶阴，中午韶了一场风

田黄十分收七分，田黄七分收十分

田黄不要耍，以防白雨打

田黄抓紧干，以防山水灌

四月八，黑霜杀

四月晒川，五月晒山

白露不出头，拔去喂了牛（谷子）

冬不白，夏不绿

冬打墒，春打光

冬雪过埂子，只愁没种子

立夏响雷三伏旱，立秋响雷草没面

头水到，二水泡，三水四水防禾倒

头伏荞麦二伏菜，萝卜种在两夹崖（nai）

早种一架田，强如苦半年

早韶（霞）阴，晚韶晴，晌午韶热死人

先毛不下，后毛不摆（指毛毛雨）

伏天打破皮，胜似秋天犁三犁

伏里的面，缸里的米

庄稼一枝花，全靠粪当家

庄稼人干着重复工，根本不离雨和风

红水山戴帽，庄稼没睡觉

麦怕胎里旱，人怕老来穷

麦黄七分收十分，麦黄十分收七分

旱雨不多，一天啰唆

旱蒜水辣子，茄子地里养鸭子

吹风扬场，下雨镘墙

你有万石粮，我有秋墒地

冷不过三九，热不过中伏

青云绕山，放羊娃娃披毡

青稞麻，赶着拔

林带像堵墙，能把风沙挡

枣儿塞鼻子，川里种糜子

枣树不害羞，当年红丢丢

枣树百年活力在，桃树三年花初开

昌林米山把桥架，老天必然要大下

河口发云，迟早雨淋

陕西的麦子，旋黄旋割

挖得深，砸得硬，它不活，我不信

南风不受北风气，你一来我一去

南风吹热，北风吹冷

要想富，多栽树

砂压碱，刮金板

砂里枣树泥里柳，一定成活九十九

星星眨眼，离雨不远

种在九里，多少有哩

种啥庄稼有啥草，倒茬顶锄一次草

骆驼蓬戴孝，屎爬牛尿尿，蚂蚁搬家蛇过道，大雨就来到

耕地深一寸，顶上一次粪

栽树如存钱，利息超本钱

盐罐返潮，大雨难逃

桃三杏四梨五年，要吃核桃七八年

夏天深翻，仓子冒尖，暑里翻动，等于上粪

夏旱不算旱，秋旱全不见（秋旱连根烂）

铁出水，盐出汗，大雨马上就见面

家有千棵树，不愁吃穿住

黄疸收一半，黑疸不见面

犁地不犁边，三平一礤宽

犁得深，礤得光，碌子打了不走墒

鸽子上树，大雨如注

猛晴没好天，等不到鸡叫唤

清明前后，种瓜点豆

深犁一道子，麦子一约（yao）子

深麻子，浅谷子，胡麻种在浮皮子

惊蛰寒，冷半年

插耧紧三把，提耧慢三把

黑云遮太阳，等不到明后晌

腊八的雪，毒老鼠的药（腊月初八降雪，来年老鼠就不多）

擦擦云，泡塌城

蜻蜓成群低空飞，不是下雨就刮风

燕子窜天蛇过道，不到三天大雨到

磨镰不误割麦工

霜降无风，暖到立冬

（二）社会　生活

一人栽树，万人乘凉

一寸光阴一寸金，寸金难买寸光阴

一井水有苦有甜，一家人有愚有贤

一日为师，终身为父

人人不做官，做官都一般

人无头不走，雁无头不飞

人不能貌相，海水不可斗量

人比人活不成，驴比骡子驮不成

人为财死，鸟为食亡

人心不足蛇吞象，贪心不足吃月亮

人心高过天，做梦成神仙

人平不语，水平不流

人活脸，树活皮

人倒霉鬼吹灯，放屁也砸脚后跟

人望幸福树望春

儿要自养，田要自种

三人同行，必有我师

三句好话不如一马棒

小人谋食，君子谋道

千里做官，为的吃穿

天上下雨地上滑，自己跌倒自己爬

天有时刻阴晴，人有当时祸福

天高皇帝远，冤枉无人管

天理地理，有钱有理

夫妻同床睡，人心隔肚皮

无私才能无畏，大公才能大勇

不怕事不成，就怕心不诚

水牛掉井里，有劲使不上

火车跑得快，全靠车头带

斗大的麦子都得从磨眼里过

心中有病，心神不定

心比天高，命比纸薄

心直有人夸，心歪有人骂

书到用时方恨少，事非经过不知难

玉不琢不成器，人不学不知礼

击石原有火，不击乃无烟

打了骡子惊跑马

打黑牛惊黄牛

打断骨头连着筋

巧人是拙人的奴

世态淡如春水，人情薄似秋云

本事是真的，西洋镜是空的

谁人背后无人说，谁人背后不说人

龙养龙凤养凤，老鼠的儿子会打洞

只见贼吃肉，不见贼挨打

叫花子放不住隔夜食

白布掉到染缸里，拿到黄河洗不净

白米细面，土中提炼
宁在城里守个墙拐拐，不在农村给人当奶奶
边学边问，才有学问
过河拆桥，卸磨杀驴
有钱能解语，无钱语不明
光阴黄金难买，一世如驹过隙
年老心未老，人穷志不穷
先正自己，后正他人
行船难防滩，作田难防旱
众人拾柴火焰高
好事不出门，坏事千里行
好酒喝上醉呢，瞎酒喝上睡呢
进了菜籽地，不怕穿黄衣
把戏把戏，全是假的
两虎相斗，必有一伤
私中有过，忙中有错
兵听将令，马听锣声
穷在当街无人问，富在深山有远亲
穷酒瓶，富油瓶
良言一句三冬暖，恶语伤人六月寒
君子不得时，小人下眼观
现钱买现货，必定有一个
画虎画皮难画骨，知人知面不知心
事前没计划，临头没办法
雨里深山雪里烟，看事容易做事难
虎凭山有威风，人凭志有前程
忠言逆耳利于行，良药苦口利于病
舍命能算真君子，保国才算真豪杰
命好心也好，富贵直到老

狗肚子盛不住二两酥油

饱人不知饿人饥，富人不知穷人苦

学在苦中求，艺在勤中练

学好三年，学坏三天

绊人的木桩不在高

绊三跤，方知天高地厚

带馍馍带少呢，带话带多呢

柏树不开花，石磙不发芽

竖起脊梁做事，放开眼光读书

是龙到处行雨，是蛇到处伤人

响锣不用重锤，快马不用鞭催

看个家一朵花，看别人豆腐渣

前檐的水往后檐里流呢

穿衣架子，攥饭皮胎

说话不算话，阎王爷也不怕

说话凭信用，用钱靠打算

说话要有理，煮饭要有米

屎难吃，钱难挣

娃娃不冷，油瓶不冻

娃娃洒水，滑倒大人

骆驼脖子长，吃不了隔山的草

家有万贯，不如有一个破店。

贼里头打的不要的贼

铁不锤炼不成钢，人不锻炼不健康

铁生锈则坏，人生妒则败

铁锅莫说锅底黑，骆驼不说自驼背

胸无大志，枉活一世

冤死好人笑死贼

继母人间有，王祥天下无

救了落水狗，回头咬一口

铲草不除根，祸患一千年

笨人先离村，笨鸟早出林

偷个鸡蛋吃不饱，一身臭名背到老

廊檐水照窝窝滴

欺的软的，踏的扁的

喝水不忘挖井人，吃饭牢记种田人

善恶若不报，乾坤必颠倒

搬山填海，只要齐心

秦太子（瞎老鼠，鼹鼠）给老牛攒着呢

新三年，旧三年，缝缝补补又三年

新砖旧瓦，不怕雨打

（三）为人处世

不疼的指头往磨眼里塞呢

不信神不信鬼，全靠自己胳膊腿

常思自过，免于招祸

吃人家糁饭，由人家反乱

船大不怕浪，志大不怕险

慈善为本，行善为门

打人不打脸，吃饭不夺碗

打人不打脸，骂人不揭短

胆要大呢，心要小呢

等到老年享福，不如少年受罪

好狗不咬鸡，好汉不打妻

好人护一方，好狗护一庄

静坐常思自己过，闲谈莫论他人非

驴乏怨臭弓

骂人无好口，打人无好手

宁给好汉牵马坠镫，不给屄汉出谋定计

人穷不斗富，农人不斗官

仁是万善本，贪是诸恶源

台上三分钟，台下十年功

抬手不打娃娃，开口不骂老汉

有了龙蟒袍，别忘叫花衣

做官容易读书难，要报母恩报不全

(四) 手艺　经验

人最宝贵是良心，物最宝贵是黄金

大麦熬糖，各有各行

马要放哩，人要闯哩

马不到死不解鞍，人不到死事不完

木匠跟前不要站，不是拉锯就拽线

不怕脑不灵，害怕没苦功

牛羊吃草要反刍，人离爹娘要反思

父子通天性，母女心连心

老虎不下狗崽子

老虎显纹在身，男子志气在胸

有本事的装钱用罐，没本事的一身臭汗

师傅不高，教下的徒弟落腰

年在少时不读书，身在福中不知福

多一技，多一福

庄稼在地里，学问在民间

好汉不怕出身低，人高最怕不努力

好记性不如烂笔头

佛争一炷香，人争一口气

饭不吃饿哩，书不念愚哩

知识不怕多学，学生不怕多问

治家要俭，治学要严

学时不下苦，用时方恨少

要有学问，必须勤奋

种麦谷下农田，当学生搬书山

将军不怕兵多，学生不怕书多

钱在别人手，不算个家有

铁匠害怕铁不红，学生害怕脑不灵

脑不灵者不用怕，怕的羞懒不学问

拳不离手，曲不离口

绣花需要多样线，学习需花多时间

做官靠读书，发财靠养猪

勤学又好问，才有大学问

勤学又勤问，不怕脑子笨

想有学问，不耻下问

想要住好房，养起万只羊

箍桶箍梢，不用扛（gang）胶

薄技在身，钱罐不空

臊爬蜗牛屎壳郎，个人觉得个人强

（五）养生　健康

千补万补，不如食补

不要愁和恼，愁愁恼恼人易老

少时练得一身劲，老来健壮免生病

少说话威信高，多吃饭身体好

生气促人老，笑笑变年少

吃罢饭就睡下，又白又细法

运动好比灵芝草，何必苦把仙方找

饭后百步走，能活九十九

饭后走百步，强如家里开药铺

饮食贵有节，锻炼贵有恒

闲时常打拳，益寿又延年

要想身体壮，打拳不能忘

要想身体壮，锻炼不能忘

要想感冒少，常洗冷水澡

洗头洗脚，强如吃药

笑口常开，青春常在

清早一杯茶，一天都不乏

清早一杯茶，不用请医家

二、歇后语

一个鬼背来没换胚子——一模一样

一根线拴两个蚂蚱——谁也跳不了

一棒槌打到河里——不分上下

二十一天不出鸡娃——坏蛋

八十老人吹灯——上气不接下气

八十老人住高楼——上下为难

刀切豆腐——两面光

三九天吃冰棍——冷到心上

三岁小娃娃——靠哄

大风底下烧纸——指不上的儿和女

大姑娘坐轿——头一回

大姑娘要婆家——嘴里说不出来

大树荫下戴草帽——二凉

大街上卖杂碎——提心吊胆

大腿上贴门神——人走神搬家

上坟不烧纸——专惹祖宗生气

小母鸡下蛋——挣红了脸

山里烤火——就地取柴（材）

门缝里看人——把人看扁了

丫鬟不吃剩饭——临了还是奴家的

丫鬟坐堂中——不是主

马圈里没马——驴当家

马膝盖上钉掌呢——离蹄（题）太远

王奶奶和玉奶奶——只差一点

王婆卖瓜——自卖自夸

开水泡黄豆——自大

木匠看门窗——有水平

不听曲子听评书——说得比唱得好听

不做活的女人——闲（贤）妻

牙刷子没毛——有板有眼

瓦罐里倒核头——呱拉拉的

见了人不说话——装哑

手上摸石灰——白拿

手塞到嘴里——掏实话

牛头上的角——往里弯

牛皮做灯笼——外黑里明

牛鼻子上拴绳——牵着走

公鸡下蛋马长角——怪事

月里娃打战战——吓人呢

月里娃跳炕沿——吓妈妈

风箱换上鼓风机——一个比一个会吹

乌鸦落在猪身上——一样黑

为了个虱子烧皮袄——值不得

包谷面打糨糊——不黏（ran）

打扮进棺材——死要面子

正月初一贴门神——迟了一年

石头上雕纹——石花（实话）

石板上钉钉子——硬对硬

电线杆做筷子——大材小用

叫花子上街——肚里空

冬天里穿裙子——美丽又冻（动）人

头上生疮，脚底流脓——坏透了
头上的虱子——明摆着
头上戴镯子——脸上抹不下来
尕鸡娃叫鸣——尽腔腔努着
老太太过年——一年不如一年
老母猪照相——不像人样
老虎不吃人——恶名在外
老虎的屁股——摸不得
老和尚看书——一本正经
老鼠过街——人人喊打
老鼠拉秤砣——挡住洞门
老鼠掉进面柜里——白瞪眼
老鼠窜进风箱里——两头受气
老鼠窜进书柜里——咬文嚼字
过年娶媳妇——双喜临门
刚出笼的馒头——带着气
肉包子打狗——有去无回
爷爷棉衣孙子穿——老一套
羊粪下山坡——滚蛋
羊粪蛋装枪膛——不是好子儿
羊群里的驴——大半截
戏台上的夫妻——假的
坟堆上插鞭杆——捣鬼
苍蝇上挂油瓶——咣当
更里的公鸡——一鸣惊人
两个哑巴亲嘴——好得没话说
秃头上虱子——明摆着
坐轿子打盹——不识抬举
灶火爷的横批——一家之主

怀中揣镜子——亮堂

怀娃女人上街——人中有人

屁股上戳了一扫帚——百眼开

尿脖子打人——臊气难闻

鸡不撒尿——各有各道

老驴啃板颈——变工

抽烟烧了枕头——怨不着别人

拉胡琴打喷嚏——弦外之音

和尚头上抹油——滑到顶

货郎担子——有货

货架上放炭——黑货

兔子吃了窝边草——亮了家底

兔子拉犁——顶牛

狗吃油渣——想的汪

狗抓老鼠——多管闲事

狗咬尿脖——空欢喜

狗追鸭子——呱呱叫

炒面捏娃娃——熟人

炕洞口上蒸馍馍——熏（凶）着哩

泥菩萨过河——自身难保

姐姐穿的妹妹鞋——一个样

玻璃做的娃娃——明亮人

茶壶煮饺子——有货倒不出

胡子上生疮——尽是毛病

树顶上的鸟儿——叽叽喳喳

背着唢呐坐飞机——吹上了天

哑子捉贼——难开口

哑子数钱——心里有数

哑巴子吃黄连——有苦难言

哑巴子说话——指手画脚

蚂蚁跑在大路上——天高地阔

穿没底的鞋——脚踏实地

穿棉衣摇扇——不知春秋

神像跟前唠叨——许愿心

眉毛上吊苦胆——苦在眼前

骆驼要吃墙头草——随便

核桃放在娃娃手里——该砸了

蚊子咬秤砣——嘴硬

贼娃子打官司——场场输

铁匠打铁——实打实

铁棍掉在冰眼里——冷棒

爹死娘嫁人——各人顾各人

狼不吃野狐——都是跑山的

烟洞上招手——领黑路

烟筒口搭茶壶——熏（凶）着哩

涝坝里拌炒面——摊场太大

诸葛亮皱眉头——计上心来

梦里吃糖——想着甜

梦里挖元宝——尽想来财

聋子的耳朵——摆设

梨树开花——白的

偷来的锣鼓——敲不得

猪八戒照镜子——里外不是人

猪鼻子上插大葱——装象

猫哭老鼠——假慈悲

麻杆子打狼——两怕

骑骆驼不备鞍——现成的

裁缝的尺子——量人不量己

裁缝做衣服——针（真）行

猴子捞月——一场空

强扭的瓜——不甜

隔年的皇历——看不成

戥子称骆驼——不能提

滩里的黄羊——没数儿

鞋帮子当帽檐呢——不是块料

瞎猫逮住死老鼠——碰巧了

鹞鹰抓骆驼——谋大货

磨道里赶驴——尽绕圈子

懒汉子过年——一年不如一年

三、谜语

一个大姑娘，年年换衣裳（窗户）

一个匣匣，里面装的五个娃娃（鞋、脚丫子）

一个板板，上面钻了七个眼眼（脸面）

一个铁猴，蹲在锅里洗油（铁甲页）

一个黑㹱羖，样样草都吃哩（炕洞）

一个黑汉，走路呻唤（猪）

上边毛下边毛，中间一个水葡萄（眼睛）

东一片西一片，隔个毛山看不见（耳朵）

奶奶扶着咧，爷爷晃着咧，晃了一堆放着咧（铡草）

红公鸡绿尾巴，一头栽到地底下（红萝卜）

肚大口小，一辈子吃不饱（漏斗）

高高山上有盘磨，过来过去不敢坐（蛇）

高高山上种豆子，不多不少两绺子（眉毛）

高高山上种胡麻，胡麻底下爬娃娃（头上虱子）

家有一个物，身有四寸长，半夜三更流白水，只见短不见长（蜡烛）

家家有把瓢，不能舀水只能捞（漏勺）

四、民歌、民谣

20世纪70年代吃香行业 听诊器，方向盘，杀猪刀子，营业员。

二月二 二月二，龙抬头，水坝里去捞蜗蜗牛，蜗蜗牛背上了个骨头房，躲到里面不心慌。

九九歌 头九二九关门袖手，三九四九冻破茬口，五九六九精沟子娃娃拍手，七九鸭子八九雁，九九落落婆（老鹰）满天转，九九加一九，犁铧牛遍地走。

三月三 ①三月三，挖枒烟，脱掉皮袄换单衫，皮袄脱掉给驴穿。②三月三，挖枒烟，娃娃追了尕老汉，尕老汉跑得没命咧，娃娃们越追越有劲咧，尕老汉跑到栽倒咧，娃娃们围上笑好咧。

下雨 天爷天爷大大下，精沟小娃耍坝坝；天爷天爷大大下，明年有个好庄稼。

大头和尚 大头和尚喜溜溜翠，养下娃娃没处睡；睡到槽里，鸡儿刨呢；睡到岙里，放羊娃娃过来骂呢；睡到沟里，老狼过来叼呢；睡到门背后，变了个大背斗；丢到房上，变成了娘娘。

大兔有病 大兔有病，二兔忙，三兔担水捞米汤，四兔是阴阳，五兔五木匠，六兔画材房，七兔抬，八兔埋，九兔哭得嚎嚎呆，十兔耍拳叫不来。

乡俗 ①大芦塘的女儿挖葱卖蒜，小芦塘的女儿驮煤卖炭，白墩子的女儿盐池乱转。②锁罕堡的风，东梁的葱，福禄水的小伙子黑脚跟。③米家山的冬萝卜，红水的葱，双墩川的大蒜，兴泉堡的风，大芦塘的韭菜绿茵茵。

尕师傅 张二蛋个子尕，你骑骡子我骑马，一骑骑到外父家，鞭子挂在柳树上，鞍子放在窗台上。柳树柳，结谷头，山里下来尕师傅，尕是尕本事大，扯了一点布布子，缝了一点裤裤子，剩下一点点，绾了尕攥攥。

多栽花少栽刺 多栽花少栽刺，留点人情好办事，免得以后再受气。

扯箩箩 打箩箩，擀面面，舅舅来了做饭饭，擀白面，舍不得，擀黑面，人笑话。杀公鸡，叫鸣呢，杀母鸡，下蛋呢；杀狗呢，舅舅提着鞭子就走呢。

你骑骡子我骑马 你骑骡子我骑马，一骑骑到舅舅家，阿舅舅母不在家。鞭子挂在柳树叉，鞍子搭在墙头凹。

采花 墙里栽花墙外开，单等着蜜蜂采花来，蜜蜂它在花蕊上蹲，乐得那个小英笑盈盈。

夜叉神 黄土坡黑土坪，家里来了个夜叉神，背的缸进了院，眼睛就像羊油蛋。夜叉神手拿花花棒，化作天上一根虹，东虹葫芦西虹雨，南虹架天下大雨。

骂儿子 社会好，撑家难，养下儿子胡诌传。光要钱，不干活，气得老汉砸秤砣；学人长，补人短，每天偏要看媳妇脸。苦死爹，累死娘，儿子整天把歌唱；怕吃苦，去跳舞，一夜变成啥没有。

拜姨娘 笤帚笤帚娘娘，扫帚扫帚桩桩，大姐嫁给了张郎，二姐嫁给了梆郎，丢下三姐拜姨娘。轱辘雁扯红线，一扯扯到马家院，人家们吃的油馍馍，给我给的是糖坨坨。我不要，把我手扎出个泡；我不接，把我手扎出了血；我睡到了炕上，把我打到地下；我睡到了地下，把我打在门台上；我睡在门台上，把我打到院里；我睡到院里，把我打到猪圈里；猪放了个屁，把我熏到没处去。

猫娃娃捏馍 烟囱烟，冒一天，黄河沿上洗红毡。红毡破，狼推磨，狗烧火，猫捏馍，一捏捏成三个半。东方一半个，西方一半个，丢下半个哄娃娃。娃娃醒来要馍馍，馍馍来？猫叼了。猫来？钻了洞了。洞来？猪拱了。猪来？二郎爷爷吃了肉咧。二郎爷爷来？吃了三十二个馒头胀死了。枕的啥？枕的猪尿脬，铺的啥？铺的地。盖的啥？盖的天。

惹不起 惹下队长调重活，惹下会计账算错，惹下保管抹秤砣，不看脸色就无法活。

割韭菜 五月五来五端午，打发女娃子割韭菜，点点红花开；绿色裤儿粉红的衫，白羊肚手巾映牡丹，点点红花开；左手上提上装韭菜的篮，右手里提上割韭菜的镰，点点红花开；大步走来小步行，步行来到了韭园门，点点红花开；双手开开门两扇，低下头挤进园门，点点红花开；一把韭菜一把葱，一把一把装进篮，点点红花开。

芦阳镇志
LU YANG ZHEN ZHI

第二十章

人 物

第一节 人物传略

卢崇光 生年不详。今景泰卢氏始祖。明朝天启年间，以兵户身份从靖虏卫（今靖远县）落户小芦塘堡，屯田戍边。带兵驻防位于小芦塘北山的九座墩，担负瞭望、传递军情和防守任务。时九座墩守卒有8人，卢崇光为什长。明崇祯七年（1634年），蒙古刀儿淇部游骑凌晨三时突袭九座墩。卢崇光率部抗击，争先冲入敌骑兵阵中，身体多处遭受箭伤和刀伤，仍奋不顾身，拼杀到傍晚刀儿淇部游骑撤退。因伤重不治，为国捐躯，官方出资葬于距原战地1里处的三台园子。

卢崇光浴血抗敌事迹被收录于清康熙四十八年（1709年）《重纂靖远卫志》卷四御部义士篇。

明崇祯七年（1634年）逝世。

化守登 字标吾，生于明万历四十二年（1614年），大芦塘人。清初参军，在平定明朝残余势力中为清王朝屡建功勋。清顺治四年（1647年），调兴安军给都司职。同年，剿杀明宦王应泰；随总镇任珍剿王关镇运粮明军，活捉王关镇明总兵李进英等。顺治五年（1648年），剿杀明将杨三、整脊王等，于石梁山活捉明副将张尔赴。顺治六年（1649年），同游击仰九明随平西王北征，大败明总兵张三猴、李奇德，生擒刘三众等，招抚榆林、神木等地。顺治七年（1650年），随仰九明杀明将高有才；复石梁山，擒明永历王朱生枝。顺治八年（1651年），破松树岭，生擒明将李琦；围攻两河口，获明将覃琦；攻克石沟寨，生擒明军首领覃一涵，杀中军李君治。当年八月，清廷予以银牌花帛奖。十一月，又破明将孙守金与四川残余势力勾结连犯西乡之举，斩明将翘兴宁、赵定国等。顺治九年（1652年），清廷以其久经阵战、才勇可嘉，授以游击衔。同年，围攻板桥，又破明将孙守金。顺治十年（1653年），赴湖北竹山县破黄家寨，明游击黄国泰被射死，孙守金、宜州王宋敬耀等被擒。清廷授以游击职。之后，又杀明将杨某，获大旗27杆、刀枪器械盔甲千余件，救出县官、典吏2人，难民千余人。顺治十一年（1654年），赴竹山县广峪寨剿杀明总兵傅启德，擒副将田福等。此后军功、职级不详。清朝廷封授"骁骑将军"。

年老还乡后，热心公益，深受地方尊敬，制"荣寿春蕙图"并为叙赞，颂其德。

清康熙二十六年（1687年）逝世。

吴　成　生于清康熙二十九年（1690年），大芦塘人。仰慕杨家将、岳飞等古代国家忠臣名将，苦研兵法，习练武艺，深具报国之心。康熙五十三年（1714年）投入军伍，初任随军都司，后任防守都司，与士卒同甘苦，帝授以游击职，号"平威将军"。

乾隆二十九年（1764年）逝世。

吴　瑄　字介亭，生于清康熙五十一年（1712年），大芦塘人。清雍正九年（1731年），赴安西入伍，乾隆六年（1741年），拔捕本标百宰。29岁时擢千宰，39岁时即任银川镇抚。升为梨园堡都司，以恩德服众，得到梨园军民的真心拥戴，从而努力学习接受中原文明。于乾隆三十四年（1769年）解甲回籍。

为人谦虚平和，跟乡党相处平易近人，得到村民好评。

清乾隆四十九年（1784年）逝世。

戚维礼　字履伯，生于清嘉庆十二年（1807年），大芦塘人。幼入私塾，聪颖过人，学业优异，为业师器重。道光乙未（1835年）科殿试中进士，入翰林院为庶吉士。期满试准，授中宪大夫衔、工部主事（正六品）职，为期10年，提为郎官（从五品）都水司。在任期间，屡至甘肃视察。为官清廉，不贪不沾。长于诗文，亦精绘画。曾亲迎八旬老母入京就养，并绘《故园图》一幅娱亲，以传统写生手法将家乡宅院戚家磨滩的景物画在绢上，供母聊解思乡之情。图长约三尺，宽尺许，颇具笔力。他还为业师自京都送来"屏风"一套，以示报答。初为庶常，出于大学士穆彰阿门下，馆课常列前茅。道光三十年（1850年），穆彰阿因反对禁烟等事被参罢官，戚维礼辞官归里，寄情于诗酒，晨起必先饮酒而后穿衣。

清咸丰二年（1852年）逝世。

李宗经　字仿古，生于清道光二十一年（1841年），芳草渠人（今芳草）。自幼失怙，聪慧好学，善书画，后就读于蒋家湾六德书院（在今白银市水川乡）。从小喜爱武艺，长大成人，身材魁梧，且善骑射。同治初年，叛匪多次袭扰芳草，二十出头的李宗经，以堡子为屏障，率众抵御，屡使叛匪无功而返。同治六年（1867年）正月，跟随靖远县知县金麟克复靖远县城，以军功奖六品蓝翎。后出家资招募兵勇500余人，率而西进，效力于哈密办事大臣文麟军前，负责河西、青海、新疆一带征剿。同治十二年（1873年）春，作为统领之一，参与清军调集的四个统领的兵力，反击白彦虎部对敦煌的围攻。在左宗棠督战下，清军克复肃州。后随左宗棠大军向西挺进，参与收复新疆的战役。在收复关外各域中，屡建战功。戎马二十年，先为甘肃威仪营参将、后为副将，光绪十三年（1887年），借补西宁南川营都司额腾依巴图鲁加四级。光绪十六年（1890年），被保荐为总兵衔，领兵6500名，清廷诰封"建威将军"。两次应诏进京，第一次觐见慈禧太后，第二次觐见光绪皇帝。光绪赐亲笔题字扇子一把，褒奖其战功。

清光绪二十年（1894年）解甲归里，创建私塾，开创芳草教育事业之先河。

清光绪三十三年（1907年）逝世。

雷高捷 字仰山，号声宫先生，生于清道光二十二年（1842年），大芦塘人。清同治贡生。父早逝，母送私塾就读，诚笃好学，后因兵燹而中辍。同治八年（1869年），复受业于阎致祯门下。同治十二年（1873年），赴兰州就读于兰山书院，学业优异，毕业时授修职郎。回乡后，受家乡父老挽留，弃政从教，历40余载。治学严谨，学思并重，重视培养学生的自主能力，要求学以致用；勤于美化学习环境，好栽植花木，每逢四五月，校园里枣花盛开，为一时盛景，其友张友竹题"枣香书屋"。好诗文，工书法，左手能写大字，且苍劲端庄。光绪十三年（1887年），组织群众抗震救灾，以渡难关；光绪二十一年（1895年），青海、河州反清回民犯红水，动员群众治理城防，保境安民。

民国九年（1920年）逝世。

岳登龙 字海峰，生于清道光二十九年（1849年），大芦塘人。幼孤，与母寄居舅家（住周家窑）。9岁偕母返家，母子以女红、拾柴度日。闲暇时习练武艺。12岁奔沙金坪民团入伍打杂。同治二年（1863年），与芦塘多名青年应召至嘉峪关，投于哈密办事大臣文麟军下，时新兵应命维修城池，岳登龙表现突出，被提为大旗。此后，在安西、敦煌、玉门等地的多次战斗中，奋勇当先，屡建战功。因蓄有一条大辫子，时称"岳大辫子"，名噪军营。同治六年（1867年）十二月授六品顶戴，提为把总，并赐蓝翎。继随清兵西进，被委以威仪军哨官之职，时年18岁，有"娃娃哨官"之称。后又以战功被提为守备，赏四品花翎。同治十二年（1873年）八月，受任统领威仪亲军马步全军，时有"小岳家军"之称，解哈密之围。以功勋授参将衔，补游击，赐花翎及"赫勇巴图鲁"满族名号。同治十三年（1874年）二月，奉调与广东陆路提督张郎斋合兵攻新疆南路，每战奋先，张郎斋以将才推许，准以先补参将职，授副将衔。光绪五年（1879年）十二月，以副将衔归陕甘督标补用，次年二月九日允准。在新疆转战17年后入关，后历任宁夏洪广营游击、平罗营参将。光绪二十一年（1895年），奉命随甘军赴河州镇压反清回军。河湟肃清，甘肃提督奏保总兵以提督记名，获准并换"穆特本巴图鲁"名号，借补大通营游击。光绪二十七年（1901年），任西宁镇海协，后迁潼关协副将。其间，两次进京，受慈禧太后亲见，面赐亲笔"福"字，褒其战功。授浙江海门镇总兵，员缺即补。后赴凉州任总兵，受封建威将军。宣统三年（1911年）九月，陕甘总督檄委统领绥靖马步全军。1912年10月遣散归里。

民国十三年（1924年）逝世。

安汝树 字时雨，生于清咸丰十年（1860年），大芦塘人。幼读私塾，后因家贫而中辍，到庆馀锡商号习经商，为人精敏谨慎，东家孙锡麟（字梦仙）十分器重。孙锡麟长于中医，亲授安汝树习医。安汝树极具天分，经过多年的虚心学习和专心研究，医术精进，尤以治疗伤寒最为专长，在地方行医十数年。后应青海某洋行工作的本邑张静庵之聘，赴青海行医。不久因为父母年老，遂回乡奉养，并继续行医治病。平素乐于济困扶贫，遇到背井离乡、乞讨者生病或有病看不起的人，同样热心治疗，并亲煮汤药，病愈不索分文，还要周济路途的干粮。同治年间，叛匪犯地，即挺身而出，偕民众彻夜巡逻，同心守护。其性情诙谐，好戏谑，与人闲谈从不涉是非；爱好音乐，会多种乐器；喜好书法，以楷字、草书见长；闲暇时喜欢吟诗。一生行医，救人无数，并将平生所学传之后人，其子统三和孙雨蛟皆出其门下，后来都成为芦阳的名医。

民国十七年（1928年）逝世。

何其亨 字子嘉，生于清光绪三十一年（1905年），大芦塘人。民国十年

（1921年）毕业于靖远县第四高等小学，民国十五年（1926年）就读于甘肃省立第一中学。在校读书期间，受进步思想影响，毕业后，即参加由共产党员宣侠父、钱清泉和国民党左派延国符在兰主办的"政治人员训练所"（属冯玉祥部刘郁芬师）学习，受到在所讲课的中共甘肃特支书记张一悟、共产党员邱纪明的教育和影响。年底，经张一悟介绍加入中国共产党。民国16年（1927年）春节期间，参加轰动兰州的"皖江会馆事件"——共产党对国民党右派、甘肃省临时党部常委田昆山的斗争，与同学等痛打田昆山。是年5月，形势逐渐恶化，党组织将数名参与者转移到开封冯玉祥部，何其亨化名何潮，在连队任政治教官，继续进行党的地下工作。在国民党"清党"活动中，被在开封国民军总司令部活动的田昆山认出，遂遭逮捕，关押于开封反省院。其间，曾寄过两封家书。曾与难友在狱中参加绝食等斗争，迫使监狱方改善伙食。民国二十一年（1932年）被害于开封。

民国二十二年（1933年）正月十六，其兄何其昌收到一封匿名明信片，略曰"其亨已死，尸骸难明，其妻可另行改嫁"云。

李玉玺 字蓝田，晚年改子和；后以蓝田之名行世。生于清光绪十四年（1888年），响水村人。幼读私塾。宣统元年（1909年）就读于兰州中学。宣统三年（1911年）留学日本，就读明治大学。在校期间，经胡汉民介绍加入同盟会。1914年毕业，获业士学位。受孙中山派遣回国，在甘肃倡导护法运动，反对袁世凯实行帝制。因父亲年迈，作为独子的李蓝田被强留家中。1915年，协助王成德在大芦塘创建靖远第四高等小学（后为芦塘小学）；1917年任校长。1920年大地震，响水初级小学遭到破坏，李蓝田带头捐资修复学校。1925年，任靖远县北区区长。1933年景泰县成立，任景泰县一区区长。1929年（民国18年大饥馑），出家存粮米赈济贫民。1935年，调任县教育科科长。1938年，筹集资金，聘请技工，在小芦塘建陶瓷窑两座，活跃了当地的地方经济。一生重视人才培养，曾对在兰州上学而家境困难的小芦塘籍学生，多予接济。平时关心国际国内形势，抗日战争时期，自订《大公报》，常对人们讲解抗日必胜的道理。去世前遗言儿子李积德，捐银洋两千元，支持抗日。

民国二十八年（1939年）逝世。

张兆福 字吉亭，生于清光绪十四年（1888年），一条山村人。年轻时，因通蒙古语，1914年为盐务局做通事（翻译）。蒙古人用骆驼驮来的察盐入仓，因量大不能一一过秤时，由张兆福估量（说驮子），然后用蒙古语沟通双方，即办理入仓手续。后转任盐务局巡官，带领盐警缉查贩私，工作踏实认真，对官私双方负责，深得盐局和群众信任。1918年，出家资创建一条山小学。建校期间，为投工的贫苦人管饭。1922年，天旱欠收，大闹饥荒，群众生活异常艰难，拿出5000两白银并房屋、田地契约，抵押盐局，开放义仓，使得一条山等地贫苦农民得以周济。事后，群众送"义沛桑梓"匾额颂扬。1929年（民国十八年）大饥馑，有贫苦农民为谋生计，以贩运商盐换取温饱，但无力支付盐价，张兆福出面向盐局担保，将盐赊给农民，运往外地贩卖，给予农民极大的方便。在农民贩盐回来支付盐价时，他只抽少量担保费。有些生活确实困难者，盐款拖欠一两年，他也不催逼；对交不清的，甚至慨然赔垫，深受农民爱戴。1936年，一条山小学被毁于战火。1941年，由其子钦武再出家资，重建新校，较之以前更为壮观。其间，因病重去兰州就医，病故兰州。当其灵柩以驮轿驮运到大拉牌时，不少群众前往迎接，将其灵柩一直抬至一条山，出殡之日，送葬者多达千余人。

民国二十八年（1939年）逝世。

郝登魁 字星垣，号小樵，生于清光绪二十五年（1899年），响水村人。1916年毕业于靖远县第四高等小学。在校读书期间，学习认真，成绩优异。曾任定西县政府科员约4年，返乡后注重地方教育事业，在响水初小执教19年。任教期间，认真负责，严格要求学生。在他的影响带动下，全校教师一致努力，学生基础教育扎实，每年升高小考试，都名列前茅，深得地方父老及受教育者的爱戴和尊敬。工书法，酷爱古典文学，善于应用文，并谙中医针灸，以其所长，为乡里服务。

民国三十七年（1948年）逝世。

王成德 字允如，后以字行世。生于清光绪九年（1883年），大芦塘人。少时，就读于名师雷高捷、何宝珊门下。光绪三十二年（1906年），毕业于兰州矿务学堂，受派永登指导开矿采铜。宣统三年（1911年），靖远县推举为省临时参议员。辛亥革命成功后，在新思潮的影响下，锐志地方教育，回乡办学。经多方努力，得到省府批准，将芦塘营190多份军田划为学田，以所收租粮为办学资金。他率众拆神庙、移神像，于1915年建成靖远县第四高等小学。其建筑及设施，为当时全省小学之冠。为第一任校长，并以高薪聘请名师任教，乃至有大学毕业生在校任教，教学质量好，凡进省报考中等学校者大都名列前茅。1917年，调任靖远县劝学所所长。1922年后，先后在甘肃省印花处、造币厂工作。1937年抗日战争爆发，经全县乡绅合议，成立"四区联合办公处"（时景泰县分4个区），请王成德回县任办公处主任，处理所派零星差役捐税，对名目繁多的苛捐杂税进行抵制。事经一年，遭时任县长反对，以非法组织之由，勒令撤销办公处。后被任命为戒烟所长，任上成效显著。1941年，再次出任芦校校长。1943年，县参议会成立，被选为参议长。1947年，因上峰排斥，赋闲家中。

曾礼聘西医居某在芦阳开办诊所，医疗疾病，宣传卫生常识，提倡新法接生；大力呼吁并身体力行植树造林，从城郊挖渠架槽引水，绿化芦校；主张男女平等，芦校实行男女兼收，并令其三妹带头上学；反对妇女缠足陋习，不顾"大脚片女子"之讥，禁止两个妹妹缠足；对已经缠足的二妹，也劝放足。是当时少有的思想开明、移风易俗的有识之士。1949年前夕，协助景泰县学生团，为迎接景泰解放做出积极贡献。中华人民共和国成立后，被选为县临时人民政府县长。县人民政府成立后，被任命为副县长。

1950年7月逝世。

孙雨蛟 字润生，生于清光绪七年（1881年），大芦塘人。幼入私塾，刻苦自励，攻读《四书》《五经》。后随名医安汝树学习中医，钻研好学，深受先生器重，并将一生所学及多年临床经验倾情传授。30岁时即开始行医，历40余年，精于伤寒，尤其对"大头瘟"一病有独特治疗手段。行医中，体恤贫苦人和重危病人，不收取药费，随其心意。人称其行医有四无：一无药方，二无药戥，三无药橱，四无药价。相传为人诊病，不开药方，也不称量，各味草药随手抓来即可，极谓其经验丰富、技艺娴熟。1920年，芦阳遭地震，出资帮助灾民。1929年大饥馑，出家藏粮米，赈济饥民。1952年，响应政府号召，联合其他3位中医一起，在芦阳开设"中医诊疗所"服务人民。并在县医院举办的中医学习班，为后辈传授知识经验。

1953年逝世。

戚仰祖 生于清宣统三年（1911年），城关村人。9岁入私塾读书3年许，喜曲艺，好演唱。13岁时弃学，入地方戏班子演眉户剧，主饰坤角。登台不久，头角显露，人称"戚家娃"。15岁时从师化庚儿（大芦塘人）转习秦腔。后随师奔走于凉州、平番（今永登）、古浪、中卫、靖远等地，搭班演出。数年之间，学会几十本戏，生、旦、净、丑行行皆通，敲、打、弹、拉样样能来。一次，去中卫县搭班演出《太湖城》，饰孙武子，技艺超群，全场为之倾倒。时有自陕西请来的两位名伶，几乎不敢与之同台演出。同时深受同行妒忌、排挤，当地剧院甚至支付全酬，并劝其离开中卫。一次在凉州演完《烙碗计》（饰须生）后，被妒者下药毁坏嗓子。至此，不得不离开舞台，回乡另谋生计。曾以缝制皮衣甚至补鞋为生。其间，每遇家乡庙会，受邀多次登台演出，虽嗓音沙哑，但一招一式、一颦一笑，不失当年风采，仍受观众欢迎。1952年，芦阳成立群众业余剧团，被选为团长，任职期间，团结老艺人，培训新演员，为活跃、推动当地群众文化生活尽心尽力。1956年，代表景泰出席定西专区会演，成绩优异，受到表彰。挚爱秦腔艺术，广交同行，是芦阳地区群众文化活动的代表人物。

1960年逝世。

安立绥 字靖侯，生于清光绪二十六年（1900年），大芦塘人。1922年毕业于甘肃省立第一中学，考入北京清华高等学堂，1926年毕业。考取留美官费生，初入康奈尔大学历史系，后转西点军校学习军事。1930年毕业回国。不久，被调任陇东陈硅璋部任参谋长，1932年，经清华同学冯国瑞介绍赴青海共事，任海南警备司令部军事顾问兼青海省立第一女子师范学校校长。于1934年回甘肃，在甘肃学院任总务长兼英文系教授。其间，发表《论开发西北》《论西北文化建设》等文章，针砭时弊，引起当局不满，被驻兰国民党第六师逮捕。时张学良将军来兰，与邓宝珊将军联名保释，并荐任天水专员公署专员兼天水县长。1937年，由邓宝珊、邓春膏等人推荐，率甘肃青年赴南京要求参加抗日。适逢其美国同学胡家梅来华支援抗日，举荐于国民党中央。之后，历任军令部第二厅外交联络处处长、学兵总队参谋长兼迫击炮15团团长、华中长馆公署少将高参等职。1949年前夕，奉白崇禧之命回兰任西北长官公署少将高参。同年9月在酒泉起义，受到王震将军接见，被指派做国民党地方部队劝降工作。

甘肃全省解放后回兰州。1950年，任中国人民解放军第一野战军司令部参议室参议。1953年取得正式军人资格。其间，在部队干部向文化大进军中担任教学工作，成绩卓著，曾翻译有关现代化战争书籍，立二等功。1955年转业，任甘肃省人民政府参事室参事。1956年加入民革，任民革甘肃省社会联络委员会副主任。1957年错划为右派分子，遣送夹边沟劳教。1978年平反。

1960年逝世。

王作栋 字松云，生于清光绪二十五年（1899年），芦阳村人。1917年毕业于靖远县第四高等小学（大芦塘高小）。因家境贫困，无力继续求学。得知甘肃省立第一师范对清寒学生发放助学金，遂徒步至兰州，考入该校。在校期间，节衣俭食，刻苦攻读。1921年毕业，先后在大庙、大芦塘等学校任教师、校长。1938—1949年，任县督学、教育科长、县政府秘书等职。中华人民共和国成立后，1949年9月至1953年，任县一科（民政）副科长，1954年被选为景泰县第一届人民代表大会主席团成员，翌年，调任文教科科长。时年近花甲，工作之余，为"景泰县干部业余补习学校"初中班义务代授数学课，努力培养工农干部。1957年被错划为"右派"分子。1978年平反。

1962年逝世。

郝邦才 生于清宣统三年（1911年），响水村人。幼年家境清贫，靠母亲卖馍苦度日月。从小放牧牲畜、背煤卖炭，后给富户驮砂、干农活、拉骆驼。1949年后，响应政府号召，积极参加扫盲学习，很快就达到能够读报的程度。1953年，带头组建农业互助组；1954年，组建初级农业社，任社主任。1955年，加入中国共产党。1956年，初级社转高级社，仍为主任。1958年公社化后，任响水大队党支部书记。根据响水人多耕地少的情况，积极推动扩大耕地面积，提倡科学种田，增加农业收入，改善群众生活。1954年，带头种试验田，1955年，在3.27亩的试验田里采取铺沙压碱、合理密植等措施，取得亩产小麦492公斤、回茬糜子180公斤，总产672公斤的成绩，创历史最高纪录。当年，响水大队粮食获大面积丰收，被评为全省先进生产单位，受到甘肃省人民委员会的奖励，被评为省农业劳动模范，1957年2月赴北京出席全国农业劳动模范代表大会，受到毛泽东、周恩来、陈云、邓小平、彭德怀、邓子恢等党和国家领导人的接见并合影留念。同年被选为县人民委员会委员。任职期间，带领社员在涧水儿挖泉1处,发展水地60余亩;在庙儿塌筑清水库1座,在村内建水磨3座,农林牧副各业得到迅速发展,多次受到省、地、县的表彰。

1962年逝世。

马君祯 字周臣,生于清光绪七年(1881年),响水村人。毕业于省立陆军学校,省府委任靖远县委员。数年为公务奔走于景靖两地,国民靖远县政府授"南宫初步"匾额。因凡事秉公直言,与当政不和,遂弃职还乡。景泰县成立后,被聘为参议员,并授教于碧云寺学堂,治学严谨,开一代学风。1913年,与李蓝田等人创办响水小学,为首任校长,学生遍及省内外。善诗歌,喜抚琴,懂外语,爱好广泛。景泰解放时,配合学生团书写标语欢迎解放军入景。古稀之年,供职于乡卫生所,治病救人,乡里有口皆碑。

1963年逝世。

吕济舟 生于清光绪九年(1883年),芦阳村人。光绪三十一年(1905年)清朝最后一科秀才。后考入兰州师范学校,未毕业即就职凉州镇幕,1911年就职绥靖军幕,民国初年返乡,为芦塘城隍庙私塾先生。回乡后,与王成德、李蓝田等地方士绅共同商议,申请甘肃省政府并与教育厅厅长王天柱交涉,将原芦塘营军田批为学田,租粮作为办学经费,于1915年创建靖远县第四高等小学,即以后的芦阳完小。学校筹办期间,清丈地亩,筹措资金,事无巨细,亲力亲为。

1920年末,海原大地震波及甘肃,深入调查统计芦塘城乡伤亡人数及房屋倒塌情况,上报灾情,请求救济。急公好义,不畏权势,1931年,冯建中率军扰芦塘,吕济舟不顾个人安危,勇入军营周旋,使芦塘城免遭兵祸。

1963年逝世。

王守珊 生于清光绪八年(1882年),城北墩村人。天资聪颖,从事农业生产,都是行家里手,尤其长于木匠、铁匠、皮匠等手艺。1936年,红军西路军路过景泰,曾有部分战士住在他家,他为红军支援小麦5000斤、面粉3袋。红军的一位营长付给100块大洋,王家坚辞不受,最后只收了一个借条。红军离开后,还有一名受伤战士留在他家。他白天送红军战士到野外躲避,以防被人发现(后村民将躲避红军战士的地方称为红军沟沟),晚上再接回家,一直到伤好后,由其侄送往河西。1949年后,积极投身社会主义建设,1950年,被选为劳动模范出席景泰县第一届劳模大会，又被推选参加武威专署第一届劳模大会，会议奖励新式步犁一部。1951年3月5日，出席甘肃省第一届劳模大会，受到时任省长邓宝珊在邓家花园接见，并合影留念。后一直参加生产劳动。

1964年逝世。

王庆云 生于民国十二年（1923年），城关村人，兰州大学肄业。学生时期思想进步，酷爱读书，对各种社会弊端多有不满。1949年参加中国共产党。景泰解放前夕，在地下党员尹建鼎的鼓动下，与王怀瑜、李作标组织"学生团"，积极开展活动，解除县警察队的武装，拘押旧政府县长，迎接景泰解放。之后，学生团又维护地方秩序，组建临时人民政权，敦促张钦武投降，动员群众支援解放军解放宁夏，获"解放西北纪念章"。中华人民共和国成立初期，先后在人民纺织厂、景泰县委工作。1953年，任县中副校长，并负责学校党的工作。1956年县中设党支部，任书记。次年调陇西，先后任陇西中学、红专工业大学校长。生活俭朴，乐于助人，经常用工资接济生活困难的老师和学生，深得好评。1959年被错定为"右倾分子"，1961年平反。翌年，调回景泰，仍任县中党支部书记。社教开始后，调民乐参加社教。"文化大革命"期间受到错误批斗。"文化大革命"期间逝世。

1979年平反。

李希发 字华亭，生于清光绪二十六年（1900年），大芦塘人。幼时家贫，16岁时于临夏、凉州间以赶脚搞小本经营为生。1932年，在国民党鲁大昌部因军功擢升为团长。红军北上时，奉令镇守二郎山。其间，受红军政治影响较大。红军过境后，国民党不予信任，下令整编，名义上被提升为副旅长，实夺其军权，遂弃军定居临洮，置田务农，并经营运输。1942年冬，甘南农民起义爆发，起义军骨干多为昔日部下，国民党寻隙将其拘捕关押（后保释）。1945年，中国共产党在陇右的地下组织争取其参加革命，利用他和鲁大昌的关系及其跑运输的方便，为中共地下党搞枪支弹药，为地下工作人员搞身份证、通行证，掩护地下工作人员陈志中、毛得功等开展工作。在甘南农民起义失败后，冒生命危险，在家中隐藏被国民党通缉的起义骨干和共产党员，还暗地配合共产党地下组织做临洮军政上层人士转化工作。1946年，经申请，陇右党组织吸收其为中国共产党党员。中华人民共和国成立后，在街道支部参加组织生活。土地改革时，因家庭定为地主成分，自行退党。人民政府以其曾对革命有过一定贡献，在政治上、生活上均给予关怀和照顾。

1971年逝世。

卢有忠 生于清光绪二十八年（1902年），东风村人。1916年毕业于靖远县第四高小（即大芦塘高级小学）。后拜常生窑名师刘渊如门下读书，肄业后，留常生窑任教数年。1936年回乡，在小芦塘小学任教3年。后因父亲去世，遂回家务农。因知书识礼，又热心公益，经常在麦窝、小芦塘等地协助地方解决民间纠纷，为乡邻料理婚丧事宜。土地改革中，被选为乡调解委员，后一直任调解主任一职。工作认真负责，依法办事。多次出席县、地有关调解工作会议。1958年，被定西地区评为"调解模范"出席省司法先进工作者会，受到表彰奖励。土改结束后，在本村任民办教师5年，其间热心扫盲活动。1954年被选为扫盲积极分子，受到县委、县政府的奖励。1952年始，带领群众在殷家台开山挖渠、垒石架槽，历时一年多时间完成一座小型水利工程，开山造田40余亩。又在下车木峡打天车建引水坝（俗称压张口，即引黄河水的进水口），发展水地400余亩。1954年，带领群众在上述两地植枣树1000余株、梨树200余株、其他树种7000多株。在造林工作中，既重视栽植，更重视管护，多次受到县上的表扬奖励。1956年，被选为乡造林委员，1957年，出席定西专区在安家坡召开的林业技术推广经验交流会，并作技术介绍。1958年，出席省造林大会，被评为造林模范，受到奖励。

1975年逝世。

李焕堂 生于清宣统三年（1911年），芳草村人。在芳草私塾读书4年余。民国时任村甲长等职。1941年，与地方贤达共同出资出力创建芳草村初级小学，被聘为校董。1949年后，曾任一条山乡、兴泉乡副乡长，1950年，担任芳草村农会主任；1953年，武威地区在芳草村试点，成立全地区最早的农业生产互助组——李焕堂互助组，任组长；互助组生产效益明显高于单干户。秋后，上级安排赴武威地委党校学习三个多月。1954年秋，县委以焕堂互助组为基础，试办初级农业生产合作社，李焕堂任社长，为景泰县最早的农业社之一。在互助组、农业社期间，带领群众开垦荒地，铺压砂田，不断扩大耕地面积，植树造林，绿化家园。尤其是在白石头拉牌沙河，积极参与一条山、芳草两村的群众打串井，引自流泉一股，并于芳草上尖子筑成新涝坝，水浇田增加400

多亩。由于工作中成绩突出，多次受到地、县政府的嘉奖表彰。1958年，驻马昌山5年多，农牧业生产之余，阅读相关书籍，观察气候变化，积累了丰富的气象、物候预测经验，景泰气象站建立伊始，聘为顾问。第三、第四届景泰县人民代表大会代表，第三届人大常委会委员。

1983年11月逝世。

张学诚 生于民国二十年（1931年），席滩村人。1949年春，在芦校读书时被国民党征兵。同年9月，在酒泉随军起义，参加人民解放军，西进新疆。1953年加入中国共产党。在部队工作35年，历任连队文书、政治指导员、教导员、团政治处主任、政治委员、师政治部副主任。谦虚谨慎，作风正派，诚实正直，廉洁奉公。先后立二等功2次、三等功1次，多次受到上级嘉奖和表扬。

1984年逝世。

马雄天 原名振英，生于清宣统三年（1911年），芦阳村人。1932年1月毕业于甘肃省立第一师范，曾任芦阳小学教务主任、校长。任教期间，在芦小附近设师资培训班，为全县培养小学教师。1945年，任景泰一中前身——景泰简易师范校长，为修建校舍、筹备教学设施做了大量工作。曾任景泰县参议员、国民党景泰县党部书记长、胡宗南部整编骑一旅政工处处长（上校）。1949年9月，受解放军十九兵团六十三军八师师部委托，促成国民党骑一旅旅长张钦武投诚，受到西北野战军司令员彭德怀的接见。中华人民共和国成立后，退居田园。镇反运动中被错判劳改，1960年刑满，就业于新疆生产建设兵团农七师，曾在129团十三中学、奎屯市五中任教。文学功底深厚，博闻强识，为首届《景泰县志》的编纂提供了大量资料。爱好书法，造诣较深。

1990年逝世。

高陇生 原名钟，生于清宣统三年（1911年），城关村人。1932年毕业于甘肃第一中学。次年任靖远县第四高等小学英语教师。后因与校长不睦，被解职。1937年抗日战争爆发，是年冬，得知景泰旅兰学生卢渊安等回县组织"甘肃青年抗战团景泰分团"，立即响应参加，积极宣传抗日，排演抗日话剧，激发民众抗日情绪。1938年，加入中国共产党。是年8月，被驻景马步青军逮捕，备受非刑，虽被打落门牙三颗，打断肋骨三条，犹大义凛然，呵斥不已。后经地方进步人士电请马军上级（驻永登）查处。军方为免事态扩大，派员来景泰调处，得以获释。事件结束后，赴兰州，经八路军兰州办事处安排，送往延安，入军医院调养。病愈后进抗大军事学院学习。1941年后，任三八五旅教育干事、特务连指导员等职。1942—1946年，先后参加延安整风、进中央党校学习。其间，曾在延安保卫团政治部工作。1946年秋，调往东北参加土地改革，任工作团分团长和黑龙江省宝庆县工作团副团长、县委常委。后任吉林省双阳县委常委，民运部、宣传部部长。1948年，任沈阳兵工厂办公室主任。1949年，任锦州铁路局政治部宣传部副部长。1953年，任承德铁路分局政治部副主任。1958年9月，被错打为反党集团成员。"文化大革命"期间又被打为叛徒，开除党籍，下放机务段当工人，任建筑段段长。1978年10月平反，恢复党籍，经中央批准享受厅局级待遇，任阜新铁路分局顾问。1982年任锦州铁路局顾问。同年年底离休。

1990年逝世。

李　果　曾名毅艇，生于清光绪二十九年（1903年），西关村人。1925年毕业于西安矿业专科学校。1926年参加中国共产党，1927年，在兰州参加反田昆山斗争中暴露身份，中共兰州地下组织转移到西安做通信工作。1928年被国民党政府以共产党嫌疑犯逮捕，送往南京老虎监狱，其间备受酷刑，脚趾全被冻掉。1929年被保释出狱，后入洛阳航校。1930年毕业。历任杨虎城部飞机场少校管理主任、陕西省测候所所长、右任中学和作秀女中校长。西安解放后，在西北局农林局任气象工程师。1957年初被错划为右派并开除公职，1958年遣送回乡管制劳动。1978年恢复工作，任芦阳中学英语教师，后调县文化馆工作。1982年离休后，曾出资在西关村一水渠上建小桥一座，还多次为学校、希望工程捐献钱物。爱好书法，长于行草，作品多次在省、市老年书画展展出。每年春节前夕为群众义务书写春联。1988年获全省老有所为精英奖，在北京受到党和国家领导人的接见。著有《气象研究集》《西北气候概况》等。

1993年12月逝世。

徐　勤　生于民国十二年（1923年），一条山村人。中共党员。1950年毕业于兰州革命大学，受龚大绥校长的聘请，到景泰中学任教。为人风趣幽默，和蔼可亲，任教期间，讲授有新思想内容的政治课，积极开展宣传教育工作，并倡导组建了新民主主义青年团组织，是共青团组织在景泰中学的首创者、领导者，1950年发展第一批学生团员。在他主持景泰中学团组织工作期间，多次组织学生上街游行，张贴标语，散发传单，向群众广泛宣传党的政策。组织学生深入到农户家中，帮助群众订立爱国公约。并积极配合公安、司法部门，站岗放哨，维护社会秩序，维护人民政权。1952年任景泰县教育科科长。1955年调至渭源工作。1962年春任景泰一中总务主任。1963年，任芦阳完小校长兼芦阳学区校长。"文化大革命"期间被批斗，监管达3年之久。1978年平反，历任景泰一中革委会主任、校长、党支部书记。其间，同安寅副校长等领导同志冲破阻力，排除干扰，平反冤假错案，妥善安置被平反的教职工。恢复整顿学校的教育教学工作。1982年，任县二中党支部书记。

2000年逝世。

李有仁 生于民国二十四年（1935年），芳草村人。初中文化。1952年参加工作，1954年加入中国共产党，历任共青团景泰县第三届委员会书记，正路、中泉公社党委副书记，寺滩公社党委书记，县委农村工作部、组织部部长，县第八、第九届人大常委会副主任。1957年，以县优秀青年代表身份，在兰州受到时任中共中央总书记邓小平的接见。1959年任正路公社党委书记，在干旱山区因地制宜，带领农民铺压砂地，使正路的砂田建设走在全县的前列，农民的缺粮问题得到缓解。"文化大革命"期间被审查改造。1973年4月，任中泉公社党委副书记，为中泉电力提灌工程建设，奔波在修渠、架线、平地的第一线。后任寺滩公社党委书记，与搬迁景电一期灌区的移民修渠平田，同甘共苦。1980年，担任县委农村工作部部长，深入实际调查研究，先后写出了10余篇调查报告，为县委、县政府加速农业发展决策提供了依据。在任组织部部长期间，为县委选拔和培养干部提出正确的建议。

2000年1月逝世。

李树桂 生于民国七年（1918年），芳草村人。小学文化程度。1952年12月加入中国共产党。1955—1959年，任芳草初级合作社党支部书记、芳草大队党支部书记；1960年任芦阳公社党委委员兼芦阳大队党支部书记。1962—1979年，任县良种繁殖场党支部书记、场长。

中华人民共和国成立后，积极发动群众积极参加农业合作社，发展农业生产。1957年，组织全村村民修建新涝坝，将洪家涝坝的水合并到新涝坝中，疏通下涝坝的地下渠道；在村子前后的北头梁、孙家梁、杏树沟沟、台子梁等处开挖水平沟，植树造林绿化荒山。1958年大办食堂期间，腾出自家宅院供村上幼儿园使用；1959年，组织村民在青崖村开挖石膏，增加社员收入。

在繁殖场工作期间，对条件差、家庭困难的职工，给予无微不至的关怀，尤其关心年轻职工成长，帮助其成家。多年春节期间，自己留守单位值班、放羊，让职工回家团聚。"文化大革命"期间，对安排到繁殖场"劳动改造"的干部，尽其所能给予政治上保护和生活上照顾；曾挺身力劝"红卫兵"针对繁殖场所在地双龙寺文物古迹的破"四旧"活动，使双龙寺古迹免遭破坏。一生乐善好施，热心公益事业。20世纪70年代起，用自己的工资每年为芳草小学捐资助学，并为村里70岁以上孤寡及困难老人资助衣物、现金。退休后用退休金为村上修建老年活动室；在修建芳草村到县城的道路时，以80岁高龄亲临现场参与协调指导。

2000年5月逝世。

王　社　生于1955年，城北墩村人。高中文化，中共党员，曾任村党支部书记，城北墩水泥厂厂长，西北方水泥有限责任公司总经理，第十一、第十二届县人大代表，第十一届县人大常委会委员。热心公益，乐于奉献，先后被评为乡镇企业先进工作者，芦阳镇优秀共产党员，县先进工作者。1992年获甘肃省乡镇企业家称号。1993年被评为市先进工作者。1994年被评为全省优秀农民企业家。1998投资120万元重建城北墩小学，《人民日报》对其事迹进行了报道。1999年省委、省政府授予劳动模范称号。2000年获全国劳动模范称号，赴北京出席了表彰大会。

2000年9月遭绑架遇害。

王积印　字心如，生于民国八年（1919年），城北墩村人。1936年考入省立兰州农校，后转酒泉政治分校。1942年考入西北师范学院。曾参与创办《景泰通讯》，针砭时弊。1945年，与金滕、郝璘以共产党嫌疑被捕，在同学同乡大力营救下，得以保释。1946年毕业，历任景泰简易师范教务主任、县教育科科长。1949年秋，在中共地下工作者尹建鼎的影响下，与王怀瑜、王庆云等秘密组建学生团，景泰解放前夕，说服警佐欧贺元和县自卫队武器保管员安永春向解放军缴械。景泰县人民政府成立后，任三科科长。1949年10月，建议县委、县政府将简易师范改制为中学，并与芦阳完小互调校址，扩大招生，为景泰基础教育的进一步发展创造了条件。1950年，被选为景泰县和甘肃省第一届人民代表大会代表。1951年秋，调武威专区干校学习。1952年春，被错误遣送回乡。1956年秋平反，调县中任教。1957年错划为"右派"，开除公职，交生产队管制劳动。1978年平反，任教县二中，获白银市"为振兴中华作出贡献"先进个人称号。1981年退休（后改离休，享受副县级待遇），先后应聘县一中、教师进修学校、条山农场中学代课。1992年被评为市先进离退休教育工作者。首届《景泰县志》编辑。关心教育，多次为城北墩小学捐资，被聘为名誉校长。

2001年1月逝世。

龚大绥 字军儒，生于民国九年（1920年），城北墩村人。高级讲师。1947年毕业于西北师范学院。就读时，与王积印、金滕、郝璘并称"景泰四大学士"，在兰州共同创办《景泰通讯》，发表文章针砭时弊。毕业后，在景泰简易师范任教，1948年任教务主任。1949年8月参加学生团，积极参与争取景泰和平解放的工作。中华人民共和国成立后，任景泰初级中学校长。1950—1951年在西北大学学习（调干）。1957年被错划为"右派"，降职留用。1958年调兰州二十六中任教，1961年调景泰中学。"文化大革命"期间被错误处理回家，劳动改造；1978年平反，调县一中，任校长，后调县二中任教，1979年秋任县二中校长。治学严谨，团结同仁，爱护学生，德高望重。为景泰教育事业做出显著成绩。1979年10月5日《甘肃日报》以《壮心不已——记景泰二中校长龚大绥》为题进行报道，并载入《甘肃名人录》。1980年加入中国共产党。1982年出席甘肃省第六次党代会代表。1984年离休，副县级待遇。

2001年10月逝世。

张承宗 生于民国二十三年（1934年），东关村人。中共党员，特级教师。1951年参加中国人民志愿军。1957年转业，任教芦阳完小。是年秋赴西北师范大学数学系深造，1960年毕业。先后为县一中教师、芦阳中学校长。1982年任县一中校长。1983年任县文教局局长。1987年复任县一中校长。先后在国家、省级刊物发表论文数篇。1989年被选为市人大代表。1991年被省委、省政府授予优秀校长称号，县一中被白银市树立为"窗口学校"。在文教局工作期间，深入教学第一线，调查研究，抓管理，抓教改，争取教育投资，改善了办学条件。

工作富有魄力，有胆有识，言行一致，身体力行。为景泰教育倾心竭力40年，教学勤于探索，孜孜不倦，效果显著，升学率高，颇受师生称赞。1995年退休，副县级待遇。

2001年10月逝世。

高振桢 字梓材，生于民国六年（1917年），城关村人。毕业于河南大学医学院。抗战爆发后，奔赴西北参加抗日，被编入西安国民党军政部第101后方医院，后调兵站医院，任上尉军医。因不满国民党当局，离开兵站医院至一条山盐务局，创办卫生所，为盐工和周围群众治病疗伤。温良和善，平易近人，医术精湛，有口皆碑。1941年调入景泰县卫生院工作，曾任县医院院长。

2003年逝世。

吴应昌 生于民国二十五年（1936年），芦阳村人。1957年毕业于兰州一中，同年加入中国共产党。1961年毕业于西北师范大学物理学系，任教于景泰一中。历任教导主任、校长。1987年任县职业技术学校党支部书记，1991年任县二中校长，1993年任县教育局督学。以兴教为己任，以校为家，为教育事业和学校的持续发展贡献毕生精力和心血。1996年退休。

2009年逝世。

杨生伟 生于民国十七年（1928年），一条山村人。初中文化，中共党员。1951年参加工作，在一条山小学任教，1952年1月至1980年8月，历任一条山乡乡长，景泰县基建科科长，皋兰县农业科科长，中泉公社党委书记，景泰县副县长、县生产指挥部副主任，县委副书记。1980年8月至1984年1月，先后任县人大常委会主任、县政协主席；1985年，任县委顾问。1988年9月退休。甘肃省第五届人大代表。

在中泉公社任职期间，深入基层，了解民情，忠实执行国家政策，坚持实事求是，切实解决群众的实际困难和存在的问题。担任副县长和生产指挥部副主任期间，注重深入工作现场调查研究，获取第一手资料。尤其深入景电一期灌区建设的第一线，在平田整地、渠道衬砌、道路修整、植树造林的工作现场，及时发现问题，及时解决问题。下乡期间，头戴草帽，脚踏布鞋，始终和干部群众打成一片，有力推动相关工作的顺利完成。在县委任职期间，严以律己，把握原则，公道正派，尽职尽责。在任县人大常委会主任、县政协主席、县委顾问的8年中，以县情民情为出发点，为促进全县政治、经济和各项社会事业的发展而积极建言献策，尽心竭力。退休后，注重学习研究，关心时事政治，严格要求子女，乐于帮助有困难群众解决实际问题，在全县干部群众中具有很高的威望。

2011年逝世。

王作信　生于民国十二年（1923年），红光村人，小学文化，中共党员。1960年参加工作。历任芦阳高级社社长，芦阳大队党支部书记、管委会大队长，芳草大队党支部书记，芦阳公社党委副书记、管委会（革委会）副主任、主任，中共景泰县委委员。

在任公社管委会主任期间，主要分管农业工作，主抓景电一期灌区总一支、三支、五支、西三支、六支灌溉。长年吃住在三支渠所在的县繁殖场驻地，骑自行车深入田间地头，协调水管所调节水量。1973年6月，总五支下地槽段渠道被冲垮，他冒雨连夜骑车赶往现场指挥抢修，保证了芦阳、席滩、一条山等9个大队夏田灌溉。1974年5月，总三支繁殖场段倒虹吸管道堵塞，影响到下游芦阳、城关等5个大队8000亩夏粮灌溉，他蹲守现场四天三夜，指挥清理管道，因劳累过度，加之胃病复发，昏倒在工地；社员们用自行车把他送到公社卫生院治疗。为推行河水井水混合灌溉，他动员群众打井抗旱，仅芦阳、东关、城关3个大队打井18眼。针对砂田耕作的需求，他与农机人员设计一种由拖拉机牵引的砂地耙，每天可耖砂地60~80亩。他带领群众在渠道衬砌、优良品种推广、植树造林等方面所取得的成绩，得到县委、县政府高度认可，多次以现场会的形式向全县推广。

清廉为政，严以律己，生活上坚决不多吃多占。下队时，他一般都是自带干馒头，不轻易在社员家吃饭。但凡在社员家吃饭，一定按规定交清伙食费。1978年12月，公社为他评了100元福利费，买了一辆红旗牌自行车，他坚辞不领，把自行车让给另一位老干部。

由于一贯深入群众，务实认真，熟悉全公社的社情、村情，干部群众对其工作作风无不交口称赞，被时任县委书记杨作良评价为"芦阳公社的活地图"。

2014年10月逝世。

常正贵　生于民国三十一年（1942年），芦阳村人。中共党员，高级教师。

1955年毕业兰州师范，分配兰州七中任团委书记。1960年入兰州大学汉语言文学系深造，毕业后分配兰州十四中，曾被评为兰州市先进个人，1965年调省教育厅教学研究视导室，被评为五好个人。1970年12月调省农宣队，任县下乡工作组组长。1971年8月调任芦阳中学革委会副主任。1979年调入景泰一中，正值高考恢复，编写《辩证唯物主义常识复习思考与题解》一书，深受师生好评，被评为县先进工作者。1985年调一条山镇中学，任教导主任。1987年调县教师进修学校任校长。1991年获省优秀教师称号，1993年调县职中任党支部书记。工作勤勉扎实，任劳任怨，宽厚豁达，乐于助人。1996年退休。

出版《十二生肖新春联》《正贵诗词集》，获中华诗词发展杰出贡献奖；被中国书法家协会授予中国老年书画家、华夏实力派书画家等称号，书法作品多次获奖。

2014年11月逝世。

谈嘉言 生于民国二十二年（1933年），东风村人。初中文化，中共党员。1951年参加工作，历任景泰县建设科、水利科科长，皋兰县人委办公室主任，红水公社主任，景泰县人委办公室主任，县水电局局长，县农机厂革委会副主任，县政府副县长，景电二期工程景泰指挥部指挥，县委常委、常务副县长，县委副书记，人大常委会主任。1994年退休。在乡镇工作期间，深入基层，注重民情。曾先后三次任职于县水电局，参与景泰水电事业发展。工作能力强，调入县农机厂，仅一年即扭亏为盈。在景泰指挥部任职三年，兴修水利，电灌打井，解决上沙沃农田打井灌溉的困难。在县委、县政府工作期间，在干部任用上，注重提拔重用德才兼备的年轻干部。在人大常委会工作期间，注重调查研究，认真听取群众意见，充分发挥人大常委会监督职能。退休后，始终关注景泰的经济发展，曾撰写景泰水利电力建设事业回忆录和关于黑山峡建成后发展的建议书。

2016年5月逝世。

安　寅 生于民国二十一年（1932年），东关村人。中共党员，高级教师。1949年参加工作，历任芦阳完小教导主任，五佛、中泉中心小学校长。1956年入西北师范大学中文系进修，1960年分配省教育厅选编教材。1962年调景泰一中任教。"文化大革命"期间调县委宣传部工作，1980年7月调景泰一中，历任教导主任、副校长、校长。1983年3月调景泰二中，历任副校长、党支部书记、纪检员。1984年获武威地委知识分子代表大会先进个人称号，1986年获景泰县委优秀共产党员称号，1990年获白银市廉洁奉公好党员好干部称号。系省教育厅教研室教研员，任《十年制中学语文第一年册教学参考书》编写组长，由甘肃人民出版社出版。论文《〈鱼我所欲也〉一文的逻辑分析》发表于《教研通讯》。1992年退休。参与《景泰民俗》等书的编写，系《景泰一中校史》顾问。生活俭朴，平易近人，坚持原则，敬业爱岗，以兴教为己任，为景泰教育事业贡献毕生精力。1994年获市离退休先进教育工作者称号。

2017年1月逝世。

王治国 生于民国十八年（1929年），东关村人。中师文化，中共党员。1949年参加革命，景泰学生团成员之一。历任景泰县建设科副科长，工交科科长，文教局局长，正路、五佛公社党委书记，1978年任县革委会副主任，1980年任县人大常委会副主任，1984年后任县政协副主席、主席。在正路公社任职期间，足迹遍及正路的山水沟岔，既能从实际出发，体贴百姓疾苦，又能动员群众，努力完成公购粮任务。在五佛公社，认真解决群众的生活问题，因地制宜，率先带领群众搞腐殖酸铵、带状种植试验田以提高粮食单产，并在全县推广。在县人大和政协任职期间，为景泰的发展建言献策，经常深入基层、偏远山区、景电灌区，注重调查研究，坚持实事求是，认真做事，获全国政协清廉干部称号。离休后曾担任县老年书画协会名誉主席，先后向相关上级部门撰写提交《为制定甘肃省十二五规划建议》《中华之最景电工程绽放多元文明》《为打造甘肃品牌文化献策》等建议书，参与主编首届《景泰县志》。临终时，向县委呈送《祁连山生态保护建议书》。

2018年10月逝世。

马如勋 生于民国二十八年（1939年），响水村人。高中文化，中共党员。1961年高中毕业，回家参加生产劳动。1975年被聘为民办教师，从事教育20多年，教学认真，执教有方，尤以化学成绩在全县历届毕业会考中名列前茅，多次获市县化学优质课竞赛奖，并获第三届全国初中奥林匹克化学竞赛优秀指导奖。在任草窝滩中学主任、校长期间，带领全校师生脱土坯，修院墙，挖水窖，平整校园，开垦校办农场，种花植树，勤工俭学，减支创收，在政府的支持和社会各界相助下，率先建成两座教学大楼，重建校门，扩建学生宿舍和教工家属院。为提高教学质量和升学率，制订一系列切实可行的制度措施，初中会考在全县的名次逐年递增。学校先后被评为市德育工作先进集体、示范化学校。1988年获市园丁奖，1992年获省园丁奖，1995年获全国优秀教师称号，1997年被市委评为优秀共产党员；中共景泰县第九、十次代表大会代表。1998年退休。

2018年逝世。

郝天魁 生于民国二十三年（1934年），响水村人。高中毕业于景泰一中，先后在景泰县委和武威地区干校工作。大学毕业于中国人民大学政治学系。中共党员。历任甘肃工业大学政治理论部副主任、干训部副主任；西北民族政法教研室主任。西北民族学院管理科学系教授。曾任全国学习科学理事等社会职务。从事教育事业近半个世纪，大学执教40年。1984—1985年，任《少年文史报》专栏作家，撰写人物事件百余篇。著有《科学巨匠的光辉》。参与主编《公务是制度基础》《中国行政管理学》等图书，获省民委和国家科研奖。享受国务院政府特殊津贴。

关心家乡的社会进步和文化、教育事业的发展。尤其注重芦阳文化的整理与发掘。20世纪80年代开始，多次回到家乡，经过反复调查、采访和考证，历时近20年，完成一部研究芦阳地区历史文化、经济社会的重要著作《芦阳回忆录》。80年代中期，出资在东关村兴办银龙建材新型石膏板厂，被县政府聘为县经济顾问。90年代，深入芦阳镇和草窝滩镇，调查研究土壤状况，帮助盐碱区村民引进枸杞种植，探索脱贫致富新路。

2004年6月，参与组织策划母校响水小学成立90周年校庆事宜，在家乡逗留多日，带头捐款捐物，为学校置办办公用品，向学生赠送学习用品，并在庆典活动上发表热情洋溢的讲话，表达对家乡和家乡人民深深的爱和祝福。

2013年，受聘为《芦阳镇志》名誉顾问，专程从兰州赶到芦阳，为镇志的编写工作出谋划策，同时就芦阳历史文化作专题讲座，并向农家书屋捐赠图书。

虽然离开家乡逾半个世纪，但一直关注家乡的发展，为家乡的文化经济建设倾注大量心血，深受家乡人民敬重。

2020年逝世。

第二节　明清时期芦塘营游击、千总

一、游击

杨　隆　生卒年不详。宁夏人。明时由行伍升任芦塘营游击，系籍靖远。为人谦恭善下。

赵光大　生卒年不详。字容洲，明时曾任芦塘营游击。

五尔德布　生卒年不详。正白旗满洲护军参领拣发，乾隆三十六年（1771年）任芦塘营游击。

色布星额　生卒年不详。镶蓝旗满洲，由恩骑尉世职荐升，乾隆五十八年（1793年）任芦塘营游击。

郭宁邦　生卒年不详。西宁县人。由行伍荐升，嘉庆二年（1797年）任芦塘营游击。

富珠隆额　生卒年不详。镶红旗蒙古，由骁骑校荐升，嘉庆三年（1798年）任芦塘营游击。

马国泰　生卒年不详。武威县（今凉州区）人。由行伍荐升，嘉庆五年（1800年）任芦塘营游击。

马天麟　生卒年不详。固原州人，行伍出身，嘉庆六年（1801年）任芦塘营游击。

安　庆　生卒年不详。镶蓝旗满洲，嘉庆十四年（1809年）任芦塘营游击。

李白玉　生卒年不详。直隶城县人。壬戌武状元，嘉庆二十二年（1817年）任芦塘营游击。

陈大荣　生卒年不详。湖北人。道光五年（1825年）任芦塘营游击。

雷捷凯　生卒年不详。湖北黄陂县人。武进士，道光十三年（1833年）由芦塘营游击调护副将。

杨作舟　生卒年不详。陕西华阴武举。道光十六年（1836年）任芦塘营游击。

徐　仲　生卒年不详。镶白旗汉军分管下人，武进士，道光二十年（1840年）任芦塘营游击。

马辅相　生卒年不详。固原州人。道光二十二年（1842年）任芦塘营游击。

牟成烈　生卒年不详。皋兰县人。道光二十三年（1843年）任芦塘营游击。

史　诚　生卒年不详。皋兰县人。道光二十三年（1843年）任芦塘营游击。

龙在田　生卒年不详。湖南湘乡人。光绪元年（1875年）任芦塘营游击。

余占鳌　生卒年不详。四川江津人。光绪三年（1877年）任芦塘营游击。

沈贵祥　生卒年不详。四川江津人。光绪三年（1877年）任芦塘营游击。

陈　钰　生卒年不详。汉军镶黄旗人，光绪四年（1878年）任芦塘营游击。

徐庆云　生卒年不详。安徽潜山人。光绪十二年（1886年）任芦塘营游击。

余升科　生卒年不详。湖北咸宁人。光绪二十四年（1898年）任芦塘营游击。

唐连升　生卒年不详。湖北江夏人。光绪二十七年（1901年）任芦塘营游击。

徐得元　生卒年不详。陕西长安人。光绪二十八年（1902年）任芦塘营游击。

黎锦春　生卒年不详。湖南湘乡人。光绪二十八年（1902年）任芦塘营游击。

钱宝林　生卒年不详。安徽人。光绪三十年（1904年）任芦塘营游击。

二、千总

赵国斌　生卒年不详。宁夏县人。行伍，乾隆四十五年（1780年）任芦塘营千总。

张　升　生卒年不详。固原州人。行伍，乾隆四十七年（1782年）任芦塘营千总。

马伏世　生卒年不详。固原州人。行伍，乾隆五十五年（1790年）任芦塘营千总。

许　得　生卒年不详。陕西长安县人。行伍，乾隆五十九年（1794年）任芦塘营千总。

张　钰　生卒年不详。固原州人。荫袭，嘉庆五年（1800年）任芦塘营千总。

马天麟　生卒年不详。固原州人。行伍，嘉庆六年（1801年）任芦塘营千总。

刘　祥　生卒年不详。静宁州人。行伍，嘉庆七年（1802年）任芦塘营千总。

仇怀瑾　生卒年不详。靖远县人。武举，嘉庆二十五年（1820年）任芦塘营千总。

刘凤翮　生卒年不详。靖远县人。行伍，道光五年（1825年）任芦塘营千总。

王　贵　生卒年不详。陕西宁陕厅人。行伍，道光六年（1826年）任芦塘营千总。

第三节　先进模范人物

杨凤朝　1918年生，响水村人。中共党员。担任二十多年生产队长。20世纪50—70年代，为提高粮食产量，与县科委刘在忠等人成功培育出"三八红旗头""甘麦64号""响水2号"等小麦品种。曾成功研发颗粒肥料。其事迹曾被《甘肃日报》头版刊登，多次被省委、省政府表彰为农民科技工作者。1978年1月，赴兰州参加甘肃省第一届科学技术大会，被授予"科学发明者"称号。1998年4月逝世。

张述敏　1932年生，东关村人。中共党员。1949年被国民党抓壮丁，同年9月，在酒泉随军起义，参加中国人民解放军，入新疆，先后立二等功3次，三等功2次。1957年复员，任东关大队民兵连长。1960年选为县、省先进民兵，当年5月，出席全国民兵代表大会，奖励五六式半自动步枪一支。1962年任芦阳公社武装连连长，曾获省军区五好民兵称号。1963—1965年任东关大队主任，第三、四届县人大代表。

罗光荣 1936年生。芳草村人，小学文化程度。1958年参加工作，中共党员。先后在兰州铁路局工程处七段、白银西电务段任通信工、工长。1977年评为"甘肃省劳动模范"1978年评选为"甘肃省工业学大庆先进个人"，1982年被评选为"铁道部劳动模范"，同年，评选为"兰州铁路分局劳动模范"。

吕　俊 1936年生，芦阳村人。中专文化，中共党员。1955年参加工作，历任县广播站、芦阳放大站站长，芦阳机站党支部书记、站长。1980年芦阳机站被评为全国农机管理使用先进单位，受到国务院领导接见。1982年评为"甘肃省先进工作者"，出席省劳模大会。1985年获以"甘肃省先进农机工作者"称号。

罗振荣 1939年生，城北村人。小学文化，中共党员。1959年参加中国人民解放军，1970年转业，曾在省水电设计院、景电水管处任驾驶员，多次被评为优秀党员。1980年被水利部评为"安全生产先进工作者"。

路秀英 女，1939年生，城关村人。初中文化，中共党员。历任大队革委会主任、大队长、村委会主任兼村妇联主任。多次被县、市、省评为先进个人。1979年获省妇联"三八红旗手"、1983年获全国妇联"三八红旗手"称号。第六、第七届省人大代表，省第七届妇代会代表。

雷百庆 1939年生，城关村人。大学文化，中共党员。1959年参加工作，历任县职中校长，县教育教学研究室主任、文教局党总支书记、副局长，市政府督学。曾获省园丁奖。1993年获全国扫盲先进个人奖。1995年获教育部、人事部全国优秀工作者称号。2001年被评为全国两基工作先进工作者。

王英杰 1940年生，芦阳村人。中共党员。先后在芦阳学区、县一中、二中任教。《中国少年报》《中国儿童报》《农村孩子报》通讯员。曾被《人民日报》《解放军报》评为优秀通讯员，两次进京参加通讯工作会。曾获中国教育学会中学语文教学研究《实验研究》二等奖。1986年获省少工委"最佳指导者"奖。

王惠云 女，1942年生，芦阳村人。中专文化。1963年参加工作，1984年任县妇幼保健站站长。市第二届、省第八届妇代会代表。1995年获人事部、卫生部、国家中医药管理局"全国卫生系统先进工作者"称号。

李光武 1946年生，城北村人。西安市第七中学毕业，中共党员。历任城关小学教导主任、校长，县一中后勤主任。在多年小学教学中积累了丰富的教学和学校管理经验，教学质量高，学生合格率、及格率多年都在90%以上。1984年，被评为省、全国优秀班主任，获金质奖章。甘报以《儿童的贴心人》为题载文报道。县政协第一届委员，市政协第一届委员。

马玉芳 女，东乡族，1949年生，一条山村人。中共党员。历任一条山村妇女主任、支部书记、总支书记。1988年，被评为白银市先进生产者；1992年，被省政府评为"甘肃省民族团结进步先进个人"；1993年，被省委、省政府、省军区授予"甘肃省学雷锋活动先进个人"称号；1995年，被省关工委授予"全省关心下一代工作先进个人"称号；1996年，获"全国双学双比先进女能手""全省双学双比先进女能手"称号及全国"三八红旗手"称号。1998年，被国家民委、甘肃省政府授予"民族团结进步模范"称号。2001年，被市委评为"优秀共产党员"。中共芦阳镇第七至第十、第十二、第十五、第十六次党代会代表，中共景泰县第六、第七、第八、第十次党代会代表，中共白银市第五、第六、第八次党代会代表。芦阳镇第十二、第十五、第十九届人民代表大会代表，景泰县第十至第十三、第十五、第十六届人民代表大会代表。

戴兆胜 1956年生，芦阳村人。1983年从事个体服务业。1986年12月4日，出席全国个体劳动者第一次代表大会，受到党和国家领导人及有关部门领导的接见。1988年，出席省个体劳动者第二次代表大会。1998年荣获省、县地税局"先进纳税个体工商者"称号，同年9月，出席省个体劳动者协会第四次代表大会。

寇永玲 女，1959年生，芦阳村人。芦阳小学毕业，中共党员。1974年入职县邮电局，多次被省邮电管理局评为先进个人。1982年省政府授予"省劳动模范"称号。同年5月，邮电部、邮电工会发奖状表扬。1983年省妇联授予"三八红旗手"称号。

王芬建 女，1960年生，城北村人。大专学历，中共党员。1982年参加工作，曾任县委老干局纪检员。曾被白银市、甘肃省分别评为老年体育先进工作者，并被全国老年体协、中华老年报社评为全国老年体育先进工作者、全国健身秧歌三等奖。

刘永祥　1962年生，一条山村人。初中文化。1987年创办青年养殖场，任主任，为农村养殖业提供大量的改良商品猪，引导农户用科学手段发展养殖业，带动贫困户脱贫致富。1983年被团中央和农业部评为全国农村青年科技示范户标兵。1989年被团省委、省农委评为"全省农村青年十大标兵"、"甘肃省新长征突击手"。1990年被团省委、省科委评为"青年星火带头人"。

王俪颖　女，1985年生，一条山村人。高中文化。2010年嫁入十里村，2017年任村妇联副主任，2018年获市第三届文明家庭、省文明家庭称号，2020年获市"第五届孝老爱亲道德模范""全国孝老爱老助老模范人物"称号，2021年获市"第五届道德模范"称号。第十七届县人大代表。

第四节　知名历史人物

祁冲汉　生卒年不详。小芦塘人，十八家兵户之一。清顺治乙未科（1655年）武进士，威武神勇，身先士卒，军功卓著，曾被擢升为山东任城守卫备。

卢应奎　生卒年不详。小芦塘人，景泰卢氏三祖，因出口外或回原籍途中入伍，战功卓著，曾任陕西榆林镇孤山堡都司。

李继颜　生于清乾隆五十七年（1792年），芳草村人。国子监太学生，清朝嘉庆皇帝时封为文林郎、进士及第，员缺即补，食禄加四级。光绪十六年（1890年），因教育培养其孙子、清建威将军李宗经有功，被诰封"建威将军"。嘉庆年间，随父李泗德定居芳草，开发水源，发展耕地。为防止贼匪侵扰，斥资建筑芳草堡子。为人大度，乐善好施。咸丰八年（1858年）逝世。

戴伯铭　名好智，生于清光绪四年（1878年），芦阳村人。1912年供职甘肃省政府，曾被靖远县推选为国民政府众议院候选人。长于书法绘画，兰州五泉山、白塔山等名胜有其书法匾额。兰州黄河铁桥原"黄河第一桥"五字即出自其手。1914年，首倡并联合吕济舟等地方志士仁人上书，将芦阳军营多余军田纳入学田。民国八年（1919年）逝世。

唐吉武 字毅如，生于清光绪八年（1882年），原籍湖南省新化县。光绪二十八年（1902年）毕业于长沙师范。民国八年（1919年）在国民甘肃省政府工作。后辞官从教，先后在省立兰州中学、兰州师范、女子师范学校从事音乐和数学教学工作。长于乐理，有"唐乐歌"之称。1935年受其学生、时任景泰县县长高勤修（民盟会员）之邀，到芦阳办学并定居。1946年出任景泰简师校长。长于针灸，经常无偿为师生及群众治病。待人平易，扶助贫困，人们多以"唐爷爷"称之。1949年后，曾为县人民代表。1952年，在芦阳开办中医联合诊所，1956年公私合营，并入县医院，自此县医院设中医科，他将药品、设施无偿投入医院并一直工作至退休。1956年被聘为省文史馆馆员。1964年逝世。

戴寿山 名好仁，生于清光绪十五年（1889年），芦阳村人。曾任芦阳民团团长。1929年大旱，首倡开义仓借粮于民，遭地方官僚豪绅反对，毅然挺身而出，打开官府和富人粮仓。1930年在兰州受害身亡。灵柩回乡时，芦阳民众自备孝衣，在十里沙河跪迎。开吊之日，四乡百姓前来吊唁，葬柩时，众多青壮年自发背土添坟。

卢守泉 字醴臣，生于清光绪二十一年（1895年），响水村人。清朝武举，朝廷赐"恩荣仗国"匾额。多才多艺，扎竹马，画脸谱，拍狮头兼武术教练，刀法精湛。精于木工，曾设计修建响水小学大门和教室。为人正派，热心公益，扶危济贫，深受村民爱戴。1999年逝世。

彭文焕 字子明，生于清光绪二十二年（1896年），响水村人。念过私塾。曾任响水小学校董，筹集资金办学，热心公益事业。多次承办乌龙山"三月三"祖师庙会，调解民间纠纷，说合青年婚姻，协办红白大事，纾解乡亲难题。经常给人无偿医治常见病，精于"水尽法"治疗"三腺炎"之类常见病。经营小本生意，童叟无欺，现赊两便，无力偿还者也不再索要。1936年10月红军过小芦塘，接待6位战士食宿，一位因有枪伤，用"刀碱药"治愈，临行送衣裤。

孙廷魁 字少卿，生于民国二年（1913年），大芦塘人。原籍陕西。民国时期，在芦塘创办皮毛加工车间，有员工70余人。加工裘皮大衣销往四川、上海、天津、广州等地及海外。先后在兰州、西安、天津建有商号，后在祖业原有10个商号基础上，建立新商号"魁泰号"，又在景泰、古浪、靖远乃至包头等地建有多个分店、小店或购销点。热心教育事业，20世纪40年代，成立景泰简易师范时，曾出资鼎力支持。中华人民共和国成立后，出任景泰县第一任工商会会长。政协景泰县第三、第四届委员。2003年2月逝世。

张钦武 本名德成，生于民国五年（1916年），一条山村人。兰州第一师范肄业。国民党中央军校毕业。民国时期历任景泰县义勇警察大队副（上尉）、国民兵团副团长（中校）、甘肃省保安第一团团长（上校）等。1942年，捐法币1.5万元重建一条山小学，民国政府教育部赠以"热心教育"匾。1944年毕业于黄埔军校（成都），任西北行辕长馆公署和西安绥署高参（少将）、陆军整编骑兵第一旅旅长（少将）。1949年9月率部在长岭山投诚，受到彭德怀接见。1954年加入民革，任省政府参事室参事。1957年调内蒙古自治区，曾任自治区政协第四、第五、第六届委员，第五、第六届常委，第六届驻会常委兼政协祖国统一联谊会副主任，自治区黄埔同学会副会长。1997年逝世。

第五节　定居芦阳镇红西路军战士

朱有才 女，1910年生，四川省通江县人。1931年参加中国工农红军。1932年加入中国共产党。1934年编入红四方面军，任妇女独立先锋团2营2连副指导员。1935年随军北上，1936年，在攻打岷县战斗中负重伤。红军渡过黄河后来景泰，留在芦阳老乡家养伤，1939年与韩占奎结为夫妻。1987年逝世。

高在亭 1918年生，四川省芦山县人。1935年参加中国工农红军，编入红四方面军30军88师265团1营1连。1936年10月随军过黄河到景泰，在一条山战斗中右腹受伤，后又随军挺进河西走廊。在梨园口战斗中不幸被俘，伺机逃出。后定居一条山村。2007年逝世。

干超 原名干瑞堂，1920年生，四川省资阳县人。1935年参加中国工农红军，编入红四方面军30军88师265团2营4连。同年随军北上，东渡黄河后，在景泰参加大小战斗10余次。西进高台突围后失散，为躲避搜捕，化名干超。曾在兰州、条城等地以织布为生。1947年在芳草村落户。1985年逝世。

程淑珍 女，1921年生，四川省巴中县人。1932年参加中国工农红军，1935年随红军北上。1936年在会宁负伤，随西路军到景泰后，与部队失去联系，被城关村高兴德营救，后结为夫妻。高去世后，再嫁大安村一张姓农民。1994年逝世。

第六节　参加抗美援朝志愿军战士

郭录宗　1920年生，席滩村人。1949年在兰州参军，后转为志愿军63军189师炮兵团4连，在朝鲜参加过铁原城阻击战。1953年复员，参加农业生产。

杨天兴　1921年生，东风村人。1949年入伍，1951年入朝，作战勇敢，荣立二等功1次，三等功1次。

康星印　1923年生，西关村人。1951年参加志愿军，后调西藏服役，立三等功1次。

张兴仁　1923年生，东风村人。1949年参加中国人民解放军，为原兰州军区某部战士，1951年随部队入朝作战，参加过上甘岭战役。县政协第一届委员。

张好学　1925年生，城关村人。中学文化，中共党员。1949年入伍，1950年编入志愿军五团五连，立三等功1次，一级三等伤残军人。1955年选送宝鸡军校学习，1957年回景泰，曾任响水小学教导主任。

李　元　1925年生，响水村人。1951年参加志愿军。1955年复员回乡务农。

杨天成　1925年生，席滩村人。1949年参军，参加过解放兰州战斗，后编入志愿军系列。随部队进入西藏，后进入阿里地区参加兵团建设，1957年复员，曾任席滩村主任，十里沟煤矿主任。

贾　凯　1925年生，芦阳村人。1951年参加志愿军，1954年复员。

刘佐明　1926年生，东关村人。1951年参加志愿军，分配宝鸡第三医院服役，立三等功2次，1955年复员回乡籍务农。

杨天荣　1926年生，响水村人。1951年参加志愿军。1953年复员回乡务农。

李明材　1926年生，一条山村人。1951年参加志愿军。1954年复员回乡务农。

段守柏　1927年生，城关村人。1950年参加志愿军。立三等功1次。1954年复员，安排县铁木加工厂当工人。

马君祺　1927年生，响水村人。1951年参加志愿军。

李文源　1927年生，城北村人。1951年参加志愿军第五慰问团，到上甘岭等前沿阵地坑道慰问志愿军将士。1953年随军进藏。1954年转业留陕西电影机械制造厂筹备建厂并任供销科长。

马如生　1928年生，响水村人。1951年参加志愿军。1956年转业在兰州铝厂工作一段时间后回乡务农。

彭文浩　1928年生，响水村人。1951年参加志愿军。1953年复员。

邓光前　1928年生，城北村人。1949年参军，为中国人民解放军6090部队，后转为志愿军。1963年转业，在城北墩村担任村主任多年。

薛延良　1928年生，石城村人。1951年参加中国人民解放军，1952年参加中国人民志愿军，1958年退伍。

马万清　1928年生，一条山村人。1951年参加志愿军，编入47军139师，入朝参战。1956年复员，担任过大队书记、民兵连长。

张承得　1929年生，东关村人。1951年参加志愿军。1955年复员回乡务农。

胡永明　1929年生，响水村人。1951年参加志愿军。1955年转业武威飞机场上班，服役6年后回乡务农。

张承法　1929年生，东关村人。1951年参加志愿军。1956年复员回乡务农。

徐　英　1929年生，一条山村人。1948年解放张家口时参加解放军。1952年编入47军139师炮兵团，入朝作战，参加过上甘岭战斗，防守五圣山。1961年12月回景泰，先后在县委、县武装部工作，后回乡务农。

张朝荣　1929年生，石城村人。1951年参军，立三等功1次。1952年参加志愿军，1958年退伍，历任喜泉公社革委会副主任，县综合社党支部书记，皮革加工厂厂长兼支部书记。

王保才　1930年生，西关村人。高小文化。1949年入伍，1950年赴朝，在铁原阻击战中执行警戒任务，冒雨坚守岗位36小时，立二等功。

杜玉泰 1930年生，芦阳村人。初小文化。1949年入伍，1950年赴朝，曾任中国人民志愿军第三军八师22团班长。同年10月获二级英模称号，1951年立二等功1次。

罗明栋 1930年生，红光村人。1951年入伍，编入中国人民志愿军39军115师345团3营8连，作战勇敢，立二等功1次。复员后曾任红光大队第四生产队队长。

王兴胜 1930年生，芦阳村人。1949年参加中国人民志愿军，编入63军188师562团，参加过三八线以北反击战、铁原城阻击战、防御战等，立三等功1次。

何 荣 1930年生，城关村人。1950年参加志愿军。1958年转业白银市，曾任市公安局局长，后调白银公司任后勤主任。

马如芳 1930年生，响水村人。1951年参加志愿军。后入职新疆生产建设兵团。

刘万荣 1931年生，东关村人。1951年参加志愿军。1962年复员回乡务农。

付德安 1931年生，城北村人。1950年参加志愿军。1969年在庙滩子803仓库服役，复转到七里河武装部，后又转到兰州供电局工作。

王 锐 1931年生，红光村人。1951年参加志愿军。1953年复员，安排县邮电局工作。

李文化 1932年生，东风村人。齐齐哈尔步兵学校毕业，中共党员。1951年入伍，1952年赴朝抗美，立二等功1次。1953年回国，在甘肃武警总队三团直属大队服役。1958年赴甘南剿匪，曾任排长。

李发贵 1932年生，城关村人。1951年参加志愿军，分配原兰州军区第五陆军医院，立二等功。

卢昌祥 1932年生，东风村人。1951年参加志愿军。1956年转业。

吴大统 1932年生，麦窝村人。1951年参加中国人民志愿军。1965年参加中央军委原总参谋部组织的原子弹爆炸后科研工作。

杨清荣 1932年生，红光村人。1950年参加志愿军。1954年复员回乡务农，曾担任生产队队长。

李　孝　1932年生，芳草村人。1951年参加志愿军。1957年复员回乡务农。

胡永义　1932年生，芳草村人。1951年2月参加志愿军。1991年5月经原兰州军区批准退休。

高步春　1932年生，响水村人。1949年参军，1951年编入志愿军63军187师561团3营，在朝鲜三八线以北参加铁原阻击战。立二等功1次。1955年复员。

周世据　1933年生，红光村人。1951年参加志愿军，在西北军区第六陆军医院服役，立三等功1次，1955年复员。

刘德山　1933年生，城关村人。中共党员。1949年入伍，1952年入朝作战，获朝鲜银质奖章1枚，立三等功1次。转业后分配县邮电局工作。

王积仁　1933年生，城北村人。中共党员。1951年参加志愿军赴朝作战，立三等功，获朝鲜银质奖章、和平奖章各1枚。回国后曾在地方商业部门工作。

杨礼清　1933年生，索桥村人。大学学历，1951年参加志愿军，次年7月入朝。1959年转业，入兰州大学读书，1961年毕业分配到景泰县工作。

段守嘉　1933年生，东关村人。1950年参加志愿军。1970年复员，安排兰州电信器材厂工作。

李富春　1933年生，响水村人。1951年参加志愿军。1956年复员，转入山西某地质队工作。

赫树仁　1933年生，响水村人。1951年参加志愿军。1952年复员回乡务农。

罗文英　1933年生，响水村人。1951年参加志愿军。参加过上甘岭战斗。1956年复员回乡务农，曾任响水大队党支部书记。

李玉英　1933年生，城北村人。1952年参加志愿军。1959年随军进藏。转业安排在拉萨市汽车运输队任队长，后调拉萨市公安局。1985年到安徽合肥市交通厅工作。

王　瑞　1933年生，城北村人。1951年参加志愿军。1958年复员，分配县邮电局工作，1963年回城北墩小学任教3年，后务农。

王　元　1933年生，席滩村人。1951年参加志愿军。后转业兰州陆军医院工作。

韦秉信　1933年生，席滩村人。1951年参加志愿军。1955年留原兰州军区总医院工作，1960年转业到兰州电车筹备处工作，1963年回乡务农。

谢柏林　1933年生，一条山村人。1951年参加志愿军。1980年转业到北大荒生产建设兵团852农场交通科工作，曾任工会副主席。

孙翠才　1933年生，红光村人。1950年参加志愿军。1956年复员回原乡务农，曾担任生产队会计、信用社办事员。

龚成煜　1934年生，城北村人。中共党员。1951年参加志愿军，回国后分配解放军第一医院，立三等功2次。

周文福　1934年生，红光村人。1951年参加志愿军，编入47军139师416团3营机炮连，在101高地守备战中立三等功。1953年转业兰州化工厂。

张承宗　见"人物·人物传略·张承宗"。

包守诗　1934年生，城关村人。1951年参加志愿军。1975年复员，先后在县饮食服务公司、县烟草公司工作。

沈渭河　1934年生，东关村人。1951年参加志愿军。1956年复员回乡务农。

李培德　1934年生，城关村人。1951年参加志愿军。1957年转业兰州铁路局，后回乡务农。

杨凤印　1934年生，响水村人。1951年参加志愿军。1956年复员回乡务农。

张承富　1934年生，响水村人。1951年参加志愿军。1957年复员回乡务农。

张兴信　1934年生，东风村人。1951年参加志愿军。1951年复员，曾先后在索桥、城北墩、红水小学、县一中任教。

王　清　1934年生，城北墩村人。1951年参加志愿军。1955年复员，安排县农牧局工作。

李尚信　1934年生，芳草村人。1951年参加志愿军随部队赴朝作战。1956年转业，先后在兰州骨肥厂、省工业厅、兰州卷闸厂开车。

张兴武　1934年生，十里村人。1951年参加志愿军。1952年转业，在景泰中学食堂工作5年，后回村务农。

李得忠 1935年生，东风村人。1951年参加志愿军，编入69军105师汽车教练，立三等功。

王积树 1935年生，城北村人。1951年参加志愿军，分配原兰州军区后勤司令部服役，立二等功。

王来生 1935年生，城北村人。1951年参加志愿军。1961年转业县武装部任大队长。

卢守勤 1935年生，一条山村人。1951年参加志愿军。1956年转业任兰州人民饭店经理，1962年回乡务农，1969年在一条山小学任民办教师。

马如礼 1936年生，响水村人。1951年参加志愿军。1956年转业，曾任响水、芦阳、草窝滩卫生院院长，后调县医院。

卢有虎 1936年生，响水村人。1951年参加志愿军，编入华北军区后勤辎重三团担任运输员，1952年8月转为97军139师426团通讯员。1952年10月参加上甘岭战役。1954年复员。

第七节　参加其他相关战事的人物

一、参加抗日战争人员

谈怀灿 1913年生，响水村人。1935年在学校参加国民党孙仲连部，送军校学习，结业后在孙部30师178团机一连服役，少校军衔。曾任警卫排排长、卫士长。抗日战争爆发后，随部队在正面战场多次对日作战。1938年4月在台儿庄战役中牺牲。战后，国民党政府军事委员会颁发由蒋介石签名的"抗日阵亡烈士"证书。

崔克兴 字光军，1923年生，西关村人。1938年考入兰州陆军学校，1940年被征入伍，1942年随部队组成远征军，赶赴缅甸抗击日军，转战于越南、老挝、柬埔寨等国。其间任汽车运输队队长。在松山会战中，率汽车队为前线部队运送军火。在一次运送途中遭遇日军飞机轰炸，腰部负伤，仍带伤坚持完成任务，立二等功。1945年回国，分配张钦武骑一旅开车。曾与马雄天以老乡关系说服张率骑一旅投诚。1949年回家教书10年，曾任麦窝小学校长。1994年逝世。

二、参加解放战争人员

阎天祥 1921年生，东关村人。高小文化，中共党员。1947年入伍，三级甲等革命伤残军人。参加过解放兰州、酒泉等战役，获解放大西北纪念章，立特等功1次，一、二等功各1次。1952年转业，历任白银新生机械厂厂长、五佛苗圃主任，县公安局副局长。

三、参加河西、甘南、新疆"剿匪"战斗人员

刘旺山 1930年生，红光村人。中共党员。1949年入伍，后调新三军随部队赴河西、新疆剿匪，历任骑兵团排长、连长，立二等功。复员后回乡务农，曾任生产队队长、民兵连长。

尚义武 1934年生，城关村人。中共党员。1954年入伍，新疆军区阿克苏某部服役，1957年底转业。1958年二次入伍，参加甘南剿匪。后转至酒泉马鬃山看守所，1962年退伍。

袁祥福 1935年生，一条山村人。中共党员。1954年入伍，新疆军区阿克苏某部服役，1957年底转业。1958年二次入伍，参加甘南剿匪。后转至酒泉马鬃山看守所，1962年退伍。

四、参加老山前线战斗人员

卢有山 1962年生，响水村人。大专文化，中共党员。1982年入伍，曾任营部书记（正排），立三等功2次。1985年赴云南参加对越防御作战，在一线营指挥所作战室值班。立三等功。参战总结阶段，被中国人民解放军步兵第四十一师政治部树为老山战地模范共产党员。1988年退役后，分配县农机公司任财务科长，1998年、2001年分别获省"农机公司先进财会工作者""优秀会计工作者"称号。1998—2000年，被机械工业部中国农机流通协会评为优秀财务工作者。

郭延斌 1963年生，芦阳村人。中国社科院硕士研究生，中共党员。1982年入伍，1985年12月，赴云南老山前线对越防御作战。1986年10月19日，带领全班抢救负伤战友7名，4次受伤，战斗中不顾自己生命安危，将防毒面具让给受伤战友，立一等功。1988年，转业一条山镇工作。先后在报刊发表2900多篇新闻报道。2020年获国家卫健委、中央军委后勤保障部"2018—2019年度全国无偿献血铜奖"。

王义法 1963年生，麦窝村人。高中文化，中共党员。1984入伍，曾任侦察连班长。1985年，赴云南老山前线参加对越防御作战，在第十侦察大队执行侦察作战任务中，圆满完成任务并捕俘3人，荣立三等功。1988年退役后分配农行景泰县支行，曾任草窝滩镇营业所主任。

第八节　人物简介

一、地厅级行政职务人员

马　昭 原名振兴，1914年生，城关村人。甘肃学院高中部毕业，中共党员。学生时期，经八路军兰州办事处介绍，奔赴陕北参加革命。先后在陕公一分校、抗大一分校学习。抗日战争期间，任八路军除奸总部太南政训队指导员、太南公安处侦察科长、八专署民教科长。1949年后，历任邯郸市民政科长、工商局局长、市长。1954年调河北省委，任工业部基建处处长、政策研究室主任、办公厅办公室主任。1973年任河北省革委会工业交通办公室生产调度办公室主任。1975年任河北省委增产节约办公室主任。1979年任河北省标准局局长。

高　明 1927年生，城关村人。中共党员。1949年入伍。1953年转业后入新疆农学院学习。1975年任农六师物资科科长。1978年任新疆生产建设兵团物资局金属材料处处长，1983年任局长。

吴培元 1927年生，麦窝村人。兰州中学毕业，中共党员。1949年参加革命，先后任景泰县、永登县公安局侦查员、股长，永登县检察院副检察长、县委办公室主任、柳树公社党委书记，武威县西营区、大河区、高坝区区长，武威县检察院检察长。1983年任武威县人大常委会副主任。

冒君刚 原名冒天健，1928年生，芦阳村人。中共党员。1950年延安抗大分校毕业，历任陕西省委宣传部文艺处处长，陕西省《思想战线》杂志社主编，教授，社科院政治经济研究所所长，社会科学联合会常务主席。

王惠科 1933年生，芦阳村人。1956年毕业于中央团校，中共党员。1951年参加工作，历任共青团景泰县委书记，靖远中学校长，共青团白银市委副书记,共青团武威地委书记、省委委员,武威地区农科所所长、党支部书记,地区医院院长、党支部书记,省政府联络处副处长、房产处处长等职,1990年任甘肃省文史馆副馆长。共青团第九次全国代表大会代表。

李树河 1940年生,红光村人。1965年毕业于兰州大学物理系,分配至解放军后勤工程学院,曾任物理研究室主任、党支部书记。教授职称,发表论文10余篇,著有《大学物理学》。退休后享受副军级待遇。

陈有贵 1942年生,城关村人。甘肃农业大学毕业。中共党员。曾在省公安厅劳改局所属城郊农场、靖远五大坪农场任技术员、生产干事、大队长、场长、党委书记。其间,多次被评为先进工作者,出席过省公安保卫先进工作者代表大会。1984年任省劳改局局长、党委书记兼司法厅党组成员。

来耀勤 1942年生,东关村人。中共党员。1967年毕业于西北师范大学政教系。历任省委党校政经研究室副主任、研究所所长,省行政学院副院长,经济学教授。出版教材和学术专著11部,主持完成4项国家和省级社科课题,并获"省园丁""全省干部教育先进工作者"等称号。1996年,享受国务院政府特殊津贴。

高　锡 1943年生,城关村人。中共党员。1968年毕业于西北财经学院。历任山丹县焦化厂车间主任、副厂长、厂长,西北铁合金厂党委书记。1990年后任省冶金厅副厅长,高级经济师。

李保卫 1945年生,芳草村人。中共党员。1968年毕业于甘肃农业大学。历任武威行署农林局科长、副局长,石羊河林场副场长,民勤县副县长,武威市委副书记,古浪县委书记兼省景电二期工程指挥部副指挥。1995年后任武威地委副书记兼武威市委书记、行署专员、地委书记。2001年任省政协常委、副秘书长。中共甘肃省第七、第八次党代会代表,第八届省人民代表大会代表。著有长篇报告文学《基石》。

周德祥 1949年生,红光村人。大学文化,中共党员。1969年参加工作,历任共青团武威地委常委,省委组织部办公室副主任,政改办秘书处处长、研究室办公室主任。1993年任省委党校副校长。1998年后任省委副秘书长兼办公厅主任,省新闻出版局局长,省人大常委会科教文卫工作委员会主任。

李世荣 1949年生,城关村人。中共党员,大专文化。1971参加工作,历任县委办公室主任，市政府办公室副主任，市文化广播局副局长、电视台台长，1994年后任局长兼电视台台长，市政府办公室党组书记、市政府秘书长。2006年任市政协副主席，主任编辑。曾获"全省农村形势教育基础建设先进个人""全省村村通广播电视建设先进个人"称号。出版《淡墨秋色》。

付兰英　女，1951年生，城关村人。中共党员。1974年毕业于甘肃农业大学，历任县妇联副主席，副县长，县委副书记，县人大常委会主任。1999年任市妇联主席。2001年任市人大常委会副主任。第五、六届市人大代表，中共白银市第二、第五次党代会代表。

曹庆文　1951年生，一条山村人。中共党员。1976年毕业于兰州大学化学系。曾任化工部涂料工业研究所主任。1998年后任北方涂料工业研究院院长助理、党委副书记、书记，副院长。高级工程师。

胡玉梅　女，1951年生，芳草村人。中共党员。毕业于陕西省教育学院政治教育专业。1968年参加工作，1970年应征入伍，1990年转业，2005年任甘肃省老干部局副巡视员、关工委副主任、省委老干部局副局长。

卢有治　1952年生，响水村人。中共党员。1972年入伍，1982年毕业于西北师范大学，历任金昌市委办公室秘书科副科长，市委常委、组织部部长，金川区委书记，金昌市委副书记兼区委书记。1998年后任金昌市委副书记、副市长、代市长、市长。2004年后任省政府国资委副主任，省政府参事室党组书记、主任，省政协经济委员会副主任。著有《思考感悟录》。

李得秾　1953年生，东风村人。中共党员，大专文化。1975年参加工作，历任县委办公室主任兼机要室主任，县委常委、组织部部长、县委副书记。2001年任市政府副秘书长兼办公室主任。2008年任市政协副主席。

沈清林　1953年生，红光村人。中共党员。1971年参加工作，1977年毕业于中国矿业学院。曾任武威地区农水处副处长。2001年任省石羊河管理局局长。高级工程师。

王　诚　1953年生，一条山村人。大专文化，中共党员。1973年参加工作，曾任武威地区检察分院刑事、经济、民事行政监察处处长、办公室主任。2000年后任民勤县人民检察院代检察长、检察长，武威市检察院副检察长。

祁全银　1953年生，响水村人。中共党员，大学文化。1972年入伍，历任副营助理，驻乌鲁木齐办事处主任、副处长、农场场长。上校军衔，多次获团、师、军和总后嘉奖。1997年转业省农牧厅任机关服务中心主任，副巡视员。

李宗奎 1954年生，红光村人。大学文化，中共党员。1972年入伍，历任中国核试验基地书记、参谋、副政治指导员、团军务股股长、军司令部军务处副处长、处长。1997年任原总装备部某部副部长（副师职），大校军衔，甘肃省公安厅纪委副书记，治安总队副总队长，二级警监。

曾正先 1954年生，十里村人。大学文化，中共党员。1976年入伍，历任原兰州军区空军临潼场站司令部保伞室局长，战勤、军务参谋，原济南军区管理处教导员、处长（中校）、办事处主任（大校），飞机专业工程师，正师待遇。立三等功1次。

万国庆 1954年生，东关村人。中共党员。历任靖远兴堡子川电力提灌工程处处长、兴电工程处处长、引大工程管理局副局长。高级工程师，享受国务院政府特殊津贴。

石玉亭 1955年生，十里村人。毕业于西北师范大学，中共党员。1982年参加工作，历任张掖师专政史系副主任，张掖市副市长，张掖师专副校长、党委副书记兼纪委书记、校长。2001年后任河西学院院长，2008年任甘肃省行政学院常务副院长，教授。中国行政管理研究会、体制改革研究会常务理事，省研究会副会长。政协甘肃省第九、第十届委员。省政协提案委员会副主任。

焦 清 1956年生，芳草村人。大学文化，硕士学位，中共党员。1979年参加工作，历任省电台白银记者站站长，省委宣传部《今日市场报》副总编。1998年任省政府办公厅联络处处长，2003年任省政府驻北京办事处主任、党总支书记，2005年任省政府副秘书长，省政协港澳台侨和外事委员会副主任。中国报告文学理事会理事，中国民族书画院副院长，中国书法协会会员。出版散文集《红月亮》、报告文学集《燃烧的太阳》、诗集《临海听涛》《午夜阳光》及长篇小说《半扇门》。

康星刚 1957年生，西关村人。中共党员，大学文化。1980年参加工作，历任市财政局会计管理科、预算科科长兼中华会计函授学校白银分校校长。曾任市财政局副局长、局长。市人大常委会副主任、党组成员、市总工会主席。

张献庆 1958年生，东关村人。中共党员。1982年毕业于甘肃农业大学，历任武威市农技中心主任,高坝镇镇长、党委书记。1997年任武威市副市长。2002年后任凉州区副区长,武威市人大常委会副主任。曾获省科技进步奖,高级农艺师。

赵双文 1958年生,芳草村人。大学学历,中共党员。1976入伍,分别毕业于空军政治学院、国防大学基本系、解放军西安通信学院通信工程专业。历任排长、指导员,团、师、军区空军政治部干事、科长,空军工程大学学院计算机系政委、政治部副主任。空军上校军衔。2004年转业,历任陕西省人社厅副巡视员、机关党委专职副书记兼纪委书记、工会主席。

周文全 1958年生,红光村人。毕业于西北师范大学,中共党员。1979年参加工作,历任市委政法委调研室、办公室主任,社会治安综合治理委员会办公室副主任,白银市中级法院副院长,省高级人民法院二级高级法官,副厅级审判员。

周继尧 1959年生,红光村人。中共党员。毕业于兰州大学法律系。1978年参加工作,历任省建设厅人事处主任科员、副处长、处长,省生态环境厅巡视员,社会科学院党委书记。先后在《时代学刊》等刊物发表10余篇论文。

胡秉俊 1962年生,芳草村人。中共党员。1982年毕业于西北师范大学,兰州大学硕士学位。历任省委组织部干部调配处处长、青年干部处处长、副地级组织员、部务委员、副部长,2017年任省直机关工委常务副书记(正厅级)。中共第十三届省委委员、省人大代表。

王新亮 1962年生,芦阳村人。大学文化,中共党员。1979年参加工作,历任省纪委信访办主任、监察室主任,中国广电甘肃公司纪委书记。曾获省纪委先进工作者称号。

罗立峰 1964年生,芦阳村人。1984年毕业于南京航天航空学院,2001年获华南理工大学博士学位,研究生导师。2002年后任广东公路管理局基建处副处长,高速公路总局局长。高级工程师。

王科健 1964年生,城北村人。大学文化,中共党员。1982年参加工作,历任县政府办公室副主任,市政府、市委办公室科长,体改委副主任。2002年后任市政策研究室副主任、调研员,会宁县县长、县委书记,2021年,任市政协副主席。

周文魁 1964年生，红光村人。大学文化，中共党员。1984年参加工作，历任白银市委组织部纪检员，省委组织部青干处处长，金昌市委常委、副市长、市委政法委书记，省国土厅副厅长。

常升文 1964年生，芦阳村人。大学文化，中共党员。1981年参加工作，历任市人事局副局长、局长，市民政局局长，2016年任市政协副主席。

马 功 1964年生，响水村人。大专文化，中共党员。1987年参加工作，曾任省水电工程局201工程队队长、三处副处长，龙羊峡项目经理。2001年任机械处处长、党委书记。2003年任三处处长、党委书记。2007年，任质量安全部部长，2008年任经营开发部部长，2011年任副局长。

周德宣 1964年生，红光村人。兰州大学毕业，中共党员。1987年参加工作，历任省税务局副处长、处长，陇南市国税局局长，兰州经济开发区国税局局长，省国税局信息中心主任、工会主席。二级巡视员。

贾广钰 1964年生，芦阳村人。中共党员。1987年毕业于武汉水电学院，历任景电管理局工务处副处长、处长，计划处处长、副局长，正高级工程师。主持的课题曾获甘肃省科技进步二等奖。

卢守俊 1964年生，城关村人。大学文化，中共党员。历任市中级人民法院纪检组长、省纪委监委派驻省乡村振兴局纪检监察组副组长。一级调研员。

李作泰 1965年生，芳草村人。中共党员。1986年毕业于西北师范大学，兰州大学硕士学位。先后在省残疾人联合会康复部、省人大常委会研究室工作。2011年调北京中国藏学研究中心工作，2018年任科研办副主任。

卢守雄 1965年生，东关村人。中共党员。毕业于国防科技大学，历任湖北省荆州市委常委，荆州军区政委。

高秉亚 1970年生，城关村人。中共党员。1994年毕业于空军雷达学院，硕士学位。空军驻沪宁地区军事代表室总军事代表，空军装备部驻合肥地区第一军事代表室专业技术大校。正高级工程师。

龚真春 1973年生，城北村人。中共党员，1996年毕业于解放军测绘学院，分配原兰州军区第二测绘大队，浙江大学硕士研究生。历任原兰州军区第一测绘大队参谋、队长，总参第三测绘导航基地高级工程师。副师级。

龚真直 1976年生，城北村人。1998年毕业于清华大学，高级经济师。历任炼油厂第二套重催车间工艺计划处高级主管、副处长、乙烯厂副厂长、生产技术处副处长，中国石油吉林石化公司党委副书记，新疆克拉玛依独山子西北公司总经理、党委委员、副书记。先后获兰州石化公司四项重点工程建设一等功、青年岗位能手等称号，发表论文多篇，出版专著1部。

吴守明 1976年生，城关村人。西北农林科技大学博士研究生，中共党员。历任甘肃检验检疫局动植物检验检疫处动物检疫科科长，兰州机场办事处副主任，金昌检验检疫局局长，兰州海关动植物和食品检验检疫处处长，海关总署进出口食品安全局副局长。曾获人力资源部和国家市场监督管理总局"先进工作者"称号。

二、县（团、处）级行政职务人员

王怀瑜 1923年生，城北村人。毕业于兰州大学政治系，中共党员。1949年前夕，在中共地下组织领导下，参与秘密联络旅兰同学、景泰简师学生及进步群众，组织学生团，迎接景泰解放。1954年获西北军政委员会"解放大西北纪念章"。历任景泰县委秘书、副县长等职。1954年调新疆，任有色金属公司专家办公室主任、地质队政治指导员、教育处副处长，工会副主席。

陈文亮 1925年生，东风村人。初中程度，中共党员。1952年参加工作，历任响水乡乡长、党总支书记，大安乡党总支书记，喜泉、红水公社和皋兰县西岔公社党委书记，皋兰县副县长、县革委会副主任、县委副书记、县人大常委会主任。1984年任皋兰县政协主席。

李作标 1928年生，芦阳村人。兰州大学高中部肄业，中共党员。1949年前夕即与中共地下组织有联系，为景泰学生团的领导人之一。1954年获西北军政委员会"解放大西北纪念章"。1949年后，在县委组织部、团县工委工作。1951年后，历任省政协秘书处副处长，省委统战部办公室副主任，省农科院宣传部副部长，三九公司中学领导小组组长，酒钢第二中学革委会主任，嘉峪关市文教局局长、党组书记，嘉峪关市民族事务委员会主任兼宗教局局长。

包有录 1929年生，东关村人。中学文化，中共党员。1951年参加工作，历任芦阳乡乡长、区委副书记，县委合作部部长，市郊区部副部长、景泰县农牧局局长，武威黄羊区区长，县农办主任等职。1980年任县人大常委会副主任，1984年任县政协副主席。

杨生荣 1930年生，城关村人。中师文化，中共党员。1949年参加工作，曾任景泰一中党支部书记。

王可弘 1930年生，城关村人。大学文化，中共党员。1949年参加工作，先后在水电部西北勘测设计院、省水电工程局任副处长，党委书记，曾获省委老干部局"先进工作者"称号。

王万和 1930年生，东关村人。中师文化，中共党员。1949年入伍，历任西北野战军陆军17师保卫干事、西北空军军政干校教员。1954年转业，曾任甘肃省公路局宣传科科长、纪委副书记。

李文英 1930年生，城北村人。中师文化，中共党员。1949年入伍，同年随部队入疆，历任团参谋、团军务股长、克孜勒苏军分区后勤部哈尔峻农场场长。1951年在剿匪中立三等功，1952年在大生产运动中立三等功，1954年在步兵集训队立二等功。转业后任县饮食服务公司经理兼支部书记，县石油公司经理、党支部书记、工会主席。

洪　镒 1931年生，芦阳村人。景泰简师毕业，中共党员。1951年参加工作，曾任武威检察院副检察长。1962年后，历任景泰县委监委书记、景电一期工程民工团团长、县农牧局局长、县检察院检察长、县人大常委会副主任。

吴大绥 1931年生，麦窝村人。初中文化，中共党员。1949年入伍，曾任兰州总后三五一二厂干部科科长、组织部部长，三五〇七厂办公室、政治部主任，三五四六厂政治处主任，第八军需库党委书记。

李北河 1931年生，十里村人。1949年入伍，1958年转业新疆，历任吐鲁番市外贸局站长、处长。

郭天禄 1931年生，芦阳村人。1949年参加革命，中共党员。1955年解放军第一炮兵学校毕业留校，同年获炮兵射击比赛特等奖。曾任原北京军区炮兵司令部作战研究室参谋。在甘南剿匪战斗中立三等功。1963年转业。先后在中泉中学、陈庄中学、景泰二中任教。曾获武威地区先进教育工作者、优秀共产党员称号。1992年离休。

安　峻 1931年生，芦阳村人。1949年毕业于兰州师范学校，1952年于甘肃工业专科学校进修结业，曾任兰州水泵总厂总工程师兼技术科科长。1960年辞职回乡务农。

张承旭 1932年生，东关村人。中专文化，中共党员。1950年参加工作，历任张掖地区财政局科长、副处长，税收、物价、财务大检查办公室主任，会计学会会长。

胡永义 1932年生，芳草村人。中学文化，中共党员。1951年参加中国人民解放军，转业县公安大队，1952年后在武威公安大队、张掖民警大队、酒泉直属大队、甘肃省军区后勤部工作。1970年任天水军分区后勤部副部长、部长。

杨礼清 1933年生，索桥村人。大学文化，中共党员。1951年参加中国人民志愿军，任团、师部警卫员（排级）。1953年选入中央军委军事院校学习，1959年转兰州大学。1961年回景泰，历任芦阳、红水公社党委书记、主任，景泰一中革委会主任兼党支部书记，县人行、农行行长，县统计局局长、林业局党支部书记。立三等功1次，曾获"省政府先进工作者"称号。

沈瑞林 1933年生，红光村人。景泰中学肄业，中共党员。1951年参加中国人民解放军，先后在景泰县、皋兰县、会宁县兵役局任助理员、政治干事。1955年后任会宁县、靖远县武装部政工科长。1971年任靖远县武装部副政委。1978年转业国营春光器材厂任厂长。

沈玉林 1933年生，红光村人。中师文化，中共党员。1951年参加工作，历任永泰乡乡长、党委书记，五佛区委副书记，景泰县委宣传部副部长、部长，团市委副书记，县人大常委会副主任、党组副书记。1990年任市委党校校长、党委书记。

谈嘉政 1933年生，东风村人。高中文化，中共党员。1954年参加工作，历任兰州市教育局人事科副科长，白银区农机水电局副局长，区委组织部部长。1984年后任兰州市委党校办公室主任、组织处处长、纪委书记。

祁全勇 1934年生，响水村人。兰州卫生学校毕业，中共党员。1953年参加工作。1969—1980年在甘肃省北湾干校任秘书组、宣传组组长。1980年任省工业卫生实验所党总支书记。1986年任省地方病防治研究所党委书记。

张承生 1934年生，一条山村人。小学文化，中共党员。曾在内蒙古雅布赖盐场、阿拉善左旗工交局、阿拉善盟交通局工作。1984年任阿盟运管总站副站长。

温兆熙 1934年生，一条山村人。中专文化，中共党员。1949年参加工作，历任皋兰县什川公社党委书记，皋兰县委常委、组织部副部长，兰州城关区委副书记，榆中县革委会主任、县长，兰州市计生委主任、蔬菜局局长。

王云山 1935年生，东关村人。山丹培黎学校毕业，中共党员。先后任长庆石油勘探局作业大队副队长、测井站党总支书记，总站党委副书记。测井总站纪委书记。高级政工师。

沈文章 1935年生，红光村人。兰州工业学校毕业，中共党员。历任兰州工业学院人事处副处长、建筑工程系党支部书记。

安 乐 1936年生，城关村人，中共党员。1958年毕业于西北师范学院物理系，分配兰州二中，1983年任兰州七中校长，高级教师，甘肃省特级教师。1篇论文入选《中国基础教育论文大典》。

沈森林 1937年生，红光村人。大专文化，中共党员。1958年参加工作，历任红水乡党委书记，景泰县委党校常务副校长，副县级调研员。1995年获"全国党校先进个人"称号。

谈嘉教 1938年生，东风村人。中师文化，中共党员。1963年参加工作，历任兰州市城关区财贸部副部长、经济部部长，体改委主任，区委常委。1998年任兰州市城关区人大常委会副主任。

周发尧 1938年生，红光村人。中师文化，中共党员。曾任兰州市教育局导视科科长、革命委员会副主任。

党成德 1939年生，东关村人。大学文化，中共党员。曾在兰州师范、兰州市委宣传部、兰州市安宁公社工作。1984年任兰州市秦剧团党政负责人。1987年后任兰州市文化局副局长、局长。1997年被选为兰州文化联谊会会长。1993年，为景泰县希望工程捐款400元。20世纪90年代，为磨湾村捐赠3万多元的抽水器材和一台小型电影放映机，为镇文化活动室捐赠图书1000多册。

杨涵清 1939年生，索桥村人。大学文化，中共党员。1963年参加工作，历任五佛公社主任、党委书记，正路公社主任，景泰县上山下乡知青办、县政府办公室主任，县委宣传部部长。1993年任县人大常委会副主任。

卢林安 1939年生，响水村人。初中文化，中共党员。1956年参加工作，曾任县经计委、物价委员会副主任，省景电二期指挥部机关党支部书记（副处级）。曾获"省景电管理局优秀党员""先进工作者"称号。

王成科 1939年生，城关村人。大学文化，中共党员。1959年参加工作，历任省水电工程局子弟学校党总支书记，局行政科科长，基地管理处党委副书记、副处长。

张好俭 1940年生，芦阳村人。大专文化，中共党员。1956年参加工作，曾任县粮食局粮站主任、白银区粮食局局长。1985年后任市粮食局副局长、局长、党支部书记，省粮食会计学会白银分会名誉会长。发表《浅议粮食购销体制改革》等论文。

陈　福 1940年生，索桥村人。大学文化，中共党员。1965年参加工作，1983年任武威地区工商行政管理处副站长。1985年任白银市工商行政管理局局长。省书协、诗词学会会员，市书协名誉主席，出版《陈福书法选集》《梦驼斋吟稿》《盛世微言》等。

王中山 1940年生，东关村人。中共党员，1967年毕业于兰州大学历史系。历任建工部六局三公司宣传部部长、工会主席、党委副书记。

李树江 1941年生，红光村人。毕业于兰州大学历史系，中共党员。1968年参加工作，历任新疆维吾尔自治区且末县二中教导主任、校长，且末县副县长，甘肃省水电工程局职工子弟学校党支部书记，1993年任且末县人大常委会副主任，1997年任巴州电大副校长（正县）。景泰红西路军研究会会长，主编《西路军在景泰》等书。曾获"全省双拥工作先进个人""老有所为先进典型人物"称号。

刘瑛琦 字云天，1941年生，麦窝村人。兰州农校毕业，中共党员。1958年参加工作，曾任定西县农林水利局、农业局办公室主任，农业技术推广站副站长、农村工作部副部长、部长。1990年任定西地区社会发展研究中心副主任兼经济协作开发总公司副经理。

李明德 1942年生，响水村人。高中文化，中共党员。1963年入伍，1970年转业靖远矿务局，历任救护大队、消防队指导员，治安科、刑侦科科长。1986年任公安处工会主席。1982年获"甘肃省体育先进工作者"称号。

高清民 女，1942年生，城关村人。中共党员。1965年毕业于兰州大学政治经济系，分配酒泉钢厂工作，后调甘肃省九三学社任科技部部长（正处）。

王　俨 1943年生，芦阳村人。中共党员。1969年毕业于甘肃师范大学，曾任山丹县碳素厂副厂长，科委副主任，计委副主任、主任，张掖地区人造板厂筹建处副主任、副厂长、党委书记兼纪委书记。

杨天文 1943年生，响水村人。中共党员。1969年毕业于郑州工业大学化工系。历任兰化公司科室主任，设计研究所工程部经理，高级工程师。1997年获甘肃省科技进步二、三等奖。

郭莲凤 女，1943年生，芦阳村人。中共党员，大学文化。1967年参加工作，历任宁夏回族自治区统计局工业交通处主任科员、副处长、处长。曾获宁夏社会科学优秀成果三等奖、统计科学技术一等奖。

王学胜 1943年生，席滩村人。西北师范大学外语系毕业，中共党员。历任靖远二中教导主任、副校长、党支部书记，高级教师。1988年被评为"全国教育战线德育先进工作者"。

郭志杰 1944年生，席滩村人。大学文化，中共党员。1963年入伍。1969年复员，曾任生产大队党支部副书记。1970年参加景电一期工程建设，历任运管连副连长，景电一期灌区管理处机电科科长，处党委委员，机电处副处长、处长。

王昌科 1944年生，城关村人。大学文化，中共党员。1968年参加工作，历任宁夏计算机技术服务公司总经理兼党委书记，机电国防工业供销总公司副总经理，吉兴电子股份公司董事长兼党委书记，机电集团党委书记、副总经理，银湖酒业有限公司党委书记，高级工程师。

沈涌林 1945年生，红光村人。毕业于兰州师专。1966年参加工作，历任景泰二中教导主任，教师进修学校副校长。1993年任县职业技术学校校长，高级教师。2001年任县政协副主席。政协白银市第四届常委。1997年获"全省职业教育先进工作者"称号。1篇论文收入《中国跨世纪战略文献》。

贺万昌 1945年生，芦阳村人。初中文化，中共党员。1964年入伍，曾任营教导员。转业后任靖远矿务局大水头煤矿矿长、党委副书记、书记。曾被煤炭部评为一级快速煤炭采掘队队长，1974年出席全国煤炭工业先进表彰大会。

王天健 1946年生，城北村人。毕业于西北师范大学物理系。1966年参加工作，曾任景泰二中校长，中学高级、特级教师。省力学学会、物理学会会员，市学科教育督学。1990年获省力学竞赛育英奖，1995年获省会考先进个人奖。

论文获全国第五届中学物理研讨会、全国中学物理交流会三等奖。2000年获"省群体工作先进个人"称号。

曹祥文 1946年生，一条山村人。中师文化，中共党员。1966年参加工作，曾任景泰县政协文史资料委员会、县志办副主任。1993年后任市政协正科级秘书、副县级调研员。2001年任市政协提案委员会副主任。

龚成有 1946年生，城北村人。大学文化，中共党员。1963年参加工作，曾任景泰川灌区管理处人事科科长、处党委副书记。1996年任景电管理局综合经营处处长，高级政工师。

吕安民 1946年生，芦阳村人。高中文化，中共党员。1968年入伍，曾任新疆军区边防第一团政治处主任。

杨天威 1947年生，索桥村人。大专文化，中共党员。1965年入伍，转业后历任国家地震局新疆大队队长，地震局社会科学院老干局局长。

李作国 1947年生，芳草村人。大专学历，中共党员。1986年入伍，历任排长、政治指导员、团司令部协理员、独立营教导员，西藏日喀则军分区定结县人武部政委。1987年转业，曾任白银市公交公司党委书记，曾获西北地区、甘肃省"优秀思想政治工作者"称号。

陈　祥 1947年生，索桥村人。大学文化，中共党员。1964年参加工作，历任省水电工程局二处政工科科长、办公室主任、党委副书记，机修厂厂长兼党委书记。

吴应选 1947年生，芦阳村人。大专文化，中共党员。1970年参加工作，历任省水电工程局一处副处长、工会主席。1989年获省水电工程局十大优秀科技工作者称号。获国家专利15项。

缪延明 1947年生，一条山村人。大学文化，中共党员。1964年入伍，转业后历任景电灌区管理处副处长，管理局筹备处党委书记、处长。1992年任指挥部工会副主席。1996年任景电管理局纪委副书记、监察处处长。高级政工师。

卢有亮 1948年生，西关村人。中师文化，中共党员。1969年参加工作，历任正路乡党委副书记、乡长，县地矿局局长，副县级干部。省书法家协会会员。

徐新亚 1948年生，一条山村人。大学文化，中共党员。1965年参加工作，历任玉门石油钻井队队长，兰石经销处处长、一分厂厂长。高级工程师。

王惠莲 女，1948年生，芦阳村人。中师文化，中共党员。1967年参加工作，历任市档案局管理科副科长、科长，市档案馆副馆长。1988年获省档案学会优秀工作者奖。

安文清 1948年生，一条山村人。中共党员，毕业于甘肃师范大学中文系。1969年参加工作，历任县委宣传部副部长、部长，正路公社党委书记，市城乡集体企业管理局副局长，市委政策研究室副主任，市体改委主任。2002年任市委副秘书长兼信访室主任，曾获"全省农村社教工作优秀队员"称号。

盖刘德 1948年生，东关村人。毕业于甘肃工业大学，中共党员。1975年参加工作，历任白银供电局党委书记、局长，省电力工业局物资供应处处长。

康正银 1949年生，麦窝村人。高中文化，中共党员。1969年入伍，历任连长、团轮训队队长。1982年转业，历任草窝滩乡乡长，县城建局、财政局局长。2001年任县人大常委会副主任。第四届市人大代表。

杨　银 1949年生，城北村人。高中文化，中共党员。1968年入伍，历任作训科科长、团参谋长，哈密市委常委、人武部部长。1992年转业后任白银石油公司党委副书记、副经理。

李　焕 1949年生，东关村人。大学文化，中共党员。1968年参加工作，历任省政府经济体改委办公室副主任，分配和社会保障体制处处长。中书协会员，甘肃当代书画院副院长，国画院兰州分院名誉院长，省收藏协会副会长，国家高级书法师。出版《李焕书法》。

王成国 1949年生，响水村人。大专文化，中共党员。1968年入伍，历任连指导员、副营级干事。1985年转业，历任省景电灌区管理处纪委书记，省景电管理局副处级纪检员。1999年任纪委副书记、监察处副处长，高级政工师。

寇述科 1950年生，东关村人。中共党员，大专文化。1968年入伍，历任哈密军分区参谋、科长。1989年任兰州监狱副监狱长。

杨明星 1950年生，一条山村人。中师文化，中共党员。1971年参加工作，曾任芦阳镇镇长、党委书记。1993年任靖远县副县长。

李树义 1951年生，一条山村人。大学文化。历任酒泉市建筑设计院有限责任公司副董事长兼总工程师，高级工程师，国家注册监理工程师，甘肃建筑学会结构学术委员会、地基与基础学委员会委员。在《甘肃工程建设》发表论文4篇。

陈彩勤 1951年生，芦阳村人。大专文化，中共党员。1969年入伍，历任连长、营长。1985年转业，历任宁夏回族自治区质量标准局办公室主任，稽查处、法规处处长，区打假办公室副主任，银川市质检局局长。1997年获"全国打假先进个人"称号。

杨明海 1952年生，一条山村人。大专文化，中共党员。1970年入伍，历任司务长、管理员、副指导员。1982年转业，曾任县委组织部副部长、县委常委、组织部部长。2001年任县委副书记。2007年任人大常委会副主任。

郝廷建 1952年生，芳草村人。高中文化，中共党员。1972年入伍，历任连长、营参谋长、副团长。1993年转业，历任县政府行政科党支部书记，县人大常委会财经工作委员会主任。第十二、第十三、第十四届县人大代表。

化廷智 1952年生，东关村人。中共党员。1978年毕业于西北师范大学。曾任兰州师专教务行政科科长。1986年任师专附中党支部书记、副校长。1995年任省实验中专附中直属党支部书记。

张好军 1952年生，芦阳村人。大专文化，中共党员。1969年参加工作，历任景泰川灌溉管理处机电科副科长、机电管理处行政科科长、灌溉处处长。

武克俭 1952年生，芳草村人。本科学历，中共党员。1970年入伍。1984年转业，历任天祝监狱教管干事、教导员，武威监狱教导员、副监狱长、监狱企业公司经理（正处级）。

郭新民 1952年生，一条山村人。大专文化，中共党员。1972年参加工作，历任条山农场学校教务、政教主任，副校长。1992年后任条山集团机关办公室主任，社会工作部部长，总经理助理兼机关总支书记。2000年任党委副书记。

段好勇 1952年生，索桥村人。大学文化，中共党员。1970年入伍，历任排长、连长，转业后曾任济南市工商局局长。

张瑞生 1953年生，东关村人。中共党员，大学文化。历任县供销联社副主任，市供销联社办公室主任。1996年任市供销社副主任兼农副日杂公司经理。高级经济师。

王　银　1954年生，东关村人。1982年毕业于西北师范大学数学系，中共党员。历任景泰二中教务副主任，景泰一中教导主任、副校长、党支部书记，高级教师。中国数学学会会员，第十二届县人大代表。1986年获省园丁奖。

张百胜　1954年生，东关村人。大学文化，中共党员。1974年参加工作，曾任北干水管所副所长、所长。1999年后任省景电管理局公安处副处长、纪委书记，综合经营处处长。

常俊红　女，1954年生，芦阳村人。中共党员，大专文化。1970年参加工作，曾任兰州建筑机械总厂厂长办公室主任，兰州市人事局管理处主任科员。1997年任兰州市检察院政治部副主任。

董继武　1954年生，响水村人。中共党员，1981年毕业于甘肃农业大学。曾任五佛乡党委书记、县农委副主任、副县长。1997年后任靖远县代县长、县长。2001年任市政府副秘书长兼农委主任。2002年任市农牧局局长。

寇述敏　1954年生，东关村人。毕业于西安交通大学，中共党员。1970年参加工作，曾任省无线电管理委员会办公室副主任、主任。

朱世文　1955年生，东关村人。大专文化，中共党员。1972年参加工作，曾任县政府办公室副主任、主任兼民族宗教事务办公室主任。1995年任景电工程景泰指挥部指挥。2001年任县委常委、宣传部部长，2004年任县委副书记。2006年任县政协副主席。

张永科　1955年生，十里村人。西北师大毕业，中共党员。1972年参加工作，历任青海省海西州科委办公室主任，科协秘书长，活动中心主任，盐业公司政工处处长，党群办公室主任，公司党委书记兼纪委书记，盐业股份有限公司监事会主席。

王生录　1955年生，寺梁村人。高中文化，中共党员。1976年入伍，1982年转业。历任省水电工程局三处办公室主任，基地管理处副处长、处长。

杨永清　1955年生，东关村人。中共党员，大专文化。1976年参加工作，历任四个山乡党委书记，县委办公室主任，县委常委、宣传部部长、组织部部长。2002年任白银区委常委、组织部部长。

戚永福　1955年生，芦阳村人。大学文化，中共党员。1973年参加工作，

1983年任省景电工程指挥部副主任科员、主任科员。1996年后任景电管理局物资供应处副处长、质量安全处处长。

胡玉玲 女，1955年生，芳草村人。大专学历，中共党员。1969年入伍，1989年转业，曾任兰州军区第二干休所、第一干休所政委。2001年退休。甘肃省作协会员，曾出版小说集、诗集、报告文学集。

王 瑞 1955年生，红光村人。毕业于兰州大学新闻学院新闻专业，文学硕士，中共党员。历任兰大合华技术应用开发中心总经理，兰大现代物理系办公室主任。

安文联 1955年生，一条山村人。大专文化，中共党员。1976年入伍，历任连、营文书，团保密员。转业后任中铁十七局公安派出所所长、党委副书记，市经贸委办公室主任，市发改委纪检组组长、副主任、调研员。曾立三等功1次；曾连续3年获市级优秀公务员称号。

王 银 1955年生，东关村人。中共党员，毕业于甘肃农业大学。1980年参加工作，历任市委政研室农经科科长、市农委副主任、市农机局局长。

张守学 1956年生，响水村人。大学文化，中共党员。1980年参加工作，历任芦阳镇镇长、党委书记，县城建环保局局长，县政府办公室主任，县委统战部部长。2007年任县政协副主席兼统战部部长。市第四届党代会代表，市第五、第六届政协委员。曾被省人事厅授予"优秀中专生"称号，省委组织部授予"全省优秀乡镇长"称号、曾获"西北五省区十佳城建局长"称号。

韩 波 1956年生，芦阳村人。大学文化，中共党员。1979年参加工作，历任县政府办公室副主任，行政科科长，县劳动局、县水务局局长，县供水工程指挥部副指挥。2011年任县人大常委会副主任。曾获省人力资源和社会保障厅、水利厅"全省水利工程先进个人"称号。

卢昌智 1956年生，响水村人。大学文化，中共党员。1974年入伍，转业后历任武威地区行署办公室科长、副主任，体育运动处副处长。2000年任体运处党总支书记。

王 鹏 1956年生，红光村人。上海空军政治学院毕业。历任县国税局局长、市国税局副县调研员。1991年，获省税务局为政清廉先进个人奖。

康清荣 1956年生，麦窝村人。中共党员。1975年毕业于四川大学法律系，历任天祝煤矿武装部副部长，兰州红古区工商局副局长、红古区副区长。2000年任兰州市旅游局副局长。

杨凤礼 1956年生，东风村人。1982年毕业于甘肃农业大学农学系，中共党员。历任县农委、农建办、移民办副主任，县农机中心主任、县农牧局局长。1998年任副县长。2001年任县委常委，2002年任县委副书记。2005年任市水利局副书记、党委书记、调研员。1992年被评为省"两西建设扶贫开发先进个人"。高级农艺师。

郭永泰 1957年生，席滩村人。大学文化，中共党员。1976年参加工作，历任县团委副书记、书记，监察局、劳动局局长，县委组织部副部长。1997年任县委常委、纪委书记。2002年任靖远县委副书记兼纪委书记。2006年后任市委统战部常务副部长兼民族宗教事务委员会主任。2011年后任景泰县人大常委会副主任、党组副书记、主任、党组书记。多次获团省委新长征突击手、全省优秀团干部等称号。中国榜书家协会理事，省、市书法协会、省诗书画联谊会会员，黄河石林书画院美术师。

沈昌林 1957年生，红光村人。大专文化，中共党员。1974年参加工作。历任阿干煤矿整顿办、整党办、总务科副主任、科长，省煤炭局信访室、房改办负责人，省煤炭局管理科长、晶源物业公司经理，省煤炭多种经营公司副经理、经理、调研员。

李保军 1957年生，芳草村人。中共党员。1982年毕业于兰州大学中文系。历任武威地区文联《红柳》杂志主编、敦煌文艺出版社总编辑、甘肃少年儿童出版社总编辑，武威市文化局调研员、白银市文化局副局长兼市文物局局长；白银市政协调研员。发表多篇报告文学、散文，主编《芳草村志》；《兴泉村志》特邀编审。

毛成祖 1957年生，东关村人。大学文化，中共党员。1976年入伍，曾任副连职。1984年转业中铁十七局，历任计划处处长，副总工程师、副总指挥。曾获中华全国铁路总工会"火车头奖章""山西省劳动模范"称号。

彭可成 1957年生，响水村人。中共党员，大专文化。1976年参加工作，历任甘肃省医药总公司组织部副部长、党委办公室主任，医药管理局办公室主任。2002年后任临夏州药品监督管理局局长，省药品监督管理局人事处处长。

孙延成 1957年生，红光村人。大专文化，中共党员。历任青海省第二水文地质队队长，地质工程总公司党委书记兼总经理，地质调查院党委书记兼副院长。

杨天平 1957年生，响水村人。大学文化，中共党员。1976年参加工作，历任高台县粮食局局长，粮库主任，中储粮兰州分公司青海办事处书记。

李树涛 1957年生，红光村人。中共党员。1981年毕业于兰州石油学校，曾任石化公司副处级主任，工程师。

郭延健 1958年生，东关村人。大学文化，中共党员。1980年参加工作，历任县种子公司经理，县农技中心主任，县农业局、农牧局局长。2002年任上沙沃经济开发区管委会主任。2004年任县委常委、副县长。2011年任县政协主席。第六届市人大代表。1992年、1993年获农业部农牧渔业丰收一、二等奖，并获省科技进步奖十多项。

马财国 1958年生，一条山村人。大专文化，中共党员。1978年入伍，历任连长、营长、副团长、师装甲科科长。1998年转业后任县法院副院长。

杜全铭 1958年生，一条山村人。大学文化，研究生，中共党员。1977年参加工作，历任县委党校常务副校长，县二中党支部书记，高级教师。曾获"全省干部教育先进工作者"称号，发表论文数篇。

刘玉岚 女，1958年生，一条山村人。大专文化，中共党员。1981年参加工作，历任县妇幼保健站儿科主任、副站长，计划生育指导站站长。2002年获省卫生厅先进工作者称号。2006年任县政协副主席兼计生站宣传技术指导站站长。副主任医师。

祁名山 1958年生，响水村人。大专文化，中共党员。1979年参加工作，历任金昌市人民检察院办公室副主任、正科级检察员、研究室主任。1998年任起诉处副处长。2000年后任副县级检察员，刑检处处长，检察委员会专职委员（正县）。

谈明理 1958年生，东风村人。大学文化，中共党员。1976年参加工作，历任省景电管理局四个山水管所所长兼党支部书记、劳动人事处科长、党政办公室副主任、局后勤中心主任。

焦　平 1958年生，芳草村人。本科学历，中共党员。1975年参加工作，曾任白银公司公安处副处级侦查员，市公安局交警支队副支队长。

杨天军 1959年生，索桥村人。大学文化，高级工程师，中共党员。1975年参加工作，历任省景电管理局灌溉科科长，筹备处、灌溉处副处长。1996年后历任省引大入秦指挥部灌溉处党支部书记、处长，引大入秦工程管理局局长助理、总工程师。1997年被评为"全省水利工程确权划界先进个人""甘肃省优秀青年"称号。获省水利厅科技进步二等奖2次。发表论文9篇，专著4部。

乔占英 1959年生，西关村人。大学文化，中共党员。1980年参加工作，历任铜城监狱四监区副监区长、二监区监区长，白银监狱狱政管理科科长、副监狱长，定西、白银监狱调研员（正处）。曾获司法部"全国优秀管教员""全国监狱优秀人民警察"称号。荣立三等功1次。

胡秉龙 1959年生，芳草村人。大专学历，中共党员。1976年入伍，曾任兰州市委办公室副主任。

张茂有 1959年生，索桥村人。中共党员。1978年入伍，毕业于石家庄装甲兵指挥学院，历任营长、副团长。转业后任新疆阿克塞县委常委、人武部部长。曾获"甘肃省模范军队转业干部"称号。

王月福 1960年生，城北村人。大专文化，中共党员。1978年入伍，1987年转业后历任县公安局、交警大队副指导员、指导员、教导员，市公安局交警支队景泰大队队长，市车辆管理所教导员，交警支队秩序设施科、事故处理科科长。四级警长。

卢昌高 1960年生，响水村人。1981年毕业于甘肃教育学院，中共党员。历任中共武威地委宣传部科长，武威市委新闻办公室主任，武威市人大常委会办公室主任。

洪恩荣 1960年生，红光村人。大专文化，中共党员。1980年参加工作，历任嘉峪关市政协科长、统战部常务副部长、工商联党组书记，安监局党组书记，人大常委会民侨内务司法工作委员会主任。一级调研员。

缪海明 1961年生，响水村人。大学文化，中共党员。1977年入伍，曾任副连长、指导员、党支部书记。1991年转业省景电管理局，历任裴家营水利公安派出所所长，直滩、四个山党支部书记。2016年调县公安局，任正路、石井村扶贫工作队队长，翠柳村第一书记。四级高级警长。曾获市优秀驻村帮扶工作队队长、市文明办身边好人称号。立三等功1次。

俞兴源 1961年生，一条山村人。大专文化，中共党员。1980年入伍，转业后历任县民政局副局长，县人大常委会代表联络工作委员会主任、办公室主任。三级调研员。

杨天进 1962年生，响水村人。大学文化，中共党员。1983年参加工作，历任市纪委第一纪检、监察室主任，纪委常委、副书记，市委统战部副部长，工商联主席。一级调研员。

毛建玲 女，1962年生，麦窝村人。大学文化，中共党员。1981年参加工作，市中级人民法院四级高级法官。

王积功 1962年生，城北村人。大学文化，中共党员。1980年入伍，1984年转业。历任省景电管理局办公室副主任，省水电工程局保卫处副处长。1998年任省水利厅物资总公司经理。

沈天林 1962年生，红光村人。大学文化，中共党员。历任武威地区行政公署科技处副处长，民勤县常务副县长、副书记，凉州区委副书记（兼甘肃省黄羊工业园区党工委书记），武威市委副秘书长，武威市委农办主任、市扶贫办主任，武威市政府副秘书长。曾被武威市委、市政府授予"年度优秀领导干部"称号。

曾潮斌 1962年生，西林村人。大学文化，中共党员。1981年参加工作，历任省电力多种经营集团公司主任、工会副主席，省科源电力集团公司工会主席，副处级调研员。

杨天铎 1962生，响水村人。大学文化，中共党员。1980年参加工作，历任市开发区党政办公室主任、劳动人事部部长，市人才办公室副主任。

沈渭孝 1962年生，东关村人。大学文化，中共党员。1981年入伍，1985年10月赴云南老山前线，历任连长、营长。2001年转业后任陕西省委办公厅房管处处长，西安市房管局副局长。

杨天军 1962年生，响水村人。大专文化，中共党员。1982年参加工作，历任县农技中心植保站站长、县农机局局长、农牧局副局长兼农技中心主任，三级调研员。

何 孝 1963年生，红光村人。大学文化，九三学社社员，正高级教师。

1983年参加工作，历任景泰一中教导主任、副校长、校长，省骨干教师。市六届政协委员，市人大九届代表、委员。县第一届九三学社支社主委，县第六、七届政协委员，第七届政协常委，第十六届人大常务委员，县第九届政协副主席。主持国家级"十二五"规划重点课题并获二等奖，两次获市园丁奖。在国家级核心刊物发表论文4篇，省级11篇。2020年度市委组织部给予记功。为省第一批享受陇原人才服务人才。

卢守统 1963年生，响水村人。大学文化，中共党员。1984年参加工作，历任中国工商银行景泰支行副行长、行长，市分行营业部副主任。2020年任白银工行高级经理兼景泰支行行长。1992年获"全省工行先进工作者"称号。

沈建中 1963年生，红光村人。1987年参加工作，研究生学历。历任县财政局预算股、人秘股股长，市信托投资公司办公室主任，市信托投资公司四龙路证券营业部经理，市中小企业投资担保有限责任公司总经理、执行董事，省信托公司第二届监事会主席。

卢昌辉 1963年生，响水村人。研究生，中共党员。1987年参加工作，历任省财政厅综合计划处副处长、处长，采购中心主任，综合处处长，二级巡视员。曾3次被评为优秀公务员。

周德仁 1963年生，席滩村人。大学文化，中共党员。1989年毕业于甘肃省中医学院。宁夏石嘴山矿务局职工医院主治医师，1999年任石嘴山中心医院副主任医师、主任医师、党支部书记。在《陕西中医》《宁夏医科大学学报》等刊物发表论文11篇。

祁　贵 1963年生，响水村人。大学文化，中共党员。1985年参加工作，曾任武威市审计局副局长。

张庆春 1963年生，一条山村人。中专文化，中共党员。1979年参加工作，曾任条山农场试验站副站长、百号队副队长，三分场副场长、场长，条山集团公司副总经理、总经理。

卢昌元 1963年生，芦阳村人。1986年毕业于西北师范大学政教系，留校工作，曾任校长办公室正科级秘书、图书馆馆长。2000年任博物馆馆长（正处）。1994年获高校社科统计先进个人奖。

卢昌宝 1963年生，响水村人。大学文化，中共党员。1982年参加工作，曾任白银日报新闻中心主任，主任记者。发表论文2篇，曾获新闻工作者协会二等奖、甘肃新闻一等奖两次。

段吉文 1963年生，响水村人。大学文化，中共党员。1982年参加工作，历任中国人民财产保险股份有限责任公司拜城县支公司经理，哈密地区分公司、昌吉州分公司副总经理。立三等功1次，曾获中国人民保险集团公司农村保险业务精英奖。

郭延龙 1963年生，东关村人。大学文化，中共党员。1988年参加工作，历任县检察院起诉科科长、反贪局局长、副检察长，省纪委监委第五监督检查室一级调研员、三级高级监察官。

彭可俊 1963年生，响水村人。大专文化，中共党员。1977年参加工作，历任县国税局监察室主任、主任科员。四级高级主办。曾获省国税局庆祝中华人民共和国成立60周年征文三等奖。省音协会员。

来耀功 1964年生，麦窝村人。大学文化，中共党员。1982年参加工作，历任县检察院正科级检察员、反贪局局长、副检察长。四级高级检察官。

折福奇 1964年生，城关村人。大学文化，中共党员。1985年参加工作，历任县计划经贸局副局长兼酒类专卖局局长，经济贸易局党支部书记兼副局长，乡企局局长，商务局党总支书记兼副局长、局长，工信局党组书记、局长，县政协党组成员，经济科技委员会主任，科教文体委员会主任，四级调研员。

王海平 1964年生，红光村人。大学文化，中共党员。1982年参加工作，历任省水电工程局纪委副书记、纪检监察室副主任。

李得国 1964年生，响水村人。大学文化，中共党员。1987年参加工作，历任省水利厅水土保持局副局长、水利管理局副局长，省抗旱防汛办督察主任（正处），省水利政策法规处处长。高级工程师。

祁全展 1964年生，响水村人。大学文化，中共党员。1987年参加工作，曾任省水电工程局四处副处长。

苏建刚 1964年生，芦阳村人。中共党员。1986年毕业于武汉地质学院矿产专业，硕士学位。曾任中国银行宁夏分行副处长、处长。

何　勇 1964年生，东关村人。毕业于甘肃农业大学，中共党员。1986年参加工作，曾任平川区复兴乡党委副书记，市水土保持工作站副站长，水土保持局局长，2020年任水土保持站站长，总站站长，高级工程师。曾获市委、市政府"脱贫攻坚先进帮扶干部""先进帮扶个人"称号。

周　瑾　1964年生，芦阳村人。西安财经学院毕业。历任兰州市城关区统计局副局长，南京航空航天学院党政办公室主任。

杨天琳　女，1964年生，索桥村人。大学文化，中共党员。1989年参加工作，曾任武威市卫生局副局长，疾控中心工会主席。

李保荣　1964年生，城关村人。中共党员。兰州大学新闻传播系研究生，法学硕士。历任县广播站站长、甘肃日报社驻白银记者站站长、办事处主任，主任记者。多次获甘肃省委宣传部甘肃日报社"优秀记者""先进工作者"称号。

王学军　1964生，东关村人。甘肃农业大学毕业，中共党员，1987年参加工作，历任甘肃省农机学校教研室副主任，农机局办公室主任、副局长，农业农村厅农业监理处处长，一级调研员。

郝建国　1964年生，响水村人。大学文化，中共党员。1982年参加工作，历任县公安局副局长（正科级侦查员）、常务副局长，2015年任政委。曾获全省亮剑行动表现突出先进个人奖、全市人民满意的政法干警，立三等功2次。

雷恩东　1964年生，城关村人。大学文化，工程师，经济师。先后在省第二汽车修配厂、甘肃化工机械厂工作。历任化工机械厂技术员、销售经理，南方塑机公司西北销售顾问。

沈建沁　女，1964年生，红光村人。大学文化，中共党员。1983年参加工作。历任市人大常委会农业工作委员会副主任、市人大农业城建环保工作委员会副主任、市人大常委会办公室二级调研员。曾获"优秀公务员"称号。

王琳健　女，1965年生，城北村人。大学文化，中共党员。1987年参加工作，历任县林业局副局长、书记，县直机关工委书记，卫健局局长，2018年任县政协副主席。中共白银市第四、第五、第六次党代会代表、中共景泰县第十、第十三次党代会代表。曾获省科技进步二等奖。

王新鹏　1965年生，芦阳村人。大专文化，中共党员。1984年参加工作，历任红水乡、草窝滩镇经联委主任，喜泉镇镇长，正路乡党委书记，县纪委副书记、监察局局长，县政协办公室主任。2019年任县人大常委会副主任。

李鹏荣　1965年生，城关村人。大学文化，中共党员。1983年参加工作，历任金昌一中办公室主任、金昌驻成都办事处主任、金昌市工会主席。

陈永菁 女，1965年生，索桥村人。大学文化，中共党员。1986年参加工作，历任市公安局户政科科长，经济侦察支队副支队长，防暴支队、特警支队政委，铜城分局副局长，获公安部二等功1次。

吴国荣 1965年生，一条山村人。大学文化，中共党员。1984年参加工作，历任团市委组织部副部长、部长，办公室主任，青年联合会副主席，任会宁县副县长、县委常委、组织部部长，市旅游局局长。

王宇健 1965年生，城北村人。1987年毕业于西北师范大学，中共党员。历任市教育局普教科办公室主任，靖远师范党委副书记、纪委书记，副教授，白银矿冶职业技术学院筹备办公室副主任、副院长。曾获"全国学校体育卫生工作先进个人""全省优秀共产党员""市民族工作模范先进个人"称号。

杨天生 1965年生，索桥村人。硕士学位，中共党员。曾任西安飞机制造集团有限责任公司设计研究所站长。高级工程师。

孟子龙 1965年生，一条山村人。大学文化，中共党员。1984年参加工作，历任省景电管理局灌溉处、工程处科长，党政办公室副主任，高级工程师。

杨佑军 1965年生，东关村人。大学文化，中共党员。1982年入伍，曾任团参谋主任。2006年转业后，历任省人事厅处长、事业单位局局长、总队长，党委书记。

廖永亮 1965年生，芦阳村人。中共党员，1987年毕业于北京广播学院新闻系。中央人民广播电台《广播生活》主编，高级记者，历任绍兴市宣传部副部长，越城区委副书记。作品曾获国家级奖，获"全国广播电视理论工作者百优""甘肃省十大杰出青年记者"称号，并被授予"甘肃省新长征突击手"称号。

周泰成 1966年生，芦阳村人。中共党员，本科学历。历任县法院副科级审判员，市中级人民法院审判委员会委员、审判管理办公室主任，中级人民法院审判委员会专职委员。三级高级法官。

周德宗 1966年生，红光村人。大学文化，中共党员。1986年参加工作，历任漫水滩乡乡长、党委书记，县政府接待处主任，食品药品监督管理局局长，县文广局、科技局局长，县人大农业农村与社会建设委员会主任。省楹联家学会、市书法家协会会员，县书法家协会副主席。曾获省委、省政府民族团结进步模范个人称号。三级调研员。

祁　林　1966年生，响水村人。大学文化，中共党员。1987年入伍，历任司务处司务长、营助理员、副团级。立三等功2次。

周德高　1966年生，红光村人。大学文化，中共党员。1984年参加工作，历任红水乡经联委主任、白墩子乡副乡长、党委副书记。1998年后任省粮食局长城仓库人秘科科长、张掖国备粮库经理。2004年后，历任省粮食局王家墩仓库主任、党委书记，省粮油批发市场党委书记，粮油监督所所长、支部书记。

陶福胜　1966年生，席滩村人。1988年西北师范大学政教系毕业，硕士研究生。中共党员。历任甘肃工业大学秘书科副科长，经济管理工程系党总支书记、副主任，学生处副处长，图书馆党总支书记、副馆长。2001年任社会科学系党总支书记、副主任。

司朝阳　1967年生，芦阳村人。甘肃省委党校大学学历，中共党员。历任兰州监狱党委委员、纪委书记、副监狱长。一级高级警长、三级警监。

李炳兴　1967年生，东关村人。中共党员。1993年毕业于兰州理工大学外语专业，分配兰州石化工作。曾任省政府办公厅秘书五处副处长、处长。

王　晶　女，1967年生，城关村人。1989毕业于兰州大学。曾在省政府法制办、省司法厅工作。历任省政府法制办行政法规处、经济法规处处长，省司法厅立法二处、行政复议处处长，法治督察局局长，省司法厅二级巡视员。曾获全国减轻农民负担先进工作者、2006—2010年全省实施妇女儿童发展规划先进个人、全省政府法制工作先进个人等称号。

张茂林　1968年生，响水村人。毕业于石河子农学院，中共党员。1993年参加工作，历任省景电管理局维修队队长、工程处副处长，计财处处长。2010年获"省水利厅先进工作者"称号。

沈茂月　1968年生，红光村人。大专文化，中共党员。1991年参加工作，历任甘肃华鹭铝业有限公司办公室副主任、驻京办公室主任，中铝宁夏能源集团有限公司综合处主任，中铝股份有限公司总裁办公室业务主管。

彭红梅　女，1968年生，响水村人。1991年毕业于西北师大，兰州大学计算机硕士研究生。省邮政储汇局高级工程师。2007年调中国邮政储蓄银行北京总部，任数据中心综合管理处处长。

王富健 1969年生，城北村人。大学文化，中共党员。1992年参加工作，历任省景电管理局维修队党支部书记、队长，机电处副处长。曾获"省水利厅优秀工会积极分子""优秀共产党员"称号。高级工程师。

芮文刚 1969年生，红光村人。大学文化，中共党员。1991年工作，历任兰州市安宁区孔家崖乡乡长、党委书记，安宁区规划国土局局长，红古区副区长，兰州市环保局局长、党组书记。2019年任西固区区长，2020年任七里河区区委书记。

李利民 1969年生，红光村人。1992年毕业于解放军后勤工程学院。历任第四军医大学服务部营房处副处长、研究生大队政委上校（正团）。立三等功1次，曾获原兰州军区"优秀工程质量监督员"称号。

卢昌元 1969年生，响水村人。1994年毕业于西北农林科技大学。历任嘉峪关市文明办科长、副主任，三级调研员。发表论文数篇，其中1篇获延安精神研究会三等奖。

祁　海 1970年生，响水村人。中共党员。1993年入伍，中国人民解放军西安政治学院毕业，历任股长、营教导员、副团级干事，立三等功2次，获团、师、军级5次嘉奖。

韦应盛 1970年生，席滩村人。硕士研究生，中共党员。1987年入伍，历任营职参谋、副团职参谋，副处长、处长，2019年任陕西省民政厅慈善事业促进和社会工作处一级调研员。曾获原总装备部、政治部、后勤部先进个人称号，立三等功1次。

王　岚 女，1970年生，城关村人。1991年本科毕业于兰州大学，2008年获兰大公共管理硕士学位。曾在省铝业公司、省国土资源厅、自然资源厅工作。历任储量管理处、矿产资源保护监督处、国土空间生态修复处处长，一级调研员。曾获"甘肃省巾帼建功标兵""2011—2020年全省实施妇女儿童发展规划先进个人"等称号。曾立"三等功"1次。

李文辉 1970年生，响水村人。1994年毕业于南京审计学院，经济管理研究生，中共党员。历任白银市审计局金融审计科副科长、办公室主任、副局长、党组成员。在《中国审计》《中国审计报》《甘肃审计》等杂志、报刊发表20多篇审计论文。

卢有强 1970年生，响水村人。工商管理硕士。1992年参加工作，历任兰石劳动人事处人事科科长，兰石集团人力资源部部长，省属企业董事、监事管理中心专职董事，高级经济师，曾获大中专学生毕业就业先进个人，省人事厅"维护稳定先进工作者"称号。

彭可信 1970年生，响水村人。研究生，中共党员。1992年参加工作，历任甘肃省财政厅注册会计师，行业党委副书记，省金融监事会监事，省财政厅监督局副局长。

沈长林 1970年生，红光村人。1989年入伍，中共党员。转业后任内蒙古宝铁集团石油公司常务副总经理兼党委书记。

赵天东 1970年生，芳草村人。大专文化，中共党员。1992年参加工作，曾任省水电工程局有限责任公司副经理。

雷恩辉 1970年生，城关村人。硕士毕业于兰州大学法律系，1993年7月参加工作，省高级法院三级高级法官。曾获"全省涉诉信访工作先进个人""全省政法系统优秀共产党员""全省优秀法官"等称号。

王 涛 1971年生，红光村人。大学文化，中共党员。1989年参加工作，历任县委组织部组织员，漫水滩乡乡长、党委书记，芦阳镇党委书记，县委办公室主任。2019年6月任副县长。曾获"全市优秀乡镇党委书记""全省人民满意公务员"称号。2021年获省委、省政府"脱贫攻坚先进个人"称号。

李明政 1971年生，响水村人。大学文化。1993年参加工作，历任建行白银市分行办公室主任，上海浦东发展银行兰州分行零售信贷部总经理（正处）。

卢昌杰 1971年生，响水村人。中共党员。1989年入伍，毕业于西安陆军学院。历任连长、股长（副营）、科长（正营），立三等功3次。2006年转业，历任金昌市农村工作办科长，农业农村局四级调研员。曾获金昌市委"优秀共产党员""优秀公务员"称号。

祁金山 1972年生，响水村人。大学文化，中共党员。1995年参加工作，历任县人大常委会办公室正科级秘书，市民政局办公室主任，市老龄委办公室副主任，市民政局党组成员、副局长。曾获民政部"全国民政系统抗震救灾先进个人"称号，科学技术成果创新成果三等奖。

焦 智 1972年生，芳草村人。大学文化。中共党员。1993年参加工作，历任工商银行景泰支行党支部书记、行长，工商银行金城支行党委书记、行长。

马永福 1972年生，芦阳村人。大学文化，中共党员。1992年参加工作，历任兰州市安宁区委组织部副部长，兰州经济技术开发区工委委员、管委会副主任、主任。

张生文 1972年生，城北村人。大学文化，中共党员。1991年参加工作，历任正路乡武装部部长、副乡长、党委副书记、书记，寺滩乡党委副书记、经联委主任、党委书记，县信访局局长，一条山镇党委书记，四级调研员，黄河石林管委会副主任。

李　明 1973年生，城关村人。大学文化，中共党员。1989年参加工作，历任团市委办公室主任，市总工会、公积金纪检组组长，市纪委第四派驻组副组长，市残联副理事长。曾获"全省优秀团干部"称号。

杨国正 1973年生，一条山村人。1996年毕业于东北大学。历任上海台达集团公司产品经理，杭州中恒电器有限公司产品总监。获专利1项，主持"离网型光伏系统"等多个项目的研发工作。

胡广亚 1973年生，芳草村人。大学文化，中共党员。1995年参加工作，历任省公安厅交通管理局宣传处副处长、厅基建办副主任，交通管理局政工纪检处副处长。

马占雄 1973年生，城关村人。毕业于西北师大，中共党员。1996年参加工作，历任金昌市委机要局通讯话务科科长，机要局副局长、局长，机要和保密局副局长。

李应伟 1974年生，响水村人。本科学历，中共党员。1996年参加工作，历任白银区副区长，区委常委、组织部部长，玉门市市长。

张雪莉 女，1974年生，城关村人。大学文化，研究生。1997年参加工作，历任市环保局环境监察支队主任科员、办公室主任。2013年任县政协副主席。

宋承玉 女，1974年生，东关村人。1997年任第五飞行学院卫生科内科医师。2009年12月调为技术9级（副团级），2013年12月调为技术8级（正团级），2016年10月自主择业。

郝国华 女，1975年生，响水村人。大学文化，中共党员。1996年参加工作，历任芦阳镇纪委书记、寺滩乡乡长、党委书记，县扶贫办主任，县农业农村局局长。2021年任县人大常委会副主任。曾获"市优秀共产党员""市脱贫攻坚优秀党委书记""全省脱贫攻坚领导小组先进个人""全省企业联网直播工作先进个人"称号。

李富达 1975年生，芳草村人。1997年毕业于青海民族学院，中共党员。历任青海省德哈令团委副书记、海西州委组织科、财政局综合科科长，天峻县委常委、组织部部长，青海省人民政府办公厅人事处长。曾获州"优秀党员""先进工作者"称号。

孙志国 1975年生，东关村人。毕业于甘肃政法大学经济法系，公共管理硕士，企业合规师（高级）。中共党员。历任省公航旅集团综合办公室主任（正处级）、法律事务部部长（其间挂职任中共灵台县委副书记），省公航旅集团有限公司总法律顾问，兼任法律事务部部长、职工监事。

徐卫华 1975年生，一条山村人。1998年毕业于昆明理工大学，中共党员。1998年8月参加工作，2005年入英国爱丁堡大学读书并获环境与发展硕士学位，2007年6月调入云南省政府办公厅，历任副调研员、副处长、调研员、二级调研员等职。2021年11月，被中国科协授予"全民科学素质工作先进个人"称号。2022年7月在国务院办公厅挂职交流。同年11月任云南省政府驻京办信息处处长。

忽建强 1975年生，东关村人。研究生学历，中共党员。1996年参加工作。历任平川区委正科级组织员，市委组织部正科级组织员、干部监督科科长、副县级组织员，靖远县委常委、组织部部长、常务副县长，市住房公积金管理中心主任、党组书记。2021年任市交通运输局党组书记、局长。

沈茂军 1975年生，东关村人。毕业于兰州大学，任甘肃省安装建设集团有限公司嘉峪关分公司副经理。

辛世宝 1976年生，石城村人。大专文化，中共党员。1995年入伍，历任排长、连长、营长，原北京军区内蒙古军分区副团职，立三等功。

付兆永 1976年生，东关村人。1997年毕业于解放军信息工程大学，分配总参第二测绘导航基地。副团级。

马玉福 1976年生，响水村人。大学文化，工学学士。中共党员。1997年参加工作，历任市兴电工程管理处团委书记、机电科党支部书记、团市委副书记、书记，平川区委副书记，市科技局局长。曾获水利部大禹治水奖、省政府科技进步奖。

王钦龙 1976年生，城北村人。1999年毕业于北京理工大学，中国人民大学硕士研究生。历任联想集团、当当网、尚品网、新东方集团经理、总监，百度公司深圳分公司业务总监。

李成名 1978年生，西关村人。2002年毕业于甘肃农业大学，中共党员。历任上沙沃镇梁槽村党支部第一书记，县水产站站长，县畜牧兽医局党支部书记兼副局长，正路镇党委书记。曾获"全省畜牧推广先进个人"称号。2021年9月任会宁县副县长兼公安局局长。

卢昌明 1978年生，响水村人。2000年毕业于第四军医大学，新疆医科大学研究生，中共党员。历任民族干部学院门诊部副主任，正团级文职四级。2003年获新疆维吾尔自治区科技进步三等奖。

张福祥 1976年生，城北村人。2015年硕士毕业于南京理工大学项目管理专业，中共党员。历任林泉航天电机有限公司党委书记、董事长，中国航天科工集团第十研究院通联航天工业有限公司党委书记、董事长。2015年被国务院国资委评为"全国中央企业优秀信访办主任"，2022年获贵州省五一劳动奖状。

龚真斌 1978年生，城北村人。大专文化，中共党员。1997年入伍，转业后历任新疆和田地委政法委流动人口服务与管理办公室主任，和田地委巡察办巡察组副组长，巡察员，地区财政局纪委监察组组长，地区职业技能教育培训服务管理局副局长。

张举杰 1978年生，城北村人。1995年入伍，1998年考入留疆干部培训学院，1999年参加工作，曾任新疆和田地区公共就业服务中心主任。

武晓晶 1980年生，芳草村人。大学文化，中共党员。2004年参加工作，历任中国人民银行兰州中心支行反洗钱处监管一科科长、副处长。

张宏昌 1980年生，芦阳村人。中共党员。2001年毕业于解放军炮兵学院，历任排长、连长、旅作战参谋、集团军作训处副处长及处长、团参谋长、旅参谋长、团长、山地步兵旅长、摩托化步兵旅长、军事科学院战略咨询评估中心正师职评估专员。立二等功1次、三等功6次。2009—2011年在土耳其联合军事学院留学两年，获军事学硕士学位及该国总统颁发的优秀外国留学生金质奖章。

孙志蓉 女，1980年生，东关村人。大学文化，中共党员。二级调研员，1999年参加工作，历任省水利厅信息中心综合科科长，省酒泉水文站党支部书记，省水利厅财务处副处长、监督处副处长。曾获省财政厅"会计工作先进个人"、水利部"先进工作者"称号。曾立三等功。

马　生 1981年生，响水村人。大学文化，中共党员。2007年参加工作，历任中国联通白银分公司办公室主任、省分公司纪委案件管理审理室主任、党委巡察办公室主任。曾获中国联通"优秀党务工作者"称号。

周德才 1981年生，红光村人。大学文化，中共党员。历任市人大常委会副主任科员（其间曾挂任喜泉镇党委副书记）、办公室秘书科科长、办公室副主任，中共靖远县委常委、刘川工业集中区工委书记，团市委书记，中共白银区委副书记。

马　斌 1982年生，东关村人。大学文化，中共党员。历任黄河石林大景区管委会副主任、白银市公路运输管理处副处长。

杨佑鹏 1982年生，响水村人。大学文化，中共党员。2003年参加工作，中储粮甘肃分公司科长，副主任（副处）。

李进鹏 1982年生，响水村人。大学文化，中共党员。2004年参加工作，曾任省财政厅社会保障处副处长。

杨佑强 1982年生，寺梁村人。2005年毕业于甘肃理工大学机电系，中共党员。曾任二十一冶建设有限责任公司第七安装公司副总经理（副处）。

胡广之 1983年生，芳草村人。大学文化，硕士学位，中共党员。2006年参加工作，历任中储粮天水粮库纪委书记、榆中粮库副经理。

卢昌毅 1983年生，响水村人。大学文化。2008年参加工作，兰州众邦电线电缆集团有限公司市场经销部总经理。

张宏飞 1984年生，芦阳村人。2007年华北水电学院毕业，海河大学工程硕士学位，高级工程师。省水电勘测设计研究院有限责任公司新疆分院院长。

王万任 1984年生，芳草村人。大学文化，中共党员。历任省发展和改革委员会培训中心副主任、产业发展处副处长。

沈茂东 1984年生，红光村人。中共党员，2006年空军工程大学毕业。历任火控师、组织干事、指导员、宣传保卫股长政治处副主任、机务大队教导员。空军中校（副团级）。曾分别被北部战区空军、空军航空第21师、空军航空第61旅评为"四有军人""优秀党务工作者""优秀基层干部"。

来进明 1985年生，响水村人。中共党员，省委党校研究生学历。历任中泉镇镇长、党委书记，草窝滩镇党委书记，共青团白银市委党组成员、副书记兼市青联主席，靖远县委常委、常务副县长，平川区委副书记、代区长、区长。

祁　斌 1989年生，响水村人。毕业于山东科技大学，北京航空航天学院硕士。曾任长江存储科技有限责任公司自动化经理。

杨家兴 1990年生，寺梁村人。2012年毕业于中国人民解放军南京政治学院，2014年硕士研究生毕业。2022年在中组部干部一局工作。

三、正高级及以上专业技术职称人员

郝　璘 1922年生，响水村人。甘肃青年抗战团景泰分团成员，1948年毕业于西北师范学院。1956—1960年留学苏联，哈尔科夫大学研究生。回国后，长期从事无线电物理教学和研究工作，在兰州大学物理系任教，历任无线电系副教授、教授、系主任，发表论文10余篇。1990年离休，任兰大硕士生导师。省电子学会副理事长。

王姝静 女，1926年生，城关村人。兰州高等助产学校毕业，民盟盟员。参加工作后，一直在省人民医院妇产科工作，曾任护士长。主任助产师。

冒天诚 1931年生，芦阳村人。1954年毕业于重庆重工业大学，历任大连海运学院船舶电气工程系、电力电子技术应用研究室主任，教授，辽宁省船舶电气工程专业委员会主任。

范学成 1935年生，东关村人。1956年毕业于兰州工业学校。先后在青海城市设计院、矿山勘测设计院、重工业设计研究院工作。主任工程师。

王姝清 女，1937年生，城关村人。中共党员。1959年西北农学院园艺系毕业留校，教授，硕士生导师，教研室主任。曾获林业部科技进步二等奖1项、省级奖10项。享受国务院政府特殊津贴。

李俊山 1941年生，芦阳村人。毕业于兰州医学院医疗系。1965年参加工作，历任兰州医学院附属一院急诊科主任，副主任医师、教授。发表论文数篇。

冒天启 1942年生，芦阳村人。中共党员。1965年毕业于兰州大学政治经

济系。博士生导师。历任《红旗》杂志社副主编，中国社会科学院政治经济研究所副所长。《经济研究》主编，经济系主任，曾多次赴美国、日本等国考察讲学。出版专著多部，发表中外文论文数百篇。享受国务院政府特殊津贴。

王景云 1944年生，芦阳村人。1967年毕业于兰州大学力学系，硕士，西北师范大学物理系教授。论文《据多重特征的线性偏微分算子局部可解的充分条件》被美国数学文摘《数学详文》登载。

马如星 1945年生，响水村人。1970年毕业于兰州医学院，中共党员。曾任八道泉乡党委书记。1987年任白银市医药公司党委书记。1988年任市卫生防疫站站长，主任医师。1990年获卫生部劳动卫生先进个人奖，1997、1998年两次获省卫生厅计划免疫结核病防治先进个人奖，5项科研项目获卫生部嘉奖。著有《环境污染与人类健康》。

李述训 1951年生，东风村人。中共党员。1975年毕业于兰州大学数学力学系，理学博士，历任中国科学院兰州冰川冻土研究所学术委员会副主任、研究员。1999年后任中国科学院寒区旱区环境与工程研究所研究员，中国地理学会冰川冻土学会理事，青藏高原研究站站长。专著4部。

安红钢 1954年生，东关村人。1981年毕业于甘肃师范大学化学系，民盟盟员。历任张掖师专化学系副教授、教授、主任。2001年任河西学院化学系主任。1998年获省园丁奖，2012年获张掖市园丁奖，2013年获陇原师德先进个人称号。在国家、省市级刊物发表科研论文60多篇，其中10余篇获省级科技进步奖、教学成果奖、社科成果奖等。

王鸿生 1954年生，城关村人。1981年毕业于西北工业大学，中国人民大学博士生导师，教授。曾赴韩国中央大学作高级研究学者，兼任北京自然辩证法研究会理事长。发表论文10多篇，著有《科学技术史》等。

曾正中 1956年生，十里村人。1982年毕业于兰州大学水文地质与工程地质系。教授，硕士生导师。历任兰大环境科学与工程系副主任、省环保局科学学会理事、省政府投资项目工程咨询中心专家委员。

王有科 1956年生，响水村人。中共党员。1983年甘肃农业大学林学系毕业并留校，硕士生导师，教授。曾任成人教育学院院长，林学院副院长、书记。主编《花椒栽培技术》。3项科研成果获省部级三等奖。

张天俊 1957年生，红光村人。中共党员。1982年兰州大学地质系毕业，历任兰大教务处研究科科长，教务处、国有资产处副处长，资源环境学院常务副书记、党委书记、研究员。曾获国家级优秀教学成果奖1次、省级2次和"甘肃省优秀教育工作者"称号。

李尚全 1960年生，芳草村人。1986年毕业于苏州铁道师范学院，南京大学博士学位。2004年任扬州大学社会发展学院教授和博士生导师。曾任扬州大学佛学研究所所长、（苏州）戒幢佛学研究所研究员、《扬州大学佛学论丛》年刊主编、《寒山寺佛学》年刊常务副主编。出版专著多部。

范海荣 女，1960年生，东关村人。西北师大体育系毕业，历任兰州师专副教授，兰州城市体育学院院长，教授。曾获省委省政府社会科学三等奖，发表论文16篇，专著4部。

李朝东 1962年生，东关村人。中共党员。1984年西北师范大学政治系毕业并留校；西北师大博士，清华大学博士后。教授，博士生导师。历任西北师范大学政法学院院长，研究生学院院长，中共西北师大党委常委、副校长。兼任甘肃省哲学学会副会长，甘肃省法学会副会长，省政府特邀研究员，兰州大学兼职教授，全国现象学专业委员会常务理事，全国学位与研究生教育学会师范类委员会副主任、教育部哲学本科教学指导委员会委员。在《哲学研究》等刊物发表论文80多篇，出版《形而上学的现代困境》等学术著作6部。曾获省级优秀教学成果奖、优秀科研成果奖多次。入选甘肃省教学名师、甘肃省理论拔尖创新人才、甘肃省"四个一批"人才、甘肃省第一层次领军人才。

赵　武 1962年生，芳草村人。中共党员。1988年毕业于甘肃中医学院。特招入伍，历任解放军第四五一医院（原空军西安医院）副主任医师，血液透析中心主任、肾病中医科副主任、医保科主任（享受副师级待遇）。2015年受邀到西安大兴医院（三级乙等医院）创建肾病内科暨血液净化中心，任科主任，2018年聘任为主任医师。先后被西安外事学院等院校聘为副教授。

吴克顺 1962年生，麦窝村人。大学文化。1982年参加工作，景泰一中正高级教师，市骨干教师。曾获省优秀班主任、先进教师称号，4次获国家级高、初中物理竞赛优秀教师指导奖。在国家级刊物发表论文2篇，编写《新课程高考科学复习解决方案》。

董积平 1963年生，一条山村人。毕业于西北师范大学物理系，中国科技大学硕士，北京邮电大学博士。分配兰州地震研究所，曾获省部级奖。论文获首届亚太无线电科学会议优秀奖。中国空间技术研究院电磁场与微波技术专家，中国通信学会高级会员、电磁场兼容分会委员会委员，中国科学院研究生院客座教授。

沈文国 1963年生，红光村人。中共党员。毕业于兰州工业高等专科学校，兰州大学博士。历任兰州工业专科学校分校主编、社会科学系党支部书记、教授。发表论文30余篇，获省级优秀论文一、二等奖。主编2部教材，科研项目获奖数次。

雷凯荣 女，1963年生，城关村人。中共党员。1981年参加工作，兰州大学一院副主任医师，教授，硕士生导师，同济大学超声医学科主任，研究所副所长，上海医大超声医学科主任。

宋旭东 1964年生，东关村人。毕业于西南交通大学桥隧系，中国铁道第五勘察设计院集团有限公司地路院副总工程师，正高级工程师。

李朝奎 1964年生，东关村人。正高级教师，西北师大硕士研究生。中共党员。1987年参加工作，历任八冶一中团委书记、副校长、党支部书记、校长（副县级），金昌市四中、二中、一中校长。曾获金昌市劳动模范、教育系统优秀管理者称号。中国历史教学研究会会员。发表论文30余篇，主持或参与8个省级、国家级课题研究，出版专著《中学生心理健康教育新探》。

余会福 1964年生，响水村人。大学文化，正高级教师，中共党员。1988年参加工作，历任草窝滩中学教导主任、党支部书记，曾两获市园丁、中小学骨干教师及学科带头人称号。在《甘肃教育》发表论文数篇，交流获奖13篇，主持课题获市级优秀成果三等奖。

马军福 1965年生，响水村人。1988年毕业于甘肃农业大学畜牧系，中共党员。历任县农业区划办、市世行贷款牧业综合发展项目管理部办公室副主任，高级畜牧师。在《中国畜禽种业》等刊物发表论文10篇，其中2篇获省农牧渔业一等奖，1篇获中国农业科学院科技成果二等奖，2篇获省科技进步二、三等奖。曾获省农牧厅"农业外资项目先进个人"称号。农业技术推广研究员。

王占忠 1965年生，十里村人。大学文化。1984年参加工作，景泰一中高级教师。2010年调市教育科学研究所。正高级教师。曾在《飞天》《红柳》《白银文学》等期刊发表小说多篇。

沈世林 1965年生，红光村人。研究生学历，北京中医药大学博士学位，中共党员。1984年参加工作，历任兰州大学第一医院中西结合内科主任医师，副教授，中医科主任，中医教研室主任，硕士生导师，2008年赴日本名古屋市立大学做访问学者。兼任省中医药学会中医基础理论和疼痛学专业委员会副主任委员，省科技评审和奖励系统专家成员，国家学位与研究生教育发展中心专家。获省级科技进步奖3项，省第十一届高校青年教师成才奖。先后在国内外发表论文80余篇，主持参与省级、国家科技攻关课题20余项，专著1部。

孙玉梅 女，1965年生，东关村人。本科学历，法学学士，正高级教师，省特级教师，中共党员。历任兰州实验小学副校长，省保育院党委书记、院长。曾两次获省部级劳模、"全国模范教师""全国巾帼建功标兵""省园丁""省教育系统先进工作者""甘肃省优秀党务工作者""甘肃省教育系统优秀共产党员"、省"三八红旗手"等称号。中共甘肃省第十二、第十三、第十四次代表大会代表，省第十三、十四届妇女代表大会代表，兰州市城关区人大代表，省政府参事。发表论文十多篇。主编《甘肃省保育院科学运行机制研究》。

张守明 1966年生，东关村人。大学文化，中共党员。1985年参加工作，历任景泰四中团委书记、教导主任、副校长，景泰五中党支部书记兼副校长，正高级教师。省骨干教师，市十大优秀杰出青年、优秀班主任、优秀德育工作者，在《甘肃教育》发表论文5篇。

沈茂森 1966年生，红光村人。1986年毕业于西北师范大学。历任景泰三中教务主任、副校长，高级教师。曾获全国化学竞赛国家级园丁奖、省级辅导教师奖，系市级青年教学能手、优秀班主任、骨干教师、学科带头人。在国家、省级刊物发表论文10余篇。正高级教师。

李得天 1966年生，东风村人。1985年毕业于西北师范大学物理系物理学专业。中共党员。研究员，博士生导师，国家创新人才推进计划重点领域创新团队负责人，入选国家杰出青年、百千万人才工程和以"万人计划"。中国空间技术研究院技术顾问、兰州空间技术物理研究所（中国航天科技集团五院510所）科技委主任，东北大学名誉教授，厦门大学讲座教授。兼任中国真空学会副理事长、中国计量测试学会副理事长、中国宇航学会计量与测试专委会副主任、中国光学工程学会常务理事、真空技术与物理国防科技重点实验室常务副主任、《真空与低温》期刊主编等。

长期从事真空计量及真空环境下多参数综合测试工程研究，带领团队解决了真空中性气体、真空等离子体和复杂真空效应的测试计量难题，在计量技术、计量标准、测试装置和工程应用等方面作出系统性贡献，建立了我国较完整的真空测试计量体系。其研究成果在地面、近地轨道和宇宙深空获得了全面持续应用。发表学术论文200余篇，出版著作8部。以第一完成人获国家技术发明二等奖1项、国家科技进步二等奖1项、省部级一等奖8项，获何梁何利科技创新奖、全国创新争先奖、中国真空科技成就奖、航天创新奖和航天贡献奖等。2020年当选国际宇航科学院终身院士；2021年当选中国工程院院士。中国共产党第二十次全国代表大会代表。

张　玲　女，1967年生，芦阳村人。大学文化，中共党员。1987年参加工作，县委党校高级讲师、教授。在《法制与社会》等杂志发表论文数篇，其中2篇获市级优秀论文奖，曾获全省"党校教师系统优秀教师"称号。

高国义　1967年生，东风村人。大学文化，中共党员。1988参加工作，草窝滩学区正高级教师，学区校史馆负责人。曾获县、市"优秀教师"称号、国家级优秀教师指导奖。

康星芳　女，1968年生，响水村人。大学文化，中共党员。1988年参加工作，景泰四中正高级教师。曾获市园丁、优秀班主任、十大优秀青年称号，市第六次党代会代表。曾在省级刊物发表论文数篇。

杨佑仪　1968年生，寺梁村人。本科学历，正高级教师。1989年毕业于西北师大专科，先后任教于正路中学、景泰二中。2010年、2013年先后获市优秀班主任称号，2014年获全国优秀教师、优秀班主任，多次获国家级和省、市级优秀辅导教师称号。论文《物理教学如何面对3+理科综合模式》获市一等奖，《物理课教学中的引入技巧与方法》等论文发表于《考试》等期刊。

王占才　1972年生，响水村人。大学文化，正高级教师，中共党员。1996年参加工作，历任景泰二中团委书记、副校长，景泰四中校长。曾获全国中学物理竞赛国家级辅导教师、白银市名师、市园丁、优秀班主任、优秀团干部等称号。在省、国家级刊物上发表论文数篇。

安淑名 女，1972年生，芦阳村人。大学文化。1996年参加工作，甘肃建筑职业技术学院教授，经济管理研究室主任，多次获学院优秀教师称号，在国家级、省级刊物发表论文10余篇，主持省级课题1项，取得国家知识产权局授权的实用新型专利4项。主编、参编国家级教材3部，获"陇原人才"称号。

徐存东 1972年生，东关村人。1993年毕业于西北农林科技大学，2003年获硕士学位，兰州理工大学教授。2010年获兰州大学博士学位，历任华北水利水电大学水利学院教授、副院长，浙江水利水电学院水利与工程学院执行院长，浙江省农村水利水电资源配置与调控关键技术重点实验室主任。中国水利学会会员，河南省教育厅学术技术带头人。主持和参研国家、省部级科研项目60余项。

沈奎林 1974年生，红光村人。1997年毕业于兰州大学，南京大学硕士研究生，副研究馆员，图书馆系统保障部主任，南京航空航天大学教授。曾获青年科研人才奖，江苏省高校图书馆先进工作者称号。发表论文50多篇，曾多次获奖。

范宏伟 1975年生，东关村人。中共党员，毕业于西北师范大学，北京体育大学博士生。1997年参加工作，兰州铁道学院副教授，广东中山大学教授。发表论文40余篇，主持科研项目20余项，获奖18项。

祁　文 1975年生，响水村人。毕业于甘肃中医学院，博士学位，广西中医药大学教授、副主任医师。

宋承天 1977年生，东关村人。中共党员。机械电子工程学博士学位。北京理工大学宇航科技学院兵器科学与技术学科兵器工程专业硕士研究生导师，承担机电专业本科生多门课程的教授工作。

四、高级专业技术职称人员

金树义 1915年生，城关村人。1945年毕业于汉中西北医学院，民盟盟员，甘肃青年抗战团景泰分团景泰学会理事长。1949年前，曾任甘肃高级助产学校教务主任。1949年后在省保育院工作，1953年任第一副院长，儿科副主任医师。

罗振华 1923年生，芦阳村人。兰州中学肄业，九三学社社员。1949年参加革命，曾在第一野战军西北电池厂、兰州工业试验所工作，地质部兰州中心实验室工程师。1966年后，任省地矿局第四地质队实验室技术负责人。中国工程学会会员，酒泉地区对外经济商检室聘为技术顾问。

唐兰芳 女，1931年生，芦阳村人。1963年毕业于甘肃师范大学生物系，分配省农科院工作。省新医药研究所副研究员。

闫秀英 女，1932年生，东关村人。中师文化，中共党员，特级教师。1951年参加工作，先后在芦阳、东关小学、县一小任教。曾获"武威地区教育系统先进工作者"、县"教育系统先进工作者"称号。1986年获市园丁奖。

吴大统 1932年生，麦窝村人。中学文化，中共党员。1951年入伍，在天津医学院附属医院、原兰州军区陆军总院四次进修生化、遗传等学科。先后在解放军第一医院、第十一院任检验军医、主管技师、检验主任。1965年参加中央军委总参谋部组织的原子弹爆炸后科研工作。发表《鼠伤寒沙门氏菌9例分析》等论文。

张承才 1932年生，东关村人。1949年入伍，1960年转业，新疆巴州汽车队高级技工。

沈汉林 1933年生，红光村人。毕业于兰州卫校，中共党员。历任玉门油田医院副院长、副主任医师。

李玉英 1933年生，城北村人。中共党员。1952年参加志愿军，1959年随军进藏。转业后历任拉萨市汽车运输队队长、安徽合肥市交通厅高级技师。

王凌云 1934年生，城关村人。毕业于西北师范学院中文系。曾在兰州二中任教。1980年后，调兰州教育学院中文系，任系文艺理论教研组长，副教授。发表《论文艺鉴赏中形象再创造》等论文10余篇。全国教育学院文艺理论研究会理事、西北分会副会长。

段守经 1934年生，城关村人。中共党员。1959年毕业于西北师范学院，曾在甘肃师专、兰大附中任教，高级教师。

刘家恩 1935年生，麦窝村人。大学文化，中共党员。1958年参加工作。先后在景泰中学、红水中学任教。景泰二中高级教师。

彭　鼎 1935年生，响水村人。大学文化，中共党员。1951年参加工作，历任县财政局税收、财务、物价大检查办公室、财政扭补办公室主任、副局长，高级会计师，中国注册会计师。多次获得省级"先进工作者"称号，编著《景泰财政（1949—2000）》。

马如升 1935年生，响水村人。兰州卫生学校毕业，中共党员。曾任兰州工人医院七里河、金塔路门诊所主任。1956年、1964年分别在兰州医学院、西安医学院进修（皮肤科）。历任兰州工人医院门诊部主任、省北湾五七干校医务所所长、商业厅医务所副所长。副主任医师。

王海云 女，1935年生，城关村人。景泰简师肄业，中共党员。先后在泰和小学、芦阳完小、皋兰县石洞小学任教，小学高级教师。曾获皋兰县、兰州市先进教师、全国"三八红旗手""甘肃省优秀教师""全国优秀班主任"等称号，省特级教师。

王天成 1935年生，城北村人。1955年毕业于原兰州军区第一陆军医院高级护士学校，中共党员。1951年入伍。曾任第一军医院（青海）、陆军总院（兰州）医疗军医、主治军医，原兰州军区后勤部广武门干休所所长。

马　舜 1935年生，响水村人。毕业于西北水利学校，中共党员。1955年参加工作，青海省水利厅水文总站高级工程师。1978年被中共青海省委、省政府推荐为全省水利系统代表，参加全国科学技术大会，参加全国科学大会。1984年被青海省委、省政府授予劳动模范称号。主持编写《水文年鉴》和《水文测绘手册》。

包福泰 1935年生，东关村人。毕业于西安交通大学，中共党员。曾在水利部兰州勘测设计院工作。1973年水利部对外司任命为工程师，中国水利专家组人员，出国援助秘鲁，回国时任领队。发表论文《甘肃省引大入秦灌溉工程经济效益论证》等多篇。高级工程师。

马维刚 1936年生，芦阳村人。毕业于西北水利学校，中共党员。1955年参加工作，历任北京水利勘测设计院、淮河水利委员会勘测设计院水文地质队工程师，第二地质勘探队（软基专业）主任工程师兼党支部委员。高级工程师。发表专业论文多篇。

王锦云 1936年生，城关村人。毕业于西北工业大学飞机工程系，中共党员。一直在沈阳飞机研究所从事技术工作。高级工程师。

吴希绣 1936年生，麦窝村人。中共党员。1960年参加工作。西北农业大学副教授，兼农业工程系党总支书记。

郝　琏　1936年生，响水村人。1961年毕业于兰州大学现代物理系。分配北京二机部九院工作。1972年调四川某厂为助理研究员。1988年晋升为副研究员。发表论文20余篇，获发明和技术进步奖。1984年，在庆祝我国第一颗原子弹爆炸成功20周年时荣获奖章和纪念章。

沈栋林　1936年生，红光村人。1960年毕业于西北师范大学。先后在酒钢学院、酒钢二中、市教委工作。高级教师。

马　昆　1937年生，响水村人。1959年毕业于西北农学院。历任东乡县高山林场副场长，临夏州林业局科教科科长。中国林学会会员，曾获中国农学会劲松奖，高级工程师。享受国务院政府特殊津贴。著有《高寒区林果病虫害防治手册》。

吴应瑞　字雪堂，1938年生，芦阳村人。毕业于兰州大学地质矿产专业，中共党员。1966年参加工作，曾任内蒙古地矿局第一区研究院总工程办公室主任，高级工程师。曾获国家科委地质矿产部科研成果一等奖，在省部级、国家级专刊发表论文10多篇。著有回忆录《春秋人生》。

魏怀芳　女，1938年生，城关村人。毕业于西北畜牧兽医学院畜牧系，养羊专业研究生。曾在甘肃农业大学、西北民族学院任教，副教授。兼中国养羊学会、奶山羊研究会理事，国家民委学科委员会、高校教材建设委员会委员，甘肃省养羊学会理事、山羊学科组长等。多次获课题研究奖。著有《山羊学》等。译有《建立杂交种半细毛养羊业遗传学基础》等。发表科技论文260多篇。

马　兴　1938年生，响水村人。大专文化，中共党员。1958年参加工作，曾任山丹县医院党支部书记。高级政工师。

王　辉　女，1938年生，城关村人。毕业于北京水利电力学院，中共党员。1959年参加工作，曾任巴音郭楞蒙古自治州水管处科长、水利局办公室主任。高级工程师。

杨天锡　1938年生，红光村人。1964年毕业于兰州大学现代物理系。中国工程物理研究院应用电子研究所高级工程师。1964年参加国家第一颗原子弹爆炸，获核工业部特授"为我国第一颗原子弹爆炸成功作出贡献"荣誉证书。1967年参加国家第一颗氢弹爆炸，获中国工程物理研究院"纪念我国第一颗氢弹爆炸成功50周年纪念章"。

祁 贵 1938年生，响水村人。大学文化，中共党员。1963年参加工作，历任新疆策勒县畜牧局局长，和田地区草原站站长、畜牧处副处长。高级畜牧师。多次受到国家民委、劳动人事部、自治区政府嘉奖，多篇论文发表在国家级、省级刊物。

王姝顺 女，1939年生，城关村人。毕业于兰州医学院。曾在永登县大同公社卫生院任医师。1970年后，任兰州市七里河区医院住院部内科、门诊部副主任。1989年任门诊部主任。副主任医师。

马 仑 1939年生，响水村人。1963年毕业于甘肃师范大学，曾在新疆昌吉卫校、师范及玛纳斯县二中任教，曾任玛纳斯县教育局教研室主任，高级教师。

郭恒宗 1940年生，芦阳村人。大专文化，中共党员。1961年参加工作，县教师进修学校高级讲师。

杨玉林 1940年生，红光村人。1964年毕业于兰州教育学校。曾任白银公司条山农场学校校长。中学高级教师。

卢守谦 1941年生，响水村人。1968年兰州医学院毕业，历任芦阳卫生院院长、县医院门诊部主任。副主任医师。曾获省卫生厅、畜牧厅地方疾病先进工作者、市先进工作者、先进个人称号。

孙建龙 1941年生，芦阳村人。中学高级教师。中共党员。1967年7月毕业于西北民族学院，先后担任玉门市三中副校长、校长、党支部书记，玉门市进修学校校长，市教育局督导室主任。2002年退休。

王秀云 女，1941年生，城关村人。1967年毕业于甘肃农业大学兽医系。兰州市动物检疫站高级兽医师。

徐 步 1941年生，一条山村人。中共党员，1966年毕业于兰州大学，曾在黑龙江、内蒙古地质局，甘肃省水电工程局工作。主持编著《中华人民共和国（一49-34）幅》等区域地质矿产调查报告（密）。高级工程师。

王 泰 1942年生，芦阳村人。中共党员。1966年毕业于甘肃教育学院。景泰一中高级教师，曾获国家体育总局中华人民共和国体育工作贡献奖、全国中学思想政治课教学优秀论文三等奖。

王　靖　1942年生，芦阳村人。大学文化。省水电工程局子弟学校高级教师。甘肃诗词学会、中国红楼梦学会会员，发表诗词20多首，著有《叩石轩论红楼梦》。

王可毅　1942年生，城关村人。中共党员。1966年毕业于兰州医学院医疗系。1978年后任西北民族学院、兰州医学院教研室主任，副教授。曾获北京医科大学科技进步奖1项。

王姝云　女，1942年生，城关村人。中共党员。1968年毕业于甘肃师范大学中文系，曾任兰州铁道学院宣传部部长。《兰州交通大学学报》高级编辑。

李树山　1942年生，东风村人。中共党员。1968年毕业于甘肃农业大学农学系，历任省农科院张掖试验场党委书记、副场长，榆中园艺场场长。1990年任省农科院总务处处长。高级农艺师。

吴大松　1943年生，麦窝村人。1968年毕业于甘肃农业大学，中共党员。曾任景泰一中工会副主席。高级教师。

赵世英　1943年生，城关村人。1965年毕业于甘肃师大数学系，景泰二中高级教师。

马　健　1944年生，响水村人。1968年毕业于甘肃农业大学畜牧系，曾在玉门石油管理局工作，后调任兰石厂钻采处处长。高级工程师。

高清英　1945年生，城关村人。毕业于西北师大物理系，中共党员。1967年参加工作，曾任张掖卫校党支部书记。副教授。

王姝玮　女，1945年生，城关村人。中共党员。1968年毕业于甘肃师范大学外语系。历任兰州医学院、海南师范学院副教授。曾获甘肃省优秀教师称号。

李得茂　1947年生，东风村人，中共党员。1982年兰州医学院毕业，曾任天祝县、景泰县人民医院内科主任，副主任医师。发表论文6篇。

郝　仪　1947年生，芦阳村人。大专文化，中共党员。1980年参加工作，景泰二中高级教师。

王姝英　女，1947年生，城关村人。中共党员。1968年毕业于甘肃教育学院外语系，兰州铁道学院附属中学高级教师。

王　印　1948年生，芦阳村人。1980年毕业于兰州师专化学系，景泰一中高级教师。

彭　荣　1948年生，响水村人。高级教师，中共党员。1976年参加工作，1980年毕业于张掖师专。历任景泰一中教导主任、二中副校长。中国化学学会会员，白银市园丁，1992年获省园丁奖。

王世红　女，1948年生，东关村人。中共党员。1971年参加工作，1977年毕业于北京大学大气物理系，兰州大学大气科学学院高级实验师。

龚成瑄　1949年生，城北村人。大专文化。1978年参加工作，景泰三中高级教师。多次获市委、市政府优秀德育工作者、先进班主任、中学骨干教师、十佳师德标兵、市园丁称号。被国家教育教学委员会授予优秀指导教师一、二、三等奖。在省级刊物发表论文多篇。

高凤飞　1950年生，芦阳村人。中共党员。1969年入伍，1977年毕业于兰州医学院，分配景泰县公安局，副主任医师。曾获"全国优秀人民警察""全省政法系统先进工作者""廉政爱民工作者"等称号。

吴应举　1950年生，芦阳村人。大学文化，中共党员。1974年发明玉米点播机，出席省表彰大会。国营条山农场学校高级教师。敦煌艺术研究会、省徐悲鸿书画协会会员。

张义安　1951年生，芳草村人。中共党员。1976年毕业于甘肃农业大学农学专业，本科学历。高级农艺师。历任县农业委员会副主任、县农业局副局长、县良种繁殖场场长。

马　智　1952年生，响水村人。大专文化，白银公司条山农场学校中学高级教师。发表教学论文10篇，其中2篇获市级教研奖、《语文报》课堂论文优秀奖。

张承芸　女，1952年生，芦阳村人。1976年毕业于西北师范大学生物系，中共党员。县畜牧局高级畜牧师，在国家级刊物发表论文8篇。科研项目获农业部科技进步三等奖、省科技进步二等奖，3次获省业务部门"先进个人"称号。著有《景泰高等植物资源》。

罗凤霞　女，1952年生，城北村人。中师文化，中共党员。1972年参加工作，历任省水电工程局子弟学校工会主席、副校长，景泰四中党支部书记兼副校长，高级教师。多次获省水利厅"优秀教师"称号，1996年被评为全省先进女职工。

马　力　1952年生，响水村人。中共党员，高级讲师。1983年毕业于西北师范大学中文系，曾在武威师范、教育学院任教。1995年调兰铁一中。

张永孝　1953年生，十里村人。中共党员。1977年毕业于西北师范大学体育系，景泰二中高级教师。曾获"全国群众体育先进工作者""省园丁""全国优秀裁判员"等称号。

张发新　1953年生，城关村人。大学文化。1978年参加工作，景泰一中高级教师。

徐　文　1953年生，一条山村人。1980年毕业于兰州医学院医疗系，中共党员。历任县医院儿科主任，县中医医院党支部书记兼副院长，副主任医师。在省、国家级刊物发表论文8篇。

陶福元　1954年生，席滩村人。1980年毕业于上海第二医学院医疗系，中共党员。县医院神经内科副主任医师，论文《中医药结合肺心病急性发作49例临床观察》获1977年亚太地区国际学术研讨会一等奖。

杨佑位　1954年生，索桥村人。1976年入伍，毕业于四川军工工程学院，中国第七工程设计院高级工程师。

段吉玉　1954年生，索桥村人。大学文化。兰州供电局高级工程师。

卢有胜　1955年生，东风村人。大专文化，中共党员，副总经济师。1976年入伍，转业后任中铁十七局三处项目长。

郭天毅　1955年生，芦阳村人。1981年毕业于张掖师专，中共党员。曾任天祝一中教导主任。1993年调金昌一中，高级教师。

化　伟　1956年生，东关村人。大专文化。1980年参加工作，景泰一中高级教师。

陈国梁　1956年生，响水村人。大学文化。1978年参加工作，景泰一中高级教师。

折福有　1956年生，城关村人。大学文化，中共党员。1982年参加工作，曾任县畜牧兽医局党支部书记。高级兽医师。曾获国家级丰收星火二等奖、甘肃省科技进步奖5项、省政府百万亩种草技术承包奖等。在《中国草业》发表论文2篇。

沈茂成 1956年生，红光村人。大专文化，中共党员。1974年参加工作，历任景泰一小教导主任、副校长、校长，一条山学区校长，高级教师。曾获市园丁、十佳校长称号，省特级教师，市小学骨干教师。在《甘肃教育》发表论文5篇，其中1篇获省级论文竞赛三等奖。

罗正儒 1956年生，麦窝村人。大学文化。1981年参加工作，景泰四中高级教师。

付廷锦 1956年生，城关村人。大专文化，中共党员。1975年参加工作，曾任城关小学、五佛学区、喜泉学区校长，市优秀教育工作者，省市园丁奖获得者。省特级教师。

郝 招 1956年生，响水村人。大学文化。1976年参加工作，1988年毕业于西北师范大学体育系。曾任兰州铁道学院体育部副主任、副教授。在省五、六、七、八届运动会上获4项个人冠军。科研课题获省级教学成果一等奖。

张有华 女，1957年生，红光村人。大专文化，中共党员。1980年参加工作，县计划生育指导站副主任医师。2008年获国家人口和计划生育委员会计划生育先进个人称号。

王 祯 1957年生，芳草村人。中专文化。1979年参加工作，曾任县医院骨科主任，外科副主任医师。

沈泰林 1957年生，红光村人。大专文化，中共党员。1981年参加工作，历任县繁殖场党支部书记兼场长，农技中心高级农艺师，发表论文数篇。曾获市优秀共产党员称号，省农业厅科技进步、农业部丰收二等奖，全省农业科技推广优秀工作者称号。

黄国清 1957年生，城北村人。大学文化，中共党员。1979年参加工作，景泰二中高级教师。在《中学教学科研》发表论文数篇。

王登彪 1957年生，寺梁村人，大专文化，中共党员。1976年参加工作，曾任武威十九中校长，凉州区教育督学，高级教师，曾获省特级教师，全国优秀教师称号。发表论文获省小学教育优秀论文二等奖。

王金喜 1958年生，十里村人。1982年毕业于西北师范大学数学系，景泰二中高级教师。论文《两条异面直线距离的求法》获省级优秀论文奖。

王积武 1958年生，响水村人。中共党员。1982年毕业于甘肃农业大学农机系。历任景泰县农机厂厂长、农机学校副校长，农机监理站站长、农广校党支部书记，高级工程师。

李文英 女，1958年生，响水村人。大学文化，中共党员。1974年参加工作，二中高级教师，省、市骨干教师，市园丁。多次获国家级辅导教师特等奖、一等奖，论文曾获全省中学教育教改教研一等奖。市第五届人大代表。

张学信 1958年生，芦阳村人。毕业于西北师范大学体育系。1975年参加工作，景泰一中高级教师，市级骨干教师。在省级刊物发表论文3篇，其中1篇获省优秀论文二等奖。

杨建明 1958年生，红光村人。大专文化。1974年参加工作，景泰二中高级教师，曾获市园丁奖。在《甘肃教育》发表论文2篇。

乔仲贤 1958年生，西关村人。大专文化，中共党员。1976年参加工作，景泰一中高级教师。在《中学语文》《甘肃教育》发表论文2篇，《林黛玉进贾府》教学案例获省级三等奖。

安文明 1958年生，一条山村人。大学文化，中共党员。1980年参加工作，历任芦阳二中、一中教导主任，甘肃景泰职业中等专业学校高级教师。

郝国泰 1958年生，响水村人。1976年参加工作，1988年毕业于西北师范大学物理系，金昌师范高级讲师。论文1篇获省级奖，1篇获中国物理学会论文评比三等奖。

金国梅 女，1958年生，城关村人，中共党员。毕业于武威卫校，副主任护师。历任县人民医院护理部主任、女工主任。曾多次获县、市、省卫生系统"先进工作者"称号。两届县党代会代表。

张好文 1959年生，芦阳村人。大专学历，中学高级教师。1982年参加工作，先后任教于芦阳中学、景泰二中。2003年、2005年先后获市业余训练工作先进个人、优秀教练员称号。论文《对中学生篮球教学及业余训练的两点体会》发表于《中学教育科研》。

罗春泰 1959年生，城北村人。毕业于天水师范学院体育系，先后在武威市八中、白银市体育运动学校任教、任职。中学一级教师，副高级教练员。任职期间，所指导、训练运动员多次获得全省和全国田径比赛优异成绩。

李　雄 1959年生，响水村人。中师文化。1984年参加工作，曾在草窝滩镇长城、新墩、龚家湾小学任教，高级教师。1991获市园丁奖。

郝社萍 女，1959年生，响水村人。中专文化。1981年参加工作，县畜牧兽医局高级兽医师。

马　迁 1959年生，响水村人。大学文化。1982年参加工作，武威市委党校副教授，曾获甘肃省委党校"优秀教师"称号。

来耀勇 1960年生，响水村人。中共党员，高级教师。曾任响水小学校长。曾获市、县园丁奖，县优秀校长，市团委优秀辅导员，市骨干教师，省教育厅"先进个人"等称号。发表论文4篇。

卢有江 1960年生，响水村人。中专文化，中共党员。1985年参加工作，历任县农机中心试验站站长，高级农艺师。曾获农牧渔业部先进个人奖，在《甘肃农业科技》发表的论文获农牧厅科技进步三等奖。

张好顺 1960年生，芦阳村人，大专文化，城关小学教师，2017年评为高级教师。

沈　君 1960年生，城关村人。大专文化，中共党员。1982年参加工作，历任景泰县农牧局副局长，畜牧中心主任、畜牧兽医局局长，林业局局长，高级农艺师。曾获"省农牧渔业丰收奖""全国农业技术推广先进工作者"称号。

张金城 1960年生，石城村人，大专文化。1981年参加工作，石城小学高级教师。曾获县园丁奖，论文《浅谈以学生为中心的小学研究》获全国科研成果一等奖。

李应庆 1960年生，东关村人。大专文化，1981年参加工作，景泰三中高级教师。曾获市优秀教练员称号。

段好云 1960年生，索桥村人。大学文化，高级教师。曾在天祝中学任教。

何　忠 1961年生，红光村人。中师文化。1978年参加工作，曾先后任红光、上滩、席滩小学校长，获"县园丁"称号3次、"市园丁"称号1次，高级教师，《甘肃农民报》通讯员。在省级刊物发表论文2篇。

彭可伟 1961年生，响水村人。中共党员。1985年毕业于西北师范大学体育系，历任县体委副主任、体育局副局长、体育中心主任，高级教练员。多次获得"省级优秀教练员"称号。

马　儒　1961年生，响水村人，大学文化。1984年参加工作，历任县水泥厂动力车间主任，寿鹿山水泥有限责任公司机电科科长，副总工程师兼总工程师办公室主任，能源环保部部长。曾两次获全市节能降耗"先进工程技术人员"称号。

沈景林　1961年生，红光村人，中师文化。1978年参加工作，一条山小学高级教师。

张承潜　1961年生，一条山村人。大学文化，民盟盟员。1982年参加工作，先后在古浪、武威任教，高级教师。民盟武威市第五届委员会主任委员，第四届武威市政协委员。

龚成谨　1961年生，城北村人，高级教师，中共党员。曾任景泰县第一小学教导主任、副校长、书记等，白银市书协会员。

周文章　1962年生，红光村人，高级工程师，中共党员。历任县水政水资源办公室主任、县水务局副局长等。

李文仓　1962年生，响水村人。大专文化，中共党员。1985年参加工作，历任县农牧局副局长、农技中心主任，县财政局副局长兼农业开发办公室主任，高级农艺师。1995年获农业部、国家科技委等六部委"全国农业科技推广先进工作者"称号。在《甘肃农业科技》发表论文数篇。

李应旭　1962年生，东关村人，大学文化。1982年参加工作，景泰二中高级教师，市骨干教师。1994年获全国中学生物理竞赛优秀教师辅导奖，论文获全国第六届物理教学改革研讨会三等奖。

卢守潮　1962年生，十里村人。教育硕士。1982年参加工作，景泰职专高级讲师。2014年获市十佳职教教师称号，在《西部移民教育开发与实践》发表论文两篇。完成省级重点课题2项。

卢昌新　1962年生，响水村人。大专文化，中共党员。1982年参加工作，景泰三中高级教师。曾获省、市教育科学研究所优秀辅导教师、辅导员称号。

郝国华　女，1962年生，响水村人。大专文化。1982年参加工作，历任县医院妇产科副主任，副主任医师，发表论文10多篇。

沈渭霞　女，1962年生，东关村人。中专文化。1983年参加工作，县妇幼保健站妇产科副主任医师，在《中国临床研究》发表论文2篇。

杨天升 1962年生，索桥村人。中共党员。1982年毕业于甘肃工业大学，历任县农技中心副主任、党支部书记，高级农艺师。曾获"全国农技中心先进个人""全省农田节水技术推广先进工作者"称号，2篇论文获农牧渔业丰收二等奖。

龚成胜 1962年生，城北村人。中师文化，高级教师。先后任娃娃水小学、响水小学、马鞍山小学教导主任。在《明日》发表论文1篇。

张治忠 1963年生，红光村人。大学文化，中共党员。1982年参加工作，景泰一中高级教师。曾获"省级青年教学能手""市级骨干教师"称号，"市园丁"。2010年出版专著《素质教育和新课改背景下高中课堂教学艺术》。

李效柏 1963年生，东关村人。1987年毕业于省中医学院。县中医医院副主任医师，在省、国家级刊物发表论文3篇。

张茂玉 1963年生，响水村人。本科学历，中学高级教师。1983年参加工作，先后任教于天祝新华中学、景泰一中、陈庄中学、景泰二中。多次获国家级和省、市级优秀辅导教师称号。在《甘肃教育》发表论文1篇。

张兰霞 女，1963年生，东关村人。大专文化。1983年参加工作，县医院副主任医师。曾获"省卫生厅优秀支农队员"称号，在省、国家级刊物发表论文10余篇。

梁占英 女，1963年生，一条山村人。大专文化，中共党员。1982年参加工作，县妇幼保健站妇产科副主任医师。曾获全市先进女职工、卫生工作先进个人称号，在《中国临床研究》发表论文4篇。

张 忠 1963年生，东关村人。中师文化，中共党员。1983年参加工作，芦阳一中高级教师。先后获"县优秀班主任""骨干教师"称号。在《西北师大校刊》等刊物发表论文2篇。

黄国杰 1963年生，城北村人。大学文化，中共党员。1988年参加工作，历任景泰职专教务主任、副校长、党支部书记。高级教师。曾获"省电大先进工作者"称号，"市园丁"。在省市以上刊物发表论文10余篇。

戚武德 1963年生，芦阳村人。1987年毕业于西北师大，高级教师。1999年获全国三北生态防护林先进个人称号。

王英健 1963年生，城北村人。大专文化，中共党员，高级教师。曾任芦阳学区校长。2014年被评为甘肃省优秀教育工作者、省园丁。

化得元 1963年生，一条山村人。1986年毕业于西北师大，西北师大教育学院副教授，发表论文数篇。

卢智春 1964年生，响水村人。1989年毕业于西北师大数学系，先后任教于中泉中学、县职专、二中。曾获市师德先进个人，多次获国家级和省、市级优秀辅导教师称号。中学高级教师。多篇论文发表于《甘肃教育》等期刊。

乔仲良 1964年生，西关村人。毕业于西北师范大学中文系，中共党员。1983年参加工作，历任甘肃景泰职业中等专业学校教导主任、副校长，高级教师。曾获"市园丁""就业先进个人""省电大先进教育工作者"奖。省作家协会、电影家协会会员，市作家协会副主席。发表作品近百篇，电视剧《100分》由省电视台拍摄播出；《白银特色文化述要》副主编。编著报告文学《足迹》《我们的家园》，编写电影剧本《血太阳》《马莲花开》。

刘国义 1964年生，一条山村人。1989年毕业于兰州医学院，县中医医院眼科副主任医师。在国家级刊物发表论文5篇，曾获"市卫生系统先进个人"称号。

张元庆 1964年生，西关村人。中共党员，副主任医师。1987年毕业于兰州医学院医疗系。曾任县医院副院长、书记。论文曾获国际科学研究院科技进步奖一等奖。

毛建海 1964年生，城关村人。大学文化。1982年参加工作，景泰一中高级教师，曾获市园丁奖。

祁翠兰 女，1964年生，十里村人。大学文化。1983年参加工作，历任县农技推广站站长，农技中心、世界银行畜牧项目办公室副主任，高级农艺师。市第五次党代会代表，曾获市级科技进步二等奖，省农牧厅农技改造、农牧渔业丰收奖。在《甘肃农业科技》发表论文3篇，曾获"省农牧厅农技推广先进工作者""农业外资项目先进个人"称号。

杨建升 1964年生，红光村人。大学文化，中共党员。1982年参加工作，县教育局教研室教研员，中学高级教师。2009年获教育部"优秀班主任""优秀教师十佳人物"称号。

张宏云 1964年生，城关村人。1987年毕业于西北师范大学政教系，景泰二中高级教师。在《甘肃教育》发表论文数篇。

杨天桂 女，1964年生，响水村人。大专文化。1985年参加工作，景泰三中高级教师。市骨干教师、青年教学能手。在国家级、省级刊物发表论文多篇。

周尚刚 1964年生，十里村人。中师文化。1984年参加工作，芦阳二中高级教师。

董永军 1964年生，芦阳村人。西北师大毕业，1990年参加工作。曾在景泰职中任教，景泰三中高级教师。曾获省、市"优秀教练员"称号。

徐占潮 1964年生，东关村人。1985年毕业于张掖师专物理教育专业。曾在中泉中学、县职业中学任教，县四中高级教师。曾获市说课竞赛一等奖、国家级优秀辅导员称号，2014年被聘为省科技辅导员。

王成栋 1964年生，东风村人。1984年参加工作，大专文化。上沙沃中学高级教师，在《新课程》发表论文1篇。

李得举 1964年生，东风村人。1987年毕业甘肃农业大学农学系，曾任市农机站副站长，高级农艺师。科研项目曾获省部级二等奖。

赵天恒 1964年生，芳草村人。大学文化。1986年参加工作，曾任武威毛针织厂副厂长，高级工程师。

杨天芬 女，1964年生，索桥村人。1986年毕业于西北师范大学中文系，西北师大第二附中高级教师。曾获省级优秀论文二等奖。

高学玉 女，1965年生，一条山村人。1988年毕业于甘肃农业大学，县畜牧兽医局高级畜牧师。在《中国畜牧杂志》等刊物发表论文3篇，曾获市级"优秀青年星火带头人""全省畜牧科技推广先进工作者"称号。

姚昌武 1965年生，一条山村人。本科学历，中学高级教师。1984年参加工作，先后任教大安中学、芦阳二中、景泰二中。2008年获市中小学创新实验教学竞赛一等奖，论文发表于《读与写》等期刊。

吕志敏 1965年生，响水村人。1984年参加工作，中师文化，漫水滩学区王庄小学高级教师。曾两获"县园丁"奖，在《新课程》发表论文2篇。

殷世敏 1965年生，东风村人。1986年参加工作，大专文化。漫水滩学区王庄小学高级教师。县级骨干教师、学科带头人。在国家、省、市级刊物发表论文3篇。

徐新平 1965年生，一条山村人。大学文化，中共党员。1984年参加工作，景泰职专高级教师。曾获市级"学校德育工作先进个人"称号，在《甘肃教育》发表论文3篇。

郝　发　1965年生，西关村人。大学文化，中共党员。1988年参加工作，曾任景泰五中总务主任，高级教师。

张长新　1965年生，东关村人。大学文化，中共党员。1984年参加工作，历任芦阳二中校长，县招生办主任，中学高级教师。曾获市级优秀德育、优秀体育工作者称号。

来耀芳　女，1965年生，响水村人。大学文化，中共党员。1984年参加工作，曾任县教育局招生办副主任，中学高级教师。4次获市级"高等教育自学考试先进个人"称号。在《甘肃教育》等刊物发表论文10篇。

沈凤林　女，1965年生，红光村人。1988年毕业于甘肃农业大学，县农技中心高级农艺师。曾获市级科技进步奖2次，在《中国蔬菜》等刊物发表论文多篇，其中两篇获市级科技进步二、三等奖。

寇宗仁　1965年生，芳草村人。大学文化。1984年参加工作，景泰五中高级教师。

王德健　1965年生，城北村人。大学文化，高级教师。在芦阳二中任教，曾任芦阳一中副校长。县政协第八、九届委员。市民间民俗研究会副主席、市作家协会理事、县作协二届理事会副主席兼秘书长。在省级刊物发表论文数篇。

张治军　1965年生，芳草村人。大学文化，高级教师。曾在大安中学、喜泉中学、寺梁小学任教。曾获县园丁奖。

祁贵山　1965年生，响水村人。中师文化。1986年参加工作，芦阳二中高级教师。在省级刊物发表论文数篇。

沈文梅　女，1965年生，红光村人。大专文化，1985年参加工作，县四小高级教师。曾获"市优秀辅导员""中小学学校德育工作先进个人""骨干教师"称号以及知识与能力竞赛园丁奖，在《新课程小学》等刊物发表论文3篇。

李进孝　1965年生，城北村人。大学文化，中共党员。1985年参加工作，草窝滩学区高级教师。曾获团市委优秀团干部、市"两基工作先进个人"称号。在国家级刊物发表论文2篇。

常蓬彬　1965年生，东关村人。1986年毕业于兰州大学无线电物理计算机科学系，理学硕士。曾任兰大电子技术开发应用研究所总经理、科技开发总公司生物工程研究所所长，高级工程师。申请国家发明专利1项。曾获省科技进步二等奖、优秀成果一、二等奖。

马尚福 1965年生，响水村人。1989年毕业于湖南大学土木工程系，广东省交通厅公路规划勘察设计院高级工程师。

卢青春 1965年生，响水村人。大学文化，中共党员。曾任靖远供电局党支部书记，高级工程师。

杨天绥 1965年生，索桥村人。大学文化。1989年参加工作，省景电管理局质量安全处高级工程师。

朱世魁 1966年生，东关村人。大学文化，兰州大学法学硕士，中共党员。1988年参加工作，历任县工商局经济检查分局局长、副局长，县私营企业学会会长，县文化馆馆长，副研究员。中国青年作协、省作协、电影家协会、电视艺术家协会会员。中国西部文学协会、省作协副主席，市作协副主席，县作协主席。先后在《当代文学》等刊物发表小说10多篇，诗歌100余首，《景泰文学》主编。出版报告文学集《足迹》《我们的家园》和小说集《落叶飘零》。

王　瑜 女，1966年生，东关村人。大学文化，副主任医师。1989年参加工作，县医院口腔科主治医师。在《中华口腔医学》发表论文1篇。

段好玲 女，1966年生，东关村人。大专文化，高级教师。曾在芦阳二中、芦阳一中、城北墩小学任教。获市中小学迎奥运韵律体操大赛三等奖。

李桂春 1966年生，芳草村人。大学文化，中共党员。1984参加工作，曾任景泰四中政教主任、教导主任，高级教师。曾获"市园丁""优秀德育工作者""省水利系统优秀教师""青年教学能手""全国中小学优秀外语教师"等称号。

李卫学 1966年生，一条山村人。大学文化，高级教师。曾在芦阳二中、一中任教。曾获白银市园丁奖。

王有军 1966年生，东风村人。大专文化。1988年参加工作，曾在中泉、八道泉中学，草窝滩镇青城、卡森小学任教，高级教师。

吴克乾 1966年生，麦窝村人。大学文化，高级教师，中共党员。曾任教于芦阳二中、寺梁小学。曾获团县委"优秀团干部"称号。

马文芳 女，1966年生，响水村人。大学文化。1989年参加工作，曾在九支中学、陈庄中学任教，景泰三中高级教师。

郭延宁 1966年生，芦阳村人。中共党员。1989年毕业于东北林业大学，硕士学位。先后在省林业厅计财处、绿化委员会工作，高级经济师。

郝翠平 女，1966年生，响水村人。高级教师，市骨干教师。任教于石城小学、县实验小学。曾获市园丁奖。在《甘肃教育》等刊物发表论文数篇，诗歌作品散见于报刊。

张景玲 女，1966年生，东关村人。中共党员，高级工程师。1986年毕业于华东工学院，南京理工大学研究生。曾任解放军原总装备部63870部队总体室主任。2005年转业，历任省知识产权事务中心主任、书记兼中国（甘肃）知识产权维权援助中心主任。多次获军队或省部级科技成果二等奖、三等奖，出版专著2部，发表论文多篇。获"国防科工委系统和军队系统先进个人""省优秀专家""全国专利信息领军人才""全国知识产权领军人才"等称号。享受全军优秀专业技术人才岗位津贴。

徐苓茁 女，1967年生，一条山村人。大专文化，高级教师。曾在一条山小学任教。2003年被评为市级优秀教师。

卢昌随 1967年生，响水村人。大学文化，芦阳一中高级教师，曾在一条山战役纪念馆工作。白银诗词楹联家协会会员，景泰县诗词楹联学会理事。曾获县园丁奖。在《甘肃教育》等省级刊物发表论文数篇。

李进富 1967年生，东风村人。大学文化，1989年参加工作，曾任芦阳中心卫生院副院长，副主任医师。先后获市"红十字工作先进个人""全县科技工作先进个人""新型农村合作医疗先进个人"称号。在《名医》等杂志发表论文2篇。

沈建荣 1967年生，红光村人。1990年毕业于成都科技大学，省景电管理局信息技术中心高级工程师。

王生泰 1967年生，索桥村人。大学文化。市农牧局高级经济师。

宋旭辉 1967年生，东关村人。1994年毕业于上海建材学院，高级工程师。历任省建材科研设计院新材分院副院长、科研所所长，兰州宏方新型建材科技有限公司总工程师。曾入选兰州市151人才、高新区高层次人才、领军人才。发表论文7篇，发明专利4项。

赵机灵 女，1968年生，芳草村人。大专文化，高级教师。曾在芳草小学、红光小学、响水小学任教。2019年被评为"县优秀德育工作者"。2019年获市优质课竞赛中获小学组农村组一等奖。

卢素苇 女，1968年生，东关村人。1991年毕业于西北电业职工大学，县电力局高级电气工程师。曾获省电力公司农村电网·双技改造做出突出贡献、市青年岗位能手、省电力公司县供电企业农电工程专业方向工程技术优秀人才等称号。在《农村电气化》等期刊上发表论文多篇。

咸永盛 1968年生，芦阳村人。大专文化，中共党员。高级工程师。甘肃翔发电石有限公司经理。获"市能源统计先进个人""节能降耗优秀工程技术人员"等称号。市第十届人大代表。

李进琴 女，1968年生，东关村人。大专文化，高级教师。曾在城北墩小学、芳草小学任教。县园丁、骨干教师。曾获省国家级课题奖。

王有强 1968年生，东风村人。大学文化，中共党员。1988年参加工作，在南滩、兴泉小学任教，尚坝小学任教导主任，高级教师。2019年获县园丁、优秀班主任称号。在《文理导航》等刊物发表论文两篇。

陈启迪 1969年生，东风村人。大专文化，高级教师，中共党员。1990年参加工作，曾任白银公司一条山学校党支部书记兼副校长，景泰五小副校长。多次获白银公司、县"优秀党员""优秀教育工作者""县园丁"等称号。

郝　勇 1968年生，响水村人。1991年毕业于长春地质学院，中国人民大学EMBA研究生。历任中国水电顾问集团公司北京勘测设计研究院副总经理，北京振春公司总裁。高级工程师、高级经济师。

祁军玲 女，1968年生，城关村人。毕业于山东大学法学院经济法专业，兰州大学法律硕士研究生。1995年取得律师资格。在上海市汇业（兰州）律师事务所工作，担任多家大中型企事业单位法律顾问。2014年获"全省优秀律师"称号。2018年取得三级律师专业技术职务任职资格。

王　涛 1968年生，条山村人。1991年毕业于南京工程学院，曾在天津第一机床厂、西门子电气传动有限公司，西门子电器有限公司高级工程师。2005年《交流电瓶顶部驱动钻井装置》获中国石油化工创新一等奖。

常建昕 女，1968年生，芦阳村人。1990年毕业于兰州大学会计系，兰州市审计局高级审计师。

包可宏 1968年生，城关村人。1994年毕业于大连水产学院，中共党员。

历任兰州电力修造厂设计科主任、副厂长，高级工程师。

陈永剑　1968年生，索桥村人。大学文化，中共党员。曾任石嘴山建行分行行长，高级工程师。

胡桂馨　女，1968年生，芳草村人。大学文化，博士学位，1994年参加工作，甘肃农业大学草业学院副教授。

戚登忠　1968年生，城关村人。甘肃农大毕业，高级工程师，中共党员。曾获"景电管理局先进工作者""优秀共产党员"称号。

陈文胜　1969年生，席滩村人。1994年毕业于西北师大教育系，高级教师。曾任四个山长安小学、芦阳学区马鞍山、石城小学校长，督导员。曾获"县骨干教师"称号。

张久红　女，1969年生，一条山村人。本科学历，中学高级教师。1991年参加工作，先后任教于景泰职专、二中。2002年被市职教办、电大评为优秀教师，论文《非智力因素对青年学生成长的影响》获全国教育期刊评选一等奖，多篇论文发表于《新课程研究》等期刊。

祁　文　1969年生，响水村人。1991年毕业于甘肃联合大学，景泰二中高级教师。先后4次获市"优秀教练员""优秀裁判员"称号，论文发表于《当代体育科技》等期刊。

罗立波　1969年生，麦窝村人。大学文化，中共党员。1990年参加工作，曾任芦阳二中教导主任、校长，高级教师。曾获市"师德师风先进个人""市园丁"等称号。在省级、国家级刊物发表论文2篇。

杨佑燕　女，1969年生，响水村人。大专文化。1995年参加工作，县四小高级教师，曾获市优秀教师称号。在《中华少年》等刊物发表论文6篇，其中2篇获市优秀论文奖。

沈显林　1969年生，红光村人。大学文化，中共党员。1991年参加工作，景泰一中高级教师。

龚真姝　女，1969年生，城北村人。大学文化，1992年参加工作。金昌市金川五中高级教师，多次获金昌市"十佳青年岗位能手""骨干教师""优秀教师""教育能手"等称号。2010年获全国首届中学语文基本功大赛一等奖。在《甘肃教育》发表论文数篇。

沈颖林 女，1969年生，红光村人。1994年毕业于陕西师范大学化学系，兰州大学有机化学专业博士学位。兰州大学核科学与技术学院副教授，硕士生导师。曾赴美国橡树岭国家实验室做访问学者。主持教育部博士点新教师基金、留学归国基金、省自然科学基金，参与研究国家自然科学基金项目。发明专利4项。

白新云 女，1969年生，一条山村人。1990年7月参加工作，自学考试兰州大学汉语言文学专科毕业，高级教师，任教于县四小。2022年获省教育厅主办"我与生物多样性"主题创作大赛教师指导奖。在《甘肃教育》等刊物发表论文数篇。

王新来 1969年生，城关村人。1991年毕业于湖南大学，机械部第七设计研究院高级工程师。历任中国新时代控股集团公司联贸公司副总经理，中节能建设工程设计院有限公司副总经理。

郭永斌 1969年生，席滩村人。1992年毕业于华北电力大学，历任山东日照电厂检修部主任、副总经理，高级工程师。

王钦刚 1969年生，城北村人。1992年毕业于东南大学，华南理工大学硕士研究生。高级工程师。1995年在广州金融电子化公司工作，1996年调华为技术有限公司，在研发、中试、销售、采购等部门担任岗位管理负责人。发表专业论文数篇。

龚真观 1969年生，城北村人。北京师大研究生，民盟盟员。1994年参加工作，北京十四中高级教师。曾获区"骨干教师""科研骨干"称号。发表文章100多篇，10余篇论文获国家、市级三等奖。

杨钦学 1970年生，石城村人。大学文化。1992年参加工作，景泰一中高级教师，曾在白银市普通高中生物优质课竞赛活动中担任评委。在省级刊物发表论文多篇。

董永生 1970年生，城关村人。大学文化，中共党员，高级工程师。曾在刘家峡水电厂、白银供电公司景泰变电站、甘肃电投大容电力有限责任公司工作，历任大通河发电分公司党支部书记、经理，公航旅新能源公司总工程师。在《电力安全技术》《电世界》等刊物发表论文7篇，先后被集团公司评为先进工作者、优秀党员、技术能手。

马瑞芳 女，1970年生，响水村人。大学文化。1994年参加工作，景泰职专高级教师。2013年获市园丁奖。

李晓春 1970年生，芦阳村人。大学文化，中共党员。1992年参加工作，曾任县教育局综治办主任，高级教师。曾获市"师德先进个人""优秀辅导员"、省"优秀辅导员"称号。在《中外交流》《教育研究》上发表论文2篇，其中1篇获一等奖。

张世惠 1970年生，席滩村人。大专文化。1992年参加工作，县四小高级教师。曾获"市优秀班主任""市园丁""国家计划贫困地区骨干教师"称号。在《班主任之友》刊物发表论文4篇，主持省级课题《小学中年级"创新作文"指导策略研究》。

吴 云 女，1970年生，芦阳村人。1993年毕业于甘肃工业大学工民建系，硕士学位。省商业厅建筑设计高级工程师。西北民族大学土木工程学院副教授。

杨德成 1970年生，石城村人。1995年毕业于西北师大，中共党员。兰州66中高级教师。2002年获兰州市"教学能手"称号，在《甘肃教育》发表论文数篇。

卢慧春 1970年生，响水村人。1994年毕业于华东石油学院。高级工程师。历任长庆油田机修公司技术员、副主任、副经理，抢险大队党总支书记。

付仲伟 1970年生，东关村人。大学文化，中共党员。1991年参加工作，历任兰州炼油化工设计院工艺室主任，上海河图石化工程有限公司炼油化工安装、中国石油工程建设有限公司中亚管道项目AB线CS1,4,6设计管理部负责人，中亚管道C线CCS2,4,6,8设计部经理，哈萨克斯坦奇姆肯特炼油厂现代化改造项目设计部经理。2019年获中国企业管理协会绿色建造工作委员会一等成果奖和中国施工企业管理协会国家优质工程金奖。参与编著《工程建设企业境外合规经营指南》。

李新宇 女，1971年生，红光村人。大学文化。1992年参加工作，曾任县妇幼保健站副站长，副主任医师。曾获省卫生厅、团省委"青年文明号岗位能手"称号。

王诗瑶 1971年生，一条山村人。中共党员，高级经济师。毕业于大连海洋大学淡水渔业。历任县农牧局、财政局办公室主任。曾被评为"全省财政决算先进工作者""市优秀共产党员"称号。发表论文4篇。

张正扩 1971年生，芦阳村人。1996年毕业于西安体育学院，景泰二中高级教师。2011年、2018年先后获"市业余训练先进个人""优秀教练员"称号，论文发表于《课程教育研究》等刊物。

龚真军 1971年生，城北村人。1994年毕业于西北农业大学。历任省水利厅水利管理局副主任、科长、副局长，高级工程师。主持的研究项目多次获省水利厅科技进步奖，参与《水利工程供水价格办法讲义》等著作的编写，发表论文3篇。

赵　晓 1971年生，城关村人。1994年毕业于吉林大学。曾在北京通用机械厂、环球工程公司工作，高级工程师。

彭舜花 女，1971年生，响水村人。毕业于西北师大，中共党员。1995年参加工作，兰州现代职业旅游学院副教授。发表论文数篇，曾获"兰州市先进工作者""优秀党员"称号。

张志恬 1971年生，红光村人。毕业于西北师范大学，中共党员。西北师范大学第一附属中学高级教师。曾任西北师范大学附中国际部副主任，对外交流中心主任。

高凤丽 女，1971年生，城关村人。1994年西安交通大学毕业，中共党员。历任西北市政设计院、内蒙古分院副院长，高级工程师。

郝　玉 1971年生，响水村人。毕业于北京体育大学，中共党员。1995年参加工作，南京航空航天大学副教授，发表论文10余篇。

卢昌祺 1971年生，红光村人。大学文化。曾任白银公路总段监理公司经理，高级工程师。

罗玉昌 1971年生，城北村人。硕士学位，高级经济师，中共党员。1990年参加工作，历任省电力局水检公司团委书记，国网甘肃省电力公司刘家峡水电厂基建部主任，人资部副主任，物流中心主任，发展策划部主任，检修维护中心主任。

李金贤 1971年生，芳草村人。大学文化。1995年参加工作。甘肃福门房地产开发有限公司工程部部长，高级工程师。

崔　侠　1971年生，响水村人。本科学历。中共党员。高级教师。先后在四个山学区、草窝滩学区、一条山学区任教、工作，2018年调县教育局工作。

化　玲　女，1972年生，席滩村人。大学文化，高级教师。曾在一条山小学任教。2002年获"县优秀班主任"称号。

彭可东　1972年生，响水村人。大专文化，中共党员。1996年参加工作，曾任芦阳卫生院院长。2014年调县医院，任急诊科主任，副主任医师。

张久皎　1972年生，一条山村人。大学文化，高级教师，民革党员。1993年参加工作，历任景泰五中、二中教务主任，县一中副校长。曾获全国优质课竞赛二等奖，市级"优秀班主任""市园丁"、省"青年教学能手"。

化雪梅　女，1972年生，城关村人。大学文化。1995年参加工作，省景电管理局信息中心高级工程师。

沈建成　1972年生，红光村人。大学文化，中共党员。1993年参加工作，省景电管理局灌溉处高级工程师。

孙　斌　1972年生，芦阳村人。毕业于甘肃工业大学，中共党员。1997参加工作，曾任省女子监狱办公室副主任（正科），一级警长。

彭建姝　女，1972年生，响水村人。1996年毕业于甘肃农业大学，兰州红古区农技中心高级农艺师。2006年"北种南运蔬菜引种试验研究与示范"获兰州市农科所科技进步二等奖。论文发表于《甘肃农业科技》等期刊。

沈茂彧　1972年生，红光村人。1995年毕业于华北电力大学，曾在白银大峡电厂、国投小三峡公司工作，高级经济师。

缪中玉　女，1972年生，一条山村人。大学文化，中共党员。1992年参加工作，省景电管理局机电处高级工程师。

闫文秀　女，1973年生，响水村人。大学文化。1992年参加工作，景泰四中高级教师。市级骨干教师、优秀班主任、优秀教师，在《教育论坛》等刊物上发表论文6篇。

李斌全　1973年生，东关村人。1996年毕业于西北师大数学系，景泰二中高级教师。多次获国家级和省、市级优秀辅导教师称号。论文发表于《考试教研》《高中数理化》等期刊。

安正宏　1973年生，芦阳村人。1997年毕业于西北师范大学体育系，景泰二中高级教师。曾获市、省"业余训练先进个人""优秀裁判员""优秀教练员"称号。发表省级论文3篇。课题《中国都市群众体育研究》获省高校社科成果三等奖。

龚真花 女，1973年生，城北村人。大学文化，一条山小学高级教师。在省级刊物发表论文数篇。

龚真峡 女，1973年生，城北村人。大学文化，高级教师。1994年参加工作，曾在城关小学、县一小任教。曾获县"学科带头人""骨干教师"称号，数篇论文发表于《甘肃教育》等刊物。

杨天彩 女，1973年生，响水村人。1996年毕业于西北师大，一条山小学高级教师。先后获县"优秀德育工作者""优秀教师"称号，全市教学优质课竞赛二等奖。在《读写算》等刊物发表论文数篇。

龚真皓 1973年生，城北村人。大学文化，高级教师。1994年参加工作，曾在城关小学，县七小任教。曾获县"骨干教师""师德先进个人"称号，在《甘肃教育》等刊物发表论文数篇。

祁小媛 女，1973年生，芦阳村人。毕业于陕西师大，高级教师。1996年参加工作，曾在芦阳一中、景泰三中任教。

王阳壹 1973年生，寺梁村人。毕业于西北师大，中共党员。1998参加工作，曾任陈庄中学政教主任，高级教师。曾获省"骨干教师"、市"优秀班主任"称号。在国家级刊物发表论文2篇，省级刊物1篇。

彭建花 女，1973年生，石城村人。1999毕业于西北师大数学系，景泰四小高级教师，曾获市"优秀支教者"称号。在《教育研究》发表国家级论文1篇、省级论文2篇。

彭可文 1973年生，响水村人。1995年毕业于西北工业大学。华为公司东南亚地区代理，高级工程师。

杨天兴 1973年生，索桥村人。1994年毕业于甘肃农业大学机电系，兰州城市学院副教授。

谈明智 1973年生，东风村人。大学文化，中共党员。1990年参加工作，历任平川区电力局总工、副局长，景泰县供电公司副经理，国网靖远县城郊供电公司书记兼副经理、经理。2021年任国网白银供电公司综合服务公司中心主任，高级工程师。2020年获白银供电公司"优秀共产党员"称号。

吕文勋 1973年生，东关村人。1995年毕业于湖北金融专科学院，先后在广东省清远市银行、汕头广州发展银行工作。曾任杭州银行北京分行总经理，高级经济师。

杨世明 1973年生，席滩村人。大学文化。1997年参加工作，芦阳中心卫生院消化内科副主任医师。在《医师在线》等刊物发表论文3篇。

达兴祖 1973年生，西林村人。大学文化，1997年参加工作，曾在大安、正路卫生院、芦阳中心卫生院工作，副院长，副主任医师。曾获全县"卫生系统医德医风先进个人"称号，在省内外期刊发表论文7篇。

付仲东 1973年生，东关村人。大学文化，高级教师，中共党员。1996年参加工作，历任漫水滩乡红溪村党支部第一书记，县广播电视台副台长，县青少年校外活动中心主任。曾被市委、市政府评为全市"优秀新闻工作者"，曾获"省广电局十八大安全播出先进个人""省贫困地区重大专项普查工作省级先进个人"称号。省摄影家协会会员。

王进武 1974年生，城北村人。1999年毕业于西北师大物理系，景泰二中高级教师。多次获国家级和省、市级"优秀辅导教师"称号。论文发表于《课堂内外》等期刊。市优质课评委，2017年被市教育局授予视导专家称号。中国素质教育研究会荣誉理事。

李爱玲 女，1974生，东关村人。大专文化，高级教师。曾在一条山小学任教。2008年评为市教育系统"师德先进个人"。2016年在全国"一师一优课"活动中获省优质课二等奖。省农村骨干教师。

赵　刚 1974年生，石城村人。1999年毕业于南京农业大学土地管理学院。中共党员。中国土地估价师。历任市政府办秘书科科长、县委统战部部长，市自然资源局党组成员，副局长。

胡桂芬 女，1974年生，芳草村人。大学文化，硕士学位。1999年参加工作，兰州财经大学艺术院校副教授。

赵雪灵 女，1974年生，芳草村人。大学文化，1999年参加工作，省中医药大学附属医院副主任检验师。

金文会 1974年生，城关村人。1998年毕业于西安体育学院，嘉峪关市第一中学高级教师。历任嘉峪关市一中工会副主席、市武术协会副主席。市教育局兼职教研员。曾获市"骨干教师""优秀教练""青年教学能手""优秀班主任"、省"优秀辅导教师"称号。多次参加省、市优质课比赛并获奖，多篇论文在国家、省、市期刊发表或得奖。

常利国 1974年生，石城村人。1998年毕业于大连理工大学，先后在兰州炼油厂、上海中国环球工程公司工作。2009年创办上海浦旦石化工程有限公司并任总经理，高级工程师。"船用天然气BOJ液化工艺系统技术"获国家专利。

彭可平 1974年生，响水村人。毕业于甘肃工业大学，中共党员。1998年参加工作，曾任刘家峡化工集团机动处经理，西宁煤化工公司高级工程师。

龚成春 1974年生，城北村人。大学文化，高级教师。曾任县一中总务主任。省、市级青年教学能手，市"骨干教师""市级业余体育训练工作先进个人""市园丁"，参与完成省级重点课题一项。

王　琳 女，1974年生，一条山村人。1999年毕业于甘肃中医学院，留校任教，任甘肃中医药大学附属医院放射科主任，医技第一党支部书记，副主任医师。

乔智辉 1974年生，西关村人。大学文化，高级农艺师。曾任酒泉地区种子公司片区、大业种业公司生产部经理，金辉农业开发有限公司董事长总经理，先后主持完成食用向日葵、糯玉米等新品种选育工作20多项。曾获酒泉市"种子科技先进工作者"称号、科学技术进步二等奖。中国种子协会成员。

李春霞 女，1975年生，芳草村人。大学文化，副主任医师。1999年参加工作，县医院妇产科主任。

宋承晓 女，1975年生，东关村人。大学文化，景泰一中高级教师。2003年被团省委评为优秀共青团员。主持省教育科研"十三五"规划教育科研规划课题《高中信息技术校本课程开发与实践研究》的研发并结题。

卢健平 1975年生，响水村人。1995年毕业于西北民族学院，中国电信景泰分公司互联网技术高级工程师。多次被评为"优秀党务工作者""先进工作者"。在国家级刊物发表论文2篇。

谈守军 1976年生，响水村人。毕业于西北师大，中共党员，高级教师。

历任草窝滩中学政教主任、景泰三中教务主任,曾获省"技术标兵",市"骨干教师""优秀班主任"称号。

范鸿雁 女,1976年生,东关村人。研究生毕业于西北师范大学。甘肃农业大学副教授。发表10多篇论文,编著《大学体育》等5部教材。

王恒广 1977年生,东关村人。中共党员,硕士学位,高级工程师。历任国道平定、营双、渭武高速公路建设综合科科长。曾获"省交通厅高速公路项目建设先进个人""全省脱贫攻坚帮扶先进个人"称号。

廖江泰 1977年生,石城村人。中共党员。大学文化。历任任县中医院普外科主任、副院长、县医院党委书记。普外科主任医师。

沈茂彦 1977年生,红光村人。2001年毕业于兰州大学电信系,中国移动通信集团甘肃有限公司白银区公司经理,高级工程师。

寇娅雯 女,1977年出生,芳草村人。兰州文理学院教授。先后毕业于中央财经大学、兰州财经大学,分获经济学学士、管理学硕士学位,CMA(美国管理会计师)、税务师。曾任经管学院会计系主任。兼任省财税法研究会、省可持续发展研究会理事。出版学术著作9部;主持、参与各类教研课题20余项;在核心期刊、高校学报发表学术论文30余篇;成果先后获省级高校优秀社科成果奖3项、校级教学成果奖2项,并分别获省"挑战杯"优秀指导教师一、二、三等奖及"优秀班主任"等多项称号。

杨佑势 1977年生,寺梁村人。大学文化,高级工程师。甘肃水利机械化工程有限责任公司工程部部长,一级建造师,一级监理工程师。

林志刚 1978年生,东关村人。大学文化,高级教师。景泰一中工会主席、总务主任,曾获"县园丁""市青年岗位能手"称号。省音协会员、市音协副主席、县音协主席。第九、十届县政协委员。创作歌曲近20首。

李近蓉 女,1978年生,东新村人。大学文化,中共党员。2000年参加工作,曾任县教育局师资办主任,高级教师。2008年获市"优秀德育工作者"称号。

李国剑 1978年生,东风村人。中共党员。2000年毕业于兰州大学,博士学位,甘肃民族大学教务处主任、副教授。

马德福 1978年生,响水村人。1997年毕业于南方冶金学院,北京大学经管硕士,九三学社社员,无锡市博世公司(德国)独资生产技术课部门经理。

沈茂丁 1978年生，东关村人。北京交通大学硕士研究生、国防科技大学博士，高级工程师，就职中国石油管道局工程有限公司。

马宏福 1980年生，响水村人。中共党员。2003年毕业于辽宁铁道学院，硕士学位，唐山轨道客车技术服务中心高级工程师。

李国峰 1980年生，东风村人。中共党员。2003年毕业于甘肃农业大学，省农科院高级工程师。

李芳芳 女，1980年生，芳草村人。大学文化，硕士学位。2004年参加工作，兰州工业学院副教授。

沈茂杨 1981年生，东关村人。毕业于兰州大学医学院，就职陕西省结核病防治医院，主治医师。

张晓燕 女，1981年生，红光村人。中共党员。2000年毕业于东北电子大学。国网公司天津电力公司路灯管理处高级工程师。

卢昌盛 1982年生，响水村人。中共党员。2005毕业于年山东科技大学，博士学位，青岛中国电波传播研究院高级工程师。

李积伟 1982年生，东关村人。中共党员，兰州理工大学马克思主义学院副教授、法学博士、硕士生导师。2012年参加工作。任兰州理工大学马克思主义学院马克思主义基本原理教学部主任兼党支部书记。曾获兰州理工大学"优秀班主任""优秀共产党员"等称号。发表论文10余篇，主持或参与6个省级、国家级课题研究，参编学术著作1部。

李瑞山 女，1982年生，石城村人。2000年博士毕业于兰州大学物理学院，历任兰州理工大学理学院副教授、微电子科学与工程专业负责人、国家一级课程《大学物理》团队成员，2021年获兰州理工大学"三育人"奖。

马兴禄 1983年生，响水村人。中共党员。2004年毕业于哈尔滨工业大学，硕士学位，深圳华为技术有限公司高级工程师。

卢昌怀 1983年生，响水村人。2008年毕业于湖南中医药大学，硕士学位。南方医科大学博士学位，湖南常德市第一中医医院副主任医师。

杨佑绪 1983年生，寺梁村人。2012年毕业于南京航天航空大学，硕士生。西安飞机制造厂第一设计院高级工程师，

王生鹏 1984年生，寺梁村人。2010年毕业于华北电力学院，中共党员。

系兰州供电局高级工程师。

李积星 1986生，东关村人。副教授，中共党员。西安科技大学毕业，就职兰州资源环境职业技术大学，任校产业处副处长。

丁维勇 1986年生，红光村人。2012年毕业于兰州大学数学系，江西师范大学副教授。

何乃婷 女，1990年生，红光村人。中共党员，毕业于西北师大毕业，硕士研究生，青海师范大学副教授。曾获青海省"精准扶贫工作先进个人"称号。主持参与省部级科研项目，发表论文10余篇。中国人民大学在读博士研究生。

五、非芦阳镇籍高级以上技术职称人员

王耀德 1956年生，会宁县人。大专文化，高级教师。先后任教红水中学、芦阳第一初级中学。市级骨干教师、学科带头人。县级教学新秀、先进教师、师德标兵"省园丁""市园丁"。在国家、省级刊物发表论文多篇。

高启俐 1959年生，寺滩乡人。大专学历，中共党员，1976年参加工作，高级教师。2005—2010年任芦阳学区校长。先后获"市园丁""两基先进个人""全国优秀教育工作者"称号。发表论文数篇。

魏永平 1959年生，正路镇人。1978年参加工作，大专文化，石城小学高级教师，先后获县骨干教师、优秀教师称号。论文获市级教学设计二等奖。

张清德 1961年生，正路镇人。中师文化，石城小学高级教师。1978年参加工作，先后获县"优秀教育工作者""骨干教师"称号。

卢有舜 1961年生，中泉镇人。中师文化，1982年参加工作，石城小学高级教师。

张文山 1961年生，正路乡人。大学文化，高级教师。先后在正路中学、芦阳一中、芦阳二中任教。获县园丁奖2次。

李 文 1962年生，五佛乡人。大学文化，中共党员，正高级教师。历任芦阳一中、五佛中学校长。

张建国 1965年生，正路乡人。中师毕业，高级教师，中共党员。曾在芳草、马鞍山、石城小学任教。获县园丁奖2次，县教育系统优秀德育工作者。

李维奎 1965年生，五佛乡人。大学文化，副主任医师。历任草窝滩卫生院、芦阳卫生院、五佛卫生院院长。

马进德　1965年生，寺滩乡人。大专文化，高级教师。1988年参加工作，先后在正路、寺滩、芦阳一中任教，县骨干教师。

陈燕宏　1966年生，红水镇人。中共党员，大学文化，高级教师。曾任县第二小学党支部书记、城关小学校长。省骨干教师。

唐永莲　女，1966年生，古浪县人。大专文化，高级教师。1993年参加工作，曾任一条山小学教导主任、党支部书记。

王自贤　女，1967年生，寺滩乡人。高级教师。曾在石城小学、西林小学任教。曾获县"优秀德育工作者"奖。

张俊禧　1967年生，中泉乡人。大学文化，高级教师。曾在芦阳二中、一条山小学、芦阳一中、西林小学任教。

高岳斌　1968年生，喜泉镇人。中共党员，大学文化。曾任喜泉中学、草窝滩中学校长，芦阳学区党总支书记。曾获"市园丁"、县"优秀党员"称号。

魏琛邦　1968年生。喜泉镇人。大学文化，高级教师。曾任芦阳学区党总支副书记。县师德师风先进个人、县园丁。

董学才　1968年生，中泉镇人。大专文化，高级教师。先后在芦阳二中、城关、响水小学任教。曾获市"优秀班主任"称号，在《新一代》等刊发表论文2篇。

赵鸿夫　1969年生，会宁县人。大专文化，高级教师。曾在芦阳二中任教，芦阳学区工作。"县园丁"。

曹秉国　1970年生，寺滩乡人。大学文化，正高级教师。曾任上沙沃学区、中泉学区、芦阳学区校长。曾3次获市园丁奖。

王雪安　1971年生，寺滩乡人。大学文化，1996年参加工作，芦阳二中高级教师。曾获市"优秀辅导教师"称号。

张鹏祖　1971年生，寺滩乡人。中共党员，大专学历，高级教师。曾在城北墩小学、城关小学任教。

庞凤霞　女，1971年生，安徽砀山县人。中专文化，1992年参加工作，芦阳中心卫生院副主任技师。在《医生在线》刊物上发表论文2篇。

达宣兰　女，1972年生，喜泉镇人。1996年毕业于西北师大生物系，城关小学高级教师，县骨干教师。

刘荣邦 1973年生，红水镇人。大学文化，高级教师。曾任八道泉中学、芦阳二中校长。"省园丁"。主持省级课题《在学科教育中开展"小课题研究"的活动实验》并结题。

魏小萍 女，1973年生。喜泉镇人。1994年毕业于西北师大数学系，高级教师。曾在西林小学、芳草小学任教。先后获县"学科带头人""优秀教师""师德师风先进个人"称号。县第十次党代会代表。

高启荣 1973年生，红水镇人。本科学历，高级教师。曾任芦阳二中政教主任。曾获市、县园丁奖。

高云晓 女，1973年生，正路乡人。大学文化，高级教师。曾在城关小学、芦阳一中、一条山小学任教。曾获市优质课竞赛一等奖。

李 锋 1978年生，会宁县人。高级教师。历任十里沙河小学、响水小学、马鞍山小学、寺梁小学校长，曾获县"优秀教师"称号、"县园丁"。

李小林 女，1979年生，五佛乡人。大学文化，1999年参加工作，城北墩小学高级教师，先后获市级"骨干教师""中小学生高效课堂建设先进个人"，县"优秀班主任"称号。在《甘肃教育》等刊发表论文2篇。

六、担任芦阳镇（区、乡、公社）党委书记非芦阳镇籍人员

呼庭义 陕西人，中共党员。1949年9月至1950年7月任景泰县芦阳区委书记。

牛世清 陇西县人。兰州大学肄业，中共党员。1951年在景泰工作，历任景泰县一区副区长、区委书记，县委秘书，合作部部长等职。1956—1958年任景泰县委副书记，兼监察委员会书记。

满元勋 武威县人。曾任新民主主义青年团景泰县工委书记、一区区委书记、县委宣传部部长等职。

张正甲 1931年生，武威县人。1949年参加革命，中共党员。1953年西北党校理论班毕业，先后在景泰县、皋兰县、白银市工作，任景泰县一区区委书记、合作部长等职。1987年任县人大常委会副主任。1983年领导县农业区划工作，获省三等奖。

焦正芳 1924年生。籍贯不详。小学文化，中共党员。1952年参加工作，曾任中共芦阳镇党总支、党委书记等职。

张礼学 1933年生，武威县人。小学文化，中共党员。1949年参加革命，曾任芦阳公社主任、党委书记，一条山镇镇长等职。

杨生华 1931年生，五佛乡人。初中文化，中共党员，1951年参加革命。历任芦阳公社党委书记，景泰县、皋兰县副县长，白银市委党校副校长，省委政策研究室调研员，省红旗山五七干校革委会副主任、党委书记，省电力安装公司革委会副主任等职。1980年任景泰县人大常委会副主任。

尚步岳 1927年生，喜泉乡人。小学文化，中共党员。1952年参加工作，曾任喜泉、大安、芦阳公社党委书记，中共景泰县委委员等职。

张守瑜 1929年生，皋兰县人。初中文化，中共党员。1951年参加工作，曾任喜泉公社主任、党委书记，芦阳公社主任、党委书记，县农机局局长等职。

王得才 1934年生，寺滩乡人。小学文化，中共党员。1953年8月参加工作，历任永泰乡乡长、支部书记、党委副书记，永泰公社党委副书记，寺滩公社党委书记，五佛公社党委副书记、书记、革委会主任，芦阳公社党委书记，县林业局局长，县农委主任，县人大常委会副主任等职。

彭维友 1950年生，中泉乡人。大学文化，中共党员。1976年参加工作，曾任县政府办公室副主任，芦阳乡党委书记，县委副书记兼党校校长，1986年任靖远县委常委、副县长，1989年任景泰县委副书记，1997年任会宁县委书记，2001年后任白银市委宣传部、统战部部长，市政协副主席。

李月明 1944年生，五佛乡人。大专文化，中共党员。1965年参加工作，历任中泉公社副主任，喜泉公社党委副书记，芦阳乡党委书记，县工交局局长，1991年任副县长。1992年11月任县委常委、副县长。1997年12月任县委副书记。1999年9月任县人大常委会主任。第四、六届市人大代表。

王文彰 1952年生，正路乡人。大专文化，中共党员。1972年参加工作，历任芦阳镇党委副书记、镇长、党委书记。1991年任景电二期工程景泰指挥部党委书记、副指挥。1993年任副县长。1997年7月任县委常委、副县长。2002年3月任县人大常委会主任。第三、六届市人大代表。曾获"第五次全国人口普查先进个人"称号。

周爱成 1953年生，五佛乡人。大学文化，中共党员。1976年参加工作，历任芦阳镇镇长、党委书记，县粮食局局长。

常守斌 1965年生，中泉乡人。大学文化，中共党员。1983年参加工作，历任八道泉乡乡长，芦阳镇镇长、党委书记，县委组织部副部长，县交通局局长，政府办主任，黄河石林管委会主任，第五届市人大代表。

焦占元 1959年生，寺滩乡人。大专文化，中共党员。1978年入伍，转业后历任红水乡乡长、党委书记、芦阳镇党委书记。

刘在峻 1969年生，中泉乡人。大学文化，中共党员。1990年参加工作，历任喜泉镇镇长、党委书记，芦阳镇党委书记，景泰县委常委、宣传部部长。靖远县委常委、常务副县长，市工商联主席，市政协副秘书长、办公室主任，市司法局局长。

郭廷成 1975年生，寺滩乡人。大学文化，中共党员。历任芦阳镇镇长、党委书记，甘肃省药品监督管理局综合处处长。

唐维国 1970年生，正路镇人。研究生学历。中共党员。1990年参加工作，先后任五佛、草窝滩学区教师，县委编办、县委组织部科员，县委人才办主任，正科组织员，组织部常务副部长，芦阳镇党委书记，县直机关工委书记，县人大办主任，县人大财经农业城建环保工作委员会主任。县人大财工委四级调研员。曾在《现代家教》《高师函授》《白银日报》等报刊发表文章。白银市第二批市级非物质文化遗产白银民歌（景泰酒曲子）代表性传承人。

白贵海 1972年生，寺滩乡人。大学文化，中共党员。1992年参加工作。历任上沙沃镇副镇长、人大主席，县信访局局长，芦阳镇党委书记，县水务局局长，县财政局局长，四级调研员。2019年，获甘肃省脱贫攻坚先进个人称号。

周正君 1983年生，五佛乡人。省委党校研究生，中共党员。2007年6月毕业于甘肃农业大学。历任芦阳镇纪委书记，寺滩乡党委副书记，芦阳镇党委副书记、镇长、党委书记。2023年8月，任黄河石林大景区管委会副主任。2021年，被省委、省政府授予"全省脱贫攻坚先进个人"称号。

岳自国 1989年生，会宁县人。2013年参加工作。2018年毕业于西北师范大学，中共党员。历任芦阳镇党委委员、武装部长、党委副书记。2021年8月任寺滩乡党委副书记、乡长。2023年6月任芦阳镇党委副书记、镇长，8月任芦阳镇党委书记。

六、担任芦阳镇镇长（区长、乡长、公社主任）的非芦阳镇籍人员

郝光有 生卒年不详。陕西省延川县人。曾任景泰县一区区长。

任邦民 生卒年不详。陕西人。曾任景泰县一区区长。

罗鸿儒 1929年生，五佛乡人。中学文化，中共党员。1949年参加革命，曾任景泰县一区区长、县人民检察署检察长，重工业部物探总队团总支书记、分队长，西北冶金地质公司物探队分队长、物探六队队长、农场场长，甘肃冶金地质综合队科长、党委委员、农场场长等职。1990年离休。

赵国檀 1925年生，武威县人。高中文化，中共党员。1949年参加革命，曾任景泰县三区区长、芦阳镇镇长等职。

高占德 1927年生，五佛乡人。高小文化，中共党员。1949年参加革命，曾任芦阳公社主任等职。

沈可隆 1911年生，五佛乡人。初小文化，中共党员。1952年参加工作，曾任景泰县三区区委书记，冬青公社、五佛公社党委书记，芦阳公社主任等职。

王玺祯 1935年生，正路乡人。初中文化，中共党员。1955年参加工作，曾任大安公社党委书记，红水、芦阳公社主任，县邮电局局长，县总工会主席等职。

万国才 1940年生，五佛乡人。初中文化，中共党员。1958年参加工作，曾任芦阳公社主任、县移民办公室主任等职，副县级干部。

王洪安 1969年生，寺滩乡人。大学文化，中共党员。1988年参加工作，历任县人大常委会财经工作委员会主任，芦阳镇镇长，县委政研室主任，县委党校常务副校长，上沙沃镇党委书记，红水镇党委书记，县国土资源局局长，县文体广电和旅游局局长，景泰县寿鹿实业投资发展集团有限公司董事长。

石玉磊 1969年生，古浪县人。大学文化，中共党员。1993年参加工作，历任团县委书记、寺滩乡乡长、芦阳镇镇长，县委督查室主任，草窝滩镇党委书记，县委政法委常务副书记，畜牧兽医局局长，县文物局局长。

金　墙 1971年生，榆中县人。大学文化，中共党员。历任县委机构编制委员会副主任、芦阳镇镇长、漫水滩乡党委书记、县水务局局长。

吴　滨 1985年生，河北省人。2009年毕业于西北师范大学，2021年获甘

肃农业大学林业硕士学位，中共党员。历任五佛乡武装部长，芦阳镇副镇长、镇党委副书记、镇长，红水镇党委书记，县卫生健康局局长。

张举龙　1982年生，五佛乡人。2004年毕业于西北农林科技大学，中共党员。2011年4月任芦阳镇副镇长，2015年11月任芦阳镇党委副书记，2020年11月任芦阳镇镇长，2023年3月任正路镇党委书记。一级主任科员。

杨　松　1985年生，平川区人。2008年毕业于河西学院。中共党员。2009年参加工作。曾任县城市管理行政执法大队副队长，县城市管理行政执法局党组成员、副局长兼执法大队队长。2024年1月，任芦阳镇党委副书记、镇长。

七、正科级行政职务人员

张德义　1908年生，芦阳村人。毕业于兰州农校。1949年参加工作，曾任县财政科科长。

马如釜　字屏山，1909年生。响水村人，大学文化。1937年参加工作，历任县合作社主任、贸易公司商店主任、永泰乡乡长。退休享受副县待遇。

卢得治　1916年生，响水村人。小学文化。历任六区区长、县粮食局局长。

沈文秀　1916年生，红光村人。小学文化，1950年参加工作，曾任景泰县一区区长。

周世忠　1919年生，红光村人。初中文化，历任芦阳区米山乡党支部书记，喜泉粮站站长，县粮食局副局长。

李文清　1920年生，城关村人。初小文化，中共党员。1952年参加工作，历任芦阳乡乡长，县委农村合作部副部长，芦阳供销社党委书记，五佛公社副书记，喜泉、红水公社党委书记，县汽车队党支部书记，县车辆管理办公室主任。

王彤云　1923年生，城关村人。中师文化。1949年参加工作，历任景泰简易师范教导主任、训育主任。

牟秀山　1928年生，一条山村人。中学文化，中共党员。1952年参加工作，历任四区区长，丰乐区区长、区委书记，县商业局局长，县水泥厂工会主席。

王开国　1929年生，席滩村人。小学文化。1951年参加工作。曾任芦阳乡人民委员会乡长，喜泉公社主任。

杨凤栖　1928年生，响水村人。初中文化，中共党员。1951年参加工作，历任团县委书记，县委财贸部、农村工作部部长，县委委员，芦阳镇、芦阳公社、中泉公社、中泉乡党委书记，县科学技术协会主席。

张长寿　1931生，芦阳村人。初中文化，中共党员。1949年参加革命，历任喜泉公社主任，八道泉公社党委书记，县供销社主任、党委书记。

张承祥　1931年生，一条山村人。初中文化，中共党员。1953年参加工作，历任响水公社党总支书记，喜泉公社主任、党委书记，县城乡建设环境保护局局长。

王定国　1933年生，芦阳村人。初师文化，中共党员。1950年参加工作，历任县文教卫生局局长，县农业机械公司党支部书记。

王莲臣　女，1933年生，芦阳村人。初师文化，中共党员。1950年参加工作，历任县妇联主任、五佛公社副主任。曾被省市妇联评为30年、20年"妇女优秀工作者"。

刘　奎　1933年生，西关村人。初中文化，中共党员。1952年参加工作，曾任县检察院办公室主任。

张有禄　1933年生，芳草村人。小学文化，中共党员。1956年参加工作，曾任县石膏矿革委会主任、党支部书记兼工会主席。

卢有升　1935年生，响水村人。初中文化，中共党员。1954年参加工作，历任脑泉、红岘、五佛小学校长，县公安局主任科员，一级警督。

卢昌佑　1936年生，东风村人。初中文化，中共党员。1954年参加工作，历任县商业局局长、党总支书记。曾获市"优秀党务工作者"称号。

李永禄　1936生，一条山村人。初中文化，中共党员。1951年参加工作，曾任县商业局局长。

沈祥林　1936年生，红光村人。初中文化。1956年参加工作，历任县信访办主任、粮食局党总支书记。

张承发　1937年生，芦阳村人。大学文化，中共党员。1961年参加工作，历任县公安局教导员，水电局局长。

郭树德　1937年生，一条山村人。中专文化，中共党员。1958年参加工作，曾任县科委主任。

卢耀安 1937年生，响水村人。中专文化，中共党员。1958年参加工作，历任县政协办公室主任、县委统战部部长。

张承恩 1937年生，一条山村人。中师文化，中共党员。1953年参加工作，历任县职业中学党支部书记、县人大常委会办公室副主任、县直机关党委副书记。

李玉秀 1937年生，席滩村人。初小文化，中共党员。1975年参加工作，历任正路公社主任、党委书记，县良种繁殖场场长。

李保成 1939年生，芳草村人。初中文化，中共党员。1955年参加工作，曾任县检察院监所科科长。

王 俊 1942年生，红光村人。高中文化，中共党员。1969年参加工作，历任县烟草专卖局局长、公司经理。

李宗佑 1942年生，红光村人。初中文化，中共党员。1971年参加工作，县法院正科级调研员。

张承贵 1942年生，响水村人。高中文化，中共党员。1968参加工作，县二期指挥部正科级干部。

杨生珍 1943年生，十里村人。初中文化，中共党员。1965年参加工作，历任县计划生育办公室主任、卫生局局长，行政科科长，财政局局长。

谈嘉诰 1943年生，东风村人。高中文化，中共党员。1963年参加工作，曾任县成人教育办公室主任。曾获"联合国教科文组织亚太地区暨甘肃省扫盲先进个人""全国职业技术教育先进个人""全省职业技术教育先进个人"称号。

王作有 1944年生，东风村人。高中文化，中共党员。1961年参加工作，历任喜泉乡党委书记、县地矿局党支部书记兼副局长。

吴大利 1944年生，麦窝村人。大专文化，中共党员。1964年参加工作，曾任县检察院法纪科科长。

寇永祯 1944年生，芳草村人。大专文化，中共党员。1964年入伍，先后任排长、指导员、副教导员。转业后历任县检察科科长、副检察长。四级高级检察官。

贾步鳌 1944年生，芦阳村人。大专文化，中共党员。1963年参加工作，历任县电力局副局长、党支部书记。

马登科 1945年生,城关村人。初中文化,中共党员。1964年参加工作,历任县计划生育局局长,财政局纪检组组长。

王　新 1945年生,城北村人。初中文化,中共党员。1965年参加工作,历任邮电局局长、党支部书记。

段皓清 1945年生,响水村人。初中文化,中共党员。1963年参加工作,历任县法院景泰川法庭庭长、纪检员、调研员。1994年获最高人民法院三等功奖章。

马　宝 1946年生,响水村人。高中文化,中共党员。历任大安乡乡长、党委书记,县卫生局书记兼副局长。

王　侃 1946年生,芦阳村人。初中文化,中共党员。1965年入伍,转业后历任县法院办公室主任、行政庭庭长,高级法官。曾获全省法院系统先进工作者称号。

杜建国 1946年生,芦阳村人。初中文化,中共党员。1965年参加工作,水务局正科级调研员。

张长江 1946年生,芦阳村人。中师文化,中共党员。1970年参加工作,曾任县总工会主席。

卢昌荣 1946年生,响水村人。高中文化,中共党员。1972年参加工作,历任芦阳派出所所长、县公安局正科级侦查员。曾多次获市、县公安系统先进个人称号。

王　银 1947年生,红光村人。初中文化,中共党员。1964年参加工作,历任寺滩乡经联委主任、漫水滩乡人大主席、县乡镇企业局党总支书记兼副局长、档案局党支部书记。

卢有吉 1947年生,红光村人。初中文化,中共党员。1964年入伍,转业后曾任五佛乡乡长、住建局副局长。

祁全军 1947年生,响水村人。大学文化,中共党员。1975年参加工作,曾任县地震办公室主任。

杨世忠 1947年生,席滩村人。初中文化,中共党员。1970年参加工作,曾任县工商局副局长。

曾正强 1947年生,十里村人。初中文化,中共党员。1968年入伍,转业后历任县乡镇企业局副局长、妇幼保健站党支部书记。

高　铎　1948年生，城关村人。中专文化，中共党员。1969年参加工作，历任草窝滩乡人大主席，县农技中心、畜牧中心党支部书记。

李得敏　1948年生，响水村人。大专文化，中共党员。1976年参加工作，历任县科委、科技局党支部书记。

张文治　女，1948年生，城北村人。初中文化，中共党员，1971年参加工作，历任正路公社党委副书记、一条山镇副镇长、县医院党支部书记、副院长，县计划生育局党支部书记兼副局长。

孙正泰　1949年生，芦阳村人。大学文化，中共党员。1969年参加工作，历任县体委主任、体育局局长。曾获甘肃优秀体育教师、全省业余体育训练先进工作者、全国体育先进工作者等称号。

祁泰山　1949年生，响水村人。中师文化，中共党员。1969年参加工作，历任红水乡、白墩子乡乡长，一条山镇代镇长，县政府行政科科长。

周文清　1949年生，红光村人。高中文化，中共党员。1971年参加工作，历任县劳动局服务公司主任，园林局局长。曾获市委、市政府发展城市集体经济先进工作者、城市绿化先进个人称号。

朱焕祖　1949年生，芦阳村人。高中文化，中共党员。1969年参加工作，曾任县检察院监所监察科科长。

常蓬澍　1950年生，东关村人。大学文化，中共党员。1977年参加工作，历任一条山镇镇长、党委书记，县科委主任，科技局局长、党支部书记、科协主席。

曾正信　1950年生，十里村人。高中文化，中共党员。1971年参加工作，曾任农行景泰支行行长。

王凤仪　女，1951年生，城关村人。初中文化，中共党员。1968年参加工作，历任县医药管理局局长、医药公司董事长，市药监局景泰分局筹备组副组长。

卢有儒　1951年生，红光村人。高中文化，中共党员。1969年参加工作，历任县乡公路管理站站长、党支部书记。

李　强　1951年生，响水村人。中专文化，中共党员。1975年参加工作，历任红水乡乡长、党委书记，县农委党支部书记兼副主任，民政局党支部书记兼副局长。

李元安 1952年生，芳草村人。大学文化，中共党员。1977年参加工作，历任中泉乡经联委主任、乡长、党委书记，五佛乡党委书记，县农委主任、农牧局党总支书记兼副局长、局长。市第五次党代会代表。

龚大伦 1952年生，城北村人。大学文化，中共党员。1971年参加工作，历任白银市体委办公室主任，县体委副主任、党支部书记，县文体局党总支书记。曾获"全省群众体育先进个人"奖。两次获"全国优秀裁判员"称号。曾获"全国业余训练先进个人""国家级体育指导员"称号。

张振兴 1952年生，红光村人。大专文化，中共党员。1970年入伍，历任连长、指导员、副营指导员。转业后任县公安局警长、看守所所长、主任科员。1987年获公安部先进工作者称号。立三等功1次，著有《岁月足迹》。

田种刚 1953年生，芳草村人。初中文化，中共党员。1970年参加工作，历任农副公司经理、董事长，供销联社主任。

祁秀山 1953年生，响水村人。中师文化，中共党员。1974参加工作，历任县三小校长、寺滩乡副乡长、县档案局纪检员。

刘吉师 1953年生，麦窝村人。中专文化，中共党员。1976年参加工作，历任县地税局稽查局局长、主任科员。曾获市级征管能手称号。

卢昌盛 1954年生，响水村人。中专文化，中共党员。1979年参加工作，曾任县国税局系统工会主席，主任科员。

杨天鸿 1954年生，响水村人。大专文化，中共党员。1971年参加工作，历任县酒类管理局副局长、县工信局正科级干部。

王林奎 1954年生，麦窝村人。大专文化，中共党员。1973年参加工作，曾任县移民办公室主任。

王佩霞 女，1954年生，城关村人。大专文化，中共党员。1972年参加工作，历任县委统战部副部长、工商联会长、县委政法委副书记。

吕霞民 女，1954年生，芦阳村人。大学文化，中共党员。1966年参加工作，历任县广电局党支部书记、电视台台长。1991年被省委、省政府评为"抗震救灾先进个人"。2000年获"省政府帮村扶贫先进个人"称号。

李保平　1954年生，芳草村人。大专文化，中共党员。1979年参加工作，历任县农牧局副局长、农技中心主任、党支部书记。

郭莲英　女，1954年生，响水村人。高中文化，中共党员。1984年参加工作，曾任芦阳镇、一条山镇副镇长，县老龄委员会办公室主任。1989年获省"三八红旗手"称号。

付仲华　1955年生，城关村人。大学文化，中共党员。1980年参加工作，曾任县农机监理站党支部书记兼副站长。

卢昌林　1955年生，西关村人。中专文化，中共党员。1980年参加工作，历任县农机中心主任、农机学校党支部书记。

张茂财　1955年生，寺梁村人。大专文化，中共党员。1979年参加工作，历任县农机学校校长，农机局纪检组组长兼副局长、党支部书记。

董成生　1955年生，城关村人。中专文化，中共党员。1977年参加工作，曾任一条山镇副镇长、五佛乡人大主席。

张学德　1955年生，芦阳村人。大专文化，中共党员。1981年参加工作，历任芦阳镇副镇长，大安乡乡长、党委书记，县委统战部副部长、工商联会长，县非公有制经济组织工委书记兼乡镇企业局副局长，县政协经济科技委员会主任、主任科员。曾先后获"第四次全国人口普查工作国家级先进个人""全国颁发居民身份证先进工作者""全省乡镇统计先进工作者""全省第三批先进性教育活动驻村指导工作先进个人"称号。

张正勤　1955年生，东关村人。大专文化，中共党员。1975年参加工作，历任芦阳镇镇长、党委书记。

卢守纲　1955年生，响水村人。大专文化，中共党员。1976年入伍，转业后任县自来水公司副经理、水务局水政办副主任。

田玉春　1956年生，东关村人。中师文化，中共党员。1976年参加工作，历任县人大常委会教科文卫工作委员会副主任、法制工作委员会主任、办公室主任科员。

乔占河　1956年生，西关村人。中专文化，中共党员。1976年参加工作，曾任县纪委案件审理室主任。获中组部知识竞赛活动个人三等奖。

沈爱霞　女，1956年生，响水村人。中师文化，中共党员。1974年参加工作，历任草窝滩乡妇联主任，省水电工程局工会主席，县信访局正科级干部。

李树茂 1956年生，东风村人。高中文化，中共党员。1976年参加工作，历任白墩子乡副乡长、县计划生育局党支部书记兼副局长。曾获"全省计划生育先进工作者""先进个人"称号。

卢有智 1956年生，响水村人。大专文化，中共党员。1976年参加工作，历任县新华书店经理，市新华书店行政科长，县新华书店经理助理。

王武健 1957年生，城北墩村人。中专文化，中共党员。1973年参加工作，曾任县检察院申诉检察科科长。

付廷财 1957年生，西关村人。中专文化，中共党员。1979年参加工作，曾任县检察院申诉检察科科长。

张全敏 1957年生，响水村人。大学文化，中共党员。1973年参加工作，历任县检察院刑检科、批捕科科长，县法院刑庭庭长。中国检察官协会、法学学会会员。

徐晓平 1957年生，一条山村人。大专文化，中共党员。1976年入伍，转业后历任县扶贫办公室主任，县民政局局长，县政协提案委员会主任，主任科员。

徐新臻 1957年生，一条山村人。大专文化，中共党员。1976年入伍，转业后任县乡镇企业局纪检组组长兼副局长，县供销联社主任。

马　彰 1957年生，响水村人。大学文化，中共党员。1976年参加工作，曾任一条山工商所副所长，主任科员。两次获市政府业务先进个人奖。

杨天成 1957年生，响水村人。大专文化，中共党员。1976年参加工作，历任县国税局稽查局局长，主任科员。

杨天喜 1957年生，响水村人。大专文化，中共党员。1980年参加工作，历任县国税局办公室主任，人事教育股主任科员。

彭可荣 1957年生，红光村人。大专文化，中共党员。1981年参加工作，曾任县城乡住房建设局党支部书记兼副局长。

何　睿 1957年生，芳草村人。高中文化，中共党员，1975年参加工作，曾任县国税局副局长、党组成员。

余会柱 1958年生，东关村人。大专文化，中共党员。1981年参加工作，历任正路乡党委书记兼人大主席，县乡镇企业局局长，县非公有制经济办公室主任，文体局局长，文广局党总支书记兼副局长。曾获市"优秀共产党员"称号，立三等功1次。

殷世俊　1958年生，东风村人。中专文化，中共党员。1975年参加工作，历任五佛乡经联委主任，人大主席，县地震局副局长。

魏文银　1958年生，城关村人。中专文化，中共党员。1980年参加工作，历任一条山镇副镇长、党委副书记、人大主席。

杨建民　1958年生，城关村人。大专文化，中共党员。1976年入伍，历任县国税局一条山管理局指导员、第三税务分局主任科员。

陈　铎　1958年生，索桥村人。大学文化，中共党员。历任白银公司条山农场中学校长，农场党支部书记。

王永昌　1958年生，城关村人。大专文化，中共党员。1978年参加工作，历任县法院审判员、副院长。

王　静　1959年生，城北村人。大学文化，中共党员。1984年参加工作，历任喜泉镇人大主席、县林业局副局长。

吕文祥　1959年生，芦阳村人。大学文化，中共党员。1980年参加工作，历任县纪委常委办公室主任、副书记。曾获"全省优秀农机监理员""优秀帮扶队员""全市纪检监察先进工作者""驻村指导工作先进个人"等称号。

田玉贵　1959年生，东关村人。高中文化，中共党员。1984年参加工作，历任芦阳镇经联委主任、县乡公路管理站党支部书记。

张好明　1959年生，芦阳村人。高中文化，中共党员。1976年参加工作，历任县法院纪检组组长、公安局党委副书记。

张义军　1959年生，芳草村人。大学文化，中共党员。1983年参加工作，曾任县水保站站长、水务局副局长。

赵国杰　1959年生，席滩村人。大专文化，中共党员。1978年参加工作，历任白墩子乡党委副书记、代乡长，县畜牧中心副主任。

李文雄　1959年生，响水村人。大专文化，中共党员。1980年参加工作，历任县审计局副局长，县人大常委会财经工作委员会主任、办公室主任科员。

郝建奎　1959年生，响水村人。高中文化，中共党员。1980年参加工作，历任县国税局办税服务厅主任、第一税务分局主任科员。曾获省国税局金税工程工作先进个人称号。

卢新春 1959年生，响水村人。大学文化，中共党员。1980年参加工作，历任县财政局副局长、党支部书记，县中小企业信用担保有限公司董事长兼总经理，国有资产经营开发集团有限公司副董事长总经理。县政协九届委员。曾获"中华会计函授学校甘肃分校优秀教师""白银分校优秀函授站长"称号。

马　平 1960年生，响水村人。大专文化，中共党员。1982年参加工作，历任县委组织部常务副部长，人事局党支部书记兼副局长，人社局局长。曾获市委、市政府"全市就业先进工作者"、市委组织部"优秀组织人事干部"称号。人民日报社特聘《人力资源管理改革与社会保障工作指导》编委会成员。

郝宝魁 1960年生，响水村人。大专文化，中共党员。1978年参加工作，历任草窝滩乡纪检书记、乡长、党委书记，县农委副主任，物价局局长，发展和改革局副局长。

王旭健 1960年生，城北村人。大专文化，中共党员。1978年参加工作，县司法局公证处主任。曾获省传统项目优秀教练员称号，发表论文数篇。

屈占昌 1961年生，芳草村人。大学文化，中共党员。1978年参加工作，历任县人事劳动社会保障局纪检组组长、书记兼副局长，社会保险事业管理局局长。曾获市政府"人社工作先进个人"称号。

李明东 1961年生，红光村人。大学文化，1980年参加工作，历任喜泉、寺滩、石林派出所所长。多次被市、县公安局评为先进，省公安厅记二等功1次。一级警长。

沈文成 1961年生，红光村人。大专文化，中共党员。1987年参加工作，历任县教育局文化稽查队队长、文体局局长、文广局纪检书记。

王　雄 1962年生，索桥村人。中专文化，中共党员。1984年参加工作，历任芦阳镇经联委主任、县法院纪检组组长。曾获市中院先进工作者称号。

刘森泉 1962年生，城关村人。大专文化，中共党员。1982年参加工作，1998年任县工商局副局长。曾获"全省商标广告监管先进工作者""全国粮食市场管理先进工作者"称号。

杨天萍 女，1962年生，索桥村人。大学文化，中共党员。1979年参加工作，历任县城市信用社董事长、主任，农村信用联社理事长兼主任，人行景泰支行行监书记、主任科员。多次获市先进个人称号。

沈建珍 女，1962年生，红光村人。大专文化，中共党员。1981年参加工作，历任县公安局治安大队教导员、户政科科长、一级警督。曾获"市公安系统优秀党员""先进工作者""三八红旗手"称号，立三等功2次。

张守荣 1962年生，一条山村人。大专文化，中共党员。1981年参加工作，历任县政府行政科党支部书记兼副科长，园林局党支部书记兼副局长，县农业局党委书记、纪委书记。

谈明宏 1962年生，东风村人。大专文化，中共党员。1981年参加工作，历任漫水滩乡副乡长，八道泉乡副乡长、经联委主任、乡长，县交通局党支部书记。

张世忠 1963年生，席滩村人。大学文化，中共党员。历任人行景泰支行副行长、工会主席、党组书记、行长。《景泰文学》理事会成员，作品见于《诗刊》《星星》《飞天》等，诗歌多次获全国诗歌大赛奖。

雷建生 1963年生，东关村人。大学文化，中共党员。1983年参加工作，历任县纪委执法监察室主任、纪委常委、监察局副局长。曾获省第五届运动会小口径隐显目标射击比赛第三名。

李富荣 1963年生，芳草村人。大专文化，中共党员。1982年参加工作，历任县国税局纪检组组长、副局长，主任科员。

付廷德 1963年生，响水村人。中师文化，中共党员。1982年参加工作，历任中泉乡党委副书记，五佛乡人大主席，县检察院纪检组组长。

郭志君 1963年生，席滩村人。大学文化，中共党员。1982年参加工作，历任工行景泰支行党支部副书记、副行长兼大楼支行行长、内控专员，白银分行派驻景泰支行纪检专员兼党支部副书记。曾获"工行甘肃分行先进工作者"称号。

马兆宏 1964年生，芦阳村人。大学文化，中共党员。1986年参加工作，曾任县委组织部副部长。

张玉芬 女，1964年生，城关村人。大学文化，中共党员。1981年参加工作，历任县小额信贷办公室主任、统计局局长。2010年记三等功。

李桂荣 女，1964年生，城关村人。大学文化，中共党员。1981年参加工作，历任工行景泰支行工会主席、副行长，大楼支行行长。2007年全国妇联授予巾帼文明岗位称号。两次获省工行先进个人奖，省总工会五一巾帼奖。

付仲兰 女，1964年生，城关村人。高中文化，中共党员。1985年参加工作，曾任县质量技术监督局主任科员。

李富俊 1964年生，芳草村人。大学文化，中共党员。1985年参加工作，国家统计局景泰调查队主任科员。曾获"全国第三产业普查数据处理部门国家级先进工作者""全省农村统计调查系统先进个人""第一次全国经济普查省级先进个人"等称号。

唐国华 1965年生，东关村人。中专文化，中共党员。1987年参加工作，历任中泉乡副乡长、党委副书记，县人口和计划生育局纪检组组长。

罗彩芳 女，1965年生，红光村人，大学文化，中共党员。1986年参加工作，历任县委老干局副局长、党总支书记。曾获省妇联优秀干部称号。

张茂中 1965年生，城关村人。大学文化，中共党员。1985年参加工作，历任县法院审判监督庭、民事审判二庭副庭长、信访办公室主任。曾获最高人民法院长期从事人民法院工作奖章。二级法官。

卢昌世 1965年生，响水村人。大学文化，中共党员。1987年参加工作，历任县法院审判员、执行庭庭长。曾获省委、省委政法委、省高级人民法院清理执行积案先进工作者称号。二级法官。

刘学军 1966年生，芳草村人。大学文化，中共党员。1987年参加工作，历任县人民检察院反贪局局长、县环保局纪检员，县法院正科级审判员。

谈明娣 1966年生，东风村人。大专文化，中共党员。1994年参加工作，历任上沙沃镇副镇长、人大主席，县政协文史委员会主任。

冯玉珠 1966年生，东关村人。大学文化，中共党员。1985年参加工作，历任县法院芦阳法庭庭长，行政庭、立案庭、民事审判三庭庭长，副院长。高级三级法官。

吴克文 1966年生，红光村人。大专文化，中共党员，副主任医师。1987年参加工作。历任县爱卫办副主任、县卫生局副局长、县妇幼保健站站长。曾被卫生部信息统计中心授予"第三次卫生普查先进个人"称号。

沈茂国 1966年生，红光村人。大专文化，中共党员。曾任县机关工委纪委书记、县安监局副局长、县文体局党支部书记、县旅游局局长，县维稳办主任。

王生宏 1967年生,索桥村人。大专文化,中共党员。历任条山农场磷肥厂厂长,景泰金溶公司董事长、党支部书记。

马　茂 1967年生,响水村人。大专学历。历任县城市管理行政执法大队副队长、县政府劳务输出办公室主任,县政府劳务工作办公室二级主任科员。

卢昌海 1967年生,响水村人。大专文化,中共党员。1987年参加工作,历任县公安局城关派出所教导员、所长,治安大队负责人,看守所所长。曾获"省公安厅公安基础信息系统推广应用攻坚行动先进个人"称号。

罗正伟 1967年生,麦窝村人。大学文化,中共党员。1988年参加工作,历任县农业综合开发办公室主任、纪检组组长、党支部书记,县农机监理站站长。

王维恒 1967年生,席滩村人。大学文化,中共党员。1991年参加工作,历任县法院民事审判二庭、审判监督庭庭长。曾获全省"法院系统先进个人"称号。二级法官。

张茂顺 1968年生,东风村人。大学文化,中共党员。1987年参加工作,历任八道泉乡经联委主任,正路乡乡长,五佛乡党委书记,县国土局、农牧局局长。

牛慧芳 女,1968年生,芦阳村人。大学文化,中共党员。1990年参加工作,历任县粮食局副局长、党总支书记。

郭晓强 1968年生,一条山村人。大学文化,中共党员。1988年参加工作,历任农行景泰支行副行长、行长。

王　胜 1968年生,东风村人。大学文化,中共党员。1993年参加工作,历任一条山镇副镇长、人大主席。2012年嘉奖三等功1次。

韦性明 1968年生,红光村人。大学文化,中共党员。1987年参加工作,历任县法院民事审判二庭副庭长、喜泉法庭庭长。曾获全市"法院系统党风廉政建设先进个人"称号。一级法官。

王学军 1968年生,东关村人。大学文化,中共党员。1990年参加工作,历任县会计管理中心主任,农牧局纪检组组长、党总支书记、副局长,国有资产管理局局长。曾获人民日报出版社个人优秀奖,省书协会员。

康星正 1968年生，西关村人。大学文化，中共党员。1990年参加工作，历任一条山镇副镇长、县交通局副局长，一级主任科员。

杨天政 1968年生，索桥村人。大专文化，中共党员。1988年参加工作，历任景泰县桑蚕站站长，小额信贷办主任。

沈登云 1969年生，东关村人。大学文化，中共党员。1992年参加工作，历任县地税局副局长、党支部书记。

李　健 1969年生，东关村人。大学文化，中共党员。1988年参加工作，任县法院审判员。

张九文 1969年生，一条山村人。大学文化，中共党员。1990年参加工作，历任农牧局副局长，县良种繁殖场党支部书记，县委农村工作室副主任，县人大财工委副主任。

吴守燕 女，1970年生，麦窝村人。大学文化，中共党员。1991年参加工作，历任县委统战部对台办公室主任、正科级干部。

郭志道 1970年生，席滩村人。大学文化，中共党员。1992年参加工作，历任红水镇党委副书记、人大主席、县卫生局党委书记。

常蓬东 1971年生，芦阳村人。大学文化，中共党员。1991年参加工作，历任团县委副书记，一条山镇党委副书记、经联委主任，芦阳镇党委副书记、镇长。

杨生淮 1971年生，芳草村人。大专文化，中共党员。1994年参加工作，历任寺滩乡计划生育办公室主任、人大主席，县房地产管理所所长。

王永生 1971年生，石城村人。大学文化，中共党员。1990年参加工作，历任县总工会副主席，县民政局党支部书记、副局长，县红十字会专职副会长。

卢尚京 1972年生，响水村人。大学文化，中共党员。1991年参加工作，历任红水乡副乡长、党委副书记，团县委书记，一条山镇镇长、党委书记，正路工业园区主任，人大法工委主任。曾获"省征管能手"称号，2012年嘉奖三等功。

马　峰 1972年生，响水村人。1996年西安体育学院毕业。历任县体育中心主任，安监局副局长，县纪委监察局副局长、执法监察室主任，工信局局长。市政协第四、五届委员，县政协第六、第七、八届常委。曾获"全省体育先进工作者""市政府先进工作者"称号。

董善为 1972年生，响水村人。大学文化，中共党员。1993年参加工作，历任县财政局副局长，发展改革局主任科员、副局长，供销联社主任。

陈永泰 1973年生，索桥村人。大学文化，中共党员。景泰县工商管理局黄河路工商管理所所长。

安方强 1972年生，城关村人。大学文化，中共党员。曾任草窝滩镇镇长、党委书记，正路镇党委书记，县委组织部常务副部长兼县公务员局局长，县水务局局长。

雷建民 1972年生，东关村人。大学文化，中共党员。历任县委台湾工作办公室主任，县委统战部主任科员、台务侨务股二级主任科员，退役军人事务局副局长。

王 琦 1973年生，芦阳村人。大专文化，中共党员。1995年参加工作。一条山镇正科级干部，2011年获司法部"全国模范司法所长"称号。

何 著 1973年生，红光村人。大学文化，中共党员。1997年参加工作，历任中泉派出所所长、禁毒办公室副主任、县公安局警务保障室主任。一级警长。立三等功。

乔治晶 1973年生，西关村人。大学文化，中共党员。1992年参加工作，历任芦阳一中教务主任，县政协办公室副主任，主任科员，县人大常委会办公室主任。2015年，被省政协评为"政协系统扶贫行动先进个人"。2015年、2020年被县委记三等功、奖励各1次。

吴 静 女，1973年生，城北村人。大学文化，中共党员。1995年参加工作，任县法院审判员。

李桂锋 1973年生，芳草村人。大学文化，中共党员。1997年参加工作，历任县法院助理审判员、民事审判庭第三庭副庭长，正科级审判员。

李进星 1973年生，东风村人。大学文化，中共党员。1991年参加工作，历任正路乡党委副书记，县委统战部副部长，县工商联合会会长，喜泉乡党委副书记、镇长、党委书记，县司法局局长，县农业农村局局长。

李得水 1973年生，东风村人。大专文化，中共党员。曾任正路乡（镇）乡长、党委书记，县委直属机关工作委员会书记，县科技局局长。

祁海燕　女，1973年生，芦阳村人。中共党员，大学文化。历任县残疾人联合会副理事长、二级主任科员。

卢首成　1974年生，城关村人。中共党员，大学文化。1997年参加工作，历任县公安局刑警队副队长，网安大队、巡防大队大队长，指挥中心主任，城关派出所所长、副局长，会宁县公安局党委委员，四级高级警长。

李成龙　1974年生，芳草村人。中专学历，中共党员。1995年参加工作，历任上沙沃镇司法所所长、红水镇计划生育服务中心主任、县国土资源局地质矿产服务中心主任。

张治海　1974年生，芳草村人。大专文化，中共党员。1996年参加工作，历任上沙沃镇党委副书记、人大主席，县国土资源局纪检员。

祁林川　1975年生，响水村人。大学文化，中共党员。1966年参加工作，历任县人大常委会办公室副科级秘书、县教科文卫工作委员会主任、县文物局局长，人大法工委副主任，代联委主任。

吴守东　1975年生，响水村人。大学文化，中共党员。1994—1998年，在新疆军区服役；2001年参加工作。历任景泰县机关事务管理局公务用车管理中心主任、县金谷丰粮油贸易有限责任公司党支部书记、总经理。

卢登春　1975年生，响水村人。大学文化，中共党员。1995年参加工作，2013年任县县乡公路管理站支部书记。

李景世　1976年生，响水村人。大学文化，中共党员。1997年参加工作，历任县住房和城乡建设局副局长、党总支书记兼副局长，县政府金融办公室主任，经济合作局局长，县残联理事长，县人大教工委主任。

张兰芳　女，1976年生，城关村人。大学文化，中共党员。1997年参加工作，曾任漫水滩乡纪委书记、副乡长、党委副书记、人大主席，2019年任县退役军人事务局党组成员、副局长。

张举辉　1976年生，城北村人。大学文化，中共党员。1997年参加工作，历任县机关事务管理局局长、县医疗保障局局长。

李春玲　女，1976年生，寺梁村人。大学文化，中共党员。曾任草窝滩镇纪委书记，县纪委常委、县委巡察办主任，县纪委副书记，监委会副主任。

赵　洁　女，1976年生，东关村人。中共党员，大学文化。曾任漫水滩乡党委副书记、纪委书记，县委党史办副主任。

张重庆　1977年生，响水村人。经济管理专业硕士研究生，中共党员。2001年参加工作，历任县安全生产执法队队长，县城市管理行政执法局副局长兼城市执法大队队长，寺滩乡党委副书记、乡长，漫水滩乡党委书记。

董　萍　女，1978年生，响水村人。2002年毕业于福建农林大学，硕士学位，中共党员。历任团县委书记，喜泉镇党委副书记、镇长，县旅游局局长，县卫健局局长，县妇联副主席，妇儿工委办公室主任。曾获"团省委优秀干部""省委省政府脱贫攻坚先进个人""全省新冠病毒防疫先进个人"称号。

史晓云　女，1978年生，一条山村人。大学文化，中共党员。2018年参加工作，历任县委组织部正科级组织员，老干局副局长，组织部一级主任科员，司法局一级主任科员。2021年被评为全市优秀党务工作者。

周德玲　女，1978年生，红光村人。中共党员，法学学士。历任县纪委常委、监委委员，巡察办主任，县纪委副书记、监委副主任，巡察办主任。

潘青春　1978年生，响水村人。中共党员，大学文化。2000年参加工作，历任喜泉镇副镇长、经联委主任，上沙沃镇人大主席，县委直属机关工作委员会副书记。

彭智勇　1979年生，响水村人。大学文化，中共党员。历任县社会保险服务中心副主任，县老龄办主任，民政局党组成员、副局长，文旅局副局长。曾获市政府"劳动和社会保障先进个人"、省政府"城乡居民社会保险先进个人"称号。

王兴龙　1980年生，东风村人。大学文化，中共党员。1999年参加工作，历任中泉镇副镇长、副书记，县电商办公室主任，商务局局长，草窝滩镇党委副书记、镇长、书记。曾获全市"综治维稳先进个人""优秀共产党员""省市脱贫攻坚先进个人"称号。

卢昌泰　1981年生，响水村人。大学文化，中共党员。2004年参加工作，历任五佛乡副乡长、市场监督管理所所长。

罗耀勇　1982年生，麦窝村人。大学文化，中共党员。历任寺滩乡武装部长、县委组织部正科级组织员、一级主任科员、副部长、县"两新"工委书记。曾获"市优秀共产党员"称号。

殷世仓　1982年生，东风村人。大学文化，中共党员。曾任寺滩乡副乡长、县行政审批服务中心（政务公开办公室）主任。2013年，获2012年度市委、市政府"优秀计划生育工作者"称号。

沈茂赟 1983年生，红光村人。2006年毕业于河西学院，中共党员。历任县政府办公室副主任、五佛乡党委书记、县委办公室主任。2011年，获中共景泰县委"优秀共产党员"称号。

杨天润 1984年生，响水村人。2008年毕业于西北农林科技大学，中共党员。2009年11月参加工作，历任县农产品质检站站长、县农业项目服务中心主任（正科级），县渔业技术推广中心高级农艺师。2017年被省人社厅、农业农村厅评为"全省农技推广先进个人"。

卜继承 1985年生，一条山村人。本科学历，中共党员。2009年4月参加工作，曾任正路镇农业综合服务中心主任，一条山镇副镇长、市场监督管理所所长，县市场监督管理局党组成员、副局长，2022年任一条山镇党委副书记、镇长。政协景泰县第十届委员会委员。2020年县委记三等功1次。

李应玥 1986年生，响水村人。毕业于甘肃农业大学，中共党员。2011年参加工作，历任草窝滩镇社会事务服务中心主任，喜泉镇副镇长、党委副书记、镇长、党委书记。

宁上智 1986年生，芦阳村人。2011年毕业于兰州理工大学，大学学历，中共党员。曾任县委办公室副主任、县委政策研究室主任，2023年任喜泉镇党委副书记、镇长。

张颖 1987年生，东风村人。毕业于兰州大学，农学硕士，中共党员。2009年参加工作，历任县政府办公室副主任，团县委书记，草窝滩镇党委副书记、镇长。

第九节　其他知名人士

一、知名人士

周道兴 字浡然，生卒年不详。红光村人。因建造芦塘城池有功，荣膺六品军功，授明远将军。

张问仁 字子未，生卒年不详。大芦塘监生。赋性至孝。好善乐施，乾隆三十年（1765年）大饥荒，出米煮粥，供芦塘民众食用，以度饥荒。好读书，临摹古今名人书画，种柳栽花，有陶渊明之风。

周道昌 字天辅，红光村人。明万历二十七年（1599年），为驻地统领，奉命领兵修筑大小芦塘，功勋卓著，荣膺四品军功。为此朝廷将芦塘城南关一条街赐予其家族居住。

李泗德 字元章，清乾隆二十三年（1758年）生。芳草村人。原籍白银市白银区水川镇（旧称条城）蒋家湾熙春村。嘉庆年间，携子继颜前来芳草村创业，挖掘地下水，修建涝坝，扩大水浇地。为防御盗匪，投资建成堡子一座。既是芳草村的主要开拓者，也是重要的守护者。清道光十一年（1831年）逝世。

李作林 字竹臣，号性天，清光绪二十一年（1895年）生，红硵人。1913年毕业于红水县完全小学，秀才，红水县政府颁赠"望重龙门"匾额表彰。1949年后任教于宽沟、一条山、兴泉、红水等小学，1969年逝世。

何尚志 又名玉，字宝珊，生卒年不详。大芦塘人。清末秀才，工书法，曾在芦塘私塾执教，后至芦塘营任书记。为人正直，不畏权势，好为穷苦人鸣冤叫屈，为地方权贵所恶，屡遭排斥，遂辞官归田。1918年，因省城工作的同学和老同事大力举荐，调任张掖县长。10月，辞官还乡。

马君柄 清光绪二十六年（1900年）生，响水村人。幼读私塾，品学兼优，躬耕为业，怜贫恤孤。其弟夫妇早亡，将未满十岁两侄女抚养成人，择婿出嫁。中华人民共和国成立初期，曾任响水农会副会长、民事调解员、响水小学校董。为成立响水秦剧团、修建响水小学校门，带头捐款捐物。严教子女，热心公益。1989年逝世。

王焕荣 字仁若，清光绪二十七年（1901年）生，城关村人。靖远县师范讲习所毕业。曾任靖远县第四高等小学教员、校长，靖远县教育局督学、北区区长。景泰县成立后，历任一区区长、县农会干事长、民众教育馆馆长、国民党景泰县党部执监委员会常委、监察委员、省参议员等职。1949年以后，被送为县各界人民代表会议代表。1952年以"反革命"罪判刑劳改。1960年保释。1984年被聘为《景泰县志》编纂委员会顾问。

王焕泰 字阶平，清光绪三十一年（1905年）生，城关村人。1927年在兰州中学参加青年社。1932年毕业于兰州中山大学法政系，就业于甘肃省民政厅，后在建设厅任秘书。1938年，被选为国民大会代表，省政府派往漳县任县长。1951年，经王儒林（民革甘肃省工委委员）介绍，调民革甘肃工委秘书组工作，为支部委员。土地改革中，随李培福、安振到武都参加土改。1953年被民革甘肃工委评为理论学习模范，受到省委宣传部表彰。1958年，组织对其历史做结论。"文化大革命"期间被遣送回乡落户。1985年逝世。

黄在中 清光绪三十二年（1906年）生，东关村人。兰州一中毕业后任教于芦阳、白墩子、兴泉等小学。后在一条山盐务局任会计，为人乐善好施，和蔼开朗，常用自己的薪水周济困难盐工。1995年逝世。

马如玉 清光绪三十三年（1907年）生，响水村人。甘肃教育学院毕业，在省会计训练班结业后，被国民党省政府任命为庄浪县会计主任，代理县长近一年。后回家在响水小学任教，其间，被简易师范聘为教导主任，兼教化学、数学。

韩仰愈 字退如，号梦蝶，别号守拙生、庸人等。清光绪三十四年（1908年）生，芦阳村人。6岁时拜大芦塘名儒何尚志门下学习，后入靖远县第四高等小学（芦阳完小）学习。1923年赴兰州，考入兰州名士刘尔炘创办的"全陇希社国文讲习所"。其书法深得刘尔炘赏识。后刘先生举荐于陇上书画名家范振绪（靖远人）研习书法。1926年，进入芦阳完小任教。1945年，被景泰简师（后景泰中学）校长唐吉武聘请为该校国文教员。1951年因"历史问题"被辞退。20世纪50年代，曾题写"景泰饭店""芦阳剧院"匾额。1956年，国营景泰照相馆成立，受聘为会计。1958年6月逝世。1978年底平反。

郭宏远 名宽，清宣统元年（1909年）生，芦阳村人。自幼爱好武术，曾在少林寺习武。后在武术比赛中，夺取状元。抗战爆发后，参加李宗仁所属国民党66师，任教务主任，随部队参加台儿庄战役，后调任兰州防护团团长兼造纸厂厂长，并被聘为甘肃省国术教官。解放前夕，调任景泰县看守所所长，并创办红水县商会，任会长。1957年被打成"右派"，1981年平反。

王焕文 字郁若，清宣统二年（1910年）生，城关村人。1930年考入甘肃学院艺术专业，毕业后入甘肃医学院和北京医科大学深造。曾任皋兰县医院院长、兰州戒烟所所长。1945年加入民盟，任兰州市常委，城关区医院门诊主任，医术精湛。1957年被划为"右派"，"文化大革命"期间遣送景泰，在人兽防疫站被管制下工作，其为患者高度负责的精神和精湛医术深受赞扬。1982年平反，1992年逝世。

崔成信 字君实，又字子奎。民国元年（1912年）生于西关村（后迁喜泉镇兴泉村）。1932年考入省立兰州中学。黄埔军校毕业，曾任国民党38军163团副团长（上校），参加过抗日战争。解放战争中，随军在四川起义。1951年回乡。中小学时期好体育，以田径见长。在兰州市运动会上，先后取得撑竿跳、跳高、跳远和100米、200米、400米跑，100米、200米低栏等多项第一，被誉为"田径全能"。曾代表甘肃省参加西北五省运动会（宁夏），获200米跑、200米低栏第二名。

祁全学 民国五年（1916年）生，响水村人。1949年加入中国民主同盟会，1950年毕业于兰州大学历史系，曾任景泰中学教务主任。1978年调中泉中学，1980年调景泰二中，1992年离休。县政协第一、第二届委员会委员，第七届县人民代表大会代表。2010年逝世。

卢守位 字子荣，民国五年（1916年）生，响水村人。曾任响水小学校长，擅长文体，多才多艺，大力推进生动活泼、不拘一格的教学方法，开创了新的教学方向；抗战期间，给学生教唱《义勇军进行曲》等歌曲。历时30多年，培养了一大批年轻新型的人才。1955年离校后被聘为校董，热情为村民修家谱，写对联。2004年逝世。

史麟英 女，民国八年（1919年）生，山东定陶县人。20世纪40年代在江苏医学院学习。抗战时期随山东救亡学生团到重庆工作。1949年后，在甘肃省卫生厅工作。后调永昌县医院工作，1954年调县医院，定居东关村。擅长妇科儿科疑难杂症的诊治。在医院上班外，还徒步到一条山、芳草、城北墩、响水、红光、麦窝、芦阳、城关、东关等村为群众义务看病、接生。20世纪60年代，曾为东关二队马世昌父亲献血。医德高尚，深得患者敬仰。1981年12月逝世。

卢渊安 民国十一年（1922年）生，响水村人。毕业于甘肃师范学院。1937年加入中国共产党，参与甘肃青年抗战团景泰分团，组织群众集会，宣传抗日，1939因与党组织失去联系而脱党。20世纪40年代后期历任景泰县政府社会科科长、国民党景泰县党部书记，景泰简易师范师资训练班首届班主任。首部《景泰县志》顾问。

马骥 又名泽田，民国十二年（1923年）生，响水村人。1943年毕业于兰州工业学校。毕业后集中于国民党中央军委会西北训练团，后报考航空员转印度学习英语专业，并飞赴美国空军机械学院深造。回国后任国民党空军导航员，转任飞行中队长。1949年前夕随空军至台湾。1958年退役经商。1991年逝世。

吕德春 民国十三年（1924年）生，响水村人。1945年被抓壮丁参加国民党军队，1949年8月解放兰州时投诚，成为解放军战士，1950年加入中国共产党，立三等功1次。1957年退伍，安排到响水小学工作。多年担任主管后勤的副校长，为改善办学条件和师生生活，开办石灰窑和养猪场，暑假时带领高年级学生到山区帮助社队抢收庄稼，增加学校经费，改善办学条件。工作中严于律己，兢兢业业。1985年退休。2006年7月逝世。

彭兴 字振华，民国十四年（1925年）生，响水村人。毕业于甘肃省立农业学校。中学时期，酷爱体育，以田径、球类见长，篮球最佳。在兰州市运动会上，400米跑屡居中学组魁首；爬山（五泉山）、环城赛曾获第二名；跳远、三级跳远多次名列前茅。任校篮球队队长，省府篮球队多次聘用，参加社会组比赛。一向身着大"3"号运动服，人们多以"彭3号"称之。农校毕业后，曾任响水初级小学校长、简师体育教师。1949年后，初任响水乡长，后调景泰中学，主教体育课。20世纪50年代，四任县体育代表队教练，两任县运会副总裁判长。1958年被错定为"历史反革命"，开除公职。1979年平反，享受退职待遇。

郝尚钰 民国十四年（1925年）生，响水村人。1941年毕业于芦阳完小。1942年任教于响水小学，1944年调索桥创办学校，至1956年先后4次赴索桥任教。1948—1954年，先后两度任响水小学校长。1965年调入芦阳小学任教，从事低年级算术、语文、音乐、体育和美术等教学工作。性格温和，诚实认真，对学生关怀备至。"文化大革命"期间回家务农，20世纪80年代初重新安排到县税务局工作。1990年逝世。

王仲科 民国十九年（1930年）生，芦阳村人。1948年参加工作，在五佛完小任教。1949年7月参加革命组织"学生团"，同年9月考入西北人民革命大学兰州分校读书，1951年毕业。先后在脑泉、福禄水、兴泉、芦阳、响水完小和景泰中学、景泰二中任教。1992年获老干部"离休荣誉证"及"白银市离休老干部特优证"。

彭文简 民国十九年（1930年）生，响水村人，共产党员。1949年8月入伍，曾任22兵团某部班长、排长、指导员、连长。1952年11月，在新疆石河子执行紧急任务中牺牲。

韦藏金 民国二十四年（1935年）生，席滩村人。1954年任第二生产队队长，1968年入党，多次被评为劳动积极分子、先进生产者，同年赴山西省昔阳县大寨大队参观学习。1974年任大队党支部书记，1975—1978年带领群众自发筹款，修成剧院、学校和商店。第八届县人民代表大会代表，1988年获县"劳动模范""先进生产者"称号。

马占岳 民国二十四年（1935年）生，城关村人。中专文化，中共党员。1956年参加工作，先后在甘南、景泰从事畜牧兽医工作，科研项目"滩羊品种选育研究"获省科技进步奖三等奖，"滩羊生态及选育方法研究"获省畜牧厅科技进步二等奖。1992年享受国务院政府特殊津贴。

卢守仟 民国二十七年（1938年）生，响水村人。中共党员。在任响水煤矿矿长期间，经常为烈军属、五保户、贫困户赠煤炭送温暖，《甘肃日报》曾发表通讯表扬。1968年奋不顾身救出西关村一名落入山洪中的儿童。1976年唐山地震，捐献数套新衣服，1990年为北京亚运会带头捐款。事迹收录《千里陇原迎亚运》一书。多次被县、乡评为"先进工作者""优秀共产党员"。2018年逝世。

张守忠 1951年生，一条山村人。初中文化，中共党员。兰州泰生集团总经理兼董事长。1995年为县二中、实验小学投资20万元。1996年投资31万元，建成一条山小学700平方米的教学大楼。1998年出资23万元，为县公安局购买"蓝鸟"牌小车一辆。2000年为一条山小学捐赠45台微机，价值22.5万元，投资10万元建成一条山剧院并购置服装道具。景泰县委赠送"情系家乡，功在当代"锦旗。2001年始，每年为一条山小学捐资2万元。2003年全额投资4500万元建成景泰民办京华高级中学（后移交县政府管理，更名景泰县第五中学）。时任省长宋照肃亲笔题"捐资助学，惠及桑梓"条幅。省政府颁发荣誉证书。

卢昌军 1958年生，响水村人。初中文化。市工商联会长。1999年，实施范家沟小流域治理并任林场场长，开发荒山荒坡5340亩，植树71万株，衬砌渠道27公里，修建砂路10公里，建成小提灌工程一处，引进资金500多万元，自筹200多万元，发展成集水、林、畜一体，渠、路、田相配套，林、草、牧结合的实验、示范林场。曾获省"光彩事业先进个人"称号。

二、巧匠艺人

张进仁（1853—1899年） 席滩村人。祖籍靖远县，少时师从四川高姓木工大师，因聪颖好学，在众弟子中脱颖而出，被收为大弟子，后将年事已高的师父接至家中，为其养老送终。曾掌尺设计，参与建造靖远县法泉寺的部分殿堂和双龙寺前楼韦驮殿。其子张学贤继承父业，带领侄子张生彪、张生金也从事木工技术，芦阳一带的木轮大车、犁、桄、耙等，多出自他们之手。改革开放后，张生金之子张元才、张奇才、张新才重操祖业，1995年，受兰州白塔山王保保城隆济禅院邀请，修建护法殿、地藏殿、观音殿及厢房；1996年修建双龙寺山门，2000年修建滴水洞、子孙宫殿堂。

王笃文父子 王笃文（1883—1963年），祖籍临夏州，后迁居芦阳东关村。承传前辈木匠手艺，曾掌尺重建寿鹿、昌林等名山寺庙，后受聘构建五佛乡文塔。其长子王万昌，继承父辈手艺，掌尺修建芦阳人民礼堂，成为芦阳镇举行重要活动的场所。

付兆孟 生卒年不详。东关村人，付家石刻传承人。其祖辈自乾隆年间始从事石雕手艺，流传十六代约300年历史。付家石雕运用圆雕、浮雕、透雕、减地平雕、线刻等多种技法，创作石狮、石碑、石桌、后土楼、狮娃门对、角桩等作品，这些雕刻作品被普遍使用在景泰的城市、公园、校园等场所。

李朝栋及芳草李氏树皮笔画 李朝栋，生卒年不详，芳草村人。李氏树皮工笔画传承人。其先祖明清时期即从事民间绘画。树皮工笔画以树枝柴棍为笔，以草木灰混合麻子油为墨，结合国画和素描技法，塑造人物、花草、山石、龙凤、麒麟、仙鹤等形象。第十二代传承人李尚秀、李尚仁、李尚义，经过40多年继承创新，创作出一批精品画作。作品参加省美术大赛并获奖。并被选入甘肃省非遗项目名录。

李　源、贾兴福、贾兴禄 生卒年不详，东风村陶器手工业制作传承人。20世纪40年代从平川受聘到东风村筹建缸窑。是东风村烧制陶瓷产品的创始人。

李焕堂 字耀东，清光绪十年（1884年）生，东风村人。童年私塾读书，成年后学习中医，自开药铺，治病救人。1949年后在地方医院任妇科、儿科主治医生，从医近50年。

马　德　清光绪三十二年1906年生，响水村人。热心公益事业，多才多艺，精通纸、皮、砖、石、鞋等加工工艺。创办响水剧团并任团长。参与修建响水小学校门、北河凳架木槽、麦窝、北河石拱桥。是优秀民间技艺的继承者和实践者。

杨瑞山　民国十七年（1928年）生，芳草村人。一生酷爱雕塑绘画，曾在五佛寺、双龙寺等寺庙，芦阳、中泉、正路等乡村，靖远县、皋兰县、中卫市等地雕塑绘画，所雕塑的各种历史人物、神话人物造型独特，栩栩如生；绘画作品如山水、花鸟很有特色。

卢昌盛　民国十九年（1930年）生，响水村人。9岁拜马德为师，学习纸扎手工，13岁开始独自为家乡老人去世做寿纸。所作门头纸、鹿、鹤、黑毛驴、金童玉女、童男童女，栩栩如生；拔檐房、彩门、铭旌楼等建筑物形象逼真。改革开放后，纸扎中增加了电视机、小车、手机等，集绘画美工于一体，技艺精湛，为人称道。被群众誉为"卢大师"。

孙廷镛　民国二十六年（1937年）生，东关村人，中学文化。受父亲孙雨蛟熏陶，钻研医学，为人诊治疾病，有较丰富的中医实践经验。1977年，被东关大队安排到医疗站。1986年率先在县城创建"复兴中医诊所"。擅长肠胃病、眩晕病、妇科病等病症的治疗。常为贫困残疾者免费治病，广有口碑。工于书法。

化树仁　民国二十九年（1940年）生，响水村人。从清末第一代祖先化廷贵开始学习制作砂锅，到化有福、化树仁、化雪岭四代传承，声名远播。产品有砂锅系列、罐子系列、茶壶、药罐、挑水罐子等。

张泰儒　1963年生，东关村人。芦阳打铁花第四代传人。其父张正胜是芦阳打铁花著名艺人。打铁花是景泰县一项著名的民间节俗技艺，被列入白银市、甘肃省非物质文化遗产名录。

三、文化界人士

张守祥　民国八年（1919年）生，响水村人。1945年毕业于兰州师范，工于书法。曾任教于芦阳完小、景泰简易师范、芦阳小学等学校，1958年回乡务农。20世纪80年代初落实政策，享受离职待遇。1990年7月逝世。

朱延虎　民国十五年（1926年）生，芦阳村人。大专文化。1950年参加工作。书法作品曾获首届中国老年书画展优秀奖、中国美术书法摄影大展金奖，世界遗产在中国艺术作品展优秀奖、甘肃省庆回归迎千禧书画摄影展三等奖等。

郭天锡 民国十六年（1927年）生，东关村人。中师文化，中共党员。1950年参加工作，先后在景泰县委、供销联社工作。工书法，尤长于行楷、隶书。

张长春 民国十八年（1929年）生，芦阳村人。兰州中学毕业。历任芦阳完小、学区中心小学校长，县地名普查办主任。1985年主持撰修《芦阳乡志》初稿，参与编写县《地名志》《体育志》，《景泰县志》编辑、总纂。曾获白银市离退休先进工作者、市园丁和"甘肃省关心下一代先进个人"称号。

戴靖国 民国二十二年（1933年）生，芦阳村人。大专文化，中共党员。1950年参加工作，一直从事中小学教育。喜爱诗词、书法、绘画、音乐，工书法，以行、草见长。多次参加全国书法大赛并获奖。2011年世界华人文艺家协会特邀担任副会长，2014年中华诗词文化院授予终身理事，中国书画名家研究会聘为名誉主席。

景祥熙 民国二十八年（1939年）生，满族，原籍银川市。西北师大中语系毕业。中学高级教师。1960年，分配到白银三中（校址在芦阳镇，1963年复改为景泰一中）教书。"文化大革命"期间被迁到响水村。后复在景泰一中任教。1987年，到景泰二中任教，直至退休。第一届县政协委员。书法受怀素、张旭影响较大。

王积石 民国三十年（1941年）生，城北村人。中共党员，小学高级教师，曾任城北墩小学校长。发表多篇文学作品，曾获国家级文学奖，并被聘为中国作家世纪论坛特约作家，华夏当代国际文化艺术研究员。鲁迅学院优秀学员，中国当代文学研究会、校园文化研究会、景泰县红西路军研究会会员。作品有《晚开的花》《迟结的果》。

李有智 字乐三，民国三十三年（1944年）生，芳草村人。景泰一中一级教师。整理、撰写、出版《楷书书法异体字集锦》2册，编撰出版《精编实用对联》，录对联3688副。文学作品在相关刊物上发表。主笔《景泰一中校史》并任副主编。

焦 信 民国三十三年（1944年）生，东关村人。曾任县文化馆副馆长，文物管理专干，技术职称馆员。曾收集整理并发表人物传记、民间故事、史话及民俗、文物等文章多篇。参与《景泰县志》《景泰地名志》《景泰文物志》的编写，主编《景泰文史》第一辑。

康星元 民国三十四年（1945年）生，西关村人。大专文化，1968年参加工作，曾任条山农场中学教务主任。篆书曾获2000年《中华书画精品》三等奖，行草获"千禧杯"中国书画大展赛铜奖，入编《中外书画艺术家——功德颂》，国画《九虎图》收入《纪念邓小平诞辰百年全国瀚墨品集》，五虎图《和悦融融》入选庆祝中华人民共和国成立60周年——甘肃美术作品大展。

孙志远 民国三十五年（1946年）生，芦阳村人。自幼学习书法及绘画艺术。历任中国国画院副院长、北京京华兰亭画院名誉院长、中国画院兰州分院副院长、燕京书画院一级书画师、敦煌书画院研究员、黄河书画院一级书画师、省书法协会会员。作品曾多次参加全国、省、市书画展并获奖，曾被收入多部大型专业词典，有作品被国家级文史部门收藏。出版著作《书画集》。2018年10月逝世。

苏运来 民国三十六年（1947年）生，东关村人。1968年参加工作，1974年毕业于西北师范大学美术系，县文化馆副研究员。中国美术协会会员，市美协副主席，省美协白银版画基地、新疆艺术学院白银教学实习基地主任，黄河石林书画院副院长、艺术院院长。作品入选第七、第八、第十届全国美展、宣传画展、教育成果展，西北美术作品联展和省市级展。曾获省级特等奖、首届省美术创作"金驼奖"，德艺双馨文艺工作者称号，艺术创新奖，首届白银市凤凰文艺创作美术一等奖。2011年获第三次全国文物普查国务院荣誉证书。

张好林 民国三十七年（1948年）生，芦阳村人。中师文化，中共党员。1969年参加工作，曾任景泰二中工会主席，曾获市教改先进个人、教育系统先进个人、优秀工会工作者称号。中国老年书画协会、市书法家协会会员，作品入选全国老年书画展并获奖。

闫沛雨 民国三十七年（1948年）生，东关村人。高中文化，中级职称。1970年参加工作，曾任马莲小学校长。1996年获市优秀德育工作者称号，论文获省数学教学研究会三等奖。在《甘肃文艺》等刊物发表文章十余篇。出版诗集《歌出黄河》。县作家协会、诗词楹联学会会员，景泰红西路军研究会副秘书长。

王兆文 1949年生，城关村人。高中文化，中共党员。1971年参加工作，曾任县委宣传部副部长，正科级干部。省戏剧家协会会员，市第一届文联筹备委员会副主席,文联表演协会、文学协会理事、会长,景泰县红西路军研究会副会长。创作戏剧《黄道婆》等。1987年《车站风雨夜》获省戏剧创作三等奖。发表小说、散文30多篇,《景泰民俗》编审。

郭延安 1949年生,芦阳村人。市书法协会会员,作品参展入编首届全国双拥"鱼水情"书画展、"丝路重镇魅力景泰"全国书画展、纪念红军长征胜利50周年书画展。

马　卫 1949年生,响水村人。大专文化,中共党员。曾任龚家湾中心小学校长,中教一级。《景泰县志》编辑,《景泰民俗》编审,《景泰古今》等书副主编。参与编撰《景泰军事志》《景泰二中校史》等。白银史志协会、景泰文联文学协会会员,景泰县红西路军研究会副会长、秘书长。发表文章诗词60多篇(首)。

彭建喜 1951年生,响水村人。1969年参加工作,曾任县广电局会计。省书法协会会员,县老年书画协会党支部书记,作品多次入展省、市、县书法展览。

王兆瑞 1955年生,城关村人。高中文化,中共党员。省作家协会会员、民间艺术家协会理事,市文联委员、作家协会理事。曾任县文联副主席。发表中、短篇小说60余篇,其他作品百余件。1991年短篇小说《金山的女人》发表于《人民文学》,并获省优秀作品奖,中篇小说《棋王》性刊物《传奇·传记》转载。出版《金山的女人》中短篇小说集,主编《景泰风情》一、二集。

黄龙云 1958年生,东关村人。高中文化。1984年参加工作,芦阳镇文化站兼职,系芦阳镇书画协会会长,县老龄书画协会副主席,市书协会员,中华书法艺术研究会会员。曾获市先进文化站专干、先进文博工作者、省捐献万册书籍活动先进个人等称号,工于书画,作品多次在全国举办的大赛中入选,并分别获佳作奖、优秀奖。

付兆瑞 1959年生,城关村人。工于传统书画。2020年10月,作品在"墨韵中华"全国书画作品展中获金奖;2022年,获"国家一级美术师""中国文化艺术国际传播大使"称号;2023年10月,通过"中国珍藏级艺术家"认证。

化　勤 1961年生,城关村人。高中文化,1980年入伍,1985年从事建筑业。系中国楹联学会会员,甘肃书协会员,军人文化艺术联合会理事。市书协第四、五届副主席。书法作品先后入选省书协举办的展览、张芝奖等大展。《金刚经》等被五台山多寺院收藏。曾获市委、市政府德艺双馨艺术先进个人称号。

张奇才 1962年生，席滩村人。大专文化，中共党员。曾任席滩村党支部书记。县书协副主席、老年书协常务理事，市书协会员。作品曾获全国第二届"卫夫人"书画大赛优秀奖、全国中老年书法大赛三等奖。2021年，作品入展市委举办庆祝中国共产党建党100周年书画展。

杨天敏 1964年生，响水村人。大专文化。1992年参加工作，先后在县法院、一条山战役纪念馆工作。曾获最高人民法院授予的荣誉天平奖章，全市优秀驻村帮扶工作队长。市美协会员，作品多次入展省、市、县书法展。"冰魂铁骨傲雪霜"选入《法刊》，"新篇"获市文联优秀奖，"迎春"获省自然资源厅举办的第三届书法展三等奖。主编影集《景泰的红色记忆》。

崔长春 1965年生，西关村人。大学文化。1982年入武威师范学习。1985年9月至1987年9月，任芦阳二中教师。1987年9月至1991年7月，西北师大音乐系学习。1991年8月，分配至兰石集团公司工会工作。曾为芦阳二中校歌《放飞梦想》作曲。

马成福 1968年生，响水村人。大专文化。北京作协、中国散文学会、中国纪实文学研究会、省作协会员，中国报告文学学会专业作家。发表作品百余篇200万字。曾获《人民文学》报告文学征文优秀奖，《中国作家》"中流砥柱"报告文学、《共和国颂歌》征文、第九届"中华大地之光"征文和百花文学征文二等奖。《为了景泰这方热土》获第十届"中华大地之光"报告文学类特等奖。撰写报告文学集《温家宝情系甘肃》《习近平心系人民》。

宋旭升 1968年生，东关村人。大专文化，中共党员。1990年参加工作，历任县广电局电视台广告部主任，县委组织部党员电化教育中心主任，县旅游投资公司副经理。省美协会员，甘肃漫画学会理事，市美协理事，县美协副主席。在《人民日报》《讽刺与幽默》等50多家报刊发表1500余件漫画作品，160余件作品在国内外漫画大赛、大展中入选或获奖。其中《局部获奖》《医者仁心》《障碍赛》《忘乎所以》等作品入选"子恺杯"等全国漫画大展并获奖。创作、出版漫画集、连环画3部。

陈国梅 女，1968年生，响水村人。大学文化。中华诗词学会，中国老年书画协会会员，县老年书画协会副会长，县诗词楹联学会会员。诗词作品散发于《甘肃省诗词研究会》《时代新永》《黄河诗阵》等刊物。绘画作品先后获第四届全国老年书画大赛奖、美术大赛奖及中国老年书画协会第二届全国精品书画大赛等奖项20多次,《玉兰花》被市博物馆收藏。

王立丽 女,1970年生,城关村人。1991年毕业于甘肃财贸学院。历任兰州市七里河粮油购销有限公司财务科科长、工会主席。创作各类文艺作品两百多篇。

周德慧 女,1971年生,红光村人。大学文化,中共党员。省书法家协会、省妇联书法家协会、市书法家协会会员。在《甘肃日报》发表简讯10余篇。书法收藏在《中国志愿服务基金会》。曾获"伟大旗帜小平颂"全球华人书画名家作品大展金奖,纪念邓小平南行讲话20周年全国书画名家大赛金奖,"日出韶山"中国书画家作品大赛金奖。书画作品选入省妇女书法家协会红色经典展、省首届公务员书法展、全国书法艺术展、省第四届新人新作展和第三届中日议员公务员书法展。2013年获市第三届凤凰文艺奖。

马慧敏 女,1971年生,响水村人。县作协会员,县诗词楹联学会会员,《清秋文轩》散文部编辑。作品发表于《兰州晨报》《白银日报》等报刊,《你是我走不出的雨季》《坐在风中忆旧事》获"长安诗社"三等奖。

孙铭谦 女,1973年生,响水村人。高级教师。省诗词学会会员,市书协会员,县诗词楹联学会副会长。速写获全国中学师生书画大赛二等奖,硬笔书法获全省中小学幼儿园教师"三字一话"基本功大赛二等奖。诗词作品发表于《商海诗潮》《甘肃日报》等报刊。

沈玉慧 女,1974年生,红光村人。大学文化,高级教师,县文教局兼职教研员。在国家、省、市级刊物上发表论文30余篇。曾获省优秀工作者、青年教学能手、市骨干教师、班主任、县园丁等称号。书法作品多次获奖。出版《玉慧硬笔书法》。

高雅秋 女,1974年生,城关村人。大专文化。1997年参加工作,中华诗词楹联协会、省、市诗词楹联协会会员,市书协会员、市作协、县作协会员,县诗词楹联学会副会长。作品发表于《中华文艺》《大西北诗人》《中国亲情大典》等刊物。

陈海宏 1974年生,寺梁村人。甘肃诗词学会会员,市诗词楹联家协会理事,县诗词楹联学会副会长。在《景泰文艺》《白银文学》《甘肃诗词》《中华诗词学会官方公众号》等刊物和网络平台发表格律诗词数十首。

王　瑜　笔名冷雪、玉人，1975年生，芦阳村人。1996年毕业于西安邮电学院，供职于县移动通信公司。中国诗歌协会、散文学会、省作协会员，省文学院首届签约作家。发表作品700余件。曾获第四、五届全国当代文学征文二等奖，"芳草杯"全国精短作品大赛优秀奖。作品入选《炽热的火焰》《中国诗词精选》《中国散文诗》等多种选本。2006年荣登"e拇指文学艺术网"第3届文学争霸赛"文学新星"排行榜。出版《飘香的怀念》获市文联第二届文艺创作奖、第五届"五个一工程"奖。《景泰诗笺》中"一目四行"获市政府首届凤凰文艺奖。传略录入《中国诗人大词典》。

沈雁楠　女，1977年生，红光村人。市作家协会会员，县文联作协理事，《当代诗潮》特约记者、自由撰稿人。先后有百余首（篇）诗歌、散文发表于《兰州晚报》《绿树》等省内外报刊。其中《雨天的兰州》《海边，一座城市的浪漫》获全国作品评比二等奖。

郭长存　1986年生，芦阳村人。九三学社社员，中国书法家协会会员，省书法家协会理事，市书法家协会主席，九三学社中央书画院院务委员，市政协第七、第八届委员会委员。曾获省第八届敦煌文艺奖三等奖、市第四届凤凰文艺奖一等奖、黄河石林文艺奖二等奖。作品入展中国书协第四届"中国西部书法篆刻作品展""丝绸之路·全国书法作品展"等。

四、出国留学、工作人员

唐晓忠　1958年生，城关村人。1981年毕业于兰州大学化学系物理化学专业，1985年获中国科学院兰州化物所硕士学位，并在该所工作。1991年获美国普林斯顿大学生化物所博士学位。高露洁公司研究员，定居新泽西州。

郭延德　1960年生，芦阳村人。1981年毕业于东北林业学院野生动物与繁殖利用专业。1988年获中国科学院研究员硕士学位，任生物遗传研究员。1992—1996年在美国加州大学欧文分校贝克曼研究所工作，访美学者。2001年获美国南卡大学研究院生物遗传基因博士学位。后一直从事癌症研究，曾任美国济生医院研究所所长，资深研究员。

安红明　1962年生，东关村人。毕业于兰州大学电子信息科学系，硕士研究生，高级工程师。1992年获比利时鲁汶大学博士学位。1993年赴加拿大蒙特利尔大学博士流动站、北方电信公司工作。后赴美国圣选戈实用微软电子公司工作。

苟三奎 1962年生，一条山村人。1983年毕业于兰州大学物理系毕业留校，硕士学位。1993年赴美国芝加哥工作并定居。

杨天健 1962年生，索桥村人。1983年毕业于兰州医学院，获硕士学位，曾在武威卫校任教。1989年获北京医学科学博士后学位。1992年赴美国杜邦公司工作。

吕文环 原名吕乃玮，1967年生，芦阳村人。1990年毕业于北京师范大学外语系，1992年毕业于中国人民大学国际政治系，分配国家税务总局。1997年获比利时鲁汶大学法学院高级法学研究所硕士学位。2000年获美国哈佛大学博士学位。2001年在美国纽约多维咨询公司任经理。

李明霖 1973年生，响水村人。1997年毕业于中国石油大学石油工程系，曾任河南中原油田实采二处、天津美国哈里波顿石油公司海上服务技术员。2003年赴加拿大艾伯塔省卡尔加市从事科研工作，同时攻读硕士学位并定居澳大利亚。

吴　燕 女，1974年生，芦阳村人。1977年毕业于兰州商学院，1998年在德国法兰克福学院德语系深造，访问学者。1999年毕业于考入乌尔木大学（爱因斯坦家乡）经济管理系硕博连读，2002年获硕士学位。

吴琼子 女，1980年生，芦阳村人。1999年兰州大学外语系毕业。2001年获莫斯科普希金大学俄语系硕士学位。2002年分配江苏省连云港核电站外事办工作。

安晓慧 女，1986年生，一条山村人。2008年毕业于兰州交通大学，2011毕业于法国佩皮民昂大学，硕士研究生。就职于法国一家公司。

胡馨予 女，1990年生，芳草村人。2012年毕业于山东农业大学生命科学学院生物工程专业，2016年获同济大学人体解剖与组织胚胎学学科医学硕士学位，2017赴荷兰内梅亨大学生命科学学科攻读博士学位。

张博淞 1992年生，红光村人。2013年毕业于南京大学，后在清华大学硕博连读班培训一年，2014年赴美国迈阿密大学攻读博士，毕业后留普林斯顿大学任教。研究大气及流体力学专业。

表20-9-1　芦阳镇籍省部级先进模范人物统计表

序号	姓名	性别	出生地	村镇或单位	获奖名称	表彰部门	表彰时间
1	付召安	男	东关村	芦阳镇	扫盲积极分子	甘肃省政府	1956
2	李文教	男	东风村	芦阳粮管所	粮食先进工作者	甘肃省政府	1956
3	王昭	男	红光村	红光村	民兵比武第一名	西北军区	20世纪50年代
4	唐有第	男	响水村	响水村	农业先进生产者	甘肃省政府	1964
5	曹世勤	男	东关村	东关村	先进个人	甘肃省军区原兰州军区	1982/1983
6	王兰元	男	条山村	条山村	种树种草先进个人 民族团结先进个人	甘肃省委、省政府	1982
7	王成恒	男	城北村	城北墩村	种树种草先进个人	甘肃省委、省政府	1982
8	孙玉龙	男	东关村	东关村	种树种草先进个人 集资办学先进个人	甘肃省委、省政府	1982 1990
9	段守举	男	索桥村	实验小学	优秀德育工作者	甘肃省委、省政府	1990
10	马兆鹏	男	芦阳村	景泰一中	优秀教师	甘肃省委、省政府	1991
11	李文英	女	条山村	一条山小学	优秀教师	甘肃省委、省政府	1991
12	杨宣清	男	响水村	东街居委会	优秀居委会主任	甘肃省委、省政府	1993
13	郭莲生	女	芦阳村	芦阳学区	优秀教师	甘肃省委、省政府	1993
14	张茂郁	男	东风村	芦阳学区	优秀教师	甘肃省委、省政府	1994
15	武克玉	男	芳草村	芳草村	捐资助学先进个人	甘肃省政府	1996
16	范学宗	男	芦阳村	草窝滩学区	优秀教师	甘肃省委、省政府	1997

续表

序号	姓 名	性别	出生地	村镇或单位	获奖名称	表彰部门	表彰时间
17	卢有文	男	响水村	县水务局	水土保持先进个人	甘肃省委、省政府	1998
18	李得福	男	东新村	东风村	模范人民调解员	司法部	2002
19	孙国栋	男	东关村	县畜牧兽医局	兽医先进工作者	甘肃省委、省政府	2005
20	张世菊	女	席滩村	县林业局	优秀测报员	农林渔业部	2007
21	孙 亮	男	响水村	县统计局	先进个人	全国第二次经济普查领导小组	2009
22	杨重雲	女	条山村	条山村	全省优秀农家书屋管理员	甘肃省新闻出版广电局	2018
23	沈佐文	男	城关村	城关村	"五一"劳动模范	甘肃省委、省政府	2019
24	董运科	男	芦阳村	董扁悦来酒店	先进个体工商户	甘肃省政府	2021

表20-9-2　芦阳镇籍毕业（在读）博士生一览表

序号	姓 名	性别	原籍	毕业（就读）学校	毕业时间	工作单位
1	郝 璘	男	响水村	苏联哈尔科夫大学	1960	兰州大学
2	李树河	男	红光村	重庆大学	1961	解放军后勤工程学院
3	冒天启	男	芦阳村	兰州大学	1970	中国科学院政治经济研究所
4	李述训	男	东风村	兰州大学	1979	中国科学院寒区旱区环境与工程研究所
5	沈世林	男	红光村	北京中医药大学	1984	兰州大学第二医院
6	杨天健	男	寺梁村	北京协和医科大学	1987	美国医学研究院
7	沈文国	男	红光村	兰州大学	1990	兰州工业学院
8	雷凯荣	女	城关村	兰州大学	1990	上海同济医院

续表

序号	姓名	性别	原籍	毕业（就读）学校	毕业时间	工作单位
9	唐晓忠	男	城关村	美国普林斯顿大学	1991	美国高露洁公司
10	安红明	男	东关村	比利时鲁汶大学	1993	美国圣迭戈实用微软电子公司
11	范宏伟	男	东关村	清华大学	1997	广东中山大学
12	沈颖林	女	红光村	兰州大学	1998	兰州大学核科学与技术学院
13	胡桂馨	女	芳草村	甘肃农业大学	1998	甘肃农业大学
14	祁文	男	响水村	甘肃中医学院	1999	广西中医药大学
15	吕文环	男	芦阳村	美国哈佛大学	2000	纽约多维咨询公司
16	郭延德	男	芦阳村	美国南卡州大学	2001	美国济生研究所
17	罗立峰	男	芦阳村	华南理工	2001	广东高速公路总局
18	王鸿生	男	城关村	中国人民大学	2002	中国人民大学
19	董积平	男	条山村	北京邮电大学	2002	兰州地震研究所
20	樊凌雁	女	东关村	上海交通大学	2003	德国
21	李尚全	男	芳草村	南京大学	2004	扬州大学佛学研究所
22	吴燕	女	芦阳村	德国乌尔姆大学	2005	德国
23	李朝东	男	东关村	清华大学	2005	西北师大政法学院
24	沈奎林	男	红光村	南京大学	2005	南京学院
25	卢昌盛	男	响水村	山东科技大学	2005	青岛中国电波传播学院
26	李得天	男	东风村	中国空间技术研究院	2007	兰州空间技术物理研究所
27	曾玉萍	女	十里村	北京大学	2007	美国南伊利诺伊大学
28	李瑞山	女	石城村	兰州大学	2009	兰州理工大学
29	徐存东	男	东关村	兰州大学	2010	华北水利水电大学
30	宋承天	男	东关村	北京理工大学	2010	北京理工大学

续表

序号	姓　名	性别	原籍	毕业（就读）学校	毕业时间	工作单位
31	刘国民	男	芦阳村	西安交通大学	2011	中国铁工投资建设集团
32	卢昌怀	男	响水村	南方医科大学	2011	湖南常德市第一中医医院
33	万国宁	男	城北村	西北师范大学	2012	中国人民解放军某部
34	丁维勇	男	红光村	兰州大学	2012	江苏师范大学
35	张久聪	男	芦阳村	中国人民解放军第四军医大学	2013	中国人民解放军联勤保障部队第940医院
36	马占军	男	芦阳村	甘肃农业大学	2013	甘肃农业大学
37	李元朴	男	芳草村	兰州大学	2017	复旦大学
38	杨佑绪	男	寺梁村	北京航空航天大学	2013	南昌航空大学
39	龚恒凤	女	城北村	兰州大学	2013	上海应用物理研究所
40	王艳玲	女	席滩村	武汉大学	2013	兰州理工大学
41	安清明	男	芦阳村	新西兰林肯大学	2013	湖南常德中医院
42	孙文清	男	西林村	中国科学院大学	2014	中国科学院地质研究所
43	惠玉蓉	女	十里村	长安大学	2014	长安大学
44	李文苑	女	响水村	北京大学	2016	兰州大学
45	王钦香	女	条山村	俄罗斯圣彼得堡国立大学	2016	山东大学
46	武晓敏	女	芳草村	日本同治大学	2016	广东佛山美的集团
47	武小莉	女	芳草村	美国威斯康辛大学	2016	中国核动力研究设计院
48	张花治	女	城北村	甘肃中医大学	2017	—
49	赵　静	女	芳草村	空军工程大学	2017	中国人民解放军某部
50	卢昌胜	男	响水村	西安电子科技大学	2018	—
51	胡洁茹	女	芳草村	华东师范大学	2018	山东日照市海洋中学
52	张清楠	女	东关村	北京理工大学	2018	北京电子工程总体研究所

续表

序号	姓　名	性别	原籍	毕业（就读）学校	毕业时间	工作单位
53	张博淞	男	红光村	清华大学	2018	美国普林斯顿大学
54	姬潇潇	女	席滩村	莫斯科国立大学	2019	—
55	卢有媛	女	响水村	南京中医大学	2020	宁夏医科大学
56	胡馨予	女	芳草村	山东农业大学	2020	荷兰内梅亨大学
57	殷世鹏	男	响水村	甘肃中医药大学	2020	—
58	王文娣	女	芦阳镇	意大利帕多瓦大学	2020	—
59	李全珍	女	城北村	兰州理工大学	2020	—
60	段世鑫	男	寺梁村	上海交通大学	2021	上海交通大学
61	杨鑫娜	女	席滩村	兰州大学	2021	—
62	杨家鑫	男	条山村	武汉大学	2021	—
63	王存祖	男	城北村	兰州大学	2021	—
64	王亚妮	女	城北村	兰州大学	2021	西北师范大学
65	王凯风	男	东风村	南方医科大学	2021	南方医科大学南方医院
66	魏晋萍	女	石城村	西北农林科技大学	2022	甘肃医学院
67	李东山	男	石城村	北京科技大学	2022	中国科学院兰州化学物理研究所
68	刘　蓓	女	城关村	中国科学院大学	在读	中国科学院兰州化学物理研究所
69	朱宗耀	男	芳草村	西安交通大学	在读	—
70	李金泽	男	芳草村	香港理工大学	在读	—
71	武香茹	女	席滩村	香港理工大学	在读	—
72	何乃婷	女	红光村	中国人民大学	在读	青海师范大学
73	李　星	女	寺梁村	南京大学	在读	—
74	魏莉莉	女	条山村	北京交通大学	在读	—
75	李维博	男	芦阳村	北京化工大学	在读	—

续表

序号	姓名	性别	原籍	毕业（就读）学校	毕业时间	工作单位
76	殷安妮	女	城北村	陕西师范大学	在读	—
77	王科深	男	东风村	兰州大学	在读	兰州大学附属第二医院
78	王所潇	男	条山村	兰州理工大学	在读	—
79	马靖福	男	条山村	甘肃农业大学	在读	—
80	王乃禹	男	城关村	清华大学	在读	—
81	张恒	男	芦阳村	南开大学	在读	—
82	王钦鹏	男	城北村	北京天坛医院神经内科	在读	兰州大学第二附属医院
83	雷敏	女	城关村	东华大学	在读	—
84	王志远	男	响水村	大连理工大学	在读	—
85	李国剑	男	东风村	兰州大学	—	甘肃民族大学
86	雷恩海	男	城关村	复旦大学	—	兰州大学
87	张静	女	芦阳镇	中国科技大学	—	—
88	贾永锋	男	芦阳镇	浙江师范大学	—	—
89	张田	女	红光村	复旦大学	—	北京中国科学院
90	徐新星	男	条山村	中国科学院	—	中国科学院

表20-9-3　芦阳镇籍毕业（在读）硕士生一览表

序号	姓名	性别	原籍	毕业（就读）学校	毕业时间	工作单位
1	王姝清	女	城关村	西北农学院	1963	西北农学院
2	王景云	女	芦阳村	兰州大学	1981	西北师范大学
3	苏建刚	男	芦阳村	武汉地质学院	1986	中国银行宁夏分行

续表

序号	姓名	性别	原籍	毕业（就读）学校	毕业时间	工作单位
4	胡秉俊	男	芳草村	兰州大学	1986	甘肃省直机关工委
5	常蓬彬	男	东关村	兰州大学	1986	兰大生物工程研究所
6	苟三奎	男	条山村	兰州大学	1987	美国芝加哥某公司
7	李朝奎	男	芦阳村	西北师大	1987	金昌四中
8	王有科	男	响水村	甘肃农业大学	1987	甘肃农业大学
9	郭延宁	男	芦阳村	东北林业大学	1989	甘肃省林业厅
10	张景玲	女	东关村	南京理工大学	1990	中国（甘肃）知识产权维权援助中心
11	陶福胜	男	席滩村	西北师范大学	1992	甘肃工业大学
12	郝勇	男	响水村	中国人民大学	1995	北京振春公司
13	祁军玲	女	城关村	兰州大学	1995	兰州律师事务所
14	彭红梅	女	响水村	兰州大学	1995	中国邮政储蓄银行北京总部
15	王钦刚	男	城北村	华南理工大学	1995	华为公司
16	高秉亚	男	城关村	空军雷达学院	1997	空军总装备部
17	吴云	女	芦阳村	甘肃工业大学	1997	西北民族大学
18	周文魁	男	红光村	兰州大学	1997	甘肃国土资源厅
19	张治学	男	芳草村	甘肃政法学院	1998	景泰县人民法院
20	龚真春	男	城北村	浙江大学	2000	总参第三测绘导航基地
21	卢昌辉	男	响水村	财政部财政科学研究所	2000	甘肃省财政厅
22	吴琼子	女	芦阳村	普希金大学	2001	江苏连云港核电站
23	安晓慧	女	条山村	法国佩皮尼昂大学	2001	法国某公司
24	范鸿雁	女	东关村	西安体育学院	2002	甘肃农业大学
25	杨天兴	男	寺梁村	甘肃农业大学	2002	兰州城市学院

续表

序号	姓名	性别	原籍	毕业（就读）学校	毕业时间	工作单位
26	焦清	男	芳草村	美国国际东西方大学	2002	甘肃省政协
27	焦裕龙	男	芳草村	西北民族学院	2002	中央国债结算中心
28	李治勤	男	芳草村	西藏大学	2002	西藏日喀则市第三高级中学
29	李妍	女	芳草村	兰州大学	2003	甘肃省电台
30	王钦龙	男	城北村	中国人民大学	2003	百度深圳公司
31	武晓晶	男	芳草村	兰州理工大学	2004	兰州中心支行反洗钱处
32	卢昌明	男	响水村	新疆医科大学	2004	解放军某部
33	李作泰	男	芳草村	兰州大学	2004	北京中国藏学研究中心
34	杨天生	男	寺梁村	北京航空航天大学	2005	西安飞机制造有限责任公司
35	刘向丽	女	芳草村	大连理工大学	2005	北京华腾互通科技有限公司
36	段宝海	男	寺梁村	甘肃政法大学	2005	甘肃政法大学
37	洪桠楠	女	红光村	北京大学	2005	广州广播电视大学
38	沈建中	男	红光村	西北师范大学	2005	甘肃省信托公司
39	李媛媛	女	芳草村	西北师范大学	2006	景泰川电力提灌管理局
40	胡洁琼	女	芳草村	兰州大学	2006	兰州大学第二附属医院
41	胡广之	男	芳草村	兰州财经大学	2006	中储粮兰州分公司榆中粮库
42	谢文黎	男	席滩村	同济大学	2006	同济大学建筑设计研究院
43	李贵琴	女	芳草村	中国科技大学	2007	深超（深圳）光电有限公司
44	李应举	男	响水村	北京航空航天大学	2007	国防兵器集团研究所
45	李明霖	男	响水村	加拿大某大学	2007	澳大利亚某公司
46	殷世春	男	东风村	北京科技大学	2007	酒钢集团

续表

序号	姓　名	性别	原　籍	毕业（就读）学校	毕业时间	工作单位
47	徐卫华	男	条山村	英国爱丁堡大学	2007	云南省政府
48	张海茹	女	十里村	南京大学	2007	南京市热能设计院
49	张　锦	女	十里村	西北师范大学	2007	河西学院
50	李进彪	男	芦阳村	上海交通大学	2007	上汽集团研究院
51	罗立茜	女	响水村	兰州大学	2009	西北妇女儿童医院
52	屈登岱	男	芳草村	甘肃农业大学	2008	景泰县治沙实验站
53	张君瑜	女	东关村	西北师范大学	2009	—
54	卢昌元	男	响水村	甘肃省委党校	2009	嘉峪关市文明办
55	卢有瑞	男	响水村	中国农业大学	2010	沈阳东软有限公司
56	胡进文	男	芳草村	甘肃农业大学	2010	甘肃引大工程管理局
57	胡进静	女	芳草村	天水师范学院	2010	兰州大学附属第一医院
58	韦应胜	男	席滩村	解放军后勤工程学院	2010	陕西省民政厅
59	李金银	男	芳草村	武汉科技大学	2010	湖北省省直机关人防工程管理中心
60	王川行	男	红光村	合肥工业大学	2010	广东清大同科技环保技术有限公司
61	寇娅雯	女	芳草村	兰州财经大学	2011	兰州文理学院
62	李志勤	男	芳草村	西北师范大学	2011	西北师范大学
63	周富娟	女	芳草村	四川大学	2011	中国银河证券鄂尔多斯营业部
64	张宏昌	男	芦阳村	土耳其联合军事学院	2011	解放军军事科学院战略咨询评估中心
65	张春梅	女	响水村	湖南农业大学	2011	成都科伦药研
66	李芳芳	女	芳草村	兰州理工大学	2011	兰州工业大学

续表

序号	姓名	性别	原籍	毕业（就读）学校	毕业时间	工作单位
67	常燕	女	条山村	西北师范大学	2011	兰州市第四十九中学
68	乔昌萍	女	城关村	甘肃农业大学	2011	武威市凉州区农技推广中心
69	李鹏春	男	响水村	中国人民公安大学	2012	景泰县公安局
70	胡广达	男	芳草村	兰州大学	2012	金昌市投融资管理
71	郭莉苹	女	席滩村	英国北安普敦大学	2012	上海机电股份有限公司
72	闫耀梅	女	条山村	西北师范大学	2012	甘肃省临夏州永靖县移民中学
73	胡桂芬	女	芳草村	西北民族大学	2013	兰州财经大学
74	杨馥霞	女	芳草村	河北农业大学	2013	甘肃省农科院林果花卉研究所
75	朱学明	男	石城村	山东菏泽学院	2013	西北民族大学
76	李学泰	男	芳草村	西北民族大学	2013	成都南充职业技术学院
77	李靖	女	芳草村	西北师范大学	2013	工商银行兰州分行
78	曾钰婷	女	十里村	北京工业大学	2013	西藏农牧科研究所
79	张婷	女	红光村	中国青年政治学院	2013	中国青年政治学院
80	杨家兴	男	寺梁村	解放军南京政治学院	2014	中共中央组织部
81	王生鹏	男	寺梁村	华北电力大学	2014	兰州市电力局
82	戚翰德	男	芦阳村	华中科技大学	2014	甘肃省电力公司经济研究院
83	马赟福	男	响水村	兰州交通大学	2014	兰州新区城乡建设交通局
84	卢迎春	男	响水村	南京航空航天大学	2014	甘肃省空军某团
85	赵科有	男	芳草村	同济大学	2014	同济大学
86	李贵鹏	男	芳草村	西安体育学院	2014	陕西鹏熙体育文化有限公司

续表

序号	姓名	性别	原籍	毕业（就读）学校	毕业时间	工作单位
87	雷勤圆	男	芳草村	成都体育学院	2015	苏州市农业技术学院
88	孙克家	男	芳草村	河北大学	2015	新疆且末县委组织部
89	安苑铭	男	东关村	北京大学医学部	2015	—
90	杨万慧	女	西林村	兰州大学	2015	—
91	范宏元	男	东关村	武汉大学	2015	甘肃省自然资源厅
92	罗云丹	女	响水村	中国人民大学	2016	中国海洋石油公司
93	李贵琛	男	芳草村	北京医学部	2016	甘肃农业大学
94	张宏飞	男	芳草村	海河大学	2016	甘肃水电勘测研究院
95	张兆帅	男	芳草村	西北民族大学	2016	会宁县刘家寨子镇中学
96	李忠玥	女	芳草村	西藏大学	2016	迈杰转化医学研究有限公司
97	焦裕佳	女	芳草村	北京印刷学院	2016	上海艾瑞咨询集团（北京）
98	王怡丹	女	芳草村	长春师范学院	2016	中国移动甘肃总公司
99	郝广曙	男	响水村	温州医科大学	2017	甘肃省妇幼保健院
100	祁丽洁	女	响水村	北京交通大学	2017	中国移动总公司
101	王建清	男	寺梁村	甘肃农业大学	2017	—
102	李昭娟	女	西林村	兰州理工大学	2017	山东海科新源材料科技有限公司
103	李婷玉	女	芳草村	福建师范大学	2017	甘肃省市场监督管理局
104	张亚男	女	红光村	上海交通大学	2017	中国农业银行上海分行
105	李昭君	男	西林村	兰州交通大学	2018	国网宁夏电力公司
106	张晋晶	女	条山村	西南大学	2018	上海电器
107	郝晋彩	女	芳草村	西北农业科技大学	2018	浙江水利水电勘测设计院
108	段世俭	男	寺梁村	兰州交通大学	2018	—

续表

序号	姓名	性别	原籍	毕业（就读）学校	毕业时间	工作单位
109	张承亮	男	东关村	兰州理工大学	2018	—
110	杨家燕	女	寺梁村	山西师范大学	2018	武威市第八中学
111	陶禹桦	女	席滩村	兰州理工大学	2018	兰州市城关区华辰小学
112	李阳阳	女	石城村	西北农林科技大学	2018	陕西省西安市周至县农业农村局
113	王建君	男	寺梁村	兰州理工大学	2019	兰州理工
114	路宝翠	女	响水村	西北师范大学	2019	宁夏煤业有限公司
115	陈亚茹	女	席滩村	长沙理工大学	2019	松鼠AI智适应教育
116	陈雪婷	女	西林村	温州医科大学	2019	甘肃省人民医院
117	李金娜	女	芳草村	宁夏大学	2019	兰州润民粮油有限公司
118	李倩	女	芳草村	中国医科大学	2019	成都市青白区疾控中心
119	陈辅平	女	石城村	长沙理工大学	2019	西安高新举一建设管理股份有限公司
120	杨扬	女	条山村	中国药科大学	2019	四川科伦博泰生物医药有限公司
121	石佩灵	女	十里村	西北师范大学	2019	甘肃银光聚银化工有限公司
122	王学尹	女	石城村	重庆邮电大学	2020	重庆华润微电子有限公司
123	祁宝川	男	十里村	兰州理工大学	2020	新疆伊犁师范学院
124	朱成山	男	城关村	中国矿冶大学	2020	上海第十市政设计研究有限集团
125	李雪莹	女	芳草村	厦门大学	2020	江苏普旭软件信息技术公司
126	魏万旭	女	芦阳村	上海工程技术大学	2020	—
127	张靖	男	芳草村	青岛理工大学	2020	中车青岛四风机车车辆股份有限公司
128	武承龙	男	芳草村	兰州交通大学	2020	北京通号研究设计院

续表

序号	姓 名	性别	原 籍	毕业（就读）学校	毕业时间	工作单位
129	卢霞春	女	响水村	宁夏大学	2020	兰州三十一中
130	韦性如	女	席滩村	新疆大学	2020	西安文达学校
131	马 琴	女	条山村	西北农林科技大学	2020	白银市商务局
132	李进洁	女	响水村	西北农林科技大学	2021	嘉峪关裕泉镇
133	李文秀	女	城北村	西北工业大学	2021	—
134	杨 敏	女	芳草村	大连医科大学	2021	甘肃中医药附属医院
135	魏晋果	女	石城村	西安建筑科技大学	2021	兰州博文科技学院
136	朱宗珍	女	芳草村	西北师范大学	2021	
137	王常清	女	席滩村	甘肃农业大学	2021	甘肃亚盛农业综合服务有限公司
138	焦裕婷	女	芳草村	西北师范大学	2021	—
139	段宝娜	女	寺梁村	兰州财经大学	2021	兰州建设银行
140	彭丹阳	女	响水村	西南交通大学	2021	四川中正
141	魏晋红	女	石城村	兰州大学	2022	兰州市第二人民医院
142	潘 武	男	响水村	佳木斯大学	2022	浙江芯晖（海宁）公司
143	杨起杭	男	条山村	沈阳航空航天大学	2022	国营四达机械制造有限公司（陕西咸阳）
144	刘兴军	男	西林村	西南科技大学	2023	甘肃省委办公厅
145	余淑庆	女	条山村	西南交通大学	2023	深圳茂睿芯公司
146	戚述峰	男	芦阳村	清华大学	在读	中国人民大学
147	干 婷	女	芳草村	西北师范大学	在读	—
148	朱宗斌	男	芳草村	西安建筑科技大学	在读	—
149	李丹丹	女	芳草村	兰州大学	在读	—
150	张才忠	男	席滩村	甘肃农业大学	在读	—

续表

序号	姓名	性别	原籍	毕业（就读）学校	毕业时间	工作单位
151	王能发	男	席滩村	沈阳工业大学	在读	—
152	郭开心	女	席滩村	兰州财经大学	在读	—
153	孙小伟	男	条山村	大连医科大学	在读	—
154	高淑珍	女	条山村	西南大学	在读	—
155	卢湘雪	女	条山村	中国人民大学	在读	—
156	马永江	男	条山村	兰州交通大学	在读	—
157	刘青灵	男	条山村	甘肃中医药大学	在读	—
158	刘永君	男	条山村	兰州财经大学	在读	—
159	张九文	男	芦阳村	宁夏大学	在读	石嘴山市委政法委
160	卢阳春	男	响水村	北京交通大学	在读	—
161	白健	男	条山村	哈尔滨医科大学	在读	—
162	吴春燕	女	红光村	新疆大学	在读	—
163	王诗蕊	女	芳草村	天水师范学院	在读	—
164	李国斐	女	芳草村	兰州理工大学	在读	—
165	卢昌瑞	男	条山村	西北师范大学	在读	—
166	杨岳	男	条山村	西北师范大学	在读	—
167	师茂云	男	条山村	白俄罗斯国立文化艺术大学	在读	—
168	王学玲	女	寺梁村	甘肃政法大学	在读	—
169	杨家贵	男	寺梁村	西北师范大学	在读	—
170	郝广英	女	响水村	苏州大学	在读	—
171	沈魏	男	红光村	兰州大学	在读	—
172	杨家富	男	寺梁村	内蒙古科技大学	在读	—

续表

序号	姓名	性别	原籍	毕业（就读）学校	毕业时间	工作单位
173	马兴禄	男	响水村	哈尔滨工业大学	—	深圳华为科技有限公司
174	祁　斌	男	响水村	北京航空航天大学	—	长江存储科技公司
175	龚真直	男	城北村	兰州大学	—	兰州石化公司
176	田淑年	女	东关村	西北师范大学	—	—
177	马德福	男	响水村	北京大学	—	无锡市博世公司
178	马宏福	男	响水村	辽宁铁道学院	—	唐山轨道客车中心
179	沈克伟	男	红光村	华北电力大学	—	大唐公司（北京）
180	沈琛林	男	红光村	—	—	中国核电工程有限公司
181	王　瑞	男	红光村	兰州大学	—	兰大现代物理系
182	雷凯荣	女	城关村	兰州大学	—	上海医科大学附属医院
183	魏怀芳	女	城关村	西北畜牧兽医学校	—	西北民族学院
184	李保荣	男	城关村	兰州大学	—	甘肃报社白银站

芦阳镇志
LU YANG ZHEN ZHI

第二十一章

艺 文

芦塘道中（二首）

◎【清】李 筠

芦塘道中

百里河西塞路长，小芦塘过大芦塘。
徼垣无处不周险，官道有亭可纳凉。
酷暑难辞鞍马困，穷边喜见居人强。
绕城更爱多林木，不似沿途弥望荒。

芦塘道上观张将军鏖战碑

勋业当年异，英风信不群。
相看遗姓氏，何处吊将军。
浩气凌秋日，残碑卧暮云。
偶从荒塞过，吊古意徒勤。

注：李筠，生卒年不详。靖远县人。贡生。曾任陕西乾州训导、骁骑将军。

张将军鏖战碑，位于响水（小芦塘）媪围古城西边教场梁上。据传张将军为西汉大将，曾率军与匈奴作战。此处为张将军征战之地。张将军系何处人、与谁作战、战争规模如何、碑立何时、何人所立，均无所考。20世纪六七十年代碑尚存，因历经风雨，碑身弯曲，故又称弯腰碑。

再题履伯先生《故园图》

◎ 范振绪

此吾乡戚履伯先生遗墨。先生道光乙未科庶常散馆分工部,当时同入选者为泾阳张篠谱、狄道张安清,在陕甘一时称引人之盛,馆课诗中曾选先生诗赋。先生性至孝,太夫人就养京师时,尝忆故乡田园乐趣,先生为绘故乡田园以慰亲心。此园在芦塘戚家磨。画章清逸,幼时尝获读。其曾孙玉清以此见示,因缀数语。庚寅大雪后,同里后学范振绪敬题,时年七十又七。

馆课诗题出石湖,蚕桑咏罢重皇都。
娱亲还是在山水,因画村庄即事图。

两度分曹七十年,房山认米拜先贤。
玉堂因有先生座,故避鸿胪不敢前。

捧檄中州为养亲,黄河堤畔遇乡人。
改官底事从头说,伴我栽花是铸民。

性爱溪山酒兴豪,醉时抬笔乐陶陶。
长留水石传王宰,共仰芦阳北斗高。

振绪敬题于东雪草堂

注:履伯,见"人物·人物传略·戚维礼"。

范振绪(1872—1960),甘肃靖远县人,字禹勤,号南皋,知名书画艺术大家。曾任甘肃省政治协商会议副主席。

挽王允如千古联（另一副）

◎ 吕济舟

有胆有识之心胸敢作敢为之手段如经纬谋划诚无几人，
如圭如璋之言论似金似玉之文章若我才疏荒陋弱一筹。

永泰城

登此城风光尽眼底，东眺黄河，南仰寿鹿，西望雪峰，北览平沙，烽火接长城，丝路通玉关，更天宝蕴物华，看苍山劲松，茂林珍麝，砂田秀麦，碧野滩羊，喜古堡尚存，雄威不减曩日。

今斯即往事扣心弦，汉设老虎，唐建龙沙，元封松疆，明修永泰，羌笛动鼙鼓、铁弓挥金戈，且地灵生人杰，恩达云奏功，万疆捐躯，熊妃殉节，岳公殊勋，问英烈谁在，风流还数今朝。

注：王允如，见"人物·人物传略·王成德"。
吕济舟，见"人物·人物传略·吕济舟"。

寄难友金滕、郝璘兼论《景泰通讯》

◎ 王积印

兰山共砚梦依稀，讵料劳燕各自飞。
为憬村愚通讯创，曾轰魔鬼胆魂悲。
文风炽烈出道笔，镣铐锒铛入铁扉。
寄语乡关重聚首，与君把酒话暌违。

哭海寰

◎ 王阶平

中流砥柱栋梁材，倒挽狂澜亦壮哉。
事败垂成千古恨，萧萧风雨送悲来。

君是人间吐凤才，伫看城上凤凰台。
惊闻噩耗传千里，长使英雄动大哀。

雁行双折最堪伤，念女思亲更断肠。
就义从容真烈士，忍教朋悲泪成行。

（1949年）

注：程海寰（1908—1949年），名天锡，甘肃文县人，毕业于甘肃第一师范学校。先后在临夏、平凉、武威等地工作，参加抗日活动。组织前进同盟。1949年5月19日在西安被国民党杀害。
王积印，见"人物·人物传略·王积印"。
郝璘，见"人物·人物简介·正高级及以上专业技术职称人员·郝璘"。
王阶平，见"人物·其他知名人士·王阶平"。

爷爷与西路军二三事

◎ 李光武

1936年10月28日，西路军进入景泰地区，与盘踞在景泰地区的国民党马步青部队进行了多次异常惨烈的战斗。

1936年10月30日至11月1日，红三十军军部、政治部、后勤部和部分部队进驻一条山附近的双龙寺、秀水、芳草、小席滩、西林一带，城北墩村就驻扎了两个骑兵连，李先念住在拉牌头村爷爷李冠英家。时值寒冬来临，红军将士还身着单衣，有的将破布羊皮缠在身上，有的将毡片挖个洞套在脖子上，还有的把烂棉花或破羊皮包在脚上。饥寒交加、形势险恶，西路军处境极度困难。几位老人回忆说，那个时候，我们没有见过红军，也不了解红军，村里很多人躲到外面，为了打消顾虑，李先念对爷爷说：你们不要怕，也不要跑，我们是红军，不是马家队伍，我们红军是救国救民的军队。请您把家里人和庄子上的人都叫回来。爷爷当年任芦阳乡乡长，他听了李先念的话，看了红军表现，明白了红军和马家队伍不一样，是老百姓自己的队伍。便立即把躲在外面的人叫了回来，并把家里里外三院的房子全部腾了出来让战士们居住。李先念的警卫员告知爷爷不要向外人暴露首长身份，爷爷始终守口如瓶。西路军大约住了一个星期离开后，爷爷才对家人说："咱们家上房住的是西路军大长官，名字叫李先念。"

爷爷将西路军战士安排住好后，又马上着手解决他们的吃饭和战马的饲草。在红军的帮助下，本地群众成立了"办粮委员会"，小席滩村的郭宣任主任。这些组织的成员胸前佩戴着用红布做成的身份标志，走家串户，动员群众有粮捐粮，有草捐草。爷爷带头响应，安排家里男人杀猪宰羊、筹备粮草；女的帮助磨面做饼、缝补衣服。爷爷把刚上场的谷糜和摺下的麦捆子安排三套石碌子不停地打碾，草全部捐出来喂战马，昼夜不停地用两台磨和一台碾子推碾粮食，碾磨好的粮食装进战士们的长白布粮袋里。其间西路军经常与马匪交火，来不及吃饭，为了不让他们饿着，爷爷就在家里找了个小独头柜，发动家里妇女和庄子上的群众把炒熟的麻麦装在柜里，打仗时战士们就装上一些麻麦充饥。当年年幼的付泰安、付生泉围在麻麦柜旁，眼馋得直流口水，小战士笑着说："这些麻麦都是你们家炒来的。"小战士给这两个小孩每人装满了一小口袋。

爷爷倾心给红军供粮供草，四五天后，管后勤的红军领导看到我们家粮食不多了，准备用银圆在一姓王的家里买一些。爷爷说："先把我们李家的粮食吃完再说，红军的银圆也不多！"在我们家里住的一位小战士可能是眼馋，将内院北房沙子里存放的软儿梨拿了一个，就为一个小小的梨西路军领导将他关了禁闭。奶奶跪地向领导求情，小战士才免于处罚。军队严明的纪律，感动了全村的男女老少。随后爷爷和奶奶将家里所有的软儿梨都送给战士们吃了。据小席滩王立国老人回忆，景泰解放后，首任县长李林柯在小席滩群众大会上深情地说："拉牌头李冠英家对西路军支持非常大，贡献粮食九石（3150公斤）、马一匹、猪二头。"据奶奶说，西路军后勤部还为我们李家写了借据，是中缝对开的两联证明，并加盖了大红印。西路军离开景泰时，李先念还给爷爷送了一头小骡驹。

红军与马家军在景泰地区的战斗异常惨烈，许多红军战死，尸体抛在野外，爷爷心中不忍，冒着杀头的危险，派人掩埋阵亡的战士。1936年10月31日晚，红三十军89师出发去攻打芦塘县城，激战半夜城未攻克，西路军伤亡30多人，其中一名战士被打成重伤，用马驮回拉牌头大山洼北面，受伤的战士万分疼痛，央求别人让他快点死……这名战士牺牲后，爷爷叫来本地一位村民，将战士的遗体拉到大山洼南面。掩埋前村民发现这名战士身上装有一副眼镜和一块大洋，爷爷说："东西不要动，随身安葬。"事后，爷爷给这位村民一斗麦子作为工钱。爷爷还为西路军修筑工事捐物献车。在城北墩战斗中，拉牌头作为前沿需要挖战壕，由于山上尽是石头挖不下去，爷爷就把家里的双头柜，独头柜装满沙土抬到洼顶作掩体。我家当时有一辆铁轱辘车，西路军战士将土坯装车，十几个战士连拉带推，运到洼顶砌成墙作掩体。

20世纪70年代，李先念曾两次派人来景泰找五佛的李宗涛；80年代，李先念写《西渡黄河和西路军》回忆录，再一次派人寻找李宗涛和爷爷李冠英，有两位军人来到我家，询问当年李先念住我家的往事。但爷爷早已作古，奶奶回忆了当年支援西路军情况。当时村里古稀老人张延忠还现场演唱了几首红军歌曲，令两位军人十分惊讶。事后，景泰县委党史资料征集研究办公室的蒙先、高正禄等同志来到我家了解此事，并为奶奶拍了照。

西路军过景泰距现在已有74年之久，西路军给我家留下的借条虽然已经遗失，但李先念情系景泰，爷爷援红之心我们子孙万代将永远铭记在心。

景泰县芦阳镇城北村　李光武（李冠英长孙）
2010年4月5日清明节

附识：写此文之前，笔者走访了城北村的付泰安（84岁）、毛正宗（90岁）和席滩村的王立国（86岁）等几位老人，也就相关历史事实请教过王成恒、李文绥等先生，感谢他们所提供的西路军在景泰浴血奋战的光辉历程和人民群众支援红军鲜为人知的感人事迹。

注：李光武，见"人物·先进模范人物·李光武"。

访老志愿军战士高步春

◎ 马 卫

2017年10月7日,我和李树江先生到响水采访86岁的中国人民志愿军战士高步春。老人家身板硬朗,思维敏捷,谈吐大方,精力充沛。他首先取出了精心保存的一个红本和3枚纪念章,红色小本是1955年由国防部长彭德怀颁发的"中国人民解放军建设军人证明书",首页为毛泽东主席正面像以及"为人民服务"的题字,次页为朱德总司令正面像以及"保持人民解放军的光荣传统"题字。接下来是对高步春服役期间的鉴定:思想老练,工作积极,埋头苦干,思想斗争开展学习好,能苦心钻研,作战勇敢,团结好,并能从政治上团结。下面署名:63军187师师长闫同代、政委周松青。

首枚纪念章为"中国人民赴朝慰问团赠",当时还赠送了缸子,上面印有"抗美援朝,保家卫国""赠给最可爱的人",赠送的毛巾上印有"将革命进行到底";另一枚为"和平鸽纪念章",背面有"和平万岁"字样,1951年全国政协赠;第三枚为"解放军西北纪念章",1950年西北军政委员会颁发。

高步春,原名高天云,1932年农历三月初三生于响水村一户谈姓的贫苦农家,因生活所迫,从小被父母送给靖远县一户高家。少儿时代的高步春,以打短工维持生活。1949年7月靖远解放,18岁的他参加了中国人民解放军,分配到19兵团63军187师561团一营二连,参加了解放兰州、宁夏、内蒙古、民勤县等战斗。1950年在陕西参加大生产运动。1951年部队转为志愿军,高步春也晋升为63军187师561团炮兵连副班长,随部队从陕西乘火车至东北丹东,在大军的掩护下连夜跨过鸭绿江,在朝鲜受到彭德怀等首长的检阅,奉命挺进三八线。

进驻三八线后,首要任务是挖防空洞和战壕,根据要求,洞内要立柱多,通气口多,能防空、防炮、防毒、防雨、防潮、防火、防寒,洞内还要有粮弹储存室、指挥室、俱乐部、灶房、宿舍、厕所等,高处设瞭望室,乘敌暴露时射击。连队半月换班,做到能攻能守。挖下的土石,人力背、抬或用大炮箱推,洞内无灯照明,晴天用大镜在洞口反光,天阴和晚上点燃胶鞋、轮胎。山上周围的树木都是晚上用锯子锯倒的,还不能发出大的响声,以防敌机轰炸。吃的是朝鲜的高粱米,很多人不合胃口,经常挨饿。

红川江是美军后勤部所在地,为了解决吃饭问题,在一个大雨如注的夜晚,561团突然打过三八线,击垮了红川江后勤部的守敌,缴获大量的粮、弹等军用物资,大大恢复了志愿军的元气。

铁原阻击战是高步春在朝鲜经历的一次最激烈、最残酷的战斗。铁原是志愿军屯兵重地,也是粮弹被服枪械仓库所在地,志愿军各兵团前线一应所需,皆由铁原转运过来。美军集中兵团由空军掩护,坦克开路,远以炮轰,近则短兵相接,白刃格斗,血战数日,堑壕工事,多被摧毁,守防将士死伤甚多,许多阵地丢失,守军无一生还。

63军奉命增援。军长傅崇碧亲临第一线指挥作战,凡敌军集中攻击的目标,平地翻了三尺,山头皆被削平,树木烧焦。根据实际情况,决定以班排为单位,多带轻兵器、反坦克雷,潜至前沿阵地占据要点,构筑工事,堑壕多依山崖挖成,覆以原木,多压沙石,以挡炮火,在阵地背面修筑掩体,集中兵员、粮弹、饮水等,以便随时发动反冲击。

每日晨起,成百架飞机对63军阵地狂轰滥炸,数十门大炮一齐轰击。志愿军阵地烟尘滚滚,烈焰腾空,树枝、木头、石块漫天飞舞。美军或一群或一队,由坦克导引,沿山梁冲上。待到半山,做梦也没想到志愿军魔术般地从被炸烂的壕堑掩体中钻出,抖落尘土,或三五成群,或各自为战,瞄准敌军,机枪横扫,手榴弹狂扔,打得美军鬼哭狼嚎,仓皇回撤。这样一日数阵,每夺回一阵地,都要阵前肉搏,反复冲杀,双方折损很大,恶战半个月,又逢雨季,道路泥泞,多被炮火毁坏,车辆不能行,敌炮弹供应不及,士兵疲惫不堪。志愿军主力却得到数天休整,粮弹充足,士气高涨,抓住这一有利时机,对美军进行大规模的反击,铁原阻击战大获全胜。

铁原阻击战恶战半个月,将士损失过半,活着的人从第一线撤回后方时,皆满脸髭须,或头裹绷带,或臂缠救急包,衣衫破烂不堪。但一个个脊梁笔挺,精神抖擞。彭德怀司令员向63军将士行礼后高声说："同志们，你们打得英勇，打出了志愿军的威风，祖国和人民将永远记住你们，感谢你们！"将士们热泪盈眶，相拥抱成一团，高呼："祖国万岁！"其声震撼山谷，经久不息。高步春因作战勇敢，表现突出，荣立二等功。

1953年11月，高步春回到祖国，转为华北军区训练一团十一连建筑兵。1955年2月转业白银矿山开采工。1957年回家，曾任响水武装民兵连连长，同年加入中国共产主义青年团，1969年任景电工程芦阳营响水连连长。

采访结束临别，高老一直陪送我们到大街上，他紧握着我们的手，边走边说："感谢党和政府的关怀，我们的生活补贴逐年增加。相信越往以后，国家会越来越富强，老百姓的日子会越过越红火。"

注：马卫，见"人物·其他知名人士·文化界人士·马卫"。

我的母校——响水学校

◎ 郝天魁

1941年，我8岁时上了响水学校。响水学校就在我家的后墙外边。爬上后墙，就可以看到校园里玩耍的小朋友，听见琅琅的读书声。

每天，当夕阳快要落山的时候，放学排队回家的学生们，从我家门前走过。对于他们，无不使我羡慕和向往。我站在高高的门台上，常常凝望着一个个快活的学生远远地走去或踏进他们各自的家门。

我与八哥夺魁（小名叫仲娃）一同上学，他比我高两级。八哥上到三年级就不能再上学了，家庭需要他去劳动。

我踏进的响小，门前是一道小渠。渠水清澈见底，常年淙淙作响。整齐的杨树，沿渠堤从西排向东去，树身挺拔高大，树叶浓翠欲滴。响水小学坐落在全村的中央制高点上的东城根下。大门没有了，毁于地震。沿坡上去就是操场，中间教室的上方，挂着一口很大的钟，钟声一响，清脆悠扬，指挥着学校的一切作息活动。坐北向南的正殿，里外隔间。里间是三圣宫主神座位，神像早就没有了，只有座台，隔间门窗也不见了，只有高高的门槛！外间高年级学生上课。里间是全校集体活动的地方。平时空空荡荡，地上铺着青砖。

大殿教室的东侧是一座三间小教室，我刚上一年级时，就坐在这里的最前排。当时一、二年级坐在同一个教室上课，实行复式制。老师讲了一年级课后，再讲二年级课。学生间隔听课写作业，有时候的课是共同的，上一个内容。

正殿门前，有两棵茂盛的椿树。据说这椿树是建校时，第一批学生从黄崖挖来的树苗长大的。我们同学彭鼎的父亲彭文焕老先生，在我们面前不止一次地说过，他就是当时挖树苗栽树的一位。两棵大椿树，给响小增添了不少风采。春天里，它绿色的生命，伴着可爱的小学生们一起成长起来。粗壮的枝干，有力地伸展开来。当树叶儿长大以后，整个学校上方的院子就掩映在绿荫之中了。四月开花，香味扑鼻，课间休息或下午活动时，这树下就热气腾腾，特别活跃。

椿树前和操场的中心，左右屹立着两尊巨大雄伟的铁狮子，铁狮子身上各突出一根很长的铁旗杆，高入云天，这两尊铁狮造型十分精美，不仅狮身栩栩如生，而且狮座也是铁铸的。四周有刻文、绘画、惟妙惟肖。狮身呈紫红色。又因学生们经常爬上爬下，或骑在狮子身上，日久天长，将它磨得油光发亮。这一古文物，不仅是响水的瑰宝，在景泰全县也是不多见的。它是什么时候建造的，又是怎么建造的，很难确定。至于它的艺术和历史价值更加无人过问。1958年大炼钢铁时，它被毁于一旦。

学校的操场不很大，已经栽了两个篮球板。这是课外活动的地方。只要有学生，操场总是有欢乐的。

校园中间偏东，两间大房。一间是教室，一间是老师工作室。学校的靠东墙边，盖有五间宿舍，是供高年级学生住的。宿舍的南面另盖有一间伙房，伙房里经常放一个大缸。由学生每天轮流抬水装满缸，供学生饮用。伙房还有炉灶，可以做饭。记得还有外地学生亲手在这里做过饭。校园的西面，原来有几间厢房，地震摇倒后，再未修建。到我们上学时，只剩下一个大石碑立在一处。整个西面就是古老的城墙，城墙上方有一个一个的垛口。

我上一年级时，用的课本是全国统一课本。

语文课的第一课，人手足刀尺；第二课，山水田、狗牛羊；第三课，一身二手，大山小石；第四课，天地日月……老师的教法是先认字，再写字，然后背记。老师要求学生扎扎实实，一步一个脚印。那时候，只有少部分同学有书，大部分同学是没有书的，老师板上写。学生照着抄，学过了背熟了，也就记在脑海里了。

写字，练笔是基本功。磨墨、用笔、写字，从一笔一画到一撇一捺，老师都手把手地教。教学方法是简单的，但却是非常严谨的。学生成天与笔墨打交道，所以小学生常常染着黑手黑脸弄得大人啼笑皆非！毛笔是唯一重要的学习工具，一锭墨、一个砚碗（响水瓷窑上专门烧）。纸是不多又贵的东西，那时候用的是一种"巾山纸"，相当于后来的宣纸，质量很差，老师每天下午阅作业，用红土颜料给书法字上打号。凡是写得不好的，老师就打"×"，凡是写得好的就打"圈"。

算术课到了二年级才上。第一次学习阿拉伯数字：1、2、3、4、5、6、7、

8、9、10……加减法，三年级学乘除法。低年级的学生，把高年级学生当成师兄和学习的榜样，模仿着他们的言行，对他们十分尊重。大的学生对小的学生们也十分爱护和关照。

教室里的桌凳非常简陋。我们用的还是二十年前首批做的，因为大家都十分爱护学校的一切设备，所以虽然旧了但仍然很结实。长凳子坐得油光发亮。教室里的挂图也旧多了，但也完好无损，这些挂图，一类是民族英雄的画像，如岳飞、文天祥、史可法、十九路军保卫上海抵抗日军；另一类是矿物、动物、植物等。老师凡讲有关的部分，都要指着挂图去说明，以增加学生们的立体感。

那时候，教学的设备非常简单。粉笔是自己做的，家乡有石膏，每年夏天，由学生自己到山里背些回来，用火烧后再做成粉笔用。教鞭都是教师自己动手去做的。老师们只有一个房间备课，既是校长办公室，又是接待室，又是大家的工作室。办公室墙壁上挂着一个座钟，嘀嗒、嘀嗒……常年有节奏地响着！一到时间就由教员去敲那挂在屋檐下的大铁钟。办公室里一张方桌，几把小凳、墙上还挂着卢老师的一把京胡。炕沿边一架风琴，另有一个旧书架放在拐角，上面放着学生们的作业本。冬天里，生着一只铜炉。炉盘擦得金光闪亮。卢老师晚上常住在这间屋子，他家离学校近，干脆由他来看校值班。

到了三年级，根据学校的规矩，学生都要搬进学校里住，我第一次离开父母，住在学校宿舍中间（第三间）的房子。同舍里有潘生玉、彭鼎、彭文财四个人。三年级，课程量加大多了。是彭礼老师给我们教语文。他个儿不算低，大背头，红红的脸，穿一件黑色长袍子。他在指导学生写大楷的时候，特别认真，但处罚学生时，却往往不讲情面，板子是他亲自做的，就放在教桌上——它是绝不可缺少的教具，而且是最厉害的教具。有一次，我和另一位同学，为使用砚碗，争执起来。那位同学不磨墨，而要使用我的墨，我不高兴，他骂了我一顿，并在我脸上抹了一把墨，我急了打了他一巴掌。于是他去找彭老师告状，彭老师对我严厉训斥后，令四个大学生把我压在板凳上，朝屁股上打了几十个板子，我走不动路，别的学生告知家里，由父亲扶我回的家。

语文课比以前难得多，这倒不是说课文难学，而是文言文加多加难了。三年级、四年级的国文大半由郝星垣老师上，内容是丰富的，先后读到了《陋室铭》《桃花源记》《岳阳楼记》《小石潭记》《刻舟记》《出师表》《祭十二郎文》

《祭鳄鱼文》《师说》《醉翁亭记》《秋声赋》《卖炭翁》《前赤壁赋》等大量《古文观止》的散文。唐宋著名文学家韩愈、王安石等名家的文章都学到了。这些文章对我们儿时的智力开发，起了极大的作用。并且，教给了我们如何处世修身的哲学，做人的道理，立志成业，尊师重道的知识和道理，增强了对未来美满生活的无限追求，对劳动人民产生了同情，对老师肃然起敬。懂得了"山不在高有仙则名，水不在深有龙则灵"的道理。读了《岳阳楼记》，最难忘的是那"先天下之忧而忧，后天下之乐而乐"的做人哲理。此外诸如，诸葛亮的雄心壮志，韩愈的为民请命，欧阳修"醉翁之意不在酒，而在于山水之中"等思想，无不对我们起到了启蒙的作用。

与此同时，白话文也在加强，除了学习课本上的内容外，另外还选念了其他散文，如鲁迅的《秋夜》，现代报告文学《台儿庄之战》《一个军官的笔记》等。也就是从这里出发，我渐渐地对文学发生了兴趣，对未来，对外面的大千世界，产生了浓厚的兴趣。对未来的人生，产生了强烈的向往和追求。

在语文课中，到了高年级，练习写作的分量加重了。一开始，老师先引导写白话文的作文。后来，逐渐要求学生写文言文。那时候语法教得很少，全靠背书，多积累词汇，多背范文，以扩大知识和思考能力。"读书破万卷，下笔若有神"，主要方法是模仿。每周作一篇作文，写一篇周记，由老师出题，学生在课堂上或课外作。先作游记一类的题目：如《游乌龙山记》《黄崖游记》《我的故乡》等。后来，逐渐写议论文，涉及人生和社会问题。如《未来志愿》《人生理想》《参加抗日活动有感》《读（中山遗训）后感》等。小学上学时，我最喜欢语文课，尤其喜欢作文，写游记一类的文章，我常常得到表扬。记得四年级时有一次我写了一篇《索桥游记》被郝老师批文，在全班同学面前念。他的批语是："寻脉千里，畅流如泻。"从四年级开始，我就喜欢找大部头书读了，那年暑假，我读了一部几十万字长的文学著作，书名叫《苦儿努力记》，这部书是由法文翻译过来的，写两个苦儿流浪卖艺的艰苦生活，对我起了非常大的激励作用。到了五年级时，我们开始用文言文写作。

算术课比语文课轻松得多了。一是卢老师上课没有像郝老那样严肃和严厉，二是课程内容也相对简单。三年级学乘除法，四年级学混合四则演算。然而，我对算术兴趣不浓，因而成绩平平。这种情况一直保持到上中学时期和影响到未来。

除了算术，几乎学校的所有课程我都乐意去学，而且对有的课兴趣甚浓。如体育、美术、绘画和唱歌。打篮球是我初小最感兴趣的。不仅在课堂上喜欢，而且在课外还花去了不少时间去练习。由于学校只有一个篮球作为公用，除了上课和重要比赛外不能随便给学生玩。所以从二年级时起，我们就自己动手制作"毛蛋"以代替篮球。制作"毛蛋"，先用些毛将它揉成一个小团，然后用毛线不住地在毛团上缝织。一层又一层地将它缝成小碗大的圆球，它有很强的弹性，可以当篮球一样地去使用。一旦"毛蛋"球做成，大家如获至宝，中午也不去吃饭，下午放学也不一下回家。联络一些同学就在球场上练习运球、投篮、传递。星期天，有时一玩就是大半天。夏日，我们干脆光着臂膀、脱了鞋子在球场上玩个痛快。三年级时，学校的一个破篮球由我保管，我学会了补球，吹球（当时很少找到一个打气筒，只好用口吹）和收拾球。不久，我就成了一名出色的前锋和投篮手，同学和老师们给我起了个名字叫"小钢炮"。到了完小和中学以及工作以后，我一直担任篮球队长。我的弹跳很好，短跑速度快，反应灵敏，投篮准，很能引得观众的鼓掌，除了热衷篮球，我还热爱田径运动和乒乓球运动。但是那时条件有限，其他项目都开展不起来。体育运动的爱好和兴趣，我一生保持不变。它给了我以极大的好处，不仅给了我比较健康的身体，同时，也给了我乐观、勇敢、顽强、积极进取、战胜困难的气质素养。

音乐唱歌课，学校里也很重视，几位老师都能教歌，有时还以风琴伴奏。尽管老师们不是科班出身，不大懂得乐理乐谱，有时调子也会走样，但他们耐心地教，学生也耐心地学。因此，校园里总是歌声不断。我很小就喜欢唱歌，那是从故乡唱大戏、演眉户、哼小曲中培养起来的兴趣。而学校的唱歌，更有新的内容和意境。加上音乐伴奏，就比农民唱得更高雅一些，实有点"阴春白雪"之意。

其他如绘画课、劳作手工课，都非常有意思，每每引起学生们的浓厚兴趣。我喜欢这些课，并为其倾注了自己的心思。学习这些课，调剂了紧张又过于枯燥的学习生活，培养了人的多种爱好，所有这些实在是不可缺少和难能可贵的！

在学校，劳动教育是少不了的课。当然，它不是先生讲什么空洞的道理，而注重培养学生们的实际能力和直接的劳动兴趣。全校上下形成一种良好的道德规范，学生一进校门就学会抬水、扫院、扫地，而且是每天都这样去干。种花、浇水、打扫厕所、平整操场，搬运土块是经常进行的。冬天里，学生自己烧炕，轮流值日生火，凡轮到谁值日，谁就自己拿柴火。天不亮就起来去教室生火。上课前一定要生好炉子，否则，老师要严厉批评。入冬时，人人拿着一疙瘩毛线，在休息空间织袜子、帽子和毛衣。在夏天，用钩针织麻鞋，有的学生还补篮球，修教具……总之，教育和劳动结合得十分紧密。人人会劳动、爱劳动是不言而喻和自然的习惯。

注：节选自郝天魁《芦阳回忆录》（2000年8月印刷）。本书选登时略有删减。标题为编者所加。

郝天魁，见"人物·人物传略·郝天魁"。

故乡记忆——砂锅窑

◎ 乔仲良

我的故乡是跟响水相邻的西关村，又名叫乱山，是因为村民的房屋大都建在四散的山丘上，零零落落的，一条土路顺着沟壑穿村而过，把西关和响水连接起来。如今一条宽阔的乡村公路从东向西横穿村子，那条弯曲的沟壑路被遗弃了，成了一条村里的便道。

我是从小在这里长大的，一直到70年代中期景电工程上水家搬迁到了灌区，可以说我童年的足迹全留在了这里啊。那是一段苦涩但却充满了欢乐的日子啊。我们上学并没有多重的负担，放学后回家撂下书包，或情愿或不情愿地背上背笼去拔猪草，冬天则是去拾粪。这种活儿要是有几个同伙儿一定会有无尽的乐趣。出了校门，再出了家门，一个个像是解除了羁绊的马驹子尽情地撒欢儿，疯玩上半天，待到天快黑时要准备回家了才发现背笼里空空如也，于是匆匆四散到田间地头去拔草，可是那些年代田间地头的杂草似乎也同"封、资、修"一样被铲除得干干净净了。我们忙碌上半天也装不满背笼。时间久了，大家都想出来一些应变的办法，比如在背笼的中部密密地插上树枝条，上面装上猪草，这样看起来背笼就满了，而且还可以高出背笼沿儿，回到家蒙混过关，那时我们中间还流传着几句顺口溜："虚虚笼笼满背笼，背到家里哄肉头（猪），肉头肉头你别叫啊，山里还有两大洼。"冬天去拾粪照样想出变通的法子来，趁天黑回到家里，看父母不注意，用粪叉将原有的粪拢一个小堆，将新捡来的粪覆盖在上面，第二天看起来还真像回事的。这样的雕虫小技很快就会让父母发现，到时就会招致一顿打骂，但是过后还是照旧，那时我们的欢乐就在于这里啊。相比起来，我更加喜欢在砂锅窑的日子。

砂锅是我们村子特有的一种产业，三四十年前，在中国农村极端贫困的日子里，我们村子的人没有逃荒、没有讨饭，得益于这些不起眼的砂锅啊。没有粮食的日子里，我们的父兄套上马车，或者拉上架子车，装上几十套砂锅，去邻近的县乡换粮食，近的几十里，远的上百里，他们风餐露宿，长途跋涉，费尽口舌换来一家的救命粮食，虽然那只是些山药、黄米、苞谷等杂粮，但是这却能够救一家人的性命啊。那些日子里，周围村子里的村民们四处逃荒讨饭，父母带着儿女，受尽了非人的磨难。而我们西关村除了男人们去外面用砂锅换粮食，女人们是不用出门去遭受磨难的。后来，周围村子的人也纷纷来买我们村子的砂锅，再运到外面去换粮食。可以说，小小的砂锅保佑着我们和附近村子的百姓度过了最艰难的日子。

当年在我们村子三个生产队各有各的砂锅窑，窑都是依山而挖的，每个窑场都有两三个窑洞，每个窑是一个小作坊，一般有一两个师傅，两三个伙计。从备料、加工到烧制成品都是各个窑里实行承包制，最后的成品交给生产队，由生产队给各窑记工分。制作的料是青土和煤渣，青土是从响水通往车木峡的小车沟里挖来的，这种青土黏性很好，炉渣是从铁路边扫来的，在火车上坡的地方，因为吃劲火车喷出的炉渣多，那是一种优质煤的炉渣，那时生产队里派人赶着马车去一条山的铁路边上去扫炉渣，常常是披星戴月、早出晚归，非常的辛苦啊。青土和炉渣运回来用石磨磨成粉末，然后和成泥，和泥时是师傅或年轻的伙计用脚反复地踩，直到泥变得又柔又韧。砂锅的烧制程序也是十分的繁琐，制作的工具也很多，我在小说《砂锅窑旧事》里曾写过。

有一年我好像因为生病休学在家，父亲在窑上做锅，我就天天去窑上帮父亲他们端锅，就是将制作好的坯子端到太阳下面晒，到了晚上或者下雨、下雪的时候再端进去。那时候在窑上做锅要比干其他农活活套一些，烧砂锅的时候常常是在夜晚，窑上的师傅们会偷偷地藏几套另外生产队也会给窑上留下一些。有时候外村的人会来窑上买砂锅，有时候是带着东西来换。在窑上的日子里，常常有靖远的农民来用冬果、香水梨、苹果等东西来换，当时最让我难忘的是一种果片，是将果子切成片儿，然后晒干做的，这种果片在当时的商店里到处有卖的，但是我们一般只有在过年的时候才能吃到。那时我常常去响水的供销社里给父亲他们买烟，经常买的是"燎原"烟，一包两角五分，父亲给我一元钱，刚好买四包，一分钱的好处也没有，好在有换东西的来我可就大饱口福了。

我们西关的砂锅虽说粗糙，但是实用，特别是在当时物资十分匮乏的日子里，它对于农村的农民们来说是价廉物美的。西关砂锅还有其独特的地方，用砂锅做米饭不焦不糊，炖鸡、炖肉味道鲜美……砂锅的品种有套锅（有大、中、小号）、罐子（炖肉罐子、熬药罐子、茶罐子）、烧锅等多种。有一种叫鏊锅的，是专门用来烧制锅盔的，分上下两层，上层装上炭火，下层放上做好的面，然后一起放到炉子上，这样用火上下烧，烧出的锅盔皮脆而不焦，吃起来别有一种味道。

几十年如一日，随着农村经济的快速发展，农民的日子一天天好了起来，当年曾经在农民家中作为主要生活用品的砂锅渐渐被铝制、铁制甚至陶瓷锅、玻璃锅所替代，我们西关村的大多人也迁移到一期和二期灌区了。我们村里的砂锅窑也渐渐没落了，前些年只有我们的老邻居化家的父子在做，也就是一年烧上一半次，主要做一些罐子之类的有特殊用途的器皿。

注：乔仲良，见"人物·人物简介·高级专业技术职称人员·乔仲良"。

响水背煤人

◎ 韩世珍

响水村位于芦阳镇东北,群山环绕,绿水映带,煤炭资源丰富。响水煤炭主要分布在村北5里处的大沟、九座沟、村前的老爷山、村东南黑土坡等处。尤其大沟的煤,深埋在地下,有很多层,但煤层较薄。在历史上,响水就不乏挖煤人、背煤人。那时,在响水的大街小巷,挖煤、背煤及经营煤炭的人比比皆是,致使外地人把响水人统称"黑板颈"(黑脖颈)……

要将地下的煤炭开采出来,就必须要先找巷口(煤洞)。巷口的选择也显示挖煤师傅的开采水平。有经验的开采者能准确找到煤层,且找到更大、更好的煤层。巷口有的开在半山腰,有的开在山脚下,有的水平直入,有的陡坡斜进,有的垂直嵌入。巷道是沿着煤层的走向起伏延伸,有时向山上爬去,有时又深钻地下。巷道的空间大小由煤层厚薄、宽窄而决定。一般宽度和高度不等,最窄处宽仅50~60厘米,高不足1米,煤层高一些地方,巷道空间相对大一些。如果煤层高度低、厚度薄,要使背煤人能够通过,还要劈开一部分岩壁作为巷道。煤山中不仅只有背煤的巷道,还要修造与出煤巷配套的风道,以便为煤洞通风。煤巷里的一层煤叫一槽煤,一槽煤取完了,可开采下槽或边槽。煤巷的深度通常用"站"来量度,一站就是一个人站立的高度,大约为五尺,有的煤巷深度可达几十站,有的可达数百站。

如果遇到断层或要取下一层煤,巷道就修成竖井了,样子很像盛水的缸,挖煤人称之为"缸缸"或"罐罐",高度不等,有的一人多高。有的煤巷有多个缸缸。常常在缸壁上,修有挖煤和背煤人上下手抓、脚蹬的窝子。巷道里有的地方透出地下水,巷道潮湿泥泞,刺鼻的灯油烟、煤尘笼罩着整个巷道。千百年来,人们将背煤这个活形象地描述为"四块石头夹一块肉",又有背煤人是"埋了没有死的人"之说。而挖煤、背煤人的社会地位较低,有些外地人称他们为"煤客子",含有不敬的意味。不是生活所迫,没有人愿意选择干这种危险的活计。

背煤活动通常是两人一组,挖煤的人称为师傅,也叫"窝长",一般由年纪较大、富有经验的人担当,负责找煤、挖煤、修理巷道、排水、检查巷道的安全等。背煤人也叫背手,主要负责将窝长挖下的煤背出去;背手不仅仅只背煤,大多时候还要将劈开巷道的煤渣背出去。挖煤人使用的工具是挖煤锤,长度三尺左右,锤头有一根锋利的錾,与锤脑可分离,錾钝了可取下在火上淬炼,加工锋利,然后重新安装使用。背手的工具是一个扁担和两个煤筐,扁担长度不足三尺,煤筐是就地取材,用当地芨芨草编制的。挖煤人和背煤人在煤巷中的照明工具都使用油灯,铁丝做有长把。有时拿在手中,有时挂在前面的煤筐上,有时衔在嘴上。油灯起初用植物油,后逐渐被煤油和柴油代替。柴油的价格比煤油低廉,但比煤油的烟味浓烈,危害更大。背煤人的职业病是矽肺病,巷道的煤尘和灯烟是主要致病因素。上了年纪的背煤人患这种病的不在少数。

小煤窑的开采环境恶劣,不幸和危险时有发生,背煤人祈求平安,在长期的采煤活动中产生了特有煤巷语言,也可叫煤场"讳语"。如背煤人所用有油灯,他们不叫灯,叫"亮子"或"毛儿",灯有"蹬"的谐音;灯字从火,不吉利。背煤人把油灯里的油不叫油,叫"水子",油是易燃物,煤巷内忌火,叫"水子",有水克火之意。背煤人通常把煤不叫煤,叫"货",煤有"没"的音;煤字从火,不吉利。挖煤锤上的錾叫刃子,錾有"斩"的谐音,不吉利。背煤人把煤筐不叫筐,叫"圆圆",筐有象声词"哐"的谐音,忌讳巷道坍塌,不吉利。"圆圆"有圆圆满满之意。背煤人做饭用的食盐,不能叫盐,叫"砂子",因盐跟"淹"的发音相似,不吉利。背煤人在煤巷之中也有很多禁忌。如禁忌说一些危险和不吉利的言辞,禁忌在煤巷中多问,禁忌在煤巷吵吵闹闹,禁忌在煤巷中大小便等等。

那个时候,每当鸡鸣之声打破响水村寒夜的宁静之时,背煤人告别家中的老小,家中人也期盼着亲人能平安归来。他们头顶黎明前的繁星,奔向煤山,为了全家的生计,开始了一天的艰难劳作。到了煤山,在巷口处通常有煤窑或小煤棚为背煤人小息、换衣、储物的地方,在这里背煤人一般脱掉衣服,更多的时候都是赤身露体。窝长提着油灯开始下巷,用挖煤锤不断敲击这巷壁,根据敲击的声音来判断煤巷的安全程度,如果声音出现异常,煤巷可能出现危险,不能下巷。油灯的作用除了照明外,还可检查巷道里的氧气含量,如巷道里氧气含量太低,油灯就会熄灭,这就是危险信号,工作就要停止或要给巷道通风。到了煤巷采煤的工作面,挖煤人把油灯挂在巷顶,有时一条腿跪在地上,有时双腿跪地,挥动煤锤全力去挖。同样的煤层能够挖出更多的炭块,那才能显示出窑长的水平,因为炭块的价格要比煤末的价格更高,有时还要凿开坚硬的岩石扩展巷道。

在狭小的巷道里,灯烟刺鼻,背煤人赤身裸体,胸前是一个筐,屁股上吊一个筐,扁担通过肩膀连接,在狭窄、陡峻的巷道里身体蜷曲前行,有的地方是手推着前面的筐、脚揽着后面的筐前行。有时还要穿过几道竖井(缸缸),背煤人肩上背着一担煤,一担煤重约70~80公斤,他们两手扒住竖井壁,两脚踩在竖井壁的脚窝子上,有的巷段,巷顶滴水如注,巷底泥泞潮湿,其艰难辛苦的程度,非亲身经历,就根本想象不出来。有时候如果有人从煤场经过,老远的,就能听到从地底深处发出来的富有节奏的吆喝声或者粗重的喘息声,过了好长时间,才能看到背煤人汗流浃背地拖着煤担匍匐着从巷口出来。原来有的巷道深度达几百米,背煤人从底层往上爬的时候就开始喊号子或者大声地喘息,幽深狭长的巷道将声音扩大后才传到地面。背煤人出了巷口,浑身漆黑,不着寸缕,整个人看过去,与黢黑的煤场环境浑然一体,只有面目上两个白眼球和一副发白的牙齿跟周围的环境形成强烈的反差……

下巷道的时候,他们先把煤筐扔进巷道,让它自由滚落下去,人再跟着倒退着下去。因为巷道坡陡顶低,倒退着下巷道,会最大限度地避免与巷壁的磕磕碰碰,且比正面下巷道速度快得多。由于扁担和身体日积月累的磨蹭,背煤人的肩膀和脊梁上都磨下厚厚的老茧,也称死肉皮;老皮越厚,证明他们背煤经历越长,功夫越深。"煤客子"身上的老皮是终生都褪不掉的。

如果每天全部出煤,背煤人大约背十多趟,中午时分才能结束一天的劳作。尤其到了冬天,寒风凛冽,饥肠辘辘,背煤人还要穿梭于煤场之间,急于将背出的煤炭卖出去,为家里换取粮食等生活必需品,顾不得身躯疲惫,只希望自己的煤能多卖几个钱。白居易的《卖炭翁》里说,"可怜身上衣正单,心忧炭贱愿天寒",这何尝不正是他们的真实写照呢。

响水的煤山上，煤炭开采技术原始落后，安全设施甚少，伤亡事故时有发生。煤巷中出现事故，主要有巷道坍塌或冒顶，或者煤巷闷气（毒气，主要有瓦斯、一氧化碳等），或者透水，等等。而挖煤、背煤人都是每个家庭的顶梁柱，一旦发生事故，或许残疾将伴随终身；更有甚者，父母失去儿子，妻子失去了丈夫，孩子失去父亲，就是这个家庭的灭顶之灾。——好在，改革开放后，随着人民生活水平的提高，挖煤背煤，不再成为响水人的无奈选择，那种"吃阳间的饭，干阴间的活"的历史，已经一去不复返了。

　　生活，就像从煤洞口流出来的煤浆水，凝重而缓慢。正是有了响水的煤矿，有了响水的背煤人，才使响水及周边地区人们，有了可以抵御冬日严寒的煤炭，有了漫漫长夜里的那一掬温暖；正是有了响水的煤炭，有了响水的背煤人，才成就了西关的砂锅、东风的缸、响水的石灰等手工产业的发展；也正是有了响水的煤炭、响水的背煤人，响水人才生生不息地生活在这片可爱的土地上。

2021年10月28日　写于景泰一中

注：韩世珍，1962年生，喜泉镇喜集水人，大学学历，中共党员。任教于景泰一中，中学高级教师，县"园丁"。曾任市中学史地学会副理事长、市中学地理学会理事长、市普通高中地理学科基地中心组组长。2008年被评为甘肃省优秀地理工作者。出版《景泰地理》乡土教材，获"甘肃省第三届基础教育优秀科研成果一等奖"；出版《可爱的景泰》地方教材并获市优秀校本教材一等奖。甘肃省地理学会会员。

芳草泉水和"塀子"

◎张义安

芳草泉水和塀子,即类似驰名中外的新疆吐鲁番坎儿井一样的地下饮水工程。这也是芳草先民的一项伟大功绩,它使得芳草村自明末清初有零星农人放牧、开垦土地、应季播种到有人住耕、有人定居,再到逐渐形成一个村落。无疑,芳草村建立、发展的历史,就是一个以泉水为核心内容的历史。也是芳草村立村的根本。自古至今,村上共先后开挖了洪家涝坝、下涝坝、尕涝坝和新涝坝,四股泉水浇灌着近千亩的农田,哺育着芳草人世代繁衍,生生不息。

四股泉水每股地下建有一条引水暗渠,长短不一,年龄不同,时间最长的距今在250年以上。这些完整牢固的地下水利工程,犹如一道道眼看不见、非常精致的地下工艺长廊,沉睡在苍凉干涸的河床地下,却把生命和活力带给这里的人民;这个工程,处处留有先民辛勤劳作的痕迹和原初的指印,它更凝聚了先民在生存、生产、生活过程中的聪明智慧、高超技艺,展现了先民筚路蓝缕、艰苦创业、创造美好生活的精神壮举。

四股泉水最早的于什么年代开挖,具体由何人开挖建造,迄今无具体史料记载可考。根据老人口耳相传及一些家族谱牒相关记载推断,应当在明末清初。当时已经有今芦阳傅氏、洪氏等家族在芳草村域内(时称芳草渠)开垦田亩、春播秋收。关于四股泉水的开挖、开发情况,大致如下:

一、洪家涝坝:水源系老虎山山前洪积平原河谷阶地,开挖时间最早,大约在明末清初时期。水流量大、渠线最长、工程量也最大。前几年村上有人在位于村东的石板咀挖沙时,挖出了地下引水棚拱,说明先民采用开挖塀子和修建暗渠相结合的方法,将水从芳草村西端引到了村东石板咀子一带灌溉、饮用,整个渠线约10公里。后来芳草村以东的地下渠线因故被截断、废弃。

二、下涝坝:位于村西南角的下涝坝,是芳草村使用范围最广、利用价值最大的一股泉水。除灌溉农田外，人畜饮水、洗衣做饭等家庭用水主要用下涝坝的水。下涝坝的水源地在三塘台子地下，距芳草村约2.5公里。先民开挖了一百多个塝子，将地下水引到村庄。浇灌今芳草后趟的数百亩土地。清嘉庆年间，为防贼匪袭扰，先民修筑芳草堡子，又将泉水引进堡内，滋养一堡居民。

三、尕涝坝：据芳草孙氏家族第八世孙口传，该家族清乾隆二十六年移入芳草村时居住在梁梁背后庙梁附近，吃的是尕涝坝的水。说明此时尕涝坝已建成存在。清光绪年间因村上不太安宁，由李宗经出钱第二次重建村庙。龙王庙建成后村上仍不安宁，灾祸有发。讲迷信找原因，说是龙王爷无水受旱严重，需水源滋润涵养。因此李氏家族又将尕涝坝水引流到村庙旁（原李作良住处），据传水量较小、味苦咸，后被逐渐弃用。

20世纪60年代末，村上响应政府"寻找新水源、抗旱夺丰收"的号召，组织三个生产队，每队搭建起了一架辘轳，配上劳力，将尕涝坝的棚拱又找挖出来，揭开石板盖，对水质又一次进行了饮用检测，仍因含盐量高、水质差，无法利用而再次被弃用。

四、新涝坝：又称上涝坝。水源发自今喜泉镇兴泉村东界和芳草村相交处，开挖时间较晚，修建于20世纪50年代。开挖之初，为了水源的归属，芳草、兴泉两村曾发生过争斗。后来为了便于管理和节约用水，村上将洪家涝坝与上涝坝合二为一，通称新涝坝。四股泉水就成为三股。

塝子的开挖建造，主要包括三大内容：一是开挖竖井；二是掏挖井底串道，芳草人叫钻洞子；三是建造井底的引水暗渠，也叫棚拱。意指用石板等材料将修建好的暗渠加盖棚起来，以防沙土坠落发生壅堵。

开挖塝子之前，首先要定位、选线。即根据水源地和计划出水口处的区间地形地貌，选一条最直最近的渠线，避实走虚，以便易开挖，工程量小，省时省力。

开挖塝子时，每个井口用3~5根檩条木，搭建一座稳固的三脚架，上端架一木制滑轮，即辘轳架，用以提取挖竖井及暗渠时砂土。必需的工具除铁镐、铁锹、绳索外，主要用芨芨草编织的筐子，在地面和地下人员配合拉沙土，运送工具和其他材料。

竖井的井口约为宽1米、长2米的长方形，这样的宽度，便于下井干活的人可以踩着两壁挖的脚窝，攀爬上下，而这个长度，则便于至少两人在井底作业。

两个竖井间的距离，在平坦的地段，长15~20米；遇拐弯处，间距稍短。有时在几个竖井的井底双向同时对挖串道，距离过长，对接时容易出现偏差；而距离太短，需要开挖更多的竖井，费力费工。井底串联的暗渠，在开挖前就要设计出一定的纵坡度，坡度不能太大，太大则流水形成一定的冲刷力，对棚拱易造成破坏；而坡度过小，则会产生水流不畅、暗渠产生积水现象，同样对棚拱不利。

塂子底部暗渠的修建过程，首先采用片石铺底，用粒砂做实承平，再用块石砌成宽约33厘米、高约32厘米矩形渠道，墙外填上粒砂砸实，再用精心选择、浸泡、揉拌加工而成的黄胶泥，人工用手指一点一点勾抹石缝。最后用板石封盖渠顶，再用胶泥抹封好盖顶的石缝。这样在塂子下面就建造成一种全封闭、不易渗漏的地下暗渠。

黄胶泥的作用类似现代建筑工程中的水泥。其采挖、浸泡、揉拌、加工，对水与土的比例及干湿度都有严格的工艺要求。整个过程全部由人工完成。据嗣后修理时打开棚拱实地观察，这种黄胶泥抹缝的工艺，竟然可以保证暗渠在水流中浸泡数百年而完好无损，尤其胶泥上留下的人工指印清晰可辨，无不令人叹为观止！

塂子地下工程完成后，在地面井口周围要进行一些防护性处理。主要是用井底挖出的砂土在井口围堵成一个圆圈，有些特殊地段还须进行回填处理，防止行人或牲畜跌落其中，尤其是预防地面发洪水时灌入井下毁坏工程。

在那已经变成悠远历史的年代里，在资金缺乏、劳动力缺乏、生产工具落后，尤其在勘测设备和技术落后的条件下，我们的先民，凭着他们艰苦卓绝的奋斗精神和震古烁今的聪明智慧，在长达数千米的距离里，精确定位，开挖竖井，在深则十多米、浅则三五米的一百多眼的串井里，以蜡烛、豆油灯为照明，甚至在地下摸黑操作，竟然做到了不偏不倚的对接，达到了渠畅水通的效果。他们依靠的，就是以眼力、脑力、体力合起来地"神力"完成这亘古未有的旷世工程，真可谓"如砥如矢"，巧夺天工！

进入20世纪50年代，由于人口的大量增加，吃饭问题日益严重，在干旱少雨的情况下，芳草村大干水利，其中就效祖先之法，延续、廓清上涝坝水源的塄子，增加其水流量。当时，全大队的干部群众几乎全部出动，尤其党员干部带头下塄子掏挖，提着马灯，弓腰缩背挖掘串道，这次开挖，既是对先祖的事业发扬光大，更是亲身重温再现了先祖所经历的艰难困苦，尤其通过这次实践，参悟和体会当初先民挖掘塄子的一些方式方法，比如，在对接串井之间的串道时，几乎全凭人们靠挖掘时的声音和工具的敲打声响，帮助判断方向，那真是一种扛着巨石绣花的功夫，只可意会不可言传……

笔者生在芳草，长在芳草。童年时代上学读书，暑假后经常和同伴们去新涝坝玩水，又到涝坝旁的塄子里抓野鸽、捡鸽蛋。双腿叉开蹬着脚窝攀下攀上，在串道里弯着腰窜来窜去，黑灯瞎火，把这些塄子串得很熟悉，无不留下深刻的记忆。到了青少年时期，也在农业社参加过一些挖水方面的农活，如拉辘轳、抬筐倒沙，有时还要下到井里面，往外转运砂筐，再往里面拉送空筐……由此而同芳草塄子产生了不解之缘。

如今，我已年过古稀。故乡的人和事时常让我牵挂和追忆。而每每想到芳草塄子，却无不心生惆怅，忧心忡忡，因为自从黄河水提到芳草村以后，特别近些年，随着人们对经济利益的追逐，一部分人在栽树、采沙、养殖、饮水时，对承载了多少辈家乡父老对幸福生活憧憬、追求梦想的塄子的保护，时不时出现一些有意无意的损伤、破坏。虽然也随即进行修理，也有过几次还原、改道和加固，但仍留下了一些无法弥补的伤痕和继发的隐患。不能不令人意绪茫然，徒叹奈何。当我拿起笔写这篇短文时，总是情不自禁从内心深处感到一种畏葸和战栗：当我们面对我们先祖和我们的后辈时，我们如何向他们转述我们所经历的一切？唯有默默祈祷：愿芳草塄子能静静地安卧于千年荒原之下，让涓涓清泉长流不息，世代养育芳草人民，与天地共存，直到地老天荒！

2022 年 5 月

注：张义安，见"人物·人物简介·高级专业技术职称人员·张义安"。

跨越时空的情谊

——景电工程建设者李士元、达慧中夫妇在芦阳

◎ 阎世德

李士元和妻子达慧中坐在前往景泰的卡车上颠簸着。夫妻两个谁也不说一句话，而心情却如无根的浮萍，也随着卡车上下颠簸，他们不知道要去的地方，又将如何对待他们的到来。1969年，这个寒冷的冬季，似乎冻僵了他们所有的想法，一种任凭命运摆弄的无奈，清晰地写在他们无助的脸上。

他们想不通，随着林彪的一号令和"文化大革命"的"斗、批、改"，一个好端端的水电部西北水利水电勘测设计院似乎在几天时间里就给拆散了，而他们也莫名其妙地被打成"保皇派"，如他们这样的"老保"们，只有听从调遣，被分派到条件最苦的地方劳动锻炼，"戴罪立功"。来之前，他们只听说有一项提水灌溉工程正准备上马，需要他们的专业知识。在庆幸的同时，也听说那是个连棵树都不长的地方，人喝的苦咸水，社员讨饭已成风……

黄昏时分，当太阳像一面纸剪的黄纸贴在昏暗的西天时，李士元夫妻来到了景泰县城。天傍黑的时候，他们被带到农民刘正忠的土院子里。屋里昏黄的油灯在摇曳，豆大的光点看不清屋内的情形，只有燃烧的炉火发出红红的光，照在一个苍老的农民脸上和几个小脑袋瓜上，孩子们用好奇的眼光盯着他们。刘正忠安排他们住在刚盖好的一间小土屋里。可是，这间土屋只有炕沿和炕洞，却没有炕面。夫妻俩从指挥部借来两副床板，搭在上面，形成了一个炕、床结合的铺面，但好歹可以睡觉了。没想到，一夜凛冽的寒风，毫不客气地从炕洞里钻进来，透过床板侵袭他们的身体，寒冷让所有的劳累变成了一种折磨。第二天一早，女房东急忙跑过来问："我们夜里睡着热炕还冻得很呢，你们冷不冷啊？"

夫妻俩哆嗦着身体苦笑："还好，还好。"

然而，等洗脸的时候才发现，毛巾已经被冻成了冰坨，就连牙膏，也冻得挤不出来了。

景泰川的生活，就从在这个极其寒冷的夜晚开始。夫妻俩相视一笑，苦涩，辛酸，但更多的是无奈。好在，他们在这里可以从事自己的专业工作，或许，只有这一点，才是对他们最好的诱惑和安慰了。

……

心安处便是家。夜晚的村庄一片漆黑，隐隐约约的光亮，一定是施工设计人员在加班，这里的老乡，除非特别重要的事情，或者来了尊贵的客人点灯说话外，基本上是一到晚上就上炕睡觉。……远处传来几声狗的叫声，房东院子里的那只老癞狗，就会跟着凑热闹，有气无力地叫上几声便悄无声息。房东早已睡下了，一群孩子不知道哪个在睡梦中发出了哭闹声，融入沉沉的夜色……

条件虽然简陋，但是这里有祥和的气氛，没有咄咄逼人、压得人气都喘不过来的政治氛围。生活，在简单中向他们平静地露出了笑脸。

李士元达慧中夫妻俩的房东，除了几个孩子外，再没有什么值钱的东西了。

夫妻俩从兰州带来的几棵洋白菜，在路上已冻成石头，吃完这几个白菜之后，就没有什么菜蔬可吃了。房东有时拿来腌制的青西红柿，给他们当咸菜。虽然那时候没有什么自由市场，都被当成资本主义的尾巴割掉了，但是，有需求就会有市场，这是谁也无法割掉的尾巴，这种尾巴就像锄不尽的野草，总会以不同的方式滋生出来，偶尔买到一些胡萝卜之类的菜蔬，真还有点喜出望外的高兴劲儿。但能买到的也就只有这些了，肉和鸡蛋基本上是一种奢望，长期没肉没油吃的滋味可想而知了。

生活总会有比较，而比较是人类永远区别于其他生物的本能。和房东以及当地的老乡相比，他们就算是很不错的生活了。再说了，心的解放，比什么都要幸福许多，没有被批斗、被下放的折磨，生活艰苦一点，倒也没什么大的问题。在这里的房子，大多的时候都是达慧中一人居住，李士元搞设计大都在工地上过夜，一个星期能回来一次就很不错了。

有一次，李士元从工地回来了，住在他们房子后面的生产队长王福恩，拿着比鸽子蛋大不了多少的四个鸡蛋，说是他家的鸡才下的，让他们改善改善生活，看他们这么辛苦，心里过意不去，但实在再没有什么东西能拿出手了。

夫妻两个如获至宝，用仅有的一点油，炸着吃了，鸡蛋和油的余香长时间在嘴里和心里回味，这该是他们来到景泰以后最奢侈和最美味的一顿饭了。

更珍贵的是，这不仅仅是四个小小的鸡蛋，而是一位朴实的农民对这些景电工程建设者的一片深情。

达慧中知道，当时正值春荒，景泰农民的粮食早已告罄，生产队长的孩子个个饥肠辘辘，也眼巴巴地盯着这几个鸡蛋。可是，那时的农民，养鸡从来不是为了自己吃，而是为了能换回一些生活必需品，如盐、煤油、火柴等，对他们来说，鸡蛋是一笔不小的财源呢！被当地人戏称为"鸡屁股银行"，能毫不犹豫地送给了他们打牙祭，这片深情真是无法用金钱来衡量。

施工建设者从四面八方调集而来，一部分暂住芦阳公社，一部分立刻被分到各个工地。住在当地老乡家的技术人员，慢慢和老乡之间建立了深厚的感情。这些技术人员，文化素养高，生活习惯好，不知不觉对老乡们产生了影响，而老乡们也通过他们，打开了一扇了解山外世界的窗户，知道了他们从来都不知道的事情。更重要的是，这些人的到来，正是为了他们今后的生活和幸福。彼此的依靠和温暖，让他们感觉到正在慢慢来到的春天。

李士元毕业于清华大学水利学院，妻子达慧中毕业于南开大学历史系，为了追随丈夫，达慧中一路西行，来到了艰苦的西北地区，夫妻两个在芦阳公社，都有很好的人缘。李士元住在村民刘正忠家里，后面就是村支书王福恩的家，另一边，是马占青的家。马占青的父亲马昌钧，和达慧中同岁。但是，因为马占青和李士元的关系，两家人越走越近。

出生书香门第的马占青，是个很有心机的农民。他的爷爷马雄天，太爷马昭，马振玉等人，在景泰历史上都是身份显赫的人物，也正因为这样，他们家的成分很高，在村里，很少有可以推心置腹的朋友。

有一个星期天中午，马占青出工回来。李士元在家里休息，或许是天太热，李士元和村民一样，蹲在大门前。刘正忠家里有一条狗，两个来自定西的要饭的，被狗撵了出来。李士元着急了，赶紧拦住狗，问两个孩子是不被狗咬了，李士元边问边用手摸着孩子，确定没被狗咬伤后，对他们说："我是个工人，没有粮食，你们等等。"

李士元转身跑到屋里，马占青发现他都没穿鞋子，是光着脚跑的。不一会儿，李士元又跑了出来，他给两个孩子每人一斤粮票、两元钱，叮嘱他们去买些东西吃。

从头看到尾的马占青被感动了，他在心里想，这个高级知识分子心肠这么好，是个可以结交的人呀。从此，马占青利用和刘正忠的关系，开始有意和李士元接触，两个人，越来越投机。一次，马占青原原本本把自己的家史和成分告诉了李士元，问："你是高级知识分子。我是一个地主阶级，你和我交往，对你没有好处呀！"

李士元听了哈哈大笑："我还是保皇派呢。你这个孩子，想得太多了。"

从此，马占青就称李士元为李叔，而李士元和马占青的父亲也越来越投机。李士元对马昌钧说："我是把这个孩子（马占青）当自己的孩子看呢。"

有一次，马占青到指挥部附近找李士元聊天，李士元恰好在指挥部院外，这时，听到李培福高声喊："李士元你来一下！"

李士元赶紧答应："来了来了。"

马占青早就认识李老汉，以为他喊李叔有别的事情，就要回家时，李士元却兴冲冲走了出来，他扬了扬手里的十几斤肉："你别回家，走，到我家里吃肉去！"原来，李培福他们外出打石羊改善伙食，他知道李士元是回民，总惦记着给他一些牛羊肉。

马占青家里因为成分高，日子过得比别人苦多了，李士元了解这些情况后，和达慧中每个月节省下来十几斤粮票，在粮站兑换成粮食之后，就送到马占青家里。每个月发了工资，李士元都会给马占青2元钱，叮嘱他给奶奶买头痛粉。李士元似乎更能知道马占青的自卑和落寞，往往在人多的时候，他会毫不顾忌地叫马占青的小名："六十一，今晚把饭做上，我来吃饭。"惹得周围的人们对马占青刮目相看。李士元老说："越在这个时候，越要给自己鼓劲。"

马占青在生产队的主要工作就是放羊，李士元只要有时间，就到羊圈上去看他。羊圈有一条狗，一次把一个70多岁的老人咬了，李士元把自己的裤子脱下来，给老汉穿上，赶紧送到了医院，还把医药费交了，周围的人看到这些情景，都认为马占青交接了一个非常好的朋友，对住在这里的技术人员刮目相看，而来自五湖四海的技术人员，也和当地的老乡建立了深厚的感情。

......

工程按照计划稳步推进，生活在继续，李士元每个星期回一趟家，虽然是借住的农家小房，但毕竟是他栖息身体和灵魂的温馨之地。一回家，他就要和马占青等人好好聊聊。妻子达慧中总会想方设法改善一下生活。每当李士元回家，达慧中就会买上一些鸡蛋、胡萝卜之类的副食品，炒个菜，算有点儿油水。到星期一早上，达慧中又想办法给李士元满满地装上一饭盒"烩菜"，里边有黄豆、胡萝卜、鸡蛋、豆腐之类，让李士元带到工地上去吃。

......

81岁的李士元在北京大兴区自己的家里养病，乐观的老人一见面就开起了玩笑，而达慧中老人身体好多了，家里家外都是她在操持劳作。她打开电脑，让我翻看马占青、马四辈父子俩来北京的照片。他们至今还隔三岔五来北京看望两位老人，有时候甚至是一大家子，到北京后，登记好酒店，然后就大包小包地上门来了……来自景泰的每一件礼物，老人都拍了照片，独坐的时候，就会一张张翻阅。达慧中老人快人快语，她讲述当年所经历的一切，不管是快乐还是痛苦，她都会开心地大笑……

注：节选自阎世德：《大河谣——景泰川电力提灌工程纪实》，兰州大学出版社2017年版。标题为编者所加。

阎世德，甘肃省古浪县人。资深媒体人，甘肃省作家协会会员。出版多部长篇报告文学及数十万字短篇小说作品。曾获"敦煌文学奖""黄河文学奖"及其他奖项。

远去的民工营

◎ 王兆文

燃着一根烟,透过袅袅弥散的烟雾,我仿佛看见渐渐远去的营房。刀棱山下那淡淡的薄云也像这样散去,还有那一沟的绿水、庄稼,枣树像云层样抹开,从沟里延伸到灌区,到遥远的阿拉善旗的边界上,到祁连山后面的古浪和侧面的天祝,到东边黄河逝去的遥远地方,尽是一眼的绿色,连天地都晕染了。

曾几何时,那庄稼的背后,刀棱山的山坡下,曾出现过许多窝棚式的营房,营房成团成簇,沿沟逦迤,冲出兰炼的龙头岘,一直到眼睛看不见的地方,这样的房屋如棋子布局,到处皆是。人们可能还记得,从黄河边的五佛盐寺开始一泵、二泵、三泵、四泵……依次是五佛营、芦阳营、正路营、寺滩营,就是那平平常常的农民,抛开妻小,告别爹娘,来刀棱山下安营扎寨放炮开山,兴修水利,打响了景泰的上水之战。

此前,早在1958年,国家就派了大量的人力对景泰的地质和土地进行勘察,1969年又组织15个单位的800多人进行调查。有人记得,从民国往后,景泰地区基本上是持续干旱,一年旱过一年,人们一年盼一年,年年望雨,年年大旱,盼来的都是一场一场的风,狂风、黄风、黑风,来时天昏地暗,飞沙走石,十步以内看不见人,天地被风刮燥了,地上就失了水气,树被刮干了,刮黄了,还是夏天叶卷了,就被风吹落下来,粮食不长头,成了草草,缺水造成的恐慌,把人逼疯了。终于,省里下了命令,要在景泰修建一座高扬程提灌工程,这是一个睿智的决定,赢得了景泰人民的真心拥护,几天以内数千农民,从乡下的各个方向涌向五佛刀棱山下,他们背起行卷徒步行走,个别骑车的,坐着马车的,吆着驴车的,拉着口粮、行李、锅、碗、瓢、盆,叮叮当当地行走,他们怀着坚定的信念,向天要粮,志在必得,一时刀棱山下多了民工营,多了红旗招展的营寨,多了歌声嘹亮的阵营。

景电工程是一个特殊年代修建的水利工程，整个工程围绕"两年上水，三年受益，五年建成"的奋斗目标，先后打了"三大战役"。一是草土围堰和泵站建设，二是国庆上水建设，三是上水猎虎山。平常每个年度大战会战，一浪接一浪，每个重点工程都有提法，如"大战50天，抢出洪水面""大战刀棱山""黄河飞渡猎虎山"促使和保证工程如期并超额完成，其中民工的主要任务是开挖基坑、炸山开渠、开挖隧道、修路、清障、衬砌渠道、制作模具、绑钢筋、运送转移物资、破碎石子等。年轻的民工们清晨排队出发，晚上整队归来，唱着革命歌曲，意气风发，无论分赴哪个工地，无论多么高强度的劳动，从来没有摧垮他们的意志，无论生活多么艰苦，工作多累，从未叫苦，没人逃跑。民工营之间，民工营的内部相互竞争，营部统计下发的进度表，是注入各营和连队之间的强心剂，各队都不甘落后，超额完成任务是目标，冲锋，冲锋，永远都在前进的路上，实干，大干，拼命干，山上炮声隆隆，从未断绝。男的炸山、撬石、挖土、铲渠、抬石头，女的拉车、推车、接台，往来快步飞奔，汗水流下来湿透衣服，顾不得擦，索性脱了赤膊大干，女的汗流浃背，衣着紧贴前后胸，反显出她们的英姿勃发和健美。

芦阳营扎营于二泵站对面，营部的编制很简单，一连一村一队伍，营部下辖芦阳、城关、东关、芳草、条山、东风、红光、城北墩等村。这种自然编制的连队既保持队伍的严格性，又最大限度地保留了生产队管理权限，人员实行轮换制。住的是地坑子，逢冬天冷得牙膏都挤不出来，毛巾冻成冰坨，夏天热得像蒸笼，吃粮由民工自己交，基本上自行掌握，吃多少，交多少，蔬菜由生产队供给，早餐基本上是一个馍一碗开水，中餐是一个馍半碗土豆和白菜混煮的菜，晚餐是白水面条，尽管如此简陋，但已经很不错了。值得一提的是，国家每人每月补助15元的生活费，人们心里揣着一个梦，就是要把黄河水引上景泰川。

景电工程是一根高速运转的链条，这个链条上所有的环节，各个工程、单位、医院、学校、工矿、农垦、技术人员、指挥部，甚至连县上都高速运转，每一环节都绷得很紧，所有的单位都围绕一个目标，十月国庆节上水。民工们干的都是粗笨活，苦累不言而喻，但他们也有欢乐，起床号响过以后，他们整天战斗在工地上，可当黄昏，各个民工营正好沐浴在一抹金色的余晖里，晚霞的光线柔软而明亮，静得出奇的刀棱山在经过一段短暂的寂静之后，就变得喧闹了。须臾，干啥的都有，喧荒的、打牌的、下棋的、打球的、说笑的，最不寻常的是窝棚里还传来了歌声，窝棚里笑声不绝，他们是在大会战鏖战的间隙抽出时间，抓紧排练，准备参加营部就近组织的文艺汇演和迎接十月国庆上水。那些没有参加文艺活动的姑娘们，有些坐在夕阳下，有些坐在山坡上，有些坐在屋顶上纳鞋底、做针线、搓麻绳、绣花，她们有说有笑，相互打趣，刀棱山瞬间变得欢乐美好。有时姑娘们身边放着好几双鞋底，这全都是她们一针一线亲手纳的，一来工地上全是石头碴子，特别费鞋，二来他们人在工地，心里还惦记着家里，每逢礼拜天把大捆大捆的鞋底带回去，再把姑嫂们打好的鞋背带回来，顺便还给家里带去晒干的馒头疙瘩。特殊的环境特别的年代，苦难的磨砺，局促的日子，姑娘们变得乐观、吃苦，能够从容地应对生活。刀棱山下其实有许多别样的新鲜，大集体生活，使他们眼界宽了，信息灵了，头脑放得更开，看待事物更明朗，年轻人的青春熔作一炉，就变成热烈奔放的火焰，美好青春的传染，使他们无拘无束，欢乐一场，不觉得工地上高强度的劳动有多难熬，倒觉得大集体生活红火，一切困难都不在乎。当然，爱情也是一个永恒的主题，是生产建设的内在动力，这一切都有形无形地焕发为建设家乡的热情。

　　入夜，民工们都静静地睡去，营部的灯光还在明亮，营部的简单编制，一个营长，一个副营长，一个文书，一个保管，都把功能发挥到顶尖，他们写报表、计算进度、丈量和分配任务、做思想工作、处理纠纷、开会，手头的工作纷杂繁复，常常一个通宵接一个通宵地干。营长肩负着千斤压力，常常双眼熬得通红，实际上整个工区从上到下干部、工人、技术员、解放军、军垦战士，都在奔忙，他们恪尽职守，各尽其才，紧张有序地工作。原来画在纸上的规划，现在已凸显成形，一节节渡槽，已飞架在桥，暗洞涵洞已经连接，渠道基本开通，成就鼓舞人心，整个工区沸腾了，越接近胜利，从上到下越是谨慎，如履薄冰地行进，在极"左"路线的干扰中，更加实事求是，更加返璞归真，以自然规律办事，更加讲求科学技术领先的方法，确保工程顺利完工。平凡的农民，以他们的诚实、敬业践行着梦想，在工程建设中，与整个水利大军并肩战斗，步调一致。

　　劳碌了一整天的民工们，在结束了最后时刻的欢愉后都进入了梦乡，他们睡得很沉很香，偶尔有人咳嗽一两声后，随后又归于寂静，只有营部昏黄的灯光在亮着。这时月亮爬上来了，刀棱山上的黄沙像水一样的细柔净洁，大山深处的黄羊，这时跑出来了，它们站在山顶上嗅着人类白天营造的气味，偶尔有一两只大胆地跑下来溜到灶房门前嗅嗅人间烟火的味道，而后又小心地退了回去。

终于太阳升起来了，民工营新的一天又重新开始，如此周而复始，工程在不知不觉中进展。翻过日历，离十月一日上水的时间不远了，民工们的心越跳越快，他们怀着无比激动的心情，等待着这一天的来临。

远去的鼓角争鸣，远去的往事，静静随着时代的延展而消失，但曾经的农民的青春之歌却流传下来了，它就是景电精神。

注：王兆文，见"人物·其他知名人士·文化界人士·王兆文"。

砂地·背砂

◎ 李保军

生活在甘肃中部干旱地区的人都知道，砂地，是包括景泰、皋兰、榆中、靖远等地区人民重要的产粮耕地之一。而砂地的形成，可以说是这些地区的人民多少代人祖祖辈辈用辛勤的汗水和艰苦的劳作换来的，是人们在与干旱抗争中逐步摸索出的符合自然规律、因此凝结了劳动人民智慧和艰辛的产物。

与一般土地垦殖所不同的是，砂地是铺压的而不是开垦的。其原理并不复杂：将河床上的砂子或地面下的砂子采集平铺在地面上，即形成所谓的砂地。在我的家乡景泰县芦阳镇一带，铺压砂地的工作程序是：挖开地面也即刨开一个工作面，掘下去，找到土地下面的砂砾层，品质最好的砂是那种泛着蓝光的青砂——再将这些砂子从地层下面（我们称其为砂坑，如果开挖成一个个互相串通的地下窑洞状，则称之为砂窑）运送到地面上。最好是比较平坦的地面，或者那些山丘间的缓坡也行，称之为地母子，清理掉地面上的植被，然后将砂子均匀地铺在上面，要求铺压平整、薄厚均匀，厚度大概在二三十厘米吧。在十年九旱的地区，砂地的最大功效是保墒，即：砂地可以最大限度地将雨水及空气中的水分吸纳渗透到地面，又由于砂地的不易板结以及砂砾间的特殊构造，又能减少水分的蒸发，较好地保持土地的水分涵养。耕种这样的砂地，耙或耧尖透过砂层，刚好快要够到土层，但绝不可以将砂层下的土翻上来，那会破坏砂地结构、降低砂地保墒功能，也因此是耕种砂地最为忌讳的。

春时，将种子播下去，只要庄稼的成长期有三两场透雨，一年的收成几乎是十拿九稳的。因此旧时这里人家的家底之厚薄财产之多寡，与拥有砂地之广狭良有关系。

这种砂地的铺压原理是很简单，但铺压过程的艰辛不言而喻。试想，从河床或地下将沙砾运送到地面，铺开去，铺开去……不是几平方米，几十平方米，而是几十亩或数百上千亩！而这数百上千亩的砂地，是一尺一尺、一丈一丈地铺上去的。显而易见，铺压砂地最主要也最会成为制约因素的是：生产工具！而在旧时，即便是最好的生产工具，也无非家养大牲畜及马车、牛车以及后来的架子车而已。一般情况下，人们是将芨芨草编的篓子搭在牲畜的背上，从砂坑里装上砂砾，驮到地面。有马车牛车的人家，可以用马车牛车拉运，但用得起马车牛车的人家，无疑凤毛麟角，因此更多的人家，只能用自身生而带来、死而带走、最简易廉价也最皮实耐用工具——人自己的身体了。人们背着芨芨草编织的背筐，从砂坑里装上砂，一背筐挨着一背筐背到地面上，倒下去，铺开去……就这样，一步一步，艰辛地拓展发家致富的梦境。

一般而言，当年铺的砂地属于生砂地，还不太适合种庄稼，到了次年，从地下翻到地面的砂砾，吸收了一个冬天的水分，又经过阳光的晾晒，充分吸纳了天地之精华，只要你种下粮食，不拘雨旱，基本的收成都是有保障的。——这样的光景可以持续若干年。嗣后才由于常年耕作、砂土渐次混合，肥力消减，保墒功能弱化，收成下降，直到废弃不用。条件允许的话，也可以起掉重新铺压。因此乡间关于砂地的这种兴衰过程，有一个形象的说法叫：苦死老子，富死儿子，穷死孙子。可谓三代之人，生亦砂地，死亦砂地了。

因此，在这些地区，除了也有零星的水浇地之外，四处都是人们祖祖辈辈铺压的砂地，东一片西一片，像极了缝补在这片贫瘠土地上的补丁。也像极了随意晾晒在四处的抹布……当然，要是老天开恩，风调雨顺，那片片砂地的庄稼，又何尝不是农人们飞往理想富庶之境的神奇飞毯呢！

家乡铺压砂地的劳动，不知道是多少辈子就那么被延续了下来。一直到我自己这一代，也曾数年参与过铺压砂地的劳作。我自己就在上初中的时候，每到寒假，就参与到铺压砂地的队伍里。铺压砂地多在冬天进行，因为只有在这个时候，农田里才基本上就没有什么活了。那时候生产队也已经有了架子车，可以两三人一组拉着架子车拉砂铺地了。但毕竟架子车也是有限的，往地里运粪需要架子车，往地里运送用以改善土地板结的细沙也要用架子车，而且，架子车也只派给那些年龄长于我们、身体状况强壮到可以驾驭架子车的成人们用，像跟我一样年龄的初中生们，所用的工具，就是背筐。

用背筐背砂铺压砂地，我们把这样的劳动叫作"背砂"。

冬天里夜长日短。背砂的活动总是在鸡叫两三遍时也就凌晨四点左右就要进行。正是深睡的时分和睡不醒的年纪，可是时间一到，妈妈就会起来一遍遍地叫"起来，人走了"，"快起来，人都走了"！因为砂地就在距离村子好几里地的野外，大家一定要结伴而去，一个人是不敢走这样的夜路的。背砂还得有一个大人跟着，一方面是要一个能"上砂"的，即用铁锹往我们的背篼装砂的人，再就是作为这个背砂小团队的头目，他还要负责清点我们背的砂堆的数量，以作为开工分的依据。

同去的伙伴会在村口等着一起出发。

但就有这么一次，我还在深梦中，可以听到鸡在叫，也知道是在叫第三遍了，该起身了。一声一声的鸡叫，回荡在意识深处，既像是在催促你起床动身，又像丝线一般揪扯着你回到梦乡里去。就在此起彼伏的鸡叫声中，我分明听到一个异于鸡叫的声音：很微弱也很短促，却钉子一样刺进我的意识里——

"四舅，快起来，人都走了！"

是我堂姐的儿子，跟我同岁的外甥，名叫何睿的，也跟我们一起背砂。感觉到是比较迟了，一骨碌翻起身，穿了衣裳，提起背篼，出了大门——可是哪里还有何睿的影子！到村口一看，果然他们都走了。

只能疾步顺着他们去的方向追赶了。前面一片黑黢黢的天空和旷野，四周静谧得几乎只能听到自己脚步声和自己的呼吸声，还有自己的心跳声！偶尔会有谁家的狗敷衍地叫几声外，整个世界都是沉默的。

背砂的工地是在一个叫十里沙河的地方。出了村口。过了横在村前的宽200多米的干涸的河床——我们称之为沙河，再上了沙河对岸的山梁，东方还没有发出微光，冬天又没有虫鸣鸟叫。自己发动着有生以来最大的胆量，一个劲地攒行，攒行。

快到工地的时候，也是到了途中我们平时再熟悉不过的一个崖壁（家乡叫作"拉牌"，读音如此，词义待考）的时候，一个巨大的恐惧突然袭上心来：不是遇到了什么，也不是看见了什么，而是我想起了……

其实我们经常来到过这个拉牌的下面，拉牌下面自然形成一个不深的洞，白天我们没少在这里乘凉、午休。但是，也就是这一个洞，却有这样一个传说：

说是有一年有一夜，这个拉牌前面的官道上——家乡称之为城路，一个人骑着白马要到锁罕堡（地名，在我的家乡西边十多里处，今名兴泉）去，走得口渴肚饥，人困马乏，刚好看见前面有灯火闪烁。正是这个崖壁下边。路人大喜，遂驱马过来，到得洞口，探头望去，却只见一个妇人正把自己的头取下来抱在怀里梳理呢！路人大骇，急欲抽腿回去，不禁脚下弄出响动来，惊动了妇人，那妇人将头安在项上，起身便追……一边是路人打马疾驰，一边是那妇人脚下生风地追赶，一直赶到锁罕堡村头，突然头鸡叫了，那追赶的妇人松懈了下来，说，要不是你这个白龙马，今天你绝对走不脱，不过就让你活到这个月的头上。说完，早没了踪影。——这个路人果然在月头上死了。

偏偏就想起来了这个传说——哪里是想到呢，拉牌下的洞口就在路的左侧大口一样地张着，你似乎可以感觉到那个梳头的妇人正向这边窥视呢！身上立刻被千万条绳索捆了起来一样，呼吸都困难了起来，而头发从根到梢，几乎硬如铁针般竖在头上，头皮阵阵发紧，脑袋比平时大出至少几十倍不止……一切都是假的，不是真的，白天不是什么都没有吗，怕什么啊，有什么好怕的……心里这么自我安慰着，挣扎着，身上一阵一阵地发麻，犹如电击！

这样的恐惧不叙述也罢——但即使现在我写出以上的文字时，还能感觉到当时恐惧到绝望的样子——此时此刻，真想为彼时彼刻的自己招魂曰：伴，不怕，我在这里呢，伴，吃饭来，伴，喝水来……

啊，总算看到前面微弱的月光下新铺的砂地泛出的光点了，总算听到前边铲砂的铁锹的声音了，总算听到先到的同伴说话的声音了，好了，一切都过去了。

可以不必细述，背砂，也就是将青砂从砂坑里背出来，由远及近地一堆堆一行行地连接起来，到一定面积，用铁锹扒平，一天的劳动成果就袒露在冬日慵懒的阳光下了。

而半夜爬起来去背砂，不到上午十点就可以收工回家，炉台上一定有妈妈留的热腾腾的黄米糁饭，——虽然知道，下饭菜只是自家腌制的酸菜，但此刻，世界上没有什么比这个更香甜可口了。

那时候，我也就十四五岁吧。

需要补充的是，砂地一般夏种小麦秋种糜谷。一茬小麦成熟的时候，也正是学生放暑假的时候，农民就要全体出动收夏粮了。这个时候学校放暑假，与其说是给学生一个繁忙学习之中的休息时间，倒不如说是将他们从学校解放出来以帮助父母收获粮食。

在砂地收获小麦，叫作拔麦子。种小麦的砂地很松软，即便根系扎得很深，也割不得，因为镰刀一拉，麦秆没割断，根全出来了，费力没成效。因此收拾这样的小麦，就一个字：拔。

拔麦子或许是农活中最苦的活之一。麦黄一晌，成熟的粮食最耽误不得。人们都是后半夜即起，打着哈欠，摇头驱赶着盘踞在脑海里的残梦，快步地赶到麦地，开始一天的劳动！

拔麦子最考验人的体力耐力。因为砂地都是铺在旷野上的，面积大小不一，地有多大，麦趟就有多长，有时候一趟竟然会有近千米之长……再长，也得一把一把地拔过去。

人们用羊毛线缠好小拇指——这是拔麦着力最多的部位，因此要格外保护，在地头蹲下来（也有不蹲而只躬着身体的）。拔麦子的时候，大家一起从趟头上开始，蹲步前进，随着身子的挪动，两手交替将麦子拔起来，合并放在一边，这个时候，一排人你追我赶，呈波浪形前行，尘土飞扬、麦秸索索中，麦子就一簇一簇地平卧在地上了。一趟出去，还要回过头来将拔下来的麦子用约子（约，读yao，捆扎物，有用专门的草绳的，也有直接就用两把麦秆，在麦穗部分接起来，然后捆扎成四五十厘米粗的麦捆子，现在想来，用麦约子捆麦子，还真是个技术活呢！）一捆捆地扎起来，立在地里。而拔麦子，因为一直得蹲着前进，腰酸腿困，一天下来，似乎四肢都不听使唤，蹲下去就不想起来，而起来不想再蹲下去。经历过这样的劳动，就会真切地感受到"谁知盘中餐，粒粒皆辛苦"的真正含义了。

注：李保军，见"人物·人物简介·县（团、处）级行政职务人员·李保军"。

城 门 上

◎ 王立丽

城门上是芦阳城的中心。这里有一个广场，广场的中心有一座塔，那会在我们的心中，那座塔的高大巍峨，不亚于天安门广场的人民英雄纪念碑。

塔的西南面是一个篮球场，那就是我们的露天体育馆。20世纪七八十年代那常有赛事，记得爱好体育的三爷每次都是场外指导。

篮球场西面有一排裁缝铺。每逢腊月里，奶奶都会从篮球场南面的百货商店扯上六尺花布，去裁缝铺给我缝制过年的新衣；新棉袄则是她每天趴在炕上一针一线亲自缝制。奶奶眼光好，不同于当地人的审美，记得那一年给我做的藏蓝底小白花棉袄罩衣，配蓝色的棉布裤，再系一条白色的纱巾，受到在中国人民大学上研究生回家过年的表哥的盛赞。

篮球场再往西，台子上面是气派的岳家大院。街门楼子和房屋都是明清时期的建筑，据说岳家祖上是大学士还是大将军。此岳家与清初名将岳钟琪同根同源，都是岳飞三子岳霖的嫡后人。岳家大院，是受过慈禧接见的清朝名将岳登龙建造的家。我的夫婿家——吴家，祖上也是大将军。据我三舅说，吴家祠堂的原址就在我们南关街西头金家大院（我外婆的娘家）对面，是芦塘城唯一的祠堂，后来移至麦窝。爷爷带我去过岳家，我对雕廊画柱不甚有印象了，只记得主人给的大梨又香又甜。那时候没有保护文物古迹的意识，芦塘城的城墙被挖掉了，成了牛、羊、骆驼圈和打麦场。我小时候的一张照片背景是厚重的城墙，这张小照可以当文物了。我家位于南关街中心上的像一本书的、有着漆画屏风的拔檐老宅，70年代中期因为要扩路也被拆了，我们搬到了城外。由于县城逐渐西迁，路也没再扩，老宅却没了。岳家大院能保存到20世纪80年代，实属不易。城门上、城门上这么叫着，我们这一代人都没见过芦塘城门，上一辈人应该是有见过的。

塔的北面是邮局，当时叫邮电局，有发电报的业务。假期我每天都会去一趟，给老人们取报纸、杂志、信件，给自己取《少年文艺》《儿童文学》（爱好文学的三爷特意给我这个爱写作文的孙女订的）。记得我1984年投稿获奖的那篇歌颂国庆35周年芦阳巨变的征文，就是自己偷偷投在这个邮电局的邮筒里的。爷爷每到过年前也是每天必去邮电局，等民革中央还有他的儿女和干女儿寄给他的年钱。邮电局那时候可是我们一家老小和外面的亲人以及外面的世界沟通的桥梁和纽带。还记得最早的邮电局不在这，在电影院再往西。我很小的时候，有一次快下班时爷爷带我去寄信，邮电局的叔叔关了前门，把我带到了后面，说要把我和信一起寄给爸爸妈妈，吓得我哇哇大哭。那时候觉得邮电局地下有一条神奇的秘密通道，才可以把信寄出去，所以就信了也能把娃娃寄过去。受了惊吓的我心中有了阴影，曾有很长时间不跟爷爷去邮电局了。直到长大后，邮电局搬到塔北面，我才大大方方跑邮电局了。

新邮电局再往西北，那里有粮店和电影院，也是我们常去之地。还记得在县城还没有搬迁时，爱好文娱的三爷是电影院的常客。一毛五的票价，他几乎场场必看，有适合小孩子看的，会带上我，有历史和戏曲片，会带上爷爷去看。每年的全县社火汇演就在电影院前的空地上举行。芦阳传统的社火项目有踩高跷、舞大龙、耍狮子、跑旱船、打腰鼓等。最有趣的是叫高山的项目，记得张生生男扮女装的麻脸大肚婆一路扫，一路跳，一路念，挎个篮子，边扫边收份子，扫晦气，降吉祥，所到之处欢声笑语一片。还记得我的小学同学李进平，这个贼大胆可是踩高跷的唯一女娃，又是最小的。她踩着一米高的高跷，神情自若，时不时还来上几个动作，让我们叹为观止。我从小可爱看耍社火了，社火里那些装扮和故事太吸引我们了，我常常和小伙伴们追着社火跑街串巷。每到正月十五会演那一天，我都会找个绝佳位置，看上一整天锣鼓喧天的社火表演，晚上再徜徉在火树银花不夜天的灯火海洋里。那些天，芦阳街上、城门上可红火了。

电影院再往西南拐，就能看到我们的学校。小时候觉得那是个神秘又神圣的地方，庭院式设计，门中有门，园中有园。从雄浑的校门往里进，左右两侧的小圆门里是学生宿舍和教师宿舍。1984年每周末会在小圆门里放映电视连续剧《霍元甲》，看得我们热血沸腾，振兴中华的种子烙在了每个学子心中。像照壁的一排高大的房子那里面是教研组、学生处什么的，再往里走，豁然开朗，是一排排一座座的教室，再往里是特别大的操场。每天课间，《在希望的田野上》嘹亮的歌声回荡在学校的每个角落。那时候觉得能考进县一中读书是最大的荣耀，可惜我们进去读初中时，那些庭院深深的小圆门逐渐被拆除了，我也从这个逐渐破落而曾经人才辈出、风光无限的学校飞到了省城的中学。

说起芦阳城的变迁，缘于县城的西迁一条山镇。随着新县城的逐渐完善成熟，这个古老而繁华有着深厚文化底蕴的芦塘城逐渐不再是景泰的政治、经济、文化中心。

哦！扯远了，回归到当时还具有中心地位的城门上。

塔的南面和东面环绕着百货商店、副食商店、五金商店、人民饭店、肉菜铺子等，后来发展成转转商店。商店的外墙上贴有电影预告和海报。记得有一次，三爷打发我去看那晚演啥电影，我和小伙伴冬梅去看，预告中写着"生死恋"，可我们不认识"恋"字。我俩就站在那等，有一个人过来了，他边看边振振有词地念"生死恋"。我们一路默念"生死恋"往家跑，生怕忘了那个字的读音。百货商店里营业员的穿着打扮，在当时那可是年轻姑娘的标杆。烫弯了刘海和烫卷了发梢的漂亮售货员的婀娜身姿倒映在玻璃柜台里，令我们这些小屁孩神往。

百货商店过十字往东走，是曾一度叫五七中学的芦阳中学。每年秋天丰收的季节，盛大的芦阳物资交流会就在这条街上举行，摩肩接踵。再往东就是大戏院了，过年的时候这里上演秦腔《钡美案》《十五贯》《赵氏孤儿》《赵飞搬兵》等大戏，人山人海。可惜那时候的我对看戏毫无兴趣，我感兴趣的是打铁花。芦阳打铁花的壮观场景，跟《延禧攻略》中上演的那段打铁花差不多。

戏院再下去就是我们芦阳的天然公园——沙河了。溪流潺潺，树木苍苍，白雾茫茫，杨柳依依，绿草萋萋，是爱好摄影的三爷给我们拍照的绝美外景地。涝坝里趴水是男娃娃们的专利；女娃娃们借着去洗衣服，戏水捉鱼能玩上一天，肚子不饿是不回家的。

反正儿时所有美好的记忆都离不开城门上。

一毛钱八个水果糖，一分钱一盅炒葵花籽，两三分钱一个冰棍，到后来三毛钱一碗的酿皮子，还有那生病了才能享用的水果罐头，都是来自城门上，那是我们味蕾中切切实实的幸福。还记得每每盛夏季节，爷爷都会顶着大太阳，在我放学前，去城门上给我买个冰棍，放在茶缸里、包上毛巾拿回家。时间大了，爷爷还会领我去城门上下个馆子（景泰饭店还在时）或买个盖家酿皮子。记得我吃的时候，都是背对着马路，生怕被同学看见，怕同学觉得我娇贵又奢侈。爷爷呢，每次都是坐在我旁边，静静地看着我吃，说自己不爱吃。

一个小腰鼓，一个铁皮铅笔盒，一块花手绢，一件新衣裳，也都是来自城门上，那是我们精神上实实在在的欢愉。

塔高大巍峨，底座很高，调皮的孩子可以从塔座下面的小洞钻进去，爬到塔尖上。塔身上变换着顺应时代的标语。以塔为中心的广场，20世纪70年代的集会非常盛大。庆祝六一儿童节、庆祝粉碎"四人帮"等大型活动都在这里举行。后来到20世纪80年代，这儿就成了等班车的地方。记得每到过年前爷爷都会带着我站在那儿翘首盼望回家过年的小姑姑。记忆中最难忘那一年，1984年左右，我代表学校去武威比赛，爷爷送我去城门上坐车，爷爷给我买了许多路上吃的东西。车开的一刹那，看着爷爷离去的背影，我泪眼婆婆，那分明就是朱自清先生笔下的背影。再到后来，塔就成了老汉们晒太阳的地方。再后来塔没了。

不管塔在不在了，我们的记忆都在；无论亲人在不在了，心中的温暖犹在。

树高千尺也忘不了根。无论我们飞多高、走多远，在我们内心深处最难忘的时光是我们的童年、少年；在我们内心深处最柔软的地方是我们的故乡、故土。

我们忘不了大芦塘、城门上、大戏院、大沙河、老一中；更忘不了在物质贫乏时期，在那还不富裕时期，为改善我们的生活、满足我们的愿望，我们的亲人、家人，想方设法、千方百计为我们所做出的辛劳和努力，给予我们那无声的、不求回报的爱和温暖！

为什么想起芦塘城，我的眼里常含泪花？因为我爱那片土地，爱得也深沉。为什么那童年、少年时期在芦阳吃的食物的味道总是萦绕在我的舌尖？因为那是芦阳特有的味道。想想那个香啊，胜过成年后吃过的任何一顿大餐。

哦，城门上，我们永远魂牵梦萦的记忆！

注：王立丽，见"人物·其他知名人士·文化界人士·王立丽"。

山路弯弯

◎ 陈　福

　　我生在大山中，长在山沟里。从学会走路起，就在弯弯曲曲的山路上蹒跚、行走、奔波，直到走出山沟，走进县城，走上城市的马路。然而无论我走在什么路上，总是对弯弯的山路记忆犹新，难以忘怀。

　　1940年8月，我出生在陇原北部一座大山深处。8月的大山里，已是凉风飕飕，冷气袭人。我一落地就感冒，鼻子总是齉齉地呼吸困难。因此，表兄给我取了个近似外号的乳名齉儿。爷爷不会写这个笔画繁多的字，变成了昂儿（在芦阳方言里，"昂"和"齉"同音，读nang）。一下高贵了许多。但口头上还是按家乡方音唤作齉儿，一直叫到我有了学名。

　　出生不满半月，母亲不小心将窗台上的木匣子带下来，恰巧砸在我的脚上，脚趾被砸破了，鲜血直流。留下的伤疤，到现在还有痕迹。这些最初的遭遇，似乎预示着我的人生道路的不平坦。

　　刚学会走路时，我就跟上父母回到地处深山沟的索桥故居。那个小地名叫岘湾，好像只在县地图上出现过，而现在只留在我的记忆中，地图上大概是查不到了。我家故居是一座四合院，那是在太爷手上盖起来的。当年祖上生活在丝绸之路黄河岸边的索桥堡。同治十年索桥被冲毁后，开店铺挣了点钱的曾祖父，便在黄河西岸五里处的红石板坡下选了一块地方，劈山筑屋。开挖地基时正好掘到长虫窝上，成群结队的大蛇小蛇往山上爬。我太爷认为伤了龙脉，就烧香磕头地祷告。后来屋里还经常出现长虫。

　　岘湾是个名副其实的有岘有湾的村庄。我家的对面，山峦高耸，绝壁障目。后面红石板坡上的大山高耸入云，登临远眺，群山沟壑尽收眼底。向西望去，大梁后面层峦叠嶂，遮阳挡月，使小山庄的太阳总是落得早，光线暗得快。向东走去，是一道十分险峻的龙脖梁，将河道堵成了"S"形。石梁最窄处只有数米宽，两面都是百丈悬崖。人走上去，头晕目眩。一条深沟蜿蜒东西，河水从峡谷流去，不远处进入黄河。想走出这个小山庄一里之外，无论东南西北，都得爬陡坡，越大岘，穿峡谷，翻大山。我的脚板就是在爬山越岭中锻炼大的，学会了走险路、攀悬崖的本领，练就了跑石路、翻峻岭的功夫。在崖畔上打野菜，到绝壁间掏鸟蛋，成了我的绝活。因此而常让妈妈提心吊胆，我却一次一次地练大了胆量，练出了勇敢。

大沙沟转弯处形成的几处平台，是祖先们付出劳苦造出的小块耕地。阡陌纵横，树木葱茏。春天，杨柳青青，梨花飘香。夏季，绿树掩映，麦田荡波。秋后，硕果累累，梨枣飘香。我家红果树上的果实刚有味儿便成了我解馋的美味佳品。大红枣一花麻就开始摘吃，一直吃到满树的枣儿红透。家乡的特产"哈思梨"香脆爽口，那曾经是地方官孝敬皇上的贡品。小河里溪水清澈，常年流淌。那水质有点咸，却能饮用，似乎还可以省点盐，喝惯了好像挺有味儿。尤其是大热天从石缝中流出的那股清泉，喝上一口，浑身透凉，成为男女老幼消夏解暑的天然冰镇水。堵进小渠的河水，浇灌着农田，滋润着绿树，也滋养着渠边埂上的马兰。小麦扬花季节，<u>一丛丛马兰紫花怒放</u>，清香四散，沁人心脾。我们闻着马兰花散发的幽香，戴着马兰草编织的凉帽，跳到池塘戏水，钻进小河摸鱼，常常玩得忘乎所以，直到妈妈的呼唤声四起，才回家吃饭。

我的幼年时代就是在这个小天地里度过的。不知道山外的天有多大地有多广。5岁时，妈妈带着我到10里外响水堡姥爷家去了一趟，第一次看到了山外的广阔天地。后来自己能离家出山了，就赶着骆驼毛驴，沿着弯弯的石头山路，到山外放牧。那时候山中有狼，我们只能在靠近羊群的山坡上放牧。羊群里都有牧羊狗，狼是不敢来的。牲口们在山坡上吃草，我们在山包上游戏。有时候还打点野菜，拾点柴火，拔点芨芨草，带回来让大人们高兴。

我10岁开始上学。村校设在5里路外的段家沟。每天都要沿着弯弯的小路，翻一座山，过两道岘，爬三个坡，涉四次水，才能赶到学校。初小毕业，走出了山沟，到离家20里路外的县城寄宿读书。那所名为大芦塘高级小学的学堂坐落在东城门外，是同县师范对换的校址。我差不多每周都要往返40里回家背口粮。出家门有两条路可走。一条叫"旱路"，过边洼，涉河水，穿峡谷，爬上黑土坡，越过黄坪塥，溜下石沟坳，经过小芦塘，到大沙河里蹚上10里路，才能到达学校。另一条叫"水路",出门过岘就涉水,翻越一座山后一直沿着河边上行,一会儿走在北岸的水渠边,一会儿行在南岸的田埂上,不断地过河涉水,才能路过响水堡到县城。高小毕业后,我到邻县的靖远师范读书,暂时离开了弯弯的山路。

然而走上山村教师岗位,又开始了走山路的生涯。家乡的石路走得少了,却踏上了异乡的土山路。红水山区的山山洼洼,沟沟岔岔,在3年内几乎被我踏遍。调到黄河边的一所学校当校长后,又要走更为艰险的山路。我每次回家时,都要沿着一条弯弯曲曲的羊肠小路,钻几次深沟,翻几座大山,过几道山梁,然后沿着古长城而下,拐过几个小山包,溜下红石板坡,才能到家。那条40里无人烟的山路,几乎是我的独行道。如果不刮大风,我半月前留下的鞋印依然还在。单独行走在这样的山路上,难免有点害怕。不是怕人怕鬼,而是怕狼。我手里提着木棒,口里唱着山歌,为自己壮胆。有时走出校门迟了,常常披星戴月回家。有好几次都是家人睡了我才进门。早上孩子们醒来才会发现他们的爸爸回来了。

我到县里的农村文化工作队任队长时,虽然是吃千家饭、跑万里路的工作,但回家的条件有所改善。我以自行车代步沿着上高小时走过的旱路或水路,半月一月地往家里跑。一趟又一趟,练就了骑自行车翻岘爬坡涉水过河的硬功夫,成了自行车越野高手。我想,那时候如果有自行车赛,我一定能获得好名次。景泰黄河提灌工程建成通水,彻底改变了故乡人的生存环境。山沟的溪水完全盐碱化了,不能饮用,也不能灌溉,全村人都迁移到黄灌区,成为县城近郊的农民。我再也用不着跑那弯弯曲曲的山路。两年后,我被调到一马平川的凉州城里工作,并将老婆孩子"农转非",同我一起变为城里人。从此便远离了深沟大山,彻底结束了山路之旅。

几十年后,我曾到那个养育我度过童年少年青年时代的穷山沟看过一回。那熟悉的悬崖绝壁,依然立在山间,那高耸的巉岩峻岭依旧遮阳障目,而村寨院落却成了残垣断壁,田地一片荒芜。若不是有一处羊圈住着牧羊人,那简直就是原始状态。

曾经走过几十年山路的我,在石路上练就的铁脚板,不怕崎岖;在险路上壮大了胆量,不畏艰险。20多年的仕途上,我踩过了崎岖,涉过了激流,经过了艰难险阻，终于走到终点。虽然爬得不高，未能领略更高处的风光，但我平稳地下了山，安静地到了家。

这时候，也只能在这时候，我才真正走上了不再爬坡，不再翻山，也不再历险的人生旅途。这时候，也只能在这时候，我才最终体会到，人生之路原来就是一条弯弯曲曲、坎坷崎岖的山路。只有不畏艰险，奋勇攀登，才能爬上高坡，翻过大山，走进平川。抑或登峰造极，饱览胜景；抑或踏平坎坷，为后人开辟出一条坦途。

2006年7月31日

注：1. 摘自陈福《梦驼斋文存——盛世微言》。本书选登时略有删减。
　　2. 陈福，见"人物·人物简介·县（团、处）级行政职务人员·陈福"。

我初中时的两位数学老师

◎廖永亮

我小学升初中时，恰巧赶上县一中要补充招几个初一学生。听人说县一中集中了全县各科的教学权威，许多学生打破头往一中挤，我便报了名，参加了考试，被录取了。

开学时，在一个教室的外墙上，贴着初一学生分班名单。我在一班名单中找到自己，看清报名地点及班主任老师刘家恩名字后，转身找去。

刘家恩老师穿着棉袄坐着，脸面显胖，眼神笑眯眯的，看着很慈祥，但听着很生硬："你叫什么名字？"我说："廖永亮。"他说："我班没有个叫廖永亮的啊！你看清楚了吗？再去看看。"我再去看，没错啊。我掉头再去找刘老师，他在桌面上的名单中找到我，报上了名。开课后，才知道班里还有一个叫刘永亮的，是他儿子。我琢磨，这个小周折的起因可能是刘老师看学生名单时，看到永亮两字，就自然而然地认为是他儿子了，而没再细看。

周末，父亲回到家，我和父亲谈起了报名时的周折。父亲听说班主任名字叫刘家恩，很惊喜地给我讲：刘老师可是大名鼎鼎啊，真正的数学权威。刘老师是小师范毕业的，刚分来当老师时，和一些名牌学校毕业的老师共事，不受重视，没资格代课，被安排在图书馆里。他发奋用功，自学了代数几何，后来有机会代课时，一开讲，就震惊了师生，从此，一中论名师不再以毕业学校论了。你要好好听他的课，更要好好学他的自学精神。我一边答应一边说：刘老师看着和蔼，但说话口气很硬。父亲说：他有真才实学，有资格硬。我知道，父亲的知识也是自学而来，可能对刘老师有点惺惺相惜。但我绝对相信父亲的话，自学的，往往是学问硬，上学的，往往是牌子硬。

后来的数学课，确实让我大开眼界。刘老师上课时，通常只拿一本课本，很少带备课笔记本。看一眼课本就合上，有时看都不看，就放在讲桌上，然后自己出题，讲原理、解应用题。刘老师略显矮胖，看黑板时头就扬着，两只胳膊往外鼓，就是平常所说端着架子的姿势，再加上明晰的思路和断然的口气，一副傲然的派头。有时随口现编一道偏难的应用题讲解数学原理。演算过程中，数字往往很复杂，但道理却被讲解得简单明了。恰恰是这复杂的数字，锻炼了学生的演算能力。讲解时，侃侃而谈，底气很足，举重若轻，用不容置疑的语言和语气，讲述着不容置疑的数学逻辑，强调要求学生解题时看清条件、讲求方法、注重过程、推出结果。在教室里巡看同学做题时，发现问题也是点到为止，要言不烦，注重启发。学校出题考查我班，目的是检验刘老师的教学效果。我当场把一道出错的题指出来了；全班成绩超出学校的预估。

作为班主任，刘老师对学生管理采取轮值制。开学后，他不任命班长，而是让各种类型的同学轮流当一段时间班长。几轮下来，他儿子刘永亮学习好、人气更旺些，就成了相对固定的班长了。刘老师提倡自我管理，着意训练学生自学能力，因此，自习课时，刘老师只是偶尔来教室转一圈，看到学生有不懂的问题时，通常点名某一个同学先讲，大家听，之后，他才讲。他不在教室里时，同学们常常会互相讨教、互相讲解。那时，我明白了，当学生，认真听讲只是一个方面，善于自学更重要。

刘老师常把"学好数理化，走遍天下都不怕"挂在嘴上，估计不是随口引用俗语，而是由受歧视到受敬仰后的切身体会。那段时间，我明白了，数学是训练逻辑思维最好的科目，对数学的重视也不仅仅是为了期末的考分和几年后高考时的成绩。我一边在数学推理中学习逻辑思维，一边在读日本的推理小说中体验文学思维，自得其乐。我参加工作后，写总结、写文章、写书，能做到层次分明、逻辑清楚，数学学习给我了很大的支撑。这一点，大概是许多文科生体会不到的。

刘老师对语文也非常重视，这使我内心对他亲近。但学生与权威之间总是有距离感，因此，内心的亲近怎么也表现不到表面上。有时，他在讲完数学题后，会讲上几句要重视语文学习的话。大意是：语文不好，数理化就理解不了，即使理解了，也表达不好，等等。他自己订了《中国青年报》，一边自己看，一边指导他儿子剪报、做学习积累。有时，自习课上，他会让刘永亮拿来报纸，或者剪报集，选择一篇文章，指定一名同学念给大家听，与大家分享。这是我最早间接接触报纸。看到我在自习课上看小说，他只是说一句"在看小说啊"，听口气好像有点不太支持，但也不制止。既然没制止，我就继续看。有一次，刘永亮对廖永亮说：听我爸说，你家的文史书很多，你爸读过不少书，很有学问。廖永亮突然想起刚开学时，父亲讲到刘老师时言谈举止间溢出来的佩服。父辈对儿女盛赞别人的好，是一种潜移默化的人格培养，而且效果奇特。

刘老师虽然略胖，走路也很悠然，却喜欢运动。教室门前的空地上有双杠，我们隔着窗户玻璃经常看见刘老师在上面晃悠几下、做几个动作，有时出汗了，会解开几个扣子甚至全部扣子，透透气、散散热。这种无拘无束的举动，和学生在心灵上很贴近。走进教室，他似乎不太会笑，再加上凡是说话就底气足口气硬，无形中又把同学推远一步。学生们对他是由敬而畏，好像没人敢在他跟前无拘无束。有一天，听说刘老师从双杠上摔下来，受伤住院了。他给我教数学的历史也结束了。

前几年，我在网上搜索一下"刘家恩"，居然有一个当年他的学生、后来的县二中语文老师写了一首长诗描述他，起首便是"景泰名师多，家恩属巨擘"，中间还有"术业有专攻，成就在数学"。这几句概括，我觉得名副其实，就兴致盎然地读下去，读完，才知道刘老师谢世了，心中有种说不出的遗憾。对这首诗，我做了缩略，提笔濡墨，书写一张书法作品，寄给刘永亮，既是同学之谊，更缘于师生之情。见到刘永亮才知道，刘老师串门过铁道口时，有火车停着，挡住了道，便从火车上翻过，跳下时，脚一滑，摔倒，脑出血，走了，还不到70岁。我想起刘老师当年从双杠上摔伤的事，叹惜刘老师总是那么自信，以至于忘记自己的现状是年高体胖。

刘老师住院后，我班频繁地换班主任。一天，一位很器重我的高中老师问我：现在，谁接任班主任了？我回答是王成雄老师。对方很庄重地对我说：王成雄带班很操心，管得特别严；严，对学生有好处；但愿别再换了。

王老师体貌清瘦，高个子，棉衣穿得不臃肿，单衣穿得不宽松；走路如同军人，身板挺拔，脚底生风；说话果断有力，语速较快，举轻若重，有紧张感。这都和刘老师正相反。他儿子王有元也在这个班，学习也好，这与刘老师相同。

王老师常年穿合体的制服，是全校唯一一个把风纪扣也扣上的老师，即使在夏天，也不解开。因此，同学们无论穿什么，都周正整洁，如果谁帽子歪戴、衣扣敞开了，一定会受到提醒甚至批评。一到课间操时间，王老师就把大家都喊出教室做操，他自己站在最前排，动作幅度很大，弯腰时几乎要手指触到地面。他还讲，他问过体育老师，说是如果认真做操，动作到位，一套广播体操做下来，会浑身发热出汗。常年坚持带领学生做广播体操，一次都不落的班主任，全校大概也只有王老师。他还要求大家在各自的作业本上，拴一圈线，把改过的作业都拴住，无论是写作业还是批改作业，一提线圈，就能翻到新写的作业处，确实方便省时。这圈线，大概也是全校唯一。

在教学上，王老师与刘老师的风格截然不同。王老师讲课，从内容到思路，从备课本到板书，如同他的穿着一样严谨，有条不紊，难易合度。讲几何学的产生，从尼罗河水的定期泛滥讲起，讲人们要确定被洪水摧毁的原来的家园所在，从而发明了几何学，使数学有了故事性。正是这时候，我第一次听到了著名歌曲《尼罗河畔的歌声》，对古今埃及人都充满向往；后来，还专门晚睡，抱着收音机在被窝里收听电影录音剪辑《尼罗河畔的惨案》。讲到抛物线函数时，王老师还用铁丝做了一个抛物线，变动数学题的参数，在黑板上演算并画出随之变动的抛物线，再移动着铁丝，居然和多次变动过的抛物线完全吻合，只是位置不同而已。这个办法把数学讲得很直观，让大家学会了一看题目就能大概确定答案范围。把数字给物化，把物体给数字化，都是数学的精髓。二十年后我写新闻论著《舆论调控学》，其中论述到舆论的生成起落像个抛物线，就想起了王老师手中的铁丝，在书中用上了抛物线插图。

王老师不苟言笑，偶尔在班上讲个笑话，也没有通常的"笑果"。对学生在做人做事中的不足和差错，有时会不点名地严肃指出，偶尔也会点名严厉批评。他也提醒大家不要光学数理化，也要多关注文史，全面发展。每到全班集体看电影时，他都提前把电影情节讲述一遍，以便大家更好地欣赏电影。那时，我喜欢读文学作品，也看影评文章。看完电影，感觉到王老师讲述电影绘声绘色，很有艺术水准。但对我个人而言，总有谜底被提前揭开的遗憾，几次想建议他观影前别讲述、观影后再讲评或组织讨论，都没敢贸然开口。

王老师从不把数学作业本抱到办公室去批改。每到自习课时，上课铃一响，王老师就大跨步地走进教室，坐到讲台上批改作业。因此，所有早午晚的自习课，全班同学都在他的居高临下的目光里，各自产生各自的或者被陪伴着，或者被督促着，或者被强压着的学习感受。喜欢学习的学生，有问题可以随时问他，得到解答，但不一定能有多对视几秒的松弛心态；喜欢玩耍的学生，有时候就有点难受，弄出点小响动来，王老师会抬头看一眼，或者盯着看一会儿。大家都安静了，他继续低头批改作业。改完作业，他有时会让大家暂停各自的自习科目，在黑板上把刚批改到的错题重点讲解一遍。有时，还也会请别的老师，如英语老师，来自习课上给大家补补课。总之，自习课，只能坐下学习，不能出去自由。因此，学生们对王老师，在心理上既亲近又感激，但还有些敬畏，多少都有些距离感。

有一次，我们一班想与二班踢场足球比试一下，这只能占用下午自习课时间。大家担心王老师不同意，你推我搡的，没人愿意去和王老师说，都怕碰钉子，就推举我去。没想到，我一说，王老师应声同意，一脸笑意，而且主动给我们吹哨子当裁判。

每到期中、期末考试后，王老师总是把大家的考试成绩用红纸排名张榜，贴在教室后墙上。那时，我也在学书法，看着排名榜，我突然发现，王老师的大楷居然写得方方正正的；家长通知书上的评语也用小楷写，不光学生的优点缺点说得具体明了，字也点画分明，很少含糊。

初中毕业时，我班考上小师范的人比二班考上的人多，也比别的学校的一个班的多。升高中后，一班和二班考上高中的，编在一个班，其中，原来一班学生居多，还是王老师当班主任。这三个多，或许可以看作是学生们给王老师的张榜排名。

高一下学期，我转学了。由于偶然的经历，我比一中同班同学早一年上大学。行前，我特意在晚自习时间，去趟一中。在王老师班的教室外面，见到几个要好的同学，很开心；见到王老师，还是有点紧张。这个班上高三不久，王老师不当班主任了，也不带数学课了。但高中毕业前，班里从初中就是王老师当班主任的近20名同学主动相约与王老师合影。后来看到这张合影，我只抱怨这帮人不喊上我。

以后的岁月里，当年的少年学生经历着青年职工、中年父母的人生，对王老师的敬仰、感激、想念之情，逐步增长，距离感逐渐缩小，经常相约去看望。看望时已经能轻松地开开玩笑，体型依旧、华发上头的王老师也会哈哈大笑。

此时的我，已经不再注意他的风纪扣了，聊天时的对视更利于补充言语不及处，偶尔的无所顾忌地畅所欲言，丈量出内心的零距离。我至今保存着一张初二时的家长通知书，上面有王老师用毛笔写的小楷，总结我的学习情况，介绍我的各科成绩和总成绩以及在全班的排名，说我"平时学习钻研性很强"。我珍藏了近三十年后，复印一份，在上面写了"快乐的苦读时光"七个字，寄给退休居家、偶尔也会看看孙子的数学作业的王老师。想必王老师收到后，能发出既会意又会心的笑声。此文正在修改收尾时，碰巧王有元来北京。我拿出一张日前写的、特意留存的"寿山福海"书法作品，添加上祝福王老师的上款，托王有元带回转交。

2016年10月16日初稿，26日修改稿

注：廖永亮，见"人物·人物简介·县（团、处）级行政职务人员·廖永亮"。

怀念恩师庞爱

◎ 卢有治

2010年4月29日，恩师庞爱先生走完了他75年的人生历程。作为一名老共产党员、教育工作者，他为景泰县的教育事业贡献了毕生心血，做出了卓越功绩，值得景泰人民和他的学生们永远铭记。尤其对我个人的教育和鞭策，可以说刻骨铭心、终生难忘。

大爱是严

我与恩师熟悉是1970年秋天。那时，我正在景泰一中读高一第二学期。由于受当时大环境的影响，我们高一（三）班纪律很差，学校派庞老师来任班主任。庞老师当时是一中学识渊博、为人正派、德高望重、政治素质强的教师之一。同学们听到庞老师要来当班主任，都私下议论，看来学校要下决心整顿这个班了。庞老师到任后，并没有开什么整顿会，而是逐个找同学谈心。由于受无政府主义思潮的影响，我当时是这个班的刺儿头，平时爱找老师的茬。有时甚至在课堂上跟老师争辩，讲一些歪理，让老师下不了台。

庞老师找我谈心时，我还固执己见，不肯承认错误。庞老师循循善诱，说出的话柔中带刚，更有威严震慑。他详细询问我家庭状况后，对我说："请你认真思考三个问题：第一，你父母含辛茹苦送你来学校的目的是什么？第二，班主任对学生严格要求的目的是什么？第三，一个学生不遵守纪律，最终对谁的危害大？等你想清楚了咱们再谈。"面对庞老师的三问，我反反复复想了好几天。有一天，突然觉得像是《西游记》里的孙猴子被祖师在头上打了三戒尺一样，幡然醒悟……随后，我主动找庞老师承认了错误，并表达了坚决改正的决心。看到庞老师高兴的样子，自己心里也踏实了。从此，我以实际行动改变自己。经过一个多月的逐个谈心，高一（三）班的面貌为之一新。在这个基础上，庞老师适时提出改选班委会。出乎意料的是，他竟然提议让我当班长，而且还获得全班同意（我想他肯定私下做了工作）。刹那间，我羞愧地流出了激动的泪水，感知了老师化顽石为有用之才的大爱之心！

从此，我自觉告别懒散刁钻的过去，严格要求自己，学习成绩很快在全班名列前茅，作文曾多次被庞老师登在一中的学习园地上，使我更加增强了自信心，在各方面都首先带头做好。经过一段时间的努力，全班团结得就像一个人一样，当年就受到学校的嘉奖。不久，在庞老师的关心培养下，我加入共青团组织。次年，我们高二（三）班被学校评为"五好班集体"。

恩同再造

1972年元月高中毕业后，我回到生产队务农。11月应征入伍到新疆某部服兵役。1977年3月复员回家。虽然我家祖祖辈辈一直在响水村务农，但对自己当农民还是心有不甘。望着日渐苍老的父母，感到自己作为长子太不争气，辜负了老人的多年辛劳。正当我在自责和痛苦中度日如年的时候，大队让我去双龙寺拖拉机手培训班学习，心中的烦恼有所减轻。于是，我全身心地投入拖拉机操作和原理的学习。

9月末的一天，忽然有人来学习班找我，自称是县一中庞老师派来的，要我到一中去见庞老师。我心中暗想，1972年当兵后，只给庞老师写过一封信，以后再未通过信息。从部队复员后，由于毫无成就，一直羞于见老师。现只好硬着头皮前去拜见。见面后，庞老师和夫人黄金兰老师对我依然十分热情，他们似乎对我的情况了如指掌。庞老师微笑着对我道："中央决定改革推荐上大学的办法，改为从社会青年和应届高中毕业生中考试录取。时间定在12月份，我已经为你准备了从初中到高中各年级的课本，从明天起你就开始复习。"听了庞老师的一番话，我既兴奋又担心。兴奋的是上大学是我早有的梦想，现在终于有了一次机会；担心的是我高中毕业已近六年，复习两个多月能考上吗？于是，满腹狐疑地问老师："你觉得我能考上吗？"庞老师的回答大出我的预料，他道："你如果考不上，我敢断言，今年一中应届毕业三百多人恐怕一个人都考不上。"我至今也无法想明白，老师当时为什么把话说得如此决绝，说得如此不留余地。

为了支持我搞好复习，两位老师还专门买了一只羊，每隔几日给我改善一次伙食，我感动得不知说什么好。在两位恩师的关怀鼓励下，在另一位恩师刘万符先生的精心辅导下，我夜以继日地扎扎实实复习两个半月，以优异的成绩考入西北师大政治系。唯一遗憾的是，当时庞老师让我第一志愿报北大哲学系，自己口头上答应，但在填报时担心分数达不到而未敢报，没有听从恩师意见。后来得知，我的考分完全达到北大的录取分数。为此，老师将我叫到一中，狠狠地批评了一顿。

甘为蜡烛

庞老师原籍山西大同市怀仁县。1961年西北师大毕业后，留校任教。不久，主动要求到贫穷落后的景泰县一中任教。从此，他将一生奉献给了这个偏僻小县。20世纪80年代后，许多老师纷纷调往条件优越的大城市。而老师却始终不渝地扎根在这个小县的中学任教。

1993年我去看望老师时，曾劝他离开景泰，调往甘肃省委党校或西北师大，并可以帮助联系。他当时说："有人说当老师是一支蜡烛，照亮别人，毁灭自己。我不这样认为。我甘心情愿做一支蜡烛，照亮自己，也照亮一些学生，能在景泰当一辈子教师，也就心满意足了。"

恩师一生教书育人、呕心沥血、勤勤恳恳、润花著果、催笋成竹，把一个个不懂事的孩子都培养成了有用之人，又让多少迷途的"羔羊"走上正道，给多少家庭带来了希望，又让多少家庭从贫困走向富裕，真是难以胜数！

恩师是平凡的，恩师更是伟大的！他是点石成金的天使，是初春的及时雨，是炎夏的遮阳云，是深秋的丰收果，是严冬的一盆火，他实实在在地把平凡铸成了辉煌！

"磊落星月高，苍茫云雾浮。"恩师的睿智、思想、品德，将永垂不朽！永远激励着我们和后来者。

注：卢有治，见"人物·人物简介·地厅级行政职务人员·卢有治"。

我的母亲"史大夫"

◎ 李 焕

母亲离开我们已经整整40年了。40年来，母亲顶风冒雪、身背药箱、步履匆匆、治病救人以及母亲在煤油灯下眼戴花镜，孜孜不倦研学医术的一幕幕情景，历历在目，如在昨日。

1919年，母亲出生于山东定陶县的一个生活比较殷实的农民家庭，到了入学年龄，进入学堂识字读书，从小在外祖父母的熏陶和老师的教育下，养成了艰苦朴素、吃苦耐劳、勤学好问、知书达理、与人为善、助人为乐的良好品行。

抗日战争时期，在山东菏泽读书的母亲，随山东抗日救亡学生团经河南进入大别山到达武汉并与父亲相识，参与武汉保卫战的宣传工作，后到达四川。20世纪40年代，母亲考入重庆北碚江苏医学院就读（抗战迁到重庆），父亲考入复旦大学（校址迁在北碚）货币银行专业读书。后来，为支持父亲完成学业，母亲忍痛提前办了退学手续，到当地一家医院工作，用微薄的收入支持父亲继续学习。在北碚，母亲得知她的堂侄史锡恩考上了中央大学，但因家境贫困，没钱交学费，母亲担心他放弃，又省吃俭用，挤出资助他读书的经费，一直到大学毕业。史锡恩学有所成，后来成为台湾著名的大法官。改革开放后，他回乡探亲，打听到我父母的消息后，多次通信问候表达感念之情，并寄来钱款以示感恩之心。

1949年，母亲被组织分配到甘肃省卫生厅工作，父亲也被组织安排到永昌县银行工作。1950年，为了支持父亲的工作、照顾父亲的生活，母亲放弃省卫生厅的良好工作环境，请求调到永昌县医院上班，并任医疗股股长。在工作中，母亲一边为群众医治疾病，一边虚心请教资深大夫和老中医，对一些久治不好的疾病及疑难杂症，母亲利用晚上时间，在煤油灯下翻阅大量医学资料，刻苦钻研医疗技术，努力提高自己的医疗水平。

1955年，母亲又随父亲工作的调动，调到景泰县人民医院上班。经过永昌县医院几年的学习实践，母亲已经成长为一名全科医生，在主治妇科和小儿科疾病方面尤为擅长，为更好地服务景泰人民奠定了坚实的基础。

在景泰从医27年的职业生涯中，母亲常常是应病人家属请求，不管严寒酷暑，无论白天黑夜还是刮风下雨，都阻挡不了她为病人出诊治疗的脚步，时常步行、坐自行车或骑毛驴到县城外的五佛、喜泉、红水等地救治病人。而在芦阳公社村村户户、大街小巷，更是留下了母亲抢救病人的忙碌身影。

远路来家里找母亲看病的家属或病人，遇到我们吃饭时，母亲都要让他们到餐桌前，与我们一起吃饭。有找到家里来看病的，母亲从不嫌弃，就让躺在炕上检查。特别是任县医院住院部负责人期间，母亲每天早晨都是提前赶到医院，换上白大褂，走进病房，查看、询问病人的情况，下午坐诊至下班后，又要到病房叮嘱重症患者按时服药及其他注意事项。母亲总能在最短的时间里，得到病人的信任，并与病人建立起真挚的情感。芦阳公社所在地的几个大队及附近大队的群众，一提起母亲，几乎无人不知无人不晓，老人都称她为"史大夫"，很多年轻人都亲切地称呼她"李妈"。

除了正常上班为产妇接生外，有时母亲已经下班回家休息了，遇到医院有产妇难产的，都要请母亲前去会诊接生。常常正在吃午饭或者吃晚饭甚至半夜三更，一旦有危重病人或危急情况家属来敲门找母亲的，母亲都是立刻放下碗筷或者牺牲休息时间，第一时间赶往医院进行救治，这样的事不知有过多少次，而经母亲亲手接生过的婴儿更不知有多少。

母亲上班的那个年代，人们普遍收入微薄，生活困难，经济拮据。为了能给病人尽可能地节省费用，母亲总是为患者开最有针对性的方子，以最廉价的药品，求最理想的疗效。同时，为了能在最短的时间以最有效的方案治愈病人，母亲几乎每天晚上都要研学理论，查阅资料，不断提高自身的医术，……并成为终身习惯。

曾经有一位老乡对我说过，她的孩子在住院期间，因病危喘不过气来，非常危急，是母亲口对口做人工呼吸，硬是将这孩子从死亡线上拉了回来。

母亲救人无数，我经常会遇到被母亲救治的人，在我面前感恩母亲的救人之举。有一次参加一个书展，有人介绍我认识景泰县地税局负责人沈登云，交谈中得知他原来是我小学同学沈渭全的儿子。他满怀感激地说：听我爸讲，我的命就是李奶奶从死神手中夺过来的。

原籍芦阳城关的杨景明，退休前曾任二十一冶公司董事长，他就对我讲过一件事。在他10岁那年，他的父亲在外地工作，有一次他母亲突发疾病，让他来请我母亲前去看病，我母亲并没有因他年小而慢待，立即背起药箱，就匆匆赶往他家治病。我每次遇见他，他都要提及此事，表示念念不忘。

20世纪60年代的一个深夜，老红军寇邦安因心脏不适呼吸困难，生命垂危，他十多岁的次子寇述敏连忙跑来敲开我家的门，请母亲为他父亲看病，已经入睡的母亲赶忙穿好衣服，背起药箱，快步赶到他家，通过检查、急救加上输液、服药等一系列的抢救和一夜的细心护理，终于将老人救了过来。以后寇述敏多次饱含深情地说：要不是那次李妈及时赶到我家救我父亲，可能父亲早就撒手人寰了……

芦阳东关村马世昌的父亲患胃溃疡住院治疗，因胃出血手术需要输血，当时医院没有血库，一时难以找到相匹配的血型，母亲听到后，知道自己是O型血，不顾身体瘦弱，毫不犹豫地为他输了400毫升。母亲为病人输血不止这一次，她还给我的同学盖刘德的姐姐以及其他好多病人也输过血。

20世纪60年代三年困难时期，父亲被错划为"右派"在白银劳动改造，母亲一个人挑起了家庭生活的全部重担。为了我们兄弟姊妹少挨饿，哪怕是病人家属送的一两碗炒面，母亲也要先给我们吃。记得我上初中时，正是长身体的时候，常常吃不饱，母亲就带我到她的办公室，让我吃有的病人家属留给她的一点炒面或洋芋或萝卜，而她自己却忍饥挨饿，舍不得吃上一口。

为了工作，母亲常常是饥一顿饱一顿，加之不能按时休息，劳累过度，有时还晕倒在地，稍一恢复，便不分白天黑夜甚至连续24小时工作在救治病人的第一线……即便是退休后，还有周围群众找上门来看病的。

这就是我的母亲、芦阳人口碑中的"史大夫"，无论是在永昌县医院，还是景泰县医院，都是把全部的精力投入工作中，投入为患者的治疗中，自始至终都是认真负责、周到细致，深受病人及家属的爱戴，也得到了广大群众的交口赞誉。但同时，她又对我的父亲和我们兄弟姐妹，照顾有加，她既可以在年轻时代为了父亲的学业而不惜放弃自己的学业，也可以为了照顾父亲，从省城兰州调到当时相对条件要差得多的永昌县医院；20世纪70年代初，当得知县医院要随着县城搬迁一条山镇的消息后，为了照顾家庭，母亲又调入芦阳公社卫生院，一直工作到退休。在她的一生，她心中始终装着的是病人，是家人，是每一个需要她帮助的人，唯独就没有她自己！

因长期身体透支，积劳成疾，1981年12月16日，母亲因病医治无效，辛苦操劳了一辈子的母亲，离开了这个她无比热爱的世界，年仅63岁。

治丧期间，县上领导、机关干部、学校师生、附近的群众以及母亲救治过的群众和家属数千人前来吊唁，好多单位、群众及亲朋好友送来挽幛、挽联，表达对母亲纪念和哀思。其中有两副挽联，可以说是对母亲医德和为人的高度概括——

慧眼圣手芦阳妇婴念医德，
白衣红心远方老友寄深情。

生前有功德妙术望重在人间，
事后无忧虑逍遥自在登仙界。

出殡那天早晨，有数百人前来送葬，原计划用车运送母亲灵柩到墓地的，但众亲友异口同声地说：对李妈，我们要用景泰对德高望重者最讲究的葬礼——高抬深埋！起灵后，群众和众亲友蜂拥而上，争抢换抬母亲的灵柩，送到十里远的芦阳沈地窝窝墓地。

这就是家乡人民对我的母亲——"史大夫"的最后送别，满含深情和厚意，敬重与感恩。至今，我们兄弟姊妹感动不已，铭记在心！

在母亲逝世40周年之际，谨以此文表达我最深切的怀念！

2021年12月16日

注："史大夫"，见"人物·其他知名人士·史麟英"。
李焕，见"人物·人物简介·县（团、处）级行政职务人员·李焕"。

童年趣事——黄河里的鱼

◎ 张茂珠

  我的故乡在黄崖沟索桥园子，离黄河不远。我的童年生活就是在那里度过的，从小就在黄河边长大。园子泉水有点咸，想喝黄河水了，我就跟着哥哥去河边挑水。隆冬季节，黄河冰封了，我和哥哥用铁锤砸开近半尺厚的冰盖，然后用牲口把冰块驮回家用火融化了吃。河边有一片沙丘，地名叫沙洼。常听哥哥唱电影《洪湖赤卫队》主题歌，我听不懂歌词，但每当我经过沙洼时，也会莫名其妙地唱上几句："黄河水呀——浪呀浪打浪——黄河岸边是呀么是家乡——清早儿船儿去呀么去沙洼……"长大后才知道我把"洪湖水"唱成"黄河水"了，把"去撒网"唱成"去沙洼"了，真是可笑。河边有个渡口，渡河的工具是羊皮筏子。渡口河东是靖远县石门乡小口村的胡麻沟，我们在河西，地名叫关家道子。在道子生产队有几十亩黄河水浇地，种着粮食和蔬菜。我的父亲因为受过工伤——1967年腊月，父亲在给生产队挖砂压旱砂地时，不幸被塌陷下来的砂崖打折了腿，后在兰州虽然看好了，但留下了腿疾，走路不稳，所以生产队不再安排干重活，让父亲看管道子庄稼。

  每到庄稼快成熟和蔬菜下来时，父亲就在道子住着，我常常跟着父亲做伴。那时候我只有六七岁，黄崖沟的水都跳不过去，每次都是父亲抱着我过水。记忆中那是我童年最美好的时光。我常常一个人拿着一盘向日葵，坐在道子的崖畔上，一边嗑葵花籽，一边眺望黄河；要么在道梁上一边捉蚂蚱，一边追沙老鼠；要么去渡口一边看羊皮筏子，一边摘野酸枣。我们住在一个用石头垒成的没有木窗和木门的简易小房子，里面黑洞洞的。记得有一次房梁上还掉下来过一条蛇。屋里没有灶台，做饭时就在门口用三块石头支一口锅。我的任务就是每天用葫芦把浑浊的黄河水背来，提前澄清准备做饭，还要到处捡干树枝或者提前把柴挖好晒干做饭烧水用。生产队里有一群羊驻扎在道子。因此，晚上我们同住的还有一个羊倌，是我的一个姑父，一位笑容可掬和蔼可亲的老人。每天早上在烟熏火燎中做好黄米糁饭，姑父从羊圈里挤来一盆鲜羊奶烧开，我们用羊奶泡着糁饭吃，现在回味起来真是香甜可口啊！那时候生活条件很困难，常常吃不饱肚子，所以土豆刚有核桃大小，玉米棒子和豆荚刚有一点味道，我就偷偷煮着吃。道子还有很多野鸡野兔和獾猪，只能用铁夹子（我们叫夹铗，威力很大，人如果踩上能夹断脚踝骨）才能抓住。我和父亲在一些地方暗地里下了夹子，在有夹子的小路上都做了记号，自己不敢走还要告诫干农活的社员不能乱走动。现在回想起来童年有点神秘感。我每天拿着铁叉巡逻在下过夹子的地方，观察是否有动物被夹住，真是像鲁迅笔下的少年闰土，不同的是闰土戴的是银项圈，我戴的是银锁。

记得一个炎热的盛夏，一天刚刚下过一场雷阵雨，雨过天晴，一轮彩虹倒吸河中。我背着葫芦到黄河边取水，忽然发现河水颜色比往常更浑浊，河面上漂满了鱼，慢慢顺流而下。那场面十分壮观，简直是鱼河。我们把这种现象叫淌鱼，每年很少发生，一般不容易碰到。是黄河上游由于大暴雨发生山洪水，山洪夹杂着大量的泥沙冲入黄河，河水变得非常浑浊，导致河中泥沙含量越来越大，河底的鱼儿由于缺氧，全部浮出水面呼吸。看到河里淌鱼了，我赶紧跑回去告诉了父亲。父亲二话没说背了一个背篓，拿了一根木棍和我向河边跑去。我看到河边有一条碗口粗一尺多长的鱼，就悄悄摸到跟前，因为鱼身比较光滑，刚用手一抓，那条大鱼就向河中间冲去了。父亲说要用木棍先把鱼打昏，鱼肚皮朝上才能抓住。于是父亲用木棍打鱼，我用手捞，刚一会儿我们就装满了一大背篓。当时我们在河边还碰到了另外一个村的牧羊人，他用鞭杆挑着一条鲇鱼，足有两米多长，那是我见到黄河最大的鱼。淌鱼大概持续了一两个小时，才慢慢消失。一大背篓鱼背回家，母亲拿到泉水边洗干净，用蒸馍的饦笼蒸了好几层，但我们小孩子嫌有鱼腥和鱼刺都不爱吃。

童年的生活虽然很穷，但我们无忧无虑过得很快乐。每当回忆起童年，我格外怀念已故的父亲和我的故乡——索桥。

注：张茂珠，索桥村人，军人出身，转业后在草窝滩镇政府工作。爱好文学，文章散见于报刊。

金山的女人

◎ 王兆瑞

  金山的女人坐在窗前纳一只鞋底。窗是老式的木格子窗，有讲究，叫五花十八堆，贴着白白的纸，也贴着五颜六色的窗花。木格子窗用一根棍子儿支起，金山的女人就坐在支起的窗前纳鞋底，哧啦，哧啦，她拽着麻绳儿，不时把针锥在头皮上轻轻地一蹭。

  金山的女人年轻又漂亮，嫁过来才两年，没有养过娃儿，没养过娃儿的女人就像大姑娘一样耐看有水色儿。哧啦，哧啦，她拽着麻绳儿，看一眼午后瓦蓝瓦蓝的天空，天上飘着些丝丝缕缕的云絮絮儿。

  金山的女人叹口气，轻轻儿唱起一支歌：正月里冻冰立春消，二月的鱼娃水沿上漂，水沿上漂啊小哥哥，小情郎子哥哥等上一等我。

  三月里桃花满园红，四月里韭菜绿茵茵，绿呀茵茵啊小哥哥，小情郎子哥哥等上一等我。唱着唱着她忘了纳鞋底儿，两只好看的大眼睛里汪满了水花花儿。她一眨眼，水花花变成眼泪蛋蛋吊在眼角儿，噗嗒噗嗒，眼泪蛋蛋滚落在手里的鞋底上。她唱着哭着，后来就捂了脸，哽咽得再也唱不出声儿了。等到金山回来，锅里有饭，壶里有水，可女人走了。

  金山像个孤魂儿满村子荡。荡进村里的学校，看娃们做课间操，才看两眼就觉得没意思了。荡进小卖部，要过一本代销的书，翻两页也没看出个啥意思。荡到村头，几个村汉们在墙根晒太阳谝闲干儿，金山走过去靠墙根蹲了，捡个石子儿在地上画道道。谝闲干儿的，就拿金山打趣儿："金山，你个狗日的，女人走了，就像你的魂丢了。"

  金山笑笑，不说什么，还拿石子儿在地上画道道。那回，太阳也这么暖融融的，村子就坦坦荡荡裸露在春日的阳光里，一段斑驳的矮墙，几棵吐着嫩枝的老树，路边啄食的鸡，山坡上啃草的牛，不管什么金山看着都觉得亲切。那是另一个村子,是靠山村。他从老丈人家喝了定亲酒,走到村头,从一棵老槐树下闪出个大姑娘拦住他的路,那姑娘就是金山现在的女人。

她忧忧怨怨地看一眼金山,顺下眼皮,手里握着自己的辫梢儿,说:"金山,你不要娶我。"

"咋?"金山问。

"咋不咋,你不要娶我。"

"可你爹收了我三千块钱。"金山说。

"钱我叫爹还你。"她说,一撩眼皮儿看一眼金山,握着辫梢儿往村里走去。金山像一块石碑栽在老树底下。金山甩了手里的石子往村外走,他跨过一条渠,走到地埂上。

荞麦长起来了,红秆儿、绿叶儿,开着红色的花;胡麻结籽儿了,鼓起一串一串小指肚儿大小的蛋蛋,刷啦刷啦,沉甸甸地扫着他的裤脚。

一个女人在地里拔草,见金山从地埂上走过,就问他:"金山兄弟,上哪儿?"

"转转。"金山说。

金山人高马大,肩膀很宽,脊背厚实宽阔得像一块案板。女人把手放在额前,挡住太阳的光线,注意地看着金山虎虎势势像壮牛一样的后背。他走在地埂上,地埂就显得窄。

金山的老丈人,没有退金山的钱,还是把女儿嫁给了他。

新婚那天晚上,村里的小伙们闹到半夜,意犹未尽地散了,新房里点着一支红蜡烛,金山对坐在炕沿上的女人说:"咱们睡吧。"

女人撩起眼皮儿看一眼金山说:"我说你不要娶我。""可你爹没退我钱。"金山说。走过去揽住女人的肩,女人没动,金山就噗地一口吹熄了红蜡烛。

以后的日子里,女人对金山顺顺从从,从不跟他争嘴红脸。她把家里抹洗得干干净净,拾掇得清清爽爽。圈里养起两头小猪,埘里的鸡也很快地增加十几只。真是个好女人。村里人都说:"狗日的金山有福。"

金山穿过自家的承包地,绕过张三家看瓜的房子,往小庙那儿走去。这是个小高地儿,浇不上水,村里人修起一座小庙,庙门上着锁,金山在庙的台阶上坐了,从口袋里摸出一支烟,点上火,看看四周绿油油的庄稼地,不由得叹口气儿。收蛋的来了，女人把蛋卖了，把钱存在陪嫁的红色皮箱里。收猪的来了，女人把猪卖了，把钱也存在陪嫁的红皮箱里。女人没置过一件新衣，也不给他置新衣。

"钱放着又不生儿子。"金山不高兴了就这样说。

"以后……"女人说，"……以后。"就忙别的去了。女人还无缘无故地回娘家，说走就走了。

金山去找，女人就顺顺从从地跟他回，回来了女人就说："以后……你不要找，我自己会回来。"

以后女人走了，金山就不去找，过上三五天，女人就自己回来了。回来了就做这忙那，勤勤谨谨，也就不见金山满村子荡。时间久了，金山慢慢儿咂摸出，其实女人的心思并不在这个家里，终有一天她会离家而去，就像一只断线的风筝，飞去就不再飞回。这就是谁也不明白的，为什么女人走了金山就心绪不宁满村子荡的缘由。

金山抽完一支烟，就从衣兜里再摸出一支，一支接一支，最后一次没摸到烟，他掏出烟盒，空了。金山把空了的烟盒捏瘪了扔在地上，看一眼偏西了的日头，起身往家里走去。春上的一天，天气冷冷清清，金山贪睡了一会，早起的女人把里里外外都收拾得干干净净，等金山起床，早饭就摆在炕桌上。

女人坐一边看着金山吃饭，看着看着眼泪就流到腮上。金山放下碗筷耷拉下头，过了一会儿，金山说："你不用瞒我，看得出来……他是谁？"

女人摇摇头，又点点头。

"当着官？"金山问。

"不是。"

"是干部？"

"不是。"

"工人？"

"不是。"

"在部队上？"

"不是。"

"那他……"

"跟你一样。"女人说，泪眼婆娑地望着金山。

"那完了，"金山想，"那就完了。"他原以为是个吃国家饭的，不承想竟跟自己一样，饭碗都是泥做的。

这么说女人恋着的不是铁饭碗，也不是票票，而是人。

金山觉得一切都无可挽回了。"那……"金山说。他觉得喉咙里很干，舌头也很干，唾液黏黏的。金山舔舔嘴唇，鼓起很大的劲说了一句，"我不会拦你。"

女人嘤嘤地哭了。"金山你是个好人，"她说"我对不住你，我想给你存够三千块钱，可我，等不及了。我没有存够三千块钱，金山，我对不住你。"

女人说着爬上炕，打开陪嫁的红皮箱，从里面拿出个红绸包儿，打开来里面是一厚叠钱，怕是有一两千块。金山鼻子一酸，眼睛里湿湿地流出些什么来，他用大手在脸上一摸，没了，只是两只眼睛有些个红。

"你不该作践自己，"金山说，"钱不钱的我不在乎。你知道我有的是力气，搞个一半年副业，这些钱就能有了。你不该作践自己。"

"我说过，你不要娶我。"女人嘤嘤地哭。下一天的早晨，人们看见金山提着个红皮箱和女人出了村。回来的时候，只金山一个人。

红皮箱没了，女人也没有了。

原载《人民文学》1991 年第 10 期

注：王兆瑞，见"人物·其他知名人士·文化界人士·王兆瑞"。

咏小芦塘诗（四首）

◎卢昌随

乌龙春晓

乌龙昂首振风翎，花气氤氲柳色青。
三月初三飞晓月，满山灯火乱疏星。

芦塘晚照

众鸟斜飞落照中，芦塘碧水映霞红。
风吹青草微波荡，尺鲤纵身跃向空。

文昌晨岚

夜雨甘霖涨碧潭，晨光霞照衬晴岚。
志勤学子知时早，文运诸君应尽谙。

滴水穿石

巨磐如兽卧村南，碎玉梵音穿石台。
经年功力弥坚志，响水一名缘此来。

注：卢昌随，见"人物·人物简介·高级以上技术职称人员·卢昌随"。

题媪围古城（外一首）

◎ 汪 红

题媪围古城

带绕黄河牵朔漠，倚山蓄势起峥嵘。
商驼古道繁华地，烽火边陲战备营。
汉武雄风存胜迹，媪姑故事有猜名。
沧桑几度车轮转，嫩绿新红拂面迎。

鹧鸪天 索桥古渡怀古

曾是旗幡蔽水桥，马嘶人语起喧嚣。
纷纭贾客行烟霭，威武兵家动碧寥。
风雨潋，浪花淘，浮光碎影意难消。
流连石岸尘飞处，唯见残墩几座标。

注：汪红，女，中华诗词学会、甘肃省诗词学会会员，白银市作家协会会员，白银市诗词楹联家协会副主席，县诗词楹联学会会长。

行香子 芦阳游记

◎ 何乃政

塞上盈秋，携侣曾游，驱驰校场把吴钩。谷中响水，石上风流。竞云儿乐，花儿醉，女儿忧。

汉家黄土，明时块垒，寂寞长河饮龙头。驼铃历历，铁马休休。盛名何在，利何处，尔何求？

黄河·索桥段（外一首）

◎ 陈海宏

长河最解春秋味，大德相怀塞北天。
几遇风云情未改，何妨雨雪道依然。
君心岂在清词处，世路从来巨画前。
纵贯东西千万载，涛声独敢醉飞仙。

浪淘沙令 芦阳逢元宵夜

锣鼓慨而慷。爆竹喧扬。红衫绿袖舞颠狂。喜庆元宵谁最是，众说芦阳。
月色胜寻常。灯火辉煌。游人奔走笑颜忙。皆爱铁花开落处，凤啭龙翔。

注：何乃政，中华诗词学会、甘肃省诗词学会会员，白银市诗词楹联家协会理事，县诗词楹联学会副会长。

陈海宏，见"人物·其他知名人士·文化界人士·陈海宏"。

芦阳古城（外一首）

◎孙铭谦

千载兵家地，汉胡争未休。
明张茶马市，清辟米粮畴。
古堡巢梁燕，长城立土丘。
荻花开谢处，一脉独风流。

采桑子·过响水沙河

湔裙曾到沙河地。云也悠悠，风也柔柔，漠漠青烟山际浮。
指间清冽凉微透，细细涓流，淡淡乡愁，一种相思别样秋。

注：孙铭谦，见"人物·其他知名人士·文化界人士·孙铭谦"。

念奴娇 鸾沟（外一首）

◎ 崔　明

响水北来，东风去，鸾沟麦窝西关。南面梁头，北坪场上，人多为躬耕。千秋温饱，谁与关注评说。

而今我谓来君，勿忘故园，勿忘南山根。安得百花再鲜艳，沙河蓝野鸭飞，小桥流水，庄稼十里，葵花笑开颜。明月千里，皓首游子故园情。

清平乐 黄草坪

往事如烟，数十载未淡，望断南山理还乱，草坪千万。
骄阳两牛抬杠，犁地耕田真忙。铁臂高举一鞭，麦黍汗水浇灌。

注：崔明，西关村人，本科学历，任教于兰州大学附属学校。

初见芦阳沙河白鹳（外一首）

◎ 高雅秋

清池映苇秋堤暖，鹳舞仙台镜里来。
丽影茕茕闲亮翅，须臾一展胜花开。

行香子 水沟浮想

幽境无尘，静水如银。旭日才升暖浮云。金光千丈，壮美三分。叹山中居，修其性，正其神。

一岰清沼，天池赐浴。饮醴尝醢守关人。经年情重，抱义怀亲。赏天边霞，披晨露，忆前身。

注：高雅秋，见"人物·其他知名人士·文化界人士·高雅秋"。

游水沟湿地感怀（外一首）

◎ 陈国梅

秋卉艳妆柳倒垂，夕阳映照芦花密。

水车摇板朝河鸭，诗侣采风寻古迹。

犹论一廊通道威，更说四郡安疆计。

驿程依旧烽台倾，丝路交流人共忆。

忆江南·家乡响水小沙河

沙河美，沿岸柳烟笼。日照远山云雾丽，桥横长水浪波洪。东去泻从容。

注：陈国梅，见"人物·其他知名人士·文化界人士·陈国梅"。

▲ 故园图 〔清〕戚维礼 作

▲ 奔牛图 云来 作

燕语梁香有清音
露滴柳绿垂旁色
千树垂杨铺水面
一竿青竹出江头

▲ 春风燕语 王瑞云 作

注：戚维礼，见"人物·人物传略·戚维礼"；
云来，见"人物·其他知名人士·文化界人士·苏运来"；
王瑞云，城关村人，农民书画家。

▲ 源远流长 李尚仁 作 　　　　　　　▲ 水色清心 李尚义 作

注：李尚仁，芳草村人。甘肃省非物质文化遗产"景泰树皮笔画"传承人。
　　李尚义，芳草村人。甘肃省非物质文化遗产"景泰树皮笔画"传承人。

▲ 祥光普照　付兆瑞　作

▲ 壮美的黄河　康星元　作

▲ 万里河山万里秋　胡秉海　作

注：付兆瑞，见"人物·其他知名人物·文化界人士·付兆瑞"。
　　康星元，见"人物·其他知名人物·文化界人士·康星元"。
　　胡秉海，芳草村人，1939年生。中学一级教师。中国艺术家协会会员，甘肃国画院画师。

▲ 占尽人间第一香 马子安 作

▲ 芦塘耸秀 一云 作　　▲ 篆刻 化勤 作

注：马子安，原名马永泰，芳草村人。1946年生。景泰县老年书画协会会员。
　　一云，见"人物·其他知名人士·文化界人士·黄龙云"。
　　化勤，见"人物·其他知名人士·文化界人士·化勤"。

▲独占鳌头　银龙 作　　　　▲江南何所有　李得科 作

注：银龙，见"人物·人物简介·正科级行政职务人员·龚大伦"。
　　李得科，东风村人，曾任东风小学校长。

▲ 漫画一组 宋旭升 作

◀ 腾飞 李果 书

◀ 芦阳 韩仰愈 书

注：宋旭升，见"人物·其他知名人士·文化界人士·宋旭升"。
　　李果，见"人物·人物传略·李果"。
　　韩仰愈，见"人物·其他知名人士·知名人士·韩仰愈"。

注：景祥熙，见"人物·其他知名人士·文化界人士·景祥熙"。
马雄天，见"人物·人物传略·马雄天"。
马屏山，见"人物·人物简介·科级行政职务人员·马如鋆"。
王治国，见"人物·人物传略·王治国"。

▲ 锲而不舍 景祥熙 书

▲ 红藕香残 马雄天 书

▲ 乐悠悠 马屏山 书

▲ 贺联 王治国 书

▲ 景泰四时 延虎 书

▲ 朱子家训 戴靖国 书

注：延虎，见"人物·其他知名人士·文化界人士·朱延虎"。
　　戴靖国，见"人物·其他知名人士·文化界人士·戴靖国"。

◀ 唐诗一首 卢有亮 书

◀ 辛弃疾词 世荣 书

◀ 归去来兮辞 光军 书

注：卢有亮，见"人物·人物简介·县（团、处）级行政职务人员·卢有亮"。
　　世荣，见"人物·人物简介·地厅级行政职务人员·李世荣"。
　　光军，见"人物·参加其他相关战事的人物·参加抗日战争人员·崔克兴"。

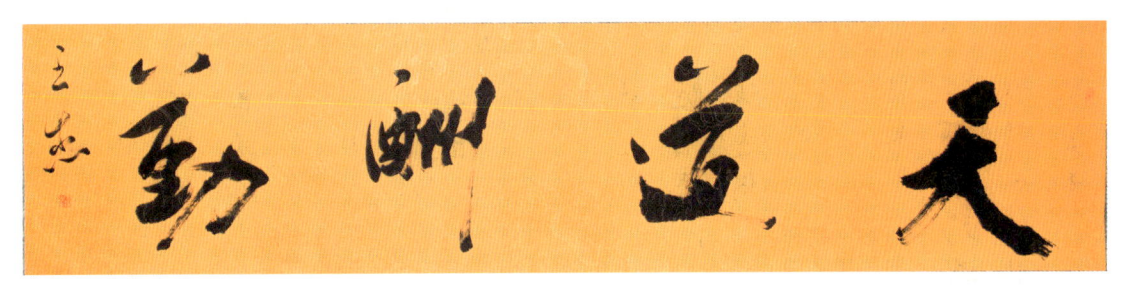

▲ 天道酬勤 王杰 书

◀ 贺联 郭长存 书

黄河古镇旭日流辉呈画境
丝路新村繁花叠彩蕴诗章

◀ 大江东去 张奇才 书

大江东去浪淘尽千古风流人物故垒西边人道是三国周郎赤壁乱石穿空惊涛拍岸卷起千堆雪江山如画一时多少豪杰遥想公瑾当年小乔初嫁了雄姿英发羽扇纶巾谈笑间樯橹灰飞烟灭故国神游多情应笑我早生华发人生如梦一尊还酹江月 宋苏轼念奴娇赤壁怀古 岁在辛丑夏月 张奇才书

注：王杰，城北村人，甘肃省书法家协会会员。
　　张奇才，见"人物·其他知名人士·文化界人士·张奇才"。
　　郭长存，见"人物·其他知名人士·文化界人士·郭长存"。

永和九年歲在癸丑暮春之初會於會稽山陰之蘭亭修禊事也群賢畢至少長咸集此地有崇山峻嶺茂林修竹又有清流激湍映帶左右引以為流觴曲水列坐其次雖無絲竹管弦之盛一觴一詠亦足以暢敘幽情

是日也天朗氣清惠風和暢仰觀宇宙之大俯察品類之盛所以游目騁懷足以極視聽之娛信可樂也夫人之相與俯仰一世或取諸懷抱晤言一室之內或因寄所託放浪形骸之外雖取舍萬殊靜躁不同當其欣於

所遇暫得於己快然自足曾不知老之將至及其所之既倦情隨事遷感慨系之矣向之所欣俛仰之間已為陳迹猶不能不以之興懷況修短隨化終期於儘古人云死生亦大矣豈不痛哉每覽昔人興感之由若合一

契未嘗不臨文嗟悼不能喻之於懷固知一死生為虛誕齊彭殤為妄作後之視今亦猶今之視昔悲夫故列敘時人錄其所述雖世殊事異所以興懷其致一也後之覽者亦將有感於斯文

書聖王羲之蘭亭集序
李有智敬書於二〇〇五年乙酉孟月

▲ 兰亭集序　李有智 书

般若波羅蜜多心經　觀自在菩薩行深般若波羅蜜多時照見五蘊皆空度一切苦厄舍利子色不異空空不異色色即是空空即是色受想行識亦復如是舍利子是諸法空相不生不滅不垢不淨不增不減是故空中無色無受想行識無眼耳鼻舌身意無色聲香味觸法無眼界乃至無意識界無無明亦無無明盡乃至無老死亦無老死盡無苦集滅道無智亦無得以無所得故菩提薩埵依般若波羅蜜多故心無罣礙無罣礙故無有恐怖遠離顛倒夢想究竟涅槃三世諸佛依般若波羅蜜多故得阿耨多羅三藐三菩提故知般若波羅蜜多是大神咒是大明咒是無上咒是無等等咒能除一切苦真實不虛故說般若波羅蜜多咒即說咒曰揭諦揭諦波羅揭諦波羅僧揭諦菩提薩婆訶

時在戊戌年夏月
李保平沐手敬書

▲ 心经　李保平 书

注：李有智，见"人物·其他知名人士·文化界人士·李有智"。
　　李保平，见"人物·人物简介·科级行政职务人员·李保平"。

▲ 芦阳书展祝贺词 马维骥 书

◀ 《书谱》节选 张治忠 书

注：马维骥，芦阳村人，1934年生。曾任教于芦阳完小。

张治忠，见"人物·人物简介·高级专业技术职称人员·张治忠"。

◀ 栽树人 德慧 书

西北兒郎苦不辭萬千枣樹植荒陂殷勤待得華開盛致富誰言無我時

二零一九年回故鄉蘆陽未來家山見父親所植樹林而作栽樹人 辛丑初冬德慧并書

◀ 群芳过后 刘霖 书

群芳過後西湖好狼籍殘紅飛絮濛濛柳闌干盡日風笙歌散盡遊人去始覺春空垂下簾攏雙燕歸來細雨中

歲在壬寅冬月 劉霖書

▲ 篆刻 薛新林 作

注：德慧，见"人物·其他知名人士·文化界人士·周德慧"。
　　刘霖，芦阳村人，甘肃省书法家协会会员。
　　薛新林，原籍山东聊城。省书协会员，市老年书协常务理事。

芦阳镇志
LU YANG ZHEN ZHI

附 录

附录一

创建芦塘碑记

◎ 黎　芳　按察司副使

　　粤稽芦塘古为中国地，今残墩断雉、渠坝塍址犹存，嗣是议复靡常。志称："湖北有苏子卿庙，即牧羝处云。"自虏巢松山，两河遂有枕戈之危，其为固、靖、庄、兰患孔棘。先是督府李公以重臣建钺，抚军田公、贾公，西夏杨公皆人誉壮猷，发谋协虑，剪灭其族而覆之巢，一洗松岭、黄流之秽。宾虏穴破，余孽狼奔，且扫迹远窜，归我版图。因建议上请，报曰"可"。乃于己亥之夏，整旅鸠工，画地缮垣以戍。盖自有区宇心来，实再造之矣。自是皇威遐邑，诸酋皆向风诣款。

　　予碌碌分藩河西，辛丑量移越臬。适督、抚两台疏留靖虏，奉檄至往阅新疆，见城多圮裂，虑难其守，亟请于各部院大发卒筑之。度始壬寅暮春，事即竣于仲夏之初，而高厚坚久百倍前功。是役也，阅程者，固原镇守管君一方；董工者，靖营参将丁君光裕；竣事者，芦营参戎李君光荣；运饷者，监收李君悦心。洎落成，诸君伐石，请纪其事。余惟藩篱固则门庭肃而堂奥安，然则当事者之拓疆，岂其与虏竞尺寸哉！其意念深且远矣！今之增筑芦城，非不岿然具瞻也，乃所为瞩于诸君宁独此耶！方今东虏款矣，而伺衅之谋犹蓄也；宾酋屠矣，而阴山之哭未忘也；海虏戢矣，而鼓忿之雄思逞也；旧物复矣，而灾眚之困未苏也。兹岂诸君安枕时哉？试鳃然绎曰："得无倚塞而自释其闲修乎？得无任渔猎而自携其众志乎？抑或拆町畦而自逾其盟约乎？抑亦沿忾偈而自壅其沉泽乎？"若然，则胡以副托重之意？而余亦与有辱矣。其尚期于鸣剑伊吾、笑培疆宇，则奚翅诸君标鸿掀骏、享名垂光？即余之荷荣施也，又宁有既耶！此当事所属意也。因付剞劂以为左券，凡与斯役者，例得次之碑阴以示劝。

附录二

中共芦阳镇委员会　芦阳镇人民政府关于印发《〈芦阳镇志〉编纂工作实施方案》的通知

(芦党发〔2021〕209号)

各中心（站所）、各党（总）支部、村委会，驻镇各单位：

值此全镇广大干部群众以昂扬的姿态和坚持不懈、奋发有为的精神，为实现社会主义现代化而奋斗之际，为全面展现我镇各项事业发展成就，客观反映我镇历史与现状，系统总结我镇发展的历史经验，充分发挥志书"存史、资政、育人"的作用，激发广大干部群众撸起袖子加油干的斗志，经镇党委、政府研究，决定实施《芦阳镇志》编纂工作。此项工作曾于2013年启动并得到积极推进，后因诸多原因而中止，此次为重新启动。为确保编纂工作顺利进行，特制定《〈芦阳镇志〉编纂工作实施方案》，现印发给你们，请遵照执行。

中共芦阳镇委员会　芦阳镇人民政府
2021年8月28日

附录三

《芦阳镇志》编纂工作实施方案

一、指导思想和原则

坚持以马列主义、毛泽东思想、邓小平理论、"三个代表"重要思想、科学发展观和习近平新时代中国特色社会主义思想为指导，运用辩证唯物主义、历史唯物主义的观点和方法，全面、准确、真实地记述芦阳各项事业发展的历史、现状及主要特点，客观反映全镇各项事业取得的成就和经验。依据《地方志工作条例》，客观系统记述全镇各项事业发展基本情况，力求把《芦阳镇志》编纂成思想性、科学性、资料性、实用性与学术性有机统一的具有乡土特色的地方志，为"存史、资政、育人"提供借鉴，为全镇各项事业优质发展服务。

二、组织机构

（一）编纂委员会

主　任　周正君　镇党委书记

副主任　张举龙　镇党委副书记、镇长

成　员　安松山　镇人大主席

　　　　窦祖琴　镇党委副书记、政法委员（兼）、宣传委员（兼）

　　　　郝国民　镇党委委员、纪委书记

　　　　李自宏　镇党委委员、组织委员、党建办主任

　　　　陈玞辛　镇党委委员、副镇长

　　　　王生铎　镇党委委员、副镇长，寺梁村党支部书记、村委会主任

　　　　童　飞　镇党委委员、武装部长，芦阳村党支部书记、村委会主任

　　　　张晓庆　副镇长

　　　　胡　丹　芦阳派出所所长

　　　　段宝成　芦阳镇市场监督管理所所长

　　　　周银霞　农业农村综合服务中心主任

　　　　闫立国　社会治安综合治理服务中心主任

王　琪　公共事务服务中心主任
段晓军　芦阳畜牧兽医站站长
苟三江　一级主任科员
周文军　一级主任科员
王晓荣　副科级干部
曹秉国　芦阳学区党支部书记、校长
王　富　芦阳中心卫生院党支部书记、院长
芦林滨　石城社区工作站站长
张守东　东关村副主任
包可伟　城关村党支部书记、村委会主任
王虎健　城北村党总支书记、村委会主任
王维权　席滩村党支部书记、村委会主任
张宏涛　西林村党支部书记、村委会主任
魏工邦　石城村党支部书记、村委会主任
高承军　条山村党总支书记、村委会主任
赵子文　芳草村党支部书记、村委会主任
张海斌　十里村党支部副书记
沈茂红　红光村党支部书记、村委会主任
李进国　响水村党支部书记、村主任
马倩楠　芦阳镇干部
王晓红　芦阳镇干部

编纂委员会下设办公室，张晓庆担任办公室主任，马倩楠、王晓红负责具体工作。

(二) 编辑委员会

主　　编　李保军
常务副主编　卢昌随
副　主　编　乔仲良　李树江　罗文檀　韩世珍　张治忠
编　　辑　王兆文　马　卫　黄龙云　魏烈荣　何　忠　张奇才
　　　　　李进孝　王学英

根据工作需要，随时补充编辑老师，并邀请相关人员适时成立顾问委员会和审稿委员会等，未尽事宜由编辑委员会商议、编纂委员会研究后决定。

三、主要任务

向芦阳（镇）籍干部群众及各界相关人士发出征集史料、资料和素材的《倡议书》。

编纂委员会完成《芦阳镇志》编纂、出版工作。

各村收集、整理见证芦阳发展历史的珍贵实物和资料，为设立芦阳博物馆做准备。

四、时间跨度

《芦阳镇志》为初次编纂，上限力求上溯事物发端，下限止于2021年底。

五、《芦阳镇志》

（一）志名

《芦阳镇志》

（二）体例

1.采用述、记、志、传、录、表、图等形式，以志为主体。

2.所用数据，以统计部门数据为主，各村统计数据为辅，若出现差异，以统计部门数据为准。

3.人物记述坚持"生不立传"的原则，在世人物事迹均以因事及人的办法记述，不作系统生平介绍。收录人物按入志人物标准执行。

4.行文严格遵照国家语言文字相关规定，力求纪年、称谓、数量词等表述的准确规范。

（三）志书结构

由志首、主志、志尾三部分组成。

志首部分　包含编纂组织领导机构，编纂人员名单、编辑人员名单、序、各村分布图，各历史时期重要照片、凡例、目录、概述、大事记等。

主志部分　分民国及以前时期、中华人民共和国成立至改革开放前的时期、改革开放时期和中国特色社会主义新时代四大块，其中第三、四大块是重点。

志尾部分　主要包括重要文存、撤建有关资料及批文、补遗、勘误、考证辨疑、碑记、编后记等。

六、工作要求

（一）统一思想，提高认识，增强编纂《芦阳镇志》的责任感

做好编纂工作，是见证历史、把握未来的需要，是总结经验、谋求发展的需要，是发展芦阳各项事业、打造芦阳品牌的需要，既是对史实的保存和总结，更是为今后的工作提供经验和借鉴。必须树立高度的责任感和使命感，确立创一流、出精品的思想，扎扎实实做好编纂工作。

（二）坚持标准，保证质量，切实提高编纂品位

要讲求质量，打造精品，坚持好"三个标准"。一是思路明晰。遵循辩证唯物主义和历史唯物主义的观点，符合党和国家的路线方针政策，坚持改革开放和新时代这条主线，把握时代发展脉搏，做到主线分明、兼收并蓄。二是资料翔实。要充分占有资料，用正确的历史观统筹资料，使编纂地方志遴选的各类资料经得起推敲。三是精工细作。本着质量第一、精益求精的原则，把精品意识贯穿始终，力争编纂出无愧于时代、无愧于后人的地方志。

（三）加强领导，协力共促，确保《芦阳镇志》编纂工作如期完成

选聘富有工作经验、热爱此项事业、文字功底扎实的人员承担编纂工作，为《芦阳镇志》编纂人员提供便利的办公条件和必要的后勤保障，确保如期完成编纂工作。

2021年8月28日 印发

附录四

党代表提案（部分）

之一：《关于北沙河综合治理问题的提案》

芦阳北沙河途经一条山、寺梁、西林、席滩、芦阳、城关、东关、响水等8个行政村，芦阳境内全长30公里，总覆盖面积56.2平方公里。芦阳北沙河是芦阳镇境内重要的泄洪通道，同时也是满足沿线耕地灌溉的重要水源。一直以来，由于当地群众随意取沙挖土、倾倒垃圾，北沙河排洪抗旱功能不断降低，存在巨大的安全隐患。如若北沙河防洪工程项目能实施完成，可充分发挥四大功能，一是排洪功能可以得到充分发挥，消除沿线村落遭受洪灾的威胁；二是抗旱功能可以得到充分挖掘，满足河道沿线耕地灌溉；三是改善生态的功能可以加强，能够满足珍稀水禽的生存需求，同时能够改善区域气候；四是减少地质灾害的功能可以增强，有利于减少山体滑坡等地质灾害。

鉴于上述内容，建议县委、县政府进一步加强对北沙河综合整治项目的财政支持力度。

（芦阳镇代表团　领衔县代表　余新泰）

之二：《关于实施红光小型水利提灌工程的提案》

芦阳镇红光村位于景泰县东南部，距离县城25公里，距镇政府所驻地10公里，全村辖5个自然村，5个村民小组，170户，人口582人，全村共有耕地面积6283亩，其中旱地5726亩，井泉地1557亩，人均占有耕地面积10.55亩，人均占有井泉地2.62亩。2012年全村完成农村经济总收入798万元，农民人均纯收入达到5904元。

红光村地势偏远，地处干旱山区，地域广阔，呈立体型气候、自然资源贫乏，当地饮水和灌溉很大一部分依赖于深井水。由于部分机井是20世纪80年代开挖的，经过30年的运行，机井破旧，深井潜水泵配套设备老化，无法正常运行，制约了当地农业和农村经济发展，严重影响了群众发展生产、建设社会主义新农村的积极性。

为了保证苗灌正常进行，减少群众损失，特建议县委、县政府加大对实施红光小型水利提灌工程的财政支持。

（芦阳镇代表团　领衔县代表 唐维国）

附录五

国际救援开先例　万里办厂惊芦阳

这是一个鲜为人知的史实。

1946年冬季，联合国亚洲及远东经济委员会（会址设在上海黄浦路106号，简称亚远经委会，英文缩写为ECAFE）拟在中国西北贫困地区援建一家工厂，目的是以实业扶贫的方式，带动一方经济发展，让当地百姓脱离贫困，这是一个国际性的善举。时任景泰县国民政府参议长的石凤岗（字鸣凤）先生获此消息，认为这是惠及百姓的大好事，便与其好友时任甘肃省政府主席的郭寄峤联系，并极力争取，在他的奔走呼号下，亚远经委会根据景泰盛产羊毛、驼绒的资源优势和因其贫困符合救助条件，遂决定援建"景泰毛纺厂"，地址就选在当时县城所在地的芦阳城西关张姓人家的大院内。

方案确定后，亚远经委会派出了一支由7名不同国籍的工作人员组成的扶贫小组，从上海飞抵兰州，开始执行援建使命。他们是：主任萨汉民（犹太人）、女秘书格莱脱夫人（美国籍）、总管希尔先生（能讲一口流利的兰州话和景泰话）、司机孙某（华侨，父亲是意大利人，母亲是上海人）、医务海尔（美国籍）、会计（佚名，日耳曼人，他的夫人是苏联人），曹云是上海人，他的工作是负责无线电通信工作，兼管伙食、放电影。

这个7人扶贫小组在将近三年的时间里，在当时的芦阳老城演绎了一段"毫不利己、专门利人"的国际主义扶贫史话。他们虽然不同国籍，不同肤色，但人人都有一颗善良的心，个个血气方刚，严谨敬业，那种特别能吃苦的精神实在令人钦佩。该厂的具体名称是：美利坚合众国援助甘肃省景泰县扶容合作社。

（摘自2004年4月26日《上海日报》二版）

附录六

景泰县特殊地貌名称释义

一、硴

音zhà，这是一个怪僻字或地名专用字，仅适用景泰县的地名。在一般的字典里很难查到。《现代汉语词典》第五版（商务印书馆）的解释是："大水硴，地名，在甘肃"；《辞海》的解释与《现代汉语词典》相同。"硴"作为地名，除"大水硴"之外还有"红硴""南硴""周家硴"等等。大水硴是喜泉镇的一个行政村，1958年，包兰（包头—兰州）铁路经过这里，设有火车站，当时把"大水硴"站更名为"黄崖站"。崖，景泰地方方言读"ái/nai"，因村的东面有一悬崖，颜色为赤黄，故名。但"大水硴"这个地名在景泰县的历史上就没有"黄崖"的称谓，也许当时人们只是根据当地附近的地形特征而命名"黄崖"站，造成村名和火车站名不相符的情况。

凡是谓"硴"的地方，确实有一些共同的地貌特征：①多分布在低山丘陵地区，这些丘陵山顶浑圆，坡度和缓，相对高度不大。如在喜泉镇的南部、中泉乡、芦阳镇较多。②在平原、高山地区称"硴"的地名很少。如在草窝滩乡、漫水滩乡、景泰川、寿鹿山区就很少。③"硴"原是地形地貌名称，后逐步演化为地名。④"硴"是低山丘陵地区沟谷的泛称。⑤"硴"大多黄土层较厚，岩质丘陵和低山区叫"硴"的较少。

因此，在景泰县的低山丘陵地区，纵横交错的沟岔叫"硴"，或说"硴"就是丘陵或低山地区的沟沟岔岔的总称。称"硴"的地方地形坡度较缓，在沟岔中可以开垦为梯田式的洪漫地，但地块较小。景泰地区有一种名词重复形式的地方方言，也就是叠字，可表示小的意思，如"小杯"可叫"杯杯"，"小湾"叫"湾湾"。因此，"硴"有时也叫"硴硴"，可见"硴硴"就是小沟，把这个地区的沟沟岔岔统称叫"硴"，这就比较贴切，也符合这个地区的地形地貌特征。

二、垧

景泰方言读tāng。在《现代汉语词典》第五版（商务印书馆）垧读shǎng，为方言，意同"坳"，"山间平地；平坦的地（多用于地名）；贾塬（在宁夏），都家塬（在陕西）"。

在景泰地区，"塬"是地名，也是地形地貌的名称。如"青羊塬""三道塬""土塬子""黄羊塬"等等，是行政村或自然村。也是丘陵或低山地区较为平坦的宽谷，如芳草村的"后塬"。"磣"和"塬"是相对而言的。在"塬"里开垦的洪漫地（旱地），地块比较大且集中连片。

三、拉牌

在景泰地区用于地名，如"大拉牌（现为大安）""柱子拉牌""拉牌滩""拉牌头""拉牌湾""拉牌水"等。大拉牌现为景泰县喜泉乡的行政村。"拉牌"在《现代汉语词典》《辞海》上均未收入，但在景泰及周边地区却是较为广泛存在的一种地貌形态。

"拉牌"是在沙河（沟谷）相对地势较高一侧的山体（岩体）上，形成的上部岩层凸出下部岩层凹进，呈月牙形状悬崖的独特地貌形态，一般长度几米到几十米不等，也可达百米以上，若干个拉牌连成一串形成拉牌群，形成拉牌的一岸相对地势较为和缓。"拉牌"在经济不发达时期，曾是牧羊人居住、圈羊和遮风挡雨的场所。

"拉牌"的独特地貌形态的形成，一是起初内力作用形成陡崖，流水对河流凹岸的差异性侵蚀，中部岩层较软易于受到流水的侵蚀作用，上部、下部岩层较硬侵蚀较弱，其后地壳抬升，抬升后的岩体保留了流水侵蚀形成的上部凸出下部凹陷的地貌形态，再加上其后的风化和风力的差异性侵蚀而形成。二是由于景泰地区深居大陆内部，气候干旱，风力强劲，拉牌上部的岩石较硬，下部岩石较软，长期受风化和强劲风力的差异侵蚀，形成这样的独特地貌。

四、洼

音 wā，《现代汉语词典》第五版解释为"低洼的地方；水洼（多用于地名）；漫水洼（在甘肃）"。《新华字典》对"洼"的解释是山坡；斜坡：山洼。古同"洼"，多用作地名：耙子洼；水沟洼（均在中国宁夏回族自治区海原县）。

景泰地区把"洼"也作为地名，如有"碾轱辘洼""阴洼山""阳洼山"等，但作为地貌名称的比较多。叫"洼"的地貌有以下特征：①"洼"是山体的整体而不是局部。②"洼"是丘陵和低山地区相对高度不大的山丘，坡度和缓，顶部较为浑圆。③一般把村庄周围的独立小山丘和低山统称"屲"。④方言中有时把坡度和缓的很多小山统称"屲屲",如"红屲屲"等,说明称"屲"的一定是小而低的山。至于"阳屲""阴屲",是指"屲"的南坡和北坡。

五、岘

音xiàn,《现代汉语词典》解释为"岘山,山名,在湖北"。《新华字典》解释为"岘山,山名,在中国湖北省。亦称岘首山;小而高的山岭"。

景泰地区把"岘"既作为地名。如赵家岘、红豁岘、龙头岘等,也作为地貌名称。"岘"不是所有小而高的山岭,它是特殊位置上较为陡峻山岭(山脊),即是地形单元之间的较为陡峻山脊(鞍部),如沟谷与沟谷之间,川与川之间,滩与滩之间等;村庄之间的陡峻山脊;交通要道通过的陡峻山脊等称为"岘"。

(韩世珍)

附录七

为编纂《芦阳镇志》提供资料的相关单位、个人

一、单位

县委办公室、县人大常委会办公室、县政府办公室、县政协办公室、县委组织部、县委宣传部、县委统战部、县武装部、县党史办、县民政局、县教育局、县文旅局、县财政局、县水务局、县人社局、县交通局、县统计局、县卫健局、县市场监管局、县市政大厅、县档案馆、县志办、县委编办、县运管所、县融媒体中心、团县委、县妇联、县地震局、甘肃省景泰川电力提灌水资源利用中心、景泰一中、景泰二中、景泰职专、芦阳卫生院、芦阳学区、芦阳信用社、芦阳派出所、芦阳村、东关村、城关村、城北村、席滩村、寺梁村、西林村、石城村、条山村、芳草村、十里村、红光村、响水村、南环路社区。

二、个人

响水村 马秀红、王成奎、王静、化树仁、化雪岭、卢有万、卢有庆、卢有华、卢守龙、卢守让、卢守辉、卢林安、卢昌作、卢昌强、卢昌福、卢宝安、卢新春、祁东、祁贵山、李文园、李进民、李进国、李得功、李得保、李毅、乔治晶、杨天安、杨天喜、吴守建、余会福、张光祖、张守敏、罗正宪、郝德、郝良奎、高步春、高宏、谈继琴、谈嘉诰、崔克义、彭鼎、彭禄、葛惠萍。

红光村 王昭、王贵行、王辉基、刘永淑、沈余林、沈茂红、沈茂堂、沈梅兰、沈景林、沈普林、张天谋、周翠香、康文绣、寇宗玉、蔡有德。

石城村 冯宜宽、朱武明、李生忠、杨保珍、张之良、贾怀湖、郭子荣、唐玉成、魏工邦。

十里村 王安平、王俪颖、王宗明、刘建军、李玉环、李北泰、李京泽、李治赟、李树华、李鑫鑫、杨元芬、杨吉伟、沈安忠、张永庆、张永洺、张海斌、周富国、周玮、惠怀孝、曾正荣、曾正柱、曾正银。

寺梁村 王生田、王生武、王生铎、李德香、杨天胜、杨天祥、杨天展、

杨天彪、杨佑民、张树飞。

条山村 马新存、王兰元、王奎、化敏、白新云、卢有奎、司志瑞、史晓云、安文正、安廷玉、孙春荣、杨沛云、杨重雲、尚伦宝、张九文、张治军、张爱忠、徐进文。

席滩村 化得梅、王维权、韦秉荣、韦性恩、包国华、张世范、张汉才、张永南、赵国录、赵国校、郭永福、郭志平、郭志忠、郭志学。

城北村 王明德、王建麟、王积贵、付钧安、刘在凤、安玉宪、李光武、李利云、李松、杨琴、张久珍、张海、罗洪基、罗耀勇、龚成财、龚真规、龚真皓、蒋鸿艳。

芦阳村 马保清、王生禄、王焕新、王焕成、安廷荣、安廷胜、安廷雄、李建儒、张金霞、张承存、周发俊、段好霞、董运科、韩波、戴靖国、戴兆胜。

东关村 王世军、王世红、王新全、芮文珍、余会柱、余新泰、张延庆、张守东、张宏武、范世民、曹世勤、焦育博、翟正兰。

城关村 王治甲、化义、化勤、刘在产、李得中、李维民、张延安、尚义武、尚立军、高江、高加莲、戚存德、雷百让、雷槐生、魏文富。

芳草村 马永禄、韦守仁、王永、田种刚、李元安、李文华、李有权、李有智、李治权、李作身、李作梁、李明生、李志鸿、李保升、李保平、李桂春、杨积潮、吴守红、张义安、张义军、张义清、张文、张治富、武克玉、武克能、尚仁武、屈占昌、赵斌文、胡秉荣、姚学竹、寇永成、寇永祯。

西林村 王存基、王真河、王景文、冯学春、冯得仁、达文礼、朱兆学、杨国莲、张兴高、彭贺嘉、路正媛。

索 引

1.本索引的主题词（标目）列入《芦阳镇志》正文（除"艺文"外）中出现的比较重要的专业名词、名词词组、人名、地名、机构名、事件名称。

2.本索引按汉语拼音顺序排列。

3.本索引标目之后的数字，表示该标目在正文中的页码。部分标目在多个页码中出现，本索引以列入2个页码数为限。

4.序言、概述、大事记、附录、后记中出现的上述内容，不作为标目列入索引。

一、人 名

A

安　乐　629
安　庆　605
安　寅　602
安　峻　627
安方强　707
安红钢　653
安红明　723
安进元　416
安立绥　590
安汝树　586
安淑名　658
安松山　435
安廷玉　400
安文联　636
安文明　667

安文清　633
安晓慧　724
安正宏　681
安正军　377
安正秀　377

B

白宝云　221
白贵海　691
白郎亭　208
白新云　678
柏东山　400
柏延坤　400
包福泰　660
包可伟　076
包可宏　676
包守诗　617

包有录　626
卜继承　710

C

曹秉国　688
曹庆文　622
曹祥文　632
曹玉琴　220
常建昕　676
常敬霞　222
常俊红　635
常利国　684
常蓬彬　673
常蓬东　706
常蓬澍　697
常升文　625
常守斌　691

常正贵 601	崔成信 376、713	杜建国 696
陈　铎 378	崔传芳 141	杜全铭 638
陈　铎 701	崔克兴 618	杜玉泰 615
陈　福 630	崔长春 721	段宝成 435
陈　祥 632	**D**	段桂花 442
陈　钰 606	达　云 044	段好贵 217
陈彩勤 634	达举锐 444	段好玲 674
陈昌浩 475	达宣兰 688	段好勇 634
陈大荣 605	戴伯铭 610	段好云 668
陈玞辛 435	戴靖国 718	段好明 217
陈辅祥 439	戴寿山 611	段皓清 696
陈国梁 665	戴兆胜 211	段吉文 642
陈国梅 721	戴兆胜 609	段吉玉 665
陈国普 379	党成德 629	段守柏 614
陈海宏 722	邓光前 614	段守嘉 616
陈启迪 676	狄宝芳 377	段守经 659
陈文亮 626	丁维勇 687	**F**
陈文胜 677	董　萍 709	樊新民 431
陈燕宏 688	董成生 699	樊玉刚 216
陈永剑 677	董积平 655	范富芳 435
陈永菁 644	董继武 635	范海荣 654
陈永泰 707	董建忠 220	范宏伟 658
陈有贵 621	董善为 707	范鸿雁 685
陈资全 435	董学才 688	范世杰 434
程丰年 434	董一民 141	范世民 213
程世才 328、475	董永军 672	范学成 652
程淑珍 612	董永生 678	冯玉珠 704
仇怀瑾 607	董运科 211	付德安 615
崔　侠 681	窦祖琴 439	付兰英 622

付兆瑞 720	高启俐 687	龚真姝 677
付廷财 700	高启荣 689	龚真峡 682
付廷德 377	高清民 630	龚真直 625
付廷德 703	高清英 663	苟三江 400
付廷锦 666	高淑阳 202	苟三奎 724
付选良 431	高学玉 672	郭恒宗 662
付召安 431	高雅秋 722	郭宏远 712
付兆孟 716	高岳斌 688	郭连凤 631
付兆永 649	高云晓 689	郭莲英 699
付仲东 683	高在亭 612	郭录宗 613
付仲华 699	高占德 692	郭宁邦 605
付仲兰 704	高振槙 600	郭树德 694
付仲荣 214	龚　伟 377	郭天禄 627
付仲伟 679	龚成春 684	郭天锡 718
付仲武 216	龚成谨 669	郭天毅 665
富珠隆额 605	龚成胜 670	郭廷成 691
G	龚成瑄 664	郭维平 216
盖刘德 633	龚成有 632	郭晓强 705
甘惠元 400	龚成煜 617	郭新民 634
干　超 612	龚大伦 698	郭延安 720
高　铎 697	龚大绥 599	郭延斌 619
高　明 620	龚珍凤 376	郭延德 723
高　锡 621	龚真斌 650	郭延健 638
高秉亚 625	龚真春 625	郭延龙 642
高步春 616	龚真观 678	郭养民 432
高凤飞 664	龚真规 081	郭永斌 678
高凤丽 680	龚真皓 682	郭永泰 637
高国义 657	龚真花 682	郭有林 439
高陇生 595	龚真军 680	

郭长存 723
郭志道 706
郭志杰 631
郭志君 703
郭志学 088

H
韩　波 636
韩仰愈 712
郝　发 673
郝　珒 661
郝　璘 652
郝　仪 663
郝　勇 676
郝　玉 680
郝　招 666
郝邦才 120、591
郝宝魁 702
郝翠平 675
郝登魁 588
郝光有 692
郝国华 648
郝国华 669
郝国泰 667
郝建国 643
郝建奎 701
郝尚钰 714
郝社萍 668
郝天魁 604
郝廷建 634

郝延宁 675
何　荣 615
何　睿 700
何　孝 640
何　勇 642
何　忠 668
何　著 707
何乃婷 687
何其亨 387、586
何尚志 711
贺万昌 631
赫树仁 616
洪　镒 627
洪恩荣 639
洪海涛 439
洪全熹 171
呼庭义 689
忽建强 649
胡秉宝 219
胡秉俊 624
胡秉龙 639
胡秉荣 218
胡广斌 220
胡广勤 218
胡广顺 220
胡广亚 648
胡广之 651
胡桂芬 683
胡桂馨 677

胡馨予 724
胡永明 614
胡永义 628
胡玉玲 636
胡玉梅 622
化　玲 681
化　勤 216、720
化　伟 665
化　孝 389
化　义 216
化得学 217
化得元 671
化守登 583
化树仁 717
化廷智 634
化雪梅 681
黄国杰 670
黄国清 666
黄龙云 720
黄淑梅 377
黄在中 712

J
贾　凯 613
贾步鳌 695
贾广钰 625
贾兴福 716
贾兴禄 716
姜海龙 221
焦　平 638

焦　清 623	寇永玲 609	李　明 648
焦　信 718	寇永琴 217	李　强 697
焦　智 647	寇永祯 695	李　桃 217
焦鹏元 378	寇宗仁 673	李　文 687
焦生翠 442	**L**	李　汶 044
焦占元 691	来进明 652	李　孝 616
焦正芳 689	来耀芳 673	李　雄 667
金　墙 692	来耀功 642	李　英 431
金国梅 667	来耀勤 621	李　元 613
金国孝 215	来耀勇 668	李　源 716
金树鼎 430	兰登汉 149	李爱玲 683
金树义 658	雷百禄 164	李白玉 605
金文会 683	雷百庆 608	李保成 695
金彦君 439	雷百让 215	李保军 637
景祥熙 718	雷恩成 221	李保平 699
景向军 216	雷恩东 643	李保荣 643
K	雷恩厚 214	李保卫 621
康清荣 636	雷恩辉 647	李北河 627
康星芳 657	雷高捷 249、585	李斌全 681
康星刚 623	雷建民 707	李炳兴 645
康星印 613	雷建生 703	李朝东 654
康星元 719	雷捷凯 605	李朝奎 655
康星正 706	雷槐生 076	李成龙 708
康正银 633	雷凯荣 655	李成名 650
寇明芳 442	黎锦春 606	李春玲 708
寇世权 432	李　锋 689	李春霞 684
寇述科 633	李　果 387、596	李得福 081
寇述敏 635	李　焕 633	李得国 642
寇娅雯 685	李　健 706	李得举 672

李得茂 663	李进平 069	李淑香 376
李得敏 697	李进生 217	李述训 653
李得秾 622	李进孝 673	李树桂 597
李得水 707	李进星 707	李树河 621
李得天 656	李近蓉 685	李树江 630
李得忠 618	李景世 708	李树茂 700
李德香 092	李俊山 652	李树山 663
李发贵 615	李兰英 120	李树涛 638
李芳芳 686	李蓝田 246、430	李树义 633
李富春 616	李利民 646	李泗德 711
李富达 649	李利敏 697	李天焕 475
李富俊 704	李林祖 208	李维奎 687
李富荣 703	李明材 613	李卫学 674
李光武 609	李明德 630	李文仓 669
李桂春 674	李明东 702	李文化 615
李桂锋 707	李明霖 724	李文辉 646
李桂铭 218	李明诗 433	李文清 693
李桂荣 703	李明生 211	李文雄 701
李国峰 686	李明政 647	李文英 627
李国剑 685	李培德 617	李文英 667
李焕堂 594	李培福 149、331	李文瀛 371
李焕堂 716	李鹏荣 643	李文源 614
李积伟 686	李瑞山 686	李希发 593
李积星 687	李三桂 208	李喜源 149
李继颜 610	李尚全 654	李先念 328
李金贤 680	李尚信 617	李小林 689
李进富 675	李生忠 098	李晓春 679
李进鹏 651	李世珙 208	李效柏 670
李进琴 676	李世荣 621	李新宇 679

李彦成 211	刘德山 616	卢昌林 699
李银泰 174	刘凤翮 607	卢昌明 650
李应庆 668	刘国义 671	卢昌祺 680
李应伟 648	刘海花 076	卢昌荣 696
李应旭 669	刘吉师 698	卢昌盛 686
李应玥 710	刘家恩 659	卢昌盛 698
李永禄 694	刘嘉武 149	卢昌盛 717
李有仁 597	刘荣邦 689	卢昌世 704
李有智 718	刘森泉 702	卢昌寿 221
李玉玺 587	刘万荣 615	卢昌随 675
李玉秀 695	刘旺山 619	卢昌泰 709
李玉英 659	刘学军 704	卢昌祥 615
李元安 698	刘瑛琦 630	卢昌新 669
李月明 690	刘永祥 610	卢昌毅 651
李卓然 476	刘玉岚 638	卢昌佑 694
李宗经 208、584	刘玉祥 102	卢昌元 641
李宗奎 623	刘玉祥 102	卢昌元 646
李宗佑 695	刘在峻 691	卢昌智 636
李作标 626	刘正凯 120	卢崇光 583
李作国 632	刘佐明 613	卢得治 693
李作林 711	龙在田 606	卢登春 708
李作泰 625	卢昌立 222	卢和春 220
梁占英 670	卢昌宝 641	卢慧春 679
廖永亮 644	卢昌高 639	卢健平 684
廖江泰 685	卢昌海 705	卢林安 629
林志刚 685	卢昌怀 686	卢临军 400
刘　奎 694	卢昌辉 641	卢青春 674
刘　祥 607	卢昌杰 647	卢尚京 706
刘　轶 439	卢昌军 715	卢守潮 669

卢守纲 699	卢有治 622	吕济舟 592
卢守功 432	卢有智 700	吕普英 337
卢守琪 378	卢有忠 594	吕世红 217
卢守仟 715	卢渊安 713	吕文环 724
卢守谦 662	卢智春 671	吕文祥 701
卢守勤 618	芦林滨 417	吕文勋 683
卢守泉 611	路秀英 608	吕霞民 698
卢守统 641	罗 孝 433	吕志敏 672
卢守位 713	罗彩芳 704	M
卢守俊 625	罗春泰 667	马 宝 696
卢守雄 625	罗凤霞 664	马 德 717
卢首成 708	罗光荣 608	马 峰 706
卢素苇 676	罗广天 434	马 功 625
卢新春 702	罗鸿儒 692	马 骥 713
卢耀安 695	罗鸿儒 431	马 健 663
卢应奎 610	罗立波 677	马 昆 661
卢有存 069	罗立峰 624	马 力 665
卢有虎 618	罗明安 439	马 仑 662
卢有吉 696	罗明栋 615	马 茂 705
卢有江 668	罗文英 616	马 平 702
卢有军 215	罗耀勇 709	马 迁 668
卢有亮 632	罗玉昌 680	马 荣 218
卢有强 647	罗振华 658	马 儒 669
卢有儒 697	罗振荣 608	马 生 651
卢有山 619	罗正儒 666	马 舜 660
卢有升 694	罗正伟 705	马 卫 720
卢有胜 665	吕 俊 141、608	马 兴 661
卢有舜 687	吕安民 632	马 彰 700
卢有伟 149	吕德春 714	马 昭 620

马　智 664	马尚福 674	慕兰生 439
马　宝 433	马天麟 605	**N**
马　元 431	马廷祥 476	宁上智 710
马财国 638	马万清 614	宁旭升 721
马昌友 400	马维刚 660	牛慧芳 705
马成福 721	马文芳 674	牛世清 689
马德福 685	马兴禄 686	**P**
马登科 696	马雄天 595	潘青春 709
马登云 149	马永福 648	庞凤霞 688
马伏世 607	马玉芳 102、609	彭　鼎 659
马辅相 606	马玉福 649	彭　荣 664
马国泰 605	马元海 476	彭　兴 714
马宏福 686	马占杰 219	彭红梅 645
马慧敏 722	马占雄 648	彭建花 682
马进德 688	马占岳 715	彭建姝 681
马军福 655	马兆宏 703	彭建喜 720
马君柄 711	满元勋 689	彭可成 637
马君棋 614	毛成祖 637	彭可东 681
马君祯 592	毛建海 671	彭可俊 642
马佩兰 432	毛建玲 640	彭可平 684
马如芳 615	冒君刚 620	彭可荣 700
马如礼 618	冒天诚 652	彭可伟 668
马如升 660	冒天启 652	彭可文 682
马如生 614	孟子龙 644	彭可信 647
马如星 653	牟成烈 606	彭舜花 680
马如勋 603	牟秀山 693	彭维安 371
马如鋆 693	缪海明 639	彭维友 690
马如玉 712	缪延明 632	彭文浩 614
马瑞芳 679	缪中玉 681	彭文焕 611

彭文简 714	祁全银 622	沈昌林 637
彭延龄 164	祁全勇 628	沈登云 706
彭智勇 709	祁全展 642	沈栋林 661
Q	祁泰山 697	沈凤林 673
戚登忠 677	祁小媛 682	沈贵祥 606
戚继军 435	祁秀山 698	沈汉林 659
戚维礼 584	钱宝林 606	沈建成 681
戚武德 670	乔光旭 216	沈建沁 643
戚仰祖 590	乔占英 639	沈建荣 675
戚永福 635	乔占河 699	沈建珍 703
戚永盛 676	乔治晶 707	沈建中 641
祁　斌 652	乔智辉 684	沈景林 669
祁　东 174	乔仲良 671	沈可隆 692
祁　贵 641	乔仲贤 667	沈奎林 658
祁　贵 662	屈占昌 702	沈茂成 666
祁　海 646	**R**	沈茂丁 686
祁　林 645	任邦民 692	沈茂东 652
祁　文 658	芮文刚 646	沈茂国 704
祁　文 677	芮文强 222	沈茂军 649
祁冲汉 610	**S**	沈茂森 656
祁翠兰 671	色布星额 605	沈茂武 222
祁贵山 673	尚步岳 690	沈茂彦 685
祁海燕 708	尚义武 619	沈茂杨 686
祁金山 647	邵烈坤 475	沈茂彧 681
祁军玲 676	折福成 218	沈茂月 645
祁林川 708	折福奇 642	沈茂瓒 710
祁名山 638	折福有 665	沈清林 622
祁全军 696	沈　君 668	沈瑞林 628
祁全学 713	沈爱霞 699	沈森林 629

沈世林 656	司朝阳 645	谈嘉言 602
沈泰林 666	宋承天 658	谈嘉政 628
沈天林 640	宋承晓 684	谈明宏 703
沈渭河 617	宋承玉 648	谈明理 638
沈渭霞 669	宋旭东 655	谈明娣 704
沈渭孝 640	宋旭辉 675	谈明智 682
沈文成 702	苏建刚 642	谈守军 684
沈文国 655	苏运来 719	唐　明 434
沈文梅 673	孙　斌 681	唐国华 704
沈文秀 693	孙翠才 617	唐吉武 611
沈文章 629	孙建龙 662	唐兰芳 659
沈显林 677	孙铭谦 722	唐连升 606
沈祥林 694	孙天蛟 208	唐维国 691
沈雁楠 723	孙廷魁 208、611	唐晓忠 723
沈颖林 678	孙廷镛 717	唐永莲 688
沈涌林 631	孙锡麟 207	陶福胜 645
沈玉慧 722	孙延成 638	陶福元 665
沈玉林 628	孙雨蛟 589	田　乐 044
沈长林 647	孙友龙 213	田玉春 699
沈佐文 214	孙玉龙 218	田玉贵 701
沈佐儒 215	孙玉梅 656	田种刚 698
石成娟 439	孙正泰 697	田种林 219
石延荣 439	孙志国 649	童　飞 400
石玉磊 692	孙志蓉 651	W
石玉亭 623	孙志远 719	万国才 692
史　诚 606	T	万国庆 623
史麟英 164、713	谈怀灿 618	万应芳 442
史书鉴 336	谈嘉诰 695	王　诚 622
史晓云 709	谈嘉教 629	王　贵 607

王　辉 661	王　瑜 674	王恒广 685
王　晶 645	王　瑜 723	王洪安 692
王　靖 663	王　元 616	王鸿生 653
王　静 400	王　祯 666	王虎健 081
王　静 701	王　琪 443	王怀瑜 626
王　俊 695	王　伟 435	王焕荣 711
王　侃 696	王　雄 399	王焕泰 711
王　岚 646	王保才 614	王焕文 164、712
王　琳 684	王保澄 249	王惠科 620
王　鹏 636	王昌科 631	王惠莲 633
王　琦 707	王朝才 416	王惠云 608
王　清 617	王朝才 435	王积功 640
王　锐 615	王成德 588	王积仁 616
王　瑞 616	王成栋 672	王积石 718
王　瑞 636	王成国 633	王积树 618
王　社 081、598	王成科 630	王积武 666
王　生 378	王成山 378	王积印 598
王　胜 705	王春玲 442	王吉杰 219
王　泰 662	王得才 690	王建成 417
王　涛 647	王德健 673	王建梅 377
王　涛 676	王登彪 666	王金喜 666
王　伟 400	王东彪 081	王进武 683
王　新 696	王定国 694	王进智 432
王　雄 702	王笃文父子 716	王锦云 660
王　俨 630	王芬建 609	王景云 653
王　银 635	王凤仪 697	王开国 693
王　银 636	王富健 646	王科健 624
王　银 696	王海平 642	王可弘 627
王　印 663	王海云 660	王可毅 663

索引

王来生 618
王立基 435
王立丽 721
王俪颖 112、610
王莲臣 694
王林奎 698
王琳健 643
王凌云 659
王佩霞 698
王钦刚 678
王钦龙 650
王庆云 593
王仁若 430
王生铎 436
王生宏 705
王生录 635
王生鹏 686
王生泰 675
王诗瑶 679
王世健 222
王世红 664
王守珊 592
王姝静 652
王姝清 652
王姝顺 662
王姝英 663
王姝云 663
王姝玮 663
王天成 660

王天健 631
王廷勋 433
王彤云 693
王万和 627
王万任 651
王维恒 705
王维武 435
王文彰 690
王武健 700
王玺祯 692
王祥忠 218
王孝珍 376
王新来 678
王新亮 624
王新鹏 643
王兴龙 709
王兴胜 615
王秀云 662
王旭健 702
王学军 643
王学军 705
王学胜 631
王学贤 088
王雪安 688
王勋健 081
王阳壹 682
王耀德 687
王义法 620
王义山 416

王英健 670
王英杰 608
王永昌 701
王永生 706
王有军 674
王有科 653
王有强 676
王宇健 644
王玉香 077
王月福 639
王云山 629
王占才 657
王占忠 655
王兆瑞 337、720
王兆文 337
王治甲 219
王兆文 719
王治国 603
王中山 630
王仲科 714
王自贤 688
王作栋 591
王作信 433、601
王作有 695
韦秉信 617
韦藏金 088、715
韦性明 705
韦性荣 221
韦应盛 646

魏　玮 336	吴守红 108	徐卫华 649
魏琛邦 688	吴守明 626	徐向前 328
魏岱宗 400	吴守燕 706	徐晓平 700
魏工邦 098	吴文成 435	徐新彩 442
魏怀芳 661	吴希绣 660	徐新平 672
魏怀明 215	吴学军 069	徐新亚 633
魏烈明 432	吴应昌 600	徐新臻 700
魏文银 701	吴应举 664	徐占潮 672
魏小萍 689	吴应瑞 661	许　得 607
魏永平 687	吴应选 632	许生录 149
温兆熙 628	五尔德布 605	薛延良 614
吴　滨 692	武克俭 634	Y
吴　成 584	武克玉 215	闫桂馨 442
吴　静 707	武晓晶 650	闫沛荣 439
吴　瑄 584	X	闫沛雨 719
吴　燕 724	恚金兰 377	闫文秀 681
吴　昱 202	肖　赢 435	闫秀英 659
吴　云 679	谢柏林 617	阎桂馨 433
吴大松 663	辛世宝 649	阎天祥 619
吴大绥 627	熊厚发 475	杨　松 693
吴大统 659	徐　步 662	杨　隆 605
吴国荣 644	徐　憨 596	杨　扬 439
吴克乾 674	徐　文 665	杨　银 633
吴克顺 654	徐　英 614	杨德成 679
吴克文 704	徐　仲 606	杨凤朝 607
吴培元 620	徐存东 658	杨凤礼 637
吴琼子 724	徐得元 606	杨凤栖 694
吴守东 708	徐苓茌 675	杨凤印 617
吴守林 220	徐庆云 606	杨国正 648

杨涵清 629	杨天琳 643	杨作舟 605
杨家兴 652	杨天敏 721	姚昌武 672
杨建民 701	杨天平 638	冶成章 474
杨建明 667	杨天萍 702	殷世仓 709
杨建升 671	杨天荣 613	殷世俊 701
杨礼清 628	杨天升 670	殷世敏 672
杨明海 634	杨天生 644	殷世儒 081
杨明星 633	杨天绥 674	余会福 655
杨钦学 678	杨天威 632	余会柱 700
杨清荣 615	杨天文 631	余升科 606
杨瑞山 717	杨天锡 661	余占鳌 606
杨生华 690	杨天喜 700	余新泰 073
杨生淮 706	杨天兴 613	俞兴源 640
杨生荣 627	杨天兴 682	袁祥福 619
杨生伟 600	杨天政 706	岳登龙 307、585
杨生珍 695	杨宣清 432	岳自国 691
杨世明 683	杨延成 222	**Z**
杨世忠 696	杨延辉 222	翟自升 300
杨天彩 682	杨永清 635	张　玲 657
杨天成 613	杨佑军 644	张　升 606
杨天成 700	杨佑鹏 651	张　文 217
杨天铎 640	杨佑强 651	张　颖 710
杨天芬 672	杨佑势 685	张　钰 607
杨天桂 671	杨佑位 665	张　忠 670
杨天鸿 698	杨佑绪 686	张文山 687
杨天健 724	杨佑燕 677	张百胜 635
杨天进 640	杨佑仪 657	张博淞 724
杨天军 639	杨玉林 662	张昌明 221
杨天礼 377	杨重雲 102	张朝荣 614

张承才 659	张宏云 671	张琴英 416
张承得 614	张建国 687	张清德 687
张承恩 695	张杰廉 433	张庆春 641
张承发 694	张金城 668	张全敏 700
张承法 614	张进仁 716	张瑞生 634
张承富 617	张景玲 675	张生文 648
张承贵 695	张九文 706	张世惠 679
张承潜 669	张久红 677	张世忠 703
张承生 628	张久皎 681	张守明 656
张承祥 694	张久鹏 439	张守荣 703
张承旭 378	张举杰 650	张守祥 717
张承旭 627	张举龙 693	张守学 636
张承芸 664	张举辉 708	张守瑜 690
张承宗 617	张俊禧 688	张守忠 715
张德义 693	张兰芳 708	张述敏 073、607
张发新 665	张兰霞 670	张泰儒 717
张福祥 650	张礼学 690	张天俊 654
张海强 144	张茂财 699	张万贵 435
张好俭 630	张茂林 645	张文强 378
张好军 634	张茂顺 705	张文治 697
张好林 719	张茂有 639	张问仁 711
张好明 701	张茂玉 670	张献庆 623
张好顺 668	张茂中 704	张晓斌 435
张好文 667	张明杰 218	张晓庆 436
张好学 613	张明生 217	张晓燕 686
张宏昌 650	张培发 221	张兴仁 613
张宏飞 651	张鹏祖 688	张兴武 617
张宏涛 439	张奇才 217、721	张兴信 617
张宏武 073	张钦武 475、612	张兴祖 219

张学诚 595	张志恬 680	周爱成 690
张学德 699	张治海 708	周邦翠 442
张学信 667	张治军 673	周邦忠 417
张雪莉 648	张治忠 670	周道昌 711
张延安 076	张重庆 709	周道兴 710
张义安 664	赵　成 378	周德才 651
张义军 701	赵　刚 683	周德高 645
张永科 635	赵　洁 708	周德慧 722
张永泰 432	赵　武 654	周德玲 709
张永孝 665	赵　晓 680	周德仁 641
张有成 221	赵德源 416	周德祥 621
张有华 666	赵光大 605	周德宣 625
张有禄 694	赵国斌 606	周德宗 644
张有武 218	赵国杰 701	周发尧 624
张玉芬 703	赵国檀 692	周继尧 629
张元庆 671	赵鸿夫 688	周尚刚 672
张长春 718	赵机灵 675	周世据 616
张长江 696	赵世英 663	周世忠 693
张长寿 694	赵双文 624	周泰成 644
张长新 673	赵天东 647	周文福 617
张兆福 587	赵天恒 672	周文军 417
张赞绪 387	赵文成 219	周文魁 625
张兆霞 377	赵兴祖 683	周文清 697
张振兴 698	赵雪灵 683	周文全 624
张正甲 689	郑栋先 222	周文章 669
张正军 416	郑烈军 222	周正君 691
张正扩 680	郑彬先 222	朱生财 201
张正勤 699	郑维先 222	朱焕祖 697
张志成 436	周　瑾 643	朱建国 215

朱世魁 674

朱世文 635

朱延虎 717

朱延明 336

朱有才 612

曾潮斌 640

曾永玉 439

曾正强 696

曾正先 623

曾正信 697

曾正中 653

二、地名、机构名

A

媪围 043、324

媪围古城 324

媪围河 055、324

B

包兰铁路 177

碧云寺 327

卞地槽 053、132

C

长城 323

陈家台子遗址 322

城北村 079

城北墩汉墓群 323

城关村 075

D

大佛寺 329

大格达 208

大街牌楼 329

大炼钢铁遗址 330

大芦塘 045

大芦塘城堡 326

党代会 395

鸾沟古城遗址 322

鸾沟汉墓群 323

东风新村 079

东关村 072

F

芳草村 107

福字广场 050

G

干沙河 474

公社卫生院 355

共青团 438

国民兵团 473

国民小学 250

H

匋眷梓清真寺 330

红30军军部纪念室 328

红光村 114

红西路军一条山战斗旧址 322

红磴 279

化守登将军墓 323

黄崖沟 325

火神庙 330

J

焦家牌坊 330

教场梁汉墓群遗址 325

教育公所 249

教育科 250

教育署 249

经联委 398

景电纪念园 331

景泰简易师范 251

景泰毛纺厂 177

景泰学会 387

景中高速 179

靖远县北区 430

九龙山庙宇群 346

K

魁星楼 329

L

兰营公路 179

老君庙 330

雷神庙 330

卢崇光墓 323

芦阳城隍庙 329
芦阳村 068
芦阳大戏班 307
芦阳剧团 308
芦阳农机站 140
芦阳农业中学
芦阳区委 390
芦阳人民公社 130
芦阳沙河 055
芦阳乡 045
芦阳—响水盆地 053
芦阳小学 258
芦阳学区 252
芦阳一中 298
芦阳中学 299
罗家大滩 056

M

马鞍山 079
马鞍山汉墓群 323
马昌山 054
马家庄汉墓群 323
蒙古王爷坟 323
米家山 053
民兵组织 480
磨湾 227

N

南环路社区 125
农会 420
农民文化技术学校 303

Q

劝学所 249

R

人民代表大会 413

S

三清殿 346
沈庄盆地 059
十里村 111
石城村 097
石城小镇 125
双龙寺 327
水沟湿地 332
寺梁村 090
索桥村 090
索桥古渡 326
索桥园子 055

T

条山村 100

W

王湾遗址 322
文化教育科 251
文庙 330
乌龙山古建筑群 327
武翼大夫夫妇合葬墓 322
武装部 398

X

西关砂锅窑遗址 323
西林村 095

西林汉墓群 323
西路军烈士纪念碑 328
席芨梁 132
席滩堡遗址 323
席滩村 087
席滩遗址 323
响水初级中学 302
响水村 118
响水剧团 308
响水小学 249
小芦塘城堡 326
小坪汉墓 323
新边墙 119
学生团 388

Y

盐路 100
阳屲圈遗址 322
一条山接引寺 328
一条山农牧场 046
一条山清真寺 329
一条山小学 101
义学 249
营盘台遗址 325
游击府 330
园子湾遗址 322

Z

张家台遗址 325
镇党委 390
镇妇联 440

镇工会 443
镇纪委 397

镇政府 427
中心卫生院 355、359

忠烈祠 330
钟鼓楼 329

三、事件、事物名

B

白色革命 156
雹灾 062
表彰与奖励 407
病虫害防治 161

C

财政 436
志愿军战士 613
其他战事人物 618
残疾人运动会 378
草地 058
厕所革命 467
产品结构 134
产业扶贫 449
产业结构 133
城北村教育 288
城北墩战斗 477
城关村教育 262
赤脚医生 363
出版（印行）著作 340
出生率 225
畜产品 167
畜禽养殖 162
传统耕作方式 142
传统耕作农具 137
传统工业 195

D

大家畜 165
大炼钢铁遗址 330
大芦塘攻坚战 477
大芦塘教育 257
带状种植 142
党的建设 401
党政工作机构 398
地膜工程 142
地摊戏 315
地下串井 104
地下水 056
地形地貌 053
地震 064
电商扶贫 454
电商服务业 210
电影 336
电子商务 454
电子商务 188
东风村教育 269
东风文昌庙 348
东风老君庙 348
东关村教育 261
东西部协作 464
动物资源 060

兜底保障 459

F

方言 547
芳草村教育 282
芳草村史馆 108
芳草村志 108
树皮笔画 321
芳草战斗 478
非遗 319
风貌革命 467
风能资源 060
风灾 062
封山育林育草 465
扶贫车间 448
扶贫互助协会 458
服装加工 202
福临芦塘 050

G

高原夏菜 158
戈壁农业 452
革命样板戏 308
个体照相馆 336
各村教育 260
耕地 058
耕作方式 142

公购粮 153
公社文化站 333
公益性岗位 462
灌漠土 057
光伏扶贫 457
广播 188
广播影视传媒 188
规模养殖 450

H

旱地、山地 142
旱沙地瓜类 155
旱砂田 142
旱灾 061
河道治理 147
河流 055
河长制 147
洪灾 062
环境绿化 161
黄崖沟岩画 325
灰钙土 056
惠民政策 469
婚姻 245
货运业 183

J

极端最低气温 054
极端最高气温 054
计划生育 241
技术推广 155
家庭 婚姻 243

家庭农场 144
建档立卡户 447
建筑业 211
健康扶贫 456
健康计生卫生 469
交公粮 153
交通运输 177
教育扶贫 455
节日习俗 497
金融信贷 436
禁忌 533
经济林 160
经济作物 155
精准扶贫 463
井灌 146
景电工程 147
就业扶贫 452
举人 249
军事训练 482

K

坎儿井 146
科教文化 469
客运业 184
快递配送 454
矿产资源 058

L

垃圾革命 467
劳务输出 453
礼庆习俗 503

历史剧 337
隶属沿革 043
粮食作物 154
两后生 453
两免一补 455
林木管理 161
林业 158
芦塘古建筑 329
芦阳村教育 260
芦阳打铁花 319
芦阳大戏班 307
芦阳剧院 333
芦阳旅游 334
芦阳水泥厂 372
兽医站 164
文化中心 333
芦阳镇志 334
芦阳中学男篮 377
芦中男排 376
骆驼运输队 182

M

马鞍山村教育 293
麦窝村教育 270
漫画家学会 338
毛制产品 203
眉户剧 316
谜语 578
庙会 333
民兵组织 484

民歌、民谣 578
民间美术 317
音乐与戏剧 307
民间中医 353
民团 371
民主管理 422
民主监督 422
民主决策 422
民主选举 422
名胜古迹 323

N

年平均日照 054
年平均蒸发量 054
农村工匠 202
农电建设 152
农家乐 452
农民体育 371
农田林网改造 465
农业发展概况 129
农业税 153

P

皮制产品 203
贫困发生率 447
品种改良 164
平田整地 131
平均年降水量 054
铺压砂地 131

Q

宗教活动场所 346

气候 054
气象灾害 061
千亩梨园 451
秦腔 307
秦腔艺人 310
曲子戏 315
泉水 145
群众体育 37

R

人口发展概况 225
人口构成 230
人口迁移 236
人口增长率 469

日光温室 452
日较差 054

S

赛事成绩 376
三排碱渠 465
三下乡 335
丧葬习俗 523
扫盲教育 303
商业服务业 207
社会保障 469
深度贫困村 462
生产工具 137
生活、生产用具 525
生活习俗 508
生态扶贫 457
十里村教育 279

石城村教育 280
石峡水库 145
石制产品 203
水产 173
水浇地 142
水利 145
水文 055
水资源 059
税收 436
丝绸之路 207
私塾 249
寺梁村教育 272

T

特色林果 451
特色种植 449
体育人才培养 375
体育设施 376
天津帮扶对象 464
田径、球类 376
田径锦标赛 378
条山村教育 285
土地盐碱 429
土地与劳动力 134
土地资源 058
土壤 056
退耕还林工程 465
脱贫攻坚 467

W

文物保护员 323

文化活动 336
文化获奖 335
文化建设 333
文化艺术 307
文物保护 321
文物资源 321
文学艺术创作 337
文艺协会会员 337
文艺体育 371
武术 371

X

西关村教育 271
西关砂锅 320
西林村教育 292
西林战斗 478
席滩村教育 276
戏剧 307
辖区演变 067
乡村旅游业 451
乡村医院 359
乡村振兴 466
响水村教育 264
项目建设 467
小畜禽 165
小康建设 461
新冠疫情 401
新媒体 189

新型工业 201
新型合作医疗 459
性别构成 230
学前教育 455
学校体育 373

Y

岩画 325
盐务局 371
谚语、歇后语 562
养殖产业 466
养殖业 164
养殖合作社 168
业余剧团 308
一事一议 181
一条山战斗 476
医保救济 364
医疗 362
医疗卫生发展 353
移动通信 187
义务教育 455
易地扶贫搬迁 455
易致贫返人口 463
疫病防治 172
银制产品 203
引洪灌溉 145
饮食服务业 210
饮水安全 457

印刷业 202
营盘台 325
拥军优属 492
拥政爱民 494
邮政、通信 186
雨露计划 462
运动会 372
运动员培训 375

Z

张家台遗址 325
镇域位置 043
整村推进 465
整村脱贫 448
政策兜底 448
政策性脱贫 459
知识青年 237
职工体育 372
职业教育 302
植树造林 159
植物资源 060
中学教育 297
种植产业 466
主要建筑企业 212
自然灾害 061
自然资源 058
宗教活动场所 345

编 后 记

2012年12月，中共芦阳镇委员会、芦阳镇人民政府决定，组织力量，编纂芦阳镇有史以来第一部全面反映芦阳历史和现实的《芦阳镇志》，并成立以时任党委书记唐维国为主任、时任镇长常蓬东为副主任，以相关工作人员为编委会成员的编纂委员会，成立工作办公室，分别聘请乔仲良、李树江为主编、副主编，聘请相关编辑人员，就编纂《芦阳镇志》开展工作。

2013年3月10日，《芦阳镇志》编纂委员会召开第二次协调会。会议特邀彭鼎、卢有亮、李有智、王积石、李光武、罗正铎、王焕成等老教师、老领导参加讨论。3月12日，全体编辑人员走进一条山村调查采访座谈，拉开了进村入户、收集资料的序幕。至5月17日，完成对13个行政村及所属自然村、空壳村的第一次调查采访，实地收集第一手资料，并初步完成部分章节。

2015年7月，由于人事变动等因素，《芦阳镇志》编纂工作被按下暂停键。

2021年7月，芦阳镇党委、镇政府决定重启《芦阳镇志》编纂工作；时任党委书记周正君任编纂委员会主任，时任镇长张举龙任副主任，副镇长张晓庆任工作办公室主任；聘请白银市文物局原局长、资深编辑李保军担任主编；同时调整、补充编辑人员。25日，由周正君主持，召开《芦阳镇志》重启工作座谈会。张举龙、童飞、张晓庆、李保军、唐维国及全体编辑人员参加了座谈会。

编纂工作重启伊始，编辑人员即展开广泛深入的资料搜集、实地调查工作，先后采访、咨询数百人次。为核实补充资料，编辑人员分别多次走访全县相关行政机关、企事业单位，特别是多人次到县档案馆及有关单位资料室查阅档案。为保证资料的真实性、可靠性，编辑人员还深入其他乡镇和地区了解核实。编辑组召开数十次工作推进会。

完成初稿后，编辑组先后召开16次讨论修改会议，新冠流行期间，先后召开4次视频会议审读、修改书稿。同时，编辑组成立5个攻坚小组，列出问题清单，确定进度表，采取倒逼法，压茬推进，经过多次会审，反复修改，至2022年8月，完成《芦阳镇志》第四稿（征求意见稿）。8月25日，由周正君主持召开镇志编纂工作推进会，讨论经费筹措、编纂进度、出版时间等相关问题，并将第四稿（征求意见稿）发放各村和相关人员征求意见。

在第四稿的基础上，编委会和编辑组集中来自各方面的意见，经反复修改、充实、调整、完善，至2023年9月13日，完成第八稿。

从第一稿到第八稿，每一稿都有对内容的增加和补充，甚至某些章节从结构到内容都有较大调整，每一稿都较前一稿更丰满更翔实，从形式到品质，都有明显的提高。在整个编写过程中，我们真切地感知到芦阳历史的深远厚重，感知到芦阳文化内涵的丰富多样，感知到改革开放为芦阳经济社会带来的实质性进步，感知到芦阳人民在建设这块土地的过程中所付出的艰辛、怀有的期冀和热情，感知到由芦阳人民所创造的芦阳精神的坚韧、果敢和踏实，为这样的人民、这样的土地、这样的历史树碑立传，既是一种使命，更是一份荣光，没有理由不全力以赴、尽心尽力。

《芦阳镇志》除序言、凡例、概述、大事记外，共分21章96节。其中第二十一章"艺文"选登散文、小说16篇，诗歌、楹联24首（副），书画作品32幅（组）；"附录"收录文献资料7件。

编写工作按分工进行，分工如下：

李保军负责"概述"的撰写和全书的统稿、总纂工作。同时，第十九章"方言、谚语"和第十八章"民情风俗"，主要移接于其所主编并编写的《芳草村志》相关内容。

唐维国、李树江、张治忠负责"大事记"编写。

张治忠负责第一章"建置"、第三章"地域"、第五章"交通运输、邮电传媒"、第十一章"医疗卫生"、第十三章"中国共产党"、第十四章"人民代表大会"、第十五章"人民政府、群众团体"的编写；并负责全书从原稿到初稿的集中、整合及提交编辑组审读、讨论的工作。

韩世珍负责第二章"自然环境及资源"、第八章"人口"的编写。

罗文檀负责第四章"农业"、第六章"工业、制造业"、第七章"商业服务业、建筑业"的编写。

张奇才参与第七章"商业服务业、建筑业"之"建筑业"部分的整理和编写。

卢昌随负责第九章"教育"、第十二章"体育"的编写，并参与第二十章"人物"部分内容的搜集、整理和编写。

黄龙云负责第十章"文化"和第十八章"民情风俗"部分内容的编写。

何忠负责第十六章"脱贫攻坚、小康建设、乡村振兴"的编写。

李树江、张奇才、李进孝负责第十七章"军事"的编写。

马卫负责第二十章"人物"主要内容的编写。

李保军、唐维国、卢昌随、乔仲良、魏烈荣负责第二十一章"艺文"及"附录"部分的选编、整理。

魏烈荣负责全稿图片资料的收集、拍摄。

本书"索引"由全体编辑人员共同完成。

从收集资料到伏案撰写的过程，繁冗而枯燥，其间，每一位编辑人员都面临各种各样的问题，有的年事已高，有的身体长期抱恙，有的家庭存在一些具体困难，但面对问题和困难，没有一个人叫苦叫累、畏难松懈，没有一个人打退堂鼓，自始至终，从来没有出现过由于个人的原因而影响镇志编写工作进展的问题。各位编辑人员既有责任分工，又有交叉合作；既要对自己编写的内容负责，又要为镇志的整体质量负责。大家相互理解，密切配合，为镇志的编写付出了心血和汗水。

编辑人员中，唐维国、罗文檀、韩世珍、魏烈荣为非芦阳镇籍人士。其中芦阳镇党委原书记唐维国，正路镇人，十年前策划发起《芦阳镇志》的编修，十年后的今天全程参与协调镇志的编撰工作；罗文檀系喜泉镇人，曾任县法制局局长、法制办主任、县志办主任及《景泰年鉴》主编，以一个普通编辑人员的身份参与《芦阳镇志》的编写；韩世珍原籍喜泉镇，系甘肃省地理学会会员，其地理学方面的造诣提升了镇志相关内容的专业性；魏烈荣系中泉镇人，中国人像学会、甘肃省摄影家协会会员，景泰县摄影家协会主席，在提供和拍摄相关影像资料方面，做了大量卓有成效的工作。

李保军主编具有数十年编辑、出版经验，为此次编修镇志，前后十多次从居住地兰州赶回家乡景泰，主持每一稿的修改讨论，在体例、结构、章节设置、内容取舍及文字表述诸方面，集思广益，严格把关，尤其在装帧风格、版式设计甚至每一幅插图的选取、确定上，一次次到排版公司订改书稿，亲力亲为，一丝不苟，体现了其真挚的家乡情怀及高度的责任感、合作意识和专业素养。

《芦阳镇志》的完成，是每一位编纂人员，乃至历届党委、政府成员以及所有关心这个工作的专家、学者、干部、群众、教师、村民的集体智慧、集体力量的结晶，没有这种集体智慧和集体力量的支撑，就没有这一工作的顺利进行。

镇志编纂工作开展以来，芦阳镇历届党委和政府给予了一以贯之的重视和支持，镇上多次组织召开座谈会研究相关事宜；尤其是新一届党委、政府暨编纂委员会，以更具体更明确更务实更有力的姿态和措施，积极主导镇志的编修工作。镇党委书记岳自国主持召开数次专题会议，使得编纂镇志的整体工作在短时间内有了实质性进展。

县里各相关单位、部门为《芦阳镇志》的资料采集等工作提供了宝贵的支持；镇属13个行政村和南环路社区"两委"对镇志编写给予了不厌其烦的配合、支持；中书协会员、市书协原主席张慧中，县人大常委会原主任郭永泰，县政协原主席郭延健，县政协原副主席张守学，副县长王涛，芦阳镇党委原书记、县财政局局长白贵海，芦阳镇原镇长、县卫健局局长吴滨，芦阳镇人大原主席、县文旅局局长张正军，县教育局原副局长雷百庆等先生对镇志的编写给予了具体指导和帮助；景泰县东源渔业有限公司董事长祁东、董扁悦来酒店董事长董运科、甘肃旌御宫餐饮服务有限公司董事长俞宗富、甘肃麒麟瑞祥建筑工程有限公司董事长张有成、甘肃省奥维旺建筑工程有限责任公司董事长雷恩成、甘肃省栋盛实业有限公司栋盛酒店法人代表柴承红、天艺广告有限公司法人代表张玉峰、中环寰慧景泰节能热力有限公司总经理尚可兵、大漠芳洲生态酒店总经理魏玮、兰州三彩文化创意有限责任公司总经理张玉兰等先生、女士，为《芦阳镇志》的编纂工作提供了支持和帮助。

在第七、第八稿修改中，高级畜牧师、《景泰高等植物资源》一书的作者张承芸老师和县教育教学研究室原主任、中学高级教师王光彩老师认真通读全稿，并提出宝贵的修改意见和建议。芦阳镇社会事务发展中心原主任、景泰县长城保护研究会会长石延荣先生通过各种关系和途径，搜集并提供了许多鲜为人知的珍贵史料。县科技局原局长、县科协原主席、县人大科教文卫委员会原主任罗文海先生，在审读第七稿、第八稿的过程中，严格认真，反复披阅，字斟句酌，提出许多有见地和富于建设性的修改意见、建议。

原中共武威地委书记、政协甘肃省委员会原副秘书长李保卫先生，国际宇航科学院工程学部终身院士、中国工程院院士李得天教授，中共西北师大原党委常委、副校长李朝东教授，对《芦阳镇志》的编纂工作给予了高度关注，拨冗审阅全稿并欣然为序，无不表达出真切的家乡情怀以及对家乡的美好祝愿。

研究出版社的领导和责任编辑，对从镇属芳草村《芳草村志》的编纂、出版（包括其间喜泉镇兴泉村的《兴泉村志》）到《芦阳镇志》的编纂、出版，始终都给予了高度重视和切实支持。

在《芦阳镇志》即将付梓之际，我们对所有关注、支持、帮助这一工作的单位、机构、个人，谨表示诚挚的感谢！

苏轼《题西林壁》云：横看成岭侧成峰，远近高低各不同。不识庐山真面目，只缘身在此山中。囿于认识水平、编写能力、文献资料的缺失等主客观因素，镇志编纂中仍存在许多不足和疏漏，竭诚希望读者批评指正。

《芦阳镇志》编辑组

2023年10月